westermann

Baden-Württemberg

Mensch & Politik

Sekundarstufe I

Erarbeitet von	Andrea Bailer
	Florian Grosch
	Bernd-H. Meichelböck
	Tim Sonnenwald
	Christian Störzer
Mit Beiträgen von	Uta Dalljo

Update-Service

Für ausgewählte Diagramme und Schaubilder in diesem Band überprüfen wir regelmäßig, ob es neue Daten gibt, und aktualisieren diese entsprechend. Die aktuellen Grafiken findet man mit dem Webcode **WES-116987-001** unter https://www.westermann.de/webcode.

© 2024 Westermann Bildungsmedien Verlag GmbH, Georg-Westermann-Allee 66, 38104 Braunschweig
www.westermann.de

Druck A[1] / Jahr 2024
Alle Drucke der Serie A sind im Unterricht parallel verwendbar.

Illustrationen: Asja Bleckwedel, Kaltenkirchen
Umschlaggestaltung: Druckreif! Sandra Grünberg, Dortmund
Umschlagfotos: stock.adobe.com/Rawpixel.com (li.); Alamy Stock Photo/Andrei Ghioarca_TRAVEL (re.)
Druck und Bindung: Westermann Druck GmbH, Georg-Westermann-Allee 66, 38104 Braunschweig

ISBN 978-3-14-**116987**-4

Inhaltsverzeichnis

5. Die rechtliche Stellung Jugendlicher und die Rechtsordnung 94

6. Grundrechte 136

7.   Zuwanderung nach Deutschland   152

8.   Politische Partizipation   180

11. Extremismus 276

12. Aufgaben und Probleme unseres Sozialstaates 292

13. Frieden und Menschenrechte 330

14. Die Europäische Union: Erfolgs- oder Auslaufmodell? 360

Hinweis:
In unseren eigenen Texten folgen wir beim Gendern den Empfehlungen des amtlichen Regelwerks für die deutsche Rechtschreibung. In allen Fremdtexten belassen wir aus rechtlichen Gründen die originale Schreibweise.

Vorwort

Liebe Schülerinnnen und Schüler,

mit MENSCH & POLITIK haltet ihr ein modernes Schulbuch für das Fach Gemeinschaftskunde bzw. Sozialkunde in euren Händen. Es bietet zuverlässige Informationen, vermittelt Sachkompetenz und hilft, Zusammenhänge zu verstehen. MENSCH & POLITIK entspricht den Vorgaben des neuen Bildungsplans von 2016 und ist darauf angelegt, den Erwerb der geforderten Kompetenzen zu gewährleisten. Zugleich eröffnet das Buch weitergehende Spielräume und erlaubt es euch und euren Lehrerinnen und Lehrern, eigene Schwerpunkte zu setzen.

Um euch die Arbeit mit dem Buch zu erleichtern, möchten wir euch noch auf einige Besonderheiten von MENSCH & POLITIK hinweisen:

- Unsere Kapitel beginnen immer mit einer **Auftaktdoppelseite**. Auf dieser wird durch Bildmaterial ein Einstieg in das Thema ermöglicht. Hier könnt ihr eure ersten Ideen zum neuen Thema einbringen und zeigen, was ihr darüber schon wisst.

- Die Kapitel sind außerdem nach dem **Doppelseitenprinzip** aufgebaut. Diese Doppelseiten dienen zur Orientierung innerhalb eines Themengebietes und sind als unterrichtspraktische Abschnitte nutzbar.

- Im ersten Kapitel werden die sechs **Basiskonzepte** anhand von sechs Personen und ihren Geschichten eingeführt. Diese Personen trefft ihr auf den „Kompetent?"-Seiten der Kapitel wieder und könnt ihnen dabei helfen, ihre Probleme zu lösen.

- Neben manchen Aufgaben findet ihr das Symbol für die Basiskonzepte und könnt euch die Beschreibung auf den Seiten 18–19 noch einmal durchlesen. Es soll euch helfen, das Thema des Kapitels besser einzuordnen.

  BASISKONZEPT 🔑

- In der Regel gehen die Kapitel von alltäglichen **Fallbeispielen** und **Problemstellungen** aus und enthalten dabei alle nötigen Sachinformationen. Umfangreiche **Materialien** und konkrete **Aufgaben** ermöglichen ein selbstständiges Arbeiten.

  M 1   Material

- In den Aufgaben werden die für Klassenarbeiten im Fach Gemeinschaftskunde relevanten **Operatoren** ein-

geübt. Zusätzlich werden euch im **Operatorentrainer** im Anhang (S. 407 ff.) einige der Operatoren anhand von Beispielen erläutert und eine Übersicht über alle Operatoren und Anforderungsbereiche gegeben.

- **1** Aufgabenstellungen, die so aussehen, dienen der **Binnendifferenzierung**. Der Unterricht kann so den unterschiedlichen Kenntnissen, Fertigkeiten und Interessen angepasst werden. Zu solchen Aufgaben findet ihr Hilfestellungen auf S. 401ff.

- Am Rand findet ihr wichtige Informationen, Tipps und Hinweise. Der Glossarverweis zeigt euch, welche Begriffe im Anhang zu finden sind. Querverweise verdeutlichen thematische Zusammenhänge oder weisen auf eine Methode hin. Eine Info liefert euch Begriffserklärungen und Zusatzinformationen.

  INFO   GLOSSAR   QUERVERWEIS

- Auf den **abschließenden Doppelseiten „Kompetent?"** könnt ihr in der Zusammenfassung die wichtigsten Punkte des Kapitels nachlesen und eure erworbenen Kompetenzen an neuem Material und zusätzlichen Aufgaben selbst testen.

- Das Buch legt einen Schwerpunkt auf **methodenorientiertes Lernen**. In den einzelnen Aufgaben wird immer wieder mithilfe von Querverweisen auf diese Methodenseiten verwiesen, sodass sie an jeder Stelle im Buch einsetzbar sind.

- Immer wenn ihr am Rand dieses Symbol findet, könnt ihr zusätzliche Informationen aus dem Internet holen oder kurze Erklärfilme anschauen. Gebt dazu den **Webcode** auf *www.westermann.de/webcode* in das Suchfenster ein.

   WEBCODE

  WES-116987-002
  Werbung aus den 50er-Jahren

- Der Anhang enthält neben dem Operatorentrainer ein detailliertes **Stichwortverzeichnis,** ein ausführliches **Glossar** mit Begriffserklärungen und eine Seite mit Hilfestellungen zur Erstellung einer **GFS** (Gleichwertige Feststellung von Schülerleistungen).

Wir, die Autorinnen und Autoren des Buches, wünschen euch ein erfolgreiches Arbeiten mit diesem Buch!

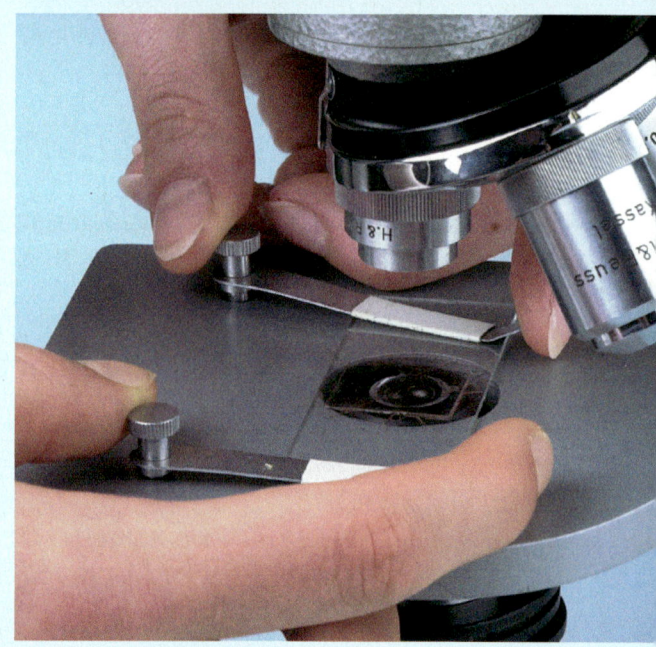

Gemeinschaftskunde – ein neues Fach

1 Die Bilder stehen alle für verschiedene Schulfächer. Überlege, mit welchem Gegenstand oder Symbol man das Fach Gemeinschaftskunde darstellen könnte.

2 Vergleicht eure Vorstellungen, die ihr vom neuen Fach Gemeinschaftskunde habt. Welche Erwartungen habt ihr an das Fach? Worauf seid ihr besonders gespannt? Welche Bedenken habt ihr in Bezug auf das neue Fach?

1.1 Geschichten aus dem Alltag

Wenn man ein neues Schulfach bekommt, weiß man nicht unbedingt, was einen in diesem Fach erwartet, ob man das Fach mögen wird und welche Herausforderungen es mit sich bringt. Dieses Kapitel soll euch mit dem Fach Gemeinschaftskunde vertraut machen und einen Ausblick darauf geben, mit welchen Themen ihr euch im Laufe der Schuljahre beschäftigen werdet.

M1   Frauen haben es schwer

„Mann, hab ich einen Kohldampf!", ruft Dilara (28) schon von der Treppe, als sie von der Arbeit nach Hause kommt. Zu ihrer Enttäuschung muss sie feststellen, dass ihr Mann
5 Henning (30) zwar hochkonzentriert am Computer sitzt und Aktienkurse studiert, aber weder die Wäsche aufgehängt noch gekocht hat. „Das gibt's doch nicht!", schnaubt sie wütend. „Alles muss ich hier selber machen!
10 Wir Frauen haben es ohnehin schon schwerer als ihr Männer, da könntest du mir wenigstens ein bisschen im Haushalt helfen. Schließlich arbeite ich auch den ganzen Tag."
„Warum haben es Frauen denn schwerer als Männer?", fragt Henning nüchtern. Darauf 15 entgegnet Dilara: „Schau dir doch einfach uns beide an: Du verdienst fast doppelt so viel wie ich, obwohl wir beide 40 Stunden in der Woche arbeiten. Außerdem bist du im Gegensatz zu mir schon zweimal befördert wor- 20 den." „Du bist aber auch Erzieherin in einer kleinen Kita und ich Ingenieur bei einem großen Autobauer. Das kann man schlecht vergleichen." „Da ist sicherlich was dran. Aber trotzdem finde ich es ungerecht. Und 25 wie soll das erst werden, wenn wir mal Kinder haben? Wenn ich nur noch halbtags arbeite, kann ich mir den Traum, einmal Kitaleiterin zu werden, wahrscheinlich auch abschminken. Manchmal habe ich einfach das Gefühl, 30 dass sich niemand um die Probleme von uns Frauen kümmert."

Autorentext

M2   Leben im Kaff

Ben (14) unterhält sich mit seinem Freund Max (16) darüber, was sie am Wochenende machen wollen.

Ben: Wenn das Wetter gut ist, können wir am Samstag ins Freibad gehen. 5

Max: Hast du nicht gehört? Das Schwimmbad haben sie dichtgemacht. Da müssten wir schon in das Freibad nach ... Dings, ... dort, wo sie ein neues gebaut haben.

Familie und Gesellschaft

2.1 Familie ist …

Was ist eigentlich eine Familie? Früher gab es auf diese Frage meist eine klare Antwort: Vater, Mutter, Kind(er). Ganz so klar ist das heute nicht mehr. Neben der traditionellen Kernfamilie gibt es heutzutage die unterschiedlichsten Lebensformen.

M 1 Lebensformen

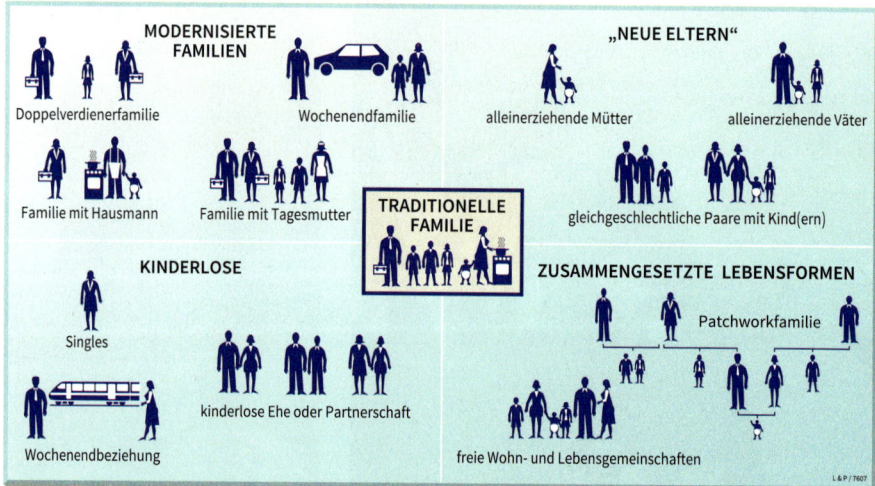

INFO

Freie Wohn- und Lebensgemeinschaften
Das bedeutet, dass Personen oder Gruppen von Menschen zusammenleben, ohne ein Ehepaar oder eine Familie zu sein, also z. B. Geschwister, Kolleg-/innen, Freund-/innen usw.

M 2 Warum ist Familie wichtig?

Familie ist ein ganz eigenes Universum. Zuerst einmal ist sie ein sozialer Raum. Ist dieser einigermaßen intakt, kann jeder in ihr, ob Kind oder Erwachsener, sich angemessen entwi
5 ckeln und wachsen. Kann Geborgenheit, Vertrauen, Nähe und Intimität erfahren. Für Kinder ist dies elementar, um Kompetenzen zu entwickeln und Handlungspotenzial zu erwerben, welches sie zur Teilnahme am gesell
10 schaftlichen Leben befähigt. Neben der auch materiellen Fürsorge der Eltern für ihre Kinder spielt die Vermittlung von Werten eine wichtige Rolle.
[D]ie meisten Familien [pflegen] Rituale. Und
15 ihr Wert – nicht nur für Kinder – ist keineswegs zu unterschätzen. Das gemeinsame Abendessen, das Vorlesen vor dem Zubettgehen, auch der Flohmarktbummel sonntagnachmittags vermitteln Halt. Diese immer wiederkehrenden Handlungen geben Orientierung und 20 Struktur […].
Wer Kinder fragt, was ihnen am wichtigsten ist, wird in den allermeisten Fällen die Antwort bekommen: Familie und Freunde. Sie haben eine größere Bedeutung als Geld und Besitz. So 25 sagt es jedenfalls eine von Unicef und der Zeitschrift „Geolino" vorgestellte Studie. Für die Sechs- bis 14-Jährigen seien Freundschaft, Geborgenheit und Ehrlichkeit die wichtigsten Werte. Für die älteren stehen Freunde und 30 Familie an erster Stelle.
Dieses Bild kann allerdings nicht darüber hinwegtäuschen, dass […] immer mehr Menschen in Singlehaushalten leben […]. Sie suchen sich deshalb häufig eine Ersatzfamilie, in der sie 35 Anerkennung finden. Das kann ein Verein, eine politische Gruppierung, eine religiöse oder spirituelle Gemeinschaft sein.

Aus: Patricia Wolf: Was ist Familie heute?, in: Tagesspiegel online, 04.04.2010, Berlin; https://www.tagesspiegel.de/ themen/familie/gesellschaft-was-ist-familie-heute/1782944.html (Zugriff 08.12.2022)

Grafiken auswerten

Neben Texten und Bildern werden in Zeitungen, Zeitschriften und auf Internetseiten häufig grafische Darstellungen verwendet, um Forschungs- oder Umfrageergebnisse zu präsentieren oder einen Sachverhalt anschaulich darzustellen. Bei der Analyse solcher Darstellungen sind folgende Fragen und Formulierungen hilfreich:

Analysefragen	Formulierungshilfen
1. Worum geht es in der Grafik? ■ Wer hat die Grafik erstellt bzw. in Auftrag gegeben, auf welche Quellen beruft sie sich? ■ Welche Frage steht im Mittelpunkt? / Was ist das Thema des Schaubilds? ■ Gibt das Schaubild Antworten auf eine oder gleich mehrere Fragen?	*Die Grafik stammt von … / wurde erstellt von …* *Die Daten stammen von …* *Thema des Schaubilds / der Grafik ist …* *Die Statistik / Das Diagramm gibt Auskunft über / zeigt …*
2. Was bedeuten die Zahlen? ■ Wie wurden die Daten erhoben (Umfrage, Datenbanken)? ■ Aus welchem Jahr stammen die Daten? ■ Handelt es sich um absolute Zahlen oder Prozentangaben? ■ Auf welchen Zeitraum und welchen geografischen Raum beziehen sich die Zahlen? ■ Um was für eine Grafik handelt es sich (Kurvendiagramm, Balkendiagramm, Säulendiagramm, Kreisdiagramm …)? ■ Was bedeuten die einzelnen Elemente der Grafik (Achsen, Linien, Balken …)?	*Die Daten stammen aus dem Jahr …* *Alle Angaben werden in Prozent gemacht.* *Die Werte sind in … angegeben.* *Die x-Achse zeigt …, die y-Achse zeigt …* *Für die Darstellung wurde die Form des Säulen- / Balken- / Kreis- / Kurvendiagramms gewählt.* *Die Entwicklung der / des … wird in Form einer Kurve wiedergegeben / dargestellt.*
3. Welche Aussage(n) macht die Grafik zum Thema? ■ Ist ein eindeutiger Trend erkennbar? ■ Ist die Entwicklung gleichmäßig? ■ Welches sind die höchsten und die geringsten Werte?	*Der Anteil / Die Zahl der …* ■ *ist von … auf … gestiegen / angewachsen.* ■ *ist um (fast / mehr als) … % gestiegen.* ■ *hat sich im Zeitraum von … bis … (fast / mehr als) verdoppelt / verdreifacht / vervierfacht.* ■ *ist in den letzten 3 Jahren von … % auf … % gesunken / zurückgegangen.* ■ *hat sich von … bis … um die Hälfte / ein Drittel verringert / vermindert.* *Es ist festzustellen, dass … in den letzten Jahren tendenziell steigt / sinkt.* *Das Schaubild zeigt deutlich den stetigen Rückgang / Anstieg des / der …*
4. Wie können die Aussagen erklärt werden? Überlegt, was die Gründe für den dargestellten Sachverhalt sind. Häufig braucht man Zusatzinformationen, um diese Frage fundiert beantworten zu können.	

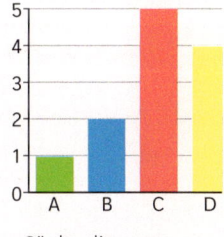

Säulendiagramm

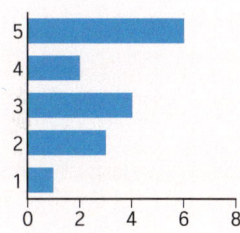

Balkendiagramm

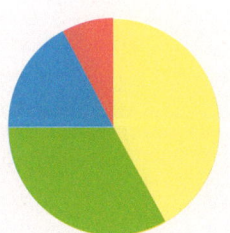

Kreisdiagramm

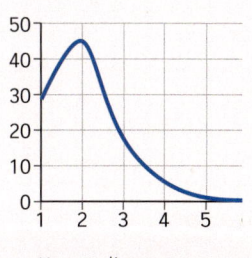

Kurvendiagramm

M 2 Zusammengefasste Geburtenziffer (Deutschland)

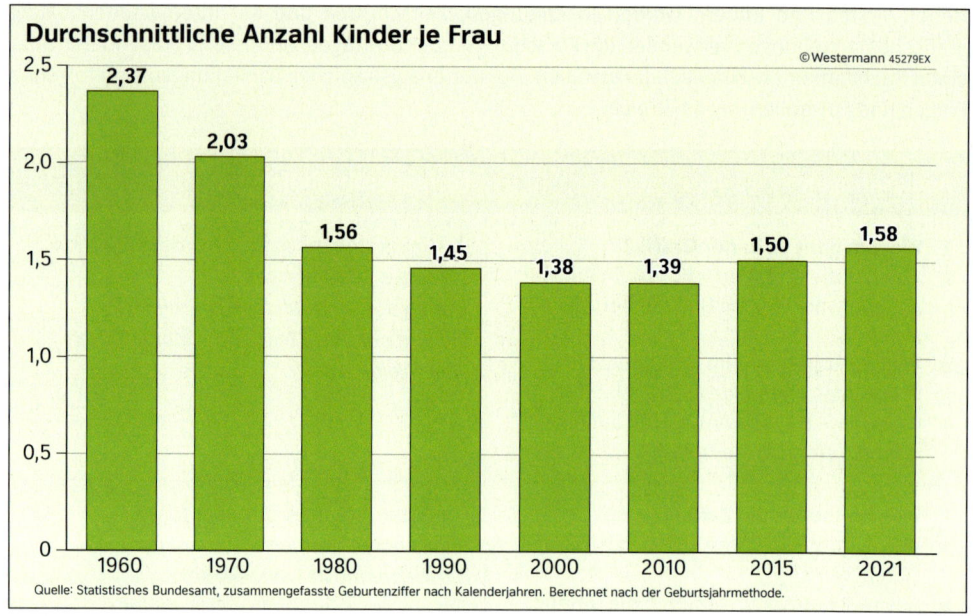

Durchschnittliche Anzahl Kinder je Frau

© Westermann 45279EX

Quelle: Statistisches Bundesamt, zusammengefasste Geburtenziffer nach Kalenderjahren. Berechnet nach der Geburtsjahrmethode.

M 3 Paare ohne Kinder in Deutschland

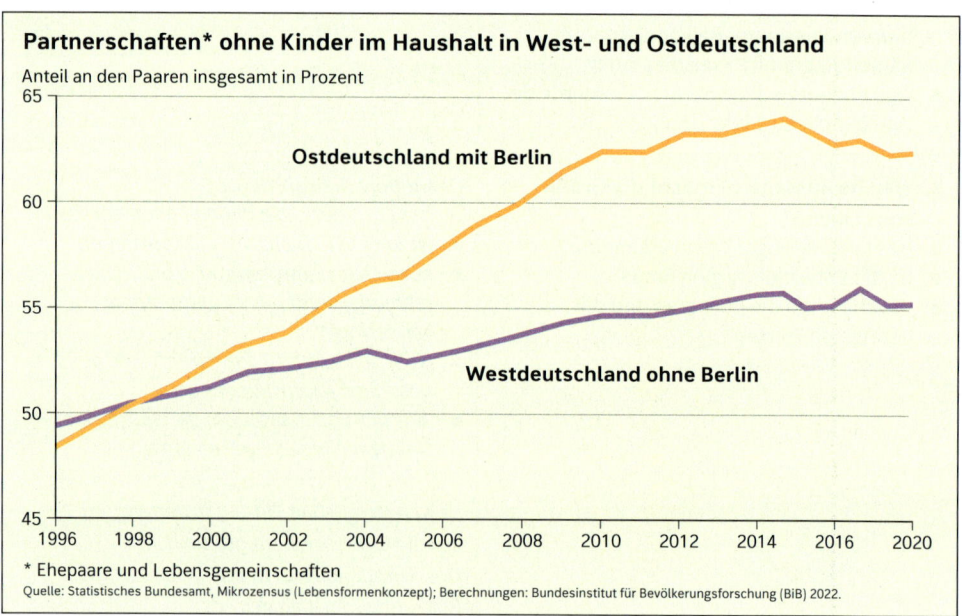

Partnerschaften* ohne Kinder im Haushalt in West- und Ostdeutschland

Anteil an den Paaren insgesamt in Prozent

Ostdeutschland mit Berlin

Westdeutschland ohne Berlin

* Ehepaare und Lebensgemeinschaften
Quelle: Statistisches Bundesamt, Mikrozensus (Lebensformenkonzept); Berechnungen: Bundesinstitut für Bevölkerungsforschung (BiB) 2022.

M 4 Familien mit Kindern nach Lebensform

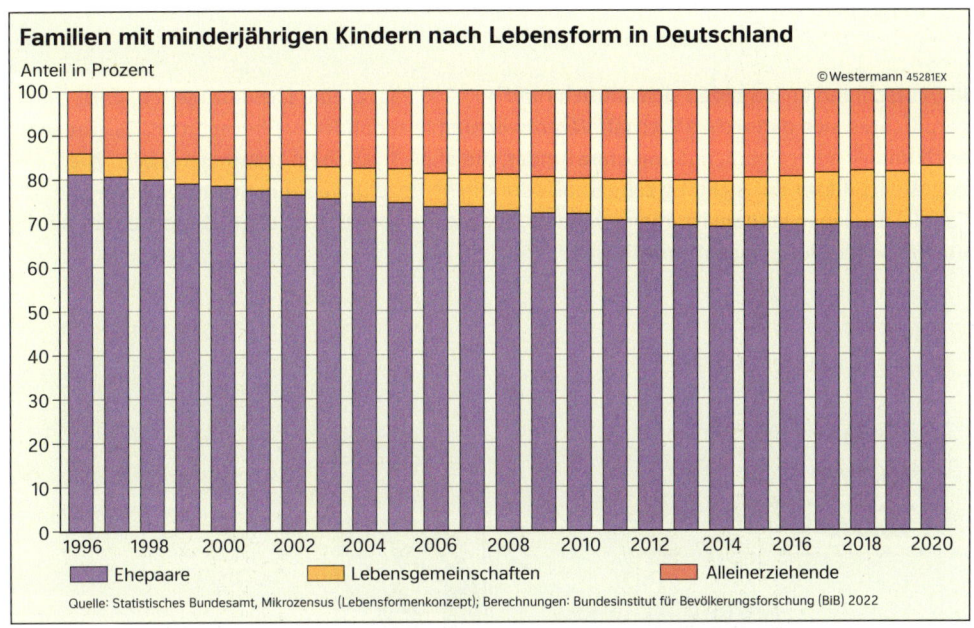

M 5 Bevölkerung nach Lebensform (2020)

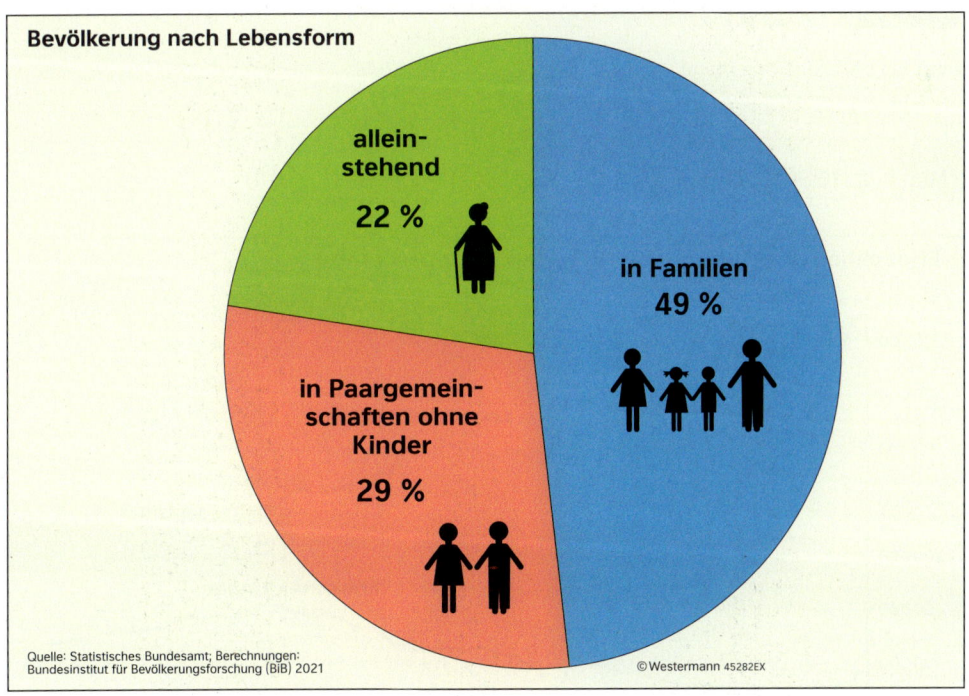

2.4 Wie sieht zeitgemäße Förderung von Ehe und Familie aus?

INFO

**BGB § 1353
Eheliche Lebens-
gemeinschaft**
(1) Die Ehe wird auf Lebenszeit geschlossen. Die Ehegatten sind einander zur ehelichen Lebensgemeinschaft verpflichtet; sie tragen füreinander Verantwortung.

Art. 6 GG
(1) Ehe und Familie stehen unter dem besonderen Schutze der staatlichen Ordnung.

Ehegattensplitting
Das gemeinsame zu versteuernde Einkommen eines Ehepaars wird durch zwei geteilt – der Betrag wird also gesplittet. An diesem Betrag orientiert sich dann die Höhe der zu zahlenden Steuern. Dies bringt Eheleuten besonders dann Steuervorteile, wenn die Einkommen der Ehepartner sehr unterschiedlich sind.

QUERVERWEIS

Methode Karikaturenanalyse
S. 38

In Deutschland entscheiden sich jährlich rund 400.000 Paare, eine Ehe einzugehen, und verpflichten sich dadurch, dauerhaft Verantwortung füreinander zu übernehmen. Es gibt aber auch immer mehr Paare, mit und ohne Kinder, die ohne Trauschein zusammenleben. Wie angesichts dieser Entwicklung zeitgemäße staatliche Regelungen zum Schutz von Ehe und Familie aussehen sollten, ist immer wieder Gegenstand von Diskussionen. Dabei geht es häufig um das sogenannte Ehegattensplitting.

M1 Wie altmodisch?

Zeichnung: Michael Holtschulte

M2 Eheschließungen in Deutschland seit 1950

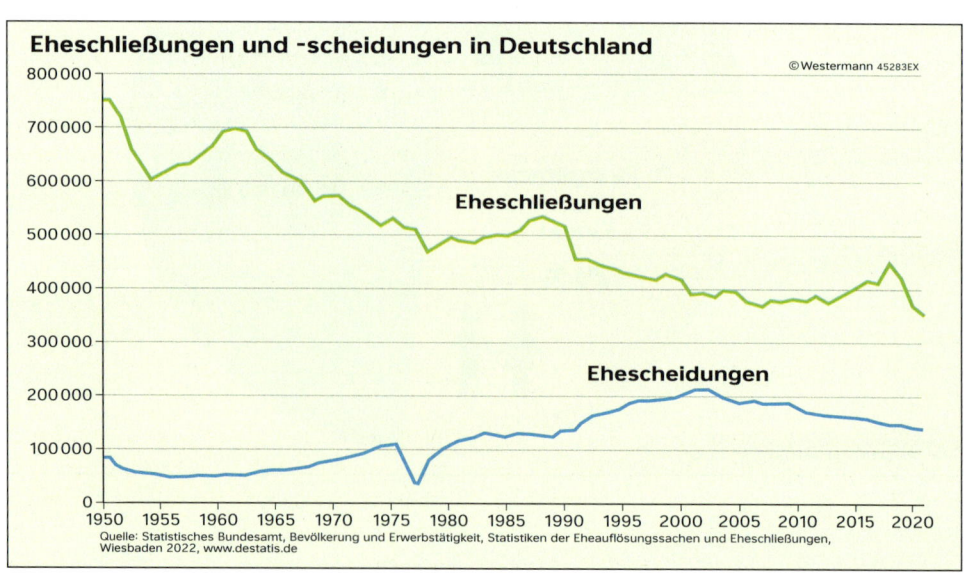

QUERVERWEIS

Methode Grafiken auswerten
S. 27

M3 Was für ein Tag!

Familie Wolff

Klaus Wolff ist zufrieden. Eben hat er ausgerechnet, wie viel er und seine Frau dieses Jahr gemeinsam an Steuern bezahlen müssen. Im
5 Vergleich zum letzten Jahr sind das rund 1.800 € weniger. Er und seine langjährige Partnerin Jasmin haben geheiratet und profitieren nun vom sogenannten Ehegattensplitting. Diese Regelung zur Berechnung der Einkom-
10 mensteuer kommt insbesondere Ehepaaren mit sehr unterschiedlichen Einkommen entgegen, was bei Wolffs der Fall ist – Klaus verdient 60.000 € im Jahr, seine Frau nur 20.000 €. Plötzlich klingelt es. Vor der Tür stehen Klaus'
15 Sohn Paul und sein Freund Til. Paul hält seinen Arm und schreit vor Schmerzen. Til versucht noch zu erklären, was passiert ist, aber Klaus hat seinen Sohn schon ins Auto gesetzt, um ihn zur Notaufnahme zu bringen. Dort erfährt
20 er, dass Paul einen komplizierten Bruch hat und sofort operiert werden muss. Die Operation verläuft gut, Paul muss aber zur Beobachtung noch im Krankenhaus bleiben.
Als Klaus zu Hause ankommt, sitzt seine Frau
25 freudestrahlend am Küchentisch. In der Hand hält sie ein Schreiben. Darin bestätigt die Adoptionsvermittlungsstelle, dass die Wolffs alle Voraussetzungen für eine Adoption erfüllen und deshalb gute Chancen haben, bald
30 wieder Eltern zu werden. Sie wünschen sich schon lange ein zweites Kind, Jasmin kann aber keine eigenen Kinder bekommen. „Dann hoffen wir mal, dass unser zweites Kind stabilere Knochen hat", meint Klaus schmunzelnd.

35 ### Familie Krüger

Clemens Krüger ist genervt. Er hat seinen Feierabend damit verbracht auszurechnen, wie viel er und seine Lebensgefährtin Angelika dieses Jahr an Steuern bezahlen müssen.

40 Manchmal sieht er einfach nicht ein, warum der Staat so viel von dem Geld, für das die beiden so hart arbeiten, bekommen soll.
Plötzlich klingelt es. Draußen stehen ihre gemeinsame Tochter Jenny und deren Freundin
45 Aylin. Jenny ist ganz bleich, hält ihren Arm und weint vor Schmerzen. Aylin versucht noch zu erklären, was passiert ist, aber Clemens will Jenny so schnell wie möglich ins Krankenhaus bringen. Dort stellen die Ärzte
50 fest, dass Jennys Arm sehr kompliziert gebrochen ist, sie muss operiert werden. Allerdings gibt es ein Problem: Für die Operation ist die Einwilligung von Jennys Mutter nötig. Nun bereut Clemens, dass Angelika und er es ver-
55 säumt haben, direkt nach Jennys Geburt das gemeinsame Sorgerecht zu beantragen. Deshalb hat Angelika das alleinige Sorgerecht für ihre Tochter. Bislang war das kein Problem, im Alltag spielte es keine Rolle. Damit Jenny mög-
60 lichst schnell operiert werden kann, ruft Clemens Angelika auf der Arbeit an. Nach der Operation bleibt Angelika noch ein bisschen bei Jenny, Clemens fährt nach Hause.
Dort geht er an den Briefkasten und seine Lau-
65 ne ist schon wieder im Keller: Die Adoptionsvermittlungsstelle, bei der sich Clemens und Angelika beworben haben, nachdem sie aus gesundheitlichen Gründen keine eigenen Kinder mehr bekommen können, schreibt, dass die
70 beiden auf keinen Fall gemeinsam ein Kind adoptieren können, weil sie nicht verheiratet sind. Allenfalls einer der beiden könnte als Einzelperson ein Kind adoptieren. Allerdings hat Clemens auch schon gehört, dass viele Ämter
75 generell nur an verheiratete Paare vermitteln, und macht sich deshalb kaum noch Hoffnungen, dass es mit einem zweiten Kind klappt.

Autorentext

INFO

Sorgerecht
Das Recht und die Pflicht, für ein minderjähriges Kind zu sorgen. Es umfasst die Personensorge (z. B. Unterbringung, Gesundheitsfürsorge, Erziehung) sowie die Vermögenssorge. Inhaber der elterlichen Sorge sind die Eltern. Das bürgerliche Recht unterscheidet hinsichtlich der Ausübung des elterlichen Sorgerechts zwischen Kindern, deren Eltern bei der Geburt verheiratet sind, und Kindern, deren Eltern bei der Geburt nicht miteinander verheiratet sind.
Sofern die Eltern miteinander verheiratet sind, haben sie unstreitig das Recht, für ihre Kinder gemeinsam zu sorgen.
Nach: JuraForum.de, 18.07.2022, Hannover; https://www. juraforum.de/lexikon/ sorgerecht (Zugriff 08.12.2022)

M4 Neue Familien, neue Familienpolitik

[...] 1956 geboren, wurde ich von Eltern erzogen, die die familienpolitische Modellehe ihrer Zeit lebten: Mein Vater war erwerbstätig, meine Mutter war tätig, erzog drei Kinder,
5 pflegte vier Großeltern, machte den Haushalt, organisierte unser aller Leben. Beide arbeiteten viel, meine Mutter etwas mehr als mein Vater. Die Familienpolitik forderte und unterstützte diese Arbeitsteilung von Paaren, unter anderem durch das Ehegattensplitting. Es 10

wurde 1957 eingeführt und übersetzte den Auftrag des Grundgesetzes, Ehe und Familie staatlich besonders zu schützen, in das Steuerrecht. Das entsprach den damaligen Normen: Die gesamte im Paarhaushalt anfallende
15 Arbeit, unbezahlte Erziehungs-, Pflege- und Hausarbeit und bezahlte Erwerbsarbeit wurden funktional getrennt, die bezahlte Erwerbsarbeit dem Mann, die unbezahlte Sorgearbeit der Frau zugerechnet, entsprechend
20 ihrer „Bestimmung" und Ausbildung. [...]
Über die Jahrzehnte vollzog sich ein grundlegender Wandel. Mir wäre nie eingefallen, meine Erwerbstätigkeit ganz aufzugeben, selbstverständlich sorgte auch mein Partner
25 für unseren Sohn. Mittlerweile besteht die Modellfamilie in fast allen Parteipositionen, mit Ausnahme der AfD, aus zwei Erwachsenen, die sich Erwerbs- und Sorgearbeit partnerschaftlich teilen. Das ist für Eltern und ihre Kinder ein riesiger Gewinn, unsere Volkswirtschaft profitiert ebenfalls. Für die Familienpolitik aber entstand ein riesiges Problem: Ihre Bausteine passen nicht mehr zum neuen Ideal – mit fatalen Konsequenzen. 30 35
Die Modellfamilie von heute wird vom Staat durch das Ehegattensplitting eben nicht gefördert: Er versagt Eltern mit ähnlichen Einkommen die steuerliche Entlastung. Diese und andere staatliche Regelungen sind Bremsklötze für die Gleichstellung. [...] 40

Jutta Allmendinger: Vollzeitarbeit ist keine Lösung, ZEIT Online, 19.07.2023, Hamburg; https://www.zeit.de/ gesellschaft/familie/2023-07/familienpolitik-kindergrundsicherung-elterngeld-sorgearbeit-gleichstellung (Zugriff 08.08.2023)

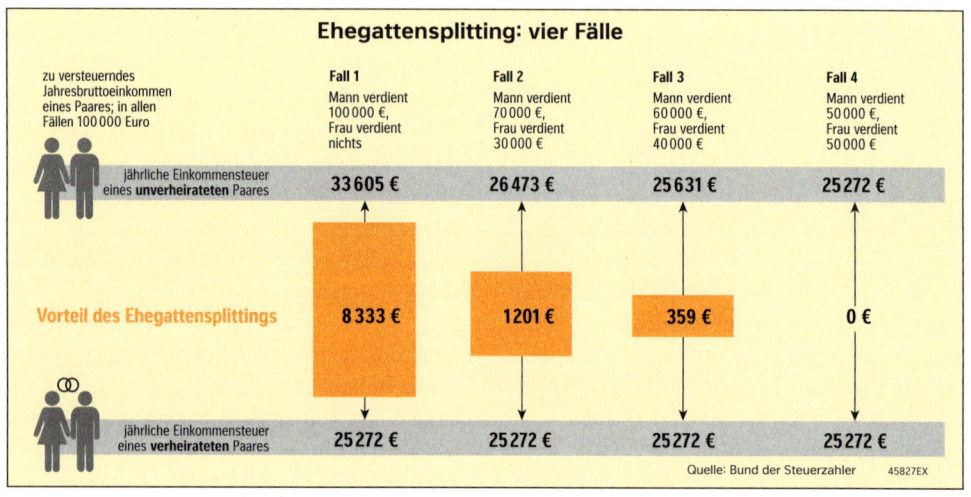

Ehegattensplitting: vier Fälle

Quelle: Bund der Steuerzahler   45827EX

M5   Ehegattensplitting: Fördert doch lieber die Familien!

INFO

subventionieren durch finanzielle Hilfen vom Staat unterstützen

Anders als von vielen wahrgenommen ist das Ehegattensplitting keine Familienförderung. Tatsächlich fördert es Trauscheine und ein möglichst großes Gehaltsgefälle zwischen den
5 Partnern. Das Vorhandensein von Kindern spielt überhaupt keine Rolle. Seit 1958 werden verheiratete Paare steuerlich begünstigt, wenn einer der Partner nur geringfügig berufstätig ist – in der Praxis fast immer die
10 Frau. Dabei wird ein Lebensmodell staatlich subventioniert, das der Wirtschaft einen großen Teil der weiblichen Arbeitskraft entzieht und die wirtschaftliche Unabhängigkeit von Frauen behindert.
Familienförderung darf aber nicht regelmäßig 15 auf Kosten der beruflichen Entwicklung und finanziellen Selbstständigkeit von Frauen gehen. Die Förderung der Familien muss grundlegend neu gedacht werden – staatliches Geld muss dort landen, wo Kinder sind. [...] 20

Wiebke Ankersen, RND.de, 27.07.2023, Hannover; https://www.rnd.de/wirtschaft/ehegattensplitting-foerdert-doch-lieber-die-familien-34ZWQPHGLJEOHHQXBUVMRWBJT4.html (Zugriff 08.08.2023)

M 6 Das Ehegattensplitting ist besser als sein Ruf

[...] Das Ehegattensplitting [...] steht für eine Idee, die längst der Vergangenheit angehören sollte: dass der Mann für das Einkommen sorgt und die Frau sich um den vermeintlich
5 weniger anspruchsvollen Rest zu kümmern hat.

Und doch ist das Ehegattensplitting besser als sein Ruf. [...] [Denn] im Ehegattensplitting steckt auch [...] die Idee, dass eine Familie eine
10 Solidargemeinschaft ist, in der alle nach Kräften beitragen zum gemeinsamen Leben. Auf diese Solidargemeinschaft kommt es ganz besonders an, wenn Kinder im Spiel sind.

Dann nämlich ist es weniger eine Frage der
15 individuellen Prioritäten und Lebensplanung, ob ein Ehepartner aus dem Beruf vorübergehend oder dauerhaft aussteigt, sondern es ist eine Frage des realen Bedarfs an familiärer Sorgearbeit, die Kraft und viele Stunden kos-
20 tet.

Diese Familienarbeit braucht besonders viel Zeit, wenn Kinder klein sind und noch nicht ihrer eigenen Wege gehen. Dann sollten Eltern die freie Wahl haben, wie sie Erwerbs-
25 und Sorgearbeit untereinander aufteilen.

Es gibt massive strukturelle Hürden, die Frauen im Beruf benachteiligen. Da ist der Boys Club in manchen Chefebenen, der Mitarbeiterinnen am Aufstieg hindert. Da ist die Tatsa-
30 che, dass Männer noch immer für dieselbe Arbeit besser bezahlt werden. Da ist die katas-

trophale Situation in der Kindertagesbetreuung, die viel zu wenig öffentliche Beachtung findet. All das gehört dringend adressiert [= angesprochen].
35

Im simplen Schlachtruf „Ehegattensplitting abschaffen" sollte aber nicht untergehen: Es hat seine Richtigkeit, dass eine alleinverdienende Ehefrau mit Mann und Kindern zu Hause weniger Steuern zahlt als ein Single, 40 der das gleiche Einkommen nur für sich selbst ausgibt. Und dann gilt das auch umgekehrt: wenn der Mann arbeitet und die Frau zu Hause bleibt.

Das Streiten gegen den Gender Pay Gap [s. 45 S. 47 f.], für bessere Kinderbetreuung und gleiche berufliche Chancen darf nicht dazu führen, dass es irgendwann als verpönt gilt, sich eine Weile ganz auf die Kinder zu konzentrieren – als Mutter oder als Vater. 50

Auf dem Arbeitsmarkt ist der Fachkräftemangel schon jetzt deutlich spürbar und wird sich noch verschärfen. Das erhöht den Druck auf Eltern, so früh und weitgehend wie möglich dem Arbeitsmarkt wieder zur Verfügung zu 55 stehen, nachdem sie Nachwuchs bekommen haben. Doch es darf nicht zum alleinigen Leitbild werden, dass beide Elternteile vollzeitnah zu arbeiten haben.

Wer die Wahlfreiheit von Familien ernst 60 nimmt, muss auch respektieren, wenn jemand sagt: Ich bleibe vorerst zu Hause. [...]

Karin Christmann, Tagesspiegel Online, 10.07.2023, Berlin; https://www.tagesspiegel.de/meinung/einfach-abschaffen-ist-die-falsche-idee-das-ehegattensplitting-ist-besser-als-sein-ruf-10119484.html (Zugriff 08.08.2023)

INFO

Solidargemeinschaft
Eine Gruppe von Menschen, die sich gegenseitig Unterstützung und Hilfe leisten; dabei ist jedes Mitglied nicht nur für sich selbst verantwortlich, sondern auch für die anderen Mitglieder der Gemeinschaft.

Boys Club
Hier ist gemeint, dass in vielen Unternehmen ausschließlich Männer in den höheren Abteilungen (denen mit Macht und Einfluss) arbeiten.

1 Analysiere die Karikatur (M 1).
2 Nenne Gründe, warum Menschen heiraten.
3 Arbeite heraus, warum der in M 3 beschriebene Tag bei Familie Wolff und Familie Krüger unterschiedlich verläuft.
4 Erkläre diese Unterschiede mithilfe von Art. 6 GG.
5 Viele Politiker/-innen und Journalist/-innen fordern, das Ehegattensplitting abzuschaffen. Beurteile diese Forderung ausgehend von M 2 – M 6.

QUERVERWEIS

Methode Bewerten und Beurteilen
S. 41

2.5 Erziehung – (k)ein Kinderspiel?

INFO

Art. 6 GG
(2) Pflege und Erziehung der Kinder sind das natürliche Recht der Eltern und zuvörderst ihnen obliegende Pflicht.

In unserer Gesellschaft herrscht Einigkeit darüber, dass Erziehung eine wichtige Aufgabe von Familien ist. Deshalb wird sie auch ausdrücklich im Grundgesetz erwähnt. Wie sie jedoch gestaltet werden soll, darüber streiten sich Eltern und Expert/-innen: Sollen Eltern streng oder milde sein? Brauchen Kinder viele oder wenige Regeln? Sollen sie mitbestimmen dürfen oder sind Entscheidungen Sache der Eltern? Diese Fragen können sehr unterschiedlich beantwortet werden.

QUERVERWEIS

Methode Karikaturenanalyse
S. 38

M1 Kinder brauchen Grenzen!

Zeichnung: Renate Alf

M2 Erziehungsziele

	sehr wichtig	eher wichtig	weniger wichtig	nicht wichtig
Anpassungsfähigkeit				
Aufgeschlossenheit				
Bescheidenheit				
Durchsetzungsvermögen				
Ehrlichkeit				
Eigenständigkeit				
Freiheit				
Gehorsam				
Höflichkeit				
Kompromissbereitschaft				
Kreativität				
Kritisches Denken				
Mut				
Ordentlichkeit				
Pünktlichkeit				
Sauberkeit				
Selbstbewusstsein				
Toleranz				
Unabhängigkeit				
Verantwortungsbewusstsein				
Zuverlässigkeit				
…				

M3 Erziehungsstile

Familie Gerber – Autoritärer Stil

Herr und Frau Gerber legen Wert darauf, dass sie in der Familie uneingeschränkt das Sagen haben. Sie stellen strenge Regeln auf, die von
5 den Kindern eingehalten werden müssen. Wo es nicht rundläuft, wenden sie Druckmittel und Strafen an – diese reichen vom herrischen Ton bis hin zu Handyverbot und Hausarrest. Haben die Kinder etwas Tolles geleistet,
10 bekommen sie auch mal eine Belohnung.

Familie Klein – Autoritativer Stil

Herr und Frau Klein nehmen ihre Kinder ernst und lassen sie immer wieder mitentscheiden. Zum Beispiel durften die Kinder sich die
15 Wandfarbe ihrer Zimmer aussuchen, als diese neu gestrichen wurden. Auch Herr und Frau Klein geben klare Regeln vor, die eingehalten werden müssen. Allerdings sind sie manchmal auch bereit, diese Regeln zu verändern, wenn die Kinder gute Argumente haben. 20

Familie Schmidt – Permissiver Stil

Herr und Frau Schmidt setzen ihren Kindern kaum Grenzen. Sie haben nur ganz wenige Regeln aufgestellt und kontrollieren ihre Kinder nur wenig. Sie wollen ihnen so viel Freiheit 25 wie möglich gewähren, damit sie sich frei entfalten können. Deshalb wird den Kindern fast alles erlaubt. Strafen oder Sanktionen gibt es nur in absoluten Ausnahmefällen.

Autorentext

M4 Christophs Problem

Christoph hat heute seine Halbjahresinformation bekommen. Er ist versetzungsgefährdet. Besondere Sorge machen ihm Mathe und Französisch. Wenn er in diesen
5 beiden Fächern nicht mindestens eine Vier schafft, bleibt er sitzen. Beim Abendessen zeigt Christoph seinen Eltern die Halbjahresinformation.

Autorentext

1 Analysiere die Karikatur (M1).
2 Nenne Erziehungsziele, die dir sehr wichtig, eher wichtig, weniger wichtig oder nicht wichtig sind (M2). Ergänze gegebenenfalls weitere Erziehungsziele. Diskutiere deine Vorstellungen mit deinem Sitznachbarn bzw. deiner Sitznachbarin. Einigt euch gemeinsam auf die drei eurer Einschätzung nach wichtigsten bzw. unwichtigsten Erziehungsziele.
3 Ordne die Erziehungsziele aus M2 den in M3 beschriebenen Erziehungsstilen zu. Manche Erziehungsziele können mehreren Erziehungsstilen zugeordnet werden.
4 Gestaltet ein Gespräch, das sich aus der in M4 beschriebenen Situation ergibt, als Rollenspiel. Jeweils eine Gruppe spielt Familie Gerber, Familie Klein und Familie Schmidt (M3).
5 Erörtert Vor- und Nachteile der drei Erziehungsstile (M3).

QUERVERWEIS

Methode Rollenspiel
S. 59

2.6 Familiäre Aufgabenverteilung in der Diskussion

Ist Hausarbeit vorwiegend Frauenarbeit? Muss ein Mann eine Familie ernähren können? Wer ist für die Kindererziehung zuständig? Diese und ähnliche Fragen muss jede Familie individuell beantworten.

Angesichts des Spannungsfelds zwischen den eigenen Wünschen, gesellschaftlichen Erwartungen und den tatsächlichen Möglichkeiten ist dies aber für viele Familien eine große Herausforderung.

M1 Wie war dein Tag?

WEBCODE

WES-116987-002
Dr. Oetker-Werbefilm,
1954

M2 Ideale Aufteilung von Berufs- und Familienarbeit (in %)

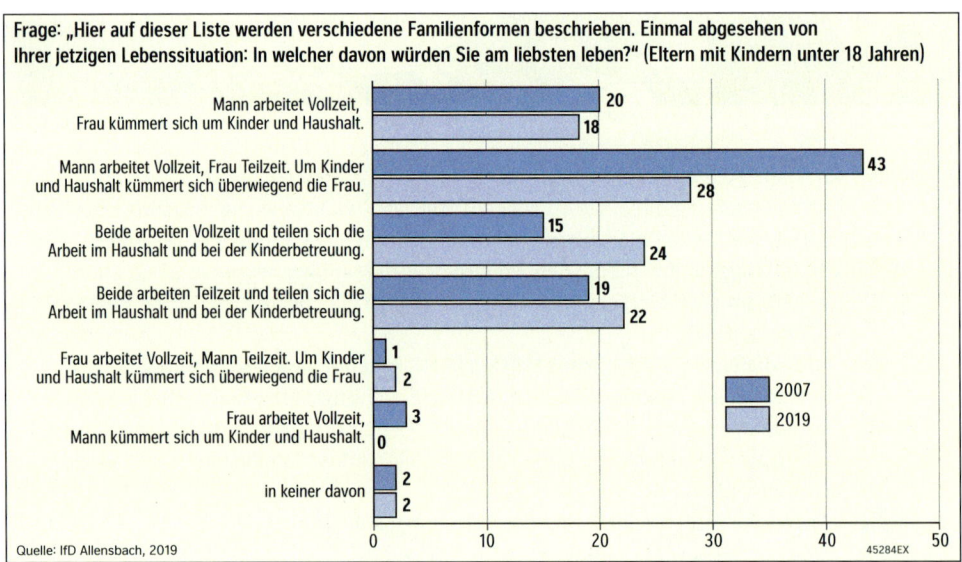

Frage: „Hier auf dieser Liste werden verschiedene Familienformen beschrieben. Einmal abgesehen von Ihrer jetzigen Lebenssituation: In welcher davon würden Sie am liebsten leben?" (Eltern mit Kindern unter 18 Jahren)

	2007	2019
Mann arbeitet Vollzeit, Frau kümmert sich um Kinder und Haushalt.	20	18
Mann arbeitet Vollzeit, Frau Teilzeit. Um Kinder und Haushalt kümmert sich überwiegend die Frau.	43	28
Beide arbeiten Vollzeit und teilen sich die Arbeit im Haushalt und bei der Kinderbetreuung.	15	24
Beide arbeiten Teilzeit und teilen sich die Arbeit im Haushalt und bei der Kinderbetreuung.	19	22
Frau arbeitet Vollzeit, Mann Teilzeit. Um Kinder und Haushalt kümmert sich überwiegend die Frau.	1	2
Frau arbeitet Vollzeit, Mann kümmert sich um Kinder und Haushalt.	3	0
in keiner davon	2	2

Quelle: IfD Allensbach, 2019

45284EX

M 3   Umfang der Erwerbsbeteiligung

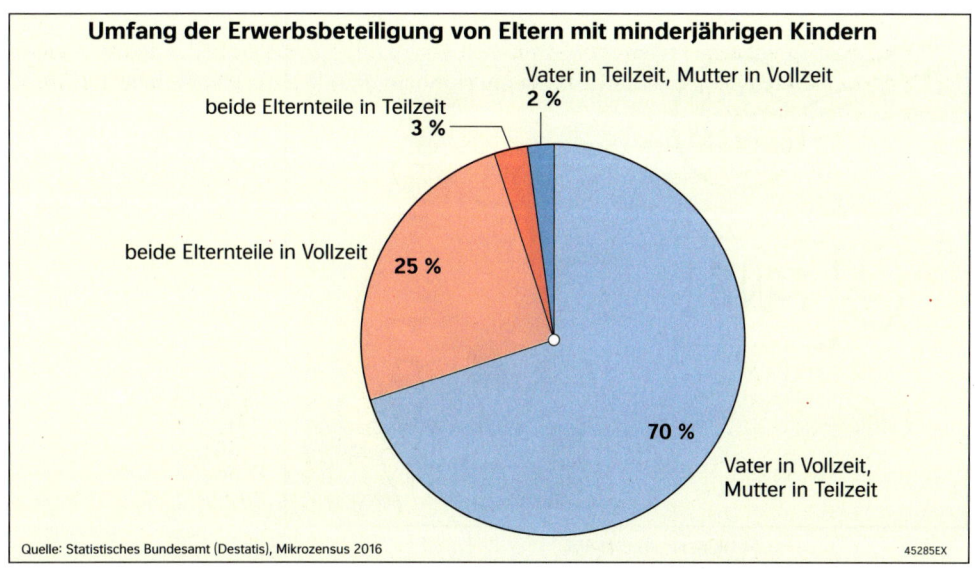

Umfang der Erwerbsbeteiligung von Eltern mit minderjährigen Kindern

Vater in Teilzeit, Mutter in Vollzeit
2 %

beide Elternteile in Teilzeit
3 %

beide Elternteile in Vollzeit   **25 %**

70 %

Vater in Vollzeit,
Mutter in Teilzeit

Quelle: Statistisches Bundesamt (Destatis), Mikrozensus 2016   45285EX

M 4   Zeitaufteilung von Frauen und Männern (werktags und sonntags)

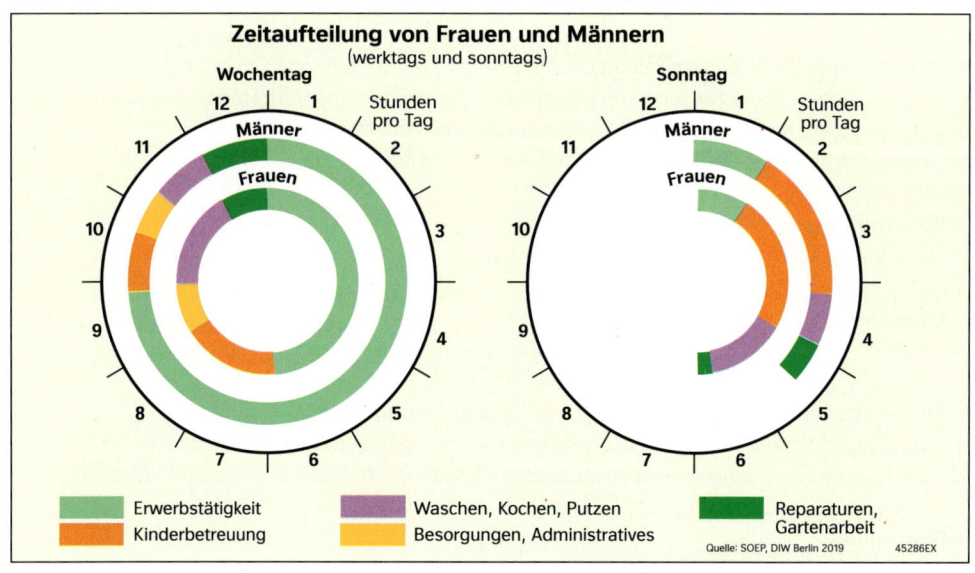

Zeitaufteilung von Frauen und Männern
(werktags und sonntags)

Wochentag

Stunden
pro Tag

Männer

Frauen

Sonntag

Stunden
pro Tag

Männer

Frauen

Erwerbstätigkeit

Kinderbetreuung

Waschen, Kochen, Putzen

Besorgungen, Administratives

Reparaturen,
Gartenarbeit

Quelle: SOEP, DIW Berlin 2019   45286EX

1 Beschreibe einen möglichen Tagesablauf der beiden Ehepartner (M 1).
2 Begründe, wer (Mann oder Frau) für folgende Aufgaben zuständig ist:
- Haushalt
- Kindererziehung
- Einkommen

3 Vergleiche deine Vorstellungen von einer guten Aufgabenverteilung mit M 2 bis M 4.
4 Bewerte die in M 2 bis M 4 dargestellten Tendenzen.

M5   Kinder und Karriere?

Zeichnung: Jürgen Tomicek

METHODE

Karikaturenanalyse

Karikaturen sind bildliche Darstellungen, die eine bestimmte Aussage zu einem politischen oder gesellschaftlichen Thema machen. Sie verzerren, übertreiben und verfremden Sachverhalte und bringen sie so auf den Punkt. Sie informieren und regen zum Nachdenken an.
Mit folgenden Arbeitsschritten könnt ihr eine Karikatur analysieren:

1. Beschreibung
Beschreibe die Abbildung in all ihren Einzelheiten.

2. Einordnung
Welche Situation beziehungsweise welcher Sachverhalt wird dargestellt? Was ist das Thema?

3. Analyse der einzelnen Bildelemente und Gesamtinterpretation
Wer sind die Personen? Welche Bedeutung haben die dargestellten Details?
Welche Aussage macht der Karikaturist bzw. die Karikaturistin? Wer oder was wird kritisiert?

4. Beurteilung
Mit welchen Stilmitteln arbeitet der Karikaturist bzw. die Karikaturistin (Ironie, Übertreibung …)?
Wird die Aussage deutlich? Ist die Aussage berechtigt?
Wird der Sachverhalt / die Situation zu stark verzerrt?

5. Weiterführende Fragen
Welche Fragen bleiben offen? Welche weiteren Fragen ergeben sich aus der Aussage der Karikatur?
Welche Sachverhalte, Probleme, Einzelheiten müssen mit weiterführenden Materialien geklärt werden?

M6 „Es wird ein Mutterkult betrieben"

INFO

Annika Joeres
ist Autorin und Journalistin, die in Südfrankreich lebt und u. a. für DIE ZEIT und die Süddeutsche Zeitung schreibt.

ZEIT ONLINE: Frau Joeres, Sie sagen, wenn Sie nicht nach Frankreich ausgewandert wären, hätten Sie in Deutschland keine zwei Kinder bekommen. Warum?

5 **Annika Joeres:** Weil in Deutschland der Druck für Mütter so groß ist. In Deutschland wird oft noch erwartet, dass sich Frauen für ihre Kinder aufgeben. In Frankreich sind die Familien entspannter. Hier ist Kinder- 10 erziehung auch Sache des Staates.

ZEIT ONLINE: Wer als Mutter berufstätig ist, hat doch auch in Deutschland noch ein anderes Leben neben der Familie.

Joeres: Aber die meisten Frauen reiben sich 15 zwischen Beruf und Familie auf. Nur die wenigsten kommen noch dazu, ihre Hobbys und Freundschaften zu pflegen. Das Betreuungssystem ist nicht flächendeckend ausgebaut, die Kitaöffnungszeiten entsprechen 20 häufig nicht den Arbeitszeiten [...]. Meist müssen Mütter eine Odyssee hinter sich bringen, um einen Betreuungsplatz zu finden. Sie erfahren erst im letzten Moment, ob es klappt – damit sind sie für den Arbeit- 25 geber nicht verlässlich planbar. Viele erleben im Job ein Downgrading nach der Elternzeit, andere bekommen keine interessanten Projekte mehr, wenn sie Teilzeit arbeiten. Frauen sind auf halben Stellen 30 dann finanziell stark abhängig von ihrem Partner. Und dazu kommt noch der Anspruch, dass eine Mutter letztlich 24 Stunden am Tag um ihre Kinder kreisen muss.

ZEIT ONLINE: Sie haben ein Buch darüber 35 geschrieben, wieso französische Eltern gelassener durchs Leben gehen können, und sagen, dass Deutschland von seinem Nachbarland lernen kann?

Joeres: Zum einen gibt es die 35-Stunden- 40 Woche. [...] Zeit ist für Familien eine kostbare Währung. Zum anderen hat Frankreich eine flächendeckende Kinderbetreuung. [...] In der Regel sind die Kinder von 7.30 Uhr bis 19 Uhr betreut. Und sie sind gut betreut. 45 Denn in den Kitas arbeiten studierte Erzieherinnen, die wie Lehrer bezahlt werden. Dazu gibt es immer eine Kinderkrankenschwester. Die Franzosen vertrauen auf die-

ses System. Es gibt keine Debatten darüber, dass es für Kinder schädlich wäre, nicht von 50 der eigenen Mutter betreut zu werden. Das alles führt dazu, dass die meisten Französinnen etwa ein halbes Jahr nach der Entbindung wieder im Job sind.

ZEIT ONLINE: Aber es gibt kein Elterngeld- 55 jahr.

Joeres: Das stimmt, darum beneiden uns die Franzosen. Aber sie staunen darüber, dass Deutschland bei der Kinderbetreuung so rückschrittlich ist, dass viele Kitas am 60 frühen Nachmittag schließen. Oder dass die Deutschen überhaupt so skeptisch darüber sind, wenn der Staat die Kindererziehung mitübernimmt. [...]

ZEIT ONLINE: Die Deutschen sind aus 65 historischen Gründen zu Recht skeptisch gegenüber staatlicher Kindererziehung.

Joeres: Aber Familie allein als Privatangelegenheit zu begreifen bei einem gleichzeitig schlecht ausgebauten Betreuungssystem 70 und einer Familienpolitik, die auf eine hohe weibliche Erwerbsbeteiligung abzielt, führt letztlich dazu, dass sich die Frauen aufreiben. [...] Viele Mütter in Deutschland geben ja ihr altes Leben auf. Weil sich alles um das 75 Kind dreht, haben sie keine Zeit mehr für Sport, für Hobbys, für Freunde. In Deutschland wird ein regelrechter Mutterkult betrieben.

ZEIT ONLINE: Sie reden von Helikopter- 80 Eltern?

Joeres: Das sind Mütter, die wie Helikopter über ihren Kindern kreisen, den Job und oft auch sich selbst aufgeben. In Deutschland sind die Erwartungen an die Eltern sehr 85 groß. Das geht ja schon in der Kita los. [...] Sie sind ständig gefragt. Da gibt es das Sommerfest, das Herbstfest, die Weihnachtsfeier, den Bastelnachmittag. Da sitzen dann zehn gut ausgebildete Frauen, die alle im 90 Job reduziert haben oder aussetzen, um einen Tisch herum. Statt als Juristin, Ärztin oder Ingenieurin zu arbeiten, basteln sie lieber Fensterdekorationen für Kleinkinder, während die Kinder selbst lieber in der Ku- 95 schelecke spielen. [...]

GLOSSAR

Staat

INFO

Downgrading
Beruflicher Rückschritt, z. B. ein Posten mit weniger Verantwortung

Aus: Tina Groll: Es wird ein Mutterkult betrieben, ZEIT online, 20.04.2015, Hamburg; https://www.zeit.de/karriere/ 2015-04/familie-beruf-frankreich-muetter (Zugriff 27.10.2022)

M7 „Unser Familienmodell wird nicht wertgeschätzt"

Andrea (27 Jahre), Sachbearbeiterin, verheiratet, zwei Söhne (elf Monate und drei Jahre), ist Vollzeit-Mutter. Zum Thema Aufgabenverteilung in der Familie sagt sie:

5 „Dass ich nicht arbeite, nimmt unsere Umgebung leider sehr negativ auf. Mich ärgert das. Ständig werde ich gefragt, wann der Kleine in die Krippe kommt und ich zurück in den Job gehe.

10 Meine Familie und unsere Kinder erfüllen mich. Leider darf man das nicht laut sagen, wenn man nicht als dummes Hausmütterchen abgestempelt werden will. Man wird richtig klein geredet.

Die Berichterstattung geht überall dahin, dass 15 jeder spätestens mit einem Jahr sein Kind in der Kita abgibt. Aber ich will unsere Kinder nicht nur morgens mit einem Frühstück abfertigen und abends ins Bett bringen.

Ich fühle mich oft wie eine Exotin. In meinem 20 Umfeld arbeiten alle Mütter, aber nicht alle, weil sie wirklich müssen. In Wahrheit wollen sie nur nicht ihren hohen Lebensstandard aufgeben. Sie bekommen ein Kind, kaufen ein Haus, haben zwei Autos und machen weiter- 25 hin mehrere Urlaube im Jahr. Das kann man natürlich nur mit zwei Gehältern finanzieren."

Aus: Xenia Frenkel: Darf man heute noch nur Hausfrau sein wollen?, in: Eltern.de, Hamburg; https://www.eltern.de/familie-und-urlaub/familienleben/gluecklich-als-hausfrau.html (Zugriff 29.03.2017)

Privatheit und Öffentlichkeit

1   Analysiere die Karikatur (M5).

2   Erkläre mithilfe von M6, warum die Vereinbarkeit von Familie und Beruf für viele Frauen in Deutschland ein Problem darstellt.

3   Erörtere Vor- und Nachteile des von der Autorin von M7 gewählten Familienmodells.

4   Stell dir vor, du bist Bundesfamilienminister/-in. Wofür würdest du dich eher stark machen: für mehr Kita-Plätze oder für mehr Kindergeld? Begründe deine Entscheidung (M2 – M7).

Bewerten und Beurteilen

Im Gemeinschaftskundeunterricht wirst du oft nach deiner Beurteilung gefragt. Aufgaben in diesem Buch oder in Klassenarbeiten beginnen dann z. B. mit **„Beurteile"** oder **„Bewerte"**. Verlangt ist dann aber nicht nur, dass du einfach sagst, ob du etwas „gut" oder „schlecht" findest, sondern auch, dass du gut begründest.

Wenn du etwas beurteilen sollst, geht es oft um Fragen wie: „Wird das gewünschte Ziel erreicht?" oder „Stehen Kosten und Nutzen in einem angemessenen Verhältnis?". Du beurteilst einen Sachverhalt oder eine Maßnahme also anhand bestimmter **Beurteilungsmaßstäbe** (Kriterien). Je nach Thema und Aufgabe können unterschiedliche Maßstäbe zur Beurteilung geeignet sein.

Beispiel:

■ „Viele Politiker/-innen und Journalist/-innen fordern, das Ehegattensplitting abzuschaffen. Beurteile diese Forderung." (S. 33)

Hier könnte man überlegen, ob dadurch die angestrebten Ziele erreicht werden, welche Folgen die Abschaffung des Ehegattensplittings für die Betroffenen hätte und ob der Vorschlag politisch mehrheitsfähig ist.

Bei einer **Bewertung** geht es zusätzlich noch um eine persönliche Wertung von dir: „Findest du die Maßnahme gut?"

Beispiel:

■ **„Bewerte** die Frauenquote." (S. 46)

Dabei sind auch unterschiedliche Ansichten möglich, denn es geht nicht um „richtig" oder „falsch". Man kann das Gesetz „gut" oder „schlecht" finden. Aber auch hier gilt umso mehr: begründen!

Wie kann ich mein Urteil gut begründen?

Die folgenden Fragen helfen dir dabei, Aussagen, Regelungen, Forderungen, Maßnahmen etc. zu bewerten.

■ **Stehen Aufwand und Ergebnis in einem vernünftigen Verhältnis?** Wenn z. B. ein Kind wöchentlich viele Stunden Klavierunterricht bekommt, aber auch nach vielen Jahren nur „Alle meine Entchen" spielen kann, standen Aufwand und Ertrag in keinem vernünftigen Verhältnis.

■ **Wird das gewünschte Ziel erreicht?** Wenn die Lehrerin oder der Lehrer bei fehlender Hausaufgabe Nachsitzen androht und dann alle Schülerinnen und Schüler die Hausaufgabe haben, war die Drohung wohl wirksam.

■ **Werden die Gesetze eingehalten?** Wenn Eltern entscheiden, dass ihr schulpflichtiges Kind nicht in die Schule darf, verstößt das gegen das Gesetz.

■ **Akzeptieren die Betroffenen die Maßnahme?** Wenn die Klassenlehrerin das Ziel des Klassenausfluges einfach festlegt, aber kein Schüler und keine Schülerin dorthin möchte, wird sie nicht akzeptiert.

■ **Ist die Maßnahme gerecht?** Jeder versteht etwas anderes unter Gerechtigkeit, z. B. dass alle die gleichen Chancen haben, dass alle das Gleiche bekommen sollen, dass jemand, der mehr geleistet hat, auch mehr bekommen soll usw. Es ist deshalb wichtig, klarzumachen, was du unter Gerechtigkeit verstehst.

Übung
Welches der folgenden Urteile ist gut begründet, welches nicht?

■ Ich finde die neue Hausaufgabenregel gut, weil wir sie als Klasse gemeinsam aufgestellt haben. Alle durften abstimmen, deshalb sollte sie auch von allen akzeptiert werden.

■ Ein Klassenausflug zum Vergnügungspark lohnt sich nicht, da es lange dauert, dorthin zu kommen, und viel kostet. Viele Schülerinnen und Schüler haben auch keine Lust auf Achterbahnfahren. Da geht viel Zeit und Geld für etwas drauf, das nur ein Teil der Klasse möchte.

■ Familien sind gut, weil sie wichtig sind. Wenn es keine Familien gäbe, wären keine mehr da. Dann würde etwas Wichtiges fehlen.

2.7 Schafft das Elterngeld mehr Gleichberechtigung?

Der Staat unterstützt Familien mit zahlreichen Maßnahmen, z. B. Elternzeit, Kindergeld oder Kindertagesstätten. Diese Regelungen sollen Familien helfen, ihre zahlreichen organisatorischen und finanziellen Herausforderungen zu meistern. 2007 wurde eine neue Maßnahme zur Familienförderung eingeführt: das Elterngeld.

M 1   Ratgeberliteratur für Väter

M 2   Was ist Elterngeld?

Das Elterngeld fängt einen Einkommenswegfall auf, wenn Eltern nach der Geburt für ihr Kind da sein wollen und ihre berufliche Arbeit unterbrechen oder einschränken.

5 Das Basiselterngeld wird an Väter und Mütter für maximal 14 Monate gezahlt; beide können den Zeitraum frei untereinander aufteilen. Ein Elternteil kann dabei mindestens zwei und höchstens zwölf Monate für sich in Anspruch

10 nehmen, zwei weitere Monate gibt es, wenn sich auch der andere Elternteil an der Betreuung des Kindes beteiligt und den Eltern mindestens zwei Monate Erwerbseinkommen wegfallen.

15 Das Elterngeld beträgt 67 Prozent des durchschnittlich vor der Geburt monatlich verfügbaren Nettoerwerbseinkommens, höchstens jedoch 1.800 Euro und mindestens 300 Euro.

Der Bezug von Elterngeld eröffnet in der zwölfmonatigen Kernzeit und den zusätz- 20 lichen zwei Partnermonaten, die für einen aktiven Beitrag des anderen Elternteils zur Kindererziehung gewährt werden, einen Schonraum, damit Familien ohne größere finanzielle Nöte in ihr Familienleben hinein- 25 finden können. Das Elterngeld soll die Teilhabe an Beruf und Familie von Müttern und Vätern sichern. Für Männer sollen die Chancen verbessert werden, aktive Väter zu sein, Frauen soll die Rückkehr in das Berufsleben 30 erleichtert werden.

Seit seiner Einführung wurde das Elterngeld mehrfach reformiert. Dabei wurde unter anderem die Förderung von Teilzeitbeschäftigung beider Eltern ausgebaut. 35

Nach: Nancy Ehlert: Dossier: Elterngeld als Teil nachhaltiger Familienpolitik, hrsg. vom Bundesministerium für Familie, Senioren, Frauen und Jugend, Berlin 2008; https://www.bmfsfj.de/blob/100752/479d1337feff23915e75f424986c9 f3b/elterngeld-dossier-pdf-data.pdf (Zugriff: 28.10.2022).

M3 Elterngeld 2021: Anstieg des Väteranteils setzt sich fort

[...] Wie das Statistische Bundesamt (Destatis) [...] mitteilt, hat sich die Zahl der Männer mit Elterngeldbezug im Vorjahresvergleich um 9.700 oder 2,1 % erhöht. Dagegen ging die Zahl
5 der leistungsbeziehenden Frauen leicht um 1.900 oder 0,1 % zurück. Dadurch stieg der Väteranteil im Jahr 2021 auf 25,3 % (2020: 24,8 %). Der kontinuierliche Anstieg des Väteranteils hat sich damit fortgesetzt. Im Jahr 2015 hatte er noch bei 20,9 % gelegen.
10

Pressemitteilung: Elterngeld 2021: Anstieg des Väteranteils setzt sich fort, Statistisches Bundesamt (Destatis) online, 31.03.2022, Wiesbaden; https://www.destatis.de/DE/Themen/Gesellschaft-Umwelt/Soziales/Elterngeld/_inhalt.html;j sessionid=586B727F374CD95145BADAD266E42BDA.live741 (Zugriff 28.10.2022)

INFO
Bei Frühgeburten kann sich die Bezugsdauer des Elterngeldes erhöhen: Statt der eigentlich maximal 14 Monate können dann (je nachdem, wie viele Wochen zu früh das Kind geboren wurde) bis zu 16 Monate Elterngeld bezogen werden.

QUERVERWEIS

Methode Grafiken auswerten
S. 27

M4 Bezugsdauer von Elterngeld

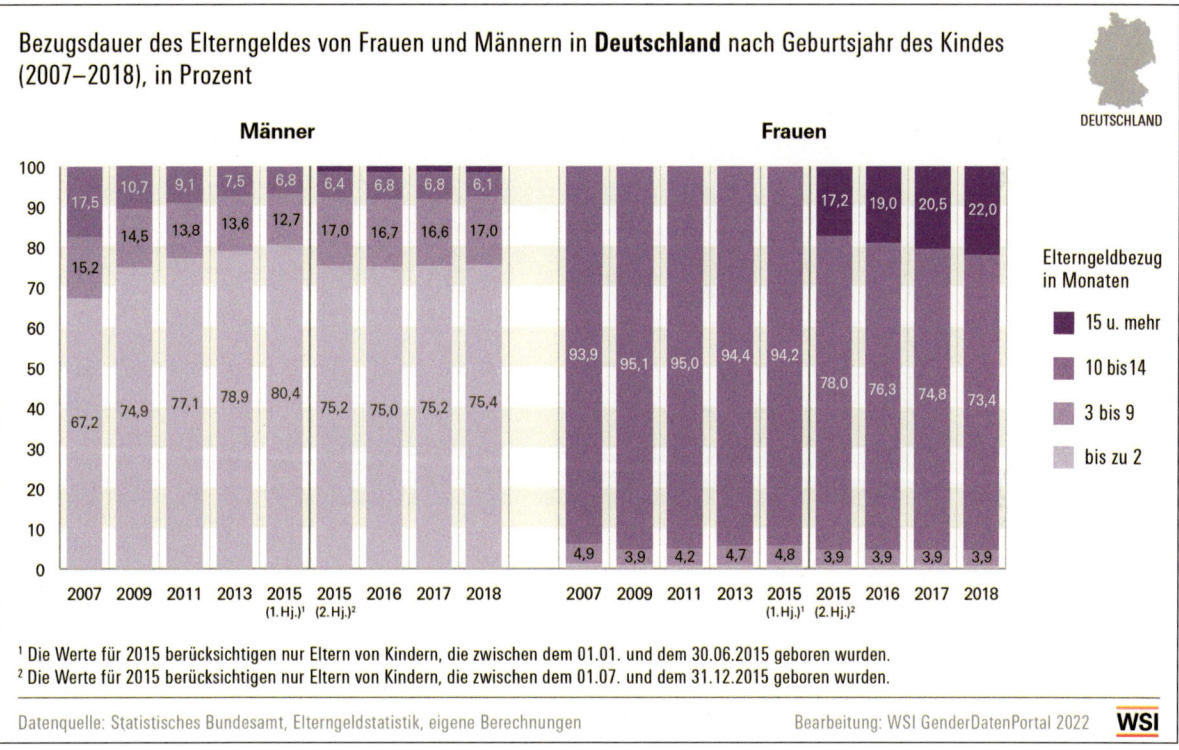

Bezugsdauer des Elterngeldes von Frauen und Männern in **Deutschland** nach Geburtsjahr des Kindes (2007–2018), in Prozent

¹ Die Werte für 2015 berücksichtigen nur Eltern von Kindern, die zwischen dem 01.01. und dem 30.06.2015 geboren wurden.
² Die Werte für 2015 berücksichtigen nur Eltern von Kindern, die zwischen dem 01.07. und dem 31.12.2015 geboren wurden.

Datenquelle: Statistisches Bundesamt, Elterngeldstatistik, eigene Berechnungen   Bearbeitung: WSI GenderDatenPortal 2022

1 Beschreibe die beiden Buchcover. Erkläre, inwiefern sie traditionelle Geschlechterrollen problematisieren (M1).

2 Arbeite die Ziele des Elterngelds heraus (M2).

3 Erörtere, ob das Elterngeld die traditionelle Rollenverteilung in Familien verändert (M3 und M4).

4 Beurteile weitere Maßnahmen, die der Staat ergreifen könnte, um die in M2 genannten Ziele zu erreichen.

BASISKONZEPT

Ordnung und Struktur

INFO

Hilfen
In diesem Buch findest du immer wieder Aufgaben mit einem dunkelblauen Kästchen (wie Aufg. 4). Dazu gibt es Hilfen im Anhang (S. 401 ff.).

2.8 Die Frauenquote – ein sinnvoller staatlicher Eingriff zur Förderung der Gleichberechtigung?

WEBCODE

WES-116987-003
Film „Einfach erklärt:
Gleichberechtigung"

In Deutschland haben Frauen und Männer die gleichen Rechte. In manchen Lebensbereichen scheint es für Frauen allerdings schwieriger zu sein, bestimmte Ziele zu erreichen. Mit der Frauenquote versucht der Staat, in einem dieser Bereiche mehr Chancengleichheit herzustellen.

INFO

Art. 3 GG
(2) Männer und Frauen sind gleichberechtigt. Der Staat fördert die tatsächliche Durchsetzung der Gleichberechtigung von Frauen und Männern und wirkt auf die Beseitigung bestehender Nachteile hin.

QUERVERWEIS

Methode Karikaturenanalyse
S. 38

M 1 Karriereleiter

M 2 Frauenanteile in Gesellschaft und Wirtschaft

INFO

Aufsichtsrat
Beratungs- und Kontrollgremium in großen Unternehmen

Gesamtbevölkerung	50,7 %
Erwerbstätige	46,6 %
Hochschulabsolventen	51,7 %
Führungspositionen allgemein	29,0 %
Vorstandsebene (Top 200)	14,7 %
Aufsichtsräte (Top 200)	30,4 %

Datenquellen: Statistisches Bundesamt (Destatis), Statista

M3 Einführung einer Frauenquote in Deutschland

Seit 2016 gibt es in Wirtschaft und Verwaltung eine sogenannte Frauenquote.

Warum eine Frauenquote?

Die Idee zu diesem Gesetz resultiert aus der
5 Tatsache, dass die Karriereleiter für Frauen ab
einer bestimmten Stufe abrupt endet. Über
dieser Stufe finden sich nur vereinzelt Frauen
in Führungspositionen – weshalb man auch
von einer „gläsernen Decke" spricht. Der
10 Zweck der gesetzlichen Frauenquote ist also
die Gleichstellung von Frau und Mann in
Wirtschaft und Verwaltung.

Welche Regelungen beinhaltet das Gesetz zur Einführung einer Frauenquote?

15 Das Gesetz verpflichtet Arbeitgeberinnen und
Arbeitgeber, das jeweils unterrepräsentierte
Geschlecht – in der Regel Frauen – stärker zu
berücksichtigen. Die wichtigste Regelung betrifft börsennotierte und voll mitbestim-
mungspflichtige Unternehmen in Deutsch- 20
land. Diese großen Konzerne müssen seit 2016
für alle Aufsichtsratsposten, die zu besetzen
sind, eine Quote von 30 Prozent einhalten. Bei
Nichterreichen bleiben die für das unterrepräsentierte Geschlecht vorgesehenen Stühle leer. 25
Gut 100 Unternehmen werden von dieser
Regelung erfasst. Darüber hinaus müssen sie
und 3.500 weitere, mittelgroße Firmen verbindliche Quoten für Vorstand und die obersten Führungsetagen festlegen. 30
2021 wurden die Regelungen zur Frauenquote
mit dem zweiten Führungspositionengesetz
ausgeweitet. Unter anderem gilt nun auch für
Vorstände eine Frauenquote.

Autorentext

INFO

**Mitbestimmungs-
pflicht**
In manchen – insbe-
sondere größeren –
Unternehmen haben
Arbeitnehmervertre-
ter und -vertreterin-
nen das Recht, bei
bestimmten Themen
mitzubestimmen.

M4 Diskussion um die Frauenquote

Pro 1 – Nur Druck hilft: Viele Unternehmen
haben sich Selbstverpflichtungen zur Frauen-
förderung auferlegt. Dennoch hat sich in den
vergangenen zehn Jahren der Frauenanteil in
5 Führungspositionen kaum verbessert. Ohne
verbindlichen Druck bewegt sich nichts.

Pro 2 – Die Mischung macht's: Diverse Studien zeigen: Gemischte Führungsteams sind
effizienter und kreativer, zu viel Homogenität
10 macht langweilig und begrenzt den Horizont.
Nur Männer: schlecht. Nur Frauen: auch
schlecht. Gemischt läuft's einfach besser.

Pro 3 – Gleich sucht gleich: Männer fördern
bevorzugt Männer, wenn auch oft nur unter-
15 bewusst. Durch eine Quote werden Chefs gezwungen, ihr professionelles Beuteschema zu
erweitern, Frauen als Kandidaten wahrzuneh-
men und zu fördern.

Pro 4 – Chancen schaffen: Eine Quote hilft
20 Frauen, überhaupt in die Positionen zu kommen, in denen sie sich bewähren müssen. Gute
Frauen kommen dank dieses Sprungbretts weiter – die schlechten sind schnell wieder weg.

Pro 5 – Mehr als nur Alibi: Ab einer kritischen Masse von 30 Prozent schafft es eine 25
Minderheit in einer Gruppe, Einfluss zu gewinnen. Eine Alibifrau allein bringt nichts.
Um die kritische Masse schnell zu erreichen,
hilft die Quote.

Kontra 1 – Ungleichheit sät Streit: Warum 30
sollten wir Frauen mehr fördern als Männer?
Solche Ungerechtigkeiten tragen Missgunst
und Frust in die Führungsgremien und ver-
giften das Klima.

Kontra 2 – Nur Leistung zählt: Wir leben in 35
einer Leistungsgesellschaft, es zählen Qualifikation und das Erreichte. Geschlecht ist aber
keine Qualifikation. Woher sollen zum Beispiel all die Frauen mit technischen Fach-
kenntnissen kommen? Eine Quote befördert 40
die Falschen.

Kontra 3 – Der Aufwand ist zu groß: Noch
mehr Bürokratie? Die Antidiskriminierungs-
gesetze erschweren die Personalsuche schon
heute. Eine zusätzliche Quote würde Unter- 45
nehmen unnötig belasten.

Kontra 4 – Strafe für die Falschen: Um die Quote schnell zu erreichen, können über Jahre noch Frauen in Top-Jobs befördert werden. Männer werden all ihrer Karrierechancen
50 beraubt.

Kontra 5 – Familien leiden: Eine Quote stellt traditionelle Familienmodelle infrage, Frauen können sich dadurch unter Druck gesetzt fühlen. Zudem zieht eine Quote weitere Probleme nach sich, da es an qualifizierter Kinderbe- 55 treuung in Deutschland schon jetzt mangelt.

Helene Endres; Matthias Kaufmann, DER SPIEGEL, 17.04.2013. Ergänzend: https://www.spiegel.de/politik/ deutschland/cdu-friedrich-merz-setzt-frauenquote-durch-a-fb5d4af9-4018-4a42-a8c6-2a7c4eba113b (Zugriff 20.07.2023)

INFO

Paritätische Mitbestimmung
Arbeitnehmerinnen/ Arbeitnehmer und Aktionärinnen/Aktionäre sind im Aufsichtsrat in gleicher Stärke vertreten.

Der **DAX** ist der bedeutendste deutsche Aktienindex. Er misst aktuell die Wertentwicklung der 40 größten und umsatzstärksten Unternehmen des deutschen Aktienmarktes, die an der Frankfurter Börse gelistet sind.

Top-Down-Maßnahme:
Beginn auf der obersten Ebene, schrittweise Fortführung/ Fortsetzung bis zur untersten Ebene (im vorliegenden Fall: Einführung der Frauenquote auch in mittleren und kleineren Unternehmen und auf den unteren Ebenen der Beschäftigten)

M5   Quote zeigt Wirkung

[...] Große deutsche Unternehmen haben zuletzt deutlich mehr Frauen in ihre Vorstände berufen als in den Jahren zuvor. In den 200 umsatzstärksten Unternehmen gab es Ende
5 2021 139 Vorständinnen – 38 mehr als ein Jahr davor. [...]
Um rund drei Prozentpunkte stieg damit der Frauenanteil in den Top-200-Unternehmen auf nun fast 15 Prozent. Einen so starken An-
10 stieg innerhalb eines Jahres gab es laut DIW [Berlin] seit Einführung des Managerinnen-Barometers 2006 noch nie. [...]
Bei den Aufsichtsräten ging es weniger dynamisch zu. Dort liege man aber auch auf einem
15 höheren Niveau, sagte Katharina Wrohlich [Leiterin der Forschungsgruppe Gender Economics]. Dort ist die Quote bei den Top-200-Unternehmen derzeit bei 30 Prozent [...].
Der Grund für die Steigerung – vor allem bei
20 den Vorständinnen – ist dabei die Frauenquote, also die gesetzliche Mindestbeteiligung. Zur Erinnerung: Börsennotierte und paritätisch mitbestimmte Unternehmen ab einer Vorstandsgröße von vier Personen müssen ab
25 August bei der Neubesetzung von Vorstands-

posten mindestens eine Frau – oder im umgekehrten, nicht vorhandenen Fall mindestens einen Mann – in das Gremium berufen. Davon sind 66 Unternehmen betroffen.
Die Expertinnen des DIW konnten nun starke 30 Antizipationseffekte feststellen: Zwölf Unternehmen ohne Frau im Vorstand im Herbst 2020 hatten ein Jahr später eine Vorständin. 16 Konzerne hatten 2021 im Vergleich zum Vorjahr mehr Frauen im Vorstand. Aber: 19 35 der 66 Unternehmen hatten Ende 2021 noch keine Frau im Vorstand.
Weitere Erkenntnisse aus der Studie: Unternehmen mit einer Frauenquote haben einen deutlich höheren Frauenanteil als Firmen oh- 40 ne Quote. [...] Unter den Dax40 gibt es dagegen kaum Unternehmen ohne eine Frau im Vorstand. Als Grund nannte Virginia Sondergeld vom DIW Berlin, dass die Dax-Konzerne mehr in der Öffentlichkeit stehen. [...] 45
Die Quote für die Spitzengremien sei kein Allheilmittel, aber man erhoffe sich dadurch Vorbildwirkungen und Top-Down-Maßnahmen, erklärte Wrohlich.

Anja Ringel: Gesetzliche Mindestbeteiligung – Quote zeigt schon Wirkung: Mehr Frauen in Vorständen, in: Produktion. de, verlag moderne industrie GmbH, 19.01.2022, Landsberg; https://www.produktion.de/schwerpunkte/industrie-management/quote-zeigt-schon-wirkung-mehr-frauen-in-vorstaenden-263.html (Zugriff 28.10.2022)

1   Analysiere die Karikatur M1.
2   Vergleiche die Aussage von M1 mit M2 sowie Art. 3 (2) GG.
3   Erkläre den Begriff „gläserne Decke" (M3).
4   Erläutere die Regelungen zur Frauenquote (M3).
5   Ordne die Argumente für und wider die Frauenquote von „sehr überzeugend" bis „gar nicht überzeugend" (M4). Begründe deine Rangfolge.
6   Bewerte die Frauenquote (M2–M5).

QUERVERWEIS

Methode Bewerten und Beurteilen
S. 41

M1 Familie im Wandel

„Früher hatten Eltern etwa vier Kinder, heute haben Kinder etwa vier Eltern." (Arno Backhaus)

M2 Alles für das Kind

"Sweetie, when we leave you every day with Sarah, we're doing it for you. That way we can have successful careers, and you can be proud of us."

M3 Drei Auffassungen von Familie

Die erste Position ist sehr stark auf die Ehe zentriert: Familie ist nur dort, wo ein Ehepaar in einem Haushalt zusammenlebt. Ehe konstituiert Familie, Kinder sind aus dieser Perspek-
5 tive für das Vorhandensein einer Familie nicht unbedingt erforderlich. So gilt eine kinderlose Ehe als Familie, eine nichteheliche Lebensgemeinschaft mit Kindern dagegen nicht.

Die zweite Position rückt Elternschaft in den
10 Mittelpunkt. Familie ist eine Verantwortungsgemeinschaft zwischen Eltern und Kindern bzw. zwischen Kindern und Eltern. Oder, prägnanter ausgedrückt: Familie ist überall dort, wo Kinder sind. Ehe und Haushaltsgemeinschaft sind für eine Familie demnach 15 nicht länger konstitutiv. Damit konturiert sich ein neuer, weiter gefasster Familienbegriff, der einzig auf die Eltern-Kind-Beziehung abstellt.

Die dritte Position ist noch offener gefasst und 20 hebt auf gelebte Solidarbeziehungen ab. Familie ist demnach jede exklusive Solidargemeinschaft zwischen zwei oder mehr Personen, die auf relative Dauer ausgerichtet ist. Auf das Vorhandensein von Ehe und Kindern kommt 25 es dabei nicht an.

Aus: Norbert F. Schneider: Was ist Familie? Eine Frage von hoher gesellschaftspolitischer Relevanz, Bundeszentrale für politische Bildung, Bonn, 31.05.2012, in: http://www.bpb.de/politik/grundfragen/deutsche-verhaeltnisse-eine-sozialkunde/138023/was-ist-familie (Zugriff 17.04.2017)

1 Erläutere die Aussage der Postkarte in M1.
2 Charakterisiere drei verschiedene Formen des Zusammenlebens.
3 Erläutere die Aufgaben von Familien.
4 Analysiere die Karikatur M2.
5 Bewerte staatliche Maßnahmen, die das Ziel haben, die Teilhabe an Familie und Beruf von Müttern und Vätern zu verbessern.
6 Erörtere, an welcher der drei in M3 beschriebenen Positionen sich staatliche Familienpolitik orientieren sollte.

3.

Demokratie in der Schule

Selbst wenn man grundsätzlich gegen den Stock und der Meinung ist, dass erstmal alle anderen Erziehungsmöglichkeiten angewandt werden sollen, gibt es doch wohl hie und da Fälle, in denen eine Tracht Prügel wesentlich mehr Eindruck macht als alle guten und mahnenden Worte.

Aus: Badische Zeitung vom 20. September 1957

Über die Vermittlung von Wissen, Fähigkeiten und Fertigkeiten hinaus ist die Schule insbesondere gehalten, die Schüler auf die Wahrnehmung ihrer verfassungsmäßigen staatsbürgerlichen Rechte und Pflichten vorzubereiten und die dazu notwendige Urteils- und Entscheidungsfähigkeit zu vermitteln. [...]

Aus: § 1, Abs. 2 Schulgesetz Baden-Württemberg

3.1 Wie viel Demokratie braucht die Schule?

Das Grundgesetz legt fest, dass Deutschland eine Demokratie ist. Das bedeutet, dass die Bürgerinnen und Bürger z. B. über Wahlen und Abstimmungen bestimmen, wer Entscheidungen treffen darf oder wie entschieden wird.
Außerdem ist Deutschland ein Rechtsstaat. Alle müssen sich an Gesetze und Regeln halten.
Auch in der Schule treffen wir auf demokratische Prozesse und Regeln.

INFO

Relative Mehrheit
Die relative Mehrheit ist bei einer Wahl erreicht, wenn ein Kandidat mehr Stimmen bekommt als alle anderen.

Absolute Mehrheit
Die absolute Mehrheit ist erreicht, wenn bei einer Wahl ein Kandidat mehr als die Hälfte der Stimmen bekommen hat.

M 1 Stimmen zur Klassensprecherwahl

„Wir haben keine Zeit für eine geheime Abstimmung mit Zetteln. Es reicht eine Abstimmung per Handzeichen."

„Warum bestimmen wir den Klassensprecher nicht per Los?"

„Es sollten auf jeden Fall ein Mädchen und ein Junge gewählt werden."

„Als Klassenlehrer ernenne ich die Schülerin oder den Schüler mit den besten Noten zum Klassensprecher."

„Es reicht eine Abstimmungsrunde und die Schülerin oder der Schüler mit den meisten Stimmen gewinnt."

„Mir ist egal, wer gewählt wird. Ich enthalte mich."

„Ich will nicht wählen. Ich übertrage meine Stimme an Max. Dann hat er zwei."

„Der Gewinner sollte schon mindestens die Hälfte der Stimmen erhalten, zur Not halt in einer Stichwahl."

„Brauchen wir überhaupt einen Klassensprecher?"

M 2 Rechtliche Vorgaben für die Schule

a) Baden-Württembergische Landesverfassung (LV)

Artikel 2 (1) Die im Grundgesetz für die Bundesrepublik Deutschland festgelegten Grundrechte und staatsbürgerlichen Rechte sind Bestandteil dieser Verfassung und unmittelbar geltendes Recht.

Artikel 21 (1) Die Jugend ist in den Schulen zu freien und verantwortungsfreudigen Bürgern zu erziehen und an der Gestaltung des Schullebens zu beteiligen.

Artikel 26 (4) Alle nach der Verfassung durch das Volk vorzunehmenden Wahlen und Abstimmungen sind allgemein, frei, gleich, unmittelbar und geheim.

b) Baden-Württembergisches Schulgesetz (SchG)

§ 65 Klassensprecher

(1) Von Klasse 5 an wählen die Schüler jeder Klasse aus ihrer Mitte zu Beginn des Schuljahres einen Klassensprecher und seinen Stellvertreter.

(2) Der Klassensprecher vertritt die Interessen der Schüler der Klasse und unterrichtet die Klassenschülerversammlung über alle Angelegenheiten, die für sie von allgemeiner Bedeutung sind.

c) Verordnung des Kultusministeriums über Einrichtung und Aufgaben der Schülermitverantwortung

§ 5 Wahlverfahren

(1) Die Wahl ist geheim. Die Aufstellung und Wahl der Kandidaten bedürfen keiner Bestätigung. Im Übrigen muss die Wahl aller Schülervertreter den Grundsätzen entsprechen, die für demokratische Wahlen gelten, insbesondere also allgemein, frei, gleich und unmittelbar sein.

(2) Gewählt ist, wer die meisten gültigen Stimmen erhält. Bei Stimmengleichheit ist ein weiterer Wahlgang erforderlich.

M 3 Welche Fähigkeiten und Eigenschaften sollten Klassensprecherinnen und Klassensprecher haben?

- Streit in der Klasse verhindern können
- die Bereitschaft, sich häufiger bei den Lehrerinnen und Lehrern zu beschweren
- gut die eigene Meinung vertreten können
- gute Leistungen im Unterricht erbringen
- in der Schule fleißig sein
- einen Sinn für Gerechtigkeit haben
- Aufgaben für die Klasse übernehmen

- klar kommunizieren können
- viele Befreundete in der Klasse haben
- sich gerne für andere einsetzen wollen
- selbstbewusst auftreten können
- selbstkritisch sein
- Wünsche der Klassengemeinschaft gegenüber Lehrkräften gut begründen können
- einen freundlichen Umgangston pflegen

1 Nenne Prinzipien, an denen sich nach deiner Meinung Klassensprecherwahlen orientieren sollten.
2 Überprüfe, ob in den Aussagen aus M 1 die rechtlichen Vorgaben aus M 2 beachtet werden.
3 Erstelle eine Liste mit möglichen Aufgaben für Klassensprecher/-innen.
4 Erörtert, welche der genannten Aufgaben wichtiger und welche weniger wichtig sind. Erstellt dazu gemeinsam eine Rangfolge.
5 Beurteile, inwiefern die in M 3 genannten Fähigkeiten und Eigenschaften notwendig sind, um die Aufgabe der Klassensprecherin/des Klassensprechers zu erfüllen.

BASISKONZEPT

Macht und Entscheidung

Johanna Lohrer,
ehemalige Vorsitzende
des baden-württember-
gischen Landesschüler-
beirats (bis 2016)

INFO

Landesschülerbeirat
Der LSBR ist die Vertretung
der Schülerinnen und Schüler in Baden-Württemberg.
Er hat 30 Mitglieder, die aus
den Schülersprechern der
Schulen gewählt werden.
Als Sprachrohr der Schülerinnen und Schüler vertritt
er ihre Interessen und berät
das Ministerium für Kultus,
Jugend und Sport.

Parität
Ein gleichmäßiges Stim-
menverhältnis in einer
Gruppe oder einem
Gremium. Schüler/-innen,
Eltern und Lehrer/-innen
haben die gleiche Anzahl
von Stimmen.

M 4 Interview mit der ehemaligen Vorsitzenden des Landesschülerbeirats

*Johanna Lohrer stand an der Spitze des Landesschülerbeirats. Im Interview spricht sie über Schülerbeteili-
gung, Demokratieerziehung und ihre Erwartungen an die Politiker.*

**Frau Lohrer, der Landesschülerbeirat lädt
am nächsten Wochenende zur Diskussion
über politische Bildung ein. Was bieten Sie?**
Wir laden alle interessierten Schülerinnen
5 und Schüler aus Baden-Württemberg ein,
über Bildungspolitik und andere wichtige
Themen zu sprechen und sich untereinander
zu vernetzen. Die Chance, mit dem Kultusmi-
nister und Landtagsabgeordneten zu diskutie-
10 ren, hat man ja nicht jeden Tag.

**Wie groß ist denn das Interesse von Ju-
gendlichen, sich in der Schülermitverantwortung (SMV) zu engagieren?**
Das ist sehr unterschiedlich. An manchen
15 Schulen sind viele Schüler aktiv, an anderen
weiß keiner so recht, welche Mitsprachemög-
lichkeiten es eigentlich gibt.

**Seit 2012 haben Schülerinnen und Schüler
mehr Mitsprache in der Schulkonferenz.
20 Was hat sich verändert?**
Viele Schüler wissen wahrscheinlich gar nicht,
was die Schulkonferenz ist und dass sie dank

der neuen Drittelparität jetzt genauso viele
Stimmen haben wie die Eltern und die Lehrer.
Im Idealfall geben die Schülersprecher und die 25
Klassensprecher diese Informationen an die
Schüler weiter [...].

**Wie ließe sich diese Information verbes-
sern?**
Wir wünschen uns mehr Unterstützung 30
durch die Lehrkräfte. Wer Schülerinnen und
Schüler aktiv zur Demokratie erziehen will,
sollte sie über ihre Rechte und Pflichten informieren. Und sie ermuntern, für ihre Interessen einzutreten. Das gehört unseres Erach- 35
tens zum Bildungsauftrag der Schule. Wir
halten natürlich auch die SMVen dazu an, das
zu tun, aber das passiert nicht immer.

Eine Aufgabe für die Gemeinschaftskunde?
Im Gemeinschaftskundeunterricht kommt 40
das zu spät. In jedem Schuljahr sind die Klassensprecherwahlen – bei dieser Gelegenheit
sollten die Klassenlehrer/-innen den Schü-
ler/-innen vermitteln, wie sie sich für ihre
Anliegen einsetzen können. Die Schule ist ein 45
guter Ort, um Demokratie einzuüben und be-
greifbar zu machen. Wer sie von klein an erlebt, weiß, warum es wichtig ist, wählen zu
gehen.

**Welche Themen spielen in der Diskussion 50
denn eine besondere Rolle?**
Wenn es um die Gestaltung von Klassenzim-
mern und Schulhöfen geht, würden Schülerinnen und Schüler gern mitsprechen, aber
auch beim Thema Handynutzung. Da gehen 55
die Meinungen von Schüler/-innen und Lehrkräften meist auseinander. Wenn Schüler
mitsprechen können, machen sie sich auch
Gedanken darüber, wie sie überzeugen können – und entwickeln oft Modelle, die für alle 60
akzeptabel sind. [...]

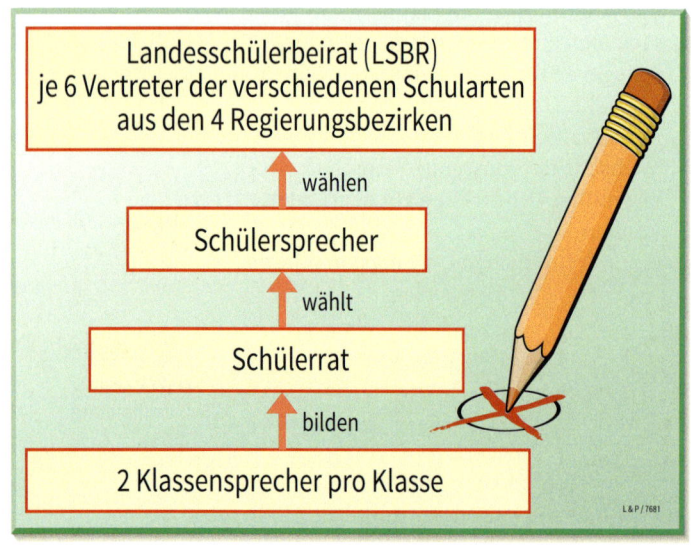

*Aus: Maria Wetzel: Wir wünschen uns einen Schulfrieden – Interview mit Johanna Lohrer, in: Stuttgarter Zeitung
online, 18.01.2016; https://www.stuttgarter-nachrichten.de/inhalt.landesschuelerbeirat-wir-wuenschen-uns-einen-
schulfrieden.62da7d66-1c7c-4f57-b227-c144a8496112.html (Zugriff 18.08.2022)*

M5 Aus der SMV-Verordnung

§ 7 Aufgaben der SMV
(1) Die Schülermitverantwortung ist – unbeschadet der besonderen Aufgabe der Schülervertreter – Sache aller Schüler der gesamten
5 Schule.

(2) Die Schülermitverantwortung und ihre Organe stellen sich ihre Aufgaben selbst, soweit sie nicht durch das Schulgesetz oder sonstige Rechtsvorschriften festgelegt sind. Dazu ge-
10 hören insbesondere:
1. Gemeinschaftsaufgaben der Schüler. Insbesondere soll die Schülermitverantwortung die fachlichen, sportlichen, kulturellen, sozialen und politischen Interessen der Schüler för-
15 dern. Sie kann dafür eigene Veranstaltungen durchführen. Diese müssen allen zugänglich sein und dürfen nicht einseitig den Zielsetzungen bestimmter politischer, konfessioneller oder weltanschaulicher Gruppen dienen;
20 2. die Aufgabe der Organe der Schülermitverantwortung, sich aus dem Schulleben ergebende Interessen der Schüler zu vertreten.

(3) Der SMV ist Gelegenheit zu geben, in allen dafür geeigneten Aufgabenbereichen der
25 Schule mitzuarbeiten. Dies schließt die Vertretung der Schüler in der Schulkonferenz ein. Außerdem können dazu mit ihrem Einverständnis gehören:
1. Anregungen und Vorschläge für die Gestal-
30 tung des Unterrichts im Rahmen der Bil-
dungspläne einschließlich der Erprobung neuer Unterrichtsformen;
2. Beteiligung an Verwaltungs- und Organisationsaufgaben der Schule sowie Aufgaben im Ordnungs- und Aufsichtsdienst. Dabei soll den 35 Schülern nach Möglichkeit Gelegenheit gegeben werden, Eigeninitiative zu entfalten.

§ 16 Verbindungslehrer: Wahl und Tätigkeit
(1) Der Schülerrat wählt für die Dauer eines 40 Schuljahres oder zweier Schuljahre je nach Art und Größe der Schule einen oder mehrere, höchstens jedoch drei Verbindungslehrer (§ 68 des Schulgesetzes).

(2) Die Übernahme des Amtes des Verbin- 45 dungslehrers ist freiwillig. Seine Tätigkeit gilt als Dienst. Die Verbindungslehrer sollen von allen am Schulleben Beteiligten tatkräftig unterstützt werden, um ihre Aufgabe gemäß § 68 Abs. 2 des Schulgesetzes wirksam erfüllen zu 50 können; (§ 68 Abs. 2 SchG: Die Verbindungslehrer beraten die Schülermitverantwortung, unterstützen sie bei der Erfüllung ihrer Aufgaben und fördern ihre Verbindung zu den Lehrern, dem Schulleiter und den Eltern. Sie 55 können an allen Veranstaltungen der Schülermitverantwortung, insbesondere auch an den Sitzungen der Schülervertreter beratend teilnehmen.)

---

1 Arbeite aus M4 heraus, welche Rolle für Johanna Lohrer Politik in der Schule spielen sollte.
2 Erstelle mithilfe von M5 ein Schaubild zu den Mitwirkungsrechten und Aufgaben der SMV.
3 Erläutert erfolgreiche und gescheiterte Projekte der SMV an eurer Schule.
4 Nenne Möglichkeiten, wie die Beteiligung von Schülerinnen und Schülern an der Vertretung ihrer Interessen und an der Gestaltung ihres schulischen Umfeldes sowie des Unterrichts erhöht werden könnte. Beurteile sie anschließend.

QUERVERWEIS
Methode Vernetzungsdiagramme analysieren
S. 79

BASISKONZEPT
Macht und Entscheidung

GLOSSAR
Schülermitverant-
wortung (SMV)

INFO
Organe der SMV
Die Schülervertreter/
-innen; das sind z.B.
die Klassensprecher/
-innen oder der Schülerrat.

3.2 Die Schulkonferenz entscheidet

In der Schulkonferenz arbeiten Schulleitung, Lehrkräfte, Eltern und Schülerinnen/Schüler zusammen und beraten über Angelegenheiten, die von wesentlicher Bedeutung sind. Viele Themen werden dabei schnell abgehandelt, manchmal kommt es aber auch zu Konflikten.

M1 In der Schule muss das Smartphone aus sein

[...] 97 Prozent der Jugendlichen sind im Besitz eines Taschentelefons. Das ergab die jüngste Studie des Medienpädagogischen Forschungsverbundes Südwest, der ein Mal im Jahr über den Umgang Jugendlicher zwischen zwölf und [5] 19 Jahren mit Medien berichtet, zuletzt im Dezember 2017.

Die Schulen stellt die Erfindung der smarten Kommunikation vor Probleme, im schlimmsten [10] Fall wegen Ärgers und Zwietracht bei Mobbing, im günstigsten Fall wegen Aufmerksamkeitsdefiziten, wenn unter der Bank gedaddelt wird. Und doch setzt die Schulaufsichtsbehörde in Stuttgart nicht auf Erlasse.

Welche Regelung getroffen wird, ist Entschei- [15] dung jeder einzelnen Schule und Schulgemeinde. „Es gibt Schulen, die rigide Regeln aufstellen gegen Handys, andere verbieten Handys weniger rigoros, weil die Einhaltung eben sehr schwer zu kontrollieren ist", sagt [20] Manfred Rittershofer vom Staatlichen Schulamt Stuttgart. Das Problem sei inzwischen selbst bei den Grundschulen angekommen: „Auch die schleppen Smartphones mit sich rum, meist allerdings auf Wunsch der Eltern, [25] die glauben, sie müssten ihre Kinder immer erreichen können oder umgekehrt." [...]

Barbara Czimmer: Handyverbot in Stuttgart – In der Schule muss das Smartphone aus sein, Stuttgarter Zeitung online, 01.08.2018; https://www.stuttgarter-zeitung.de/inhalt.handyverbot-in-stuttgart-in-der-schule-muss-das-smartphone-aus-sein.616daed7-8eae-4afe-91b4-2fa67fb5270f.html (Zugriff 04.11.2022)

M2 Die Schulkonferenz

Die Schulkonferenz kann u. a. über die Vereinbarung von Schulpartnerschaften, den Unterrichtsbeginn oder die Namensgebung der Schule bestimmen. Sie ist auch zu Beschlüssen [5] der Gesamtlehrerkonferenz und zu allgemeinen Fragen der Erziehung und des Unterrichts an der Schule anzuhören. Der Erlass und Änderungen der Schul- und Hausordnung werden in der Schulkonferenz beraten und bedür- [10] fen ihres Einverständnisses. Die Beratungen der Schulkonferenz sind nicht öffentlich. Sie sind vertraulich, soweit es sich um Tatsachen handelt, die ihrer inhaltlichen Bedeutung nach der Vertraulichkeit bedürfen.

Der Schulkonferenz gehören an: der/die [15] Schulleiter/-in als Vorsitzende(r), der/die Elternbeiratsvorsitzende als stellvertretende(r) Vorsitzende(r), der/die Schülersprecher/-in, drei Vertreter der Lehrkräfte, drei Vertreter der Eltern, drei Vertreter der Schüler/-innen. [20] Ein Verbindungslehrer bzw. eine Verbindungslehrerin mit beratender Stimme kann bei allgemeinen Angelegenheiten der Schülermitverantwortung hinzugezogen werden. *Autorentext*

BASISKONZEPT

Interessen und Gemeinwohl

1 Erörtert die Regelung zur Smartphonenutzung an eurer Schule. (M 1)

2 Arbeite aus M 2 Zusammensetzung und Aufgaben der Schulkonferenz heraus.

3 Führt das Rollenspiel zur Handynutzung auf dem Schulgelände auf den folgenden Seiten durch. Zwölf Schülerinnen und Schüler übernehmen die Rollen der Mitglieder der Schulkonferenz, deren Meinung jeweils angegeben ist. Darüber hinaus dürfen die Teilnehmer weitere Argumente einbringen, die zu ihrer Rolle passen. Die übrigen Schülerinnen und Schüler übernehmen die Rolle von Beobachtern und bewerten im Anschluss das Ergebnis.

Rollenspiel

Bei einem Rollenspiel übernehmt ihr die Rolle einer anderen Person. Dafür müsst ihr euch zunächst in sie hineinversetzen. Wie denkt und fühlt sie? Welche Ansichten vertritt die Person? Wie ist ihr Verhalten gegenüber anderen?

Durch Rollenspiele könnt ihr die Verhaltensweisen anderer darstellen, beobachten und anschließend besprechen. In der Regel hat ein Rollenspiel drei Phasen:

1. Vorbereitung:
Erörtert gemeinsam die Ausgangslage und besprecht, welche Ansichten und Wünsche zu den Rollen gehören. Verteilt dann die Rollen auf Gruppen. Jede Gruppe überlegt sich für ihre Rolle Argumente, Verhaltensweisen, Strategien usw. Wählt dann Gruppensprecherinnen bzw. -sprecher. Diejenigen, die nicht spielen, bekommen genaue Beobachtungsaufträge.

2. Durchführung:
Spielt die Szene möglichst ohne Unterbrechung. Die anderen aus eurer Klasse beobachten das Spiel und machen sich Notizen. Beobachtet z. B., ob das Rollenspiel wirklichkeitsgetreu abläuft oder wie das Verhalten der einzelnen Personen einzuschätzen ist.

3. Auswertung:
Äußert zunächst in einer Runde, was euch besonders am Spielablauf aufgefallen ist. Tauscht dann die weiteren Ergebnisse der Beobachtungen aus. Danach könnt ihr das Rollenspiel wiederholen; gegebenenfalls könnt ihr dafür die Rollen tauschen. Dabei ist es sinnvoll, dass Schülerinnen und Schüler aus der Beobachtungsgruppe nun eine Rolle übernehmen.

Rollenkarte

Name: Herr Müller

Funktion:	*Elternvertreter*
Position:	*gegen ein generelles Handyverbot*
Interessen und Ziele:	*Erreichbarkeit seiner Kinder*
Strategien zur Interessendurchsetzung:	*nach einem Kompromiss mit den Lehrkräften suchen*

Thema: Ist ein Handy-Verbot sinnvoll?

In der Schulordnung deiner Schule gibt es noch keine Regelung zum Umgang mit Handys. Aus dem Lehrerkollegium sind aber Forderungen laut geworden, dass die Handys vom Schulgelände verbannt werden sollten. Die Schulkonferenz muss nun entscheiden.

> Mir wurde das Handy während einer Klassenarbeit weggenommen, da es geklingelt hat. Der Lehrer hat mir dann gleich eine 6 gegeben. Das ist ungerecht.

David (11.Klasse)

> Laut Gesetz dürfen wir nicht verbieten, dass die Schülerinnen und Schüler das Handy dabeihaben. In immer mehr Klassen gibt es allerdings Beschwerden über Cyber-Mobbing.

Herr Kühnel (Schulleiter)

> Wir benutzen ja die Handys sogar im Unterricht auf Aufforderung der Lehrerinnen und Lehrer, z. B. zur Recherche oder um Fotos von der Tafel zu machen.

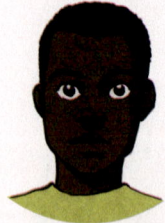

Christopher (10.Klasse)

> Die Kinder beschäftigen sich ja in den Pausen mehr mit ihren Handys als mit ihren Mitschülerinnen und Mitschülern.

Frau Weitz (Elternvertreterin)

> Während des Unterrichts sollte das Handy ausgeschaltet sein.

Frau Ebner (Elternbeiratsvorsitzende)

> Es sollte auf jeden Fall noch Orte auf dem Schulgelände geben, wo wir das Handy benutzen dürfen.

Iris (Schülersprecherin)

Das Freibad abzureißen und neu zu bauen, scheint hingegen am wenigsten wahrscheinlich. Zwei Millionen Euro müsse man dafür rechnen, erklärte Bürgermeister Izsak. Stadtrat Walter Markert schlug im Sinne der Kinder, die das Bad hauptsächlich besuchen, vor, es künftig ehrenamtlich zu betreiben. Izsak entgegnete: „Als Bademeister brauchen wir eine Fachkraft, die die entsprechende Qualifikation hat. Da geht es nicht günstiger." Er kündigte an, über das Thema im Laufe des Jahres weiter beraten zu lassen.

Kerstin Schellhorn, in: Hohenloher Tagblatt vom 25.03.2013, Crailsheim

M3 Schrozberger Freibad-Schicksal bleibt offen

Eine lange Liste mit exakt 857 Unterschriften drückte Manuela Leiberich in der jüngsten Sitzung des Gemeinderates dem Schrozberger Bürgermeister Klemens Izsak in die Hand – mitsamt Gutscheinen für den Freibad-Eintritt nebst Currywurst für alle Stadträte. Die Bürger befürchten, dass [das Bad] geschlossen werden könnte – was als herber Verlust vor allem für die Schrozberger Kinder angesehen wird, die weite Wege in die nächstliegenden Freibäder zurücklegen müssten. Bürgermeister Klemens Izsak

machte keinen Hehl daraus, dass ihm die derzeitige Unterschriften-Sammlerei in seiner Stadt […] gegen den Strich geht: Kein einziger Bürger habe sich nämlich seit der Debatte im Februar auf dem Rathaus über den Stand der Dinge informiert: „Stattdessen werden mit irgendwelchen Halbwahrheiten Unterschriften gesammelt." […] „Weitaus besser als Unterschriften", so Klemens Izsak, „wäre es, Eintrittskarten für das Freibad zu lösen." Neben 1.400 Einzeltickets seien heuer gerade mal elf Familienkarten und 21 Dauerkarten für Erwachsene und Kinder verkauft worden: „Die Stadt subventioniert jeden Freibad-Besucher mit 18 bis 20 Euro". Izsak regte letztlich einen runden Tisch an, an dem Bürger und Verwaltung nach Lösungen für das Freibad suchen können.

Harald Zigan, in: Hohenloher Tagblatt vom 26.07.2013, Crailsheim

GLOSSAR

Gemeinde
Bürgermeister

INFO

Subvention
Finanzielle Leistung des Staates an Unternehmen und Betriebe zur Unterstützung

---

1 Ordne die Bilder der Auftaktdoppelseite den Aufgaben in M 1 zu.

2 Erläutere, welche kommunalen Aufgaben deine Gemeinde gut oder weniger gut erfüllt.

3 Überprüfe mithilfe von M 1 folgende Aussagen auf ihre Richtigkeit:
– Die Gemeinde muss sicherstellen, dass es ein Schwimmbad gibt.
– Die Gemeinde darf entscheiden, wie groß das Passfoto im Reisepass sein soll.
– Die Gemeinde ist für die Ausstattung der Gymnasien verantwortlich.

4 Stelle tabellarisch dar, wie sich unterschiedliche Personen zum Problem des Schrozberger Freibads äußern (M 2 und M 3).

5 Erörtere ausgehend von M 2 und M 3 eine mögliche Schließung des Freibads.

4.2 Was tun, wenn das Geld knapp wird? – Haushalten in der Gemeinde

Genau wie du hat eine Gemeinde Einnahmen und Ausgaben. Allerdings sind die Beträge ungleich höher. Die Bürgerinnen, Bürger und Unternehmen der Gemeinde zahlen Steuern. Von diesen Einnahmen bezahlt die Gemeinde z. B. ihre Angestellten oder den Betrieb des Schwimmbades.

M1   Viele Kommunen wollen Abgaben erhöhen

Wegen der angespannten Finanzlage infolge der Corona-Krise wollen zahlreiche Kommunen laut einer Umfrage stärker sparen und sich zusätzliche Einnahmequellen sichern.

5 70 Prozent planen eine Erhöhung von Steuern und Abgaben, wie die Wirtschaftsprüfungs- und Beratungsgesellschaft Ernst & Young (EY) mitteilte. Das Ergebnis beruht laut EY auf einer Umfrage bei 304 deutschen Kommunen

10 mit mindestens 20.000 Einwohnern im Oktober und November [2021]. 2020 lag der Anteil noch bei 64 Prozent. [...]

Teurer werden sollen der Umfrage zufolge insbesondere die Wasserversorgung sowie die

15 Müllabfuhr: Das planten jeweils etwa 40 Prozent der Kommunen. Eine Anhebung der Grundsteuer hätten 32 Prozent auf dem Schirm, die Gewerbesteuer soll in 29 Prozent der Kommunen nach oben gehen. Auch die

20 Straßenreinigung (28 Prozent) sowie die Friedhofs- und Parkgebühren (18 bzw. 17 Prozent) sollen demnach angehoben werden.

Auch bei den kommunalen Leistungen soll gespart werden – wenn auch nicht ganz so umfassend. 26 Prozent der befragten Städte und

25 Gemeinden wollen neue Einschränkungen ihres Angebots. 2020 waren es 23 Prozent. „Viele Kommunen haben ihre freiwilligen Leistungen bereits stark reduziert, sodass an dieser Stelle kaum noch Einsparpotenziale beste-

30 hen", sagte EY-Experte Matthias Schneider dazu. [...] Der Untersuchung zufolge steht auf den Sparlisten in Rathäusern am häufigsten das örtliche Schwimmbad. 16 Prozent der befragten Städte und Gemeinden planen dem-

35 nach, ein Bad zu schließen oder nur eingeschränkt zu betreiben. In 13 Prozent soll an der Straßenbeleuchtung gespart werden, jede neunte Kommune will Bibliotheken oder sonstige kulturelle Einrichtungen schließen.

40

INFO

Grundsteuer
Steuer, die auf Eigentum an Grundstücken zu zahlen ist

Gewerbesteuer
Steuer, die auf die Erträge eines Unternehmens zu zahlen ist

tagesschau.de: Viele Kommunen wollen Abgaben erhöhen, 07.12.2021, Hamburg; https://www.tagesschau.de/ wirtschaft/umfrage-kommunen-abgaben-101.html (Zugriff 04.11.2022)

M2   Ein Rollenspiel: Eure Gemeinde muss sparen

Eure Gemeinde muss im kommenden Haushaltsjahr 75 Millionen Euro einsparen. Dafür muss sie schmerzhafte Schritte unternehmen. Es gibt mehrere Möglichkeiten, die unter-

5 schiedliche Beiträge einsparen oder die Einnahmen der Gemeinde erhöhen würden. Ihr seid der Gemeinderat und müsst zu einer Entscheidung gelangen. Es gibt für fünf Bereiche je zwei mögliche Einsparmaßnahmen, ihr müsst aber nicht in jedem Bereich sparen.

10

Autorentext

A Geplant war die Renovierung einiger städtischer Schulen.
- Nur die Schulen, bei denen es dringend notwendig ist, werden renoviert — 15 Mio. > Mio.
- Keine der Schulen wird renoviert — 30 Mio.

B Die Stadt hat ein großes Schwimmbad, das allerdings viel Geld kostet.
- Das Schwimmbad wird an zwei Tagen in der Woche geschlossen — 5 Mio. > Mio.
- Das Schwimmbad wird komplett geschlossen — 30 Mio.

C Um neue Unternehmen in der stark von Arbeitslosigkeit betroffenen Stadt anzusiedeln, hat die Stadt die Gewerbesteuer in den letzten Jahren stark gesenkt.
- Die Steuern werden moderat erhöht — 10 Mio. > Mio.
- Die Steuern werden stark erhöht — 25 Mio.

D Die Schüler und Senioren der Gemeinde erhalten beim städtischen ÖPNV eine Ermäßigung auf alle Fahrten.
- Die Ermäßigung wird für Schüler von 50 auf 25 Prozent halbiert **oder:** für Senioren ganz gestrichen — 10 Mio. > Mio.
- Die Ermäßgung wird für alle gestrichen — 20 Mio.

E Die Stadt unterhält zahlreiche Sozialprogramme (z. B. für Obdachlose, Alkohol- und Drogenabhängige oder Jugendliche)
- Die Gelder für die Programme werden gekürzt — 10 Mio. > Mio.
- Die Programme werden komplett gestrichen — 25 Mio.

Quelle: nach Grosch, Florian et. al.: Urteil und Dilemma,
In: BpB Themenblätter im Unterricht, Nr. 64, 2007.

Gesamtsumme der Einsparungen:

Die Demokraten	Die Sozialen	Die Liberalen	Die junge Liste	Der Bürgermeis-ter/die Bürger-meisterin
vertreten v.a. Interessen der Seniorinnen/ Senioren und Familien.	vertreten v.a. Interessen der ärmeren Leute und der Arbeiterinnen/ Arbeiter in der Gemeinde.	vertreten die Interessen der Unternehmerinnen und Unternehmer.	vertritt die Interessen der jungen Leute in der Gemeinde.	vertritt die Position, dass das Einsparziel erreicht werden soll.

Sitzung des Gemeinderats von Freiburg i. Br.

1 Erläutere ausgehend von M 1 mögliche Auswirkungen der „angespannten Finanzlage" (Z. 1) auf Gemeinden.

2 Führt die Gemeinderatssitzung als Rollenspiel durch (M 2).
Die Klasse wird in vier unterschiedlich große Parteigruppen (je 3 bis 6 Schülerinnen/ Schüler) und eine Bürgermeistergruppe (max. 3 Schülerinnen/Schüler) eingeteilt. (Bei sehr großen Klassen kann auch eine Beobachtergruppe gebildet werden.)
In den Partei-Gruppen werden Positionen zu den Einsparungsvorschlägen erarbeitet und Argumente notiert. Achtet darauf, welche Interessen ihr vertreten sollt. Führt das Rollenspiel durch und stimmt über Vorschläge ab.

3 Gestalte eine Pressemitteilung zu der Entscheidung aus Sicht deiner Rolle: Bist du zufrieden? Welche Folgen erwartest du?

QUERVERWEIS

Methode Rollenspiel
S. 59

BASISKONZEPT

Knappheit und
Verteilung

4.3 Wer entscheidet in der Gemeinde?

M 1   Aus dem Hohenloher Tagblatt

a) 27.03.2015: Experten raten von Freibadsanierung ab - und empfehlen Neubau
Bereits im Februar 2014 bezifferten Fachleute der Stadtwerke Crailsheim den ungefähren Aufwand für eine gründliche Sanierung [...] auf mindestens 1,5 Millionen Euro. Gerhard Richter und Jochen Rausenberger aus Gerlingen, ausgewiesene Experten für den Bäder-Bau, taxierten [...] die Kosten auf 2,062 bis 2,178 Millionen Euro. [...] Dringend rieten die beiden Spezialisten davon ab, eine wie auch immer geartete Sanierung des Freibades überhaupt ins Auge zu fassen. „Es ist bei diesem Freibad nichts an Substanz mehr vorhanden, was vielleicht umbaufähig oder sanierungswürdig wäre." Also könne nur ein Neubau von Becken und Gebäuden empfohlen werden.   *Harald Zigan*

b) 18.04.2015: Schrozberger Freibadfreunde favorisieren kostengünstigere Alternativen
Der Förderverein [Schrozberger „Freibadfreunde"] stellte eigene Berechnungen an: Demnach könnten die Kosten durchaus auf 1,1 bis 1,3 Millionen Euro gedrückt werden. [...] Als Alternative zu einem kompletten Neubau sollte auch geprüft werden, ob nicht doch ein Ersatz des Beckens an der bisherigen Stelle möglich ist. Sebastian Weigel [, der Vorsitzende des Vereins,] verwies zudem auf die wichtige Rolle, die ein Freibad in Schrozberg spiele: „Es trägt auch bei jungen Familien zur Attraktivität der Stadt bei und unterstützt den Tourismus – das gut frequentierte Gästehaus im Tal liegt ja gleich nebenan." Nach Gesprächen mit allen vier Fraktionen im Schrozberger Kommunalparlament [...] regt der Förderverein zudem einen Arbeitskreis an, in dem das Rathaus, Gemeinderäte, Förderverein, Planer und weitere Experten alle einschlägigen Fragen erörtern können. Auch Eigenleistungen, die „bis jetzt noch gar nicht in die Überlegungen eingeflossen sind", so Sebastian Weigel, sollen in dieser Runde ein Thema sein. Der Förderverein geht mit gutem Beispiel voran: Ein Flohmarkt am 6. und 7. Juni und die „Party am Pool" am 5. September stehen schon auf der Agenda – und zehn Rettungsschwimmer sind ausgebildet.   *Harald Zigan*

c) 18.09.2015: Schrozberger Freibad wird dichtgemacht
[...] Die im Schrozberger Stadtparlament überaus sachlich geführte Diskussion über das endgültige Schicksal des Freibades drehte sich im Beisein von zahlreichen Bürgern vor allem um die Frage, ob städtische Eigenmittel von immerhin einer Million Euro, ein künftiges Defizit von mindestens 90.000 Euro pro Jahr für eine an maximal 90 Tagen geöffnete Einrichtung und eine Subvention von rund 15 Euro pro Eintrittskarte verantwortet werden können – angesichts von nicht minder millionenschweren Projekten wie Schulmensa und Bücherei, die in Schrozberg anstehen.
Die kommunalpolitischen Lager zeichneten sich bei der Debatte recht schnell ab. Christel Waldmann, Ulrich Herrschner und Frank Klöpfer von der Freien Wählervereinigung machten keinen Hehl aus ihrer ablehnenden Haltung. Hans-Joachim Feuchter (Wahlgemeinschaft für Jedermann) und seine SPD-Kollegen Armin Bönisch und Frank Weiß warben dagegen für einen Neubau. Bei allem Pro und Kontra in seiner Fraktion bat Lothar Mühlenstedt (CDU) um ein Meinungsbild aus der Verwaltung – was Bürgermeister Klemens Izsak dann auch prompt lieferte: „Wir würden viel Geld für ein Freibad ausgeben, das bis auf ein Planschbecken genauso aussieht wie vorher und sicher kein Renner wird." [...] Die mit Spannung erwartete Abstimmung im Gemeinderat besiegelte letztlich mit 16 zu sieben Stimmen das Freibad-Ende in Schrozberg.   *Harald Zigan*

INFO

Eigenmittel
Geld oder andere finanzielle Rücklagen, die eine Gemeinde oder eine Privatperson besitzen und für Investitionen einsetzen können

GLOSSAR

Verwaltung

M2 Wegweiser durch die Stadtverwaltung

(Ober-)Bürgermeister/-in			
I Verwaltungsdezernat	**II Finanzdezernat**	**III Baudezernat**	**IV Kulturdezernat**

I Verwaltungsdezernat	II Finanzdezernat	III Baudezernat	IV Kulturdezernat
Ortsverwaltungen	**Finanzverwaltung** • Rechnungswesen • Stadtkasse • Finanzen und Steuern	**Bauverwaltungsamt** • Baurechtsbehörde • Sanierungsstelle • Städtebaurecht • Feuerwehr • Friedhöfe	**Kulturamt** • Veranstaltungen und Hallenverwaltung • Technischer Dienst • Städtepartnerschaften, Zielgruppen, Sonderveranstaltungen • Stadtarchiv, Gemeinschaftliche Kirchenpflege
Hauptamt			
Rechnungsprüfungsamt			
Ordnungsamt • Einwohnermeldeamt und Passstelle • Bußgeldstelle • Gemeindlicher Vollzugsdienst • Ausländerstelle • Ortsbehörde für die Sozialversicherung • Standesamt	**Liegenschaftsamt** • Liegenschaften • Wohnbauförderung, Wohngeld, Kleingartenanlagen • Gebäudemanagement	**Stadtplanungsamt** **Hochbauamt** **Tiefbauamt** **Baubetriebsamt**	**Stadtbücherei**
	Amt für Bildung, Betreuung und Sport		**Volkshochschule**
Forstamt			**Musikschule** **Städtische Museen**

Quelle: nach LpB Baden-Württemberg, P & U aktuell 19: Kommunalwahlen in Baden-Württemberg, Stuttgart 2019, S. 9 © Westermann 45289EX

(**a**) Ich möchte wissen, wie es um den Zustand des alten Feuerwehrgebäudes bestellt ist.

(**b**) Wir wollen bald heiraten.

(**c**) Ich bin vor einer Woche aus Berlin hierher gezogen und muss mich anmelden.

(**d**) Wir brauchen eine Halle für unseren Abiball.

(**e**) Ich brauche einen Kinderreisepass für meine Tochter.

1 Beschreibe die Rolle von Bürger/-innen, Expert/-innen, Gemeinderat und Bürgermeister bei der Entscheidung zum Schrozberger Freibad (M1).

2 Erkläre, warum über das Abstimmungsverhalten des Gemeinderates in der Presse berichtet wird (M1).

3 Ordne den Anliegen der Personen aus M2 das passende Amt zu – wohin müssen sie sich wenden?

BASISKONZEPT

Ordnung und Struktur

WEBCODE

WES-116987-004
Film: „Einfach erklärt:
Politik in der
Gemeinde"

QUERVERWEIS

**Ablauf der Gemein-
deratswahlen**
S. 86 f.

INFO

Ausschuss
Ein Ausschuss ist ein
Gremium, also eine
Versammlung von
Menschen, die sich
mit einem bestimm-
ten Thema befassen.
Das kann in der
Gemeinde z. B. der
Umweltausschuss
sein, der sich mit
Fragen des Umwelt-
schutzes und der
Umsetzung von
Umweltstandards in
der Gemeinde
befasst.

HINWEIS

**In diesem Text
sind fünf Fehler
versteckt!**

BASISKONZEPT

**Macht und
Entscheidung**

M3 Wer hat die Macht in der Kommune? –
Gemeinderat und Bürgermeister/-in

**Die süddeutsche Ratsversammlung -
das kommunale Verfassungssystem
in Baden-Württemberg**

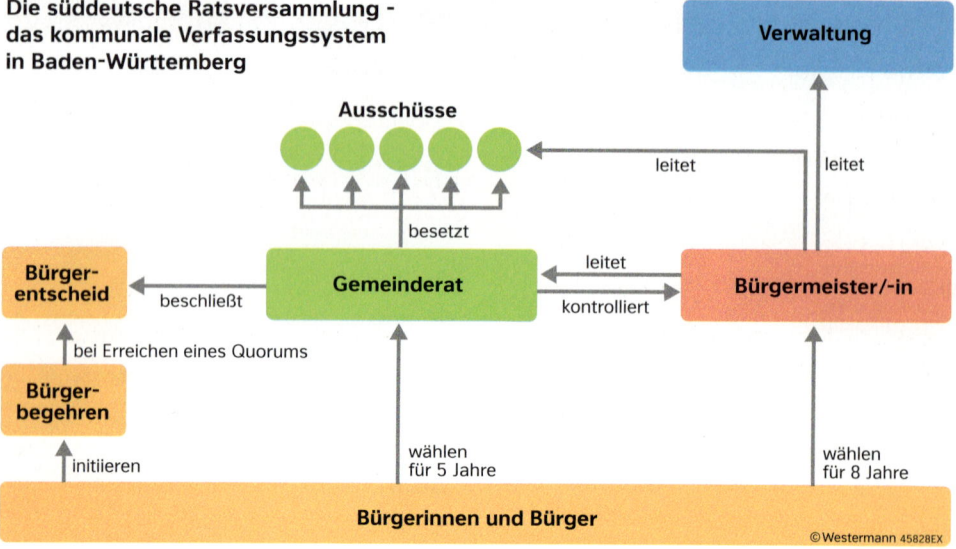

Der Gemeinderat wird für 5 Jahre direkt von den Bürgerinnen und Bürgern gewählt. Er erstellt den Haushalt für die Gemeinde. Darin sind alle Einnahmen und Ausgaben der Ge-
5 meinde aufgeführt. Die Mitglieder arbeiten ehrenamtlich, das heißt, sie haben normalerweise neben der Gemeinderatsarbeit einen Hauptberuf.

Der Gemeinderat arbeitet in Ausschüssen. In
10 diesen wird dann ein Thema behandelt, z.B. Schulangelegenheiten oder Kultur. Er kontrolliert die Verwaltung und initiiert Bürgerbegehren.

Der Bürgermeister oder die Bürgermeisterin
15 wird ebenfalls für 5 Jahre gewählt, und zwar von den Mitgliedern des Gemeinderats.

Bewerber um das Amt müssen mindestens 25 Jahre alt sein. Der Bürgermeister bzw. die Bürgermeisterin darf nicht an den Sitzungen des Gemeinderats und der Ausschüsse teil- 20 nehmen. Er/Sie hat ein Widerspruchsrecht gegen Beschlüsse des Gemeinderats. In dringenden Angelegenheiten kann er/sie sogar anstelle des Gemeinderats entscheiden. Die Verwaltung wird von ihm/ihr geleitet. Sie un- 25 terstützt ihn/sie auch bei der Vorbereitung der Gemeinderatssitzungen. Der Bürgermeister bzw. die Bürgermeisterin vertritt die Gemeinde nach außen, also z.B. bei Verhandlungen mit dem Bundesland. 30

Autorentext

1 Überprüfe den Text in M 3 mithilfe des Schaubildes auf Fehler (es sind insgesamt fünf).

2 Überprüfe die Aussage, dass der Bürgermeister bzw. die Bürgermeisterin innerhalb der Gemeinde eine starke Position besitzt.

Vernetzungsdiagramme analysieren

Welchen Sinn haben Vernetzungsdiagramme?

Vernetzungsdiagramme vermitteln komplizierte Zusammenhänge oder Beziehungen. Manchmal hilft es auch, einen schwierigen Text zu verstehen, wenn man ihn in Form eines Vernetzungsdiagramms zusammenfasst.

Die meisten Diagramme arbeiten mit Pfeilen:

Mehr lernen → bessere Noten.

Die Pfeile heben meist Ursachen oder Folgen hervor. Sie können aber auch beschriftet werden, um die Verbindung zu erläutern (siehe M 3, S. 78). Andere Symbole können ebenso verwendet werden, etwa um eine Wertung auszudrücken:

keine Zeit zum Lernen → schlechte Noten ☹

Auch Farben können eingesetzt werden, etwa grüne Farben für positive Zusammenhänge und rote Farben für negative Zusammenhänge:

Lateinnachhilfe   → bessere Noten
               → weniger Freizeit

Häufig vorkommende Schaubilder und Vernetzungsdiagramme

a) Kreislaufdiagramm (siehe auch S. 84)

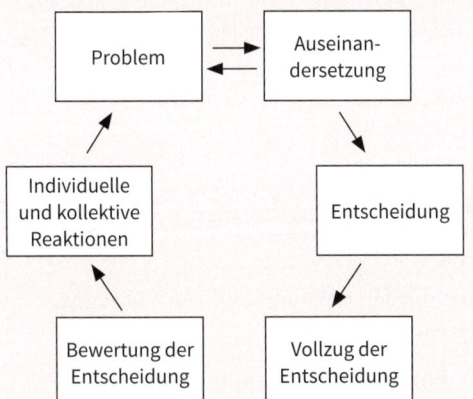

b) Fließschema: Klassensprecherwahl

Kandidatenauswahl
↓
Erster Wahlgang
↓
Auszählung des ersten Wahlgangs
↓
Stichwahl
↓
Verkündung der Ergebnisse

c) Mindmap

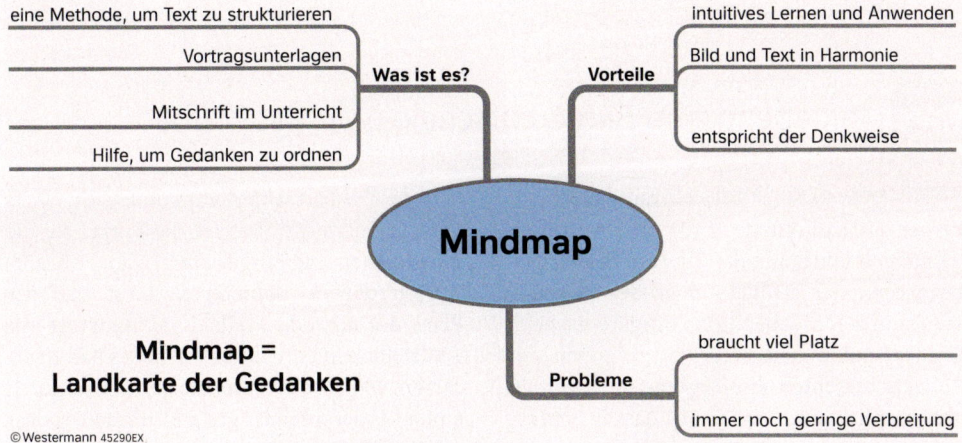

4.4 Wenn die Bürger/-innen selbst entscheiden

QUERVERWEIS

Bürgerinitiative
S. 187 und Glossar

Politische Entscheidungen werden von Regierungen oder Parlamenten getroffen; gerade auf kommunaler Ebene tritt neben den Bürgermeister bzw. die Bürgermeisterin und den Gemeinderat eine Vielzahl an direkten Beteiligungsmöglichkeiten für die Bürgerinnen und Bürger.

M1 Bürger/-innen sollen über Schrozberger Freibad entscheiden

GLOSSAR

Bürgerentscheid
Bürgerbegehren

INFO

Referendum
Abstimmung von Bürgerinnen und Bürgern über eine Beschlussvorlage, in diesem Beispiel also über die Freibadsanierung. Ein Referendum wird, anders als Bürger- und Volksentscheide, immer vom Parlament angestoßen.

Mit einem Bürgerentscheid will der Förderverein für das Freibad in Schrozberg einen Beschluss des Gemeinderates kippen. Sebastian Weigel, Vorsitzender des Fördervereins, erklärte in der Bürgerfragestunde der jüngsten Gemeinderatssitzung in Bartenstein, dass man sich mit diesem Ergebnis „nicht abspeisen lasse" – eine Wortwahl, die Stadtrat Lothar Mühlenstedt gehörig gegen den Strich ging: „Wir haben uns die Entscheidung wahrlich nicht einfach gemacht." Weil das bedeutsame Thema „Bürgerentscheid" nicht auf der Tagesordnung stand, war eine Abstimmung darüber, ob der Gemeinderat eventuell selbst den Weg eines Referendums gehen will, nicht möglich.

Sebastian Weigel hatte danach gefragt, für Stadtrat Hans-Joachim Feuchter wäre es eine Möglichkeit gewesen, das Verfahren abzukürzen. Denn die Zeit drängt: Wie es das Gesetz verlangt, muss ein Bürgerbegehren als Vorstufe eines Bürgerentscheids spätestens sechs Wochen nach einem Beschluss im Gemeinderat schriftlich beantragt werden. Verlangt wird auch eine Begründung und ein Kostendeckungsvorschlag für ein Projekt.

Harald Zigan, in: Hohenloher Tagblatt vom 30.09.2015, Crailsheim

M2 Zeitplan für die Schrozberger Freibadfreunde

30.10.2015: Bis zu diesem Tag Unterschriften sammeln für das Bürgerbegehren (Ziel: mindestens 465 Unterschriften = 10 Prozent der Wahlberechtigten)

26.11.2015: Entscheidung des Gemeinderats über die Zulässigkeit des Bürgerentscheids

31.01.2016: Bürgerentscheid zur Frage „Wollen Sie, dass in Schrozberg das Freibad saniert wird und so ein neues Freibad entsteht?" (Ziel: Mehrheit der Stimmen, mindestens 20 Prozent aller stimmberechtigten Bürger/-innen ab 16 Jahren)

M3 Infoabend zum Bürgerentscheid über das Freibad

INFO

Quorum
Erforderliche Stimmenanzahl für das Gelingen einer Wahl oder Abstimmung

Bereits Ende Oktober 2015 hatten die Schrozberger Freibadfreunde 1.100 Unterschriften gesammelt und damit das Quorum des Bürgerbegehrens klar erfüllt. Auf großes Interesse stieß nun der Infoabend zum Bürgerentscheid. Gegner/-innen und Befürworter/-innen des Projekts tauschten ihre Argumente angeregt, aber sachlich aus. „Wollen Sie, dass in Schrozberg das Freibad saniert wird und so ein neues Freibad entsteht?" Das ist die Frage, die die Bürgerinnen und Bürger am 31. Januar beantworten dürfen. Dahinter verbirgt sich der Plan, das marode Freibad im Hauptort für 1,57 Millionen Euro durch ein neues Bad zu ersetzen. 40 Prozent dieser Kosten sollen durch einen Landeszuschuss gedeckt werden, sodass

die Stadt einen Eigenanteil von knapp 950.000 Euro tragen müsste. Fünf Minuten hatten die Teilnehmer auf dem Podium, um die
20 Position in einer Stellungnahme zu erläutern. Dies waren Bürgermeister Klemens Izsak und der Stadtrat Frank Klöpfer (Freie Wähler) als

Vertreter der Freibad-Gegner im Gemeinderat auf der einen Seite und Sebastian Weigel von den Freibadfreunden und der SPD-Stadtrat 25 Frank Weiß als Vertreter der Freibad-Befürworter im Gemeinderat auf der anderen Seite.

In der Fragerunde meldeten sich auch Bürgerinnen und Bürger zu Wort:

Der Verein ist jetzt sehr rührig. Aber ob sich das über zehn bis 20 Jahre stabilisieren lässt, ist die große Frage.

Durch die Schließung des Freibads sind die Eltern gezwungen, mit ihren Kindern nach auswärts zu fahren. Dabei gibt es in Schrozberg schon genug leere Geschäfte.

Das Freibad ist eine der wenigen Möglichkeiten, die Attraktivität Schrozbergs zu steigern.

Die Freibadfreunde könnten durch Ehrenamtliche die Personalkosten um bis zu 20.000 Euro senken.

Was ist mit den jährlichen Betriebskosten?

Die Kinder wollen an den Wochenenden einfach nach Langenburg oder Rothenburg, wo es Sprungbretter gibt.

Autorentext

M4 Abstimmungsergebnis

So stimmten die Schrozberger beim Bürgerentscheid über das Freibad ab

Wahlbezirk	Wahl-beteiligung	Ja	Nein
Schrozberg Süd	45,14 %	76,20 %	23,80 %
Schrozberg Ost	48,76 %	69,90 %	30,10 %
Schrozberg Nord	45,94 %	75,05 %	24,95 %
Bartenstein	43,73 %	50,41 %	49,59 %
Ettenhausen	38,24 %	30,77 %	69,23 %
Heiligenbronn	74,70 %	14,52 %	85,48 %
Leuzendorf	57,55 %	5,88 %	94,12 %
Riedbach	59,22 %	27,87 %	72,13 %
Schmalfelden	52,08 %	23,13 %	76,87 %
Spielbach	62,50 %	17,42 %	82,58 %
Briefwahl	---	60,23 %	39,77 %
Gesamt	**55,42 %**	**53,15 %**	**46,85 %**

Quelle: Gemeinde Schrozberg

M5 Wahlbezirke

1 Erläutere den Unterschied zwischen einem Bürgerbegehren und einem Bürgerentscheid (M1 – M2).
2 Ordne die Argumente für und gegen die Sanierung des Schrozberger Freibads (M3) nach ihrer Bedeutung.
3 Vergleiche deine Liste mit der Liste einer Mitschülerin bzw. eines Mitschülers.
4 Analysiere anhand von M5 das Abstimmungsergebnis des Bürgerentscheids (M4).

M 6   Neue demokratische Spielregeln in den Gemeinden

Seit dem 1. Dezember 2015 gelten in der Gemeindeordnung neue Regeln im Bereich Bürgerbeteiligung. Hier eine Auswahl:

a) Niedrigere Hürden für Bürgerbegehren und Bürgerentscheide! Das Unterschriftenquorum für Bürgerbegehren und das Abstimmungsquorum bei Bürgerentscheiden wurden gesenkt. Für ein gültiges Bürgerbegehren müssen ab dem 1. Dezember 2015 sieben statt zehn Prozent der Wahlberechtigten unterschreiben. Die Obergrenze von maximal 20.000 Unterschriften bleibt bestehen. Damit ein Bürgerentscheid gültig und für die Verwaltung verbindlich ist, muss die Mehrheit der abgegebenen Stimmen (Ja-Stimmen oder Nein-Stimmen) ein Zustimmungsquorum erreichen. Dieses Quorum lag bislang bei 25 Prozent und wurde nunmehr auf 20 Prozent abgesenkt. Stimmen zum Beispiel 60 Prozent der Abstimmenden im Bürgerentscheid gegen die Vorlage, so ist der Entscheid nur dann gültig, wenn diese 60 Prozent mindestens 20 Prozent ALLER Stimmberechtigten entsprechen.

b) Bürgerbegehren: diskursiv, fair und anwendungsfreundlich! Mittels eines Bürgerbegehrens kann erreicht werden, dass alle Bürgerinnen und Bürger über eine Sachfrage abstimmen können. Die Vertrauensleute müssen dem Bürgerbegehren neben den Unterschriften und einer Begründung auch weiterhin in bestimmten Fällen einen Kostendeckungsvorschlag beifügen. Neu dabei ist, dass sich die Vertrauensleute bei der Gemeindeverwaltung zur Sach- und Rechtslage bezüglich eines Kostendeckungsvorschlags beraten lassen können. Damit wird gewährleistet, dass die Vertrauenspersonen auch in der Lage sind, einen Kostendeckungsvorschlag erstellen zu können. Richtet sich ein Bürgerbegehren gegen einen konkreten Gemeinderatsbeschluss, muss es innerhalb von drei Monaten nach Bekanntgabe des Beschlusses eingereicht werden. Diese Frist wurde von sechs Wochen auf drei Monate verlängert. Neu ist auch, dass der Gemeinderat innerhalb von zwei Monaten über die Zulässigkeit eines Bürgerbegehrens zu entscheiden hat. Die Vertrauensleute sind dabei anzuhören. Wie bisher muss der Bürgerentscheid nicht stattfinden, wenn der Gemeinderat das Bürgerbegehren übernimmt und die darin geforderte(n) Maßnahme(n) beschließt. Der Bürgerentscheid muss nunmehr innerhalb von vier Monaten durchgeführt werden, nachdem der Gemeinderat ihn für zulässig erklärt hat. Diese Frist kann verlängert werden, wenn die Vertrauenspersonen zustimmen. Das kann zum Beispiel dazu dienen, mehr Zeit für einen Faktencheck oder für Verhandlungen zwischen Vertrauensleuten und Verwaltung zu haben. Findet ein Bürgerentscheid statt, muss den Bürgerinnen und Bürgern die Auffassung der Gemeindeorgane spätestens bis 20 Tage vor der Abstimmung dargestellt werden. Neu ist, dass die Vertrauenspersonen dabei ihre Auffassung im gleichen Umfang darstellen dürfen wie die Gemeindeorgane. [...]

c) Einwohnerantrag und Einwohnerversammlung Die Einwohnerinnen und Einwohner können beantragen, dass der Gemeinderat eine kommunale Angelegenheit, für die der Gemeinderat zuständig ist, behandeln soll. Zu dem Anliegen darf es in den sechs Monaten zuvor nicht bereits einen Antrag gegeben haben. Neu ist, dass nicht mehr nur Bürgerinnen und Bürger diesen Antrag unterzeichnen können (sog. Bürgerantrag), sondern alle Einwohnerinnen und Einwohner, die das 16. Lebensjahr vollendet haben und seit mindestens drei Monaten in der Gemeinde gemeldet sind. Auch die Hürden für einen Antrag wurden gesenkt. In Gemeinden mit bis zu 10.000 Einwohnern müssen drei Prozent aller Einwohnerinnen und Einwohner, aber höchstens 200, den Antrag unterstützen. In Gemeinden mit mehr als 10.000 Einwohnerinnen und Einwohnern müssen 1,5 Prozent den Antrag unterstützen, mindestens aber 200 und höchstens 2.500. [...] Kommunen sollen auch weiterhin einmal im Jahr eine Einwohnerversammlung einberufen. Sie soll sich nicht nur an die Bürgerinnen und Bürger, sondern an alle Einwohnerinnen und Einwohner richten. Die Versammlung kann deshalb zukünftig auch von Einwohnerinnen und Einwohnern beantragt oder mit beantragt werden und nicht nur von Wahlbe-

---

INFO

Vertrauensleute
Die offiziellen Vertreter für das Bürgerbegehren. Gemäß § 53 Kommunalwahlordnung sollen „auf dem Unterschriftenblatt zwei Vertrauensleute benannt werden, die jeder für sich allein das Begehren vertreten, sofern sie nichts anderes festlegen. Sie können also die Sprecherrolle auch auf eine Person konzentrieren oder gemeinschaftliche Vertretung vereinbaren."

INFO

Bürger/-in bzw. Einwohner/-in
Bürger/-in auf kommunaler Ebene in Baden-Württemberg ist, wer das 16. Lebensjahr vollendet hat und einen deutschen Pass oder den Pass eines EU-Mitgliedsstaates besitzt. Einwohner/-in ist jede Person, die ihren Wohnsitz in der jeweiligen Gemeinde hat. Einwohner/-innen können im Unterschied zu Bürger/-innen nicht gewählt werden und bei Kommunal-, Landtags- und Bundestagswahlen nicht wählen.

rechtigten. Deshalb wird die Bürgerversammlung in Einwohnerversammlung umbenannt und es werden die Hürden für eine Einberufung gesenkt. In Gemeinden mit weniger als 10.000 Einwohnerinnen und Einwohnern muss dieser Antrag von fünf Prozent, höchstens aber von 350 Einwohnerinnen und Einwohnern unterzeichnet werden. In Gemeinden mit mehr als 10.000 Einwohnerinnen und Einwohnern liegt die Hürde bei 2,5 Prozent, mindestens aber 350 und höchstens 2.500 antragsberechtigten Personen.

Neue demokratische Spielregeln in den Gemeinden, Beteiligungsportal Baden-Württemberg, Stuttgart; https://beteiligungsportal.baden-wuerttemberg.de/de/informieren/moeglichkeiten/kommune/neue-gemeindeordnung/ (Zugriff 04.11.2022)

M 7 Mehr Bürgerbeteiligung, bessere Entscheidung? – Meinungen aus Schrozberg

Bürgermeister Klemens Izsak (Juli 2013): „Kein einziger Bürger hat sich [...] seit der Debatte im Februar auf dem Rathaus über den Stand der Dinge informiert. Stattdessen werden mit irgendwelchen Halbwahrheiten Unterschriften gesammelt."

Bürgermeister Klemens Izsak (Januar 2016, nach dem Bürgerentscheid): „Wenn die Bürgerinnen und Bürger ein Freibad wollen, dann bauen wir ein Freibad."

Nach: Harald Zigan, in: Hohenloher Tagblatt

Stadtrat Lothar Mühlenstedt (September 2015): „Wir haben uns die Entscheidung wahrlich nicht einfach gemacht."

Stadtrat Hans-Joachim Feuchter (Oktober 2015): „Dieses demokratische Instrument verdient jede Unterstützung – und letztlich kann ein Bürgerentscheid auch einen Konflikt befrieden, der sonst ewig in der Stadt herumschwirren würde."

1 Überprüfe, ob sich die in M6 geschilderten Neuerungen bereits auf den Bürgerentscheid in Schrozberg ausgewirkt haben.
2 Erstelle ein Schaubild zu den direkten Beteiligungsmöglichkeiten in baden-württembergischen Kommunen seit Dezember 2015 (M6).
3 Erörtere Vor- und Nachteile von mehr direkten Beteiligungsmöglichkeiten. Sucht auch Argumente über M7 hinaus.

QUERVERWEIS

Methode Vernetzungsdiagramme analysieren
S. 79

BASISKONZEPT

Interessen und Gemeinwohl

4.5 Politik hört nie auf

Politische Entscheidungen sind, zumal in demokratischen Gesellschaften, stets reversibel, d. h. es muss die Möglichkeit bestehen, dass in Zukunft die Entscheidung erneut getroffen wird, etwa weil sich die Meinung der Mehrheit der Leute geändert hat. Aber auch ein politisches Thema kann sich mit der Zeit verändern, und auch dann lässt eine neue politische Auseinandersetzung nicht lange auf sich warten.

M 1 Das Politikzyklus-Modell

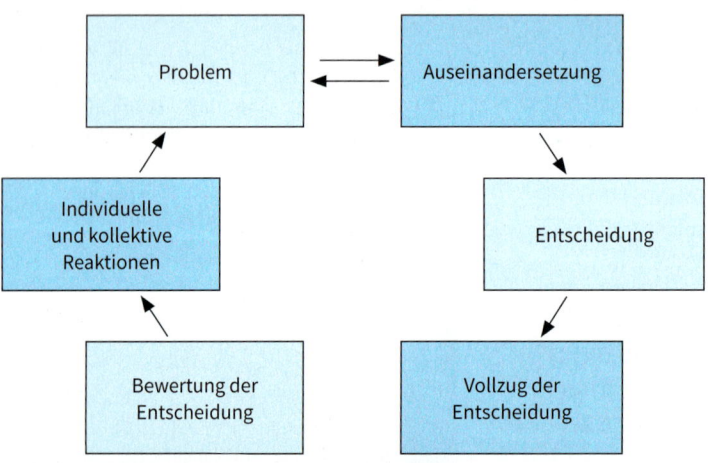

Phasen	Schlüsselbegriffe	Schlüsselfragen
1. Problem	Inhalt und Ausmaß	Worum geht es? Welches Problem soll gelöst werden? Welches Ausmaß hat das Problem?
	Ursachen Lösungen	Was sind die Ursachen des Problems? Welche Problemlösungen werden genannt?
2. Auseinander- setzungen	Akteur/-innen Interessen	Wer ist an der Auseinandersetzung beteiligt? Welche Interessen verfolgen die Akteur/-innen?
3. Entscheidung	Ergebnis Inhalt Erfolg	Wie sieht die Entscheidung aus? Zu welchem Ergebnis hat die Auseinandersetzung geführt? Welche Lösung wurde gefunden? Wer setzt sich durch? In wessen Interesse liegt die Entscheidung?
4. Reaktionen, Bewertungen	Akteur/-innen offen gebliebene Fragen	Wie reagieren beteiligte bzw. betroffene Akteur/-innen auf die Entscheidung? Wie bewerten sie das Ergebnis? Welche Fragen sind offen geblieben?
5. neues Problem	Inhalt	Welches neue Problem (oder neue Probleme) entsteht aus der Entscheidung und deren Bewertung?
Fragen nach dem Handlungsrahmen (Verfassung, Rechtsordnung, internationale Beziehungen) dürfen keinesfalls vernachlässigt werden.		

M2 Die Ereignisse in Schrozberg

„Die Technik ist veraltet und der Unterhalt hoch. Der Gemeinderat denkt darüber nach, das Bad zu schließen." (März 2013)

„Eine lange Liste mit exakt 857 Unterschriften drückte Manuela Leiberich in der jüngsten Sitzung des Gemeinderats dem Schrozberger Bürgermeister [...] in die Hand." (Juli 2013)

„Der Förderverein stellte eigene Berechnungen an." (April 2015)

„Die mit Spannung erwartete Abstimmung im Gemeinderat besiegelte letztlich mit 16 zu sieben Stimmen das Freibad-Ende in Schrozberg." (September 2015)

„Mit einem Bürgerentscheid will der Förderverein für das Freibad in Schrozberg einen Beschluss des Gemeinderats kippen." (September 2015)

„In einer Arbeitsgruppe [...] keimte dann aber recht schnell die Idee, das neue Bad größer und damit auch wesentlich attraktiver zu gestalten." (Juli 2016)

„Bürgerentscheid" (Januar 2016)

Harald Zigan, Hohenloher Tagblatt, Crailsheim

M3 Schrozberg nach dem Bürgerentscheid

Auf der Basis des erfolgreichen Bürgerentscheids im Januar hat das Ingenieurbüro von Gerhard Richter und Jochen Rausenberger aus Gerlingen ein neues Freibad zum Kostenpunkt von rund 1,6 Millionen Euro konzipiert – das Becken wäre in dieser Version 25 Meter lang und 10 Meter breit.

In einer Arbeitsgruppe, in der sich Förderverein-Mitglieder, Stadträte und Rathaus-Mitarbeiter intensiv mit dem Thema Freibad beschäftigen, keimte dann aber recht schnell die Idee, das neue Bad größer und damit auch wesentlich attraktiver zu gestalten. Die beiden Planer stellten dem Stadtparlament jetzt wunschgemäß eine solche neue Version für die künftige Freizeitstätte im Vorbachtal vor, die einen maroden, über 85 Jahre alten Vorgängerbau ablösen soll und deren Tech-

nik für maximal 550 Besucher pro Tag ausgelegt ist: Das mit Folie ausgekleidete Becken wächst in den Plänen auf eine Länge von rund 33 Meter an, die Wassertiefe beträgt statt 1,85 nunmehr 3,60 Meter – was auch einen Sprungturm ermöglichen würde.

Die beiden Experten taxierten die Mehrkosten auf insgesamt 170.000 Euro. [...] Summa summarum kostet das neue Freibad zu heutigen Preisen also rund 1,77 Millionen Euro. Einstimmig votierte [der Gemeinderat] letztlich dafür, den Zuschussantrag für das größere Becken zu stellen. [...] Die Stadt rechnet nämlich mit einem 40-prozentigen ELR-Zuschuss, der auch die Basis des Bürgerentscheids war.

Harald Zigan, in: Hohenloher Tagblatt vom 27.7.2016, Crailsheim

INFO

Das *Entwicklungsprogramm Ländlicher Raum (ELR)* ist ein Förderprogramm des Landes Baden-Württemberg, das die Lebensqualität in ländlichen Kommunen erhöhen soll. Die Kommunen können sich mit bestimmten Anliegen um die Fördergelder bewerben.

1 Ordne die Ereignisse in Schrozberg zwischen März 2013 und Juli 2016 (M2) in das Politikzyklusmodell ein.

2 Erläutere mögliche neue Probleme, die durch die Sanierung des Freibades entstehen können (M3).

3 Vergleiche Interesse und Einfluss der nachfolgend aufgeführten Akteur/-innen auf die öffentliche Meinung und das Ergebnis des Bürgerentscheids: Bürgermeister/-in, Gemeinderat, Bauamt, Expert/-innen, Journalist/-innen, Bürger/-innen

4 Beschreibe Möglichkeiten, als Bürgerin bzw. Bürger Einfluss auf politische Entscheidungen auf kommunaler Ebene zu nehmen.

4.6 Gemeinderatswahlen – ganz einfach?

WES-116987-005
Film „Einfach erklärt: Kommunalwahlen"

Neben der Möglichkeit der Bürgerinnen und Bürger der Gemeinde, sich durch direkte Beteiligungsmöglichkeiten ständig in kommunale Themen einzumischen, können sie durch Wahlen auch über die Bürgermeisterin bzw. den Bürgermeister und die Zusammensetzung des Gemeinderats mitentscheiden. Allerdings ist nicht jede Einwohnerin und jeder Einwohner stimmberechtigt. Tatsächlich haben sich in der Vergangenheit immer wieder die Voraussetzungen für die Teilnahme an der Kommunalwahl in Baden-Württemberg verändert.

M 1   Wer darf wählen?

Um in Baden-Württemberg an Gemeinderatswahlen teilnehmen zu dürfen, müssen Bürgerinnen und Bürger folgende Voraussetzungen erfüllen:

5 ■ Das Mindestalter beträgt 16 Jahre.
■ Man muss seinen Hauptwohnsitz seit mindestens drei Monaten in der Gemeinde haben.

■ Man muss eine EU-Staatsbürgerschaft besitzen.
10 ■ Man darf das Wahlrecht nicht durch einen Richterspruch verloren haben.

Autorentext

Stefan Maier, 34 Jahre, deutscher Staatsbürger, gebürtiger Stuttgarter, wohnt seit zwei Wochen in Berlin

Kai Wehner, 16 Jahre, deutscher Staatsbürger, wohnt mit seiner Familie seit seiner Geburt in Freiburg

Hildegard Schwarz, 75 Jahre, österreichische Staatsbürgerin, lebt seit zwanzig Jahren in Konstanz

Anne Wehner, 15 Jahre, deutsche Staatsbürgerin, Kais Schwester, wohnt auch in Freiburg

Zeynep Yildiz, 53 Jahre, deutsche Staatsbürgerin, lebt seit dreißig Jahren in Karlsruhe

Steven Graham, 24 Jahre, englischer Staatsbürger, wohnt und studiert seit zwei Jahren in Tübingen

INFO

Kumulieren
Maximal drei der zur Verfügung stehenden Stimmen bei einer Wahl bei einem Kandidaten „anhäufen".

Panaschieren
Beim Panaschieren können die Wählerinnen und Wähler ihre Stimmen auf mehrere Kandidat/-innen von unterschiedlichen Listen verteilen.

M 2   So läuft die Wahl zum Gemeinderat ab

Kommunalwahlen finden alle fünf Jahre statt. Die Parteien und Vereinigungen, die sich zur Wahl stellen, erstellen Wahlvorschläge (Listen), die auf separate Wahlzettel gedruckt
5 werden. Ein Wahlvorschlag darf nur so viele Kandidaten enthalten, wie Gemeinderatssitze zu vergeben sind. Das wiederum hängt von der Einwohnerzahl ab. Kleine Gemeinden

haben lediglich acht Gemeinderatsmitglieder. Stuttgart hat als größte Stadt Baden-Würt-10 tembergs 60.
Der Wähler bzw. die Wählerin besitzt so viele Stimmen, wie Gemeinderäte zu wählen sind. Er/sie kann einem Bewerber bis zu drei Stimmen geben (kumulieren) und darüber hinaus 15 Bewerber von anderen Stimmzetteln über-

nehmen (panaschieren). Der Wähler bzw. die Wählerin hat bei der Wahl also zwei Möglichkeiten: Er/sie gibt einen Stimmzettel unverändert ab. Damit erhält jeder Bewerber der Partei oder Wählervereinigung auf dem Stimmzettel jeweils eine Stimme. Er/sie kann aber auch einen Stimmzettel verändern und aus den verschiedenen Wahlvorschlägen seinen eigenen Stimmzettel zusammenstellen. Jede Partei und Wählervereinigung erhält dann je nach Stimmanteil Sitze im Gemeinderat. Diese Sitze werden an die Kandidaten der Liste mit den meisten Stimmen verteilt.

Landeszentrale für politische Bildung Baden-Württemberg: Wie wird gewählt?, Stuttgart

---

M3 Wahlrecht im Wandel

Das aktive und passive Wahlrecht für alle Bürgerinnen und Bürger gilt in Deutschland erst seit dem 30. November 1918. Damals trat eine neue Wahlordnung der Übergangsregierung vor der Weimarer Republik in Kraft. So konnten Frauen am 19. Januar 1919, der Wahl zur ersten Nationalversammlung, zum ersten Mal in der deutschen Geschichte wählen. Seit 1994 gilt durch eine EU-Richtlinie, dass EU-Bürgerinnen und -Bürger an Gemeinderatswahlen auch teilnehmen dürfen, wenn sie nicht Staatsbürger/-in des jeweiligen EU-Mitgliedsstaates sind. Man muss allerdings seit mindestens 3 Monaten in der Gemeinde leben. Die grün-rote Landesregierung hat zum 11. April 2013 das zulässige Wahlalter von 18 auf 16 Jahre gesenkt, um so die aktive Teilhabe von Jugendlichen zu stärken.

Autorentext

M4 Die Wahl des Gemeinderats in Wahlbach

Wahlberechtigte: 1.547
Wähler/-innen: 823
Wahlbeteiligung: 53 %
Ungültige Stimmzettel: 22
Gültige Stimmen: 9.053

Partei A: 3.821 Stimmen = 4 Sitze
Partei B: 2.178 Stimmen = 2 Sitze
Partei C: 3.054 Stimmen = 3 Sitze

Partei A	3.821
Armin Alberts	261
Bianca Basler	652
Christine Cartus	388
David Dörfler	389
Emine Erceg	320
Franz Frosch	712
George Gervin	233
Hilde Hackmann	200
Ida Ilsfeld	666

Partei B	2.178
Andrea Amann	286
Boris Balmer	268
Carl Coburger	225
Desiree Doldinger	204
Frederike Filbinger	213
Giorgi Gruev	655
Helge Herweg	165
Ingo Illgner	162

Partei C	3.054
Arved Asslinger	221
Bodo Braun	203
Chris Creutzer	245
Detlef Denkinger	255
Erik Ehinger	298
Franka Friedinger	859
Gisela Goch	350
Hannelore Husterer	168
Inge Immerda	455

Autorentext

1 Erkläre, welche der in M1 dargestellten Personen an einer Kommunalwahl in Baden-Württemberg teilnehmen dürfen.
2 Überprüfe anhand von M3, wie die Antworten aus Aufgabe 1 in den Jahren 1900, 1950 und 2000 gelautet hätten.
3 Nenne die Kandidatinnen und Kandidaten, die in Wahlbach gewählt wurden, und wer beim Ausscheiden unterschiedlicher Gemeinderatsmitglieder jeweils nachrücken würde. Erläutere deine Auswahl (M2 und M3).

4.7 Erfolgsmodell Jugendgemeinderat?

M1 Der Jugendgemeinderat

Was ist ein Jugendgemeinderat?	Wer sind die Mitglieder?	Welche Rechte hat der Jugendgemeinderat?
• **Interessenvertretung von Jugendlichen, demokratisch gewählt** • Mitglieder werden direkt von den Jugendlichen demokratisch gewählt • Vertretung verschiedener Altersgruppen und Schularten auf kommunaler Ebene • eigene Projekte können angestoßen werden • Einbezug bei Planungen und Vorhaben, die jugendliche Interessen in der Gemeinde berühren	• Ehrenamtliche Tätigkeit und in der Regel nicht parteigebunden • Mitgliederanzahl abhängig von der Einwohnerzahl in der Gemeinde, Festlegung der Satzung • Alter je nach Satzung zwischen 12 und 21 Jahre • aktives und passives → **Wahlrecht** unabhängig von der Nationalität (anders als sonst bei Kommunalwahlen) • Wohn- oder Schulort der Jugendlichen etscheidet über die Wahlberechtigung	• Antragsrecht: Dadurch ist der Gemeinderat gezwungen, sich mit den Anträgen der Jugendlichen auseinanderzusetzen • **Antragsrecht, Rederecht, beratende Mitglieder** • Tätigkeit als beratende Mitglieder in den Ausschüssen des Gemeinderates • eigene finanzielle Mittel (je nach Größe und den Möglichkeiten der Gemeinde)

Aus: *Politik & Unterricht aktuell 17: Kommunalwahlen in Baden-Württemberg, hg. von der lpb Baden-Württemberg, Stuttgart 2017, S. 14*

M2 Sitzung des Jugendgemeinderats Tübingen

Jugendgemeinderat Tübingen – Offizielle Sitzung vom 15. Dezember 2017
Protokoll der öffentlichen Sitzung
Beginn der Sitzung: 17.10 Uhr
Ende der Sitzung: 19.45 Uhr

5 Anwesend: Ziad, Max, Anna, Benedikt, Fee, Jasmin, Luca, Helena, Yannis, Nathalie, Christoph, Nour, Tim; neue Amtsperiode: Karim Al-T., Alan, Franz, Karim A., Cosima, Alisa, David, Clara B., Lara, Leonardo, Paula, Clara S., Nikodim, Aaron, Paul, Kiani
Gäste: Frau Leube-Dürr, SPD; Frau Kolb, AL/Grüne; Frau Mihr, TüL
Entschuldigt: Brenda, Tobias, Jessica, David, Natalie, Charlotte
10 Protokoll: Stefan H.

[...]

Anregungen, Fragen und Kritik
Leonardo vertritt die Meinung, dass die Wahl des Jugendgemeinderats eine Bekanntheitswahl war, da die Bewerberinnen und Bewerber kein ausführliches Wahlprogramm über den städti-
15 schen Wahlbogen veröffentlichen konnten. Stefan führt hierzu aus, dass mit der Textlänge schon experimentiert wurde und es schwierig ist, ein egalitäres System hierzu umzusetzen, aber auch die Wahl vom Jugendgemeinderat mitgestaltet werden kann. Yannis bezweifelt, dass längere Texte als Wahlprogramm überhaupt zur Kenntnis genommen werden. [...]

Die Ergebnisse der Jugendgemeinderatswahl werden vorgestellt:

20 Wahlberechtigte:	4.793	Ungültige Stimmzettel:	4
Wählende:	2.070	Gültige Stimmzettel:	2.066
Wahlbeteiligung:	43,1 %	Gültige Stimmen:	17.054

Zum Vergleich:

Jahr	kandidiert haben	Wahl-berechtigte	gewählt haben	Wahl-beteiligung	ungültige Stimmzettel	gültige Stimmen
1999	75	4.387	2.092	47,7 %	13	26.091
2001	16	4.432	1.529	34,5 %	17	10.872
2003	26	4.501	1.615	35,9 %	18	14.976
2005	62	4.509	2.139	47,4 %	26	25.182
2007	39	4.417	1.809	41,0 %	6	17.635
2009	50	4.286	1.900	44,3 %	16	21.884
2011	46	4.185	1.701	40,6 %	14	16.481
2013	23	4.169	1.711	41,0 %	3	11.083
2015	20	5.648	2.005	35,5 %	4	12.983
2017	42	4.793	2.070	43,1 %	4	17.054

[...]

Bericht aus dem Verkehrsbeirat vom 27.11. zum TüBus-Antrag des Jugendgemeinderats
Stefan berichtet stellvertretend für Charlotte: Abgelehnt wurden die aus dem Kinderrathaus vom Mai 2017 hervorgegangene, langfristige Forderung nach einem kostenlosen TüBus und die mittelfristige Forderung nach einem kostenlosen Ticket für Schülerinnen und Schüler. Allerdings entspricht ein Vorhaben des Stadtverkehrs Tübingen, der Platzierung von Fahrkartenautomaten an bestimmten Bushaltestellen, dem dritten Wunsch des Antrags des Jugendgemeinderats (zum Antrag siehe Protokoll der Sitzung des Jugendgemeinderats vom 22. September 2017).

Projektmittel „Prävention sexualisierter Gewalt", Vorlage 821/2017
Sexualisierte Übergriffe und Gewalt an Kindern und Jugendlichen ist ein wichtiges gesellschaftliches Thema, das in Tübingen durch jüngste Vorfälle in der Öffentlichkeit stark in den Blick genommen wird. Das Ausmaß sexualisierter Gewalt verlangt nach Schutzkonzepten und Prävention. Vor diesem Hintergrund hat die Verwaltung für die Prävention sexualisierter Gewalt finanzielle Mittel in Höhe von 25.000 € im Haushaltsentwurf 2018 dargestellt. Damit könnten Institutionen und Einrichtungen gefördert werden, die eine umfassende Präventionsarbeit in diesem Bereich umsetzen möchten. Ziel ist es, junge Menschen zu stärken und erwachsene Bezugspersonen zu sensibilisieren und zu informieren, damit diese ggf. selbst präventiv tätig werden können und im Bedarfsfall wissen, was sie tun können.
Mit 23 Stimmen dafür und drei Enthaltungen ergibt ein Meinungsbild eine breite Unterstützung des Vorhabens von den Mitgliedern des Jugendgemeinderats der alten und neuen Amtsperiode.
[...]

*Jugendgemeinderat Tübingen, Auszüge aus dem Protokoll der öffentlichen Sitzung vom 15.12.2017; https://
jgr-tuebingen.de/wp-content/uploads/2017/12/Protokoll-15.12.2017.pdf (Zugriff 07.11.2022)*

1 Führt in der Klasse eine Umfrage durch, wer sich an einer Jugendgemeinderatswahl als Wähler/-in oder als Kandidat/-in beteiligen würde. Diskutiert das Ergebnis.

2 Arbeite aus M 2 heraus, welche Möglichkeiten ein Jugendgemeinderat bietet und welche Probleme entstehen können.

3 Vergleiche anhand selbst gewählter Kriterien Gemeinderat und Jugendgemeinderat (M 1 und Informationen zum Gemeinderat aus diesem Kapitel).

4 Recherchiert, ob es in eurer Gemeinde einen Jugendgemeinderat gibt. Ladet ein Mitglied in eure Klasse ein und befragt sie oder ihn nach ihren oder seinen Erfahrungen.

BASISKONZEPT

Macht und Entscheidung

M 3   Wie politisch bist du?

1. Ich interessiere mich für Politik.   ○ ja   ○ eher ja   ○ eher nein   ○ nein

2. Ich informiere mich aktiv über Politik.   ○ ja   ○ eher ja   ○ eher nein   ○ nein

3. Würdest du sagen, du bist mit der Demokratie   ○ sehr zufrieden?   ○ eher zufrieden?

   ○ eher unzufrieden?   ○ sehr unzufrieden?

4. Vor welchen gesellschaftlichen Problemen hast du Angst? _____

   _____

Eigene Zusammenstellung auf Basis des Fragenkatalogs der Shell Studie 2015

M 4   Ergebnisse der Shell Studie 2019

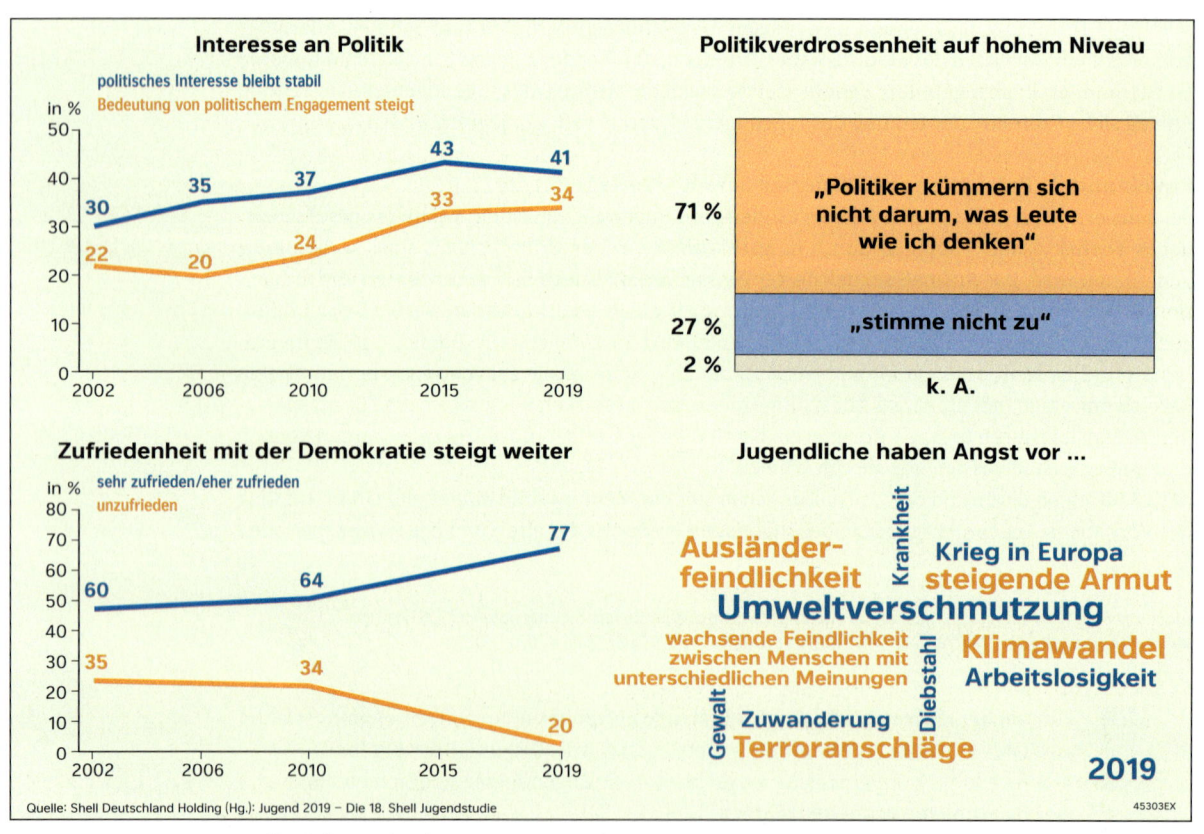

Quelle: Shell Jugendstudie 2019

QUERVERWEIS

Methode Grafiken auswerten
S. 27

1   Führt die Umfrage aus M 3 durch.

2   Stelle die Ergebnisse in geeigneter Form grafisch dar und vergleiche sie mit den Ergebnissen der Shell Jugendstudie von 2019 (M 4).

Gründet einen Jugendgemeinderat

Initiative ergreifen! Die Idee, einen Jugendgemeinderat zu gründen, kann jeder einbringen. Eine kommunalpolitische Beteiligung sollte aber immer mit den Verantwortlichen vor Ort abgesprochen werden. Eine gute Zusammenarbeit zwischen Jugendlichen, Verwaltung und Politik ist für den Erfolg eines Jugendgemeinderats wichtig.

Warum ein Jugendgemeinderat?

Es ist sinnvoll, sich die bestehenden Beteiligungsmodelle vor Ort anzuschauen. Grundsätzlich sollten die Jugendlichen gefragt werden, ob und in welcher Form sie sich an kommunalen Entscheidungsprozessen beteiligen wollen. Eine Jugendkonferenz oder eine Zukunftswerkstatt sind zwei Beispiele, wie möglichst viele Jugendliche im Ort in den Prozess eingebunden werden können. Ein Jugendgemeinderat ist dann die geeignete Form, wenn er sowohl von der Politik als auch von den Jugendlichen als dauerhafte Beteiligung gewünscht wird.

Was muss am Anfang entschieden werden?

Der Gemeinderat sollte die Wahl- und Geschäftsordnung beschließen. Darin wird auch geklärt, welche Rolle der Jugendgemeinderat in der Kommunalpolitik spielen soll: Erhält er Rederecht und Antragsrecht im Gemeinderat und kann er Delegierte in die Ausschüsse entsenden?
Ein Jugendgemeinderat benötigt auch eine Betreuung. Eine pädagogische Betreuung ist ebenso wichtig wie die […] Unterstützung in Verwaltungsangelegenheiten. […] Durch die Anbindung an die Verwaltung können Informationen schnell weitergeleitet werden.

Welche Aufgaben kann der Jugendgemeinderat übernehmen?

Der Jugendgemeinderat vertritt die Interessen der Jugendlichen gegenüber den kommunalpolitisch Verantwortlichen. Jugendgemeinderäte können sich mit allen Themen des kommunalen Lebens befassen, die jugendliche Interessen berühren, um so die Stadt für Jugendliche attraktiver zu gestalten. […] Klassische Themen sind Jugendeinrichtungen und Möglichkeiten der Freizeitgestaltung, der öffentliche Personennahverkehr, Spiel- und Sportplätze, Gestaltung von Skateanlagen und Sprayerwänden, Umgestaltung von Schulhöfen, Durchführung von Bandcontests und Umweltaktionen. Häufig initiieren Jugendgemeinderäte auch Podiumsdiskussionen. Sie organisieren eigene Veranstaltungen wie Partys und Sportveranstaltungen ebenso wie Präventionsprogramme oder Aufklärungsaktionen zu den Themen Aids, Drogen, Armut, Toleranz oder Zivilcourage.

Formen der Beteiligung

Die Gemeindeordnung für Baden-Württemberg sieht in Paragraph 41a vor, dass eine Gemeinde einen Jugendgemeinderat einrichten kann. Partizipation hat aber viele Formen und Bezeichnungen. In Deutschland existiert keine einheitliche Systematisierung von Beteiligungsformen. […] Generell wird zwischen drei Grundformen der Beteiligung unterschieden:

- Parlamentarische Beteiligungsformen (zum Beispiel Jugendgemeinderat) zeichnen sich durch Wahlen aus. Die Mitspracherechte sind durch die Satzung oder die Geschäftsordnung festgelegt.
- Offene Beteiligungsformen (zum Beispiel Jugendforum oder Jugendkonferenz) finden einmalig oder in unregelmäßigen Abständen statt. Alle Jugendlichen können sich einbringen und werden nicht gewählt.
- Projektorientierte Beteiligungsformen (zum Beispiel Zukunftswerkstatt) finden in einem überschaubaren Zeitraum statt und stehen allen Interessierten offen. Sie haben ein klares Ziel und ein definiertes Ende.

Neben den beschriebenen Reinformen gibt es auch Mischformen oder Einzelfallvarianten der Jugendbeteiligung, die aus den Erfahrungen, den örtlichen Gegebenheiten und den Bedürfnissen der Jugendlichen resultieren.

Aus: Jugendgemeinde – WAS? Leitfaden Jugendgemeinderäte in Baden-Württemberg, hrsg. von der Landeszentrale für politische Bildung Baden-Württemberg, Stuttgart 2013, S. 40 f., 64, 8; leicht verändert; online unter: https://www. lpb-bw.de/fileadmin/Abteilung_III/jugend/pdf/jgr_leitfaden/jgr_leidfaden_web.pdf (Zugriff 07.11.2022)

INFO

Anlaufstellen zur JGR-Gründung
Zahlreiche Einrichtungen unterstützen die Arbeit von Jugendgemeinderäten.

Die Akademie der Jugendarbeit Baden-Württemberg e. V. bietet Fortbildung für die Kinder- und Jugendarbeit. www.jugendakademie-bw.de

Der Dachverband der Jugendgemeinderäte in Baden-Württemberg e. V. vernetzt Jugendgemeinderäte, landesweite Aktionen. https://jugendgemeinderat.de

Die Landeszentrale für politische Bildung Baden-Württemberg bietet politische Bildung. www.lpb-bw.de/

Auf folgende Fragen solltest du jetzt antworten können. Du kannst auf den angegebenen Seiten auch noch einmal nachlesen.

1. Welche Aufgaben sind in der Gemeinde zu erledigen und welche Probleme gehen damit einher?

In der Gemeinde werden zahlreiche Entscheidungen getroffen, die sich direkt auf unser Leben auswirken. Unterschieden wird zwischen Pflichtaufgaben, welchen die Gemeinde nachgehen muss, z. B. Straßenbau, übertragenen staatlichen Aufgaben (Weisungsaufgaben), die im Auftrag des Bundes oder Bundeslandes ausgeführt werden, z. B. die Ausgabe von Personalausweisen, und freiwilligen Aufgaben wie die Unterhaltung von Schwimmbädern. Vor allem bei letzteren kann es zu unterschiedlichen Meinungen kommen, wie die knappen Gelder verwendet werden sollen.
(S. 72 – 75)

2. Wer entscheidet in der Gemeinde alles mit?

Die zwei wichtigsten politischen Akteure auf kommunaler Ebene sind Bürgermeister/-in und Gemeinderat, die beide in demokratischen Wahlen bestimmt werden. Der Bürgermeister hat aufgrund seiner Entscheidungsbefugnisse eine mächtige Position. U. a. leitet er die Sitzungen des Gemeinderats und kann gegen dessen Beschlüsse auch Widerspruch einlegen. Unterstützt wird er in seinen Aufgaben von der Gemeindeverwaltung, die auch für die Bürgerinnen und Bürger in vielen Angelegenheiten ein wichtiger Ansprechpartner ist. Die wichtigste Aufgabe des Gemeinderates ist die Erstellung des Haushalts, in welchem die Einnahmen und Ausgaben der Gemeinde aufgeführt werden.
(S. 76 – 79)

3. Wie können sich Bürgerinnen und Bürger in der Gemeinde einbringen?

An Kommunalwahlen dürfen sich alle EU-Bürgerinnen und -Bürger, die mindestens 16 Jahre alt sind und ihren Hauptwohnsitz seit mindestens drei Monaten in der Gemeinde haben, beteiligen. Bei der Gemeinderatswahl haben die Wählerinnen und Wähler so viele Stimmen, wie Gemeinderäte zu wählen sind. Sie können einem Bewerber bis zu drei Stimmen geben (kumulieren) und darüber hinaus Bewerber unterschiedlicher Wahllisten wählen (panaschieren).
Auf kommunaler Ebene gibt es für die Bürgerinnen und Bürger darüber hinaus Möglichkeiten der direkten Beteiligung, die in den letzten Jahren noch ausgeweitet wurden. Über Bürgerbegehren und Bürgerentscheide können sie selbst über Themen abstimmen, die die Gemeinde betreffen. Mit dem Einwohnerantrag und der Einwohnerversammlung besteht zudem die Möglichkeit, Themen auf die Agenda des Gemeinderats zu setzen.
(S. 80 – 87)

4. Welche Möglichkeiten haben Jugendliche, sich einzubringen?

Seit den Kommunalwahlen 2014 dürfen auch Jugendliche ab 16 Jahren wählen. Mit dem Jugendgemeinderat besteht jedoch auch die Möglichkeit für Jugendliche, sich in einer eigenen Interessenvertretung in ihrer Gemeinde zu engagieren und Projekte anzustoßen.
(S. 88 – 91)

QUERVERWEIS

Leben im Kaff
S. 14 f.

Warum gibt die Gemeinde Geld für ein Feuerwehrfahrzeug aus und nicht für das Schwimmbad oder ordentliche Busverbindungen? Und können wir als Jugendliche eigentlich gar keinen Einfluss darauf nehmen, wofür Geld ausgegeben wird?

M1 Stimmzettel: Sie haben 8 Stimmen

Amtlicher Stimmzettel		
Für die Wahl des Gemeinderats in Musterstadt		
Freie Wähler Musterstadt (FWM)		
201	Immel, Isabell Imkerin, Im Grund 1	X
202	Jansson, Jakob Jäger, Jasminweg 2	X
203	Kottra, Katharina Kuratorin, Karlsplatz 3	
204	Lieb, Leo Lehrer, Lehener Straße 4	2
205	Mitroglu, Mohammed Maschinenschlosser, Marienplatz 5	
206	Nemzow, Nina Notfallsanitäterin, Niedere Straße 6	X
207	Ortler, Oswald Onkologe, Osterweg 7	X
208	Peter, Patrick Pensionär, Pfarrallee 8	3

Amtlicher Stimmzettel		
Für die Wahl des Gemeinderats in Musterstadt		
Christlich Demokratische Union Deutschlands (CDU)		
101	Anders, Achim Angestellter, Aachener Straße 1	
102	Bauer, Bettina Bäuerin, Berliner Platz 2	3
103	Conz, Christian Chirurg, Charlottenstraße 3	
104	Doll, Daniela Dachdeckerin, Dorotheenweg 4	
105	Erhard, Erwin Eisverkäufer, Engelsberg 5	2
106	Franz, Friedrich Florist, Ferdinandstraße 6	
107	Gärtner, Gabriele Gastwirtin, Gartenstraße 7	1
108	Höfler, Hannelore Handwerkerin, Hohe Straße 8	
	Lieb, Leo	2

M2 Interesse junger Menschen an Politik

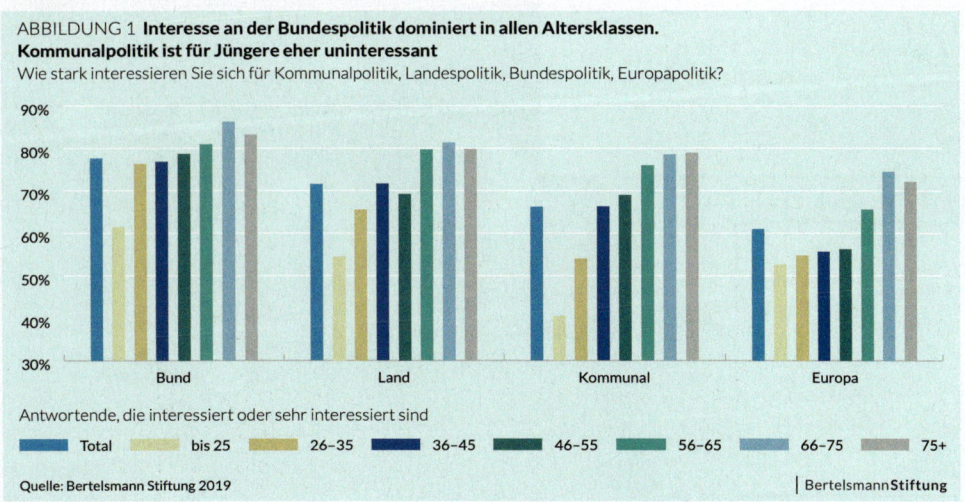

ABBILDUNG 1 **Interesse an der Bundespolitik dominiert in allen Altersklassen. Kommunalpolitik ist für Jüngere eher uninteressant**
Wie stark interessieren Sie sich für Kommunalpolitik, Landespolitik, Bundespolitik, Europapolitik?

Antwortende, die interessiert oder sehr interessiert sind

Total   bis 25   26–35   36–45   46–55   56–65   66–75   75+

Quelle: Bertelsmann Stiftung 2019 | Bertelsmann**Stiftung**

1 Erläutere die Aufgaben von Bürgermeisterin/Bürgermeister und Gemeinderat.
2 Beurteile die Möglichkeiten von Bürgerinnen und Bürgern, sich in ihrer Gemeinde zu engagieren.
3 Begründe, ob die Wahlzettel in M1 gültig sind oder nicht.
4 Vergleiche das politische Interesse von jungen Menschen (bis 25) mit anderen Altersgruppen anhand von M2.
5 Gestaltet eine Mobilisierungskampagne für die nächste Gemeinderatswahl in eurer Gemeinde.

5.

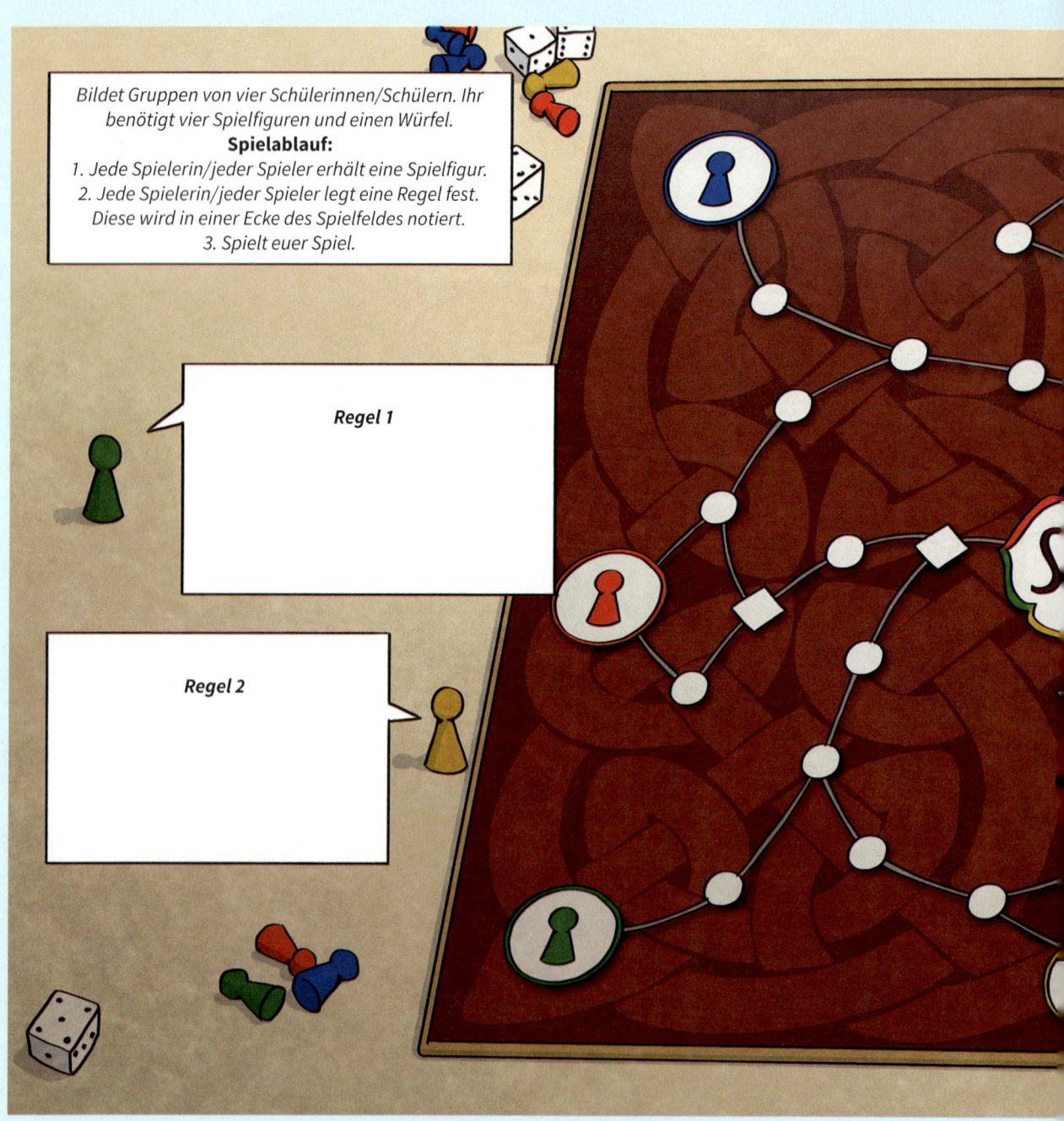

Bildet Gruppen von vier Schülerinnen/Schülern. Ihr
benötigt vier Spielfiguren und einen Würfel.
Spielablauf:
1. Jede Spielerin/jeder Spieler erhält eine Spielfigur.
2. Jede Spielerin/jeder Spieler legt eine Regel fest.
Diese wird in einer Ecke des Spielfeldes notiert.
3. Spielt euer Spiel.

Regel 1

Regel 2

Die rechtliche Stellung Jugendlicher und die Rechtsordnung

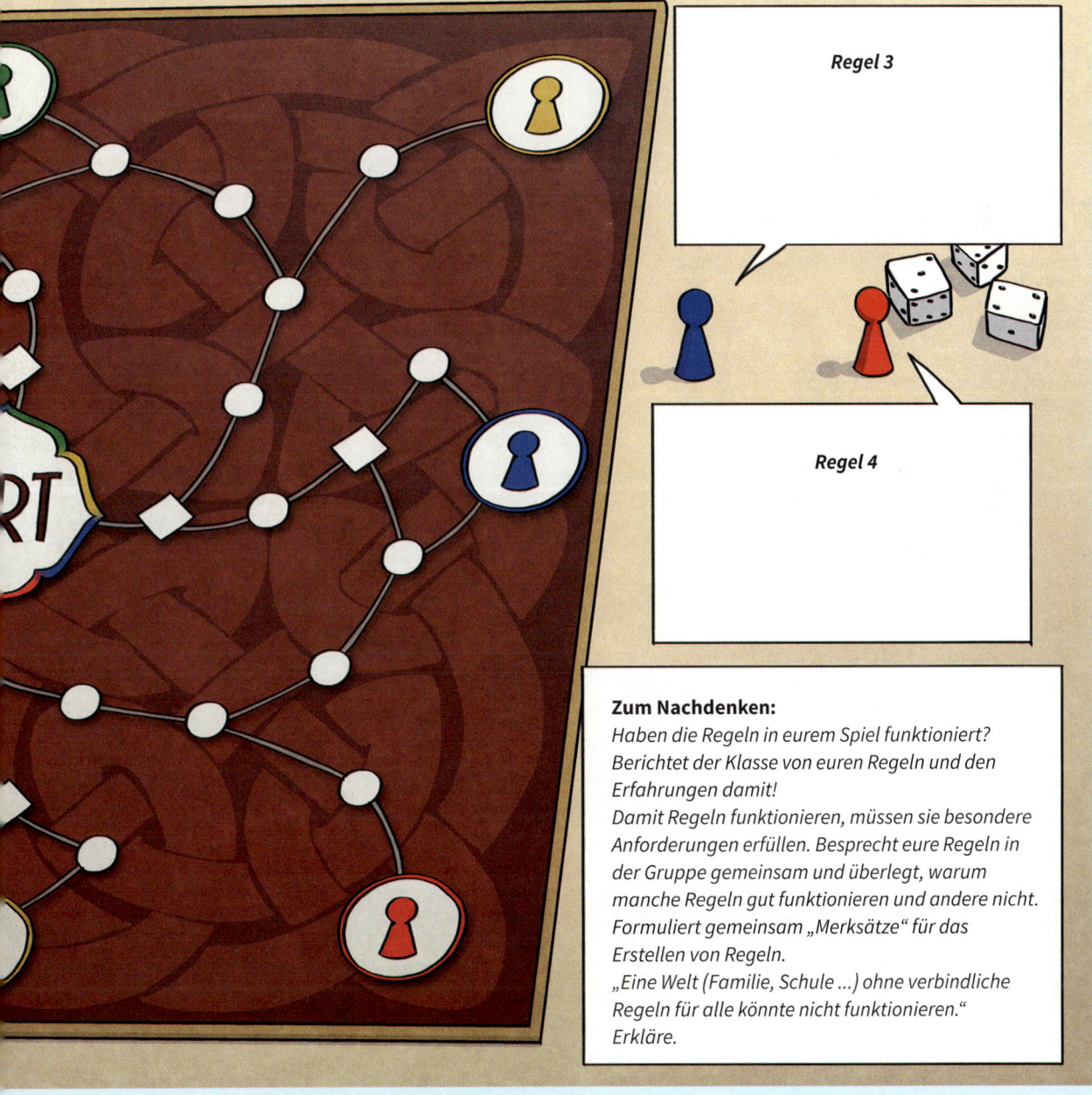

Regel 3

Regel 4

Zum Nachdenken:

*Haben die Regeln in eurem Spiel funktioniert?
Berichtet der Klasse von euren Regeln und den
Erfahrungen damit!
Damit Regeln funktionieren, müssen sie besondere
Anforderungen erfüllen. Besprecht eure Regeln in
der Gruppe gemeinsam und überlegt, warum
manche Regeln gut funktionieren und andere nicht.
Formuliert gemeinsam „Merksätze" für das
Erstellen von Regeln.
„Eine Welt (Familie, Schule ...) ohne verbindliche
Regeln für alle könnte nicht funktionieren."
Erkläre.*

5.1 Kinder und Jugendliche im Rechtssystem – sind andere Regeln und Gesetze wirklich notwendig?

Kinder und Jugendliche sollen lernen, Verantwortung für sich selbst zu übernehmen. Um dies zu erlernen, brauchen sie viele Freiheiten. Gleichzeitig ist es aber auch notwendig, Kinder und Jugendliche vor negativen Einflüssen auf ihre Entwicklung zu schützen. Ein unüberbrückbarer Gegensatz?

INFO

**Aus dem Straf-
gesetzbuch (StGB)**

§ 185 Beleidigung
Die Beleidigung wird
mit Freiheitsstrafe bis
zu einem Jahr oder
mit Geldstrafe […]
bestraft.

§ 186 Üble Nachrede
Wer in Beziehung auf
einen anderen eine
Tatsache behauptet
oder verbreitet, wel-
che denselben ver-
ächtlich zu machen
oder in der öffentli-
chen Meinung herab-
zuwürdigen geeignet
ist, wird, wenn nicht
diese Tatsache
erweislich wahr ist,
mit Freiheitsstrafe bis
zu einem Jahr oder
mit Geldstrafe […]
bestraft.

§ 187 Verleumdung
Wer wider besseres
Wissen in Beziehung
auf einen anderen
eine unwahre Tatsa-
che behauptet oder
verbreitet, welche
denselben veräcrt-
lich zu machen oder
in der öffentlichen
Meinung herabzu-
würdigen […] geeig-
net ist, wird mit Frei-
heitsstrafe bis zu zwei
Jahren oder mit
Geldstrafe […]
bestraft.

BASISKONZEPT

**Interessen und
Gemeinwohl**

M 1   Ist das in Ordnung?

1 Beschreibe die auf den Bildern dargestellten Situationen.
2 Überprüfe mithilfe von M 2, M 3 und M 4, ob das, was die Jugendlichen auf den dargestellten Bildern tun, erlaubt ist.
3 Gestalte mithilfe von M 3 und M 4 ein Merkblatt zum Thema „(Ferien-)Jobs für Kinder und Jugendliche" nach der Vorlage von M 2.
4 Arbeite die wesentliche Zielsetzung und die Adressaten des Jugendschutzgesetzes aus M 5 heraus.
5 Beurteile die Effektivität des Jugendschutzgesetzes mithilfe von M 6 und M 7.

M2 Was dürfen Jugendliche?

erlaubt ● verboten ● Ausnahme: Erlaubt in Begleitung einer personensorgeberechtigten oder erziehungsbeauftragten Person ●	Jugendliche unter 16 Jahren	Jugendliche ab 16 Jahren unter 18 Jahren
Aufenthalt in Gaststätten	zwischen 5 und 23 Uhr zur Einnahme eines Getränks oder einer Mahlzeit ● ansonsten generell ● oder ●	bis 24 Uhr ● zwischen 24 und 5 Uhr ● oder ●
Aufenthalt in Diskotheken, Tanzveranstaltungen	● oder ●	bis 24 Uhr ● ab 24 Uhr ● oder ●
Tabakwaren	Abgabe und Konsum in Gaststätten, Verkaufsstellen oder sonst in der Öffentlichkeit ●	Abgabe und Konsum in Gaststätten, Verkaufsstellen oder sonst in der Öffentlichkeit ●
Spirituosen, Alkopops (Branntwein, branntweinhaltige Getränke)	Verkauf und Konsum in Gaststätten, Verkaufsstellen oder sonst in der Öffentlichkeit ●	Verkauf und Konsum in Gaststätten, Verkaufsstellen oder sonst in der Öffentlichkeit ●
andere alkoholische Getränke (Bier, Wein, Sekt, Bier- und Weinmix)	Verkauf und Konsum in Gaststätten, Verkaufsstellen oder sonst in der Öffentlichkeit ● oder ●	Verkauf und Konsum in Gaststätten, Verkaufsstellen oder sonst in der Öffentlichkeit ●
Spielhallen, Glücksspiel	Aufenthalt in Spielhallen ● Teilnahme am Glücksspiel ●	Aufenthalt in Spielhallen ● Teilnahme am Glücksspiel ●
Kino, Filme und Computerspiele	entsprechend der Alterskennzeichnung	entsprechend der Alterskennzeichnung

WEBCODE

WES-116987-006

Film „Einfach erklärt: Stufen der Mündigkeit"

M3 Verordnung über den Kinderarbeitsschutz (Auszug)

§ 1 Beschäftigungsverbot

Kinder über 13 Jahre und vollzeitschulpflichtige Jugendliche dürfen nicht beschäftigt werden, soweit nicht das Jugendarbeitsschutzge-
5 setz und § 2 dieser Verordnung Ausnahmen vorsehen.

§ 2 Zulässige Beschäftigungen

Kinder über 13 Jahre und vollzeitschulpflichtige Jugendliche dürfen nur beschäftigt werden
10 1. mit dem Austragen von Zeitungen, Zeitschriften, Anzeigenblättern und Werbeprospekten,
2. in privaten und landwirtschaftlichen Haushalten mit

a) Tätigkeiten in Haushalt und Garten,   15
b) Botengängen,
c) der Betreuung von Kindern und anderen zum Haushalt gehörenden Personen,
d) Nachhilfeunterricht,
e) der Betreuung von Haustieren,   20
f) Einkaufstätigkeiten mit Ausnahme des Einkaufs von alkoholischen Getränken und Tabakwaren,
[...]
4. mit Handreichungen beim Sport,   25
5. mit Tätigkeiten bei nichtgewerblichen Aktionen und Veranstaltungen der Kirchen, Religionsgemeinschaften, Verbände, Vereine und Parteien.

м4   Jugendarbeitsschutzgesetz (Auszug)

§ 2 Kind, Jugendlicher

1. Kind im Sinne dieses Gesetzes ist, wer noch nicht 15 Jahre alt ist.
2. Jugendlicher im Sinne dieses Gesetzes ist, wer 15 Jahre, aber noch nicht 18 Jahre alt ist.
3. Auf Jugendliche, die der Vollzeitschulpflicht unterliegen, finden die für Kinder geltenden Vorschriften Anwendung.

§ 14 Nachtruhe

1. Jugendliche dürfen nur in der Zeit von 6 bis 20 Uhr beschäftigt werden.

2. Jugendliche über 16 Jahre dürfen
   a) im Gaststätten- und Schaustellergewerbe bis 22 Uhr,
   b) in mehrschichtigen Betrieben bis 23 Uhr,
   c) in der Landwirtschaft ab 5 oder bis 21 Uhr,
   d) in Bäckereien und Konditoreien ab 5 Uhr beschäftigt werden.
3. Jugendliche ab 17 Jahren dürfen in Bäckereien ab 4 Uhr beschäftigt werden.

м5   Was ist Jugendschutz in der Öffentlichkeit?

Das Jugendschutzgesetz soll Kinder und Jugendliche stärken und schützen, indem es den Zugang zu gesundheitsgefährdenden Produkten, zu Kinofilmen und Medien sowie Aufenthalte an bestimmten Orten in der Öffentlichkeit an bestimmte Altersstufen bindet. Dadurch unterstützt das Gesetz Eltern bei der verantwortungsbewussten Wahrnehmung der Erziehung ihrer Kinder. Im Bereich der Medien bezweckt es neben dem Schutz vor entwicklungsbeeinträchtigenden und jugendgefährdenden Inhalten auch den Schutz vor Risiken, die sich aus der Mediennutzung für die Integrität von Kindern und Jugendlichen ergeben. Zudem soll die Orientierung von Kindern, Jugendlichen, Eltern und pädagogischen Fachkräften im Rahmen der Medienerziehung und -kompetenz gefördert werden.

Die einzelnen Regelungen des Gesetzes richten sich ausschließlich an volljährige Personen, insbesondere an Gewerbetreibende, Veranstalter*innen und deren Beschäftigte. Sie richten sich nicht an Kinder und Jugendliche, denn sie sind hier diejenigen, die es zu schützen gilt.

Das Jugendschutzgesetz hat drei Schwerpunkte:

Jugendschutz in der Öffentlichkeit

Das Jugendschutzgesetz gilt in der Öffentlichkeit, also an Orten, die der Allgemeinheit zugänglich sind; zum Beispiel Geschäfte, Gaststätten, Kinos, Diskotheken, Spielhallen, Straßen und öffentliche Plätze. Als öffentlich gelten auch Räume und Orte, wenn dort Eintrittsgeld zu zahlen ist oder wenn vorher nicht klar ist, wer dabei sein wird. Für nicht-öffentliche, private Veranstaltungen oder Vereinsfeiern gilt das Gesetz nicht.

Jugendschutz im Hinblick auf Tabak und Alkohol

Weil der Konsum von Tabakwaren und alkoholhaltigen Getränken und Lebensmitteln gesundheitsgefährdend ist, enthält das Jugendschutzgesetz Regelungen zur Altersfreigabe dieser Waren. Inzwischen erfasst es unter bestimmten Voraussetzungen auch E-Zigaretten und E-Shishas ohne nikotinhaltige Inhaltsstoffe.

Jugendschutz im Bereich der Medien

Das Jugendschutzgesetz legt fest, ab welchem Alter Jugendliche Zugang zu bestimmten Medien erhalten dürfen. Das betrifft Kinofilme, darüber hinaus auch Filme und Spiele auf Bildträgern (CD, DVD, Blu-Ray) und Bildschirmspielgeräten. Besondere Vorschriften sind für die Kennzeichnung von Online-Angeboten auf Film- und Spielplattformen enthalten. Das Gesetz unterscheidet zwischen Medien, die die Entwicklung von Kindern und Jugendlichen beeinträchtigen, und solchen, die ihre Entwicklung gefährden können. Für den Bereich von Rundfunk (Radio und Fernsehen) und Online-Medien (z.B. Internet) regelt der Jugendmedienschutz-Staatsvertrag der Länder (JMStV) ergänzend entsprechende Zugangsbeschränkungen bzw. Vorgaben für Anbieter*innen.

Bundesarbeitsgemeinschaft Kinder- und Jugendschutz e. V. (BAJ) (Hg.): Was bedeutet Jugendschutz?, Berlin; https://www.jugendschutz-aktiv.de/de/das-jugendschutzgesetz/was-bedeutet-jugendschutz.html (Zugriff 21.11.2022)

M6 Klare Regeln, schwierige Umsetzung

Der Verkauf von Alkohol an Minderjährige ist im Jugendschutzgesetz eindeutig geregelt. [...] Trotzdem setzen sich viele Kneipenwirte und Spätkaufbesitzer über das Verbot hinweg. Wer

5 Alkohol an Minderjährige verkauft, begeht eine Ordnungswidrigkeit, die mit einem Bußgeld belegt wird. [...] Bei wiederholten oder besonders schwerwiegenden Verstößen kann die Schankerlaubnis entzogen oder die Aus-

10 übung des Gewerbes untersagt werden. [...]
Für die Durchsetzung des Alkoholverkaufsverbots sind Polizei und Ordnungshüter zuständig. Wie die Einhaltung überprüft wird, entscheidet jedes Ordnungsamt selbst. Meist

15 werden die Kontrollen von Mitarbeitern des Allgemeinen Ordnungsdienstes durchgeführt. Außerdem gibt es „Sachbearbeiter mit besonderen Kontrollaufgaben", die in Zivil unterwegs sind. In den meisten Bezirken gibt es

zwischen einem und drei dieser Jugendschutz- 20 kontrolleure. [...] Die Erfolgsbilanz der Ordnungshüter ist durchwachsen. [...] Zwischen 2010 und 2012 [wurden bei] berlinweit 3.328 Überprüfungen von Verkaufsstellen und Gastronomiebetrieben 142 Fälle einer unerlaub- 25 ten Alkoholabgabe an Minderjährige festgestellt. Manche Ordnungsämter setzen minderjährige Testkäufer ein, um Gewerbetreibende auf frischer Tat zu ertappen. Die Methode ist politisch umstritten. „Es ist recht- 30 lich schwierig, weil die Gewerbetreibenden zum Verstoß gegen das Jugendschutzgesetz provoziert werden", sagt Carsten Spallek (CDU), Ordnungsstadtrat von Mitte. Die Methode verspricht aber mehr Erfolg als die Be- 35 obachtung von Verkaufsstellen, um zufällig auf Verstöße aufmerksam zu werden.

Timo Kather: Jugendschutz und Alkohol – Klare Regeln, schwierige Umsetzung, in: Tagesspiegel online, 10.04.2014, Berlin; https://www.tagesspiegel.de/berlin/klare-regeln-schwierige-umsetzung-3546028.html (Zugriff 21.11.2022)

INFO

Spätkauf
Als Spätkauf wird in Berlin und Umgebung ein kleines Geschäft mit Getränken und Tabakwaren verstanden, das normalerweise rund um die Uhr geöffnet ist.

INFO

Schankerlaubnis
Gaststätten, die Alkohol verkaufen möchten, benötigen hierfür eine spezielle Erlaubnis.

M7 Akuter Alkoholrausch

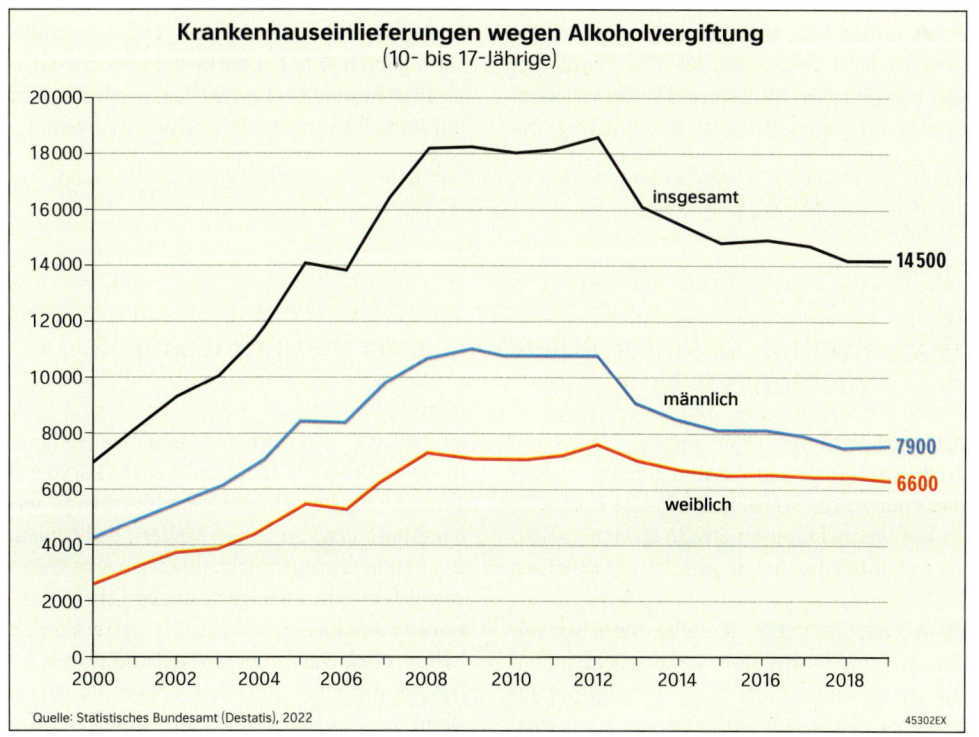

Quelle: Statistisches Bundesamt (Destatis), 2022   45302EX

5.2 Social Media – aufklären oder verbieten?

Viele Jugendliche verbringen sehr viel Freizeit am Computer oder am Smartphone. Dabei werden häufig die Möglichkeiten der sozialen Netzwerke genutzt und mitunter sehr persönliche Informationen und Bilder ausgetauscht. Sind die sozialen Medien deshalb eine Gefahr für die Jugendlichen?

M1   Pro: „Social Media gefährdet eine unbeschwerte Kindheit"

INFO

Hinweis zu Z. 24 f.:
In immer mehr
Schulen bekommt
der richtige Umgang
mit dem und das
richtige Verhalten im
Internet einen höheren Stellenwert.

Rund 89 Prozent der 12- bis 19-Jährigen sind auf mindestens einer sozialen Plattform angemeldet. Die Hälfte dieser Jugendlichen gibt zu, freizügige Bilder über ein soziales Netzwerk
5 ausgetauscht zu haben. Alleine diese Tatsache zeigt, dass die sozialen Netzwerke für Jugendliche eine Gefahr sind. Eine Gefahr für diejenigen, die sich nicht zu schützen wissen.
Das Internet und die sozialen Netzwerke er-
10 möglichen den Zugang zu Bildern, Informationen und Welten, vor denen wir einst geschützt waren: Pädophilie, Pornografie und Gewalt. Das „Teilen" und „Liken" von Inhalten ermöglicht einen direkten, ungefilterten Kanal ins
15 Kinderzimmer. Dies führt dazu, dass heute Kinder und Jugendliche früher mit diesen Dingen konfrontiert sind – freiwillig oder unfreiwillig. Die sozialen Netzwerke gefährden eine echte, unbeschwerte Kindheit.
20 Gefährlich ist besonders das Veröffentlichen von persönlichen Bildern und Informationen. Gerade für Jugendliche ist es schwierig, die

Konsequenzen einzuschätzen. Prävention ist das Stichwort. Aber noch immer ist das Verhalten im Internet kein Schulfach. Fahrlässig. [...] 25
Was passiert, wenn eines Tages die virtuellen Freundschaften die realen verdrängen? Wenn die Jugendlichen die sozialen Plattformen als soziale Interaktion missverstehen? Wenn das virtuelle Selbst wichtiger wird als das reale 30
Ich? Absurd? Nein. Bereits heute chattet man, statt zu reden. Man postet Ferienfotos, statt einen Foto-Abend mit Freunden zu organisieren. Die soziale Interaktion verkommt zu einer asozialen Kommunikation. 35
Junge Menschen erstellen im Internet ein virtuelles Ich. Ein fahler Abklatsch dessen, was von der Gesellschaft als schön und erstrebenswert angesehen wird. Dieser Versuch ist zum Scheitern verurteilt, führt zu Enttäuschung 40
und zerstört das Selbstwertgefühl Jugendlicher. Auch hier lautet die Regel: Vorsicht. Soziale Plattformen sind gefährlich, wenn sie nicht mit Vorsicht konsumiert und genutzt werden.

Daria Frick: Pro: Sind die sozialen Medien eine Gefahr für die Jugendlichen?, Tagblatt online, 04.11.2016, St. Gallen; https://www.tagblatt.ch/leben/digital/sind-die-sozialen-medien-eine-gefahr-fur-die-jugendlichen-ld.1591802 (Zugriff 21.11.2022)

M2   Kontra: „Gefahren erkennen, keine Berührungsängste züchten"

Als Eltern wird man jeden Tag mit Fragen und Problemstellungen in Zusammenhang mit seinen Kindern konfrontiert. Dürfen sie in der Nähe der viel befahrenen Straße spielen? Sollen
5 sie mit ihren Freunden wirklich in den Park [...]?
Die Antwort ist immer dieselbe. Natürlich sollen, dürfen, können sie das. Entscheidend ist, was wir als Eltern ihnen als Werkzeuge mit auf
10 den Weg geben. Ich nenne es, ganz pauschal

ausgedrückt, den gesunden Menschenverstand. In vielen Lebenssituationen ist er ein hervorragender Ratgeber. Aber er kommt nicht von selber. Man muss ihn seinen Kindern beibringen. Oder einfach ausgedrückt: ihnen gewisse Werte 15
vermitteln und aufzeigen, was im Leben funktioniert und was eben nicht. Gefahren erkennen helfen, ohne Berührungsängste zu züchten.
Das ist mitunter einfacher gesagt als getan. Denn in unserer vernetzten, globalisierten 20

und immer schnelllebigeren Welt prasseln die Impressionen von außen in hohem Rhythmus auf die Kinder ein. Sie zu kanalisieren, verarbeiten und vor allem einzuschätzen, wird für
25 sie zunehmend schwieriger. Es ist die Hauptaufgabe der Eltern, ihrem Nachwuchs im Umgang mit dieser Dauerberieselung zu helfen. Was ist wichtig? Was ist einfach nur blöd? Und vor allem: Was ist gefährlich?
30 Das gilt vor allem für den Umgang mit den sozialen Medien. Irgendwann kommt der Zeitpunkt unweigerlich, wo man seine Kinder nicht mehr aus dieser Welt aussperren darf. Handy und Tablet sind zu unverzichtbaren Bestand-teilen unseres Lebens geworden – unabhängig 35 davon, ob man das gut findet oder nicht. Es ist die Realität. Sich ihr zu verweigern, ist zweck- und sinnlos. Gleichzeitig tut sich für die Kids eine neue Welt auf: Facebook, Instagram, Snapchat. Genau wie im „richtigen" Leben gilt auch 40 hier: Man darf, kann, soll diese Plattformen nutzen. Entscheidend ist aber auch hier, dass die Eltern das nötige Werkzeug mitgeben. Wie auf der Straße, im Park oder auf dem Weg zur Turnhalle lauern Gefahren. Wenn man sie 45 kennt und weiß, wie man mit ihnen umgehen muss, dann sind solche Situationen genau das, was sie sein sollen: alltäglich.

Marcel Kuchta: Kontra: Sind die sozialen Medien eine Gefahr für die Jugendlichen?, Tagblatt online, 04.11.2016, St. Gallen; https://www.tagblatt.ch/leben/digital/sind-die-sozialen-medien-eine-gefahr-fur-die-jugendlichen-ld.1591802 (Zugriff 21.11.2022)

Good Angel – Bad Angel

Bei vielen Themen, die im Gemeinschaftskundeunterricht besprochen werden, gibt es unterschiedliche Meinungen und Auffassungen. Die Methode „Good Angel — Bad Angel" hilft dir in solchen Fällen, zu einem eigenen, gut begründeten Urteil zu kommen.

Vorbereitung: Teilt zunächst eure Klasse in Gruppen von drei Schülerinnen und Schülern auf. Entscheidet dann, wer in jeder Gruppe der „Good Angel", wer der „Bad Angel" und wer der „Erzengel" sein möchte.

Durchführung: Besprecht zunächst gemeinsam die Aussage, die ihr mithilfe der Methode bearbeiten möchtet. Macht euch dabei klar, was die Aussage bedeutet, und klärt unklare Begriffe oder Zusammenhänge. Der „Good Angel" bereitet anschließend alle Argumente vor, die <u>für</u> eine These sprechen, und der „Bad Angel" alle Argumente, die <u>gegen</u> eine These sprechen. Hierfür kann z. B. im Internet recherchiert werden, ein Argumente-Pool oder ein Text verwendet werden. Notiert die Argumente auf Karteikarten. Während der „Good Angel" und der „Bad Angel" ihre Argumente zusammentragen und vorbereiten, liest sich der „Erzengel" die Materialien durch. Dadurch fällt es ihm später leichter, den Vorträgen der beiden anderen Engel zu folgen.
Nun dürfen der „Good Angel" und der „Bad Angel" dem „Erzengel" die Argumente abwechselnd vortragen. Für jedes Argument sind jeweils 30 Sekunden vorgesehen. Nach fünf Minuten entscheidet sich der „Erzengel" für eine Seite und notiert sein Ergebnis in Prozent, z. B. 80:20 für den „Good Angel". Außerdem teilt der „Erzengel" den beiden anderen Engeln mit, welches ihrer Argumente er am überzeugendsten fand.

Auswertung: Alle „Erzengel" tragen der Reihe nach ihre Entscheidung im Plenum vor und begründen diese kurz. Die beiden überzeugendsten Argumente aller „Erzengel" werden an der Tafel notiert und von allen Schülerinnen und Schülern abgeschrieben.

1 Sollte die Nutzung sozialer Netzwerke eingeschränkt werden, beispielsweise durch eine Altersgrenze oder die Kontrolle der geposteten Inhalte? Beantwortet diese Frage mithilfe der Methode „Good Angel – Bad Angel". Die notwendigen Informationen hierfür findet ihr in M 1 und M 2.

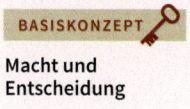

BASISKONZEPT

Macht und Entscheidung

5.3 Warum werden Jugendliche kriminell?

Es ist normal, dass Jugendliche während ihrer Entwicklung gesetzte Grenzen hinterfragen und überschreiten. In manchen Fällen jedoch werden aus Grenzverletzungen Straftaten, auf die dann nicht nur Eltern oder Lehrerinnen bzw. Lehrer, sondern auch der Staat zum Schutz seiner Bürgerinnen und Bürger reagieren muss.

M 1 Schlagzeilen zur Jugendkriminalität

Ladendiebstahl als „Mutprobe unter Freunden"
RP Online vom 06.03.2018

Jugendliche klauen Hund – und erpressen Besitzerin
Welt.de vom 21.02.2017

Massenschlägerei in Berlin
Rund 60 Jugendliche prügeln sich in Neuköllner Freibad
SPIEGEL Online vom 06.07.2015

Mädchen verprügeln 13-Jährige
Kennt Jugendgewalt keine Grenzen mehr?
FOCUS Online vom 11.01.2014

Gewaltexzess: 15-Jährige wird ins Gefängnis gebracht
stimme.de vom 20.02.2017

Diebstahl Jugendliche flüchteten mit Schuhen im Rucksack
Kölner Stadtanzeiger vom 20.02.2015

Sechs Jugendliche wegen Sachbeschädigung angeklagt
Feiernde Jugendliche haben im vergangenen Jahr ein frisch renoviertes Haus in Hannover-Kirchrode verwüstet. Nun müssen sich sechs Gäste der Feier vor Gericht verantworten.
Hannoversche Allgemeine Zeitung vom 19.07.2010

M 2 Warum werden Jugendliche kriminell?

a) Die Entwicklungstheorie
Die Verletzung von Regeln ist insbesondere bei Jugendlichen weit verbreitet. Es ist häufig so, dass im kindlichen und jugendlichen Alter
5 Straftaten leichter bis mittlerer Art begangen werden, da Regeln erst erlernt werden müssen. Diese Häufung jugendlicher Straftaten ist durch die Entwicklung des Menschen bedingt. Dabei werden Regeln als Erfahrungsprozess
10 gelernt, vor allem durch Reaktionen anderer Menschen in der Form von Lob und Tadel. Hier gilt ganz klar: „Learning by doing". [...]
b) Die Sozialisationstheorie
Sich wiederholende Kriminalität ist häufig ei-
15 ne Folge misslungener Sozialisation von den ersten Kindheitsjahren an. In dieser Zeit wird die Entwicklung des Menschen maßgeblich bestimmt. Fehlentwicklungen, die auch in Kriminalität einmünden können, sind häufig hier bereits angelegt. Kriminalität ist nach der So- 20 zialisationstheorie die Folge von Sozialisationsdefiziten, die insbesondere dann auftreten, wenn in der Kindheit eine dauerhafte Bezugsperson fehlte und kein Urvertrauen hergestellt worden ist. Die Gewissensbildung, also 25 die Verinnerlichung von Recht und Unrecht, kann aber auch bei Inkonsequenz, bei falschen Erziehungsmethoden, bei Hartherzigkeit der Erziehungspersonen oder auch bei überzogener Verwöhnung verhindert werden. [...] 30

Nach: Heribert Ostendorf: Ursachen von Kriminalität, Informationen zur politischen Bildung, Bundeszentrale für politische Bildung, 24.04.2018, Bonn; https://www.bpb.de/shop/zeitschriften/izpb/268217/ursachen-von-kriminalitaet/ (Zugriff 21.11.2022)

M 3 Schwere Misshandlungen

Wie die Polizei berichtet, ereignete sich am Sonntagabend ein schwerer Fall von Misshandlung im baden-württembergischen Bad Friedrichshall (Kreis Heilbronn): Weil sie ge-
5 lacht haben soll, wurde eine 14-Jährige von einer Gruppe gleichaltriger Mädchen bedrängt. Obwohl das spätere Opfer sich entschuldigte und erklärte, es sei nie ihre Absicht gewesen, irgendjemanden auszulachen, lie-
10 ßen die Täterinnen nicht von ihrem Opfer ab. Im Gegenteil, sie drängten die 14-Jährige in den nahegelegenen Kocherwald, wo die Misshandlungen begannen. Das 14-jährige Mädchen wurde dort mit Fäusten und einem Stock
15 geschlagen und auf ihrer Hand wurde eine Zigarette ausgedrückt. Dem Opfer gelang es schließlich, sich zu befreien und mit dem Handy ihre Eltern zu verständigen, die sie in ein Krankenhaus brachten, wo die Verletzungen versorgt wurden. Am selben Tag konnte das 20 Mädchen das Krankenhaus wieder verlassen. Noch am Abend wurden aufgrund eines Zeugenhinweises alle sechs tatverdächtigen Mädchen ermittelt. Die mutmaßliche 14-jährige Haupttäterin, die bereits mehrfach polizeilich 25 bekannt ist, schwieg zunächst zu den Vorwürfen. Sie wurde festgenommen und in eine Jugendstrafanstalt gebracht. Bei der Urteilsverkündung einige Monate später wurden besondere Sicherheitsvorkehrungen getrof- 30 fen, da mit gewalttätigen Aktionen der Familie der Haupttäterin gerechnet wurde. Wohl aufgrund der Anwesenheit des Sicherheitspersonals blieb es ruhig, als die Haupttäterin, auch aufgrund ihrer bisherigen kriminellen Karrie- 35 re, zu einer Gefängnisstrafe ohne Bewährung verurteilt wurde.

Autorentext nach Artikeln aus der Heilbronner Stimme vom 31.10.2016, 20.04.2017 und 24.01.2017

M 4 Entwicklung der Kriminalität im Altersverlauf

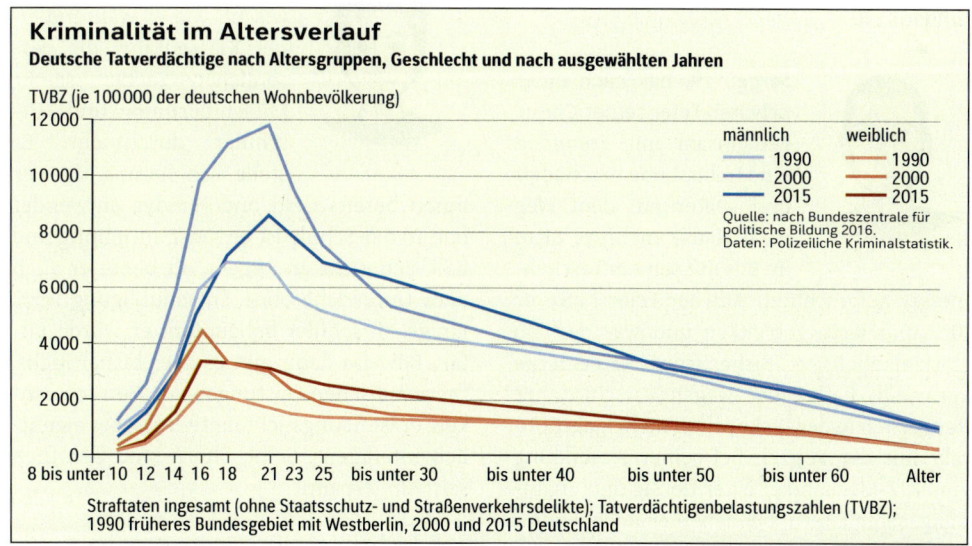

Kriminalität im Altersverlauf
Deutsche Tatverdächtige nach Altersgruppen, Geschlecht und nach ausgewählten Jahren

1 Beschreibe mithilfe von M 1, bei welchen Straftaten Kinder und Jugendliche häufig beteiligt sind.

2 Erklärt euch in Partnerarbeit gegenseitig die Entwicklungstheorie (Partner/-in A) oder die Sozialisationstheorie (Partner/-in B) mithilfe von M 2. Notiert euch wichtige Erkenntnisse.

3 Lässt sich Jugendkriminalität eher mit der Entwicklungs- oder eher mit der Sozialisationstheorie erklären? Diskutiert diese Frage auf Basis von M 3 und M 4.

BASISKONZEPT

Regeln und Recht

5.4 Jugendliche im Konflikt mit dem Gesetz

Jugendliche, die mit dem Gesetz in Konflikt geraten, werden anders behandelt als Erwachsene. Nicht die Strafe steht im Vordergrund, sondern die Erziehung hin zu verantwortungsbewussten Mitgliedern der Gesellschaft.

M 1 Jugendliche auf der schiefen Bahn

Mark, 16, hat auf dem Weg von der Bushaltestelle nach Hause ein 15-jähriges Mädchen in einen Park gezerrt und dort versucht, sie zu
5 sexuellen Handlungen zu zwingen. Das Mädchen schrie allerdings so laut, dass Passanten dies hörten und hinzukamen. Mark ließ das Mäd-
10 chen daraufhin los und rannte weg. Als die Polizei die Mädchen in seiner Klasse befragte, kam heraus, dass dies nicht der erste Vorfall dieser Art war. Mark wird in einem halben Jahr die Realschule mit guten Leistungen ab-
15 schließen. Einen Ausbildungsplatz hat er bisher trotz vielfältiger Bemühungen nicht gefunden.

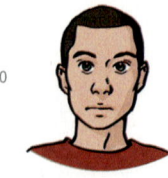

Sergej, 19, hat nach einer privaten Feier seiner Clique gemeinsam mit Freunden eine Imbissbude beschädigt
20 und später auf dem Weg nach Hause mehrere Sitze im Bus mit seinem Taschen-
25 messer aufgeschlitzt. Auf der Feier hatte er Bier und Wein getrunken und war deshalb stark alkoholisiert. Bisher wurde er noch nie verurteilt, hatte aber wegen verschiedener Rangeleien in der Disko schon mehrmals Kon-
30 takt mit der Polizei. Bei seiner Ausbildung zum KfZ-Mechaniker ist er fleißig und unauffällig, seine Eltern, bei denen er noch wohnt, beschreiben ihn als zuverlässig.

Saskia, 17, hat versucht, in einer Drogerie ein Parfüm 35 zu stehlen. Als der Ladendetektiv sie dabei ertappt, schlägt sie ihn nieder und verletzt ihn dabei am Kopf. Die Wunde muss im Kran- 40 kenhaus genäht werden. Saskia hat keinen festen Wohnsitz, seit sie von zu Hause ausgerissen ist, ihr Vater ist gewalttätig und verprügelt sowohl sie als auch ihre Mutter. Die Schule hat sie seit Monaten nicht mehr besucht, 45 Pläne für ihre Zukunft hat sie nicht. Sie lebt von Tag zu Tag.

Ben, 14, wird dabei erwischt, wie er während einer Klassenfahrt die persönlichen Sachen seiner 50 Mitschülerinnen und Mitschüler durchsucht. Es stellt sich heraus, dass er ihnen bereits Geld und Handys entwendet 55 hat. In der Schule ist er sonst aufmüpfig und hält sich nicht an Regeln, oft bleibt er auch dem Unterricht ohne Entschuldigung fern. Einige Mitschüler behaupten, er würde kiffen. Beweise dafür gibt es aber bisher nicht. 60 Die schulischen Leistungen von Ben schwanken, er ist häufig nicht motiviert, aber eigentlich intelligent. Seine Eltern sind beruflich sehr eingespannt.

Autorentext

M2 Straftatbestände

Täter	Tatvorwurf	Paragraph	Inhalt	rechtswidrig?
Ben	Diebstahl	§ 242 StGB	Wenn ich jemandem ohne Grund etwas wegnehme und es behalte oder weitergebe, dann ist das Diebstahl. Auch der Versuch wird bestraft.	Ja
Sergej				
Mark				
Saskia				

M3 Ist das gerecht?

Die Mitschülerinnen und Mitschüler von Ben sind von seinem Verhalten sehr enttäuscht und einige auch wütend. Obwohl Ben sich bei jedem und jeder Einzelnen persönlich ent-
5 schuldigt, erstatten einige Eltern eine Anzeige bei der Polizei. Ben bekommt Post und soll sich in einem Anhörungsbogen zum Tatvorwurf des Diebstahls äußern. Um ihren Sohn zu unterstützen, engagieren seine Eltern einen
10 Rechtsanwalt, der Ben verteidigen soll. Der Anwalt füllt den Anhörungsbogen gemeinsam mit Ben aus und gibt an (es ist ja ohnehin nicht zu leugnen), dass Ben die Dinge gestohlen habe, es ihm aber sehr leidtue und die Handys und das Geld bereits den Besitzerinnen und Besitzern zurückgegeben worden seien. Die Mitschülerinnen und Mitschüler von Ben ma-
15 chen direkt bei der Polizei eine Aussage. Nach Abschluss der Ermittlungen leitet die Polizei alle Aussagen und Beweise an den Staatsanwalt weiter, der dann Anklage beim Jugendgericht erhebt. Es kommt zu einer Verhandlung
20 vor Gericht. Am Ende wird Ben dazu verurteilt, 35 Stunden gemeinnützige Arbeit zu leisten. Außerdem verwarnt ihn die Richterin und ermahnt ihn, dass so etwas nicht mehr vorkommen dürfe.
25

Autorentext

1 Vergleiche die in M1 geschilderten Fälle miteinander und arbeite dabei Gemeinsamkeiten und Unterschiede heraus.
2 Vervollständige die Tabelle in M2 mithilfe der Methode „Gesetzestexte verstehen".
3 Findest du das Urteil gegen Ben gerecht? Begründe deine Meinung!

INFO

Auszüge aus dem StGB

§ 223
Körperverletzung
(1) Wer eine andere Person körperlich misshandelt oder an der Gesundheit schädigt, wird mit Freiheitsstrafe bis zu fünf Jahren oder mit Geldstrafe bestraft.
(2) Der Versuch ist strafbar.

§ 303
Sachbeschädigung
(1) Wer rechtswidrig eine fremde Sache beschädigt oder zerstört, wird mit Freiheitsstrafe bis zu zwei Jahren oder mit Geldstrafe bestraft.
(2) Ebenso wird bestraft, wer unbefugt das Erscheinungsbild einer fremden Sache nicht nur unerheblich und nicht nur vorübergehend verändert.
(3) Der Versuch ist strafbar.

§ 177
Sexueller Übergriff; sexuelle Nötigung; Vergewaltigung
(1) Wer gegen den erkennbaren Willen einer anderen Person sexuelle Handlungen an dieser Person vornimmt oder von ihr vornehmen lässt oder diese Person zur Vornahme oder Duldung sexueller Handlungen an oder von einem Dritten bestimmt, wird mit Freiheitsstrafe von sechs Monaten bis zu fünf Jahren bestraft.
(3) Der Versuch ist strafbar.

QUERVERWEIS

Methode Gesetzestexte verstehen S. 106f.

Gesetzestexte verstehen

Jedes einzelne Gesetz hat seinen eigenen Namen. Damit man nicht immer die vollen Namen aufschreiben muss, werden sie abgekürzt. „GG" etwa steht für das Grundgesetz oder „BGB" für das Bürgerliche Gesetzbuch. Gesetzbücher werden durch Paragrafen und Verfassungen durch Artikel unterteilt. Manchmal untergliedern Absätze die Paragrafen und Artikel noch weiter.

Beispiel: Art. 3, Abs. 2 GG bedeutet: Artikel 3, Absatz 2 des Grundgesetzes.

Gesetze einfach verstehen – zum Erfolg in fünf Schritten

a) Stellen einer Frage: Was möchte ich wissen?

Bevor du mit dem Lesen beginnst, musst du dir klar darüber sein, was du wissen möchtest. Am besten notierst du dir eine wirkliche Frage, die du ganz am Ende beantworten kannst.
Anschließend musst du dir überlegen, wo du die für die Beantwortung notwendigen Gesetze finden kannst. In den meisten Fällen sagt dir der Name des Gesetzbuches bereits, welche Gesetze dort zu finden sind. Interessiert dich z. B., welche Rechte du in der Schule hast, dann findest du die Informationen im Schulgesetz. Ein Blick in das Inhaltsverzeichnis zu Beginn oder in das Stichwortverzeichnis am Ende hilft dir, die richtigen Paragrafen zu finden.

b) Erstes Lesen und Verstehen: Was verstehe ich nicht und muss es nachschlagen?

Lies dir den Gesetzestext langsam durch. Notiere dir unbekannte und unklare Wörter. Mithilfe des Internets oder eines (Fach-)Wörterbuchs kannst du diese schnell klären.

c) Zweites Lesen und Finden von Schlüsselwörtern: Was ist wichtig für meine Frage?

Du bist nun in der Lage, den Gesetzestext zu verstehen. Lies ihn deshalb ein zweites Mal und markiere dir alle Schlüsselwörter, die mit deiner Fragestellung zu tun haben. Oft sind Gesetzestexte so kompliziert formuliert, dass du sie ein drittes Mal lesen solltest.

d) Inhalte übersetzen und strukturieren: Was steht im Gesetz?

Gesetze sind meist sehr knapp und „verdichtet" geschrieben und können deshalb eigentlich nicht weiter zusammengefasst werden. Dennoch solltest du versuchen, dir den Inhalt eines Gesetzes verständlich zu machen. Betrachtest du ein besonders langes Gesetz oder sogar mehrere Gesetze zusammen, ist es hilfreich, eine **Mindmap anzufertigen.** Bei besonders schwer verständlichen Gesetzen hilft es, den Inhalt des Gesetzes in deinen eigenen Worten aufzuschreiben.

e) Beantworten der Frage

Nun hast du alle Informationen, die du brauchst, um deine Frage zu beantworten. Formuliere deine Antwort schriftlich.

QUERVERWEIS

Methode Vernetzungsdiagramme analysieren
S. 79

Wichtige Abkürzungen für Gesetzbücher

- AO — Abgabenordnung
- AuslG — Ausländergesetz
- BAFöG — Bundesausbildungsförderungsgesetz
- BDSG — Bundesdatenschutzgesetz
- BetrVG — Betriebsverfassungsgesetz
- BGB — Bürgerliches Gesetzbuch
- BGleiG — Bundesgleichstellungsgesetz
- BKGG — Bundeskindergeldgesetz
- BSHG — Bundessozialhilfegesetz
- BtmG — Betäubungsmittelgesetz
- EStG — Einkommensteuergesetz
- GewO — Gewerbeordnung
- GG — Grundgesetz
- JArbSchG — Jugendarbeitsschutzgesetz
- JÖSchG — Gesetz zum Schutz der Jugend in der Öffentlichkeit (Jugendschutzgesetz)
- KJHG — Kinder- und Jugendhilfegesetz
- KSchG — Kündigungsschutzgesetz
- SchKG — Schwangerenkonfliktgesetz
- StGB — Strafgesetzbuch
- StPO — Strafprozessordnung
- ZPO — Zivilprozessordnung

Gesetze verstehen – Ein Beispiel

a) Was möchte ich wissen?

Leon liest in der Zeitung, dass im örtlichen Supermarkt ein Mann beim Diebstahl erwischt wurde. In seinem Auto wurde von der Polizei weiteres Diebesgut gefunden, das wohl aus anderen Supermärkten stammt. „Welche Strafe erwartet den Dieb eigentlich?", fragt sich Leon.
Er überlegt sich, dass er die notwendigen Gesetze am ehesten im Strafgesetzbuch finden könnte (es geht ja darum, herauszufinden, welche Strafe zu erwarten ist). Er recherchiert im Internet und findet eine Seite, auf der das Strafgesetzbuch online zu finden ist. Im Inhaltsverzeichnis findet er § 242 Diebstahl.

b) Was verstehe ich nicht und muss es nachschlagen?

Nachdem Leon die richtige Stelle im Strafgesetzbuch durch einen Link aufgerufen hat, druckt er sich die Stelle aus, um sie besser lesen zu können. Dabei fällt ihm auf, dass ihm einige Begriffe nicht klar sind. Er benutzt ein Wörterbuch, um diese nachzuschlagen und am Rand die Erklärung zu notieren.

c) Was ist wichtig für meine Frage?

Anschließend markiert sich Leon alle wichtigen Begriffe in roter Farbe, die mit seiner Frage zu tun haben:

> **§ 242 Diebstahl**
>
> (1) Wer eine **fremde bewegliche Sache** einem anderen in der Absicht wegnimmt, die Sache sich oder einem Dritten rechtswidrig zuzueignen, **wird mit Freiheitsstrafe bis zu fünf Jahren oder Geldstrafe bestraft**.
>
> (2) Der Versuch ist strafbar.

d) Was steht im Gesetz?

Nun schreibt Leon den Inhalt des Gesetzes in eigenen Worten auf:

„Wenn ich jemand anderem ohne Grund etwas wegnehme und behalte oder einer anderen Person gebe, dann ist das Diebstahl. Dafür kann ich zu einer Gefängnisstrafe verurteilt werden oder muss eine Geldstrafe bezahlen. Auch wenn ich es nicht schaffe, etwas zu stehlen, es aber versucht habe, werde ich dafür bestraft."

e) Beantworten der Frage

Leon weiß nun: Dem Dieb droht entweder eine Geldstrafe oder er muss ins Gefängnis.

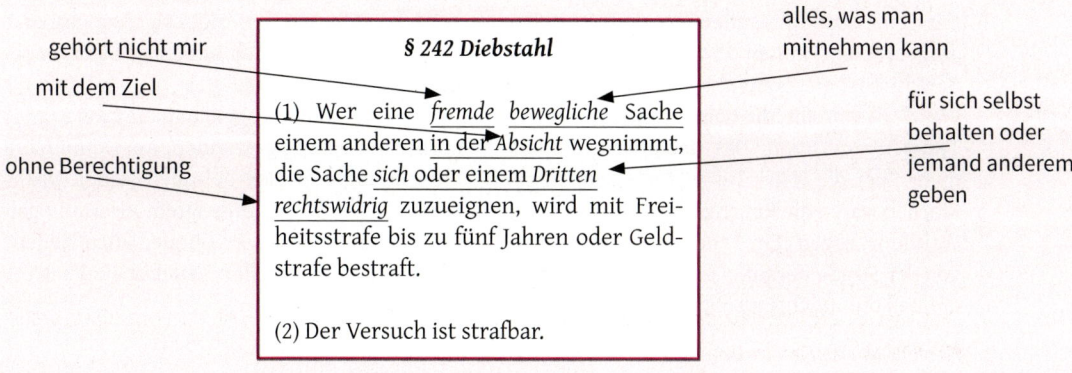

5.5 Warum gibt es Strafen?

Gesetzesübertretungen werden fast immer mit einer Strafe geahndet. Die verhängte Strafe hat dabei mehrere Funktionen. Einerseits soll sie geschehenes Unrecht sühnen, andererseits aber auch bewirken, dass der/die Straftäter/-in zukünftig keine Gesetzesübertritte mehr begeht.

M 1   „Bist du wahnsinnig?!"

Zeichnung: Klaus Stuttmann

M 2   Stunden der Angst im brennenden Haus

Als der 22-jährige Angeklagte im Februar/ März 2016 binnen fünf Wochen zwei Mal das Acht-Familien-Haus in Bad Wimpfen in Brand setzte, in dem er selbst zur Miete wohnte, be-
5 fanden sich 18 Bewohner in dem Gebäude – die meisten davon Rentner. Am Donnerstagmorgen schilderten sie vor dem Heilbronner Landgericht die Stunden der Angst, die sie wohl nie vergessen werden.
10 Das Feuer war im Mülleimerraum im Keller ausgebrochen. Einem 76-Jährigen kamen im Gerichtssaal die Tränen, als er die „schwarze Wand" beschreibt, die beim zweiten Brand im Treppenhaus stand. Das Gebäude war nicht
15 mehr über die Haustüre zu verlassen, zu gefährlich waren die Rauchgase, die schon in die Wohnung zogen. Ein Feuerwehrmann schrie von der Straße herauf, dass alle Bewohner auf die Balkone flüchten sollten. Was dann auch

so geschah, mit Ausnahme einer 80-Jährigen, 20 die schwer hört, gehbehindert und auf Krücken angewiesen ist. Sie bekam den Einsatz nicht mit, schlief in ihrem Bett.
Die Feuerwehr fuhr mit der Drehleiter an ihr Schlafzimmerfenster, ein Retter klopfte ans 25 Fenster, weckte die Frau. Einige Bewohner haben bis heute Schlafprobleme und Angst.
Eine 83-Jährige sagte: „Mir geht es erst besser, seit ich weiß, dass der Angeklagte eingesperrt ist. Und dabei habe ich immer gedacht, er sei 30 ein anständiger Junge." [...]
Im Prozess hat der Angeklagte die zwei Brandstiftungen bereits gestanden. Am Donnerstag entschuldigte er sich bei allen seinen Nachbarn, die als Zeugen aussagten. Als Motiv gab 35 er an: Ärger mit seiner Clique, Unzufriedenheit mit der finanziellen Situation. [...]

Helmut Buchholz: Stunden der Angst im brennenden Haus, Heilbronner Stimme online vom 23.02.2017

M 3 Unterschiedliche Strafzwecke

ROT
Strafzweck

+

GELB
Beschreibung

+

BLAU
Beispiel

Ein Vater, der unter Alkoholeinfluss Auto gefahren ist und einen Unfall verursacht hat, bei dem sein Sohn schwer verletzt wurde, erhält eine niedrige Geldstrafe.

Täter-Opfer-Ausgleich

Das Auto eines Fahrzeugdiebes wird vom Staat beschlagnahmt und verkauft. Den Erlös erhält eine gemeinnützige Einrichtung.

Die verhängte Strafe soll andere Menschen von einer ähnlichen Tat abhalten. Deshalb ist diese meist relativ hoch.

Die verhängte Strafe orientiert sich am begangenen Verbrechen („Auge um Auge, Zahn um Zahn") und soll den Täter ähnlich treffen wie das Opfer.

Generalprävention

Ein Internetbetrüger wird zu einer hohen Haftstrafe verurteilt.

Vergeltung (Sühne)

Die verhängte Strafe hat den Zweck, den verurteilten Täter von weiteren Straftaten abzuhalten. Die Höhe der Strafe orientiert sich an den persönlichen Verhältnissen des Täters.

Eine überfallene Rentnerin trifft sich mit dem Täter. Dieser entschuldigt sich, gibt das Diebesgut zurück und verpflichtet sich, der Rentnerin 100 Stunden bei der Gartenarbeit zu helfen.

Spezialprävention

Opfer und Täter setzen sich gemeinsam mit der Straftat auseinander und versuchen einen Ausgleich zu erreichen. Die Straftat ist so für das Opfer häufig weniger belastend.

Eigene Darstellung nach: Dieter Dölling: Straftheorien, Kriminologie-Lexikon Online, Bochum; http://www.krimlex.de/ artikel.php?BUCHSTABE=S&KL_ID=185 (Zugriff 22.11.2022)

1 Analysiere die Karikatur M 1.
2 Arbeite die Geschehnisse aus M 2 aus der Sicht des Täters und der Sicht eines Opfers heraus. Nenne anschließend mögliche Erwartungen des Täters und der Opfer an den Gerichtsprozess.
3 Ordne jedem Strafzweck in M 3 eine Beschreibung und ein Beispiel zu.
4 Erstelle zu dem in M 2 geschilderten Fall vier Urteile. Lege bei jedem Urteil den Schwerpunkt auf einen anderen Strafzweck (M 3), ohne die anderen Strafzwecke außer Acht zu lassen. Begründe dein Urteil in knappen Worten.

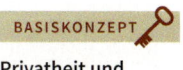

BASISKONZEPT

Privatheit und Öffentlichkeit

M4   Warum lebenslang nicht ein Leben lang ist

Die Ex-Terroristin Brigitte Mohnhaupt ist wegen der Beteiligung an neun Morden zu fünfmal lebenslänglich verurteilt worden. Warum kann sie dann jetzt schon freikommen?

Das Gericht hat ihr mit der vielfach lebenslänglichen Haftstrafe eine Mindesthaftdauer von 24 Jahren auferlegt. Diese 24 Jahre enden am 26. März dieses Jahres. Sie könnte nur länger in Haft gehalten werden, wenn gewichtige Gründe gegen ihre Freilassung sprechen.

Warum ist lebenslang nicht lebenslang?

Eine echte lebenslange Haftstrafe bis zum Tod des Gefangenen ist mit dem Grundgesetz und der Menschenwürde nicht vereinbar, sagt das Bundesverfassungsgericht. Jeder Gefangene muss die Aussicht haben, irgendwann wieder die Freiheit genießen zu dürfen. Darum hat sich die Regelung durchgesetzt, im Urteil eine Mindesthaftdauer festzuschreiben. Die liegt meist bei 15 Jahren. Bei einer besonderen Schwere der Schuld, also einem besonders grausamen Verbrechen mit Todesfolge, kann sie – wie im Fall Brigitte Mohnhaupt – auch höher ausfallen. Allerdings ist die Mindesthaftdauer von 24 Jahren die Ausnahme.

Was passiert nach der Mindesthaftdauer?

Nach Verbüßung der Mindesthaftdauer muss entschieden werden, ob weiter eine Gefahr von dem Gefangenen ausgeht. Wird diese Frage mit Ja beantwortet, bleibt der Gefangene hinter Gittern. Allerdings muss die Frage der Gefährlichkeit alle zwei Jahre erneut geprüft werden. Wird der Gefangene für ungefährlich erklärt, wird er für fünf Jahre auf Bewährung entlassen. Erst danach ist er auch offiziell kein Strafgefangener mehr.

Mehrfach lebenslängliche Urteile werden heute nicht mehr ausgesprochen. Warum?

Solche Urteile ergeben keinen Sinn, weil der Grundsatz gilt, dass jedem Gefangenen die Chance eingeräumt werden muss, wieder frei zu kommen. Darum wurde mit der Änderung des Strafrechts 1986 beschlossen, dass mehrfach lebenslänglich immer nur höchstens einmal lebenslänglich bedeuten kann. [...]

Wie viele Lebenslange sitzen derzeit in deutschen Gefängnissen?

Nach den aktuellsten Zahlen des Statistischen Bundesamtes [...] sitzen 116 Häftlinge lebenslang ein, davon 108 Männer. Da die Dauer einer lebenslangen Haftstrafe davon abhängt, wie hoch die Mindesthaftdauer angesetzt wurde und ob der Häftling noch eine Gefahr darstellt, gibt es keine verlässlichen Daten über die durchschnittliche Haftdauer von Lebenslangen. Schätzungen zufolge sitzen Lebenslange, bei denen keine besondere Schwere der Schuld festgestellt wurde, im Schnitt 17 bis 19 Jahre. Mit besonderer Schwere der Schuld erhöht sich die durchschnittliche Haftdauer auf 23 bis 25 Jahre.

Fahndungsplakat des Bundeskriminalamts von 1972 zur Suche nach der Baader/Meinhof-Gruppe (später RAF), der auch Brigitte Mohnhaupt angehörte.

Thorsten Denkler, in: Süddeutsche Zeitung Online, 11.05.2010, München; https://www.sueddeutsche.de/politik/deutsches-rechtssystem-warum-lebenslang-nicht-ein-leben-lang-ist-1.317460 (Zugriff 22.11.2022)

1   Beschreibe das Leben von Jugendlichen im Gefängnis. Was erfährst du über den Alltag im Gefängnis? Was werden die Jugendlichen wohl vermissen? Wie könnten ihre Zukunftspläne aussehen?

2   Ordne die Argumente entweder einer „Pro-Jugendstrafe" oder einer „Kontra-Jugendstrafe"-Liste zu (M 2).

3   Erstelle für die Pro- und Kontra-Argumente eine Rangliste der Argumente von „weniger wichtig" zu „wichtig". Begründe deine Rangliste schriftlich.

M 2   Argumente-Pool pro und kontra Jugendstrafe

Die Rückfallquote bei jugendlichen Kriminellen, die im Gefängnis waren, beträgt mehr als 90 %. Das alleine zeigt doch schon, dass eine Gefängnisstrafe bei kriminellen Jugendlichen nicht wirkt.

Wer gegen Regeln und Gesetze verstößt, muss erhebliche Folgen spüren. Nur so wird Jugendlichen klar, dass sie ihr Verhalten ändern müssen.

Die Gesellschaft muss vor jugendlichen Straftäter/-innen geschützt werden. Das ist am besten gewährleistet, wenn sie sich in Haft befinden.

Erst hinter geschlossenen Gittern denken jugendliche Straftäter/-innen wirklich über ihre Tat nach und bemerken, was sie wirklich angerichtet haben.

Jugendliche, die eine Haftstrafe absolviert haben, haben bei der Suche nach einem Ausbildungsplatz oder einer Wohnung wegen ihrer Vergangenheit häufig Schwierigkeiten. Dies führt oft wieder in die Kriminalität.

Viele jugendliche Straftäter/-innen haben keinen Schul- oder Ausbildungsabschluss. Beides können die Jugendlichen in einem geschützten Raum abseits von ihrem kriminellen Umfeld nachholen.

Eine Gefängnisstrafe führt nicht automatisch zu einer Änderung des eigenen Verhaltens. Wichtig ist, die Jugendlichen zu erziehen und ihr Verhalten zu ändern.

Jugendliche Kriminelle werden im Gefängnis von ihrem kriminellen Umfeld getrennt und so nach ihrer Entlassung von weiteren Straftaten abgehalten.

Die Arbeit im Gefängnis wird nur sehr gering entlohnt (1 bis 4 € Stundenlohn). Jugendliche erfahren dadurch im Gefängnis, dass sich „ehrliche Arbeit" nicht lohnt, und werden deshalb häufig wieder straffällig.

Jugendliche Straftäter/-innen kommen meist aus zerrütteten Familien. Um ihr Verhalten langfristig zu ändern, sind Vorbilder für richtiges Verhalten wichtig. Diese findet man nicht im Gefängnis.

Nur wer nicht mit „Samthandschuhen" angefasst wird und die negativen Auswirkungen seines eigenen Verhaltens spürt, ändert sein Verhalten. Sozialstunden alleine schrecken niemanden ab.

Jugendliche Straftäter/-innen kommen im Gefängnis in Kontakt mit anderen kriminellen Jugendlichen. Dies führt dazu, dass die Jugendlichen erst recht kriminell werden, da sie im Gefängnis von anderen „lernen".

Autorentext

5.8 Ein Gerichtsprozess – wirklich kompliziert?

Das Rechtssystem in Deutschland folgt strengen Regeln. Jeder Schritt in einem Prozess ist genau vorgeschrieben und die Aufgaben, die Verteidigung, Staatsanwaltschaft und Richterin/ Richter wahrnehmen, klar geregelt.

M 1   Von der Strafanzeige zur Verurteilung

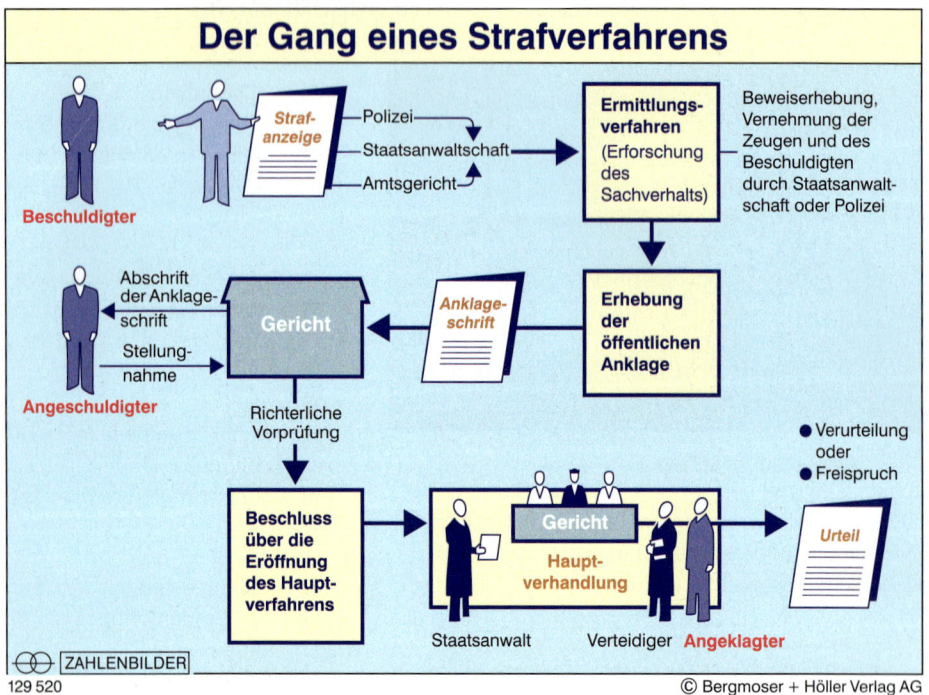

INFO

Schöffen

Als ehrenamtliche Richterinnen und Richter sind sie nicht bei jedem Gerichtsverfahren beteiligt. Sie werden nur in Verfahren an Land- und Amtsgerichten eingesetzt und dort nur bei bestimmten Delikten beziehungsweise einer bestimmten Straferwartung.

M 2   Die Hauptverhandlung in einem Strafverfahren

Sind nach einer Straftat die Ermittlungen der Polizei abgeschlossen, entscheidet der Staatsanwalt oder die Staatsanwältin, ob gegen einen Beschuldigten öffentlich Anklage
5 erhoben wird. Reichen die Beweise aus und eine Verurteilung ist wahrscheinlich, kommt es zu einer Hauptverhandlung. Diese beginnt damit, dass die Richter/-innen (Berufsrichter und ggf. Schöffen) den Raum betreten. Alle
10 Anwesenden erheben sich von ihren Plätzen und nehmen erst wieder Platz, wenn sich auch die Richter setzen. Der (bzw. die) Angeklagte und sein/ihr Verteidiger sitzen dabei gewöhnlich rechts vom Richterpult, der Staatsanwalt
15 und mögliche Nebenkläger links.

Ziel der Hauptverhandlung ist es, zu prüfen, ob der/die Angeklagte schuldig ist. Hierzu stehen dem Gericht Beweismittel (z. B. Fingerabdrücke) und Zeugenaussagen zur Verfügung.
20 Zu Beginn der Hauptverhandlung prüfen die Richter, ob die geladenen Zeuginnen/Zeugen und Sachverständigen anwesend sind. Bei unentschuldigtem Fehlen kann der Richter bzw. die Richterin eine Verhaftung durch die Polizei veranlassen und so sicherstellen, dass die
25 für den Prozess notwendigen Personen auch erscheinen. Sowohl die Zeugen als auch die Sachverständigen werden darüber informiert, dass sie die Wahrheit sagen müssen. Bei einer Falschaussage drohen empfindliche Strafen.
30

Anschließend verlassen die Zeugen den Gerichtssaal.

Zu Beginn des Prozesses wird der/die Angeklagte zu den persönlichen Verhältnissen
35 befragt (Name, Tag und Ort der Geburt, Familienstand, Beruf, Wohnort und Staatsangehörigkeit). Anschließend verliest der Staatsanwalt die Anklageschrift. Der/die Angeklagte kann sich nun zur Anklageschrift äußern oder
40 schweigen. Sein/ihr Schweigen darf dabei keine nachteiligen Folgen für ihn/sie haben. Auch ist der/die Angeklagte nicht verpflichtet, vor Gericht die Wahrheit zu sagen. Die Protokollführung dokumentiert alle Fragen
45 und Aussagen des gesamten Prozesses.

Die nun folgende Beweisaufnahme dient der Feststellung aller Tatsachen, die die Schuld oder Unschuld des/der Angeklagten nachweisen können. Hierzu können Zeugen und Sach-
50 verständige vernommen werden und diverse Beweismittel begutachtet werden. Zeuginnen/Zeugen und Sachverständige werden zunächst durch den vorsitzenden Richter befragt, ehe Staatsanwaltschaft, Nebenkläger
55 (z. B. das Opfer einer Straftat) und Verteidigung ebenfalls Fragen stellen dürfen. Dabei versucht die Staatsanwaltschaft, alle belastenden, die Verteidigung, alle entlastenden Umstände in Erfahrung zu bringen. Während der Beweisaufnahme können weitere Anträge 60 (z. B. Begutachtung weiterer Beweismittel oder Ladung weiterer Zeugen) gestellt werden.

Nach Abschluss der Beweisaufnahme halten Staatsanwaltschaft und Verteidigung ihre Plä- 65 doyers und stellen ihre Anträge (z. B. Verurteilung zu einer Gefängnisstrafe, Freispruch). Der/die Angeklagte darf sich als Letzte(r) äußern.

Im Anschluss zieht sich das Gericht zu Bera- 70 tungen zurück. Berufsrichter und Schöffen haben jeweils eine Stimme. Ein/eine Angeklagte(r) wird nur verurteilt, wenn mindestens zwei Drittel der Richter/-innen von der Schuld überzeugt sind. Das beschlossene 75 Urteil wird schriftlich festgehalten, begründet und dem/der Angeklagten vorgelesen. Ist der/die Angeklagte mit dem Urteil nicht einverstanden, kann er/sie Rechtsmittel (Revision, Berufung) einlegen. 80

Autorentext

QUERVERWEIS

Revision, Berufung
Grafik S. 121; S. 129

M 3 Wer sitzt bei Gericht wo?

1 Erläutere das Schaubild M 1 in einem zusammenhängenden Text.
2 Gestalte ein Schaubild zum Ablauf eines Strafgerichtsprozesses. Die notwendigen Informationen hierzu findest du in M 2.
3 Wo sitzen die folgenden Personen in M 3? Ordne zu: Richterin/Richter, Schöffin/Schöffe, Zeugin/Zeuge, Staatsanwaltschaft, Verteidigung, Nebenkläger/-in, Protokollführer/-in und Angeklagte(r).

Rollenspiel: Gerichtsverhandlung

Einbruch in der Gartenstraße

Am gestrigen Abend ereignete sich in der Gartenstraße ein Wohnungseinbruch. Als Familie Müller gegen 21 Uhr nach Hause kam, stellte sie fest, dass ihre Wohnung komplett durchwühlt worden war. Der Täter bzw. die Täterin hatte die Wohnung über den Balkon betreten, die Balkontür war aufgehebelt worden. Wie die Polizei mitteilte, wurden bei Familie Müller Schmuck, Bargeld und hochwertige Elektronik entwendet.

Die sofort alarmierte Polizei konnte den Täter vor Ort zwar nicht mehr antreffen, griff aber im nahegelegenen Park eine verdächtige Person auf. Diese hatte einen Rucksack bei sich, in dem sich die entwendeten Gegenstände von Familie Müller befanden. Ob es sich bei dieser Person um einen Tatbeteiligten oder um einen Zeugen handelt, ist zum gegenwärtigen Zeitpunkt noch unklar. Die verdächtige Person gab bei der Polizei an, der Rucksack sei von einer anderen Person weggeworfen worden, als die Polizei in die Straße eingebogen sei. Die Polizei ermittelt.

Herr Lindholm (Staatsanwalt)

Im Prozess vertrittst du die Interessen der Bürgerinnen und Bürger. Zusammen mit der Polizei hast du den Einbruch untersucht und bist überzeugt, dass der Angeklagte schuldig ist. Du bereitest auch die Anklageschrift vor, in der Folgendes stehen sollte: Wer wird angeklagt? Welches Verbrechen wird angeklagt? Gegen welche(n) Paragrafen wurde verstoßen? Deine Fragen an den Zeugen und den Sachverständigen während des Prozesses haben das Ziel, die Schuld des Täters nachzuweisen. Allerdings musst du dabei auch Dinge berücksichtigen, die den Täter entlasten. Da du häufig mit kriminell gewordenen Menschen zu tun hast, ist es dir ganz besonders wichtig, dass die verhängte Strafe abschreckt.

Frau Augat (Zeugin)

Du bist am Tatabend auf dem Weg nach Hause und siehst, dass jemand vom Balkon von Familie Müller herunterklettert. Unter dem Arm hat die Person eine Tasche, die sehr schwer aussieht. Leider kannst du die Person nur kurz von vorne sehen. Am nächsten Tag erfährst du durch Zufall vom Einbruch und meldest dich bei der Polizei. Dort wird dir ein Bild eines Verdächtigen gezeigt. Diese Person könnte der Täter sein. Ganz sicher bist du dir aber nicht. Schließlich war es dunkel und du hast den Täter nur ganz kurz gesehen.

Herr Dnalor (Täter)

Du weißt, was du getan hast – nämlich den Einbruch begangen. Gemeinsam mit deinem Anwalt möchtest du jedoch eine Verurteilung unter allen Umständen vermeiden. Da du bereits zwei Mal wegen Diebstahls verurteilt wurdest, weißt du, dass eine erneute Verurteilung wahrscheinlich zu einer Gefängnisstrafe ohne Bewährung führen würde. Deshalb leugnest du den Einbruch. Sollte sich während des Prozesses herausstellen, dass die Beweise gegen dich erdrückend sind, überlegst du dir, den Einbruch zu gestehen und dich zu entschuldigen, um dadurch einer Gefängnisstrafe möglicherweise entgehen zu können.

Frau Fischer (Verteidigerin)

Deine Aufgabe ist es, für deinen Mandanten (den Angeklagten) das Beste vor Gericht herauszuholen – im Idealfall einen Freispruch. Hierzu befragst du die Zeugen und Sachverständigen und versuchst so viele Zweifel an der Schuld des Angeklagten zu wecken wie nur möglich. Vielleicht gelingt es dir ja, den Verdacht auf eine andere Person zu lenken? Allerdings darfst du dabei nicht lügen. Auch ist es für dich als Anwalt wichtig, immer korrekt und höflich aufzutreten. Sollte eine Verurteilung deines Mandanten unumgänglich sein, so nennst du mildernde Umstände, die zu einer geringen Strafe für deinen Mandanten führen.

Herr Kühler (Zeuge)
Du bist ein guter Freund des Angeklagten und als Zeuge geladen, um zu berichten, dass sich der Angeklagte seit seiner letzten Verurteilung grundlegend geändert hat. Er geht jetzt einer geregelten Arbeit nach und trifft sich in seiner Freizeit nicht mehr mit seinen alten Freunden, die ihn ins kriminelle Milieu geführt haben. Am Tatabend war der Angeklagte allerdings nicht mit dir zusammen, d. h. du kannst ihm kein Alibi geben. Allerdings habt ihr kurz vor der Tat telefoniert und der Angeklagte wirkte auf dich nicht so, als würde er einen Einbruch planen.

Herr Möhler, Frau Müller (Schöffen)
Ihr seid ganz normale Bürger ohne besondere juristische Ausbildung und nehmt als Laienrichter am Prozess teil. Eure Stimme zählt genauso viel wie die Stimme des Berufsrichters. Da ihr die Ermittlungsakte nicht kennt, müsst ihr euch euer Urteil aufgrund der Informationen, die ihr im Prozess bekommt, bilden. Auch für euch gilt: Die Schuld des Täters muss eindeutig festgestellt werden, ein „Bauchgefühl" ist nicht ausreichend.

Herr Sanden (Berufsrichter)
Deine Aufgabe ist es, den Prozess zu leiten. Du stellst die ersten Fragen an Zeugen und Sachverständige und sorgst dafür, dass auch Verteidiger und Staatsanwalt höflich bleiben und nur Fragen zur Sache stellen. Am Ende des Prozesses fällst du ein faires Urteil. Dabei bist du nicht an Weisungen gebunden und musst nur die Gesetze beachten. Sollten am Ende des Prozesses noch Zweifel an der Schuld des Angeklagten bestehen, so musst du diesen freisprechen („in dubio pro reo").

Frau Bank (Sachverständige)
Du bist als Sachverständige bei Gericht geladen, weil du Expertin für die Auswertung von Finger- und Fußabdrücken bist. Die Polizei hat dir nach dem Einbruch am Tatort gesicherte Fingerabdrücke zur Verfügung gestellt. Diese passen jedoch nicht zu den Fingerabdrücken des Angeklagten, sondern sind von Frau Müller und ihrer Familie. Allerdings könnte der Täter Handschuhe getragen haben. Von der Polizei hast du auch den Gipsabdruck eines Schuhs vom Tatort erhalten. Dieser stammt mit hoher Wahrscheinlichkeit (95 %) vom Täter. Ganz sicher kannst du dies allerdings nicht sagen.

> **1** Führt eine Gerichtsverhandlung als Rollenspiel durch. Teilt dafür die Klasse in neun Gruppen ein. Jede Gruppe bereitet gemeinsam eine Rolle vor und bestimmt eine Person, die die Rolle dann im Rollenspiel übernimmt.

Besuch einer Gerichtsverhandlung

Vorbereitung

Verhandlungen eines Jugendgerichts sind zum Schutz der betroffenen Jugendlichen nicht öffentlich. Ausnahme: Das Jugendgericht verhandelt gegen Heranwachsende (18–21 Jahre). Solche Verhandlungen könnt ihr als Schulklasse besuchen.

Allerdings eignet sich nicht jede Gerichtsverhandlung für einen Besuch (z.B. aufgrund der Dauer). Stimmt euren Besuch daher unbedingt mit dem Gericht ab.

Bei einem Gerichtsverfahren könnt ihr beobachten, wie ein Prozess abläuft. Den äußeren Ablauf zeigt das Schaubild unten, das ihr zur Vorbereitung benutzen könnt, z.B. um festzulegen, wer von euch seine Beobachtungen auf welchen Prozessbeteiligten konzentriert.

In der Gerichtsverhandlung

Bei Gericht gelten bestimmte Regeln: Alle Anwesenden erheben sich beim Erscheinen des Gerichts und zur Urteilsverkündung. Zwischenrufe, Kommentare und Privatgespräche sind zu unterlassen, ebenso Essen und Trinken.

Auswertung

Nehmt die Auswertung anhand des Schaubildes und anhand eurer Beobachtungsbögen vor.

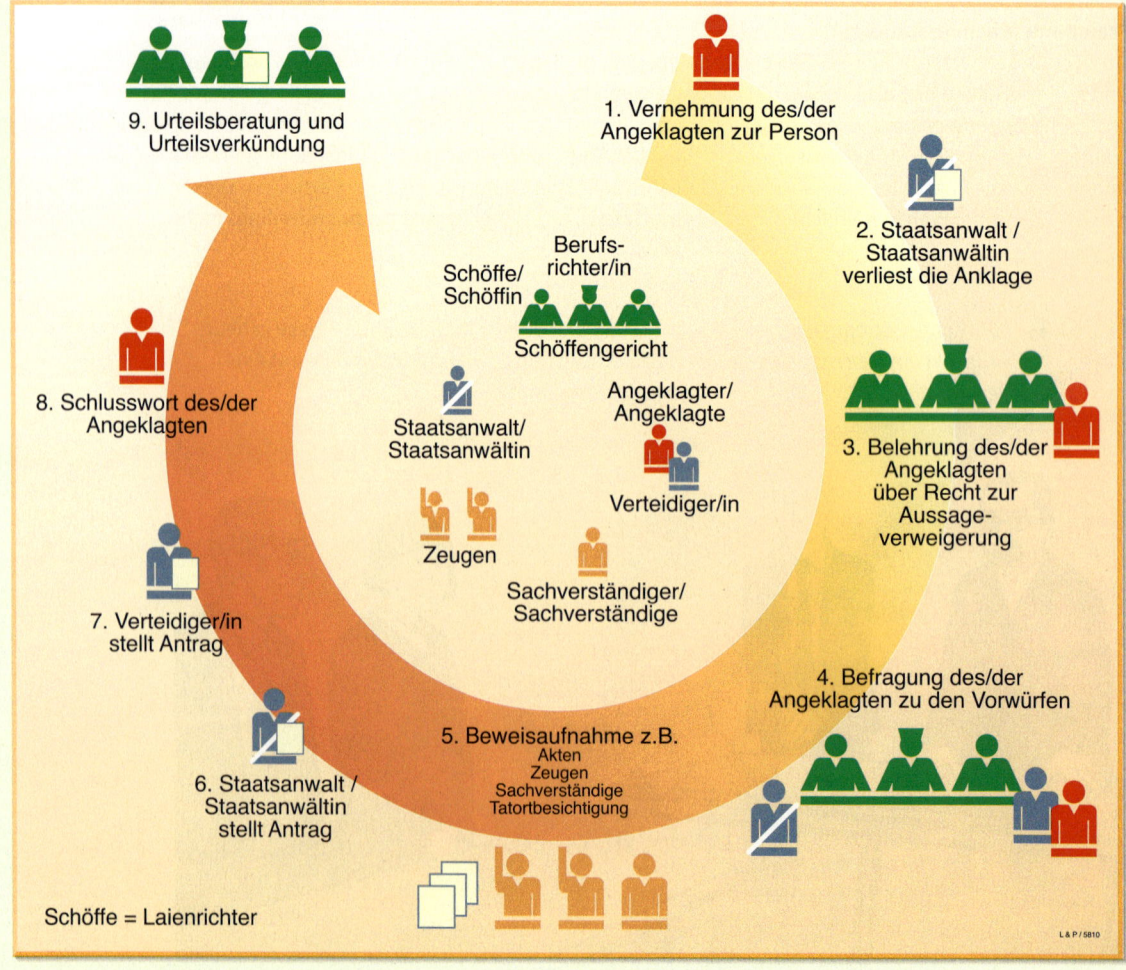

Die Hauptverhandlung

Voraussetzungen:

Die Staatsanwaltschaft hat ermittelt und Anklage erhoben. Das Gericht hat entschieden, ein Verfahren zu eröffnen (Hauptverhandlung):

- Der Richter/die Richterin eröffnet die Verhandlung und stellt fest, ob alle Geladenen erschienen sind. Der/die Angeklagte wird zur Person und zur Sache befragt.
- Die Anklageschrift wird von der Staatsanwaltschaft verlesen. Der bzw. die Angeklagte wird über seine/ihre Rechte belehrt.

Beweisaufnahme:

- Nach der Befragung der/des Angeklagten durch das Gericht können Staatsanwaltschaft, Verteidigung, Gericht und der/die Angeklagte die Zeugen oder Zeuginnen befragen. Weitere Zeugen bzw. Zeuginnen können von Verteidigung und Staatsanwaltschaft benannt werden.

Bei Jugendgerichtsverhandlungen:

- Die Jugendgerichtshilfe gibt eine Stellungnahme ab.

Plädoyers und Urteilsverkündung:

- Staatsanwaltschaft und Verteidigung beantragen ein Strafmaß oder Freispruch.
- Der Richter bzw. die Richterin verkündet das Urteil. Das Urteil wird begründet.

Die Verhandlung wird geschlossen.

Fragen zum äußeren Ablauf:

1. Vor welchem Gericht wird die Verhandlung durchgeführt?
2. Wie viele Personen sind am Prozess beteiligt?
3. Hat der bzw. die Angeklagte einen Verteidiger oder eine Verteidigerin?
4. Treten Zeugen oder Zeuginnen auf? Werden diese vereidigt?
5. Gibt es Sachverständige? Wenn ja, wofür?
6. Ist die Presse vertreten?
7. …

Fragen zum verhandelten Fall:

1. Was wird dem bzw. der Angeklagten von der Staatsanwaltschaft vorgeworfen?
2. Über welche Rechte wird der oder die Angeklagte vom Richter bzw. der Richterin belehrt?
3. Welche Beweismittel werden in der Beweisaufnahme vorgebracht?
4. Welche Meinung vertritt die Staatsanwaltschaft in ihrem Plädoyer, d. h. in ihrer Schlussrede? Welchen Antrag stellt sie? Hat sie die zu Prozessbeginn verlesene Anklage revidiert?
5. Welche Meinung vertritt die Verteidigung mit ihrem Plädoyer? Welchen Antrag stellt sie?
6. Äußert sich der oder die Angeklagte im „letzten Wort"?
7. Wie lautet das Urteil? Womit wird es begründet?
8. Wird Berufung oder Revision angekündigt?

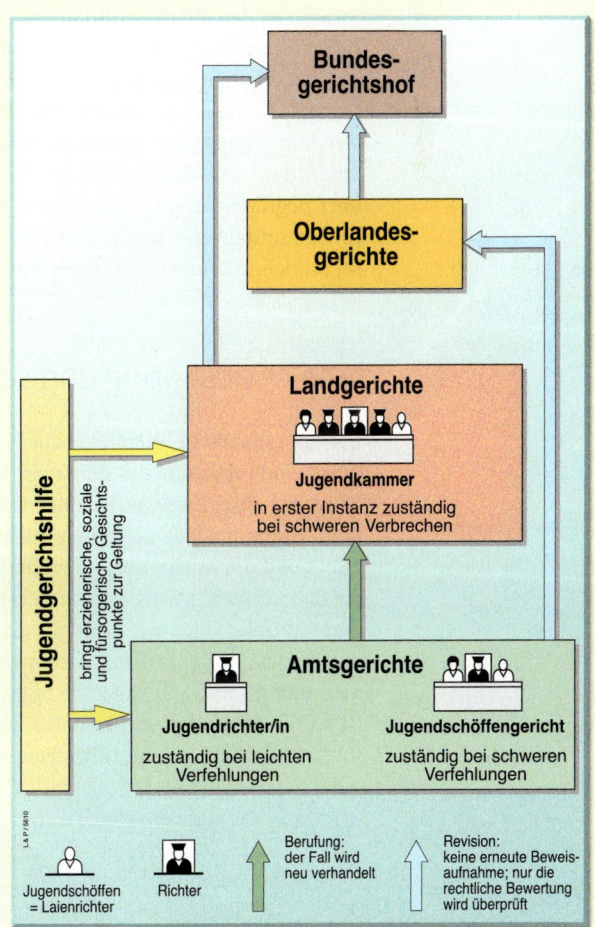

5.9 Haften Eltern für ihre Kinder?

In unserer Gesellschaft und im Rechtssystem nimmt das Recht auf Eigentum einen hohen Stellenwert ein. Im alltäglichen Leben kommt es jedoch häufig vor, dass das Eigentum anderer Menschen geschädigt wird. Grundsätzlich muss der/die Verursachende den entstandenen Schaden ersetzen – aber gilt das auch für Kinder?

M 1 Spielen auf der Baustelle

Tom und Tristan sind fast jeden Nachmittag gemeinsam unterwegs. Die beiden 13-Jährigen treiben sich dabei häufig in verlassenen Gebäuden oder auf Baustellen herum und er-
5 leben dabei das eine oder andere Abenteuer, obwohl ihnen ihre Eltern dies verboten haben. Passiert ist dabei bisher nichts, sieht man von einigen blauen Flecken ab. Als die beiden auf einer Baustelle einen Kran entdecken, übt die-
10 ser eine magische Anziehungskraft aus. Schnell ist der Absperrzaun überwunden und sie betreten die Baustelle. Auch das Schild „Betreten verboten. Eltern haften für ihre Kinder" kann sie von ihrem Plan nicht abhal-
15 ten. Mit etwas Mühe und Kletterei gelingt es ihnen, das Führerhaus des Krans zu erreichen. Dort beginnen sie mit den Hebeln herumzuspielen und drehen den Kran in verschiedene Richtungen. Leider entriegeln sie dabei die

Haltevorrichtung des Krans und eine Palette 20 mit schweren Steinen fällt nach unten, donnert auf die frisch betonierte Stockwerksdecke und durchschlägt diese. Zum Glück wird auf der verlassenen Baustelle niemand verletzt. Es entsteht jedoch ein Schaden von 25 mehr als 12.000 €.

Autorentext

M 2 Filesharing und seine Folgen

Leonie, 12 Jahre alt, installiert auf ihrem Computer ein Programm, mit dem man Musik und Filme aus dem Internet herunterladen kann. Das Programm lädt allerdings nicht nur die
5 Filme und die Musik herunter, sondern stellt die Dateien gleichzeitig auch anderen Nutzern zum Herunterladen zur Verfügung. Da sie sich auf dem Tauschportal mit ihrem echten Namen und ihrer E-Mail-Adresse registriert hat,
10 ist es für die Polizei ein Leichtes, sie anhand ihrer IP-Adresse zu identifizieren. Sie erhält ein Schreiben der Polizei und soll sich wegen Urheberrechtsverletzung verantworten. Aufgrund ihres Alters und der damit verbundenen Strafunmündigkeit wird das Verfahren 15 jedoch eingestellt. Allerdings erhält sie auch Post von einer Filmproduktionsfirma, die von ihr Schadenersatz für das Verbreiten eines Filmes fordert. Die Firma beziffert den Schaden auf über 800 €. 20

Autorentext

1 Erkläre die Begriffe „Deliktsunfähigkeit", „beschränkte Deliktsfähigkeit" und „volle Deliktsfähigkeit" in eigenen Worten (M 3, M 4).

2 Begründe für die in M 1 und M 2 dargestellten Fälle mithilfe der Materialien M 3 bis M 5, ob durch die Kinder (die Eltern) Schadenersatz zu leisten ist.

M3 § 828 BGB: Die Haftung Minderjähriger

(1) Wer nicht das siebte Lebensjahr vollendet hat, ist für einen Schaden, den er einem anderen zufügt, nicht verantwortlich. [Deliktsunfähigkeit]

5 (3) Wer das 18. Lebensjahr noch nicht vollendet hat, ist [...] für den Schaden, den er einem anderen zufügt, nicht verantwortlich, wenn er bei der Begehung der schädigenden Handlung nicht die zur Erkenntnis der Verantwortlichkeit erforderliche Einsicht 10 hat. [Beschränkte Deliktsfähigkeit]

M4 § 823 BGB: Schadenersatzpflicht

(1) Wer vorsätzlich oder fahrlässig das Leben, den Körper, die Gesundheit, die Freiheit, das Eigentum oder ein sonstiges Recht eines anderen widerrechtlich verletzt, ist dem anderen zum Ersatz des daraus ent- 5 standenen Schadens verpflichtet. [Volle Deliktsfähigkeit]

M5 Wichtige Rechtsbegriffe

Begriff	Erklärung	Beispiel
Vorsatz	Eine Tat wird vorsätzlich begangen, wenn sie mit Absicht passiert.	Jemand zielt mit einem geladenen Gewehr auf eine andere Person in der sicheren Kenntnis, dass diese tödlich getroffen wird, um sie anschließend zu berauben. Auch wenn der mögliche Tod der anderen Person bedauert wird und man ihn lieber vermieden hätte, war dies aber die einzige Möglichkeit, an das Geld zu gelangen.
Einfache Fahrlässigkeit	Die erforderliche Sorgfalt wurde nicht beachtet bzw. konnte wegen nicht gewollter Unachtsamkeit nicht beachtet werden.	Jemand stolpert und stößt dabei etwas um, das zu Bruch geht.
Fahrlässigkeit	Die erforderliche Sorgfalt wurde nicht beachtet bzw. konnte aufgrund nicht beabsichtigter Unachtsamkeit nicht beachtet werden.	Ein Mitarbeiter erhitzt Fett in einer Pfanne zur Vorbereitung einer Betriebsfeier. Anfangs beobachtet er das Fett ständig. Als er einen Telefonanruf erhält, verlässt er den Küchenbereich, um den Hörer an einen Kollegen zu übergeben. Während seiner Abwesenheit explodiert die Pfanne mit dem Fett und ein Feuer bricht aus.
Grobe Fahrlässigkeit	Die erforderliche Sorgfalt wurde in besonderem Maße nicht beachtet.	Eine Person fährt, obwohl dies verboten ist, unter Alkoholeinfluss Auto und verursacht einen Schaden an einem anderen Auto.
Schadenersatz	Dieser wird fällig, wenn ein echter Schaden eingetreten ist und der Verursacher deliktfähig ist.	Bei einem Verkehrsunfall missachtet Person A die Vorfahrt von Person B. Am Auto von Person B entsteht ein Schaden, der von Person A zu erstatten ist.
Aufsichtspflicht (§ 832 BGB)	Eltern müssen dafür sorgen, dass ihre Kinder dem Alter entsprechend beaufsichtigt werden. Verletzen Eltern ihre Aufsichtspflicht, so sind sie schadenersatzpflichtig.	Ein 6-jähriges Kind spielt in Sichtweite der Eltern mit einem Ball. Versehentlich fliegt der Ball in eine Scheibe und zerstört diese. Die Eltern müssen keinen Schadenersatz leisten, da sie ihre Aufsichtspflicht ausgeübt haben.

Nach: Stefan Bornemann: http://www.lead-conduct.de/abgrenzung-zwischen-vorsatz-und-grober-fahrlassigkeit/, Hövelhof (Zugriff 09.04.2018)

5.10 Wenn zwei sich streiten … – der Zivilprozess

Dort, wo mehrere Menschen zusammenleben, prallen immer wieder unterschiedliche Interessen und Vorstellungen aufeinander. Häufig können solche Gegensätze durch Kompromisse überbrückt werden. Gelingt dies nicht, so bleibt nur die Anrufung eines Gerichts – der Zivilprozess beginnt.

M1   Konfliktparteien im Zivilrecht

M2   Der Ablauf eines Zivilprozesses

Ein Zivilprozess beginnt immer mit der Erhebung einer Klage durch eine natürliche oder juristische Person. Die Klage muss den Kläger bzw. die Klägerin und den/die Beklagte(n) sowie den Streitgegenstand enthalten. Zwingend sind auch die Benennung des zuständigen Gerichts und die Unterschrift des Klägers. Damit das Gericht das Verfahren beginnt, sind

auch die Gerichtskosten zu bezahlen. Nach
10 Eingang der Gerichtskosten beim zuständigen Gericht erhält der/die Beklagte eine Kopie der Klageschrift. Nun hat der/die Beklagte innerhalb einer bestimmten Frist die Möglichkeit, mit einer Klageerwiderung zu reagieren und
15 seine/ihre Sicht der Dinge darzustellen und eine (teilweise) Zurückweisung der Klage zu beantragen. Der/die Beklagte muss sich jedoch nicht zur Klage äußern. Verzichtet er/sie hierauf, ergeht ein Versäumnisurteil, d. h. der Kla-
20 ge wird mangels Erwiderung stattgegeben und das Verfahren ist beendet. Äußert sich der/die Beklagte mit einer Klageerwiderung, so wird diese dem Kläger für eine Stellungnahme (Replik) zugeleitet. Auf die Replik wiederum kann
25 der/die Beklagte nochmals reagieren (Duplik). In der Klageschrift, der Klageerwiderung, der Replik und der Duplik müssen alle relevanten Beweismittel aufgeführt werden. Nachdem sich Kläger/-in und Beklagte(r) schriftlich ge-
30 äußert haben, wird vom Gericht ein erster früher Verhandlungstermin („Gütetermin") angesetzt. Hier versucht das Gericht zunächst einen Kompromiss zwischen den Parteien zu finden, ohne dass ein formales Urteil gespro-
35 chen werden muss. Gelingt dies, ist der Rechts-

streit beendet. Andernfalls wird das Verfahren fortgesetzt. Bei der Hauptverhandlung erörtert das Gericht die Schriftsätze und Anträge beider Parteien, hört Zeugen, beauftragt Sachverständige und würdigt Beweismittel. Ziel der 40 Hauptverhandlung ist es, die Hintergründe des mit der Klage verbundenen Sachverhaltes aufzuklären. Kommt das Gericht zur Auffassung, dass alle wesentlichen Beweismittel gehört und die notwendigen Argumente ausgetauscht 45 sind, schließt es die Hauptverhandlung. Einige Zeit nach Abschluss der Hauptverhandlung verkündet das Gericht seine Entscheidung. Die Anwesenheit von Kläger/-in und Beklagtem/ Beklagter ist dabei nicht üblich. Beide bekom- 50 men das Urteil und die wesentlichen Gründe schriftlich zugestellt. Beantragt eine Partei dies, wird das Urteil von einem höheren Gericht noch einmal überprüft. In seinem Urteil entscheidet das Gericht auch, wer die Kosten 55 des Verfahrens (Gerichtskosten, Anwaltskosten, Gutachterkosten) zu tragen hat. In der Regel trägt der Verlierer des Gerichtsverfahrens alle Kosten. Bekommen beide Parteien teilweise Recht, so werden die Kosten aufgeteilt. 60

Autorentext

M3 Zivilprozess und Strafprozess – ein Vergleich

Zivilprozess	Strafprozess
Kläger/-in und Beklagte(r) sind juristische oder natürliche Personen.	
?	Zwischen Angeklagtem/r (Privatperson) und Kläger/-in (Staat) besteht eine Ungleichheit.
Das Ziel des Verfahrens ist die Klärung rechtmäßiger Ansprüche, der Ausgleich eines Schadens oder die Findung eines Kompromisses.	?
?	Eine Abweichung von der gesetzlichen Regelung ist nicht möglich, die Straffestlegung erfolgt nach der Schwere der Schuld.
Für Jugendliche und Kinder ist die Deliktsfähigkeit von großer Bedeutung.	?

1 Die Bilder in M 1 symbolisieren verschiedene Konflikte aus dem Bereich des Zivilrechts. Nenne mögliche Konfliktparteien und deren Position.

2 Vergleiche den Strafprozess mit dem Zivilprozess. Vervollständige hierzu die Tabelle in M 3. Die notwendigen Informationen findest du in M 2 auf dieser Seite sowie auf den Seiten 116 – 119.

5.11 Öffentliches Recht oder Privatrecht?

Im deutschen Recht unterscheidet man zwei Rechtsbereiche voneinander: das Öffentliche Recht, bei dem es um das hierarchische Über- und Unterordnungsverhältnis zwischen dem Staat und einem Bürger/einer Bürgerin geht, sowie das Privatrecht, in dem es um das horizontale Verhältnis zwischen zwei Bürger/-innen geht.

M 1   Die Rechtsordnung

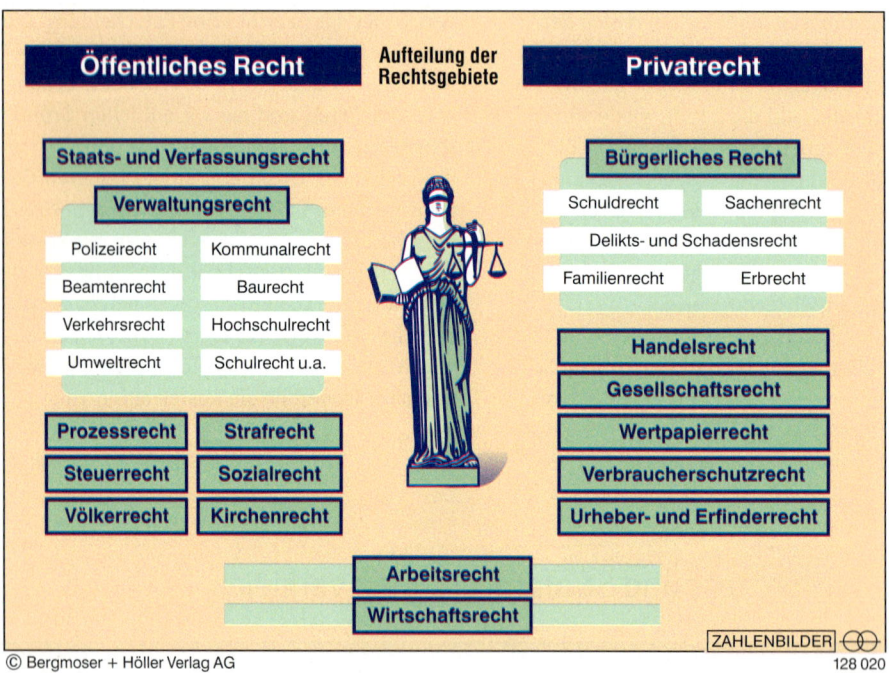

© Bergmoser + Höller Verlag AG   128 020

M 2   Privatrecht oder Öffentliches Recht?

Fall 1
Thomas (19 J.) wurde von seinem Mitschüler Fabian auf der Berufsschule geärgert. Nun reagiert Thomas über und verpasst Fabian eine Ohrfeige.

Fall 2
Tuncay (26 J.) stößt aus Unachtsamkeit das Fahrrad einer anderen Person um.

Fall 3
Herr und Frau Pereira lassen sich scheiden. Beide wollen das Fürsorgerecht für ihre beiden Kinder Francesca und Domenico.

Fall 4
Frau Breuninger wird fristlos und, wie sie findet, grundlos gekündigt.

Fall 5
Prof. Dr. Schachtschneider klagt vor dem Bundesverfassungsgericht gegen die deutsche Einwanderungspolitik.

Autorentext

15

QUERVERWEIS

Bundesverfassungsgericht
Grafik S. 270, Glossar

5

10

M3 Arzt wegen aktiver Sterbehilfe vor Gericht

Ein Berliner Arzt ist in einem Prozess um Sterbehilfe freigesprochen worden. Der 68-Jährige habe einer 44 Jahre alten, unheilbar kranken Patientin bei ihrem Suizid geholfen, sich dabei
5 aber nicht strafbar gemacht, entschied das Landgericht am Donnerstag. Dem Arzt sei kein „aktives Tun" nach Eintritt der Bewusstlosigkeit der Patientin vorzuwerfen. Auch das Unterlassen von Rettungsmaßnahmen sei nicht
10 strafbar gewesen. „Der Patientenwille ist zu achten", sagte die Richterin. Die Staatsanwaltschaft hatte eine Geldstrafe von 18000 Euro wegen „versuchter Tötung auf Verlangen durch positives Tun", die Verteidigung Frei-
15 spruch beantragt. Die Staatsanwaltschaft kün-

digte umgehend Revision an, damit sich jetzt der Bundesgerichtshofs (BGH) mit dem Fall beschäftigt. Der Arzt sagte nach dem Urteil, er kämpfe für die Liberalisierung der Sterbehilfe und habe sich „in ethischer und moralischer 20 Hinsicht richtig verhalten". Die Familie der Frau habe ihm keinerlei Vorwürfe gemacht. Die Patientin habe sich „frei verantwortlich" nach einer jahrelangen Leidenszeit für einen Suizid entschieden, führte die Vorsitzende 25 Richterin aus. Der damalige Hausarzt habe der Frau im Februar 2013 ein starkes Schmerzmittel verschrieben. Die Tabletten habe sie allein geschluckt. „Beihilfe zum Suizid ist nicht strafbar", erklärte die Richterin. 30

© dpa/wgr

M4 Deutsche Rechtslage

A. (Ärztlich) assistierter Suizid Ein Arzt bzw. eine Ärztin verschafft einem aussichtslos leidenden Patienten ein tödliches Mittel oder assistiert ihm anderweitig bei einem selbstverantwortlichen Suizid. Der Patient/die Patientin behält die sogenannte Tatherrschaft.	**Straffrei/rechtliche Grauzone (Stand Januar 2024)**	**?**
B. Tötung auf Verlangen (Aktive Sterbehilfe) Ein Arzt bzw. eine Ärztin gibt einem Patienten bzw. einer Patientin „auf dessen ernsthaften Wunsch hin eine tödliche Spritze […], um seinen Tod herbeizuführen" (Nationaler Ethikrat). Die Tatherrschaft liegt beim durchführenden Arzt bzw. bei der Ärztin.	**Verboten**	**✗**
C. Sterben lassen (Passive Sterbehilfe) Eine lebensverlängernde medizinische Behandlung wird nicht durchgeführt oder abgebrochen. Die Tatherrschaft liegt beim durchführenden Arzt bzw. bei der Ärztin.	**Erlaubt**	**✓**
D. Therapien am Lebensende (Indirekte Sterbehilfe) Therapeutische Maßnahmen (z. B. schmerzlindernde Therapien) werden unter Inkaufnahme eines früheren Sterbens durchgeführt. Die Tatherrschaft liegt beim durchführenden Arzt bzw. bei der Ärztin.	**Erlaubt**	**✓**

WEBCODE

WES-116987-008
Filme zum Thema Sterbehilfe

1 Erläutere die Unterschiede zwischen Privatrecht und Öffentlichem Recht (M1 und Einleitungstext).

2 Ordne die Fälle aus M2 dem Privatrecht oder dem Öffentlichen Recht zu.

3 Erkläre, warum sich der Staat hier in Angelegenheiten zwischen Bürgerinnen und Bürgern einmischt (M3).

4 Erörtere, ob aktive Sterbehilfe in Deutschland erlaubt sein sollte (M4). Unter dem Webcode findest du einige Videos zum Thema.

BASISKONZEPT

Privatheit und Öffentlichkeit

5.12 Revision: Die Berichtigung von Urteilen?

QUERVERWEIS

**Straf- und Zivil-
prozess**
S. 116–125

M1   Der Bäcker von Siegelsbach

Nur 200 Schritte […] liegen sein Arbeitsplatz und die Kreissparkasse auseinander, als er sich an einem Oktobertag im Jahr 2004 um kurz vor 14 Uhr auf den Weg macht. Bäcker Alfred
5 B. (damals 46) soll die Bank unmaskiert betreten und den einzigen Angestellten Torsten M. (29) mit einer Pistole bedroht haben. Nachdem dieser ihm Geld in Höhe von 33.514 Euro ausgehändigt hat, schlägt B. ihm mit der Waffe
10 [mehrmals] auf den Kopf. Anschließend will Alfred B. flüchten, aber das Rentnerpaar Gisela (65) und Herrmann C. (66) betritt die Bank.

Der Bäcker zerrt den Rentner bäuchlings über einen Stuhl, setzt ihm die Pistole ans Genick und drückt ab. Danach schießt er [auf die 15 Rentnerin, sie] ist sofort tot. Alfred B. verlässt die Sparkasse in dem Glauben, drei Menschen beseitigt zu haben, die ihn identifizieren könnten. […] Was er zu diesem Zeitpunkt noch nicht weiß: Der Bankangestellte und der Rent- 20 ner haben schwer verletzt überlebt und den Sanitätern vor Ort übereinstimmend gesagt: „Der Bäcker war's!"

*Thomas Kielhorn: Mord-Bäcker von Siegelsbach sitzt seit zehn Jahren im Knast, echo24.de, 17.04.2018, Heilbronn; leicht
verändert; https://www.echo24.de/region/baecker-siegelsbach-mord-thomas-kielhorn-9787811.html (Zugriff 22.11.2022)*

M2   Das Urteil: Freispruch

Die Hinterbliebenen der Opfer und viele Bewohner des Dorfes Siegelsbach in Baden-Württemberg können es nicht fassen: Der als „Bäcker von Siegelsbach" berühmt gewordene
5 Angeklagte ist frei. Das Landgericht Heilbronn hatte am Freitag auf einen Freispruch erster Klasse entschieden. Die Unschuld des Angeklagten stehe fest. „Wut und Fassungslosigkeit vor dem Verbrechen dürfen uns nicht blind
10 machen", erklärte der Vorsitzende Richter. Das Bedürfnis der Bevölkerung nach einer Verurteilung mache zwar auch vor der Kam-

mer nicht halt. Dennoch sei für Gefälligkeitsurteile kein Raum, stellte Bender klar. Staatsanwalt Martin Renninger kündigte Revision 15 an. Er sprach von einem „Fehlurteil". Nach Ansicht des Gerichts kann eine Verurteilung nicht auf die Aussagen der beiden Überlebenden gestützt werden. Möglicherweise hätten beide Zeugen Unsicherheiten nachträglich 20 durch Informationen aus den Medien zu einer subjektiven Sicherheit aufgefüllt, argumentierte das Schwurgericht.

© dpa/wgr

M3   Die Revision: Alfred B. schuldig gesprochen

INFO

Indizienprozess
Wenn ein Angeklag-
ter/eine Angeklagte
kein Geständnis
ablegt und kein/
keine Augenzeuge/
-zeugin vorhanden
ist, muss auf Basis
von Beweismitteln
ein Urteil gefällt
werden.

Erst Freispruch, jetzt Höchststrafe: Dreieinhalb Jahre nach dem spektakulären Raubmord in einer Sparkasse in Siegelsbach ist der ehemalige Dorfbäcker zu lebenslanger Haft verurteilt worden. Alfred B. muss den überlebenden Opfern zudem jeweils 30.000 Euro zahlen. Im neu aufgerollten Prozess vor dem Landgericht Stuttgart stellte der Vorsitzende Richter Wolfgang Hahn außerdem die besondere
10 Schwere der Schuld fest. Damit ist eine vorzei-

tige Haftentlassung nach 15 Jahren ausgeschlossen. Das Landgericht Heilbronn hatte den Mann im April 2006 noch freigesprochen, dabei aber laut den Stuttgarter Richtern Indizien isoliert betrachtet. Wichtig seien die Aus- 15 sagen der überlebenden Opfer, DNA-Spuren im Auto von Alfred B., die sehr wahrscheinlich vom Bankangestellten stammten, sowie der Fund von 20.000 Euro in bar auf dem Grundstück des Verurteilten gewesen. 20

Siegelsbacher Dorfbäcker muss wegen Mordes lebenslang hinter Gitter; © dpa/wgr

M4   Der Bundesgerichtshof

[...] Der Bundesgerichtshof (BGH) ist eines der fünf obersten Bundesgerichte. Diese stehen an der Spitze der fünf Gerichtsbarkeiten: Verwaltung, Finanzen, Soziales, Arbeit, „Ordentliche Gerichtsbarkeit". Letztere ist der größte Zweig, er umfasst das allgemeine Zivilrecht und das Strafrecht. Bei den „großen" Strafsachen, also den Anklagen wegen schwerer Straftaten, urteilt in erster Instanz das Landgericht. Dort entscheidet eine „große Strafkammer" aus drei Berufsrichtern und zwei Schöffen. Gegen ihre Urteile gibt es keine Berufung, sondern nur das Rechtsmittel der Revision. Dafür ist der Bundesgerichtshof zuständig. Der BGH ist das oberste Gericht in einer Pyramide von 24 Oberlandesgerichten, 115 Landgerichten und 646 Amtsgerichten. Er entscheidet in letzter Instanz [...].

Thomas Fischer: Die Augen des Revisionsgerichts, ZEIT online, 09.06.2015, Hamburg; https://www.zeit.de/gesellschaft/zeitgeschehen/2015-06/bundesgerichtshof-justiz-fischer-im-recht/komplettansicht (Zugriff 22.11.2022)

INFO

Berufung und Revision

Nicht immer werden Urteile im ersten Prozess richtig entschieden. Dafür gibt es die Berufung und die Revision. Der Bundesgerichtshof (BGH) in Karlsruhe ist als oberstes Gericht in Deutschland für Fälle schwerer Kriminalität zuständig.

M5   Instanzen im Strafprozess

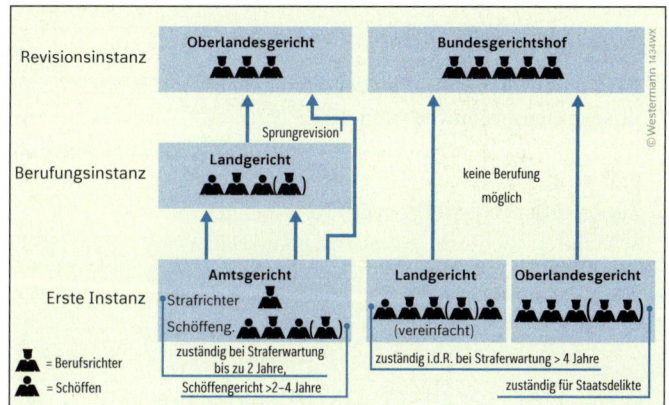

M6   Nur 3 Prozent erfolgreich: Revision prüft nur Urteil

Die Revision ist keine Tatsacheninstanz. Verurteilt ein Landgericht den Angeklagten beispielsweise wegen einer Vergewaltigung, hat der Angeklagte nur einmal die Gelegenheit, mit der Revision das Urteil anzugreifen und so die Rechtskraft zu hemmen. Die Revision im Strafrecht bietet jedoch im Gegensatz zu der Berufung keine zweite Tatsacheninstanz. Amtsgerichtliche Urteile können zusätzlich mit der Berufung überprüft werden. Gegen das Berufungsurteil kann wiederum Revision eingelegt werden. Dem Angeklagten vor dem Amtsgericht wird mit der Berufungshauptverhandlung somit eine zweite Tatsacheninstanz gewährt. Er hat also zwei Chancen, ein Urteil [...] von einem anderen Gericht zu überprüfen.

Nach: Jesko Baumhöfener: Die Revision überprüft das Urteil, nicht die Tatsachen, FOCUS Money online, 01.06.2014, München; https://www.focus.de/finanzen/experten/baumhoefener/ein-ueberschaetztes-rechtsmittel-die-revision-ueberprueft-das-urteil-nicht-die-tatsachen_id_3885672.html (Zugriff 22.11.2022)

1   Beschreibe den Fall und die erstinstanzliche Entscheidung (M1 und M2).
2   Stelle die Hierarchie der deutschen Gerichtsbarkeit grafisch dar (M4).
3   Erläutere die Schritte eines Revisionsverfahrens (M4 – M6).
4   Vergleiche die Revision mit der Berufung (M6).
5   Bewerte die Entscheidung der Revision im Mordfall von Siegelsbach (M3).

5.13 Merkmale des Rechtsstaates

INFO

Art. 20 GG
(1) Die Bundesrepublik Deutschland ist ein demokratischer und sozialer Bundesstaat.
(2) Alle Staatsgewalt geht vom Volke aus. Sie wird vom Volke in Wahlen und Abstimmungen und durch besondere Organe der Gesetzgebung, der vollziehenden Gewalt und der Rechtsprechung ausgeübt.
(3) Die Gesetzgebung ist an die verfassungsmäßige Ordnung, die vollziehende Gewalt und die Rechtsprechung sind an Gesetz und Recht gebunden.

Der Rechtsstaat in Europa hat eine lange Tradition. Er hat seinen Ursprung im 16. Jahrhundert. Der heutige deutsche Rechtsstaat findet seine unabänderbare Begründung im Grundgesetz, insbesondere in Art. 20 GG. Er ist durch Gewaltenteilung und Rechtssicherheit geprägt.

M1 Einspruch!

Fall 1
Nach der Beleidigung der Bundeskanzlerin verurteilt diese den Mann zu einer 10-jährigen Haftstrafe.

Fall 2
Der Justizminister entscheidet, dass die politische Opposition verboten wird.

Fall 3
Ein Kreditkartenbetrüger wird von einer geschädigten Richterin zu lebenslanger Haft verurteilt.

Fall 4
Einer Entführerin wird mit Folter gedroht, wenn sie nicht den Aufenthaltsort der Geisel verrät.

Fall 5
Ein Richter begründet den Freispruch des Angeklagten mit dessen Verdiensten in der deutschen Fußballnationalmannschaft.

Autorentext

INFO

Art. 3 GG
(1) Alle Menschen sind vor dem Gesetz gleich.
(2) Männer und Frauen sind gleichberechtigt. Der Staat fördert die tatsächliche Durchsetzung der Gleichberechtigung von Frauen und Männern und wirkt auf die Beseitigung bestehender Nachteile hin.

GLOSSAR

Grundgesetz
Gewaltenteilung
Rechtsstaat

M2 Der Rechtsstaat im Grundgesetz

Bezeichnung für einen Staat, in dem Regierung und Verwaltung nur im Rahmen der bestehenden Gesetze handeln dürfen. Die Grundrechte der Bürgerinnen und Bürger müssen garantiert sein, staatliche Entscheidungen müssen von unabhängigen Gerichten überprüft werden können. Das Rechtsstaatsgebot gehört zu den grundlegenden Prinzipien unseres Staates. Die Bundesrepublik Deutschland ist ein republikanischer, demokratischer und sozialer Rechtsstaat. So steht es im Grundgesetz [Art. 20 (1) GG]. Zu allererst bedeutet dies: Alles, was staatliche Behörden in Deutschland tun, ist an Recht und Gesetz gebunden. Staatliche Willkür ist ausgeschlossen [Art. 20 (3) GG]. Ein wesentliches Kennzeichen des Rechtsstaates ist die Gewaltenteilung, insbesondere die Unabhängigkeit der Gerichte. Zum Rechtsstaat gehört ferner die Rechtssicherheit. Der Einzelne muss sich auf die bestehenden Gesetze verlassen können, er muss vorhersehen können, welche rechtlichen Folgen sein Handeln hat. Im Rechtsstaat gibt es ferner umfangreiche Garantien bei einem Freiheitsentzug: Wer von der Polizei vorläufig festgenommen wird, muss unverzüglich, spätestens am folgenden Tage, einem Richter vorgeführt werden, und nur der darf eine weitere Freiheitsentziehung (Haft) anordnen. Wer im Gefängnis sitzt, darf weder körperlich noch seelisch misshandelt werden [Art. 104 GG]. Kommt es zur Gerichtsverhandlung, so hat der Angeklagte Anspruch auf ein faires Verfahren und muss sich angemessen verteidigen können. Sondergerichte sind unzulässig [Art. 101, 103 GG].

Eckart Thurich: Rechtsstaat, in: pocket politik. Demokratie in Deutschland, Bundeszentrale für politische Bildung, Bonn 2011, S. 104 f.

M3   Ideengeschichte des Rechtsstaats

Die Idee des Rechtsstaats geht auf politische Vordenker im 16. Jahrhundert zurück. John Locke forderte ein Regieren auf der Basis von Gesetzen zum Schutz der Individuen vor zu großer Staatsdominanz. Der Staat sollte sei-
5 ner Auffassung nach eine gemäßigte Monarchie zum Schutz von Leben, Freiheit und Eigentum sein, in dem bereits die ausführende Gewalt (Exekutive) in Form des Königs von der
10 gesetzgebenden Gewalt (Legislative) in Form eines Parlaments getrennt war. Später wurde die Unabhängigkeit der rechtsprechenden Gewalt (Judikative) von Charles de Montesquieu eingefordert und die Gewaltenteilung war entstanden. Sie stellt ein elementares Grund-
15 element moderner Rechtsstaatlichkeit dar.

Rechtslexikon.net, http://www.rechtslexikon.net/d/ rechtsstaatsgeschichte/rechtsstaatsgeschichte.htm (Zugriff 22.01.2019)

John Locke
(1632 – 1704)

Charles de Montesquieu
(1689 – 1755)

M4   Aufgaben des Rechts – ein Puzzle

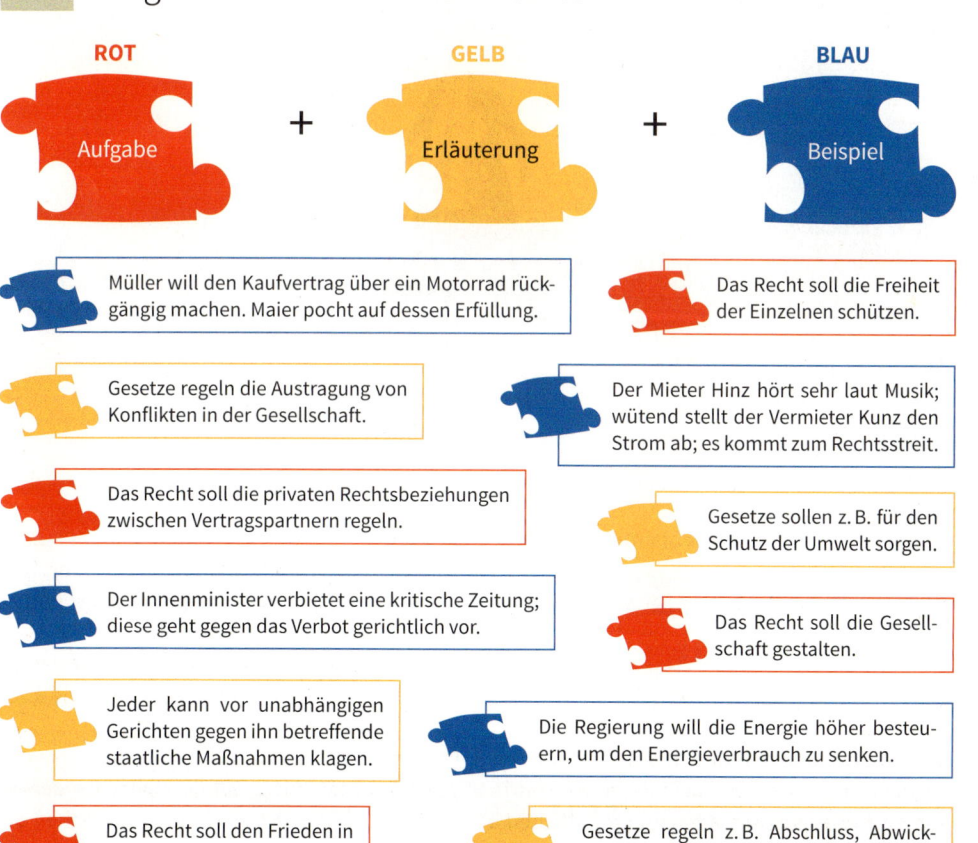

ROT — Aufgabe
+
GELB — Erläuterung
+
BLAU — Beispiel

Müller will den Kaufvertrag über ein Motorrad rückgängig machen. Maier pocht auf dessen Erfüllung.

Das Recht soll die Freiheit der Einzelnen schützen.

Gesetze regeln die Austragung von Konflikten in der Gesellschaft.

Der Mieter Hinz hört sehr laut Musik; wütend stellt der Vermieter Kunz den Strom ab; es kommt zum Rechtsstreit.

Das Recht soll die privaten Rechtsbeziehungen zwischen Vertragspartnern regeln.

Gesetze sollen z. B. für den Schutz der Umwelt sorgen.

Der Innenminister verbietet eine kritische Zeitung; diese geht gegen das Verbot gerichtlich vor.

Das Recht soll die Gesellschaft gestalten.

Jeder kann vor unabhängigen Gerichten gegen ihn betreffende staatliche Maßnahmen klagen.

Die Regierung will die Energie höher besteuern, um den Energieverbrauch zu senken.

Das Recht soll den Frieden in der Gesellschaft sichern.

Gesetze regeln z. B. Abschluss, Abwicklung und Auflösung von Verträgen.

1   Begründe mögliche Einwände gegen die Entscheidung in den jeweiligen Fällen (M 1).
2   Überprüfe, welche Merkmale des Rechtsstaats in M 1 nicht erfüllt sind (M 2 mit INFO in der Randspalte).
3   Nenne weitere wesentliche Merkmale des Rechtsstaats (M 3).
4   Füge das Puzzle zusammen (M 4).
5   Gestaltet ein Szenario ohne Rechtsstaat.

BASISKONZEPT

Regeln und Recht

5.14 Recht und Gerechtigkeit

Trotz der langen Tradition des Rechtsstaats gibt es Länder ohne funktionierendes Rechtssystem. Und selbst in Deutschland stößt der gut funktionierende Rechtsstaat immer wieder an seine Grenzen.

M 1   Rechtsprechung?

Zeichnung: Gerhard Mester

M 2   Gerechte Gesetze?

Beispiel 1: Mehrwertsteuer (Umsatzsteuergesetz, UStG)

19 % MwSt. (regulärer Satz)	7 % MwSt. (reduzierter Satz)
■ Ketchup ■ Möhrensaft ■ McDonald's-Menü	■ Tomaten ■ Möhren (Karotten) ■ McDonald's-Menü „To-Go"

Beispiel 2: Spitzensteuersatz: 42 % (Einkommensteuergesetz, EStG)
Ab einem zu versteuernden Einkommen von 54.950 Euro im Jahr 2018 greift der Spitzensteuersatz von 42 %. Das entspricht einem monatlichen Bruttogehalt von 4.663 €, etwa dem 1,5-fachen des Durchschnittsgehalts. Knapp drei Millionen Deutsche, darunter Facharbeiter/-innen, Lehrer/-innen und Ingenieure/Ingenieurinnen, bezahlen den Spitzensteuersatz, der damit nicht nur Manager/-innen und Arbeitnehmer/-innen mit Spitzeneinkommen trifft.

Beispiel 3: Strafrecht (Strafgesetzbuch, StGB)

Delikt	Vergewaltigung / sexueller Übergriff (§ 177 StGB)	Diebstahl (§ 242 StGB)
Strafmaß	Freiheitsstrafe von 6 Monaten bis zu 5 Jahren	Freiheitsstrafe bis zu 5 Jahren oder Geldstrafe

M 3 Justizirrtümer

QUERVERWEIS

Revision
S. 121, 129

Der Lehrer Horst Arnold wird 2002 vom Landgericht Darmstadt zu fünf Jahren Haft verurteilt. Das Gericht ist sich sicher: Horst Arnold hat seine Kollegin Heidi K. während einer Pau-
5 se im Schulgebäude vergewaltigt. Beweise gibt es keine, lediglich die Aussage von Heidi K.; zudem dürfte Arnolds Alkoholkrankheit gegen ihn gesprochen haben.
Der Prozess dauert nur fünf Tage, wichtige
10 Zeugen wie der ermittelnde Kommissar werden nicht geladen. Arnold beteuert stets seine Unschuld, doch eine Revision wird vom Bundesgerichtshof als „offensichtlich unbegründet" abgelehnt. Da Arnold weiter die Tat be-
15 streitet und sich weigert, im Gefängnis an einer Therapie für Sexualstraftäter teilzunehmen, muss er die volle Haftzeit verbüßen.
Nach seiner Entlassung nimmt sich ein Anwalt den Fall noch einmal vor. Ihm waren verschie-
20 dene Ungereimtheiten aufgefallen. So hatte Heidi K. offenbar mehrmals in anderen Zusammenhängen gelogen und von Anschlägen auf sie und ihren Lebensgefährten berichtet, die nie stattgefunden haben. Der Anwalt er-
25 reicht ein Wiederaufnahmeverfahren, das 2010 mit einem Freispruch für Arnold wegen „erwiesener Unschuld" endet. Die Aussage Heidi K.s, sie sei von Arnold vergewaltigt worden, dann über eine Feuertreppe geflüchtet,

habe sich über-
30 geben, wieder hergerichtet und sei darauf in ein anderes Schulgebäude
35 gegangen, wo sie pünktlich und ohne Auffälligkeiten eine Schulstunde hielt – und das alles innerhalb von 15 Minuten – wird dabei als „an sich kaum
40 glaubhaft" bezeichnet.
Als Folge kommt Heidi K. vor Gericht. 2013 wird sie wegen Freiheitsberaubung zu fünf Jahren und sechs Monaten Gefängnis verurteilt. Das Gericht attestiert ihr eine schwere
45 Persönlichkeitsstörung.
Horst Arnold wird zwar vom Gericht rehabilitiert, sein Leben ist durch die Falschaussage aber ruiniert. Er lebt von Hartz IV, da er nicht wieder in den Schuldienst aufgenommen
50 wird. In Interviews berichtet er von dem immensen psychischen Druck, dem er in seiner Haftzeit ausgesetzt war. Einzig die Tatsache, dass man es als Schuldeingeständnis hätte deuten können, habe ihn am Suizid gehindert.
55 Horst Arnold stirbt 2012 an einem Herzinfarkt. Seine Haftentschädigung – 25 Euro pro Tag – hat er nie erhalten.

GLOSSAR

Hartz IV

Ingo Neumayer: Justizirrtümer – wenn Gerichte falsch liegen, planet-wissen.de, 04.10.2016, Köln; https://www.planet-wissen.de/gesellschaft/verbrechen/gericht_im_namen_des_volkes/gericht-justizirrtuemer-100.html (Zugriff 23.11.2022)

M 4 Recht und Gerechtigkeit

Das Recht ist nichts anderes als die in der staatlichen Gemeinschaft herrschende Ordnung, und eben dieses Recht ist es auch, das darüber entscheidet, was gerecht ist.

Aristoteles (384–322 v. Chr.), griechischer Philosoph

1 Analysiere die Karikatur (M 1).
2 Überprüfe, ob die gesetzlichen Regelungen in M 2 mit deinem Gerechtigkeitsempfinden in Einklang stehen.
3 Stelle dar, inwiefern der Rechtsstaat im Fall Horst Arnold an seine Grenzen gestoßen ist (M 3).
4 Gestalte eine Standpunktrede zum Verhältnis von Recht und Gerechtigkeit. (M 4)

BASISKONZEPT

Regeln und Recht

QUERVERWEIS

Methode Standpunktrede
S. 326

1. Wie schützt der Staat Jugendliche in der Öffentlichkeit?

Kinder und Jugendliche befinden sich in einer besonders sensiblen Phase ihrer Entwicklung. Einerseits müssen sie lernen, sich selbstständig in der Welt zu bewegen. Andererseits sind sie häufig (noch) nicht in der Lage, die Gefahren ihres Tuns vollständig zu begreifen. Hieraus ergibt sich die Aufgabe des Staates, die Freiheit von Kindern und Jugendlichen da einzuschränken, wo es für ihren eigenen Schutz notwendig ist. Der Staat kommt dieser Aufgabe nach, indem er Einschränkungen beim Konsum alkoholischer Getränke und von Tabakprodukten, beim Zugang zu Tanzveranstaltungen und Restaurants, bei der Verfügbarkeit von Filmen, Computerspielen und pornografischen Erzeugnissen sowie bei den Arbeitszeiten vornimmt. (S. 96 – 99)

2. Welche Formen von Jugendkriminalität gibt es und wie reagiert der Staat hierauf?

Jugendliche begehen Straftaten vor allem im Bereich der Gewaltverbrechen (z. B. Körperverletzung) und der Eigentumsdelikte (z. B. Diebstahl). Dem Staat stehen eine Reihe unterschiedlicher Mittel zur Verfügung, um Jugendliche, die sich nicht an die Gesetze halten, zu bestrafen. Hierzu zählen Erziehungsmaßregeln (z. B. Teilnahme an einem Sozialtraining), Zuchtmittel (z. B. Arbeitsstunden) und die Jugendstrafe (z. B. Gefängnisstrafe). (S. 102 – 105)

QUERVERWEIS

Nicht einmischen, bitte, S. 15f.

Warum dürfen Jugendliche unter 16 Jahren keinen Alkohol kaufen? Darf ihr Freund Anton den Alkohol für sie kaufen und ihr geben? Warum mischt die Polizei sich in die Party im Jugendtreff ein?

3. Weshalb gibt es ein getrenntes Jugend- und Erwachsenenstrafrecht?

Während im Jugendstrafrecht der Erziehungsgedanke im Vordergrund steht, spielen beim Erwachsenenstrafrecht andere Motive eine Rolle. Zwar gilt auch hier, dass die Rückkehr des Straftäters in die Gesellschaft angestrebt wird (Resozialisierung). Es geht aber auch darum, andere potenzielle Straftäter/-innen von einer ähnlichen Tat abzuhalten (Prävention, Abschreckung) und im eigentlichen Sinne durch unangenehme Tatfolgen zu strafen (Vergeltung). Gleichwohl muss ein Straftäter/eine Straftäterin immer die Möglichkeit haben, wieder Teil der Gesellschaft zu werden. Eine lebenslange Haftstrafe bedeutet deshalb in Deutschland meist nicht, dass ein Täter/eine Täterin bis zum Lebensende im Gefängnis bleiben muss. (S. 108 – 115)

4. Was passiert bei einer Gerichtsverhandlung?

Streitigkeiten werden in Deutschland vor einem Gericht geregelt. Dabei hat weder der/die Stärkere automatisch recht noch muss man befürchten, ungerecht behandelt zu werden. Gerichtsverfahren folgen strengen Regeln. Es ist genau festgelegt, welche Aufgaben und Rechte Richter/-in, Staatsanwaltschaft, Verteidigung und Zeugen/Zeuginnen haben. Diese Regeln sollen sicherstellen, dass am Ende eines Prozesses die Wahrheit gefunden werden kann. Auch muss einem/einer Angeklagten eine Straftat zweifelsfrei nachgewiesen werden – der/die Angeklagte braucht nicht seine Unschuld zu beweisen. Für einen Freispruch ist es ausreichend, dass an der Schuld Zweifel bestehen. (S. 116 – 119)

QUERVERWEIS

Carsten wehrt sich, S. 16

Welche Strafe droht Carsten wegen Körperverletzung? Wie ist der Ablauf des möglichen Jugendgerichtsprozesses?

5. Was zeichnet einen Rechtsstaat aus?

Alles, was Regierung und Verwaltung in Deutschland tun, muss sich an den bestehenden Gesetzen orientieren. Alle Menschen in Deutschland haben die Möglichkeit, sollten sie ihre Rechte verletzt sehen, unabhängige Gerichte anzurufen und dort ihren Fall vorzutragen. Je nach Fall sind unterschiedliche Rechtsbereiche (z. B. Öffentliches Recht, Privatrecht) und Gerichte (z. B. Amtsgericht,

Sozialgericht etc.) zuständig. Das Urteil eines Gerichtes kann in den meisten Fällen von einem übergeordneten Gericht („nächste Instanz") überprüft (Revision bzw. Berufung) und so Fehlurteile verhindert werden. (S. 124 – 133)

M 1   Der Fall Max Fricke

Aus dem Polizeiprotokoll:

Der 16-jährige Schüler Max Fricke berichtet in seinem Geständnis von 20 Diebstählen, an denen er beteiligt war: „Wie diese Sache genau
5 angefangen hat, weiß ich nicht mehr. Eines Tages kam ich wieder in die Stadt. Auf dem Marktplatz traf ich Sven. Alex und Philipp waren auch dabei. Philipp erzählte mir, dass sie auf dem Weg zum ‚Verbrauchermarkt Scholz' wä-
10 ren. Da ich nichts zu tun hatte, ging ich mit. Im Laden nahm Sven plötzlich jede Menge Süßigkeiten aus dem Regal und versteckte sie unter seiner Jacke. Auf dem Roncalli-Platz hat Sven dann hinterher die Süßigkeiten an uns verteilt.
15 Als wir uns eine Woche später wieder trafen, wurde wieder über Diebstahl gesprochen. Alex machte uns einen Diebstahl ‚schmackhaft'. Wir beschlossen dann, dass jeder von uns mal einen Diebstahl begehen sollte.
20 Obwohl ich wusste, dass es sich dabei um eine Straftat handelt, wollte ich den anderen aus der Gruppe nicht nachstehen. So zog ich mit ihnen los. Ich kann mich nicht mehr genau erinnern, wer alles mit dabei war. Auf jeden Fall
25 aber Alex. Wir gingen ins Geschäft ‚Krämer'. In einem Augenblick, als ich mich dort unbeobachtet fühlte, habe ich eine Schachtel Zigaretten geklaut. Das war so vereinbart. Meinen Diebstahl hat niemand bemerkt."

Aus dem Urteil gegen Max Fricke:

Der Angeklagte ist des fortgesetzten gemeinschaftlichen Diebstahls schuldig. Ihm wird aufgegeben, 70 Stunden gemeinnützigen Dienst zu verrichten. Ihm wird weiter aufgegeben, für
35 mindestens sechs Monate an einem sozialen Trainingskurs teilzunehmen. Zur Tatzeit war der Angeklagte 16 Jahre alt. Da er nach dem Eindruck, den das Gericht in der Hauptverhandlung von ihm gewonnen hat, altersgemäß
40 entwickelt ist, war er ohne Weiteres in der Lage, das Unerlaubte seines Tuns einzusehen und entsprechend dieser Einsicht zu handeln. Er war mithin uneingeschränkt nach Jugendstrafrecht abzuurteilen. Hierbei muss der Schwer-
45 punkt der gegen ihn zu ergreifenden Maßnahmen auf der erzieherischen Einwirkung liegen. Da der Angeklagte bisher noch nicht strafrechtlich relevant aufgefallen ist, hält das Gericht eine freiheitsentziehende Maßnahme als
50 Erziehungsmittel noch nicht für erforderlich. Neben der Arbeitsauflage in Form unentgeltlicher gemeinnütziger Dienste hält das Gericht auch eine flankierende Hilfestellung für erforderlich. Zu diesem Zweck bietet sich ein sozia-
55 ler Trainingskurs an. Darin soll der Angeklagte Verhaltenstechniken erlernen, um sich ggf. Zwängen und Verhaltensmustern der Gruppe entgegenzustellen.

Autorentext nach Gerichts- und Polizeiakten

INFO

Nach den polizeilichen Ermittlungen
30 war Max tatsächlich an mindestens 100 Diebstählen beteiligt und hat u. a. CDs, DVDs und Spirituosen entwendet. Die gestohlenen Sachen verkaufte er meist unmittelbar nach der Tat an andere Jugendliche.

1 Max Fricke wird straffällig (M 1). Erkläre dies mithilfe einer Theorie zur Straffälligkeit.

2 Nach Abschluss der polizeilichen Ermittlungen beginnt das Gerichtsverfahren gegen Max Fricke. Nenne verschiedene Strafen, die das Jugendgericht verhängen kann, und ordne diesen unterschiedliche Strafzwecke zu. Begründe deine Zuordnung.

3 Sollte Max Fricke zu einer Jugendstrafe verurteilt werden? Erörtert diese Frage mithilfe der Methode „Good Angel – Bad Angel".

4 Der Richter verurteilt Max Fricke am Ende der Verhandlung zu 70 Stunden gemeinnütziger Arbeit. Erläutere die Gründe, die zu diesem Urteil führen.

5 Ziel des Jugendstrafrechtes ist es, den jugendlichen Straftäter zu einer Änderung seines Verhaltens zu bewegen. Beurteile, ob dieses Ziel durch das gefällte Urteil erreicht wird.

QUERVERWEIS

Warum werden Jugendliche kriminell?
S. 102, M 2

QUERVERWEIS

Methode Good Angel – Bad Angel
S. 101

6.

ausspekuliert
KEINE WARE
Gegen Mieten-wahnsinn
#ausspekuliert
Wohnen ist ein Grundrecht
AM MIETENSTOPP IN DEINEM HAUS, BEISST SICH DER HA
DEN GOLDZAHN AUS
MIETHAIE
ZU
FISCHSTÄBCHEN
Mieten + Bodenpreise deckeln

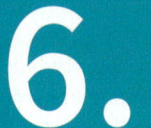

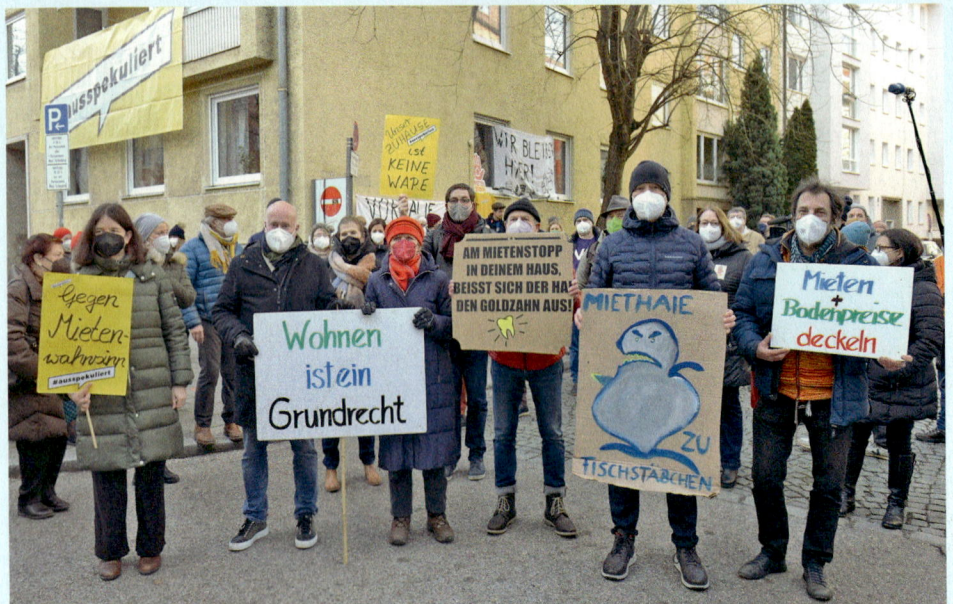

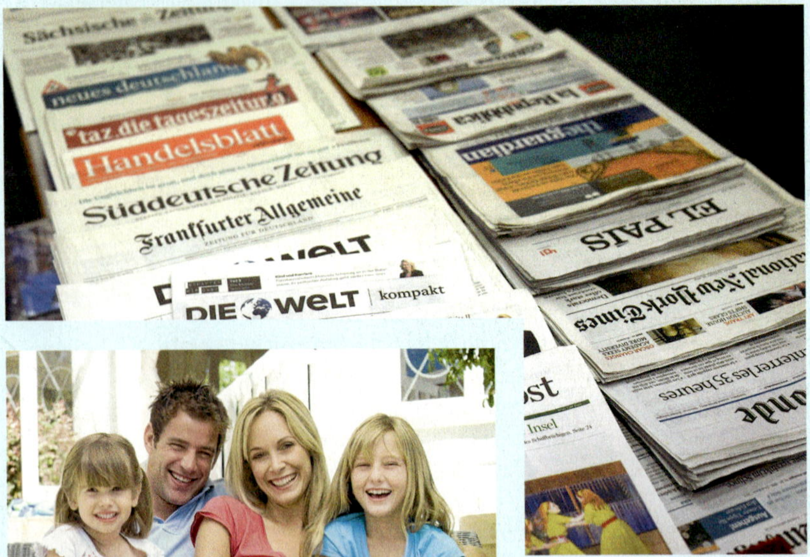
neues deutschland
taz.die tageszeitung
Handelsblatt
Süddeutsche Zeitung
Frankfurter Allgemeine
DIE WELT kompakt
la Repubblica
the guardian
EL PAIS
New York Times

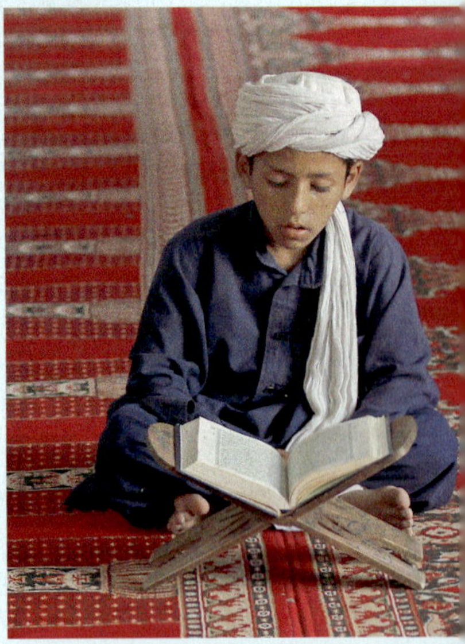

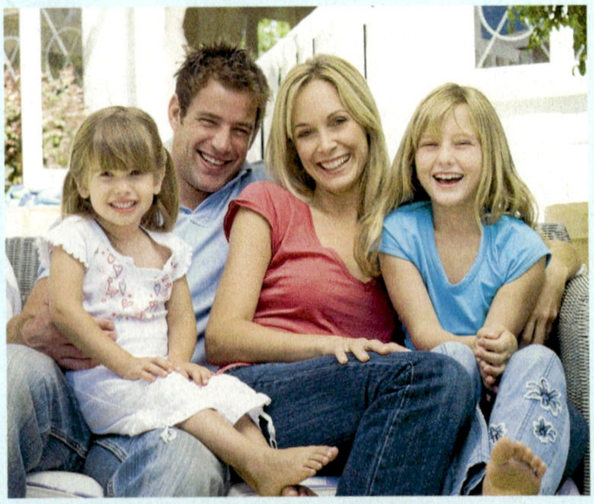

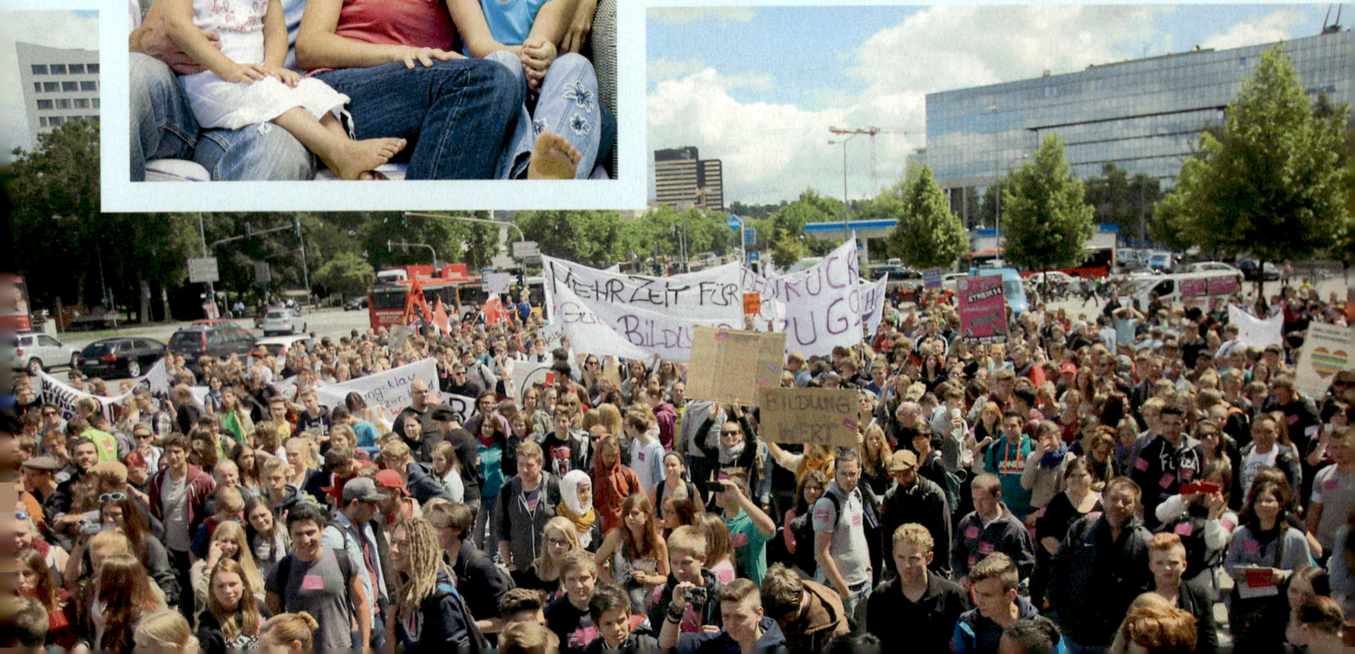
MEHR ZEIT FÜR
BILDUNG

Grundrechte

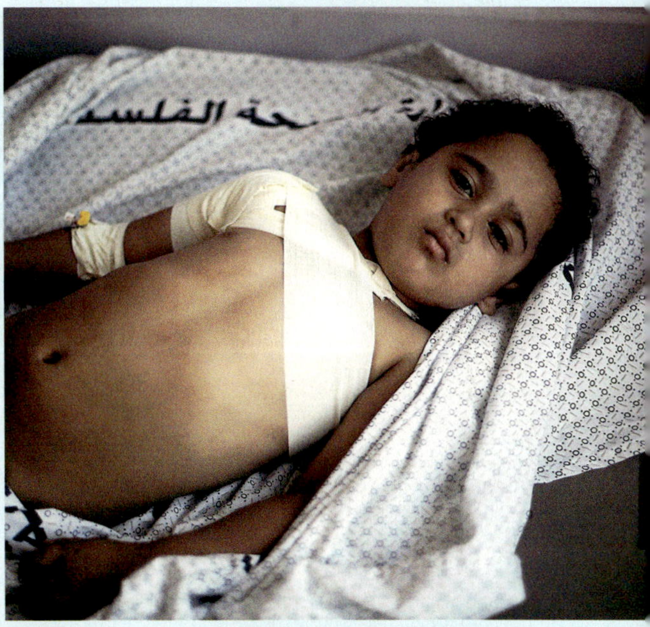

6.1 Grundrechte – für alle gültig?

INFO

unveräußerlich
Weder ein Entzug
noch ein Verzicht ist
möglich.

Grundrechte sind unveräußerliche Rechte, die jeder Bürger/jede Bürgerin bzw. jeder Mensch in Deutschland genießt. Die Grundrechte finden sich in der deutschen Verfassung – dem Grundgesetz (GG). Hierunter fallen die Artikel 1 – 19. Man kann die Grundrechte in Bürger- und Menschenrechte, aber auch in Anspruchs-, Freiheits- und Gleichheitsrechte unterteilen.

WEBCODE

WES-116987-009
Film „Einfach erklärt:
Grundrechte"

INFO

Recht auf Asyl
Das Recht auf Asyl
gilt in Deutschland
für asylberechtigte,
also politisch verfolgte Ausländer
(Art 16a Abs. 1 GG).
Deutsche Staatsangehörige können im
eigenen Land kein
Asyl beantragen.

Wesensgehalts- und Rechtsweggarantie
Wenn ein Grundrecht
eingeschränkt werden
soll, garantieren Art.
19 Abs. 2 (Wesensgehalt) und Abs. 4
(Rechtsweggarantie)
den Kern der Grundrechte und gewährleisten, dass jede
Bürgerin und jeder
Bürger sich vor
Gericht gegen einen
Eingriff in die Grundrechte wehren kann.

Das Grundgesetz

M1 Rechtsgarantien im Grundgesetz

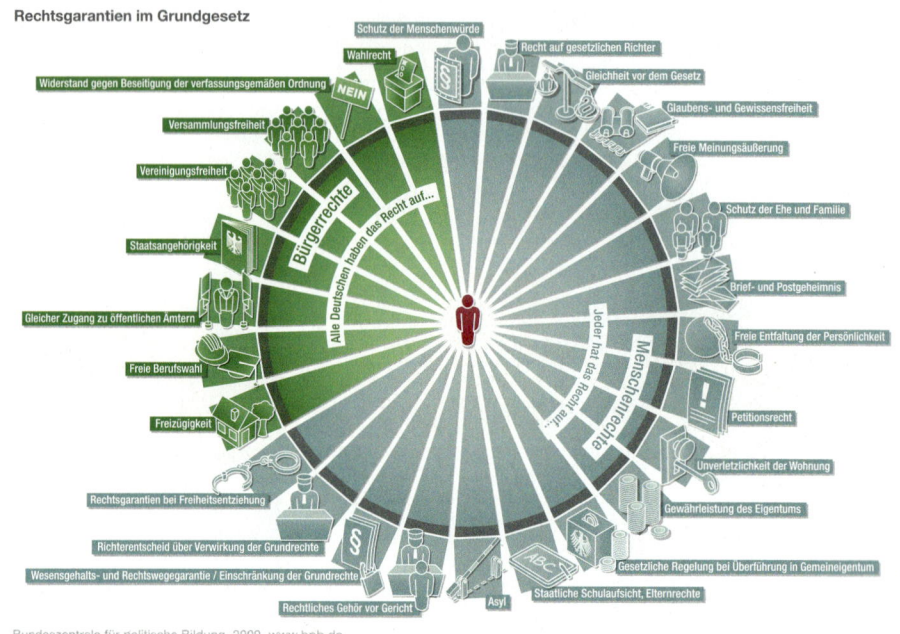

Bundeszentrale für politische Bildung, 2009, www.bpb.de

https://www.bpb.de/themen/politisches-system/24-deutschland/52988/infografiken-24-x-deutschland/

Der Artikel 2 GG (*Persönliche Freiheitsrechte*) bietet jedem Menschen die Möglichkeit, sich frei zu entfalten, d.h. sein Leben so zu leben, wie er das möchte, sowie die Garantie auf ein
5 freies Leben und körperliche Unversehrtheit. Zu Gleichheit vor dem Gesetz verpflichtet **Artikel 3 GG** den Staat (und auch Gerichte). Alle Menschen sind gleich zu behandeln, egal welches Geschlecht sie haben, wo sie herkommen,
10 welche Sprache sie sprechen, welchen Glauben (vgl. **Art. 4 GG**: *Glaubens- und Gewissensfreiheit*) sie haben, welche politischen Ansichten sie vertreten oder ob sie eine Behinderung haben. Im **Artikel 5 GG** (*Freiheit der Meinung, Kunst und*
15 *Wissenschaft*) wird jedem Menschen das Recht zugesprochen, seine persönliche Meinung frei zu äußern.

Allen Deutschen gestattet **Artikel 8 GG** (*Versammlungsfreiheit*), sich friedlich zusammenzufinden, z.B. bei Demonstrationen oder 20 Kundgebungen.
Der Artikel 11 GG (*Freizügigkeit*) ermöglicht allen Deutschen, ihren Wohnort in Deutschland frei zu wählen. Darüber hinaus können alle Deutschen ihren Beruf, den Arbeitsplatz 25 und die Ausbildung frei wählen (**Art. 12 GG:** *Berufsfreiheit*).
In **Artikel 16** bzw. **16a GG** wird unter anderem festgelegt, dass Deutschen ihre Staatsangehörigkeit nicht weggenommen werden kann sowie, wer in Deutschland Asyl bekommt. 30

Autorentext

M2 Grundrechtsarten

Die Artikel im Grundgesetz werden nicht nur in Bürgerrechte und Menschenrechte unterteilt, sondern auch in Freiheits-, Gleichheits- und Anspruchsrechte.

5 **Freiheitsrechte** sind Rechte, die den Menschen die Möglichkeit geben, ihr Leben frei nach den eigenen Vorstellungen und Wünschen zu gestalten. Sie sind Abwehrrechte gegen staatliche Eingriffe in die private Sphäre.
10 Erstmalig fanden diese in Deutschland Einzug in der Weimarer Verfassung von 1919. In den Vereinigten Staaten von Amerika wurden einige Freiheitsrechte bereits 1791 in der Bill of Rights niedergeschrieben.

Die Gleichheitsrechte sollen die Gleichheit 15 vor dem Gesetz garantieren. Es darf also keine Rolle spielen, welches Geschlecht, welche Rasse oder welche Religion jemand hat. Es ist auch unabhängig davon, ob jemand alt oder jung, reich oder arm ist, alle werden gleich be- 20 handelt.

Anspruchsrechte garantieren den Bürgerinnen und Bürgern im Staat einen Anspruch auf Schutz durch den Staat, so beispielsweise ein Minimum an sozialer Sicherheit. Die An- 25 spruchsrechte sind von den Abwehrrechten der Bürger/-innen als Schutz vor dem Staat zu unterscheiden.

Autorentext

M3 Aus dem Alltag

Sarah (19) hat gerade ihr Abitur gemacht und möchte nun mit ihrem gleichaltrigen Freund Karim, einem irakischen Flüchtling, zum Studium nach München und mit ihm in eine ge-
5 meinsame Wohnung ziehen. Doch es gibt einige Probleme. Karim darf seinen Wohnort nur eingeschränkt verlassen, denn er unterliegt der Residenzpflicht. Karim findet das ziemlich blöd und sagt zu Sarah, dass er bei der nächsten Wahl eine Partei wählen wird, die seine 10 Interessen vertritt und gegen die Residenzpflicht vorgehen wird. Doch Sarah muss Karim erklären, dass er, obwohl er nun volljährig ist, bei der nächsten Bundestagswahl nicht wählen darf. 15

Autorentext

1 Erläutere die Grundrechtsgarantien für die Menschen in Deutschland (M 1).
2 Ordne die Grundrechte den Truhen zu (M 1 und M 2).
3 Überprüfe, ob Karim folgende Grundrechte zustehen (M 3):

	Freie Meinungsäußerung (Art. 5 GG)	Freizügigkeit (Art. 11 GG)	Asylrecht (Art. 16a)	Wahlrecht (Art. 38 GG)
Sarah	X	X		X
Karim				

4 Erörtere, ob Karim auch Bürgerrechte haben sollte.

6.2 Herausgehobene Stellung von Grundrechten?

Die Grundrechte stehen nicht zufällig am Anfang des Grundgesetzes – in den Artikeln 1 bis 19. Sie bezeichnen nicht nur die höchsten Rechtsgrundsätze des deutschen Staates, sondern sind unmittelbar geltendes Recht, müssen dem staatlichen Handeln also zugrunde liegen.

M1　Wir demonstrieren

M2　Aus dem Grundgesetz

Art. 1 GG: Ganz am Anfang steht die Garantie der Menschenwürde. Sie ist aller Politik als Ziel vorgegeben. Der Staat hat deshalb die Aufgabe, allen Einzelnen die Freiheit zu ga-
5 rantieren, die erforderlich ist, sich zu entfal-
ten (vgl. **Art. 2 GG**).

Art. 13 GG: Die Unverletzlichkeit der Wohnung ist eines von vielen Abwehr- und Schutz-
rechten (so auch z.B. das Recht auf Eigentum
10 in Art. 14 GG und die Glaubensfreiheit in Art. 4
GG), die vor staatlichen Eingriffen schützen
sollen.

Art. 19 GG: Nur solche Grundrechte dürfen
eingeschränkt werden, für die dies im Grund-
15 gesetz ausdrücklich vorgesehen ist. Zum Beispiel ist das Grundrecht der Versammlungsfreiheit für Versammlungen unter freiem
Himmel durch das Versammlungsgesetz eingeschränkt (z.B. **Art. 8 Abs. 2 GG**). Solche ge-
20 setzlichen Beschränkungen müssen allgemein

und nicht nur für den Einzelfall gelten. Die
„Bannmeile" um Parlamente zum Beispiel gilt
für alle. Ein Grundrecht darf nicht in seinem
Kern („Wesensgehalt") angetastet werden.
Wenn Versammlungen unter freiem Himmel 25
eingeschränkt sind, bleibt die Versammlungsfreiheit grundsätzlich erhalten.

Art. 79 GG: Die deutsche Verfassung, das
Grundgesetz, kann grundsätzlich mit einer
2/3-Mehrheit im Parlament geändert werden. 30
Dies gilt nicht für die Artikel 1 und 20, die
durch die sogenannte Ewigkeitsklausel (Absatz 3) geschützt sind. Mit dieser Ewigkeitsga-
rantie wollte man den negativen Erfahrungen
aus dem Nationalsozialismus entgegentreten 35
und sicherstellen, dass Deutschland immer
die Struktur *Republik, Demokratie, Bundesstaat,
Rechtsstaat und Sozialstaat* beibehält, unabhängig von der jeweiligen Regierung.

Autorentext

M3 „Welche Grundrechte würdest du einführen?"

Marc, 15 Jahre:
„Das Recht, genug zu essen und anzuziehen zu haben sowie medizinisch versorgt zu sein."

Sebastian, 16 Jahre:
„Jeder soll tun und lassen können, wozu er Lust hat."

Rebecca, 15 Jahre: *„Ein Recht auf Ausbildung."*

M4 Auf welche(s) Grundrecht(e) könnte man verzichten?

Stell dir vor, du sitzt in einem Heißluftballon und fliegst auf einen hohen Berg zu. Um an Höhe zu gewinnen, musst du Ballast abwerfen. Jedes Grundrecht entspricht einem Sandsack.

1 Für welches Grundrecht würdest du auf die Straße gehen (M1)? Nenne Beispiele.
2 Überprüfe die folgenden Aussagen auf ihre Richtigkeit:
  a) Artikel 1 GG kann per Gesetz abgeschafft werden.
  b) Grundrechte dürfen generell nicht eingeschränkt werden.
  c) Grundrechte schützen die Bürgerinnen und Bürger vor dem Staat.
3 Beurteile die Grundrechtsvorschläge in Bezug auf ihre Wichtigkeit und Umsetzbarkeit (M3).
4 Erörtert den Verzicht auf ein oder mehrere Grundrechte und seine Auswirkungen (M4).

BASISKONZEPT
Regeln und Recht

6.3 Minderheitenschutz in Deutschland

Der Schutz von Minderheiten vor Diskriminierung hat in Deutschland einen hohen Stellenwert. Die Interessen von ethnischen Minderheiten, Menschen mit Behinderung oder Homosexuellen werden international durch die Menschenrechte und in Deutschland durch das Grundgesetz geschützt.

M1 Aus dem Schulalltag deutscher Sinti und Roma

„In der Schule war ich relativ gut, war aber trotzdem Opfer von Diskriminierungen. [...] Da war man halt bei den Deutschen nicht so angesehen, wenn das raus kam, dass man ein Sinto war bzw. Zigeuner, und die haben einen dann gehänselt und auch blöde Sprüche abgegeben, wie zum Beispiel, dass wir keine Häuser haben, dass wir im Dreck schlafen, ja, dass wir halt minderwertig sind." (Sinto, Anfang 20)

„Ich hatte da eine Lehrerin [...], die hatte das auch gewusst und von der hab ich mich überhaupt nicht benachteiligt gefühlt. Die hat [...] mir ja noch Nachhilfeunterricht gegeben in Mathematik [...]. Und die hat dann auch immer zu mir gesagt, du hast es ja schon immer so schwer gehabt auch wegen deiner Herkunft und du hast ja schon immer so zu kämpfen gehabt." (Sintizza, 2. Generation)

Aus: Daniel Strauß (Hg.): Studie zur aktuellen Bildungssituation deutscher Sinti und Roma – Dokumentation und Forschungsbericht, 2011, RomnoKher, Mannheim, S. 67 f., 70 f.

M2 Wer sind Sinti und Roma?

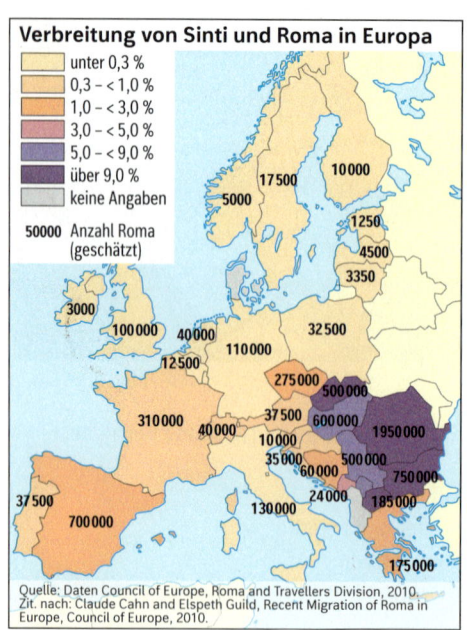

Verbreitung von Sinti und Roma in Europa

- unter 0,3 %
- 0,3 – < 1,0 %
- 1,0 – < 3,0 %
- 3,0 – < 5,0 %
- 5,0 – < 9,0 %
- über 9,0 %
- keine Angaben

50000 Anzahl Roma (geschätzt)

17500 10000 5000 1250 4500 3350 3000 100000 40000 32500 110000 12500 275000 500000 310000 37500 600000 40000 1950000 10000 35000 500000 60000 750000 24000 185000 37500 130000 175000 700000

Quelle: Daten Council of Europe, Roma and Travellers Division, 2010. Zit. nach: Claude Cahn and Elspeth Guild, Recent Migration of Roma in Europe, Council of Europe, 2010.

Roma leben in fast allen europäischen Ländern und bilden überall eine Minderheit. Am stärksten ist ihr Bevölkerungsanteil in Rumänien, Bulgarien, Serbien, Mazedonien und Bosnien. Nur wenn deutsche Staatsangehörige gemeint sind, deren Vorfahren teils schon seit dem 15. Jh. hier leben, spricht man von „Sinti und Roma". Ihre Verbände sprechen meist von etwa 700.000 Menschen, manchmal auch von bis zu doppelt so vielen. In den letzten Jahrzehnten sind überdies viele Roma-Einwanderer nach Deutschland gekommen. Eine genaue Zahl gibt es nicht, denn niemand ist gezwungen, sich zu der Volksgruppe zu bekennen. Die Zuwanderer werden statistisch als Bürger ihrer Heimatländer geführt. Der Pass sagt über die Zugehörigkeit zur Minderheit nichts aus.

Autorentext nach Norbert Mappes-Niediek: Arme Roma, böse Zigeuner: Was an den Vorurteilen über die Zuwanderer stimmt, bpb-Schriftenreihe Band 1385, Berlin 2013

M3 Was Sinti und Roma immer noch das Leben erschwert

Ein Kind wird auf dem Schulhof zusammengeschlagen und kein Lehrer schreitet ein. Einer jungen, obdachlosen Frau wird auf dem Amt gesagt, dass es ihren Kindern doch nicht schade, im Park zu schlafen. Eine 92-Jährige leidet noch heute darunter, dass sie von den Nationalsozialisten zwangssterilisiert wurde. Pfarrerin Silke Stürmer kann viel darüber erzählen, wie es Sinti und Roma im Land ergeht. „Sie werden immer noch diskriminiert", sagt die Beauftragte der Evangelischen Landeskirche für die Zusammenarbeit mit Sinti und Roma zum Internationalen Tag der Roma an diesem Freitag. Ohne lange zu zaudern hat sie diese in Deutschland einmalige Stelle im vorigen Herbst angenommen: „Ich halte das für eine richtig sinnvolle Arbeit", sagt die 54-Jährige aus Winterbach (Rems-Murr-Kreis). Sie befasst sich schon seit zwei Jahren intensiv mit dem Alltag von Sinti und Roma, arbeitet an einem Dokumentarfilm über die anerkannte nationale Minderheit. Seitdem hat sie Einblick in die Situation der 12 000 Sinti und Roma in Baden-Württemberg. Zum Beispiel hat sie von dem Fall des zusammengeschlagenen Kindes erfahren. Die Geschichte sei natürlich extrem. „Aber sie zeigt, warum Roma-Eltern Angst haben, ihre Kinder in die Schule zu schicken", erzählt Silke Stürmer. Auch auf Behörden, bei der Arbeits- und Wohnungssuche würden Sinti und Roma Diskriminierungen erleben. Woran das liegt? „Wenn ich von meiner Arbeit erzähle, dann werde ich oft nach Klischees gefragt", erzählt die 54-Jährige. Die Vorurteile über „kriminelle und dreckige Zigeuner" seien fest verankert in den Köpfen. „Viele haben mit Nichtwissen zu tun", sagt Silke Stürmer, die Aufklärungsarbeit als ihre wichtigste Aufgabe ansieht und mit Klischees aufräumen möchte. Das ist auch Ziel ihres Films. Darin erzählt zum Beispiel Magdalena Guttenberger, die in die Familie einer Auschwitzüberlebenden eingeheiratet hat, vom Alltag im Ravensburger Ummenwinkel. Das eingezäunte „Zigeunerlager" war 1937 von den Nationalsozialisten eingerichtet worden. Nach dem Krieg und noch bis 1984 lebten Roma und Sinti dort unter widrigsten Umständen. Trotzdem: „Die Bewohner haben sich bemüht, stets sauber zu sein. Manche erzählen, dass sie im Anzug zur Schule mussten, aus Angst, nicht ordentlich zu sein", berichtet Silke Stürmer. Apropos Schule: die meisten Kinder von Sinti und Roma seien lange automatisch auf Hilfsschulen geschickt worden. „Die Bildungssituation hat sich in den letzten Jahren aber deutlich verbessert", sagt Silke Stürmer. Ohne Schulabschluss sind laut der RomnoKher-Studie von 2021 noch rund 15 Prozent der 18- bis 25-Jährigen, bei den Über-51-Jährigen hat weit mehr als die Hälfte keinen Abschluss. Stürmer berichtet, dass es sehr erfolgreiche Sinti und Roma gibt, die als Ärzte oder Juristen arbeiten, die aber ihre Zugehörigkeit zu der Minderheit verschweigen. „Es ist schon die Angst da, dass Nazis mitbekommen könnten, wo man wohnt", erzählt Silke Stürmer. Für sie ist das völlig nachvollziehbar: „Immerhin sind 500 000 Sinti und Roma in der NS-Zeit umgebracht worden. Das waren 95 Prozent." Die Kirche sieht Silke Stürmer vor diesem Hintergrund in einer besonderen Verantwortung. Man habe die Taufbücher geöffnet und so den Nazis die Verfolgung erleichtert: „Sie mussten die Menschen nur einsammeln." Das Vertrauen sei immer noch nicht wiederhergestellt.

Isabelle Butschek, in: Stuttgarter Nachrichten online, 08.04.2022; https://www.stuttgarter-nachrichten.de/inhalt.roma-tag-in-stuttgart-was-sinti-und-roma-immer-noch-das-leben-erschwert.bd98adca-fcc1-43d6-9b44-b18e1ebea47d.html (Zugriff 28.07.2023)

GLOSSAR

Nationalsozialismus

Die Flagge der Sinti und Roma

WEBCODE

WES-116987-010

„Einfach ein Mensch" – Dokumentarfilm von Stefan Adam und Silke Stürmer, 2022, 25 Min.

INFO

Die Zahl 500.000 ist nicht gesichert. Wissenschaftler/-innen gehen von mindestens 200.000 bis zu 500.000 Opfern in Europa aus.

---

1 Definiere die Begriffe „Minderheit" und „Diskriminierung".
2 Nenne ausgehend von M 1 Beispiele dafür, auf welche Weise Jugendliche diskriminiert werden könnten.
3 Vergleiche die gesellschaftliche Situation von Sinti und Roma in Deutschland und Baden-Württemberg (M 2 – M 4).

M4 „Ich, ein Kind der kleinen Mehrheit": Eine Roma-Biografie

Der 8. April ist der Welttag der Sinti und Roma. 70.000 von ihnen leben Schätzungen zufolge in Deutschland. [...] Der Rom Gianni Jovanovic mag den Begriff „Minderheit" aber nicht und
5 formuliert es deshalb umgekehrt: „Ich, ein Kind der kleinen Mehrheit".

„Das Wort ‚Roma' ins Deutsche übersetzt, bedeutet Mensch, von hinten gelesen, bedeutet es Amor. Das heißt Mensch und Liebe. Mensch-
10 liche Liebe im wahrsten Sinne des Wortes. Das ist etwas, womit wir aufwachsen in unseren Familien." – So erklärt Gianni Jovanovic seinen liebevollen Blick auf die Menschen, der zwischen jeder Zeile seiner Biografie durch-
15 scheint. Und das, obwohl er selbst so viel menschlichen Hass erfahren hat ... [...]

Pure rassistische Gewalt, aber auch subtile Anfeindungen und Diskriminierungen im Alltag kennt Gianni Jovanovic. Die Eltern hingegen
20 überschütteten ihn als einziges Kind mit Liebe, aber überfrachten ihn auch mit Erwartungen. Mit 14 wurde Gianni Jovanovic zwangsverheiratet, mit 17 zum zweiten Mal Vater. Gianni wollte den Vorstellungen der Eltern gerecht
25 werden: Obwohl er schon früh spürte, dass er eigentlich Männer liebt. [...]

Heute lebt Gianni Jovanovic. Er ist verheiratet mit seinem Traummann, pflegt inzwischen einen liebevollen Kontakt zu seiner Exfrau, seinen Eltern, den Kindern – und seinen En-
30 kelkindern. Der 43-Jährige ist dreifacher Großvater.

Auch beruflich hat der Wahlkölner seinen Weg gemacht: von der Sonderschule an die Uni. Heute ist Jovanovic erfolgreicher Unterneh-
35 mer, Autor, Aktivist. Die Reise war streckenweise beschwerlich. Wie ihm all das dennoch gelang, erzählt er in einer Art und Weise, die zu dieser Biografie voller Brüche und einer Persönlichkeit mit ganz unterschiedlichen Facet-
40 ten passt. Stellenweise ist die Sprache unverblümt, mitunter derbe [...]. Dann wieder ist Gianni Jovanovic der sprachsensible Aktivist – gendert ganz selbstverständlich und erklärt [...] Konzepte wie [...] „toxische Männlichkeit".
45 Was immer mitschwingt, ist großer Optimismus, viel Lebensfreude und Humor. „Ich, ein Kind der kleinen Mehrheit" – ein inspirierendes Buch in diesen Zeiten der großen Krisen, des Kriegs in Europa. Ein Plädoyer für Tole-
50 ranz und Solidarität, dafür, sich selbst, die Nächsten und die Ferneren zu lieben. [...]

Alexandra Friedrich, NDR.de, 08.04.2022, Hamburg; https://www.ndr.de/kultur/buch/tipps/Ich-ein-Kind-der-kleinen-Mehrheit-,kindderkleinenmehrheit100.html (Zugriff 08.08.2023)

M5 Baden-Württemberg als Vorreiter

Mit einem Staatsvertrag stellt Baden-Württemberg als erstes Bundesland die Beziehung zu hier lebenden Sinti und Roma auf neue Beine. Die Minderheit sieht das als „historisches
5 Ereignis".

[...] Der Vertrag „enthält das klare Bekenntnis zur Anerkennung der baden-württembergischen Sinti und Roma und legt eine verbindliche Förderung der Minderheit fest", sagte Mi-
10 nisterpräsident Winfried Kretschmann (Grüne) am Donnerstag in Stuttgart. So sieht das Papier vor, dass die Minderheit ab 2014 jährlich 500.000 Euro erhält. Das ist mehr als eine Verdopplung der bislang gezahlten 208.000 Euro. Ebenso wird ein „Rat für die Angelegenheiten
15 der deutschen Sinti und Roma" geschaffen.

Stuttgarter Nachrichten online: Staatsvertrag mit Sinti und Roma – Baden-Württemberg als Vorreiter, 28.11.2013; https://www.stuttgarter-nachrichten.de (Zugriff 26.02.2017)

Ministerpräsident Winfried Kretschmann (links) und Daniel Strauß, Vorsitzender des baden-württembergischen Landesverbands Deutscher Sinti und Roma

M6 Aus dem Staatsvertrag

Art. 1: Rechte, gemeinsame Aufgaben und Ziele

(1) Die deutschen Sinti und Roma haben ein Recht auf Anerkennung, Bewahrung und Förderung ihrer Kultur und Sprache sowie des
5 Gedenkens.

(2) Daher streben das Land und der VDSR-BW gemeinsam insbesondere an:

10 ■ Die Verankerung der Geschichte und Gegenwart von Sinti und Roma in den Bildungsplänen des Landes. Den entsprechenden Ausbau der bewährten Zusammenarbeit mit der Landeszentrale für politische Bildung und der Landesarbeits-
15 gemeinschaft der Gedenkstätten in Baden-Württemberg.
■ Die Sicherstellung von Erhalt und Pflege der Grabstätten von Sinti und Roma, die der NS-Verfolgung ausgesetzt waren.
20 ■ Den Auf- und Ausbau von ergänzenden

Schul-, Bildungs- und Kulturangeboten für junge Sinti und Roma zur Vermittlung ihrer Sprache und Kultur.
■ Die Errichtung einer Forschungsstelle zur Geschichte und Kultur der Sinti und Roma 25 sowie zum Antiziganismus.

Art. 3: Finanzielle Förderung
(3) Der VDSR-BW verwendet mindestens 50.000 Euro für die Integration und Teilhabe bleibeberechtigter nichtdeutscher Sinti und 30 Roma in die Gesellschaft und die nationale Minderheit.

M 7   Anwohner klagt gegen Plakate der NPD

Ein Plakat, mit dem die NPD für die Bundestagswahl wirbt, empört so manchen Bürger. Mit dem Slogan „Geld für die Oma statt für Sinti und Roma" will die Partei bei der Bun-
5 destagswahl punkten.
Werner Wasmer jedenfalls findet diese Parole volksverhetzend und hat deshalb alle Hebel in Bewegung gesetzt, damit das Plakat abgehängt wird. Doch was sich in Bad Hersfeld in

Hessen als ziemlich einfach herausgestellt 10 hat, erweist sich in Löffingen [Gemeinde im Landkreis Hochschwarzwald] weitaus schwieriger. Dort hatte die Stadtverwaltung den Bauhof angewiesen, die Plakate zu entfernen, was auch umgehend geschah. Im Baarstädtle [Löf- 15 fingen] allerdings hat Historiker Werner Wasmer bereits einen Telefonmarathon hinter sich. [...]

Nach: Martin Wunderle: Anwohner klagt gegen Plakate der NPD in Löffingen, in: Badische Zeitung online, 10.09.2013, Freiburg i. Br.; https://www.badische-zeitung.de/loeffingen/anwohner-klagt-gegen-plakate-der-npd-in-loeffingen--75072815.html (Zugriff 11.11.2022)

INFO
NPD
Nationaldemokratische Partei Deutschlands – eine 1964 gegründete, kleine rechtsextreme Partei

---

M 8   Mit Menschenrechten gegen Hetzplakate der NPD

Bürgermeister sind vor Gericht mit dem Versuch gescheitert, NPD-Plakate abhängen zu lassen. [...]
Die NPD feierte eine Eilentscheidung des Ver-
5 waltungsgerichts Kassel: Die Richter hatten die Stadtverwaltung Bad Hersfeld angewie-

sen, eine Reihe rassistischer Wahlplakate der Partei unverzüglich wieder aufzuhängen. Die Richter befanden, dass die Partei „nicht eindeutig zu Willkürmaßnahmen gegen Roma 10 und Sinti" aufrufe und daher durch die Meinungsfreiheit geschützt sei.

Nach: Tilman Steffen: Mit Menschenrechten gegen Hetzplakate der NPD, in: ZEIT Online, 23.12.2015, Hamburg; https://www.zeit.de/politik/deutschland/2015-12/heiko-maas-npd-wahlplakate-gutachten (Zugriff 11.11.2022)

BASISKONZEPT
Interessen und Gemeinwohl

1 Charakterisiere die Ausgestaltung des Schutzes der Sinti und Roma in Baden-Württemberg (M 5 und M 6).
2 Nenne weitere Maßnahmen zum Abbau von Diskriminierung der Sinti und Roma
   a) in der Schule,
   b) in der Gemeinde,
   c) in Baden-Württemberg.
3 Beurteile, ob es sich bei dem NPD-Wahlplakat um eine Form der Diskriminierung handelt (M 7 – M 8).
4 Recherchiere Informationen zu Sinti und Roma in anderen Ländern Europas. Du kannst hierzu den Webcode in der Randspalte nutzen.

WEBCODE

WES-116987-011
Daten und Fakten zu Sinti und Roma

6.4 Meinungsfreiheit in Gefahr?

Immer wieder kommt es vor, dass einzelne Gesetze in direktem Konflikt mit dem Grundgesetz stehen. Es gilt dann abzuwägen, welche Rechte wichtiger sind als andere. Auf den folgenden drei Seiten findest du einen solchen Grundrechtekonflikt, den du abschließend analysieren sollst.

INFO

Heiko Maas ist Jurist und war von 2013 bis 2018 Bundesjustizminister, von 2018 bis 2021 Bundesaußenminister.

INFO

Art. 5 GG
(1) Jeder hat das Recht, seine Meinung in Wort, Schrift und Bild frei zu äußern und zu verbreiten und sich aus allgemein zugänglichen Quellen ungehindert zu unterrichten. Die Pressefreiheit und die Freiheit der Berichterstattung durch Rundfunk und Film werden gewährleistet. Eine Zensur findet nicht statt.
(2) Diese Rechte finden ihre Schranken in den Vorschriften der allgemeinen Gesetze, den gesetzlichen Bestimmungen zum Schutze der Jugend und in dem Recht der persönlichen Ehre.
(3) Kunst und Wissenschaft, Forschung und Lehre sind frei. Die Freiheit der Lehre entbindet nicht von der Treue zur Verfassung.

M1 Positionen zur Meinungsfreiheit

„Die Meinungsfreiheit schützt auch abstoßende und hässliche Äußerungen – sogar Lügen können von der Meinungsfreiheit gedeckt sein. Aber eines ist klar: Die Meinungsfreiheit endet da, wo das Strafrecht beginnt."

Heiko Maas, in: Rede auf der Hauptversammlung des Börsenvereins des Deutschen Buchhandels, 13.06.2017, Frankfurt am Main, Börsenblatt; https://www.boersenblatt.net/archiv/1341545.html (Zugriff 11.11.2022)

AfD

„Dass sich die Mehrheit der Deutschen nicht mehr traut, offen ihre Meinung zu sagen, ist extrem besorgniserregend."

- BERNHARD ZIMNIOK
EU-Abgeordneter

ID
IDENTITÄT UND DEMOKRATIE

M2 Meinungsfreiheit von großer Bedeutung

Meinungsfreiheit für Deutsche das höchste Gut
Anteil der Befragten, für die das jeweilige Recht zu den wichtigsten zählt

Recht	Anteil
Freie Meinungsäußerung	66%
Privatsphäre	57%
Kostenlose Bildung	52%
Ein faires Gerichtsverfahren	50%
Bezahlbare Gesundheitsversorgung	50%
Sich ohne Angst zu bewegen	48%
Zu wählen	48%
Ein diskriminierungsfreies Leben	48%
Eine Grundrente	45%
Ohne Überwachung zu kommunizieren	42%

Quelle: YouGov

stern statista

Veröffentlicht am 07.04.2016

M3 Mehrheit der Deutschen sieht Meinungsfreiheit in Gefahr

Die Mehrheit der Deutschen sieht die Meinungsfreiheit laut einer aktuellen Allensbach-Umfrage in Gefahr. Nur 45 Prozent der Befragten haben noch das Gefühl, die politische Meinung in Deutschland könne frei geäußert werden, wie die „Frankfurter Allgemeine Zeitung" am Mittwoch berichtete. Das sei mit Abstand der niedrigste Wert, seit das Institut für Demoskopie Allensbach im Jahr 1953 zum ersten Mal danach gefragt habe.

Demnach gaben 44 Prozent der Befragten an, es sei besser, vorsichtig zu sein. Als Themen, bei denen besser aufgepasst werden sollte, nannten 59 Prozent den Islam. Laut dem Bericht sagten 28 Prozent dasselbe über „Vaterlandsliebe und Patriotismus" und 19 Prozent über die Gleichberechtigung von Frauen. Am positivsten bewerteten Sympathisanten von Grünen und Union die Lage der Meinungsfreiheit.

Unter den Anhängern aller anderen im Bundestag vertretenen Parteien überwiege der Anteil derer, die glaubten, mit Meinungsäußerungen vorsichtig sein zu müssen. Am deutlichsten ausgeprägt sei diese Haltung unter AfD-Anhängern, von denen nur zwölf Prozent der Ansicht seien, ihre Meinung frei äußern zu können.

AFP, 16.06.2021

M4 Nichts darf man sagen …

Zeichnung: Schwarwel

M5 Von der Meinungsfreiheit gedeckt?

„Ich zeige, dass die Muslime sich letztlich wesentlich schlechter als andere ethnische oder religiöse Gruppen integrieren, und ich zeige, was das mit dem Islam zu tun hat."

Thilo Sarrazin (Volkswirt, Autor und Politiker; 2002 – 2009 Finanzsenator im Berliner Senat, 2009 – 2010 Mitglied des Vorstands der Deutschen Bundesbank; bis 2020 Mitglied der SPD, seit Ausschluss daraus parteilos)

Zit. nach: Deutschlandfunk online, 21.02.2019, Köln; https://www.deutschlandfunk.de/meinungsfreiheit-wo-die-grenzen-des-sagbaren-liegen-100.html (Zugriff 28.07.2023)

M6   Meinung: Mehr Vielfalt oder Cancel Culture?

Die einen sagen, es gebe gar keine „Cancel Culture", für andere läutet sie das Ende der Meinungsfreiheit ein. Ein bisschen mehr Unauf-
geregtheit würde allen gut tun, denn diese
5 Scheindebatte nervt [...].

Stellen Sie sich vor, Sie sind auf der Party von
Bekannten und jemand sagt etwas, mit dem
Sie ganz und gar nicht übereinstimmen. Halten Sie sich nun den Abend über von dem-
10 oder derjenigen fern? Nehmen Sie die Person
zur Seite und stellen sie zur Rede? Oder machen Sie sie lautstark zur Sau und fordern sie
auf, die Veranstaltung zu verlassen?

Letztere Option wäre wohl das, was mittler-
15 weile immer häufiger als „Cancel Culture"
(Absage- oder Löschkultur) bezeichnet wird.
Gemeint ist die Tendenz, übermäßig auf Beleidigungen, Diskriminierungen oder Fehltritte
zu reagieren – etwa mit sozialer Ächtung,
20 Shitstorms oder Boykottaufrufen. [...]

Im deutschsprachigen Raum schlug im Sommer die Ausladung von Lisa Eckhart von einem Hamburger Literaturfestival hohe Wel-
len. Die umstrittene Österreicherin – Kritiker
25 werfen ihr vor, sich in ihrem Kabarettpro-
gramm rassistischer und antisemitischer Klischees zu bedienen – war für den Preis für
den besten Debütroman nominiert und sollte
dort auftreten. Aber nachdem zwei andere
Autoren es ablehnten, gemeinsam mit Eck- 30
hart auf der Bühne zu stehen, und es angeb-
lich Drohungen aus der autonomen Szene
gab, lud die Festivalleitung die 27-Jährige
wieder aus. [...]

Wie im Fall Eckharts richtet sich der Vorwurf 35
zu „canceln" oft an das linke Milieu. Längst ist
eine aufgeregte Debatte darüber entstanden,
ob es Cancel Culture überhaupt gibt oder ob es
sich nur um einen Kampfbegriff von Konservativen und Rechten handelt, um berechtigte 40
Kritik an Rassismus, Sexismus und Diskriminierung als übertrieben abzutun.

So versucht etwa die rechtspopulistische AfD,
den Begriff für sich zu vereinnahmen und ihn
in ihre altbekannte Mär von der „linken Mei- 45
nungsdiktatur" zu integrieren. [...] Aufgepasst
also, mit wem man sich gemein macht, wenn
man von Cancel Culture spricht. [...]

Statt sich also an dem Begriff Cancel Culture
aufzureiben, lohnt sich der Blick auf den Ein- 50
zelfall. Es gibt Beleidigungen und Diskriminierungen, mit denen niemand einfach davon-
kommen sollte. [...]

Grundsätzlich ist es gut, dass sich heutzutage
mehr Menschen und insbesondere geschicht- 55
lich benachteiligte Gruppen leichter Gehör
verschaffen können, dass die Aufmerksamkeit für Diskriminierung zugenommen hat.
Nicht gut ist aber, wenn sich aus Angst vor
sozialer Ächtung weniger Menschen trauen, 60
ihre eventuell unpopuläre Meinung oder ihre
unbequemen Fragen zu äußern, und wenn
Debatten dadurch weniger divers werden. [...]

Ines Eisele: Meinung: Mehr Vielfalt oder Cancel Culture?, 02.01.2021, Deutsche Welle online, Bonn; https://www.dw.
com/de/meinung-mehr-vielfalt-oder-cancel-culture/a-56042360 (Zugriff 11.11.2022)

1 Erkläre, was Meinungsfreiheit für dich bedeutet. Vergleiche deine Vorstellung mit den
Zitaten (M1).

2 Arbeite die Einschätzungen der Befragten aus M2 und M3 heraus.

3 Analysiere die Karikatur (M4).

4 Erörtere, ob die Aussage (M5) von der Meinungsfreiheit gedeckt ist.

5 Bewerte die Aussage, dass die Meinungsfreiheit in Deutschland bedroht ist (M6).

Ibrahim hatte Angst, dass er Deutschland verlassen müsste, wenn die NPD das Asylrecht (Art. 16a GG) abschaffen würde. Auf folgende Fragen solltest du jetzt antworten können. Du kannst auf den angegebenen Seiten auch noch einmal nachlesen.

1. Was sind Grundrechte?

Grundrechte sind unveräußerliche Rechte (Art. 1 GG) und stehen in der deutschen Verfassung, dem Grundgesetz. Wir unterscheiden Grundrechte, die jedem Menschen zustehen, wie zum Beispiel das Recht auf Leben und die körperliche Unversehrtheit (Art. 2 GG). Andere Grundrechte gelten nur für deutsche Staatsbürgerinnen und Staatsbürger, so zum Beispiel das Recht, sich friedlich zu versammeln (Art. 8 GG) oder seinen Arbeitsplatz frei zu wählen (Art. 12 GG). (S. 138 – 139)

2. Welche Funktion haben Grundrechte?

Grundrechte sind deshalb besonders, weil sie die höchsten Rechtsgrundsätze in Deutschland sind und teilweise für die Ewigkeit gelten (Art. 79 GG Abs. 3). Auch dürfen sie nur unter ganz bestimmten Voraussetzungen eingeschränkt werden (Art. 19 GG). Grundrechte sind so wichtig, dass wir eigentlich auf kein einziges verzichten können. Sie garantieren die Gleichheit der Menschen und sind als Ansprüche gegen den Staat formuliert. Im Wesentlichen sind die Grundrechte daher dazu bestimmt, die Freiheit der/des Einzelnen (Freiheitsrechte) vor Eingriffen des Staates zu schützen; man nennt sie deshalb auch Abwehrrechte. (S. 140 – 141)

3. Warum brauchen wir den Minderheitenschutz?

Minderheiten erfahren oft Diskriminierung oder Intoleranz, daher ist es erforderlich, sie in besonderem Maße zu schützen. Der Minderheitenschutz ist im Grundgesetz nicht ausdrücklich geregelt; der einzige konkrete Verweis ist in den Gleichheitsrechten in Art. 3 Abs. 3 GG (Geschlecht, Abstammung, Rasse, Sprache, Heimat und Herkunft, Glauben, religiöse oder politische Anschauung) zu finden. Am Beispiel der Sinti und Roma hast du kennengelernt, welche konkreten Möglichkeiten des Minderheitenschutzes aber die Bundesländer haben. (S. 142 – 145)

4. Gibt es auch Grundrechtskonflikte?

Ja, die gibt es. Manchmal steht ein Grundrecht im Widerspruch zu einem anderen Recht (z. B. Strafrecht). Man muss dann abwägen, welchem Recht mehr Bedeutung zugemessen werden muss. (z. B. Art. 5 GG oder § 185 StGB: Beleidigung). Es ist dann die Aufgabe der Politik, einen sinnvollen Kompromiss zu finden. Kann sich die Politik nicht zu einer Regelung durchringen, so ist es die Aufgabe der Gerichte, eine Entscheidung herbeizuführen. (S. 146 – 148)

Darf eine Partei Grundrechte einfach so abschaffen? Auf welche Grundrechte können sich alle Menschen in Deutschland berufen, und welche gelten nur für deutsche Staatsbürger? Teilweise werden die Interessen einzelner Menschen in Deutschland geschützt, andererseits aber auch die Interessen aller Menschen, also der Allgemeinheit.

QUERVERWEIS

Ibrahim hat Angst, S. 17

M 1 Corona-Demonstrationen

M 2 Gesundheit versus Freiheit

Maskenpflicht, Kontaktbeschränkungen oder Versammlungsverbote [...] – im vergangenen Jahr ergriffen die Gesetz- und Verordnungsgeber, also „die Politiker", wegen des Coronavirus viele Maßnahmen [...]. Wohl noch nie in der Geschichte der Bundesrepublik wurde so massiv und flächendeckend in unsere Grundrechte eingegriffen. Die politische Debatte darüber wurde hitzig geführt [...] und die Justiz sah sich über Nacht mit einer Vielzahl von Klagen und Anträgen konfrontiert. [...]
Jeder staatliche Eingriff in ein Grundrecht muss einem legitimen Zweck dienen. Die Eingriffe müssen geeignet sein, diesen Zweck überhaupt zu erreichen, hierbei das mildeste Mittel darstellen und schließlich im engeren Sinne verhältnismäßig sein. [...] Bezogen auf die Corona-Maßnahmen ist der legitime Zweck für Eingriffe schnell gefunden: die Gesundheit der Bürger zu schützen. Dazu ist der Staat durch das Grundgesetz verpflichtet. Er muss erhebliche Gesundheitsgefahren ein-

dämmen. [...] Die Maskenpflicht [...] beschäftigte die Justiz speziell in der ersten Jahreshälfte häufig. Die Gerichte sahen hierin aber in den allermeisten Fällen eine zumutbare Einschränkung. [...] Hoteliers und Ferienhaus-Vermietern wurde verboten, Touristen aufzunehmen. So sollten touristische Reisen und eine Verbreitung des Virus in Deutschland vermieden werden. [...]
Besonders häufig mussten sich die Gerichte 2020 mit Versammlungsverboten auseinandersetzen. Etwa dann, wenn Kritiker der Corona-Maßnahmen [...] zu Demonstrationen aufgerufen hatten, die dann aber untersagt wurden. In mehreren Beschlüssen unterstrich das Bundesverfassungsgericht den hohen Stellenwert des Grundrechts auf Versammlungsfreiheit. Dieses sei ein überragend wichtiges Gut in einem demokratischen Rechtsstaat. Versammlungen dürften daher nicht pauschal verboten werden. [...]

Christoph Kehlbach, Michael-Matthias Nordhardt: Die Pandemie und die Grundrechte, tagesschau.de, 01.01.2021, Hamburg; https://www.tagesschau.de/inland/corona-grundrechte-101.html (Zugriff 11.11.2022)

M3   Mit Vollgas gegen die Pandemie

Zeichnung: Jürgen Janson

INFO

Angela Merkel
(geb. am 17. Juli 1954
in Hamburg) ist eine
deutsche Politikerin
(CDU). Sie war vom
22. November 2005
bis zum 8. Dezember
2021 die erste Frau
im Amt des Bundes-
kanzlers der Bundes-
republik Deutsch-
land. Merkel wuchs in
der DDR auf und war
dort als Physikerin
tätig. Von April 2000
bis Dezember 2018
war sie die Bundes-
vorsitzende der CDU.

M4   Verbot der „Corona-Spaziergänge" verfassungswidrig?

Können Städte und Gemeinden vorab unange-
meldete Versammlungen gegen die Corona-
Politik verbieten? Diese Frage hat nun auch
das Bundesverfassungsgericht (BVerfG) erreicht. Einen Eilantrag gegen das präventive
Verbot von sogenannten „Montagsspaziergängen" in Baden-Württemberg hat die
1. Kammer des Ersten Senats beim BVerfG abgelehnt. Der Eilantrag gehört zur Verfas-
sungsbeschwerde eines Bürgers, der sich gegen die Allgemeinverfügung und zwei
Gerichtsentscheidungen dazu wehrt. Sowohl
das Verwaltungsgericht (VG) Freiburg als auch
der Verwaltungsgerichtshof Baden-Württemberg hatten Eilanträge gegen eine Freiburger
Allgemeinverfügung, die entsprechende Versammlungen untersagte, Ende Januar zurück-
gewiesen. Die Stadt Freiburg hatte diese am
7. Januar 2022 erlassen. Sie gilt vorerst bis zum
31. Januar und untersagt „alle mit generellen
Aufrufen zu ‚Montagsspaziergängen' oder
‚Spaziergängen' in Zusammenhang stehenden, nicht angezeigten und nicht behördlich
bestätigten Versammlungen und Ersatzver-
sammlungen auf der Gemarkung der Stadt
Freiburg i. Br. unabhängig vom Wochentag
und unabhängig davon, ob einmalig oder wie-
derkehrend stattfindend". [...]

Markus Sehl: Vorab-Verbot von Corona-„Spaziergängen" verfassungswidrig?, Legal Tribune Online, 31.01.2022, Hürth;
https://www.lto.de/recht/nachrichten/n/bverfg-1bvr20822-corona-politik-spaziergaenge-kommunen-
versammlungsrecht-allgemeinverfuegung-verbot/ (Zugriff 11.11.2022)

1   Erläutere den Grundrechtskonflikt anhand verschiedener Beispiele (M1 – M2).
2   Analysiere die Karikatur (M3).
3   Erörtere, ob die Maßnahmen zur Pandemie-Bekämpfung vertretbare Grundrechts-
     einschnitte waren.
4   Überprüfe, ob die „Corona-Spaziergänge" verfassungskonform waren (M4).

„Unser Herz ist weit. Aber unsere Möglichkeiten sind endlich." (Joachim Gauck, Bundespräsident 2012 – 2017)

Willkommen
Welcome
Ласка́во про́симо

„Der Islam gehört nicht zu Deutschland."
(Horst Seehofer, Bundesminister des Innern 2018 – 2021)

„Die Leute finden ihn als Fußballspieler gut. Aber sie wollen einen Boateng nicht als Nachbarn haben."
(Alexander Gauland, AfD)

Zuwanderung nach Deutschland

Impfstoff-Forscherpaar

Die Super-Migranten[1]

Die Wissenschaftler Prof. Dr. Özlem Türeci und ihr Ehemann Prof. Dr. Uğur Şahin, die beide türkische Wurzeln haben, entwickelten im Jahr 2020 den ersten zugelassenen Impfstoff gegen das Coronavirus und erhielten für ihre Leistungen das Bundesverdienstkreuz.

„Wir riefen Arbeitskräfte, und es kamen Menschen."
(Max Frisch, 1911 – 1991, Schriftsteller)

Zeray G. aus Eritrea: „Ich habe mit 85 Menschen in einem kleinen Schlauchboot überlebt."
Aufklärungskampagne der Organisation Social-Bee
(Agentur: Jung von Matt/Neckar)

Asylbewerber auf dem Arbeitsmarkt
So viel Prozent der Erwerbsfähigen der jeweiligen Gruppe in Deutschland waren sozialversicherungspflichtig oder geringfügig beschäftigt

[Liniendiagramm 2012–2018, Werte 2018: 67,9 · 42,7 · 26,8 · 24,7 · 23,3 · 19,4]

Legende:
— Syrer
— Iraker
— Afghanen
— acht Asylzugangsländer
— Ausländer insgesamt
— Deutsche

2018 Stand Januar; acht Asylzugangsländer: Afghanistan, Eritrea, Nigeria, Iran, Irak, Pakistan, Somalia und Syrien

Quelle: Bundesagentur für Arbeit

© Westermann 1448WX

ICH BIN TEAMFÄHIG

Soft skills can come the hard way.

employ-refugees.de

Social·Bee

„Ausländer sind für die deutsche Wirtschaft unentbehrlich."
(Hans Peter Stihl, Unternehmer)

---

[1] *Samira El Ouassil, in: SPIEGEL Online, 12.11.2020, Hamburg*

7.1 Warum kommen Menschen nach Deutschland?

INFO

OECD (Organization for Economic Cooperation and Development)
Bedeutendste Organisation der westlichen Industrieländer zur Koordinierung der Wirtschafts-, Handels- und Entwicklungspolitik

Deutschland erfreut sich bei Zuwandernden großer Beliebtheit. Laut OECD ist Deutschland mittlerweile das zweitwichtigste Einwanderungsland nach den USA. Menschen aus rund 190 Ländern leben hier. Jeder vierte in Deutschland lebende Mensch hat einen Migrationshintergrund. Was veranlasst so viele Menschen aus so vielen verschiedenen Ländern, ihre Heimat zu verlassen und in Deutschland ein neues Leben anzufangen?

WEBCODE

WES-116987-012
Link zum Projekt „Auf und davon"

M 1 Zuwanderung nach Deutschland: Einwanderergeschichten

Ostdeutschland 1957: Zwei Jahre vor dem Bau der Mauer in der DDR fasste der junge **Rudolf Dreyer** den Entschluss, sein junges Heimatland zu verlassen. „Als mein Mann im Alter von 23 Jahren zur Volksarmee gehen sollte, beschloss er, allein und auf eigene Faust aus der DDR in den Wes-

ten zu fliehen", sagt seine Ehefrau Renate Dreyer (72). „Es lag [...] vor allem an der beschränkten Meinungsfreiheit und der Vereinheitlichung in der DDR." Seine Flucht hatte der junge Mann gut vorbereitet. [...] „Damit sein Plan gelingen konnte, musste er irgendwie unauffällig über die Grenze kommen", sagt Renate Dreyer. Mit viel Gepäck wäre er sofort verdächtig gewesen. Daher flüchtete Rudolf Dreyer auf seinem Motorrad in den Westen. Das Einzige, was er dabei hatte, war ein kleiner Werkzeugkoffer mit den wichtigsten Dingen, um eine Panne zu reparieren.

Julia Francke: DDR-Serie: Mit dem Motorrad in den Westen, Westdeutsche Zeitung, 16.10.2009, Wuppertal; https://www.wz.de/nrw/burscheid-und-region/ddr-serie-mit-dem-motorrad-in-den-westen_aid-31355313 (Zugriff 28.10.2022)

„Die Türkische Botschaft beehrt sich, dem Auswärtigen Amt mitzuteilen, dass sich die Regierung der Republik Türkei mit den Vorschlägen der Regierung der Bundesrepublik Deutschland einverstanden erklärt." Mit diesen Worten bestätigte die Türkische Botschaft am 30. Oktober 1961 „die Vermittlung von türkischen Arbeitnehmern nach der Bundesrepublik Deutschland". Dieses Abkommen markiert den Beginn türkischer Migration nach Deutschland. Am Nachmittag des 9. Januar

1962 stieg **Metin Türköz** am Bahnhof Istanbul-Sirkeci in den Zug nach München. Von Deutschland wusste er nicht viel, aber es schien ein Land der unbegrenzten Möglichkeiten zu sein. [...] Nach Deutschland gehen, Geld sparen, Auto kaufen, mehr Geld sparen, nach Hause zurückkehren, Haus kaufen, sagt Metin Türköz, das war der türkische Traum.
In der Türkei regierte das Militär, die politische Lage war instabil, die wirtschaftliche desolat. Metin Türköz arbeitete als Kontrolleur bei der Gesundheitsbehörde, sein Lohn reichte nur für ein Zimmer. Er hatte eine Familie, für die er sorgen musste. Er dachte nicht lange nach. Nur zwei Jahre, länger würde er ja gar nicht bleiben dürfen. [...] Metin Türköz lebt bis heute in Köln.

Anna Kemper: Familie Türköz wird deutsch, in: ZEIT online, 18.08.2011, Hamburg; https://www.zeit.de/2011/34/DOS-Tuerken (Zugriff 28.10.2022; adaptiert)

Viktoria Morasch erzählt:

[Wir sind] nicht gegangen, weil wir es schlecht hatten. Meine Eltern hatten Arbeit und eine schöne Wohnung. Wir sind gegangen, weil wir Deutsche sind, Russlanddeutsche, keine Russen. Meine Großeltern wurden nach Zentralasien verschleppt, nachdem das deutsche Reich die Sowjetunion 1941 angegriffen hatte. Sie mussten in Lagern arbeiten, wurden als Feinde gesehen, als Faschisten. Auch später durften Russlanddeutsche kein Deutsch sprechen, schafften es wegen einer Quotenregelung kaum in die Hochschulen, ihre Religion war verboten. Unsere Ausreise im Sommer 1990 lief offiziell unter dem schönen Wort „Heimkehr". Die CDU und vor allem Helmut Kohl hatten sich für uns starkgemacht, was seiner Partei Millionen dankbarer Wähler brachte. Gorbatschow ließ uns irgendwann gehen. Heimkehren. Meine Großeltern sprachen fließend Deutsch, einen altertümlichen Dialekt, aber immerhin. Meine Eltern verstanden vieles, konnten sich aber nicht ausdrücken. Meine Brüder und ich sprachen nur Russisch.

Viktoria Morasch: Angekommen, in: ZEIT online, 07.04.2016, Hamburg; https://www.zeit.de/2016/16/russlanddeutsche-kasachstan-integration-sowjetunion-aussiedler/komplettansicht (Zugriff 28.10.2022)

Amir ist aus Banja Luka, der größten Stadt der „Serbischen Republik" – den 70 Prozent Bosnien-Herzegowinas, die seit Beginn des Krieges um die ex- jugoslawische Republik unter serbischer Kontrolle stehen. „Wir hatten da unten ein schönes Haus", sagt der junge Bosnier, „aber leider keine Zukunft."
Seit [1993] lebt Amir in Berlin. Die „Serbische Republik" hat er verlassen, weil er das Kind einer „Mischehe" ist: Amirs Mutter ist Kroatin, sein Vater Serbe. „Vor dem Krieg haben wir uns darüber nie Gedanken gemacht", sagt Amir. Doch das änderte sich schlagartig, als Banja Luka im Frühsommer 1992 fast kampflos von der Armee des bosnischen Serbenführers Radovan Karadžić besetzt wurde. Innerhalb weniger Wochen wurden alle Nicht-Serben von den wichtigen Positionen in Wirtschaft und Verwaltung entlassen. Kroatische und muslimische Politiker wurden verhaftet. Schriftsteller, Musiker und Künstler verließen das Land. Dann verschwanden die ersten Menschen. Für die per Gesetz zu „Angehörigen von Minderheiten" herabgestuften BürgerInnen Banja Lukas begann eine Zeit der Angst.

Rüdiger Rossig: „Sie haben Banja Luka kaputtgemacht", in: taz – die Tageszeitung, Berlin, 12.06.1995, S. 11

Dass **Jasminka Bajrić** [...] nach Deutschland [kam,] ist der Not zu Hause geschuldet: „Ich habe keine Alternative", sagt sie. 500 Euro verdient sie zurzeit im Monat als Krankenschwester in einer Gemeinschaftspraxis. Wenn sie in vier Jahren in Rente gehen muss, wird sie nur 200 Euro bekommen, „das reicht dann hinten und vorne nicht." Während der Arbeitsmarkt für Pflegepersonal in Bosnien prekär ist – die Stellen unsicher und die Bezahlung schlecht –, ist ihre Arbeit in Deutschland gefragt. Über ein Anwerbeprogramm der Deutschen Gesellschaft für Internationale Zusammenarbeit (GIZ) hat sich die 53-Jährige auf eine Stelle bei der Caritas München beworben. Im Februar 2014 begann Jasminka, im Caritas-Altenheim St. Martin in Rosenheim zu arbeiten.

Dirk Auer: „Ich möchte meinem Sohn etwas Besseres bieten", caritas.de, Deutscher Caritasverband e. V., 20.05.2014, Freiburg; https://www.caritas.de/magazin/kampagne/globalenachbarn/informieren/arbeit/pflegemigrantinnen/jasminka-bajric (Zugriff 28.10.2022)

Katherine Volodchenkova stammt aus Kiev, genauer aus dem Stadtteil Butscha, das nach den grauenerregenden Bildern weltweit bekannt ist. An den Morgen ihrer Flucht kann sich die 35-Jährige noch genau erinnern: „Der Tag davor war ganz normal, wie jeder andere auch. Und mitten in der Nacht wurde ich von Bombeneinschlägen geweckt und der Sirene." Kurze Zeit später musste sie mit ihrer Tochter das Haus verlassen, in den Bus steigen. Nicht nur alle materiellen Dinge ließ sie zurück, sondern auch ihren Ehemann. „Ich kann dieses Gefühl nicht beschreiben", sagt sie. „Uns schlug nur blanker Hass entgegen, wir haben absolut nichts getan, nichts verbrochen." […] Katherine spricht fließend Englisch und auch etwas Deutsch: „Ich habe damals in der Schule Deutsch gelernt", erzählt sie und lächelt. „Leider habe ich schon wieder viel vergessen, aber es ist schön, dass ich es jetzt gebrauchen kann." Gemeinsam mit ihrer fünfjährigen Tochter Zlata und ihrer Familie wohnt sie bei einer hilfsbereiten Brucker Familie: „Wir sind so dankbar, für alles." Ihr Blick wandert durch den Raum. „Für einfach alles, was ihr Deutsche für uns tut." Trotzdem möchte die Familie zurück in ihre Heimat, sobald es möglich ist. „Es ist schließlich unser Zuhause."

Christina Strobl: Ukraine-Flüchtlinge erzählen ihre Geschichte, Merkur.de, 22.04.2022, München; https://www.merkur. de/lokales/fuerstenfeldbruck/fuerstenfeldbruck-ort65548/fuerstenfeldbruck-ukraine-fluechtlinge-erzaehlen-ihre-geschichte-91493661.html (Zugriff 03.11.2022)

GLOSSAR

Migration

M2   Ursachen von Migration

Migration – damit ist ein Wohnortwechsel innerhalb oder über die Grenzen eines Landes hinweg gemeint. In Bewegung befindet sich die Menschheit in Form von Völkerwanderungen seit Jahrtausenden. Doch immer mehr Menschen verlassen ihre Heimat auf der Suche nach einem besseren Leben. Aktuell sind rund 3,6 % der Weltbevölkerung Migranten. Weltweit leben damit nach Schätzungen der Vereinten Nationen 280 Millionen Menschen in einem Land, das nicht ihre ursprüngliche Heimat ist. Das sind mehr Menschen „in Bewegung" als zu irgendeinem Zeitpunkt in der Geschichte. Nur ein Teil der Menschen verlässt aber endgültig die Heimat.

QUERVERWEIS

Vereinte Nationen
S. 340 ff.

Die Gründe für Migration können nach Meinung von Migrationsforschern sowohl im Heimatland der Migranten liegen als auch im Zielland. Während Menschen von den sogenannten Push-Faktoren aus einem ursprünglichen Gebiet „weggedrückt" werden (engl.: „to push", „drücken"), werden sie von einem anderen Gebiet „angezogen" (engl.: „to pull", „ziehen"). Beispiele für Push-Faktoren sind politische Verfolgung, Armut oder Naturkatastrophen; zu den Pull-Faktoren zählen Frieden, Freiheit, Sicherheit sowie die Hoffnung auf einen besseren Lebensstandard.

Autorentext

	Push-Faktoren	Pull-Faktoren
Wirtschaftliche Gründe		
Politische Gründe		
Ökologische Gründe		
Weitere Gründe		

M3 Zuwanderung und Abwanderung seit 1950

Migration zwischen Deutschland und dem Ausland 1950–2021*

Zuzüge, Fortzüge und Wanderungssaldo in 1000

© Westermann 45292EX

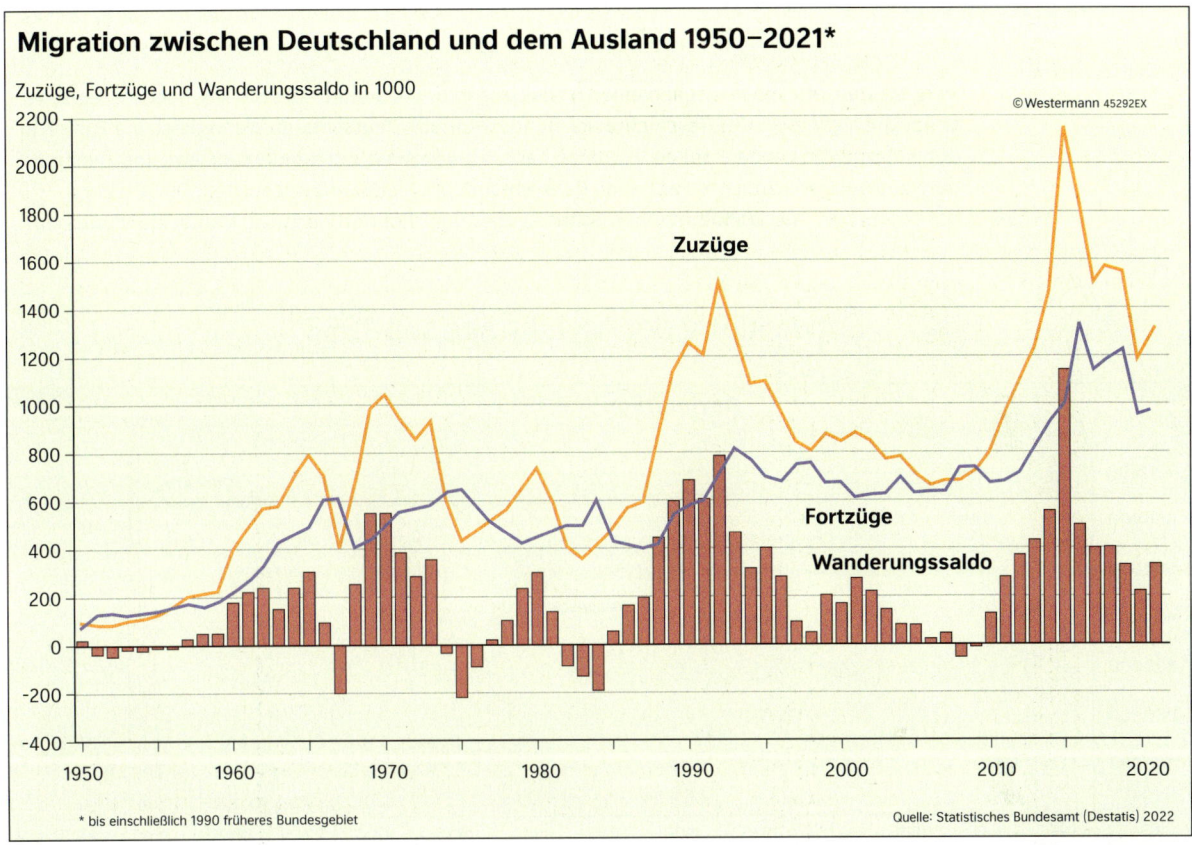

* bis einschließlich 1990 früheres Bundesgebiet

Quelle: Statistisches Bundesamt (Destatis) 2022

M4 Positionslinie: Zuwanderung bedeutet für Deutschland in erster Linie …

… eine Chance. ⟷ … eine Herausforderung.

INFO

Wanderungssaldo
die Differenz zwischen den Zuzügen nach Deutschland und den Fortzügen ins Ausland

1 Nenne Gründe, die dich dazu veranlassen könnten, dein Heimatland zu verlassen.
2 Arbeite heraus, warum die einzelnen Menschen nach Deutschland gekommen sind (M 1).
3 Übertrage die Tabelle aus M 2 in dein Heft und ordne die jeweiligen Migrationsmotive der Personen aus M 1 in die Tabelle ein. Ergänze weitere Beispiele für Migrationsmotive.
4 Analysiere die Grafik M 3.
5 Das Thema Zuwanderung wird in Deutschland häufig sehr kontrovers diskutiert. Während die einen darin eine Chance für unser Land sehen, betonen die anderen die Herausforderungen, die durch Zuwanderung entstehen. Verorte dich auf der Positionslinie (M 4). Begründe deine Entscheidung.

7.2 Asylpolitik in Deutschland: Wer hat ein Recht auf Schutz?

2016 stellten 745.545 Menschen einen Asylantrag in Deutschland – die bislang höchste registrierte Asylantragszahl in der Geschichte der Bundesrepublik Deutschland. Wenngleich die Zahlen in den Folgejahren wieder sanken, kommen nach wie vor zwischen hunderttausend und zweihunderttausend Menschen pro Jahr nach Deutschland, um hier Schutz zu suchen. Doch was geschieht mit den hier ankommenden Schutzsuchenden? Können sie alle in Deutschland bleiben?

M 1   Entwicklung der Asylanträge seit 1953

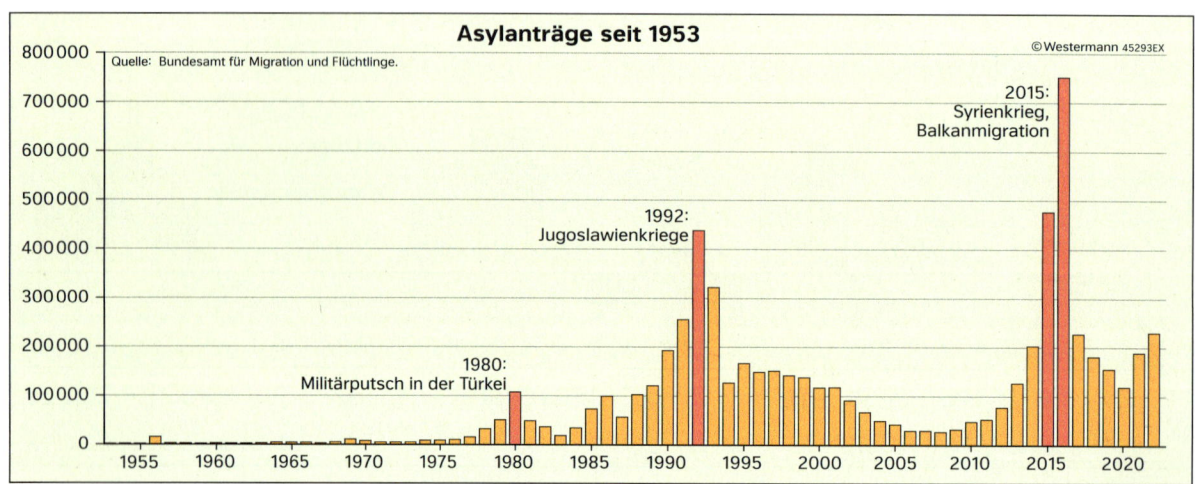

* Rote Balken: Kriege und Konflikte, die als starke Push-Faktoren zu großen Migrationsbewegungen geführt haben.

M 2   Asylbewerber nach Herkunftsländern und Quoten der Entscheidungsarten (2021)

Asylerstanträge 2021 Gesamtzahl: 148.233 Personen		Quoten der einzelnen Entscheidungsarten im Jahr 2021 Gesamtzahl der Entscheidungen: 149.954	
Syrien, Arab. Republik	37,0 %	Rechtsstellung als Flüchtling	21,4 % (32.065)
Afghanistan	15,7 %	subsidiärer Schutz nach § 4 Abs. 1 AsylG	15,3 % (22.996)
Irak	10,5 %	Abschiebungsverbot nach § 60 Abs. 5 o. 7 AufenthG	3,2 % (4.787)
Türkei	4,8 %	Ablehnungen	23,4 % (35.071)
Ungeklärt	3,4 %	formelle Entscheidungen	36,7 % (55.035)
Georgien	2,5 %		
Somalia	2,5 %		
Eritrea	2,1 %		
Iran, Islam. Republik	1,8 %		
Nigeria	1,7 %		
Sonstige	18,0 %		

Bundesamt für Migration und Flüchtlinge: Schlüsselzahlen Asyl 1. Halbjahr 2022, Juli 2022, Nürnberg

INFO

M3   Schutzarten

Als Flüchtlinge oder Asylberechtigte werden in Deutschland nur Menschen anerkannt, die vor Verfolgung oder anderer Gefahr für ihr Leben oder ihre Freiheit fliehen. Armut ist da-
5 bei kein Grund, um Schutz als Asylberechtigter oder Flüchtling zu bekommen.

Asylberechtigung
Asylberechtigte sind politisch Verfolgte, die im Falle der Rückkehr in ihr Herkunftsland einer
10 schwerwiegenden Menschenrechtsverletzung ausgesetzt sein werden. Das Recht auf Asyl ist im Grundgesetz in Artikel 16a verankert. Allerdings betrifft dieses Recht nur eine kleine Zahl der Flüchtlinge. 2021 wurden weniger als ein
15 Prozent als asylberechtigt anerkannt.

Flüchtlingsschutz
Der Flüchtlingsschutz ist umfangreicher als die Asylberechtigung und basiert auf der Genfer Flüchtlingskonvention. Sie greift auch bei
20 der Verfolgung von nichtstaatlichen Akteuren. In vielen Ländern werden Menschen zwar nicht von der Regierung verfolgt, allerdings werden sie durch andere Gruppen bedroht, wie zum Beispiel durch die terroristischen
25 Gruppen Boko Haram in Nigeria oder die Taliban in Afghanistan. Im Jahr 2021 wurde etwa ein Fünftel der Antragsteller als Flüchtlinge anerkannt, weil sie in ihrer Heimat wegen ihrer Nationalität, ihrer politischen Überzeu-
30 gung oder Zugehörigkeit zu einer bestimmten sozialen Gruppe verfolgt wurden. Viele

Flüchtlinge aus Syrien, dem Irak oder Eritrea erhalten einen solchen Flüchtlingsschutz.

Subsidiärer Schutz
Der subsidiäre Schutz greift ein, wenn weder 35 der Flüchtlingsschutz noch die Asylberechtigung gewährt werden können und im Herkunftsland ernsthafter Schaden, z. B. durch Folter, Todesstrafe oder Lebensgefahr in kriegerischen Konflikten, droht. 40

Nationales Abschiebeverbot
Wenn die drei Schutzformen nicht greifen, kann bei Vorliegen bestimmter Gründe ein Abschiebungsverbot erteilt werden. Wird der Asylantrag abgelehnt, muss der bzw. die Be- 45 troffene Deutschland verlassen.

Familienasyl
Familienmitglieder von Schutzberechtigten erhalten ebenfalls Asyl. Für subsidiär Schutzberechtigte gibt es beim Familiennachzug al- 50 lerdings gesonderte Regelungen. Am 1. August 2018 trat die Regelung in Kraft, dass subsidiär Schutzberechtigte ihre engsten Familienmitglieder nach Deutschland holen dürfen. Es dürfen Ehepartner, minderjährige Kinder so- 55 wie die Eltern minderjähriger Kinder nach Deutschland kommen. Die Zahl der Menschen, die auf diesem Wege nach Deutschland kommen dürfen, ist auf 1000 pro Monat beschränkt.
60

Autorentext

Politisch Verfolgte
Nach Artikel 16a des Grundgesetzes (GG) der Bundesrepublik Deutschland genießen politisch Verfolgte Asyl. Politisch ist eine Verfolgung dann, wenn sie dem Einzelnen in Anknüpfung an seine politische Überzeugung, seine religiöse Grundentscheidung oder an für ihn unverfügbare Merkmale, die sein Anderssein prägen, gezielt Rechtsverletzungen zufügt, die ihn ihrer Intensität nach aus der übergreifenden Friedensordnung der staatlichen Einheit ausgrenzen. Das Asylrecht dient dem Schutz der Menschenwürde in einem umfassenderen Sinne.

BAMF, Bescheid vom 13.04.2011 - 5390896-439 - asyl.net: M18475; Informationsverbund Asyl und Migration e. V., Berlin; https://www.asyl.net/rsdb/m18475/ (Zugriff 03.11.2022)

M4   Wer bekommt welchen Schutz in Deutschland?

1 Der Iraner Momeni ist Christ. Seine ganze Familie konvertierte vom Islam zum Christentum und wanderte dann in die Türkei aus. Als Erasmus-Student kam er für ein Semester nach Hamburg. In der Türkei suchte ihn in seiner Abwesenheit der iranische Geheimdienst, auch die türkische Polizei stand vor seiner Tür. Momeni war sich nicht mehr sicher, nicht abgeschoben zu werden, also beantragte er Asyl in Deutschland.

Sebastian Kempkens: Ihre Papiere! in: ZEIT online, 24.12.2015, Hamburg; https://www.zeit.de/2015/49/ausweis-fluechtling-asylantrag/seite-2 (Zugriff 03.11.2022)

2 Iryna stammt aus der Ukraine. Der russische Angriffskrieg zwang sie zur Flucht aus ihrem Heimatland. Nun sucht sie in Deutschland Schutz.
Autorentext

3 Frau S. aus dem Kosovo begründet ihren Asylantrag damit, dass sie aufgrund von Ereignissen, die sich im Krieg von 1998/1999 zugetragen haben, schwer traumatisiert sei und Suizidgefahr bestehe. Sie legt entsprechende Atteste vor. Das BAMF lehnt den Antrag auf Asyl und auf internationalen Schutz ab, weil es keine aktuell bestehende Gefahr einer Verfolgung oder eines „ernsthaften Schadens" sieht. Es stellt aber fest, dass ein Abschiebungsverbot vorliegt, weil die psychische Erkrankung der Antragstellerin im Kosovo nicht angemessen behandelt werden könne und sich daher ihr Gesundheitszustand bei einer Rückkehr in lebensbedrohlicher Weise verschlechtern könnte.

Michael Kalkmann, in: Informationsverbund Asyl und Migration e. V. (Hrsg.): Das Asylverfahren in Deutschland, Basisinformationen für die Beratungspraxis 1, 2. Aufl. 2017, Berlin, S. 4

4 Beauty aus Nigeria: Ich bin mit meinem Sohn David aus Nigeria gekommen. Mein Mann wurde in Italien von uns getrennt, ich weiß nicht, wie es ihm geht und wo er jetzt ist. In Nigeria ist Krieg, Boko Haram verfolgt die Menschen, tötet einfach so. Ich hoffe, dass wir in Deutschland Hilfe bekommen. Und irgendwann möchte ich gern wieder arbeiten.

Christoph Asche, Jan David Sutthoff: Hier erzählen 9 Flüchtlinge, warum sie wirklich in Deutschland sind, in: Huffington Post, https://www.huffingtonpost.de/2015/07/31/hier-erzahlen-fluchtlinge-warum-sie-wirklich-in-deutschland-sind_n_7910200.html, 31.07.2015 (Zugriff 18.06.2018)

5 Ein Filmemacher aus Kamerun erzählt:
Warum nicht eine Regierung anprangern, die das Land regelmäßig an die Spitze der korruptesten Länder der Welt geführt hat? Mein Film, der eine Parodie auf die Regierung und eine Karikatur der politischen Machtverhältnisse in Kamerun ist, wurde zensiert, bevor er in Kamerun überhaupt gesendet werden konnte. Zwischen 2011 und 2013 wurde ich massiv unter Druck gesetzt, um die Verbreitung des Films zu unterbinden. Von seiner Ankündigung bis zu seinem Erscheinen in Kamerun im Februar 2013 erhielt ich anonyme Morddrohungen am Telefon und per SMS. Am 23. März 2013 schließlich wurde ich verhaftet. Ich verbrachte elf Tage in Gefangenschaft und wurde von der Geheimpolizei gefoltert. „Wer sind Ihre Komplizen, Ihre Unterstützer?", wollten sie immer wieder von mir wissen. „Mit Ihrem Film gefährden Sie die innere Sicherheit. Dafür werden Sie bezahlen."

Richard Djif, Johanna Roth (Übers.): Und das ist jetzt also besser hier? in: taz online, 04.10.2015, Berlin; https://taz.de/Angekommen--Fluechtlinge-erzaehlen/!5235670/ (Zugriff 03.11.2022)

BASISKONZEPT
Regeln und Recht

1 Analysiere die Grafik M 1.
2 Beschreibe ausgehend von M 1 Herausforderungen für Politik und Gesellschaft in Deutschland.
3 Recherchiere ausgehend von M 2, warum Menschen ihre Länder verlassen und in Deutschland Schutz suchen.
4 Erkläre, welche der Schutzformen aus M 3 bei den Beispielen in M 4 greifen würden.
5 Die damalige Bundeskanzlerin Angela Merkel sagte 2015: „Das Grundrecht auf Asyl für politisch Verfolgte kennt keine Obergrenze; das gilt auch für die Flüchtlinge, die aus der Hölle eines Bürgerkriegs zu uns kommen." Erörtere diese Aussage.

7.3 Flüchtlingspolitik in der EU – Solidarität auf dem Prüfstand?

Die EU gilt als Insel des Wohlstands, der Freiheit und Sicherheit. Nicht zuletzt deshalb suchen viele Menschen, die aus ihrer Heimat vor Verfolgung oder Krieg geflüchtet sind, genau hier Schutz. Doch wie geht man mit den ankommenden Flüchtlingen in einem Staatenverbund mit offenen Grenzen um? Wie soll die Zahl der Flüchtlinge auf die einzelnen Länder verteilt werden? Debatten über Solidarität, Gerechtigkeit, Subsidiarität und Effektivität prägen die Suche nach einer Lösung zur Bewältigung dieser Herausforderung.

GLOSSAR

Europäische Union (EU)

Subsidiaritäts-prinzip

M 1 EU-Flüchtlingspolitik

Zeichnung: Kostas Koufogiorgos

WEBCODE

WES-116987-013

Film: „Einfach erklärt: Flucht nach Europa"

M 2 Wie ist die Flüchtlingspolitik in der EU geregelt?

Eine zentrale Vereinbarung in der EU-Flüchtlingspolitik ist die sogenannte Dublin-III-Verordnung. Gemäß dieser Verordnung erhalten Flüchtlinge ein Asylverfahren in dem Land, in dem sie erstmals EU-Boden betreten haben. Länder an den Außengrenzen Europas (wie zum Beispiel Griechenland, Italien, Kroatien oder Ungarn) werden so besonders belastet. Ein weiteres Problem ist, dass die Flüchtlinge bei der Einreise nach Europa (zum Beispiel in Griechenland oder Italien) teilweise gar nicht registriert werden. Dann lässt sich nur schwer nachweisen, in welchem Land sie zum ersten Mal den Boden eines Mitgliedstaats betreten haben. Und dann ist – ebenfalls nach der Dublin-III-Verordnung – plötzlich das Land zuständig, in dem die Person zum ersten Mal Asyl beantragt hat. In sehr vielen Fällen ist das Deutschland.

Autorentext

INFO

M 3 und M 4:
Die beiden Karten stellen die Situation im Jahr 2015 bzw. 2016 dar, als die EU um Lösungen zum Umgang mit den hohen Flüchtlingszahlen infolge des Bürgerkriegs in Syrien rang. Der „Brexit" ist daher in den Karten noch nicht berücksichtigt.

M3 Asylbewerber in den EU-Ländern im 1. Quartal 2015

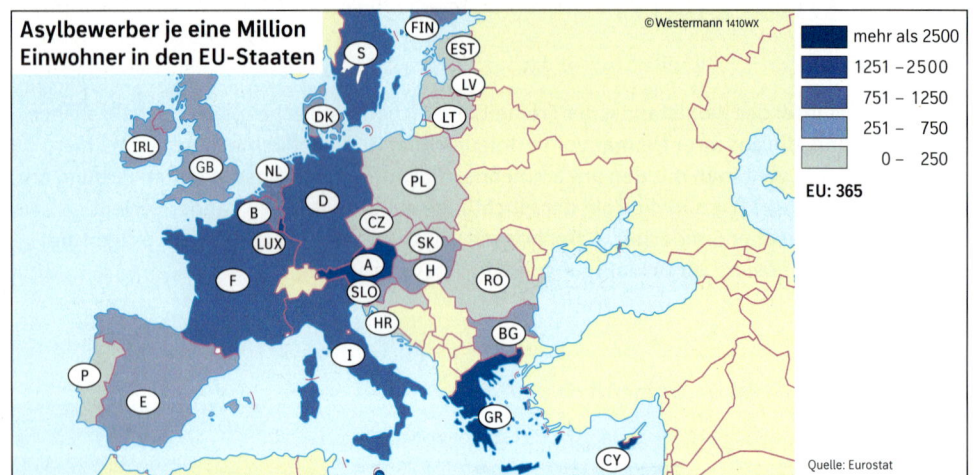

M4 Standpunkte der nationalen Regierungen zum geplanten EU-Verteilungsschlüssel für Flüchtlinge (2016)

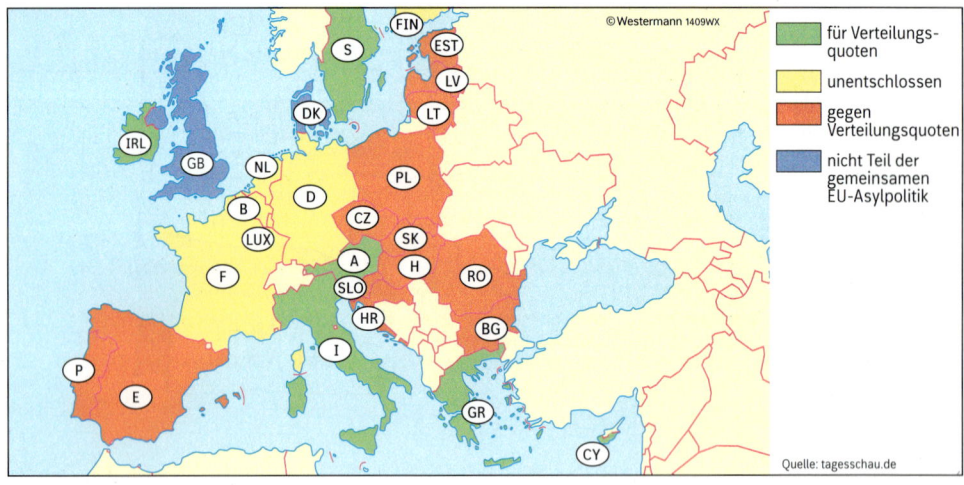

M5 Wofür einen Verteilungsschlüssel?

Viele EU-Länder fordern, die Dublin-III-Verordnung durch einen dauerhaften, verbindlichen Verteilungsschlüssel für Flüchtlinge mit Bleibeperspektive zu ersetzen. Befürworter eines solchen Verteilungsschlüssels betonen, dass die Flüchtlinge in der EU aktuell sehr ungleich verteilt sind. Etwa drei Viertel aller Flüchtlinge entfallen auf fünf Mitgliedstaaten, was von vielen als ungerecht empfunden wird.

Mit einem Verteilungsschlüssel könnten die Flüchtlinge gleichmäßiger auf die Länder aufgeteilt werden. Als Kriterien für die Verteilung könnten die Einwohnerzahl sowie die Wirtschaftskraft eines Landes dienen. Große und reiche Länder müssten demnach mehr Flüchtlinge aufnehmen als kleinere und ärmere Länder. Kritikerinnen und Kritiker eines Verteilungsschlüssels merken an, dass solch

eine Lösung den Flüchtlingen nicht gerecht
20 werde, da diese teilweise bereits Freunde oder
Verwandte in bestimmten EU-Ländern haben
und deshalb die Wahl haben sollten, in welches Land sie möchten. Überdies könnte der
Verteilungsschlüssel einen enormen bürokra-
25 tischen Aufwand bedeuten.

Regierungen, die ein Quotensystem ablehnen,
betonen, dass es schwer sei, Flüchtlinge auf
einem bestimmten Territorium festzuhalten.
Überdies befürchten sie dadurch einen Kon-
30 trollverlust an ihren Grenzen. Stattdessen
setzen sie auf einen besseren Schutz der EU-
Außengrenzen. Schon 2015 hatten sich die
Länder der EU darauf geeinigt, innerhalb von
zwei Jahren insgesamt 120.000 Flüchtlinge
nach festgelegten Quoten auf die Mitgliedslän- 35
der zu verteilen, um v. a. Italien und Griechenland zu entlasten. Der Umverteilungsschlüssel
berücksichtigt u. a. die Bevölkerungszahl, das
BIP und die Arbeitslosenquote der Länder. Die
Realisierung dieses Beschlusses scheiterte am 40
mangelnden Umsetzungswillen vieler Mitgliedstaaten.

Autorentext

GLOSSAR

**BIP, Bruttoinlands-
produkt**

M6 „Quote war eine schlechte Entscheidung"

„Unsinn" nennt der tschechische Ministerpräsident Andrej Babis die Quoten zur Verteilung von Flüchtlingen auf die Länder der Europäischen Union. [...] Die EU-Kommission
5 hat [...] Tschechien, Ungarn und Polen vor
dem Europäischen Gerichtshof (EuGH) verklagt. Die drei EU-Mitgliedstaaten hätten sich
nicht an der Flüchtlingsumverteilung beteiligt, hieß es [...] zur Begründung. Laut einem
10 Ratsbeschluss von September 2015 waren die
Länder verpflichtet, Asylbewerber aus Italien
und Griechenland aufzunehmen. Bis zu
120.000 Flüchtlinge aus Ländern wie Syrien
sollten in andere Staaten umgesiedelt wer-
15 den. Sollte der EuGH entscheiden, dass ein
Land sich nicht an europäisches Recht gehalten hat, droht diesem eine Geldstrafe. EU-
Kommissionsvizepräsident Frans Timmermans machte deutlich, dass die Einreichung
20 der Klage keine Überraschung sei. „Es wäre
komisch, keine Klage einzureichen", sagte
Timmermans. Die Fakten seien klar. Die drei
betroffenen Länder sehen das naturgemäß
anders. Der tschechische Regierungschef argumentiert: Die Quoten würden nur die Popu- 25
larität extremistischer Parteien in Europa
stärken. Babis will jetzt mit der EU-Kommission über die Rücknahme der Klage verhandeln. Ein Sprecher des tschechischen Präsidenten Milos Zeman wiederholte auf Twitter 30
eine Aussage des Staatschefs: Die Quoten sei-
en eine „Einmischung in die inneren Angelegenheiten Tschechiens und jedes anderen
Landes". Sie widersprächen dem Subsidiaritätsprinzip. „Souveräne Staaten verlieren ih- 35
re Souveränität, wenn sie nicht mehr darüber
entscheiden können, welche Bürger sie in ihr
Land lassen." Der Chef der bürgerlichen Op-
positionspartei ODS, Petr Fiala, nannte die
Quoten „eine schlechte und die jetzige Klage 40
der EU-Kommission eine noch schlechtere
Entscheidung". Im Ergebnis erzeugten sie
„größere Unzufriedenheit und das Gefühl von
Unrecht", schrieb der konservative Politiker
auf Twitter. Den Flüchtlingen helfe die EU mit 45
der Klage nicht. Im Gegenteil senke sie nur
weiter das Vertrauen in die Union. [...]

*Gerhard Gnauck, Boris Kalnoky, Hans-Jörg Schmidt: „Quote war eine schlechte Entscheidung, die Klage eine
schlechtere", in: WELT online, 07.12.2017, Berlin; https://www.welt.de/politik/ausland/article171376525/Quote-war-
eine-schlechte-Entscheidung-die-Klage-eine-schlechtere.html (Zugriff 03.11.2022)*

1 Analysiere die Karikatur M 1.
2 Stelle die Regelungen und Probleme im Zusammenhang mit dem Dublin-III-Abkom-
men dar (M 2).
3 Gestalte eine Standpunktrede zur Forderung „Die Europäische Union braucht einen
verbindlichen Verteilungsschlüssel für Flüchtlinge" (M 3 – M 6).

QUERVERWEIS

**Methode Stand-
punktrede**
S. 327

7.4 Braucht Deutschland Zuwanderung?

GLOSSAR

Demografischer
Wandel

Deutschlands Wirtschaft und Sozialsysteme stehen aktuell vor großen Herausforderungen. In vielen Branchen fehlen Arbeitskräfte, im Bereich der Sozialversicherungen stellt sich die Frage, wie diese angesichts des demografischen Wandels langfristig finanziert werden können. Können diese Probleme durch Zuwanderung abgemildert oder gar gelöst werden? Braucht Deutschland also Zuwanderung?

M1 Fachkräfte-mangel

Zeichnung: Jan Tomaschoff

M2 Altersstruktur der Bevölkerung in Deutschland

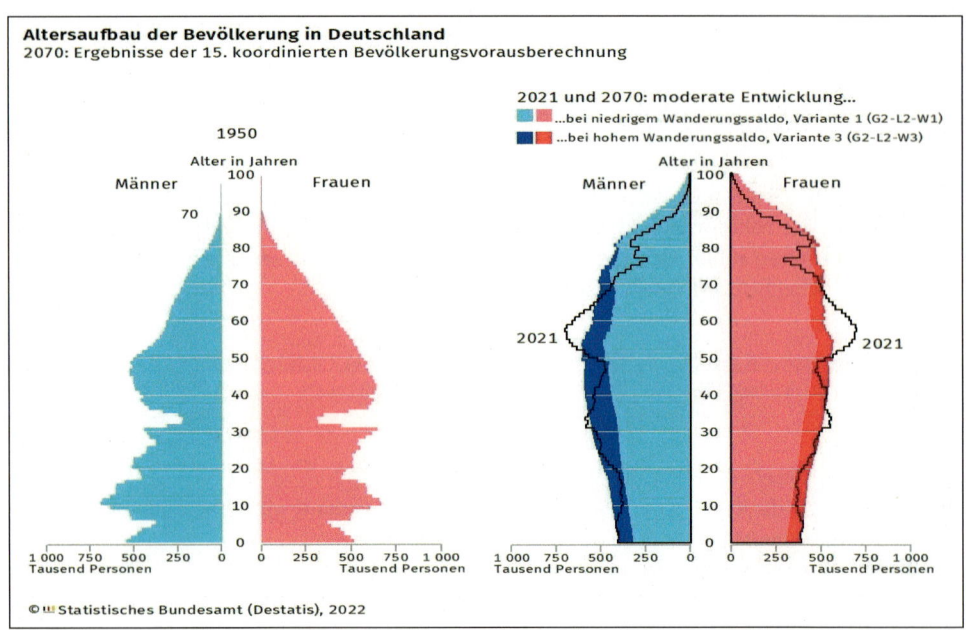

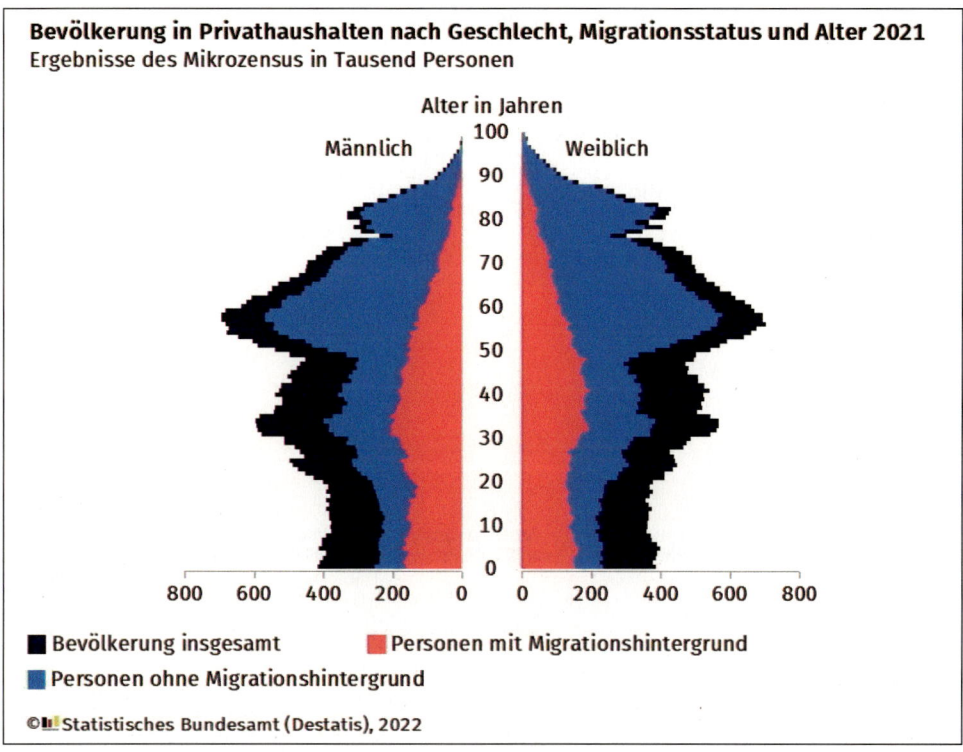

Bevölkerung in Privathaushalten nach Geschlecht, Migrationsstatus und Alter 2021
Ergebnisse des Mikrozensus in Tausend Personen

Alter in Jahren

Männlich — Weiblich

■ Bevölkerung insgesamt   ■ Personen mit Migrationshintergrund
■ Personen ohne Migrationshintergrund

© Statistisches Bundesamt (Destatis), 2022

M3 Entwicklung des Arbeitskräfteangebots

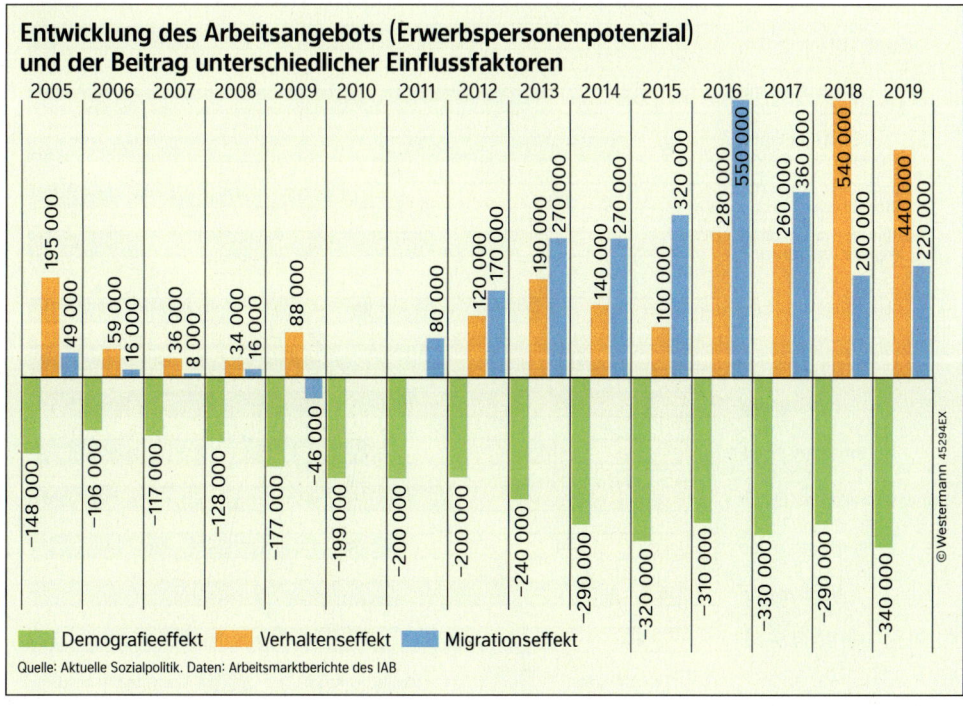

Entwicklung des Arbeitsangebots (Erwerbspersonenpotenzial) und der Beitrag unterschiedlicher Einflussfaktoren

| | 2005 | 2006 | 2007 | 2008 | 2009 | 2010 | 2011 | 2012 | 2013 | 2014 | 2015 | 2016 | 2017 | 2018 | 2019 |

Verhaltenseffekt (orange): 195 000 | 59 000 | 36 000 | 34 000 | | | | 120 000 | 190 000 | 140 000 | 100 000 | 280 000 | 260 000 | 540 000 | 440 000

Migrationseffekt (blau): 49 000 | 16 000 | 8 000 | 16 000 | 88 000 | | 80 000 | 170 000 | 270 000 | 270 000 | 320 000 | 550 000 | 360 000 | 200 000 | 220 000

Demografieeffekt (grün): −148 000 | −106 000 | −117 000 | −128 000 | −177 000 | −199 000 | −200 000 | −200 000 | −240 000 | −290 000 | −320 000 | −310 000 | −330 000 | −290 000 | −340 000

(−46 000 für 2009 Migrationseffekt)

■ Demografieeffekt ■ Verhaltenseffekt ■ Migrationseffekt

Quelle: Aktuelle Sozialpolitik. Daten: Arbeitsmarktberichte des IAB

© Westermann 45294EX

M4 Bevölkerung 2060: Zuwanderungsszenarien

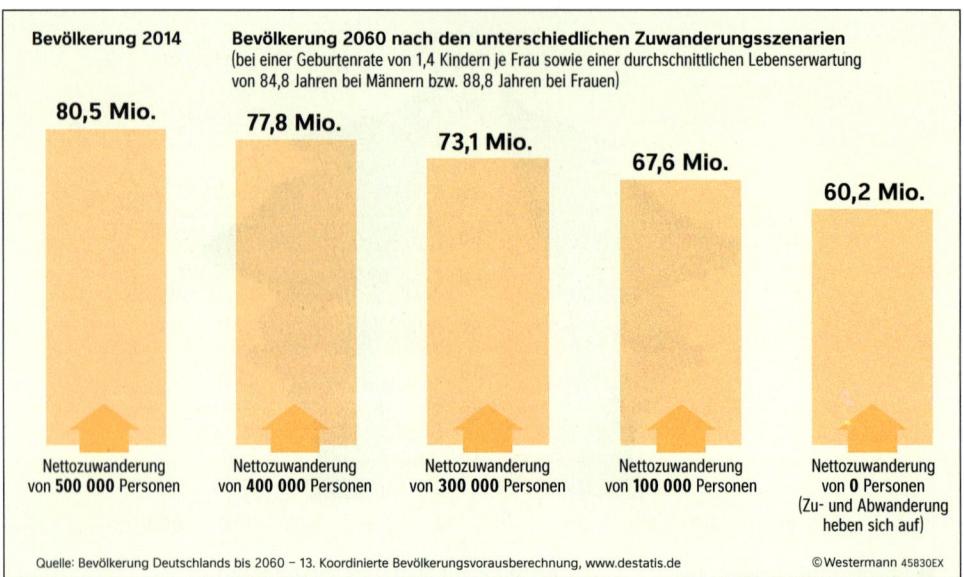

M5 Qualifikation der Zuwanderer

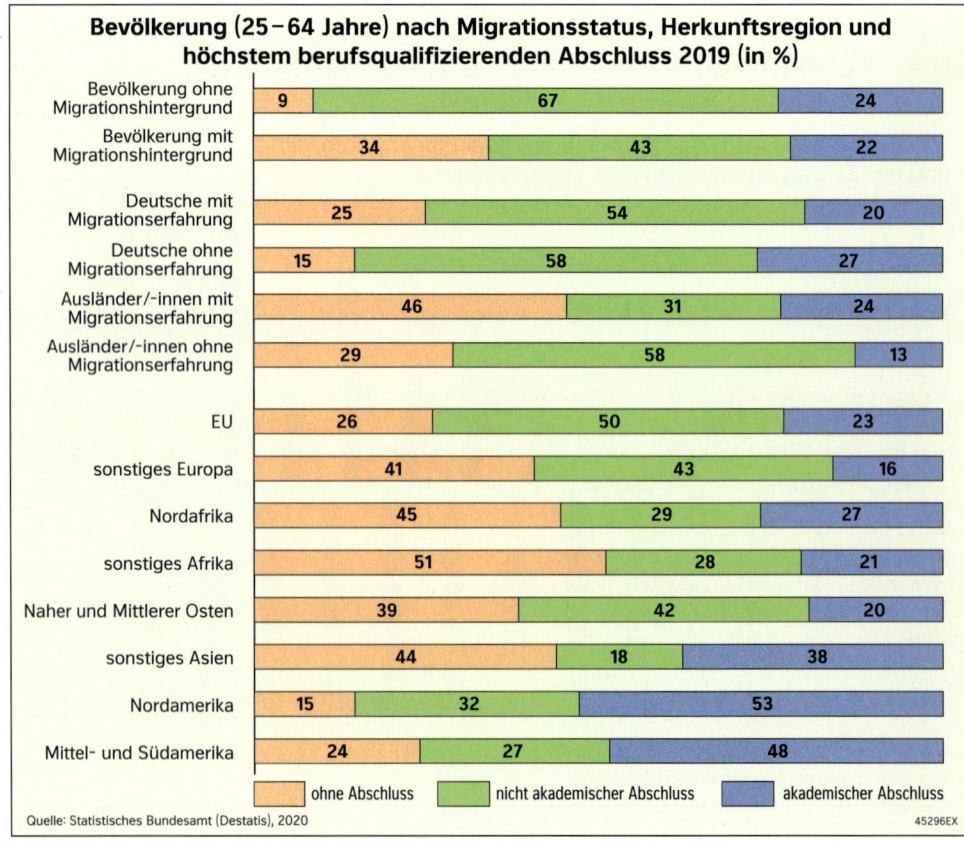

M 6 Fachkräftemangel

INFO
Vakanzzeit
Zeitraum zwischen der Ausschreibung einer offenen Stelle und deren Neu-besetzung

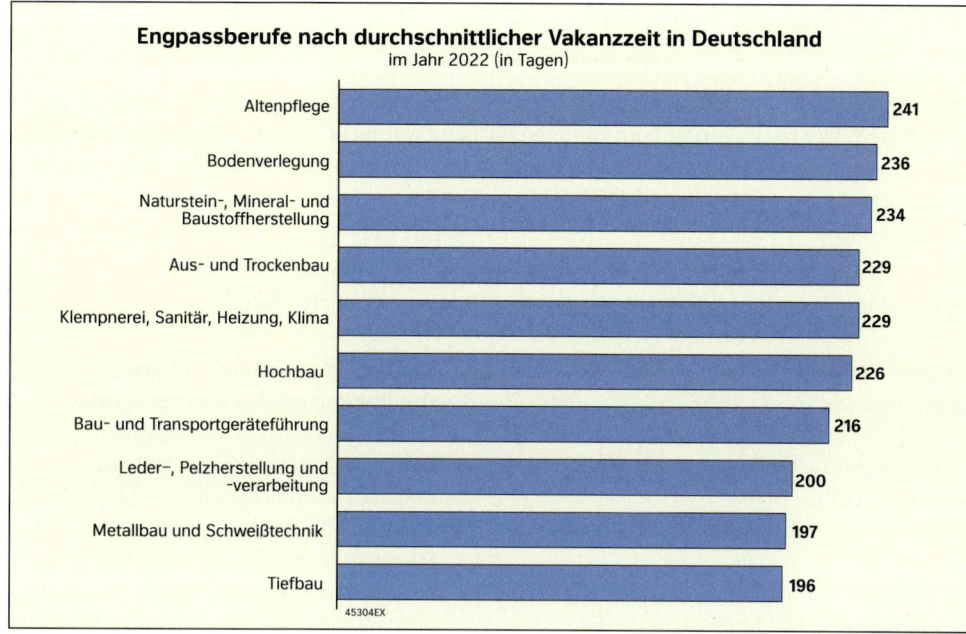

Engpassberufe nach durchschnittlicher Vakanzzeit in Deutschland
im Jahr 2022 (in Tagen)

Beruf	Tage
Altenpflege	241
Bodenverlegung	236
Naturstein-, Mineral- und Baustoffherstellung	234
Aus- und Trockenbau	229
Klempnerei, Sanitär, Heizung, Klima	229
Hochbau	226
Bau- und Transportgeräteführung	216
Leder-, Pelzherstellung und -verarbeitung	200
Metallbau und Schweißtechnik	197
Tiefbau	196

45304EX

Quelle: Bundesagentur für Arbeit; ©Statista 2022

M 7 Maßnahmen zur Gewinnung von Arbeitskräften

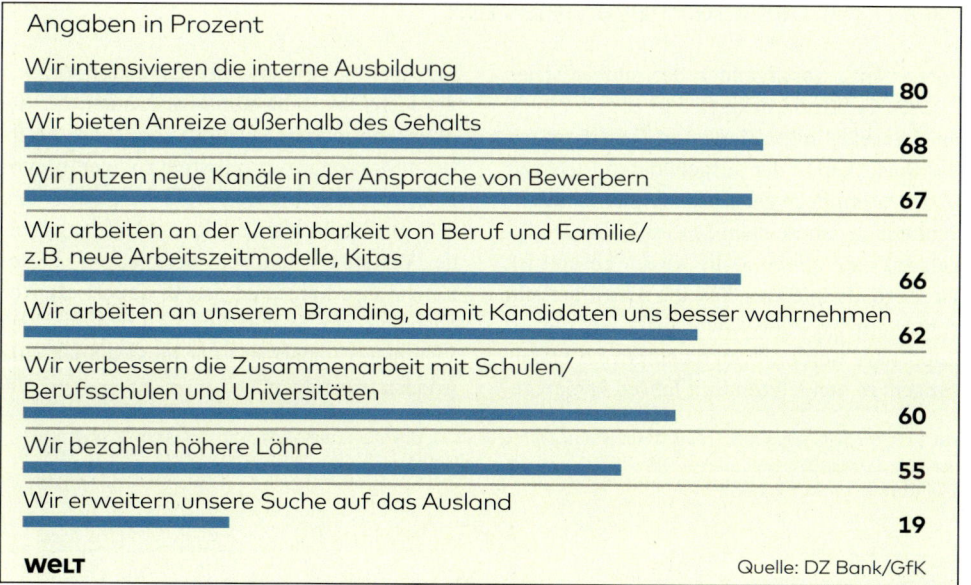

Angaben in Prozent

Maßnahme	Prozent
Wir intensivieren die interne Ausbildung	80
Wir bieten Anreize außerhalb des Gehalts	68
Wir nutzen neue Kanäle in der Ansprache von Bewerbern	67
Wir arbeiten an der Vereinbarkeit von Beruf und Familie/ z.B. neue Arbeitszeitmodelle, Kitas	66
Wir arbeiten an unserem Branding, damit Kandidaten uns besser wahrnehmen	62
Wir verbessern die Zusammenarbeit mit Schulen/ Berufsschulen und Universitäten	60
Wir bezahlen höhere Löhne	55
Wir erweitern unsere Suche auf das Ausland	19

WELT

Quelle: DZ Bank/GfK

BASISKONZEPT
Interessen und Gemeinwohl

1 Analysiere die Karikatur M 1.
2 „Deutschland braucht Zuwanderung." Überprüfe diese These anhand der Materialien M 2 – M 7.

QUERVERWEIS
Methode Analyse von Statistiken, S. 315

7.5 Wie können wir die Zuwanderung von Arbeitskräften steuern?

Bei der Diskussion um Zuwanderung steht häufig die Frage im Mittelpunkt, wie entschieden werden soll, wer nach Deutschland kommen darf und wer nicht. Immer wieder wird beklagt, dass die entsprechenden Regelungen in Deutschland – insbesondere im Vergleich zu anderen Einwanderungsländern – zu unübersichtlich und ineffektiv sind.

M1　Wer soll nach Deutschland kommen dürfen?

Folgende Personen möchten nach Deutschland einwandern:

- Nilay, 36, kommt aus Indien und ist Chirurgin. Sie arbeitet in einem Krankenhaus in Delhi.
5
- Trevor, 46, ist arbeitslos und lebt in den USA.
- Trang, 42, aus Vietam ist Archäologin. Sie arbeitet in einem Museum in Ha Noi.
10
- Daahir, 29, lebt in Somalia und sieht dort für sich und seine Familie keine Perspektive.

- Catalina, 25, aus Chile hat Umwelttechnik studiert und möchte ihre berufliche Karriere in Deutschland beginnen. 15
- Dalika, 19, aus Thailand möchte in Deutschland eine Ausbildung zur Altenpflegerin machen.
- Edouard, 42, aus Gabun hat keine Berufsausbildung, führt aber seit über 20 Jahren 20 eine Tätigkeit aus, die der eines Mechatronikers entspricht.
- Fjodor, 59, ist Finanzinvestor und lebt in Russland.

INFO

CDU-Sozialflügel
Als Parteiflügel bezeichnet man jene Teile einer politischen Partei, die innerhalb der Organisation eine bestimmte politische Richtung vertreten. Der Sozialflügel der CDU nennt sich Christlich-Demokratische Arbeitnehmerschaft (CDA) und setzt sich vor allem für sozial- und gesellschaftspolitische Themen ein.

M2　Für bessere Pflege vieles tun

Peter Weiß, Vorsitzender des südbadischen CDU-Sozialflügels, beklagt, dass es in der Region einen eklatanten Mangel an Bewerbern mit der Qualifikation der ausgebildeten Fachkraft in der Altenpflege gebe. Wie Abhilfe schaffen?
5　Schließlich dauert es im Schnitt bis zu 216 Tagen, bis eine offene Stelle wieder besetzt ist. Zu lange, da in dieser Zeit die Arbeit ja nicht ruht. Könnten Pflegekräfte nicht aus der EU
10　importiert werden? Finke dämpft die Erwartungen: In den letzten fünf Jahren kamen gerade mal 1335 Pflegekräfte. Ein Grund sei auch die sechs- bis acht-monatige Prüfzeit für die Anerkennung der Qualifikation. Diese Anerkennungsverfahren müssten zügiger durch- 15 geführt werden. Peter Weiß betont zudem: „Ein großes Problem stellt auch das langatmige Verfahren unserer Botschaften beziehungsweise Konsulate dar. Es dauert oft Wochen, bis ein Termin für die Erstellung des 20 Visums vereinbart ist. Hier muss schnell eine Änderung erfolgen."

Für bessere Pflege vieles tun, Schwarzwälder Bote online, 04.07.18, Oberndorf am Neckar; https://www.schwarzwaelder-bote.de/inhalt.rottweil-fuer-bessere-pflege-vieles-tun.deb3c1bd-e85b-41ea-9f85-b5924f4b356d.html (Zugriff 18.07.2018)

INFO

eklatant
auffällig, nicht zu übersehen

M3　(Warum) brauchen wir ein Einwanderungsgesetz?

Zwar hat Deutschland nach Ansicht vieler Fachleute schon ein recht liberales Einwanderungsrecht. Die bisherigen Regeln in ein Einwanderungsgesetz zu gießen und damit auch ein Signal in die Welt zu senden, dass ausländische Fachkräfte willkommen sind, davor 5

scheute sich die Politik bislang allerdings. Auch das mag ein Grund dafür sein, dass beispielsweise die im Jahr 2012 eingeführte
10 „Blaue Karte EU" bislang kaum genutzt wird. Sie ermöglicht es Arbeitskräften aus Nicht-EU-Staaten mit einem anerkannten Hochschulabschluss und einem Arbeitsvertrag mit einem Bruttojahresgehalt in Höhe von min-
15 destens 50.800 Euro, bis zu vier Jahre lang in Deutschland zu arbeiten. In Mangelberufen – Ingenieure, Humanmediziner, Softwarespezialisten – reicht auch ein Jahresgehalt von 39.624 Euro. Im ersten Halbjahr 2017 erhielten
20 [...] rund 11.000 Arbeitskräfte in Deutschland die Blaue Karte [...]. Gemessen an der Zahl aller 253.000 Zuwanderer aus Drittstaaten im gleichen Zeitraum ist das nur ein Anteil von etwas mehr als 4 Prozent. Wie schon in den
25 vergangenen Jahren kamen die meisten An-

tragsteller aus Indien (23 %), China (9 %), Russland (6,5 %), der Ukraine sowie Syrien (je 4 %). „Keine Frage: Die Blaue Karte wird bislang nicht sehr stark genutzt", sagt Holger Bonin, Wirtschaftsforscher am Bonner Institut zur 30 Zukunft der Arbeit. Aus seiner Sicht hat das mehrere Gründe: Zum einen sei es gar nicht so einfach, im Ausland passende Kandidaten für offene Stellen zu finden. „Die Sprache ist eine große Hürde", sagt Bonin. Beispiel Pflege: Hier 35 ist für Fachkräfte in Deutschland mindestens das relativ hohe Sprachniveau B2 erforderlich. Auch wer als Stellwerker bei der Bahn arbeiten wolle, müsse „im Grunde schon perfekt Deutsch sprechen", sagt Bonin. Zudem sei es 40 gerade für mittelständische Unternehmen viel schwieriger als für große Konzerne, auf dem Weltmarkt Arbeitskräfte zu finden – ihnen fehlt es an der Präsenz vor Ort.

> **INFO**
>
> **Drittstaaten**
> Staaten, die keine Vertragspartei eines völkerrechtlichen Vertrags sind. Hier sind konkret Staaten gemeint, die nicht der Europäischen Union angehören.

M4 Welches Einwanderungsrecht wollen wir?

Für die Gestaltung des Einwanderungsrechts machen Parteivertreterinnen und -vertreter sowie Expertinnen und Experten Vorschläge:

- Es sollte ein Punktesystem mit jährlichen Kontingenten für bestimmte Berufsgruppen geben.
- Wer in Deutschland arbeiten möchte, muss
5 einen Arbeitsvertrag vorweisen können.
- „Nimm-2+"-Modell: Neben einem Arbeitsvertrag sollen zwei weitere Kriterien für die Aufenthaltserlaubnis herangezogen werden, z.B. Tätigkeit in
10 einem Mangelberuf, nachgewiesene Qualifikation oder Sprachkenntnisse.
- Ausländische Fachkräfte sollen bereits für die Arbeitssuche ein Aufenthaltsrecht bekommen und nicht erst, wenn sie ein
15 Jobangebot haben.

- Ein Einwanderungsgesetz darf sich nicht allein an Nützlichkeitskriterien ausrichten.
- Deutschland sollte eine Image-Kampagne starten, um als Einwanderungsland so beliebt wie die USA oder Kanada zu 20 werden.
- Wir brauchen spezielle Programme, um Unternehmensgründer und Investoren anzulocken.
- Im Ausland erworbene Berufsabschlüsse 25 und Berufserfahrung sollten großzügig anerkannt werden.
- Das Zuwanderungsrecht muss vor allem klar, transparent und unbürokratisch sein.
- Asylbewerber sollten direkt nach ihrer 30 Ankunft in Deutschland arbeiten dürfen.

---

1 Begründe, welche der Personen aus M1 aus deiner Sicht nach Deutschland einwandern dürfen sollten.

2 Beschreibe Hindernisse, die die Integration von Zuwandernden in den deutschen Arbeitsmarkt erschweren (M2 – M3).

3 Erörtere die Vorschläge in M4. Ergänze gegebenenfalls weitere Ideen.

BASISKONZEPT

Ordnung und Struktur

7.6 Wie wollen wir in Deutschland zusammenleben?

In Deutschland leben Menschen sehr unterschiedlicher kultureller Prägung zusammen. Doch nach welchen Regeln soll das Zusammenleben in unserer multikulturellen Gesellschaft gestaltet werden? Wer muss sich an wen anpassen? Muss man sich überhaupt anpassen? Auf diese Fragen gibt es in Gesellschaft und Politik unterschiedliche Antworten.

M1 Anpassen?

Zeichnung: Martin Erl

M2 Zusammenleben konkret: Wie stellen wir uns das vor?

- Jede(r) hier lebende Zugewanderte kann die Nationalhymne singen.
- Jede(r) Zugewanderte hat mindestens zwei deutsche Freund/-innen.
5 - Jede(r) Deutsche hat mindestens zwei Zugewanderte als Freund/-innen.
- Zugewanderte beteiligen sich aktiv an der Politik.
- In allen Institutionen gibt es für Zugewan-
10 derte Ansprechpartner/-innen, die ebenfalls einen Migrationshintergrund haben.
- Zugewanderte leben in separaten Stadtteilen.
- Die in Deutschland lebenden Zugewanderten kennen die wichtigsten Grundgesetz-
15 artikel sinngemäß.

- Alle Zugewanderten verfügen über sehr gute deutsche Sprachkenntnisse.
- Menschen mit und ohne Migrationshintergrund haben fundierte Kenntnisse über die Kulturen und Traditionen der anderen. 20
- Jede(r) Zugewanderte hat die Chance, Deutsche(r) zu werden.
- Alle Zugewanderten – insbesondere Frauen – kennen ihre Rechte. 25
- In Deutschland lebende Zugewanderte wissen über deutsche Kultur, Geschichte und Geografie Bescheid.
- In der Öffentlichkeit werden keine religiösen Symbole getragen. 30

M3 Idealtypen des Zusammenlebens

- **Kulturelle Anpassung der Migranten:**
Die Zugewanderten bewegen sich auf die Mehrheitsbevölkerung zu und passen ihre kulturellen Gepflogenheiten und Traditio-

nen an. Sie arbeiten die kulturellen Muster der Mehrheitsbevölkerung in ihr alltägliches Leben ein, praktizieren diese aktiv und gleichen sich so an die Mehrheitsbevölkerung an. 5

10 ■ **Kulturelles Zusammenwachsen:** Beide Seiten – Menschen mit und ohne Migrationsgeschichte – bewegen sich aufeinander zu und lernen unterschiedliche Kulturen und Traditionen kennen. Die Kultur der Eingewanderten wird als Teil der Mehr-

15 heitskultur anerkannt. Unterschiedliche Kulturen treffen aufeinander, verbinden sich und entwickeln sich im Austausch weiter.

20 ■ **Kulturelle Eigenständigkeit:** Weder Eingewanderte noch die Mehrheitsbevölkerung bewegen sich aufeinander zu. Die jeweils eigene, herkunftstypische Kultur und die damit zusammenhängenden

Traditionen werden beibehalten. Jede 25
Gruppe ist eigenständig und es besteht nur wenig Verlangen nach einem Austausch mit anderen Kulturen. Das führt zu einem kulturellen Nebeneinander.

■ **Kulturelle Anpassung der Mehrheitsbe-** 30
völkerung: Die Mitglieder der Mehrheitsbevölkerung bewegen sich auf die Eingewanderten zu und passen ihre kulturellen Gepflogenheiten und Traditionen an deren Kultur an. Kulturelle Muster der Migranten 35
finden sich im Alltagsleben der Mehrheitsbevölkerung wieder, werden aktiv praktiziert, wodurch sich diese den Migranten angleichen.

Verena Benoit, Yasemin El-Menouar, Marc Helbling: Zusammenleben in kultureller Vielfalt: Vorstellungen und Präferenzen in Deutschland, Bertelsmann Stiftung Religionsmonitor, Juni 2018, Gütersloh, S. 19

M 4 Zusammenleben in kultureller Vielfalt – Präferenzen nach Alter (in %)

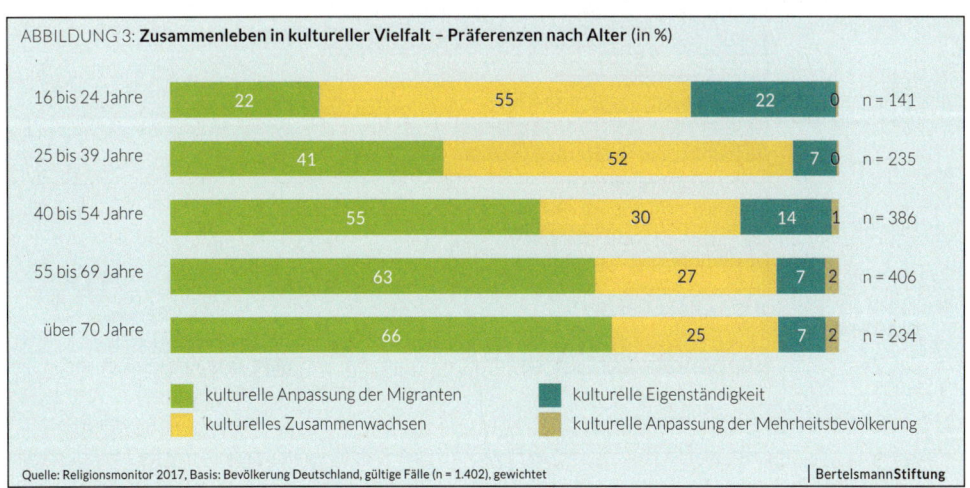

ABBILDUNG 3: **Zusammenleben in kultureller Vielfalt – Präferenzen nach Alter (in %)**

Alter	kulturelle Anpassung der Migranten	kulturelles Zusammenwachsen	kulturelle Eigenständigkeit	kulturelle Anpassung der Mehrheitsbevölkerung	
16 bis 24 Jahre	22	55	22	0	n = 141
25 bis 39 Jahre	41	52	7	0	n = 235
40 bis 54 Jahre	55	30	14	1	n = 386
55 bis 69 Jahre	63	27	7	2	n = 406
über 70 Jahre	66	25	7	2	n = 234

■ kulturelle Anpassung der Migranten   ■ kulturelle Eigenständigkeit
■ kulturelles Zusammenwachsen   ■ kulturelle Anpassung der Mehrheitsbevölkerung

Quelle: Religionsmonitor 2017, Basis: Bevölkerung Deutschland, gültige Fälle (n = 1.402), gewichtet | Bertelsmann**Stiftung**

---

1 Vergleiche die beiden Bilder in M 1.

2 Wähle aus den Zielbeschreibungen in M 2 fünf aus, die deiner Vorstellung vom Zusammenleben in einer multikulturellen Gesellschaft am ehesten entsprechen. Du kannst auch eigene Ideen ergänzen. Vergleiche deine Auswahl mit der deines Sitznachbarn/ deiner Sitznachbarin. Einigt euch gemeinsam auf vier Punkte. Geht dann mit einem weiteren Paar als Vierergruppe zusammen und einigt euch auf die drei wichtigsten Aspekte. Präsentiert euer Ergebnis der Klasse.

3 Ordne die von euch ausgewählten Zielbeschreibungen den vier Idealtypen des Zusammenlebens zu (M 3).

4 Vergleiche die Präferenzen der einzelnen Gruppen mit den Umfrageergebnissen aus M 4.

5 Erörtere am Beispiel Schule, welcher der vier Idealtypen die Grundlage unseres Zusammenlebens sein sollte.

7.7 Wie kann Integration gelingen?

Deutschlands Bevölkerung ist durch Einwanderung geprägt, gut ein Viertel der Bevölkerung hat einen Migrationshintergrund. Seit 2005 ist die Förderung der Integration Zugewanderter im Zuwanderungsgesetz als staatliche Aufgabe festgeschrieben. Doch wie soll diese Förderung aussehen? Welche Maßnahmen helfen wirklich bei der Integration? Und welchen Beitrag müssen die Zugewanderten selbst leisten?

M 1 Was ist wichtig, um in Deutschland dazuzugehören?

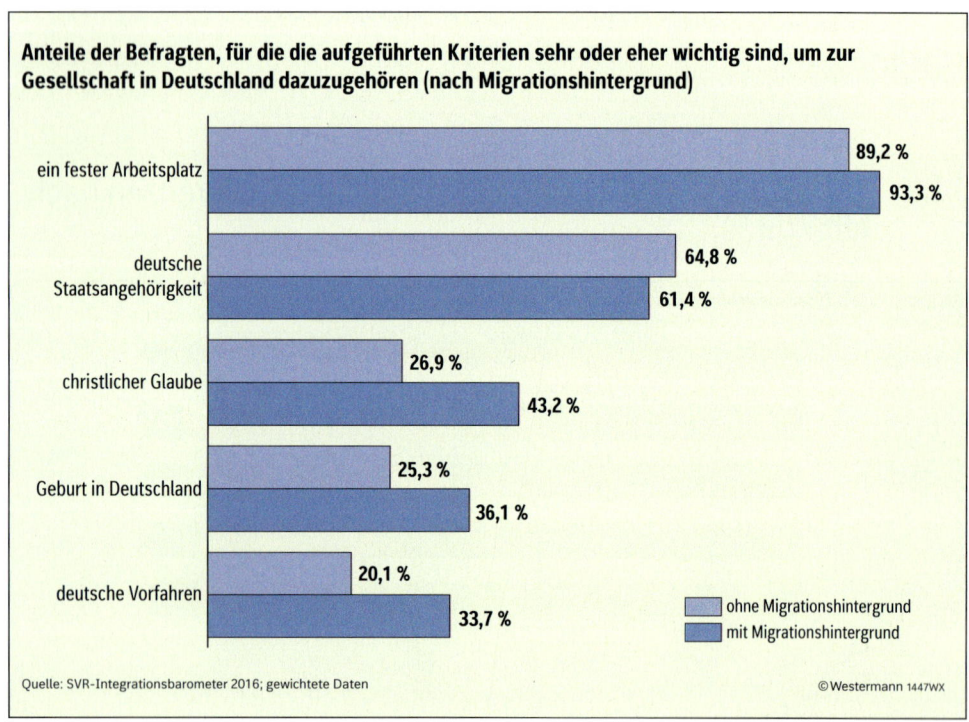

Anteile der Befragten, für die die aufgeführten Kriterien sehr oder eher wichtig sind, um zur Gesellschaft in Deutschland dazuzugehören (nach Migrationshintergrund)

- ein fester Arbeitsplatz: 89,2 % / 93,3 %
- deutsche Staatsangehörigkeit: 64,8 % / 61,4 %
- christlicher Glaube: 26,9 % / 43,2 %
- Geburt in Deutschland: 25,3 % / 36,1 %
- deutsche Vorfahren: 20,1 % / 33,7 %

ohne Migrationshintergrund
mit Migrationshintergrund

Quelle: SVR-Integrationsbarometer 2016; gewichtete Daten © Westermann 1447WX

M 2 Esmailzadeh: Ein Beispiel für gelungene Integration

Vor acht Jahren kam [Peyman] Esmailzadeh nach Deutschland. Geflohen aus dem afghanischen Herat. Die Taliban hatten seinen Vater erpresst. Damit gedroht, dem Sohn etwas an-
5 zutun. Esmailzadeh machte sich auf den Weg. Heute lebt er mit Mariam, seiner Lebensgefährtin, am Hamburger Stadtrand. In einem fünfstöckigen, frisch sanierten 60er-Jahre-Wohnblock. [...]

„Beruflich bin ich Zahntechniker. Ich arbeite 10 in einer Zahnarztpraxis, im Labor. Und ich mache schöne Zähne, wenn die Menschen keine Zähne haben. Das freut mich, wenn ich jedes Mal die Patienten sehe, mit den schönen Zähnen, die ich gemacht habe. Die lächeln ein- 15 fach."
Nach der Zahntechniker-Ausbildung machte er seinen Abschluss auf der Berufsschule. Mit

etwas Hilfe von Freunden. Mit ihnen paukte er
20 die lateinischen Namen für den Anatomie-
Kurs. Ein Jahr vor der Prüfung fing er an, sich
seinen Urlaub aufzusparen. Den nimmt er
dann vier Wochen vor seiner Abschlussprü-
fung. „Und da, in der Zeit habe ich jeden Tag
25 mit meinem Nachhilfelehrer [geübt], da muss
ich echt Danke sagen, sehr, sehr hat der geholfen während der Zeit. Und ich habe das eigentlich so toll gemacht, dass ich die schriftliche
Prüfung bestanden habe." Sein Lehrbetrieb
30 hat ihn sofort übernommen. Und Esmailzadeh
fing an, regelmäßig Tag für Tag 20 deutsche
Vokabeln zu lernen:
„Wenn man 20 Wörter jeden Tag lernt, wie viele sind das dann in einem Monat, in einem
35 Jahr! In fünf Jahren! Und das habe ich alles ge-
schafft."

Die Sprache ist der Schlüssel zum Ankommen,
ist er sich sicher. Aber einer neuen Sprache zu
vertrauen, das gelingt eben nicht so schnell,
erzählt Esmailzadeh. [...]   40
Neben der Arbeit gibt Esmailzadeh nun Neu-
ankömmlingen die Nachhilfe, die er früher
selbst bekommen hat. Er lotst sie durchs deutsche Behördendickicht, das ihm noch vor wenigen Jahren undurchdringlich, oft genug ein- 45
fach absurd vorkam.
Wählen? Na klar, sagt Esmailzadeh, er geht
zur Bundestagswahl. Politik findet er span-
nend. Und ganz früh, gleich, wenn die Wahl-
büros aufmachen, will Esmailzadeh vor Ort 50
sein.
„Ich versuche, um acht vor der Tür zu stehen.
Vielleicht bin ich auch der Zehnte. Aber ich
versuche, an dem Tag hundertprozentig bis
neun Uhr da zu sein." [...]   55

Axel Schröder: Ein Beispiel für gelungene Integration, Deutschlandfunk online, 16.09.2017, Köln; https://www. deutschlandfunk.de/afghane-aus-hamburg-ein-beispiel-fuer-gelungene-integration-100.html (Zugriff 04.11.2022)

M3 Muslimische Migranten müssen sich besser anpassen

Gehört der Islam zu Deutschland? Wie gut in-
tegriert sind Muslime in die hiesige Gesellschaft? Kaum ein anderes Thema treibt die
Bürger derart um. Angesichts der großen Zahl
5 an muslimischen Flüchtlingen regt sich bei
vielen Menschen Skepsis. Zumal die Erfahrung zeigt, dass sich in der Vergangenheit
Muslime in Deutschland mit der Integration
schwerer taten als andere Migrantengruppen.
10 So lebt heute, 50 Jahre nach Ankunft der ersten Gastarbeiter, ein Drittel der türkischstäm-
migen Bevölkerung unterhalb der Armuts-
grenze.
Zwar gibt es beeindruckende Karrieren von
15 Künstlern, Unternehmern oder Politikern.
Doch können solche Erfolgsgeschichten nicht
darüber hinwegtäuschen, dass überproportional vielen Deutschtürken der soziale Aufstieg
nicht gelingt. Denn obwohl sie mittlerweile oft
20 in zweiter oder dritter Generation hier sind,
liegen sie sowohl beim Einkommen als auch
bei den Schul- und Berufsabschlüssen hinter
allen anderen großen Migrantengruppen.
[...] Der in Berlin lehrende niederländische
25 Migrationsforscher Ruud Koopmans macht
dafür weniger Diskriminierung als in erster

Linie die fehlende Bereitschaft verantwortlich, sich an die Kultur der Wahlheimat anzupassen.
Wie seine Studien zeigen, neigen Muslime 30
häufiger als andere Zuwanderer dazu, unter
sich zu bleiben. Man zieht in bestimmte Bezir-
ke, wo sich dann Ghettos bilden. Sprachliche
Verständigungsprobleme prägen den Alltag,
zumal oft auch Zeitungen und TV-Sendungen 35
weiter in der Muttersprache konsumiert werden.
Freunde und Bekannte gehören im Regelfall
derselben ethnischen Gruppe an. Das Gleiche
gilt für die Ehepartner, die nicht selten aus der 40
alten Heimat beziehungsweise der Heimat der
Eltern zu Heiratszwecken nachkommen. Auf
diese Weise wird dann das Sprachproblem von
einer Generation an die nächste weitergege-
ben.   45
Hartnäckig halten sich in diesen Kreisen überdies die Auffassungen über die Rolle der Frau,
die stark von der heute in Europa gängigen
Einstellung abweicht. Verglichen mit Französinnen, Britinnen oder Deutschen sind musli- 50
mische Frauen seltener berufstätig. Damit
entgeht ihnen oftmals die Gelegenheit, Kon-

takte zur angestammten Bevölkerung zu knüpfen, wie dies für andere Ausländer meist
55 selbstverständlich ist. Und so ist denn auch die Integration für die nachwachsende Generation von Beginn an erschwert.

Die meisten Muslime, die es in Deutschland schaffen, die soziale Leiter emporzusteigen,
60 haben den Problembezirken entweder frühzeitig den Rücken gekehrt oder wuchsen gar nicht dort auf. Doch zu viele sind in ihren Milieus gefangen. Die Kinder besuchen Kindergärten und Schulen mit hohem Migrantenan-
65 teil und lernen somit oft nie richtig Deutsch. Das ist fatal. Denn mehr noch als der Arbeitsmarkt ist das Bildungssystem der Schlüssel für eine gelingende Integration.

Vor allem die Versäumnisse im frühen Kindes-
70 alter sind nicht wieder aufzuholen. Bildungsstudien zeigen, dass in Klassen, in denen mehr als 40 Prozent der Schüler die deutsche Sprache nicht beherrschen, die Unterrichtsqualität extrem absackt.
75 Und selbst mit hervorragender personeller und materieller Ausstattung kann ein guter Standard dann nicht mehr erreicht werden. Mittlerweile haben 35 Prozent der Kinder hierzulande ausländische Wurzeln, und in vie-
80 len Städten Westdeutschlands liegt diese Quote noch deutlich darüber.

Nur wenn die Integration vor allem der muslimischen Kinder in Zukunft besser gelingt als bislang, wird sich verhindern lassen, dass
85 große Teile der hier aufwachsenden Jugendli-

chen – mit oder ohne Migrationshintergrund – die Schule mit gewaltigen Wissenslücken verlassen. Zumal schon heute Wirtschaft und Universitäten beklagen, dass die Standards in den vergangenen Jahren immer weiter ab-
90 gesenkt wurden und keineswegs alle Abiturienten über die ihnen attestierten Fähigkeiten etwa im Rechnen und Schreiben verfügen.

Verheerend ist deshalb, dass einflussreiche Bildungsexperten den Lehrern jetzt empfeh-
95 len, aus Rücksicht auf die Migranten weniger Fachbegriffe im Unterricht zu verwenden. Statt das Niveau für alle abzusenken, sollte besser die Sprachförderung schon in den Kindergärten und Grundschulen intensiviert
100 werden, damit jedes Kind die Chance auf eine erfolgreiche Bildungskarriere hat. Ein entwerteter Schulabschluss nutzt keinem etwas. Denn am Arbeitsmarkt werden nur die Ausbildungsreifen auf Dauer Fuß fassen.
105 Das Beispiel Kanadas zeigt, dass es durchaus möglich ist, viele ausländische Kinder erfolgreich ins Bildungssystem zu integrieren. Allerdings kommen die Neuzuwanderer dort erst nach einer hoch konzentrierten Sprachförde-
110 rung, die sofort nach der Ankunft beginnt, in die Regelschulen. Dass die Eltern zumeist über eine gute Schulbildung verfügen und zudem Englisch beziehungsweise Französisch können, erleichtert die Integration. Und ganz an-
115 ders als in Deutschland schwankt die Zahl der Neuankömmlinge von Jahr zu Jahr in Kanada kaum. Somit können die Schulen planen. [...]

Dorothea Siems: Muslimische Migranten müssen sich besser anpassen, WELT online, 12.05.2016, Berlin; https://www. welt.de/debatte/kommentare/article155260658/Muslimische-Migranten-muessen-sich-besser-anpassen.html (Zugriff 04.11.2022)

м4   Integrationspolitische Maßnahmen

- Deutschkurse für Zuwanderer und Geflüchtete
- von Kirchen organisierte Begegnungscafés, die Deutschen und Zuwanderern die
5 Möglichkeit zum Austausch bieten
- Ausländerbeiräte, die auf kommunaler Ebene die Interessen der ausländischen Einwohner/-innen vertreten
- Aufbau von Partnerschaften zwischen
10 Vereinen und Initiativen deutscher und ausländischer Bürger/-innen

- Eltern-Multiplikatoren an Kindergärten und Grundschulen: Eltern mit Migrationshintergrund informieren andere Eltern über das deutsche Kindergarten- und
15 Schulsystem und ermöglichen dadurch eine bessere Unterstützung der Kinder durch die Eltern.
- Angebote der Berufsorientierung speziell für Jugendliche mit Migrationshinter-
20 grund

- Verzahnung von Stadtentwicklung, Integrationspolitik und Stadtteilentwicklung
- 25 Förderprogramme für Existenzgründer/-innen mit Migrationshintergrund
- Projekte, die sich gegen Rechtsextremismus engagieren

Zusammenfassung der Autorin nach: Stand der kommunalen Integrationspolitik in Deutschland, Studie des Instituts für demokratische Entwicklung und Soziale Integration, Berlin, April 2012

M5 Dimensionen der Integration

Wie definiert man Integration?

Spricht man von Integration, ist es wichtig zu bedenken, dass es verschiedene Konzepte der Integration gibt. Generell ist zwischen System-
5 integration und Sozialintegration zu unterscheiden. Während die Erstgenannte den Zusammenhalt eines Systems (z. B. einer Gesellschaft) als Ganzes bezeichnet, wird unter Sozialintegration der Einbezug individuel-
10 ler Akteure in ein System verstanden. Typischerweise ist Sozialintegration gemeint, wenn von der Integration von Migranten gesprochen wird. Hierbei sind zusätzlich vier Dimensionen zu unterscheiden:

15 - **Kulturation** (auch: Sozialisierung) als Prozess der Wissensvermittlung, z. B. das Erlernen der Sprache sowie kultureller Standards. Sie ist notwendig, um erfolgreich am gesellschaftlichen Leben
20 teilhaben zu können.

- Unter **Platzierung** wird die Einnahme von Positionen in einer Gesellschaft verstanden, z. B. im Schul- oder Wirtschaftssystem, aber auch als Bürger. Mit dem Prozess der Platzierung geht die Übernahme von
25 Rechten einher und damit die Möglichkeit, gesellschaftlich relevante Kapitalien zu erwerben.
- **Interaktion** bezeichnet die Herausbildung von interethnischen Netzwerken und
30 Beziehungen. Dies beinhaltet Freundschaften, Eheschließungen, Vereinsmitgliedschaften oder ganz allgemein die Einbindung in soziale Gruppen und damit die Möglichkeit, soziales und kulturelles
35 Kapital zu erwerben.
- **Identifikation** bezeichnet die individuelle Identifikation mit der Gesellschaft. Die Person sieht sich als Teil des Ganzen. Identifikation spielt sich sowohl auf der
40 kognitiven als auch auf der emotionalen Ebene ab.

INFO

kognitiv
verstandesmäßig

Andreas Damelang, Max Steinhardt, Bundeszentrale für politische Bildung, Kurzdossiers: Integrationspolitik, Hintergrund, 01.04.2008, Bonn; https://www.bpb.de/gesellschaft/migration/kurzdossiers/57330/hintergrund?p=0 (Zugriff 04.11.2022)

1 Analysiere die Grafik M 1.
2 Stelle anhand von M 2 und M 3 Faktoren dar, die Integration fördern oder behindern.
3 Beurteile die in M 4 vorgeschlagenen Maßnahmen zur Integration von Zuwanderern hinsichtlich ihrer Effektivität.
4 Gestalte ausgehend von M 5 einen Katalog von Maßnahmen zur Förderung der Integration von Zuwanderern in deiner Gemeinde bzw. deinem Stadtteil. Berücksichtige dabei auch Forderungen an die Zuwandernden.

7.8 Die doppelte Staatsbürgerschaft – Ausdruck einer modernen Gesellschaft oder vorprogrammierter Loyalitätskonflikt?

Lange Zeit wurde das Staatsbürgerschaftsrecht in Deutschland vom Abstammungsprinzip, dem *ius sanguinis*, bestimmt. Das bedeutete, dass es jemandem, der nicht von mindestens einem deutschen Elternteil abstammte, praktisch unmöglich war, Deutscher zu werden. Im Jahr 2000 wurde dieses Prinzip um das Geburtsortsprinzip, das *ius soli*, ergänzt. Grundlage für die deutsche Staatsbürgerschaft konnte von nun an auch die Geburt in Deutschland sein. Damit erkannte das Staatsbürgerschaftsrecht an, dass Deutschland ein Einwanderungsland geworden war. Doch die Ausgestaltung des Staatsbürgerschaftsrechts sorgt weiterhin für politische Auseinandersetzungen. Beispielsweise wird die 2014 für bestimmte Gruppen eingeführte Möglichkeit der doppelten Staatsbürgerschaft immer wieder kontrovers diskutiert.

M1   Wie wird man Deutsche bzw. Deutscher?

Die deutsche Staatsangehörigkeit wird erworben durch ...

Abstammung
von deutschen Eltern

Ein Kind, bei dem mindestens ein Elternteil deutscher Staatsbürger ist, erhält mit der Geburt die deutsche Staatsangehörigkeit.

Quelle: Statistisches Bundesamt (Destatis)

Geburt
in Deutschland

Ein Kind ausländischer Eltern, die dauerhaft in Deutschland leben, erhält mit der Geburt die deutsche Staatsangehörigkeit und meist die Staatsangehörigkeit der Eltern (doppelte Staatsangehörigkeit). Mit 21 Jahren müssen sich diese Kinder für eine Staatsbürgerschaft entscheiden – es sei denn, sie haben bis zu ihrem 21. Geburtstag mindestens acht Jahre hier gelebt und sechs Jahre eine Schule besucht oder einen Schulabschluss gemacht.

Einbürgerung

Nachträglicher Erwerb der deutschen Staatsbürgerschaft auf Antrag, Voraussetzungen dafür sind unter anderem: mindestens 8 Jahre Aufenthalt in Deutschland, Bekenntnis zum Grundgesetz, gesicherter Familienunterhalt, ausreichende Deutschkenntnisse, keine Straftaten, Aufgabe der bisherigen Staatsangehörigkeit.
(Ausnahme: EU-Bürger und Bürger der Schweiz)

Einbürgerung
in Deutschland

Jahr	Anzahl
2011	106897
2012	112344
2013	112353
2014	108422
2015	107317
2016	110383
2017	112211
2018	112340
2019	128905
2020	109880
2021	131595

45297EX

M2   „Doppelte Staatsbürgerschaft fördert Integration"

MEDIENDIENST: *Wie wirkt sich der Doppelpass auf die Integration von Einwanderern und ihren Nachkommen aus? Welche Erkenntnisse gibt es hierzu in der Migrationsforschung?*

5 Thomas Faist: Empirische Studien zeigen eindeutig, dass sich die doppelte Staatsangehörigkeit positiv auf die Integration auswirkt. Das wird deutlich, wenn man sich die soge-nannte Einbürgerungsquote in verschiedenen Einwanderungsländern anschaut – also den 10 Anteil der Migranten, die sich einbürgern lassen. In Staaten, die den Doppelpass tolerieren, lassen sich Menschen mit ausländischer Staatsbürgerschaft deutlich häufiger einbürgern als in Ländern mit restriktiven Regelun- 15 gen.

Gibt es auch psychologische Faktoren, die für den Doppelpass sprechen?

Ja. In der Debatte ist oft zu hören, doppel-
20 te Staatsbürgerschaft führe zu Loyalitäts-
konflikten und halte Einwanderer und ihre
Nachkommen davon ab, sich eindeutig zu
Deutschland zu bekennen. Wissenschaftliche
Untersuchungen zeigen jedoch, dass sich der
25 Besitz von zwei Pässen positiv auf das Zugehörigkeitsgefühl im Aufnahmeland auswirkt.
Zudem fühlen sich Doppelstaater stärker politisch repräsentiert. Mehrstaatigkeit fördert
also nicht nur die Integration, sondern auch
die demokratische Teilhabe. [...] 30

*Wie sehen die Regelungen in anderen Einwande-
rungsländern aus?*

Die Zahl der Länder, die doppelter Staatsbürgerschaft offen gegenüberstehen, ist in den
letzten Jahrzehnten deutlich gestiegen. An- 35
fang der 1950er-Jahre gab es kaum Staaten,
die den Doppelpass toleriert haben. Heute ist
es fast die Hälfte aller Länder weltweit.

Thomas Faist, Jennifer Pross: Doppelte Staatsbürgerschaft fördert Integration, Mediendienst Integration online, 20.01.2017, Berlin; https://mediendienst-integration.de/artikel/interview-thomas-faist-doppelte-staatsbuergerschaft-foerdert-integration.html (Zugriff 04.11.2022)

M3   Problem doppelte Staatsbürgerschaft

[...] Gegen die doppelte Staatsangehörigkeit
sprechen [...] ganz grundsätzliche Überlegungen. Staaten definieren sich nicht zuletzt
durch ihre Interessen. Für diese Interessen
5 setzen sich auf unterschiedlichste Art deren
jeweilige Bürger ein. Diese mögen ihrerseits
zwar divergierende politische Vorstellungen
haben. Man darf aber unterstellen, dass sie allesamt für das übergeordnete Interesse ihres
10 gemeinsamen Staates eintreten.

[Aber] wie verhalten sich Personen mit doppelter Staatsangehörigkeit, wenn die beiden
Staaten, deren Bürger sie sind, unterschiedliche Interessen haben? Zwangsläufig müssen
15 sie sich für das Interesse des einen und gegen
das des anderen Staates entscheiden. Wie immer ihre Wahl ausfällt und egal, wo sie leben:
Stets erscheinen sie als Angehörige eines
fremden Staates, dessen Interessen sie zum
Beispiel über das Wahlrecht effektiv vertre- 20
ten. [...] Im Zweifel [sieht sich der Staat]
Staatsangehörigen gegenüber, die [seine] Interessen nicht nur nicht teilen, sondern ihnen
sogar entgegentreten.

[Der Staat] ist auf Bürger angewiesen, die für 25
ihre Freiheiten auch eintreten. Eben dies ist in
einer Welt, in der immer mehr Menschen aus
Regionen mit ganz unterschiedlichen politischen und kulturellen Voraussetzungen kommen, immer weniger selbstverständlich. Die 30
doppelte Staatsangehörigkeit wird damit zu
einem fundamentalen Risiko.

Kersten Knipp, in: Deutsche Welle online, 07.08.2016, Bonn; https://www.dw.com/de/kommentar-problem-doppelte-st aatsb%C3%BCrgerschaft/a-19449780 (Zugriff 04.11.2022)

1 Begründe, warum ein Pass wichtig ist.

2 Nenne Kriterien, die Zugewanderte deiner Ansicht nach erfüllen sollten, um einen deutschen Pass zu erhalten.

3 Vergleiche die genannten Kriterien mit M 1.

4 Überprüfe mithilfe von M 1, ob folgende Personen die deutsche Staatsangehörigkeit haben oder erwerben können:

a) Mariagrazia lebt in Rom. Sie ist die Tochter einer Deutschen und eines Italieners.

b) Cem kam 1969 als Gastarbeiter nach Deutschland.

c) Abbas flüchtete 2015 mit seiner Familie nach Deutschland.

d) Karl wurde 1984 in Karlsruhe geboren und lebt immer noch dort. Seine Eltern haben die polnische Staatsbürgerschaft.

e) Jesus, Sohn zweier Spanier, lebt seit seiner Geburt in Argentinien.

5 Doppelte Staatsbürgerschaft – Hindernis oder Motor der Integration? Erörtert diese Frage mithilfe der Good Angel-Bad Angel-Methode (M 2, M 3).

BASISKONZEPT

Interessen und Gemeinwohl

QUERVERWEIS

Methode Good Angel – Bad Angel
S. 101

Auf folgende Fragen solltest du jetzt antworten können. Du kannst auf den angegebenen Seiten auch noch einmal nachlesen.

1. Wie ist die Gesellschaft Deutschlands zusammengesetzt?

Deutschland ist ein Einwanderungsland. Mittlerweile hat gut jede/jeder Vierte einen Migrationshintergrund. Etwa die Hälfte dieser Menschen hat einen deutschen Pass, die andere Hälfte sind Ausländerinnen/Ausländer. Die deutsche Gesellschaft verändert sich aber nicht nur durch Zuwanderung. Auch die Altersstruktur verändert sich. Einerseits leben die Menschen immer länger, andererseits gibt es jedes Jahr mehr Sterbefälle als Geburten. Dadurch altert und schrumpft die Gesellschaft. Aus diesem Grund sind viele Menschen der Ansicht, dass wir mehr Zuwanderung brauchen. (S. 164 – 167)

2. Welche Bedeutung hat die Zuwanderung für Deutschland?

Die Zuwanderung hat Deutschland nachhaltig verändert. Gesellschaft, Wirtschaft und Kultur wurden und werden von den Menschen mit Migrationshintergrund geprägt. Besonders augenscheinlich wird dies, wenn man sich die Zusammensetzung von Schulklassen, das kulinarische Angebot oder auch religiöse Bauten anschaut. Dies gilt insbesondere für größere Städte. Aber auch politische Entscheidungen – wie zum Beispiel das Zuwanderungsgesetz oder die Reform des Staatsbürgerschaftsrechts – werden von diesen gesellschaftlichen Veränderungen geprägt. In Anbetracht von demografischem Wandel und Veränderungen auf dem Arbeitsmarkt könnte die Bedeutung der Zuwanderung für Deutschland in Zukunft sogar noch zunehmen. (S. 154 – 160)

3. Wie soll die Zuwanderungspolitik gestaltet werden?

Zuwanderungspolitik umfasst verschiedene Aspekte. Auf der einen Seite beschäftigt sie sich mit der Arbeitsmigration. Zentral ist hierbei die Frage, nach welchen Kriterien Zuwandernde ausgewählt werden sollen. Auf der anderen Seite umfasst Zuwanderungspolitik auch humanitäre Verpflichtungen, wie zum Beispiel in der Flüchtlingspolitik. Die konkrete Ausgestaltung der Zuwanderungspolitik gestaltet sich oft schwierig, da viele Fragen auf EU-Ebene geklärt werden müssen und dabei nationale Interessen sich häufig entgegenstehen. Besonders deutlich wird dieses Problem bei der Flüchtlingspolitik. (S. 161 – 169)

4. Wie kann der Integrationsprozess gestaltet werden?

Welche Strategie am besten für ein gelingendes Zusammenleben von Deutschen und Zugewanderten ist, ist umstritten. Im Kern geht es meist um die Frage, wie stark sich Zugewanderte an die Aufnahmegesellschaft anpassen müssen. Weitgehender Konsens herrscht darüber, dass für eine gelingende Integration kulturelle Offenheit und Akzeptanz auf beiden Seiten sowie gute Bildung bzw. Ausbildung und Sprachkenntnisse integrationsförderlich sind. Umstritten ist aktuell die Frage, ob die doppelte Staatsbürgerschaft die Integration fördert. (S. 170 – 177)

Basiskonzept: Ordnung und Struktur

Die Struktur einer Gesellschaft kann sowohl Ergebnis als auch Bedingung von Politik sein. Beides lässt sich am Beispiel Zuwanderung zeigen. Unsere Sozialstruktur ist insofern ein Ergebnis von Politik, als bestimmte politische Entscheidungen dazu geführt haben, dass Zuwanderer nach Deutschland kommen. Ein Beispiel hierfür ist die Anwerbung von Gastarbeiter/-innen in den 1960er-Jahren. Bedingung von Politik ist die Sozialstruktur insofern, als die veränderte Zusammensetzung unserer Gesellschaft immer wieder politische Reformen veranlasst hat. Beispiele hierfür sind Reformen im Staatsbürgerschaftsrecht und im Zuwanderungsrecht sowie die europäischen Regelungen in der Flüchtlingspolitik.

M 1 — Geborene nach Staatsangehörigkeit der Mutter

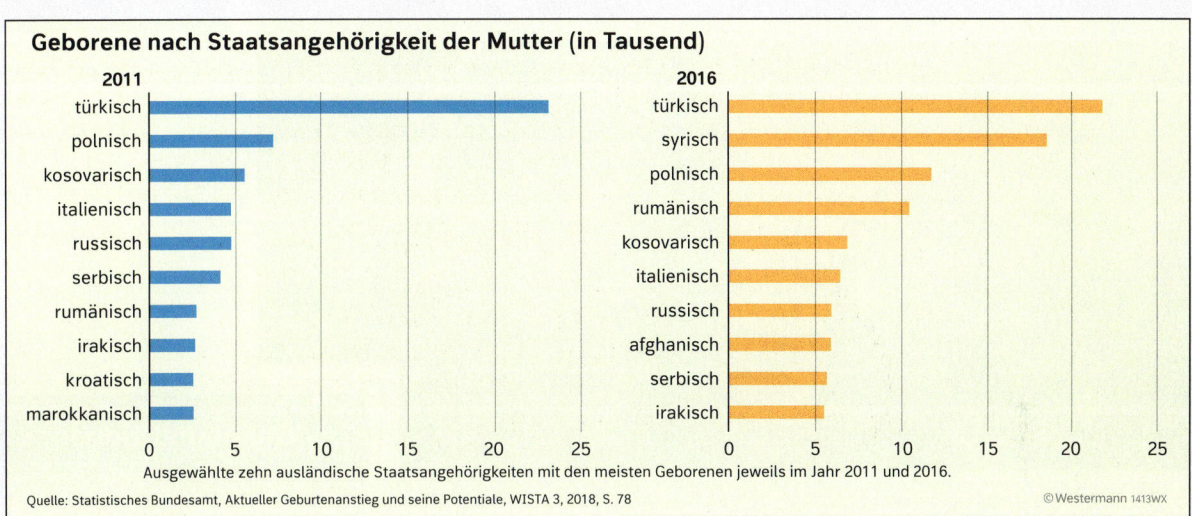

Geborene nach Staatsangehörigkeit der Mutter (in Tausend)

Ausgewählte zehn ausländische Staatsangehörigkeiten mit den meisten Geborenen jeweils im Jahr 2011 und 2016.

Quelle: Statistisches Bundesamt, Aktueller Geburtenanstieg und seine Potentiale, WISTA 3, 2018, S. 78

© Westermann 1413WX

M 2 — Parallelgesellschaft?

Zeichnung: Thomas Plaßmann

1 Analysiere die Grafik M 1.

2 Im Gegensatz zum in Deutschland geltenden Recht ist die Verleihung der amerikanischen Staatsbürgerschaft auf Basis des Geburtsortprinzips nicht an bestimmte Voraussetzungen gebunden. Jedes Kind ausländischer Eltern, das in den USA geboren wird, ist automatisch amerikanischer Staatsbürger. Erörtere den Vorschlag, diese Regelung auch in Deutschland einzuführen. Berücksichtige dabei folgende drei Perspektiven:

   a) Inwiefern wärst du persönlich von dieser Regelung betroffen?

   b) Was würde diese Regelung für verschiedene andere Akteurinnen/Akteure bzw. Gruppen in Gesellschaft und Politik bedeuten?

   c) Inwiefern würde diese Regelung grundlegende Veränderungen in unserer Gesellschaft mit sich bringen?

3 Gestalte ausgehend von der Karikatur M 2 einen Dialog.

8.

Online-Petitionen

Mitgliedschaft in einer Partei

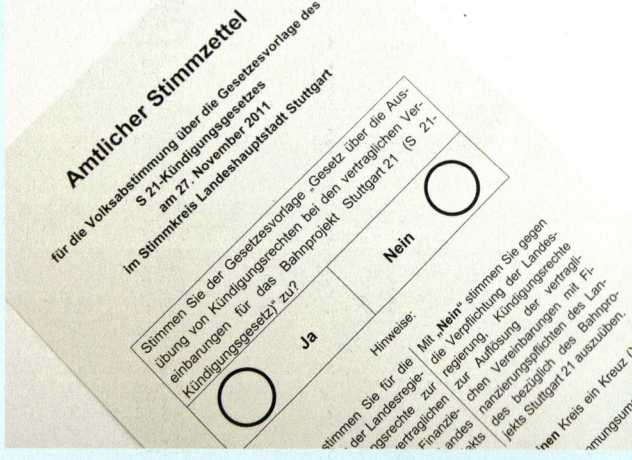

Unterschriftensammlungen

Politische Partizipation

Leserbriefe

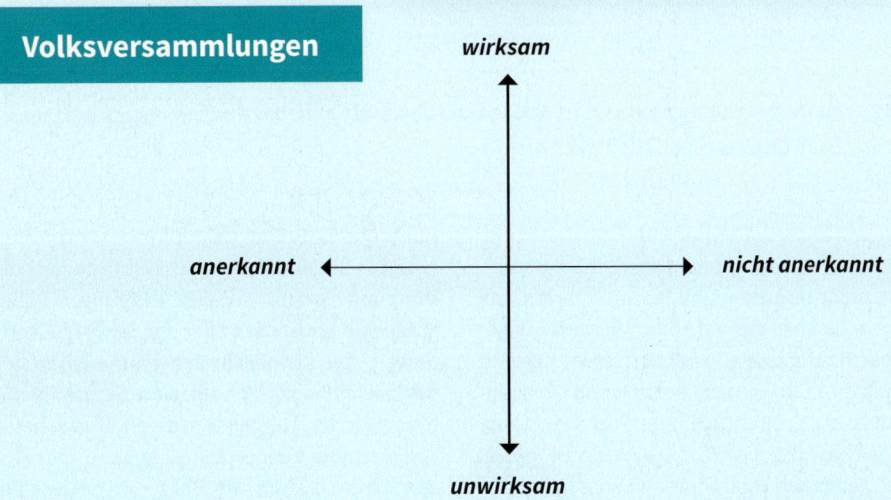

NABU

Volksversammlungen

wirksam

anerkannt ← → nicht anerkannt

unwirksam

1 Ordne die auf den Seiten 180 und 181 dargestellten Möglichkeiten der politischen Partizipation in dem Koordinatensystem ein und bewerte sie.

8.1 Feinstaub und Stickoxide – eine echte Gefahr für die Gesundheit?

Viele Städte rufen in regelmäßigen Abständen „Feinstaub-Alarm" aus. Für die Menschen bedeutet dies einerseits Einschränkungen bei der Benutzung des Autos, andererseits aber auch die Gefährdung ihrer Gesundheit. Sind Feinstaub und Stickoxide eine echte Gefahr für die Gesundheit?

M1   Feinstaub-Alarm

M2   Auswirkungen von Feinstaub und Stickoxiden auf die Gesundheit

Eine Vielzahl von Studien zeigt, dass die aktuelle Belastung der Atemluft mit Feinstaub und Stickoxiden unsere Gesundheit schädigt. Dabei ist nicht immer genau zu analysieren, ob
5 die Ursache eher das eine oder das andere ist, da beide häufig gemeinsam auftreten. [...] Auf Spielplätzen, die an nah befahrenen Straßen liegen, ist die Gefahr für Kinder, mit Feinstaub und Stickoxiden belastet zu werden, groß.
10 [Unter Feinstaub verstehen] die Wissenschaftler winzig kleine Partikel, die in der Luft schweben und einen Durchmesser von weniger als zehn Mikrometer haben – ein hundertstel Millimeter. Dabei handelt es sich um Rußpartikel, Reifen-, Kupplungs- und Brems- 15 abrieb, Plastikteilchen, Rückstände aus der Düngung oder Abfallbeseitigung, Pollen, Staub von Baustellen oder der Schüttgutverladung. [...] Je kleiner die Schwebeteilchen sind, desto leichter können sie in die tiefsten Veräs- 20 telungen der Lunge eindringen (das schaffen Teilchen, die kleiner als 2,5 Mikrometer sind, also etwa so klein wie Bakterien). Noch problematischer sind die ultrafeinen Teilchen unter 0,1 Mikrometer, die es sogar schaffen, aus 25 den Lungenbläschen ins Blut und damit über-

all in den Körper zu gelangen. Dort können sie überall für Entzündungen sorgen. Wie genau die kleinen Partikel dort Schaden anrichten, ist zwar nicht bis ins Detail geklärt. Aber als gesichert kann gelten: Überall dort, wo sich besonders viel Feinstaub in der Luft konzentriert, ist die Zahl der tödlich verlaufenden Schlaganfälle, Herzleiden und Atemwegserkrankungen wie Asthma erhöht. [...] Auch Lungenkrebs scheint gefördert zu werden, wie eine Übersichtsstudie kürzlich nahelegte. [...] Modellrechnungen des Umweltbundesamtes haben ergeben, dass in Deutschland jährlich 45.000 Menschen vorzeitig sterben, weil ihre Atemluft mit Feinstaub belastet ist. Umgekehrt hat eine Studie in Brasilien gezeigt, dass Menschen länger leben, wenn die Feinstaubbelastung abnimmt. [...] Stickoxide sind gasförmige Verbindungen, die aus Stickstoff und Sauerstoff bestehen. Dabei handelt es sich entweder um Stickstoffmonoxid oder um Stickstoffdioxid, die zusammen als Stickoxide bezeichnet werden. Stickoxide kommen in der Natur kaum vor. Sie entstehen bei Verbrennungsprozessen, vor allem in Motoren. Besonders viel Stickoxid produzieren Dieselmotoren, weil der Kraftstoff dort bei höheren Temperaturen verbrennt als im Benziner. Zudem können sie aus dem Benzinmotor durch den Dreiwegekatalysator recht einfach eliminiert werden – im Dieselmotor funktioniert der aber prinzipbedingt nicht. Nur durch eine aufwendige Nachbehandlung mit Harnstoff können die Stickoxide chemisch aus dem Dieselabgas gelöst werden, über die aber nur neue Dieselmotoren verfügen [...]. Leider haben aber hier die Autohersteller getrickst, sodass die Reinigung nur auf dem Prüfstand richtig funktionierte [...]. Probleme machen Stickoxide zunächst einmal Menschen, die vorgeschädigte Atemwege haben: Asthmatiker oder Patienten mit [...] Raucherlunge. [...] Auch für Kleinkinder ist die Belastung der Atemluft grundsätzlich bedenklicher als für Erwachsene, da der Atemluftaustausch im Verhältnis zur Körpermasse viel größer ist als bei Erwachsenen. [...] Stickoxide sind zudem die entscheidende Vorläufersubstanz, aus der im Sommer Ozon entsteht, das ebenfalls eine stark reizende Wirkung auf die Atemwege hat. Überdies gibt es Hinweise, dass Stickoxide die Wirkung von Feinstaub verstärken können. [...] Auch wenn man die genauen Mechanismen noch nicht versteht und hier auch andere Faktoren als Stickoxid einen Einfluss haben können, raten Experten der WHO daher, die Stickoxid-Grenzwerte zur Sicherheit noch weiter abzusenken. Deshalb wird auch oft von NOX-Werten gesprochen. Diese Stickoxide sind gesundheitsschädlich.

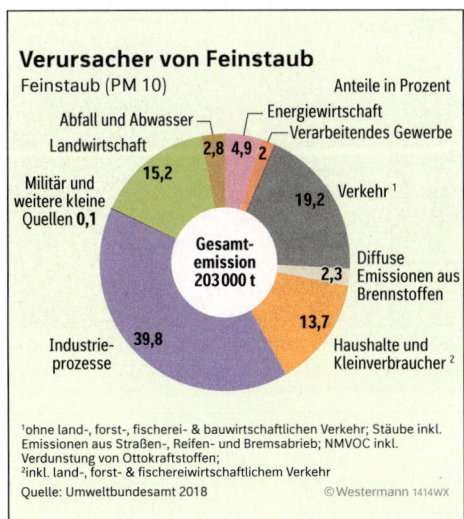

Martin Schneider: Wie schädlich die Luftverschmutzung wirklich ist. 8 Fakten zu Feinstaub und Stickoxiden, in: SWR online, 05.09.2017, Stuttgart; https://www.swr.de/abgasalarm/wie-schaedlich-die-luftverschmutzung-wirklich-ist-8-fakten-zu-feinstaub-und-stickoxiden/-/id=18988100/did=18971804/nid=18988100/12nqid0/index.html (Zugriff 15.06.2018)

1 „Feinstaubalarm in Stuttgart" (M 1). Überlege dir, welche Auswirkungen dies auf das Leben der Menschen hat.

2 Erkläre die Gefahren, die mit hohen Feinstaub- und Stickoxidwerten verbunden sind (M 2), in zehn aussagekräftigen Sätzen.

3 Gestalte einen Dialog zwischen einem Anwohner in der belasteten Zone und einer Berufspendlerin.

4 Recherchiere die Luftbelastung an deinem Wohnort. Welche Maßnahmen zur Luftreinheit wurden bereits getroffen?

8.2 Leben mit der schlechtesten Luft Deutschlands – kann eine Bürgerinitiative helfen?

Das Gebiet rund um das Stuttgarter Neckartor weist seit Jahrzehnten deutschlandweit die höchste Belastung mit Feinstaub und Stickoxiden auf. Neben der geografischen Lage in einem Talkessel und dem damit häufig verbundenen mangelnden Luftaustausch ist das Verkehrsaufkommen an einer Hauptverkehrsstraße hierfür die Hauptursache. Für die Lebensqualität der Menschen ist die Schadstoffbelastung der Luft mit gesundheitlichen Risiken und Einbußen in der Lebensqualität verbunden. Die „Bürgerinitiative Neckartor" kämpft deshalb für eine Verbesserung der Situation der Anwohnerinnen und Anwohner.

M 1 Die Luftbelastung am Neckartor 1 – Feinstaub und Stickoxide

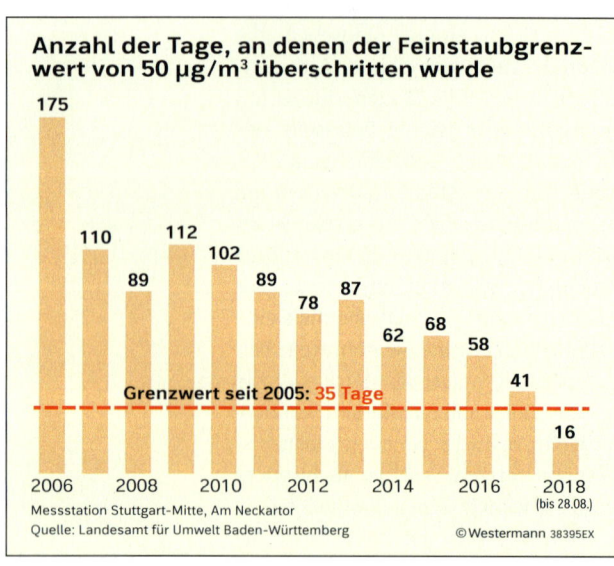

Anzahl der Tage, an denen der Feinstaubgrenzwert von 50 µg/m³ überschritten wurde

175, 110, 89, 112, 102, 89, 78, 87, 62, 68, 58, 41, 16

Grenzwert seit 2005: 35 Tage

2006 2008 2010 2012 2014 2016 2018 (bis 28.08.)

Messstation Stuttgart-Mitte, Am Neckartor
Quelle: Landesamt für Umwelt Baden-Württemberg
© Westermann 38395EX

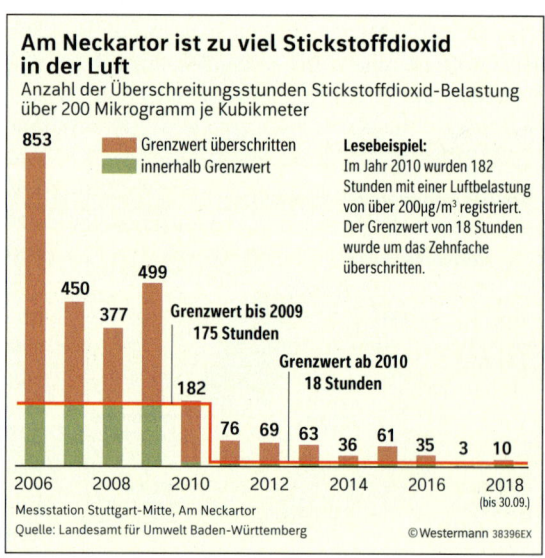

Am Neckartor ist zu viel Stickstoffdioxid in der Luft
Anzahl der Überschreitungsstunden Stickstoffdioxid-Belastung über 200 Mikrogramm je Kubikmeter

Grenzwert überschritten
innerhalb Grenzwert

Lesebeispiel:
Im Jahr 2010 wurden 182 Stunden mit einer Luftbelastung von über 200µg/m³ registriert. Der Grenzwert von 18 Stunden wurde um das Zehnfache überschritten.

853, 450, 377, 499, 182, 76, 69, 63, 36, 61, 35, 3, 10

Grenzwert bis 2009
175 Stunden

Grenzwert ab 2010
18 Stunden

2006 2008 2010 2012 2014 2016 2018 (bis 30.09.)

Messstation Stuttgart-Mitte, Am Neckartor
Quelle: Landesamt für Umwelt Baden-Württemberg
© Westermann 38396EX

M 2 Die Bürgerinitiative Neckartor

Wir treffen uns einmal im Monat am ersten Mittwoch im Gemeindesaal der evangelischen Friedenskirche [...]. Gegründet wurde die Initiative von Anwohnern des Neckartors, der
5 Straßenkreuzung in Deutschland mit der dreckigsten Luft. Da aber die Stuttgarter Luft insgesamt dreckig und verschmutzt ist, wollen wir nicht nur auf die Probleme des Neckartors aufmerksam machen, sondern auch auf Pro-
10 bleme in anderen Stadtvierteln. Und deshalb sind wir auch offen für Bürgerinnen und Bür-

ger aus anderen Stadtvierteln. Denn die Feinstaub- und Stickoxidwerte sind im ganzen Talkessel zu hoch, beispielsweise auch am Marienplatz oder auf der Hohenheimer Stra- 15 ße. Hier auf dieser Seite möchten wir gerne auf Aktionen aufmerksam machen, auf die schönen Ecken hinweisen, die dreckigen Ecken veröffentlichen und unsere Probleme darstellen [...]. Diese Seite wird ehrenamtlich 20 von Privatpersonen betrieben.

Bürgerinitiative Neckartor, Stuttgart; https://bineckartor.wordpress.com (Zugriff 15.06.2018)

M 3 Flyer der Bürgerinitiative Neckartor

Gesundheit schützen - Rechtsbruch beenden

Luftschadstoffe in hohen Konzentrationen machen krank, sind tödlich. Deshalb hat der europäische Gesetzgeber Grenzwerte festgelegt, die nicht dauerhaft überschritten werden dürfen. Es liegt in der Verantwortung der nationalen Regierungen und Behörden diese gesetzlichen Vorgaben umzusetzen. In Stuttgart und in vielen anderen Städten Deutschlands werden diese Vorgaben seit Jahren nicht erfüllt. In Stuttgart werden sogar deutschlandweit die höchsten Überschreitungswerte gemessen.

Heute ist es die Landesregierung unter Kretschmann und Strobel, die die einzig schnell wirkende Maßnahme gegen den gesetzeswidrigen Dauerzustand verhindert. Diese Maßnahme ist das **Fahrverbot**. Das heißt, zunächst einmal **20 % weniger Verkehr** am Neckartor bei Feinstaubalarm. So steht es im Vergleich vom 26.4.2016:
https://tinyurl.com/y943mt3y

„Das Verkehrsverbot verstößt nicht gegen den Grundsatz der Verhältnismäßigkeit, weil der Gesundheitsschutz höher zu gewichten ist als das Recht auf Eigentum und die allgemeine Handlungsfreiheit der vom Verbot betroffenen Kraftfahrzeugeigentümer", so der Vorsitzende Richter Wolfgang Kern in seiner Urteilsbegründung beim Verfahren der DUH gegen das Land BW, im Juli 2017.

Die Bürgerinitiative Neckartor und ihre Unterstützer stellen daher am 11. Januar 2018 an Ministerpräsident Winfried Kretschmann und seinen Stellvertreter Thomas Strobel zum wiederholten Mal die folgenden Forderungen:

Erfüllen Sie Ihre beim Vergleich vom 26.4.2016 gemachte Zusage die Menschen in Stuttgart vor giftigen Abgasen zu schützen!

Beenden Sie sofort den fortgesetzten Rechtsbruch gegen das grundgesetzlich verankerte Recht auf körperliche Unversehrtheit!

M 4 Städte dürfen Diesel-Fahrverbote verhängen

Das Bundesverwaltungsgericht hält Diesel-Fahrverbote für bessere Luft in Städten nach geltendem Recht für grundsätzlich zulässig. Konkrete Folgen dürfte es bereits für Diesel-
5 fahrer und Anwohner in Stuttgart und Düsseldorf geben. In Stuttgart könnte es für ältere Diesel schon Ende 2018 erste Beschränkungen geben. Die Leipziger Bundesrichter bestätigten größtenteils Urteile unterer Instanzen in
10 Stuttgart und Düsseldorf. Dort hatte die Deutsche Umwelthilfe (DUH) auf Einhaltung der Grenzwerte für Stickoxide geklagt, die zum Großteil aus Diesel-Abgasen stammen. Die beiden Verwaltungsgerichte hatten Baden-
15 Württemberg und Nordrhein-Westfalen verpflichtet, dafür auch Fahrverbote in Betracht zu ziehen. DUH-Chef Jürgen Resch sprach von einem „ganz großen Tag für die saubere Luft in Deutschland".
20 Das Urteil dürfte für ganz Deutschland wichtig sein, auch wenn es konkret um Stuttgart und Düsseldorf geht. Für Stuttgart erklärten die Richter, dass Dieselautos der Abgasnorm Euro

5 frühestens ab September 2019 mit Fahrverboten belegt werden dürfen. Zudem brauche 25 es Ausnahmen etwa für Handwerker und bestimmte Anwohner. Eine Pflicht zur Entschädigung für Diesel-Fahrer gibt es nach den Worten des Vorsitzenden Richters Andreas Korbmacher nicht: „Gewisse Wertverluste 30 sind hinzunehmen", sagte er. Dies zielt auf einen möglichen Wertverlust der Dieselfahrzeuge. Die Landesbehörden hätten es nun in der Hand, einen Flickenteppich bei den Fahrverboten zu verhindern. 35
Das fordern auch Kommunen und Umweltschützer. Sie wollen eine blaue Plakette, um damit relativ saubere Autos zu kennzeichnen und Verbote einheitlich und kontrollierbar zu machen. „Wenn es zu Fahrverboten käme, 40 bräuchten wir Kennzeichnungen für diejenigen, die nicht unter die Fahrverbote fallen", sagte auch [die damalige] Bundesumweltministerin Barbara Hendricks (SPD). Ziel bleibe aber, Fahrverbote zu vermeiden. 45

Bundesrichter erlauben Diesel-Fahrverbote. © dpa/wgr

Interview mit Peter Erben von der BI Neckartor

Sprecher: Herr Erben, mit diesem Urteil ging es um ihre Stadt, um ihre Straße. Das Gericht erlaubt Fahrverbote. Was ging Ihnen durch den Kopf, als Sie von diesem Urteil gestern gehört
5 haben?

Herr Erben: Zunächst Freude. Das war eine Bestätigung für den Stuttgarter Richterspruch, dass eben der Gesundheitsschutz im Zentrum steht und dass die Maßnahmen dann entspre-
10 chend anzupassen sind.

Sprecher: Dass etwas getan werden muss, das sagen Sie seit vielen Jahren. Sie kämpfen diesen Kampf mit dieser Bürgerinitiative. Wie geht es jetzt weiter? Haben Sie die Hoffnung,
15 dass auch wirklich was passiert?

Herr Erben: Die Erfahrung der letzten Jahre war die, dass eben wenig passiert. Dieser Anspruch mit den Grenzwerten, den kann man nur erreichen, wenn man das Verkehrsaufkommen
20 insgesamt reduziert, das ist allen Beteiligten in dieser Stadt klar, nur geht da keiner ran. Das Land hat nun keine Möglichkeit mehr, auf den Bund zu zeigen und zu sagen, die lassen uns da ja im Stich, wir können da nichts ma-
25 chen; jetzt kann das Land, jetzt können die Kommunen loslegen, da eine andere Mobilitätsstruktur zu entwickeln.

Sprecher: Sie können, aber werden sie auch?

Herr Erben: Das wird sich zeigen. Wir sind in
30 Stuttgart im Grund genommen schon einen Schritt weiter. Mit dem Vergleich aus dem Jahr 2016 hat sich das Land Baden-Württemberg schon verpflichtet, freiwillig in einer Situation, bei der die Schadstoffkonzentration zu
35 hoch ist, den Verkehr rund um das Neckartor um 20 % zu reduzieren. Jetzt sind die rechtli-

chen Möglichkeiten da, Leipzig hat da grünes Licht gegeben, rund um das Neckartor muss bei einer so schlechten Luftsituation eben der Verkehr reduziert werden und dann trifft es 40 alle Fahrzeugantriebsarten, nicht nur Dieselfahrzeuge.

Sprecher: Nun kämpfen Sie diesen Kampf für weniger Verkehr und bessere Luft schon seit vielen Jahren. Warum, meinen Sie, ist der Er- 45 folg bisher ausgeblieben, wer trägt daran die Schuld?

Herr Erben: Die Schuld daran tragen die Politiker in Verantwortung, die eben genau diese Verantwortung nicht übernehmen wollen. 50 Niemand möchte sich mit den Autofahrern anlegen und dann gibt es natürlich eine starke Automobillobby in Baden-Württemberg, nah an Stuttgart dran, und die hat erklärt, sie wollen keine Fahrverbote sehen. Es gibt auch ei- 55 nen starken Industrieverband, die IHK hier in Stuttgart, auch die sagen, das wollen wir nicht, das passt hier nicht rein.

Sprecher: Nach diesem Urteil wird die Bürgerinitiative weitermachen? Vielleicht etwas mo- 60 tivierter?

Herr Erben: Für uns ist das natürlich Rückenwind, wir fühlen uns bestätigt in unseren Forderungen. Manchmal hat man das Gefühl, betroffen sind eigentlich nur die, die von 65 möglichen Fahrverboten betroffen sind. Wir werden, nach unseren Möglichkeiten, die Landesregierung ermutigen und dies auch einfordern, dass sie ihre Versprechungen jetzt eben umsetzen, weil ihnen die Gerichte klar ge- 70 macht haben, ihr dürft das machen, ihr könnt die Fahrverbote machen.

https://www.tagesschau.de/multimedia/video/video-380901.html, 28.02.2018, Hamburg (Zugriff 20.07.2018, transkribiert und gekürzt)

INFO

Lobby
Interessenvertretung einer Branche, aber auch eines Bereichs des öffentlichen Lebens (z. B. Automobillobby, Umweltlobby)

IHK
Industrie- und Handelskammer

Die Landesregierung und die BI Neckartor

Die Staatsrätin für Zivilgesellschaft und Bürgerbeteiligung, Gisela Erler, hat die Bürgerinitiative Neckartor zu einem Austausch über das Thema Luftreinhaltung in der Landes-
5 hauptstadt eingeladen. „Das langjährige Engagement dieser Initiative steht beispielhaft

für die Beteiligungsmöglichkeiten der Bürgerinnen und Bürger, die wir im Zuge unserer Politik des Gehörtwerdens weiter stärken wollen", so Gisela Erler. Die Initiative habe ein be- 10 rechtigtes Anliegen, nämlich die Reduzierung der Luftschadstoffbelastung in der Stuttgarter

Innenstadt. „Es ist sehr in unserem Interesse, dass die betroffenen Anwohnerinnen und Anwohner die Möglichkeit bekommen, ihre Bedürfnisse und Forderungen direkt vortragen zu können", sagte die Staatsrätin. Die Staatsrätin machte bei dem Treffen aber auch deutlich, wo die Grenzen bei dieser Art der Beteili-

gung liegen. „Eine Landesregierung muss bei ihren Entscheidungen immer das Gemeinwohlinteresse im Blick haben und kann sich nicht ausschließlich an den Bedürfnissen einzelner Initiativen orientieren", so Erler. Dennoch sei „Bürgerbeteiligung ein wichtiger Eckpfeiler einer Demokratie" [...].

Staatsministerium Baden-Württemberg: Erler trifft Vertreter der Bürgerinitiative Neckartor, 21.11.2017, Stuttgart; https://stm.baden-wuerttemberg.de/de/service/presse/pressemitteilung/pid/erler-trifft-vertreter-der-buergerinitiative-neckartor/ (Zugriff 23.11.2022)

Bürgerinitiativen

Bürgerinitiativen sind spontane, zeitlich meist begrenzte, organisatorisch eher lockere Zusammenschlüsse einzelner Bürger und Bürgergruppen, die sich, zumeist aus einem konkreten Anlass, häufig auch als unmittelbar Betroffene, zu Wort melden. Ihr Motiv ist dabei die Lösung ihres Problems, was sie entweder durch konkrete Selbsthilfe oder indirekt über öffentliche Meinungswerbung und die Ausübung politischen Drucks zu erreichen versuchen. Bürgerinitiativen kommen und gehen, sie haben in der Regel einen konkreten, eng begrenzten Aktionsanlass, und sie lösen sich oft auch wieder auf, wenn ihre Bemühungen scheitern oder wenn sie erfolgreich waren. Ihre Attraktivität beruht nicht zuletzt darauf, dass jeder sie „machen" kann und dass nahezu jedes denkbare Anliegen zum Gegenstand einer Initiative werden kann. Sie sind meist lockere Interessenkoalitionen und Aktionsgemeinschaften, deren Zusammenhalt zunächst eher negativ begründet ist – durch Gefahr und Missstand, die man gemeinsam wahrnimmt und bekämpft: die

geplante Bahnhofs- oder Flughafenerweiterung, die Mülldeponie, das Kohle- oder Kernkraftwerk u. v. a. m. Für eine Bürgerinitiative ist keine bestimmte Organisationsform vorgeschrieben. Die meisten Bürgerinitiativen entstehen zunächst als lokale Gruppierung ohne feste Organisation. Wenn zur Durchsetzung der Ziele ein längeres Engagement notwendig ist, wird aus der Bürgerinitiative häufig ein eingetragener Verein oder eine Wählergemeinschaft. Die Gesamtzahl der Bürgerinitiativen in Deutschland zu ermitteln ist schwierig, da diese an keinem Ort zentral erfasst werden. Die Schätzungen über die Anzahl von Bürgerinitiativen in Deutschland gehen deshalb auch weit auseinander und reichen von 1000 bis 50.000. In Bürgerinitiativen engagieren sich jedoch definitiv mehr Menschen als in Parteien. Rund 60 % der Bürgerinitiativen beschäftigen sich mit sozialen Fragen (Jugendliche, Kindergärten, Spielplätze etc.), gefolgt von Umweltfragen (Mülldeponien, Luftverschmutzung, Atomkraft etc.) mit 30 %.

Bernd Guggenberger: Bürgerinitiativen, in: Uwe Andersen, Wichard Woyke (Hrsg.): Handwörterbuch des politischen Systems der Bundesrepublik Deutschland, Springer VS, Heidelberg 2021, zit. nach: https://www.bpb.de/kurz-knapp/lexika/handwoerterbuch-politisches-system/201988/buergerinitiativen/?p=all (Zugriff 23.11.2022, gekürzt, verändert und ergänzt)

1 Analysiere M 1.

2 Erläutere die Ziele und die Arbeitsweise in der Bürgerinitiative Neckartor (M 2).

3 Erkläre, mit welchen Mitteln die Bürgerinitiative Neckartor ihre Ziele zu erreichen versucht (M 3, M 4).

4 Charakterisiere, was man unter einer Bürgerinitiative versteht.

5 Beurteile den Erfolg der Bürgerinitiative Neckartor anhand der Kriterien Effektivität und Gerechtigkeit (M 5).

BASISKONZEPT
Interessen und Gemeinwohl

8.3 Der Verband der Automobilindustrie (VDA) – sind Fahrverbote wirklich notwendig?

Die Automobilindustrie stellt in Deutschland einen der wichtigsten Industriezweige dar. Für Beschäftigung und Steueraufkommen sind die in diesem Bereich tätigen Unternehmen von besonderer Bedeutung. Die Verhängung von Fahrverboten würde diese Firmen besonders treffen. Sind Fahrverbote wirklich notwendig?

M1 Der Verband der Automobilindustrie

Der Verband der Automobilindustrie (VDA) vertritt die gemeinsamen Interessen der Automobilindustrie und deren Zulieferer in Politik und Gesellschaft seit 1901. Ziel ist es
5 dabei, die Wettbewerbsfähigkeit der Automobilindustrie im internationalen Vergleich zu erhalten. Mehr als 600 Unternehmen sind

Mitglieder des Verbandes, darunter alle großen deutschen Autobauer wie beispielsweise BMW, Daimler und Volkswagen. Der VDA hat 10 seinen Hauptsitz in Berlin, unterhält aber auch noch ein Büro bei der Europäischen Union in Brüssel.

LobbyControl – Initiative für Transparenz und Demokratie e. V., Köln; https://lobbypedia.de/wiki/Verband_der_Automobilindustrie (Zugriff 15.06.2018)

M2 Die Bedeutung der Automobilindustrie

Deutschlands Automobilindustrie

2009 10 11 12 13 14 15 16 17 2018

Beschäftigte (in Tausend)
723 Tsd.
834
Nach Maschinenbau die zweitgrößte Branche im verarbeitenden Gewerbe

Deutsche Exporte 2018
insgesamt 1317 Mrd. Euro

Kraftwagen und -teile = 231 Mrd. Euro
pharmazeutische Erzeugnisse
Datenverarbeitungsgeräte, elektrische u. optische Erzeugnisse
elektrische Ausrüstungen
chemische Erzeugnisse
Maschinen

14,8   9,0
17,5 %
8,9
6,7
6,4
36,8 Sonstiges

2009 10 11 12 13 14 15 16 17 2018

Im Inland produzierte Pkw (in Millionen)
4,96 Mio.
5,87
5,75
5,12
Deutsche Hersteller produzierten zudem 11,24 Mio. Pkw im Ausland

Umsatz (in Mrd. Euro)
Gesamt
263,1 Mrd. Euro
426,2
Auslandsumsatz
150,7
276,6
Inlandsumsatz
112,5
149,6

Neuzulassungen von Pkw (in Millionen)
3,81* Mio.
3,44
ca. 166 000 Neuzulassungen mit Hybrid- oder Elektroantrieb
1,17
davon **Diesel**
1,11

Quelle: Stat. Bundesamt, VDA, BAFA, KBA
13705 © Globus

*Abwrackprämie führte zur Zulassung von 1,57 Mio. Neuwagen

M3 „Es gibt intelligentere Maßnahmen für eine bessere Luftqualität als Fahrverbote"

„Um die Luftqualität in den Städten zu verbessern, gibt es intelligentere und schneller wirkende Maßnahmen als temporäre oder gar dauerhafte Verkehrsbeschränkungen für ei-
5 nen Großteil der Diesel-PKW im Bestand, zum Beispiel die Verbesserung des Verkehrsflusses und Stauvermeidung. Solche Maßnahmen sind kurzfristig umsetzbar und haben große Wirkung: Grüne Welle und ein gleichmäßiger
10 Verkehrsfluss bringen eine Reduktion der Stickoxidemissionen um fast ein Drittel. Zudem sollten Busse und Taxis im städtischen Verkehr durch modernste Fahrzeuge ersetzt werden", betonte der Verband der Automobil-
15 industrie. „Der in Stuttgart verwendete Begriff ‚Feinstaubalarm' ist ein durch keinerlei wissenschaftliche Grundlage fundierter Schnellschuss der Politik. Der Anteil, den Pkw-Abgase an den Feinstaubemissionen haben, ist
20 vernachlässigbar gering. In Stuttgart tragen die motorischen Feinstaubemissionen des Verkehrs laut Umweltbundesamt sogar nur zu 4 Prozent des Gesamtaufkommens bei. Gerade in dem Bundesland, in dem die modernsten
25 Dieselmotoren der Welt hergestellt werden, sollte man eigentlich erwarten, dass die politisch Verantwortlichen wissen, auf welcher industriellen Basis Wohlstand und Beschäftigung fußen. Mit der Marktdurchdringung mo-
30 derner [...] Fahrzeuge gehen die Schadstoffemissionen auch ohne politische Eingriffe auf der Straße zurück. Auch die Digitalisierung bringt erhebliche Verbesserungen der Luftqualität: So können durch vernetztes Fahren
35 in Deutschland 20 Prozent der Staus vermieden werden. Der Parksuchverkehr in Städten kann durch Digitalisierung sogar noch stärker reduziert werden. Es wäre auch klimapolitisch völlig verkehrt, den Diesel grundsätzlich in-
40 frage zu stellen [...]. Er ist in seiner CO2-Effizienz dem Benziner deutlich überlegen und daher notwendig, um die Klimaschutzziele zu erreichen. [...] Bei vielen Schadstoffemissionen ist der Diesel bereits gleich gut oder bes-
45 ser als der Ottomotor. Das gilt für Feinstaub, Kohlenwasserstoffe und Kohlenmonoxid. Das heißt: Drei von vier Schadstofffragen des Diesels sind bereits gelöst und haben keinerlei Einfluss mehr auf die Luftqualität. Eine Ver-
50 kehrsbeschränkung für bestimmte Dieselfahrzeuge würde das Gewerbe und viele Mittelständler treffen ebenso wie viele Autofahrer, die sich erst vor kurzem ein Dieselmodell angeschafft haben.

VDA, Pressemeldung v. 22.02.2017, Berlin; https://www.vda.de/de/presse/Pressemeldungen/20170222-VDA-es-gibt-intelligentere-ma-nahmen-f-r-eine-bessere-luftqualit-t-als-fahrverbote.html (Zugriff 21.08.2018)

M4 Die Macht der Lobbyisten

GLOSSAR

Lobbyismus

Der Präsident des Kraftfahrtbundesamts in Flensburg, Ekhard Zinke, unterschrieb so manche E-Mail an Autokonzerne mit der Signatur „Mit industriefreundlichen Grüßen".
5 Zinke hat sich, nachdem das im Abgasskandal bekannt geworden war, öffentlich dafür entschuldigt. Doch seine Wortwahl ist symptomatisch für die besonders enge Beziehung, die seit Jahren zwischen der deutschen Autoin-
10 dustrie und den Regierungsstellen gepflegt wird. Dass der Staat Abgasmanipulationen nicht selbst entdeckt oder möglicherweise sogar absichtsvoll ignoriert hat [...] oder dass die Bundesregierung in Brüssel auf der Bremse
15 stand, wenn es um strengere Abgas-Regeln oder mehr Klimaschutz ging – all das sind zumindest für die Opposition Indizien für eine unhaltbare Kumpanei zwischen der Automobilwirtschaft und dem deutschen Staat. In der
20 Tat unterhalten Bund und Länder seit der Nachkriegszeit intensive Beziehungen zu den Autoherstellern, die das Herzstück der deutschen Wirtschaft sind. Weil die Autoindustrie so wichtig für Deutschland ist und Millionen
25 Beschäftigte von ihr abhängen, ist es [...] die Pflicht jedes Wirtschaftspolitikers, zu wissen, wie es der Branche gerade geht und was sie braucht, um zu gedeihen. Allerdings scheint Vertretern beider Seiten über die Jahre das sichere Gespür dafür abhandengekommen zu
30

sein, wo die feine Linie zwischen Legalität und Illegalität verläuft. Die Autolobbyisten waren in all den Jahren äußerst einflussreich. Ihnen kann man nicht vorwerfen, dass sie ihre Ar-
35 beit getan haben, allerdings waren sie wohl zu skrupellos. Die staatliche Seite trifft ein härterer Vorwurf, denn sie ließ sich von Lobbyisten einwickeln. [...] Da ist zuerst Matthias Wissmann, [2007 – 2018] Präsident des Verbandes
40 der Automobilindustrie. Der 68-Jährige saß in den 1990er–Jahren als Bundesverkehrsminister der CDU neben der damaligen Umweltministerin Angela Merkel am Kabinettstisch von Kanzler Kohl. Wissmann unterhält seitdem zu
45 Merkel eine vertrauensvolle Beziehung – die beiden sind per Du. Der Ludwigsburger gehört zu einem erlesenen Kreis von 100 Menschen, die Merkels Handynummer besitzen. [Er setzte] die staatliche Abwrackprämie durch. Er hat
50 die Bundeskanzlerin auch überzeugt, in Brüssel für weniger strenge CO_2-Grenzwerte zu kämpfen, denn die deutschen Hersteller mit ihrer Premium-Flotte konnten oder wollten die ehrgeizigen EU-Ziele nicht erfüllen. Auch
55 bei der staatlichen Elektro-Kaufprämie hat Wissmann nachgeholfen. Jetzt trommelt er gegen ein Ausstiegsdatum für den Verbrennungsmotor, wie es Großbritannien und Frankreich anstreben – derzeit mit Erfolg.
60 Wissmann traf sich allein in der vergangenen

Legislaturperiode 40-mal mit der Kanzlerin oder verschiedenen Ministern. Direkt aus dem Kanzleramt engagierte Daimler kurz vor der letzten Bundestagswahl den früheren Staatsminister Eckart von Klaeden als Cheflobbyis- 65 ten. Die Empörung über dessen Seitenwechsel war groß, die Staatsanwaltschaft leitete sogar ein Verfahren wegen des Anfangsverdachts der Vorteilsnahme ein, das aber 2015 eingestellt wurde. Der Wechsel des 51-Jährigen 70 führte zu der Regel, dass Politiker jetzt erst nach einjähriger Karenzzeit in die Wirtschaft wechseln dürfen [...]. Auch bei anderen Parteien bedienen sich die Konzerne. Thomas Steg, der von der SPD entsandte Vize-Regierungs- 75 sprecher und Vertraute [...] sowohl Gerhard Schröders als auch Angela Merkels, wechselte 2012 als eine Art Außenminister zu VW. BMW hat seinen Cheflobbyisten Maximilian Schöberl im Umfeld der CSU gefunden. Er war in 80 den 1990er-Jahren enger Mitarbeiter von Finanzminister Theo Waigel. Die Autoindustrie schrieb sogar an Gesetzen mit. 2013 kam heraus, dass Passagen eines Gesetzestextes für schärfere Lärmgrenzwerte aus dem Rechner 85 des damaligen Leiters der Akustikabteilung von Porsche stammten. Sportwagen und Premiumfahrzeuge wurden von den Grenzwerten ausgenommen.

Birgit Marschall: Die Macht der Lobbyisten, in: Rheinische Post online, 02.08.2017, Düsseldorf; https://rp-online.de/politik/diesel-die-macht-der-lobbyisten_aid-17726373 (Zugriff 23.11.2022)

INFO

Karenzzeit
Wartezeit,
Sperrfrist

M5 Argumente-Pool Lobbyismus

Pro: Lobbyisten bringen Fachwissen in die Politik
Nicht immer haben Politiker voll im Blick, wer von ihren Entscheidungen betroffen ist oder wie krass die Auswirkungen eines Gesetzes sein können. Deshalb sind sie auf Meinungen von Experten aus Wissenschaft und Wirtschaft angewiesen. Hier kommen die Interessenvertreter ins Spiel. Die Unternehmen und Organisationen beschäftigen sich meistens schon eine Ewigkeit mit bestimmten Themen und haben deshalb oft viel mehr Knowhow als ein Abgeordneter.

Kontra: Lobbyisten sind Egoisten
Politiker sollen vor allem die Interessen aller Menschen in unserer Gesellschaft vertreten. Lobbyisten haben dagegen in der Regel nur die Interessen ihrer eigenen Unternehmen/Organisationen im Auge. Das Wohl der Gesellschaft ist zweitrangig.

Pro: Alle Verbände betreiben Lobbyismus

Lobbyarbeit ist nicht nur etwas für Rüstungskonzerne, die ihre Waffenexporte verdoppeln wollen. Auch Organisationen, die auf der vermeintlich guten Seite stehen, versuchen Einfluss auszuüben – darunter Umwelt- und Menschenrechtsorganisationen. Greenpeace zum Beispiel beschäftigt in Berlin nach eigenen Angaben sechs Mitarbeiter. Lobbyismus ist übrigens nicht nur etwas für professionelle Interessenvertreter – prinzipiell kann jeder einen Abgeordneten kontaktieren, um ihm seinen Standpunkt zu erklären und damit seine Meinung zu beeinflussen.

Kontra: Lobbyarbeit ist nicht für alle möglich

Lobbyismus muss man sich leisten können. Während ein Wirtschaftsverband oder ein Großkonzern jede Menge gut bezahlter Vertreter in die Hauptstadt schicken und regelmäßig zu Veranstaltungen einladen kann, haben NGOs und Mittelständler diese Möglichkeit meistens nicht. Dies führt zu einem Ungleichgewicht.

Kontra: Lobbyismus in Deutschland ist intransparent

Wie viele Lobbyisten gibt es überhaupt in Deutschland? Eine Frage, auf die es keine klare Antwort gibt. Lobbykritische Organisationen schätzen, dass in Berlin rund 6000 professionelle Lobbyisten arbeiten. Das würde bedeuten: Auf einen Bundestagsabgeordneten kommen neun Lobbyisten. Für wen die Interessenvertreter arbeiten, ist nicht bekannt. Lobbyismus in Deutschland ist so transparent wie ein Holztisch.

Christian Orth: Was für und gegen Lobbyismus spricht, in: BR.de, 30.03.2017, München; https://www.br.de/puls/themen/welt/pro-contra-lobbyismus-100.html (Zugriff 23.11.2022)

Verbände und Vereine

Die Bürgerinnen und Bürger in Deutschland haben das Recht, Vereine zu bilden und dadurch ihre politischen Interessen zu verfolgen. 2017 gab es über 600.000
5 eingetragene Vereine und rund 15.000 Verbände in Deutschland. Vereinigungen gibt es in fast allen Bereichen der Gesellschaft: Vereinigungen im Wirtschaftsleben und der Arbeitswelt (Bundesverband der Deutschen Industrie, Deutscher Gewerkschaftsbund),
10 Vereinigungen mit sozialen Zielen (Arbeiterwohlfahrt, Caritas), Vereinigungen im Bereich Freizeit und Erholung (Hobbyvereine, Deutscher Sportbund), Vereinigungen in den Bereichen Kultur und Wissenschaft (Vereinigung der Historiker Deutschlands) und
15 Vereinigungen mit ideeller und gesellschaftspolitischer Zielsetzung (Kinderschutzbund, Amnesty International). Verbände fassen die unterschiedlichen Interessen ihrer Mitglieder zusammen, formulieren konkrete Forderungen und versuchen, ihre Ziele mit
20 wirkungsvollen Mitteln durchzusetzen.

Einfluss üben Verbände über verschiedene Kanäle aus:
- Öffentlichkeit: Interessenverbände werben über Presse, Hörfunk, Fernsehen und Internet/Social Media für ihre Ziele. Auch haben sie häufig persönliche Kontakte zu Journalist/-innen. 25
- Parteien: Interessenverbände stehen oft einer Partei nahe und unterstützen diese vor allem in Wahlkämpfen und durch Parteispenden.
- Parlamente: Interessenverbände versuchen, führenden Mitgliedern oder Funktionären 30 Abgeordnetenmandate zu verschaffen. Als Fachleute haben diese Abgeordneten in ihrem Bereich großen Einfluss.
- Regierung und Bürokratie: Interessenverbände sind in den Gesetzgebungsprozess als Fachleute 35 einbezogen.
- Eine besondere Stellung haben die Tarifparteien (Arbeitgeberverbände, Gewerkschaften) inne. Sie dürfen autonom, d. h. ohne staatliche Eingriffe, und grundsätzlich geschützt über Tarifverträge 40 verhandeln.

Autorentext

1 Charakterisiere den Verband der Automobilindustrie (M 1, M 2).
2 Erläutere die Ziele des VDA hinsichtlich der Luftreinheit (M 3).
3 Erkläre, mit welchen Mitteln der VDA seine Ziele zu erreichen versucht (M 4).
4 „Lobbyismus – ein notwendiges Übel?" Erörtere mithilfe des Argumente-Pools in M 5.

BASISKONZEPT
Interessen und Gemeinwohl

8.4 Parteien zwischen Automobilindustrie und Gesundheitsschutz – ist ein sinnvoller Kompromiss möglich?

Parteien sind einer der wichtigsten Bestandteile des politischen Systems in der Bundesrepublik Deutschland. Sie formulieren zu vielen politischen, wirtschaftlichen und gesellschaftlichen Themen Positionen und versuchen diese durchzusetzen. Manchmal fehlen aber die notwendigen politischen Mehrheiten, manchmal sind zwei Positionen gegensätzlich und können nicht zur selben Zeit erreicht werden. Alle wichtigen Parteien haben sich eine Verbesserung der Luftqualität zum Ziel gesetzt, aber auch keine unnötige Belastung von wichtigen Unternehmen. Ist ein sinnvoller Kompromiss möglich?

INFO

Koalitionsvertrag
Vertrag, der zwischen zwei oder mehr Parteien einer Regierungskoalition geschlossen wird. Er beinhaltet die Vorhaben und selbst gesetzten Aufgaben der Koalition für die Legislaturperiode.

M 1   Aus dem Koalitionsvertrag der Großen Koalition (2018)

Der Koalitionsvertrag von CDU/CSU und SPD umfasst ca. 200 Seiten und eine Vielzahl von Themen (u. a. Familie, Wirtschaft, Soziale Sicherheit, Zuwanderung). Mit dem Themenkomplex Luftreinheit befasst sich dabei ca. eine halbe Seite.

Wir wollen gemeinsam mit Ländern und Kommunen unsere Anstrengungen für eine Verbesserung der Luftqualität insbesondere in belasteten Innenstädten erheblich verstär-
10 ken. Wir wollen Fahrverbote vermeiden und die Luftreinhaltung verbessern. Die Kommunen wollen wir unterstützen, die Emissionsgrenzwerte im Rahmen ihrer Luftreinhaltepläne mit anderen Maßnahmen als mit
15 pauschalen Fahrverboten einzuhalten. Wir wollen insbesondere die Schadstoffemissionen aus dem Straßenverkehr an der Quelle weiter reduzieren [...]. In den besonders be-

troffenen Städten wollen wir [...] Mobilitätspläne zur Schadstoffreduktion sowie die darin 20 verankerten Maßnahmen fördern. Wir wollen den Umstieg der Fahrzeugparks von Behörden, Taxiunternehmen, Handwerksbetrieben sowie des ÖPNV auf emissionsarme bzw. -freie Antriebstechnologien durch Aufwertung der 25 Förderprogramme vorantreiben. Außerdem wollen wir die Verlagerung der Pendlerverkehre auf die Schiene [...] fördern [...]. Gleichzeitig wollen wir Taxen und leichten Nutzfahrzeugen den Umstieg auf emissionsarme 30 Antriebe technologieoffen im bestehenden Finanzrahmen durch eine Erhöhung der bestehenden Kaufprämie bei Elektrofahrzeugen fördern und für weitere Technologien andere Förderinstrumente entwickeln. 35

Presse- und Informationsdienst der Bundesregierung, 12.03.2018, Berlin; https://www.bundesregierung.de/Content/DE/StatischeSeiten/Breg/koalitionsvertrag-inhaltsverzeichnis.html (Zugriff 23.07.2018)

M 2   „Haltet endlich die Luft an!"

„Aus fast allen Auspuffen kommen [...] zu viele Stickoxide und zu viel Feinstaub. An den dadurch verursachten Krankheiten sterben jedes Jahr Tausende Menschen in Deutschland.
5 Die Lage ist eindeutig, warum also fallen Einschränkungen so schwer? Die Antwort ist simpel: Jeder siebte Arbeitsplatz hängt an der Au-

toindustrie. Die Deutschen sind von diesem Industriezweig abhängig [...]. Es findet sich also immer jemand, der beschwichtigt, dies- 10 mal die sich im Wahlkampf befindliche CDU-Spitzenkandidatin Annegret Kramp-Karrenbauer: „Tausende von Arbeitsplätzen durch Dieselverbot in Gefahr".

Petra Pinzler: Haltet endlich die Luft an! DIE ZEIT online, 23.03.2017, Hamburg; https://www.zeit.de/2017/13/autoindustrie-co2-emissionen-luftverschmutzung-arbeitsplaetze-klimaschutz (Zugriff 12.12.2022)

M3 Drängende Probleme in Deutschland

Frage: Welches sind Ihrer Meinung nach die wichtigsten politischen Probleme in Deutschland

Flüchtlinge/Einwanderung/Asylpolitik	44	(+39)
Soziale Ungerechtigkeit/Armut/Hartz IV	20	(+1)
Rente/Alterssicherung	17	(+4)
Bildung/Schule/Ausbildung	14	(–5)
Arbeitslosigkeit/Arbeitsmarkt	12	(–14)
Innere Sicherheit/Kriminalität/Terror	11	(+10)
Familienpolitik/Kinderbetreuung	8	(–2)
Steuern und Abgaben	6	(+1)
Umweltschutz/Klimawandel	6	(+4)
Gesundheitswesen/Pflege	5	(–3)
Löhne/Mindestlohn	4	(–17)
Wirtschaft	4	(–6)
Infrastruktur/Verkehr	4	(+2)

Grundgesamtheit: Wahlberechtigte in Deutschland; Werte in Prozent/Veränderungen in Prozentpunkten zum ARD-DeutschlandTREND Juli 2017; fehlende Werte: Sonstiges/weiß nicht/keine Angabe
Quelle: ARD-Deutschlandtend, infratest dimap 34. KW 2017
© Westermann 1415WX

M4 Bewertung von Dieselfahrverboten

Bewertung von Diesel-Fahrzeugen
In vielen deutschen Städten werden die Grenzwerte für Stickoxide weiterhin deutlich überschritten. Deshalb wird weiter über Fahrverbote für ältere Diesel-Pkw in Innenstädten diskutiert, um die Luftverschmutzung zu reduzieren. Halten Sie solche Fahrverbote für richtig oder falsch?

richtig 42
falsch 53

© Westermann 01449WX

Parteianhänger

	richtig	falsch
Grüne	68	25
Linke	56	36
SPD	41	54
FDP	37	62
Union	35	58
AfD	13	86

M5 Großspenden an die Parteien

Mehr als 17 Millionen Euro hat die Automobilindustrie nach Recherchen der Organisation LobbyControl in den vergangenen acht Jahren an CDU/CSU, FDP, SPD und Grüne gespendet.
5 Fast 80 Prozent der Zuwendungen von Autoherstellern, Zulieferern und Verbänden konnten demnach Union und die Liberalen für sich verbuchen.
„Die klassische Parteispende ist nach wie vor
10 ein bei vielen Unternehmen und Verbänden beliebtes Lobbyinstrument", erklärte Annette Sawatzki, LobbyControl-Expertin für Parteifinanzierung. Die vielen Spenden der Autolobby stünden „sinnbildlich für die zu engen Beziehungen dieser Branche zur Politik in 15 Deutschland."
Auch [die damalige] Bundeskanzlerin Angela Merkel wurde in der ARD-Wahlarena nach der Bedeutung von Parteispenden gefragt und betonte deren Wichtigkeit im politischen Wil- 20 lensbildungsprozess, „aber deswegen müssen wir nicht alles umsetzen, was die sagen", so Merkel.

© dpa/wgr

1 Arbeite heraus, auf welche Positionen sich die Regierungsparteien in ihrem Koalitionsvertrag hinsichtlich der Luftreinheit geeinigt haben (M1).

2 Begründe mithilfe von M2 bis M5, warum CDU und SPD diese Position einnehmen.

M6   Wahlprüfstein: „Diesel-Fahrverbote" vor der Bundestagswahl 2017

CDU/CSU

CDU

„Wir lehnen ein Dieselfahrverbot ab. Wir sprechen uns dagegen aus, Autofahrern den Antrieb ihres Autos gesetzlich vorzuschrei-
5 ben. Zudem ist es wirkungsvoller, diejenigen Fahrzeuge zu elektrifizieren, die sich ständig im Innenstadtverkehr befinden, etwa Taxen, Busse oder Behördenfahrzeuge. Dies dient der Reduzierung von Stickoxiden mehr als
10 ein Einfahrverbot. Anstatt auf Verbote setzen wir auf Technologieoffenheit sowie die Nachrüstung von Dieselfahrzeugen. Zudem setzen wir auf die Innovationskraft der deutschen Automobilindustrie. Wir wollen eine saube-
15 re Mobilität, die Umweltzonen überflüssig macht. Wir wollen, dass Deutschland führend wird bei der Produktion umweltfreundlicher Antriebe wie der Elektromobilität. Neben dem Umweltbonus beim Kauf gibt es auch die Steu-
20 erfreiheit für Elektro-Fahrzeuge. Die Käufer sind für zehn Jahre von der KfZ-Steuer befreit. Das Ziel, Deutschland zum Leitmarkt und -anbieter für Elektromobilität zu machen, bekräftigen wir. Deshalb werden die Investitionen in
25 den flächendeckenden Aufbau einer öffentlichen Ladeinfrastruktur deutlich erhöht."

SPD

„Für die SPD sind Fahrverbote nur das allerletzte Mittel von vielen. Wir wollen die Städte
30 und Kommunen dabei unterstützen, die Emissionsgrenzwerte auch in heute hoch belasteten Bereichen einzuhalten. Hierzu wollen wir unter anderem die Anschaffung von Bussen und Taxis mit alternativen Antrieben sowie
35 die Nutzung von Lastenrädern und die Umrüstung von innerstädtischen Lieferfahrzeugen fördern. Zudem werden wir den Ausbau der Ladeinfrastruktur in Stadt und Land weiter voranbringen. Damit wollen wir Fahrverbote vermeiden. Für die [...] technische Nach-   40
rüstung liegen erste Lösungen vor."

Die Linke

DIE LINKE.

„Wir wollen kein generelles Fahrverbot für Dieselfahrzeuge in belasteten Innenstädten. Umweltzonen halten wir aber grundsätzlich   45
für ein sinnvolles Instrument. Dabei ist zu betonen: Es geht uns nicht um Fahrverbote, sondern darum, dass die Luft sauber wird. Deswegen haben wir uns immer dafür eingesetzt, dass Umweltzonen mit ausreichend zeitli-   50
chem Vorlauf eingeführt werden und dass Nachrüstungen möglich sind und gefördert werden. [...] Wir setzen uns für eine blaue Plakette ein, die an die Einhaltung der Grenzwerte von Dieselfahrzeugen im Realbetrieb ge-   55
bunden sein muss. Dies unter der Bedingung, dass die Hersteller auf ihre Kosten die Fahrzeuge entsprechend umrüsten bzw. der Staat, wenn er es nicht schafft oder [es] bewusst vermeidet, den Herstellern Betrug nachzuwei-   60
sen. Schließlich haben Menschen die Fahrzeuge in dem guten Glauben gekauft, dass sie sauber sind, und dürfen dafür nun nicht bestraft werden".

Die Grünen   65

„Die Belastung mit giftigen Stickoxiden ist in zahlreichen Regionen Deutschlands skandalös hoch und gefährdet die Gesundheit vieler Menschen. Die Bundesregierung hat dieses Problem viele Jahre auf fahrlässige Weise   70
genauso ignoriert wie die auffällig hohen Abgaswerte von Diesel-Pkw im realen Straßenbetrieb. Gesundheitsgefahren und Verbrauchertäuschung nehmen wir als Befürworter der Sozialen Marktwirtschaft nicht einfach   75

hin. Deswegen setzen wir uns dafür ein, dass Diesel-Pkw, die für die hohe Schadstoffbelastung ursächlich sind, die gesetzlichen Abgasvorschriften auf der Straße – und nicht wie
80 bisher nur im Labor – einhalten. Das Verwenden illegaler Abschalteinrichtungen bei der Abgasnachbehandlung muss endlich streng sanktioniert werden, wie es auch die europarechtlichen Regelungen vorsehen. Fahrverbo-
85 te sind nicht das Ziel grüner Umweltpolitik. Um sie zu vermeiden, wollen wir die Automobilindustrie verpflichten, Dieselfahrzeuge im Sinne des Verbraucherschutzes so nachzurüsten, dass Kommunen die gesetzlichen Luft-
90 qualitätsvorgaben einhalten und den Verbrauchern kein Nachteil entsteht.

FDP

Freie Demokraten
FDP

„Wir Freien Demokraten planen keine Fahrverbote für Dieselfahrzeuge. Die Verbrauche-
95 rinnen und Verbraucher haben in gutem Glauben ein funktionierendes und zugelassenes Fahrzeug erworben und dürfen nicht für die Vergehen der Automobilkonzerne haften. Dies käme einer Enteignung gleich. Fahrver-

bote in Städten und Gemeinden für Diesel- 100
fahrzeuge lehnen wir ab.“

Verband der Gründer und Selbstständigen Deutschland e. V.: Wahlprüfstein: Fahrverbote, 09.08.2017, München; https://www.vgsd.de/wahlpruefstein-fahrverbote/ (Zugriff 23.11.2022)

AfD

Die AfD-Spitzenkandidatin Alice Weidel hat eine Diesel-Garantie bis zum Jahr 2050 gefordert. Damit wäre es möglich, Unsicher- 105
heiten aus der öffentlichen Debatte um Dieselmotoren zu bekommen, sagte Weidel im Interview der Woche des Südwestrundfunks (SWR), das am Samstagabend gesendet wird. Derzeit wolle die Politik eine 110
ideologisierte Verkehrswende. Damit beschädige sie das Vertrauen in einen wichtigen deutschen Industriezweig und gefährde fast eine Million Arbeitsplätze. „Hier wird die deutsche Automobilindustrie ekla- 115
tant in die Enge getrieben und der Ruf geschädigt“, sagte Weidel nach SWR-Angaben. Der Wettbewerbsvorteil der deutschen Autoindustrie in der Diesel-Technologie dürfe nicht aufs Spiel gesetzt werden. Die 120
Debatte um Schadstoffgrenzwerte sei „völlig aufgebauscht“.

dpa: AfD-Spitzenkandidatin fordert Diesel-Garantie bis 2050, 04.08.2017 (Zugriff 09.07.2018)

INFO

AfD-Wahlprogramm
Das Wahlprogramm der AfD zur Bundestagswahl 2017 enthielt nur sehr wenige Aussagen zur Mobilität und Feinstaubproblematik, weshalb hier alternativ Aussagen der Spitzenkandidatin Alice Weidel verwendet wurden.

3 Überprüfe, ob sich die Positionen der Parteien in M 6 auf ihre Wertevorstellungen und Geschichte in M 7 (S. 197) zurückführen lassen.

Analyse von Parteiprogrammen mithilfe der Fünf-Schritt-Lesemethode

Ein Parteiprogramm ist ein Dokument, in dem die Ziele einer Partei für alle Politikfelder niedergeschrieben sind. Parteiprogramme werden mit unterschiedlicher Zielsetzung und Geltungsdauer von den Parteien verfasst. Während in einem *Grundsatzprogramm* die wesentlichen Überzeugungen einer Partei für einen längeren Zeitraum (z. B. das Godesberger Programm der SPD) festgeschrieben werden, gibt ein *Wahlprogramm* Auskunft über die Ziele einer Partei für die nächste Legislaturperiode. Die meisten Parteien veröffentlichen darüber hinaus *Orientierungsprogramme*. Diese geben Aufschluss über mittelfristige Ziele der Parteien. Zudem veröffentlichen die meisten Parteien sogenannte „Wahlprüfsteine". In diesen formulieren sie die eigene Position zu einem bestimmten Themenkomplex auf Grundlage ihrer Wahlprogramme.

Parteiprogramme erfüllen unterschiedliche Funktionen. Während die Außenwirkung von Parteiprogrammen vor allem auf die Gewinnung von Stimmen bei den Wählerinnen und Wählern und die Abgrenzung zu anderen Parteien abzielt, ist die Innenwirkung vielfältiger. Hier sind Wahlprogramme vor allem als „Anleitung" für den Wahlkampf zu verstehen. Orientierungsprogramme dagegen bestimmen das inhaltliche Handeln der (Regierungs-)Parteien. Grundsatzprogramme schließlich haben nach innen das Ziel, die Parteimitglieder zu aktivieren und ihre Interessen zu integrieren.

Bei der Analyse von Parteiprogrammen solltest du aus Gründen der Vergleichbarkeit nur die Informationen zu identischen Politikfeldern miteinander vergleichen. Um die entsprechenden Abschnitte zu finden, hilft ein Blick in das Inhaltsverzeichnis.

1. Lies den Text oberflächlich
- Hat der Text (Zwischen-)Überschriften?
- Sind Abschnitte oder Worte besonders hervorgehoben?
- Welche Inhalte verstehst du schon?

2. Stelle Fragen an den Text („W-Fragen")
- Welche Art von Parteiprogramm liegt vor?
- Was wird in dem Text angesprochen?
- Welche Positionen werden vertreten?
- Wo wurde der Text veröffentlicht?

3. Lies den Text gründlich
- Kläre unbekannte Begriffe mithilfe eines Wörterbuchs, des Internets oder einer Mitschülerin/eines Mitschülers.
- Hebe besonders wichtige Stellen und Begriffe farblich hervor.
- Überlege dir für verschiedene Abschnitte eigene Überschriften.

4. Fasse zusammen
- Schreibe für jeden Abschnitt des Textes eine eigene Zusammenfassung. Benutze dabei eigene Worte und schreibe keine Formulierungen ab.
- Bei besonders langen oder schwierigen Texten kannst du auch eine Mindmap zum besseren Verständnis erstellen.

5. Tausche dich aus
- Trage deinen Text einer Mitschülerin oder einem Mitschüler vor und höre dir ihren/seinen Text an.
- Vergleicht anschließend eure Ergebnisse.

M 7   Wofür stehen die im Bundestag vertretenen Parteien?

CDU/CSU

Die Christlich Demokratische Union Deutschlands (CDU) wurde 1945 gegründet und bezeichnet sich selbst als „Volkspartei der Mitte" mit christlichen, sozialen und konservativen Wurzeln. In Bayern wird sie von der Christlich-Sozialen Union (CSU) ersetzt, die im Wesentlichen die gleichen Positionen wie die CDU einnimmt, dabei jedoch stärker katholisch ausgerichtet ist. CDU/CSU bilden im Bundestag eine gemeinsame Fraktion.

SPD

Die Sozialdemokratische Partei Deutschlands (SPD) ist eine der ältesten Parteien Deutschlands und wurde vor mehr als 150 Jahren als Arbeiterpartei gegründet. Nach 1945 entwickelte sich die SPD zur Volkspartei und nimmt für sich in Anspruch, prinzipiell die Interessen aller Bürger zu vertreten. Traditionell setzt sich die SPD aber weiterhin stark für soziale Gerechtigkeit und die Bekämpfung von Armut ein.

AfD

Die AfD ist die jüngste der im Bundestag vertretenen Parteien. Sie wurde im Jahr 2013 als Protestbewegung gegen die finanzielle Unterstützung finanzschwacher Staaten, vor allem Griechenlands, zur Rettung des Euro gegründet. Seit 2017 nimmt die Flüchtlingspolitik für die AfD eine wichtige Rolle ein. Die Partei bezeichnet sich selbst als konservativ, wirtschaftsliberal und der „deutschen Kultur" verpflichtet.

FDP

Die Freie Demokratische Partei (FDP) gibt es seit 1948. Sie betont in ihrem Grundsatzprogramm die „treibende Kraft der Freiheit" und Werte wie „Fairness, Verantwortung, Toleranz und Solidarität". Jeder Mensch soll seine eigenen Talente und Ideen entfalten, von seiner eigenen Arbeit leben und „nach eigener Façon glücklich" werden. Traditionell vertritt sie die Interessen der Wirtschaft, der Beamten und der Besserverdiener.

Die Linke

Die Linke ist 2007 aus der Partei des Demokratischen Sozialismus (PDS) und der Wahlalternative für Soziale Gerechtigkeit (WASG) hervorgegangen. Die PDS hatte sich 1990 als Nachfolgepartei der SED in der DDR gegründet. Sie setzt sich besonders für die Interessen der sozial Schwachen ein und befürwortet die Umverteilung von Vermögen sowie Pazifismus. Sie fordert die Abschaffung der Bundeswehr.

Bündnis 90/Die Grünen

Die Partei Bündnis 90/Die Grünen fußt ideologisch einerseits auf den sozialen Bewegungen der 1980er-Jahre (Anti-Atomkraft, Umweltschutz, Friedensbewegung) und der Bürgerrechtsbewegung der DDR. Sie setzt sich besonders für Umweltschutz, nachhaltige Energien, Frauenrechte und Frieden ein. Ein Teil der Partei („Realos") vertritt tendenziell konservative Positionen, während der andere an den idealen der Gründung festhält („Fundis").

Wofür steht welche Partei?, mitmischen.de, 10.08.2018, Berlin; https://www.mitmischen.de/verstehen/wissen/wahl-uebersicht/parteien/index.jsp (Zugriff 23.01.2019, verändert und ergänzt)

Parteien

Parteien sind ein freier Zusammenschluss (d.h. eine Parteigründung muss nicht genehmigt werden) von Bürgerinnen und Bürgern, die gemeinsame Interessen und
5 politische Vorstellungen haben. Diese sind dabei nicht auf einige wenige Themenfelder oder das Erreichen eines konkreten Zieles beschränkt, sondern umfassen i.d.R. alle gesellschaftlichen, wirtschaftlichen, politi-
10 schen und kulturellen Bereiche. Der Zeithorizont der politischen Arbeit ist unbeschränkt und auf Dauer angelegt. Auch muss eine Partei über eine angemessene Anzahl von Mitgliedern verfügen, um in der
15 Wahrnehmung der Menschen präsent zu sein und an Wahlen teilnehmen zu können. Das Parteiengesetz verlangt, dass die Parteien in Deutschland nach demokratischen Prinzipien aufgebaut sein müssen. Das bedeutet, dass Parteiämter regelmäßig durch 20 Wahlen von unten nach oben besetzt werden und alle Mitglieder die Möglichkeit haben, innerhalb der Partei ihre Meinung zu sagen und mitzubestimmen. Aufgrund ihrer besonderen Stellung als faktisches Ver- 25 fassungsorgan und um eine vollständige Abhängigkeit von Spenden zu vermeiden, erhalten Parteien staatliche Zuwendungen. Die Höhe der Zuwendungen orientiert sich an den erhaltenen Wählerinnen- und Wäh- 30 lerstimmen. Es wird darüber diskutiert, die Gewährung von Zuwendungen an die Verfassungstreue einer Partei zu knüpfen.

Autorentext

Gruppenpuzzle

Ein Gruppenpuzzle ist eine besondere Form der Gruppenarbeit. Das Besondere daran ist, dass nicht alle Gruppen das gesamte Material sichten und bearbeiten müssen, sondern jede Gruppe lediglich einen Teilaspekt betrachtet. Am Ende fügen alle Gruppen ihr gesammeltes Wissen zusammen und ermöglichen damit einen gewinnbringenden Austausch.

Phase 1: Einteilung in Stamm- und Expertengruppen
Die Schülerinnen und Schüler einer Klasse ziehen aus einer Kiste eine Karte. Diese Karte ist entweder rot, grün oder blau. Anschließend finden sich in der Klasse Dreiergruppen so zusammen, dass jede Farbe einmal vertreten ist. Die auf diese Weise gebildeten Gruppen nennt man Stammgruppen. Jeder Farbe wird im Anschluss eine bestimmte Aufgabe zugeteilt. Alle Schülerinnen und Schüler, die die gleiche Farbe haben, bilden zusammen eine Expertengruppe. Einer Expertengruppe sollten genau drei Personen angehören. Sind es mehr, ist es sinnvoll, die Expertengruppe zu teilen.

Phase 2: Arbeit in den Expertengruppen
Die Mitglieder einer jeden Expertengruppe bearbeiten gemeinsam die gestellte Aufgabe. Da jedes Mitglied später seinen Mitschülerinnen und Mitschülern die Ergebnisse der Expertengruppe vorstellen muss, ist es wichtig, dass auch wirklich jede und jeder mitarbeitet und sich zu den gestellten Aufgaben sinnvolle Notizen macht. In seiner Stammgruppe ist später jedes Mitglied der Expertengruppe einziger Ansprechpartner und Experte/Expertin für den erarbeiteten Aspekt.

Phase 3: Expertenvortrag in den Stammgruppen
Die Mitglieder der Expertengruppen gehen zurück in ihre Stammgruppen. Jede Expertin/jeder Experte trägt dort der Reihe nach die Erkenntnisse der eigenen Expertengruppe vor. Die anderen Mitglieder der Stammgruppe notieren sich die wichtigsten Erkenntnisse der Experten und fragen nach, falls im Vortrag etwas unklar geblieben sein sollte.

Phase 4: Gemeinsamer Austausch
Nachdem alle Expertinnen und Experten in ihren Stammgruppen vorgetragen haben, ist es sinnvoll, die Ergebnisse nochmals gemeinsam in der Klasse zu besprechen. Wichtig: Hier geht es nicht darum, nochmals alle Arbeitsergebnisse gemeinsam zu besprechen, sondern unklar gebliebene Zusammenhänge erneut aufzugreifen. Auch weiterführende Aspekte, die sich durch die Arbeit in den Gruppen ergeben haben, können hier Erwähnung finden.

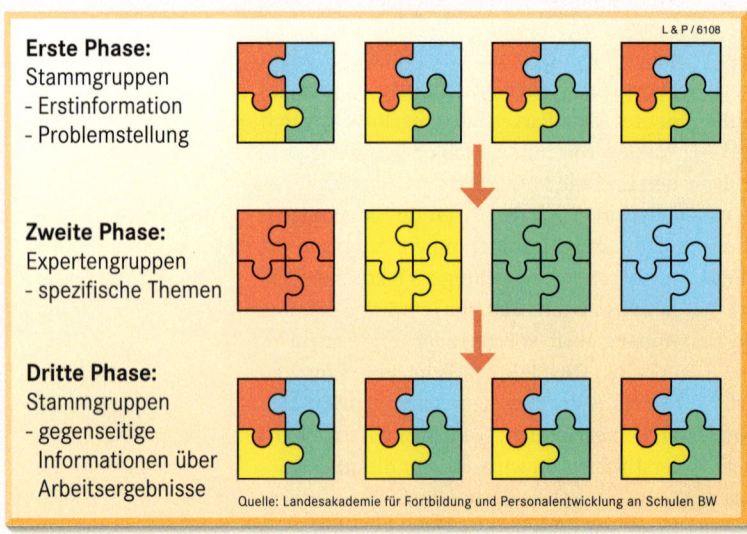

L & P / 6108

Erste Phase:
Stammgruppen
- Erstinformation
- Problemstellung

Zweite Phase:
Expertengruppen
- spezifische Themen

Dritte Phase:
Stammgruppen
- gegenseitige
  Informationen über
  Arbeitsergebnisse

Quelle: Landesakademie für Fortbildung und Personalentwicklung an Schulen BW

In den kommenden Stunden werdet ihr gemeinsam der Frage nachgehen, wie unterschiedliche Akteur/-innen (Bürgerinitiativen, Verbände und (Regierungs-)Parteien) auf die Gefahren, die durch Feinstaub und Stickoxide entstehen, reagieren. Jede/jeder von euch wird dabei Expert/-in für einen/eine Akteur/-in und erklärt anschließend das Erlernte den anderen Schülerinnen und Schülern in der Klasse.

1 Vergleicht – unter Verwendung der Methode „Gruppenpuzzle" (S. 198) – die Bürgerinitiative Neckartor, den Verband der Automobilindustrie und die Regierungsparteien. Beachtet dabei die folgenden Hinweise.

Nachdem ihr gemeinsam mit eurem Lehrer oder eurer Lehrerin die Stamm- und Expertengruppen eingeteilt habt *(Phase 1)*, müsst ihr euch nun in euren Expertengruppen mit einem Thema intensiv beschäftigen *(Phase 2)*. Dabei orientiert ihr euch an Farben:

Rot: Die Bürgerinitiative Neckartor, Kapitel 8.2, S. 184 – 187

Blau: Der Verband der Automobilindustrie, Kapitel 8.3, S. 188 – 191

Grün: Die Regierungsparteien, Kapitel 8.4, S. 192 – 197

Zu Beginn liest jede/jeder in der Stammgruppe alle Materialien im entsprechenden Kapitel aufmerksam durch und beantwortet die dort gestellten Fragen schriftlich. Anschließend tauscht ihr euch über die Antworten aus und nutzt diese, um die euch betreffende Spalte der folgenden Tabelle auszufüllen:

	Die Bürgerinitiative Neckartor	Der Verband der Automobilindustrie	Die Regierungsparteien
Wer wird tätig? (Personen, Gruppen etc.)			
Welche Ziele verfolgen die Akteur/-innen?			
Welche Mittel werden eingesetzt?			
Wie effizient werden die Ziele erreicht?			
Gibt es Kritik am Vorgehen?			
Rechtliche Stellung und Aufgabe des Akteurs/der Akteurin?(Infobox)			

Sobald ihr mit der Arbeit in den Expertengruppen fertig seid, geht ihr in eure Stammgruppen zurück und stellt euch der Reihe nach eure Ergebnisse vor *(Phase 3)*. Achtet darauf, dass ihr die Ergebnisse auch wirklich vorstellt und sie nicht nur abschreibt. Nachdem ihr mit der Arbeit in euren Stammgruppen fertig seid, wird euer Lehrer bzw. eure Lehrerin mit euch nochmals die Ergebnisse kurz besprechen *(Phase 4)*.

8.5 Partizipationsmöglichkeiten erläutern: Wie würdest du agieren?

Herr Augat

Rund 35 km nördlich von Stuttgart lebt Herr Augat zusammen mit seiner Frau und den vier Kindern in einem Einfamilienhaus. Jeden Morgen um kurz nach 6 Uhr macht er sich mit seinem Auto auf den Weg nach Stuttgart, er arbeitet dort an der Universität als Dozent. Seine Frau bringt etwas später die Kinder in die Kita und die Schule. Kurz nach 15 Uhr macht sich Herr Augat auf den Weg nach Hause, um die Kinder wieder abzuholen. Seine Frau muss zu dieser Zeit noch arbeiten. Mit öffentlichen Verkehrsmitteln ist dies für die Familie nicht machbar.

Herr Haas

Seit mehr als 35 Jahren ist Herr Haas Lehrer an einem Gymnasium auf der Schwäbischen Alb. Seit seinem ersten Tag an der Schule fährt er das gleiche Auto, einen Mercedes mit Dieselmotor. Das Auto erhält aufgrund des Schadstoffausstoßes keine Umweltplakette. Mittlerweile gilt sein Auto als Oldtimer, er möchte es deshalb auf gar keinen Fall gegen einen Neuwagen austauschen. Die Luftqualität in seiner Umgebung ist gut, deshalb macht sich Herr Haas auch keine Gedanken über Feinstaub oder Stickoxide. Nach Stuttgart fährt er ein- oder zweimal im Jahr in den Ferien oder am Wochenende.

Frau Ehret

Frau Ehret wohnt seit ihrem Studium in den 1970er-Jahren in der Nähe des Stuttgarter Neckartors. Sie hat kein Auto, da sie ihre Arbeitsstelle im Jugendzentrum gut mit öffentlichen Verkehrsmitteln erreichen kann. Auch ihre Einkäufe kann sie meistens so erledigen. Wenn sie ein Auto benötigt, dann leiht sie es sich von Freunden oder nimmt sich einen Mietwagen. Die hohen Feinstaub- und Stickoxidwerte in ihrer Umgebung ärgern sie. Auch wenn sie gesund ist, macht sie sich doch Sorgen, ob die schlechte Luft sie krank machen könnte.

Herr Scurti

Seit über Fahrverbote und das Ende des Verbrennungsmotors diskutiert wird, macht sich Herr Scurti viele Gedanken über die Zukunft seines Arbeitsplatzes in der Fließbandfertigung von Dieselmotoren. Er kann es sich nicht leisten, arbeitslos zu werden, die Raten für das Eigenheim, das er für sich und seine Familie gekauft hat, müssen bezahlt werden. Vielen seiner Kollegen geht es ähnlich. Zwar glaubt keiner, dass der Dieselmotor schon in naher Zukunft nicht mehr produziert wird, aber ob sie ihre Arbeitsplätze bis zur Rente behalten können? Für die Region mit ihrer Automobilindustrie wäre das Aus für den Diesel jedenfalls eine Katastrophe.

Frau Blattau

Die Terrasse des Café Seeblick am Bodenseeufer ist ebenso voll wie der Parkplatz vor dem Gebäude. Jetzt, im Frühjahr und Sommer, läuft das Geschäft gut. Viele Gäste sind auch mit dem Fahrrad gekommen, einige andere haben die Wanderung vom Bahnhof hierher bewältigt. Die Luftqualität in diesem idyllischen Urlaubsort ist gut, hohe Feinstaub- und Stickoxidwerte kennt man nur aus den Nachrichten. Frau Blattau fährt mit ihrem eigenen Auto so gut wie nie in Städte, die mit der Luftqualität zu kämpfen haben – und selbst wenn: Dank der Umweltplakette hat sie immer freie Fahrt.

Herr Brechter

Autos spielen im Leben des 32-Jährigen eine wichtige Rolle. Er ist in der Tuning-Szene aktiv und investiert viel Geld und Zeit in sein Auto. Die Diskussion um Feinstaub- und Stickoxidwerte versteht er nicht. Seiner Meinung nach hat der Staat schon zu viele Regelungen getroffen, die ihn und sein Auto einschränken. Auch in seiner Heimatstadt Heilbronn stört ihn die Umweltplakette. Abgase, Ruß und der Geruch von Benzin sind für ihn nichts Negatives, sondern Teil seines Hobbys. Eine grundsätzliche Gesundheitsgefahr sieht er nicht.

Mitgliedschaft in einer Partei	Beteiligung an einer Bürgerinitiative	Klage vor einem Gericht	Demonstration, Flash Mob	Teilnahme an Wahlen
Durch die Mitgliedschaft in einer Partei können Bürger/-innen deren politische Position mitbestimmen. Gelangt eine Partei nach Wahlen an die Regierungsmacht, werden diese Positionen im Idealfall auch umgesetzt und damit zu aktiver Politik.	Sie ermöglicht es Bürger/-innen, sich zu organisieren und (meist auf lokaler Ebene) gemeinsam bestimmte Interessen zu vertreten (z. B. für/gegen den Ausbau einer Schnellstraße) und gemeinsame Aktionen zu planen (z. B. eine Demonstration).	Sehen sich Bürger/-innen in ihren Rechten missachtet, haben sie die Möglichkeit, vor Gericht auch gegen politische Entscheidungen vorzugehen. Handelt es sich um Erlasse der Exekutive (z. B. einer Behörde), ist das Verwaltungsgericht zuständig, bei Verletzung von durch die Verfassung garantierten Rechten das Bundesverfassungsgericht.	Das Grundgesetz garantiert, dass Menschen sich in der Öffentlichkeit (friedlich) versammeln dürfen, um ihre Meinung auszudrücken. Einschränkungen des Demonstrationsrechts sind nur in engen Grenzen möglich. Zunehmend werden auch Flash Mobs (kurze, scheinbar ungeplante öffentliche Menschenansammlungen, die vorher im Internet verabredet wurden) für politische Anliegen genutzt.	Die Teilnahme an Wahlen auf verschiedenen Ebenen (Kommunal-, Landtags-, Bundestags-, Europawahlen) stellt die am häufigsten praktizierte Form der politischen Partizipation dar. Durch die Stimmabgabe (in der Regel alle 4–5 Jahre) können die Bürger/-innen die Parteien und Abgeordneten wählen, die ihre Interessen am besten vertreten.

Petition	E-Partizipation	Verfassen eines Leserbriefs	Bürgerbegehren und Bürgerentscheid/ Volksentscheid	Sitzblockade
Durch eine Petition (schriftlich oder online) haben Bürger/-innen die Möglichkeit, Bittschriften oder auch Beschwerden an zuständige Stellen (z. B. eine Behörde oder eine Volksvertretung wie den Bundestag) zu senden. Der Petitionsausschuss des Bundestages z. B. prüft die Petitionen und kann den Bundestag auffordern, sich damit zu befassen.	Damit werden die Möglichkeiten politischer Partizipation bezeichnet, die das Internet bietet (z. B. Online-Petitionen, internetbasierte Abstimmungen, politische Diskussionen in sozialen Netzwerken). Vorteile sind örtliche und zeitliche Ungebundenheit, dass sehr viele Menschen erreicht werden und ein direkter Austausch sowohl zwischen Bürger/-innen als auch zwischen Bürger/-innen und Politiker/-innen möglich ist.	Jede und jeder hat die Möglichkeit, einen Brief mit ihrer/seiner Meinung (z. B. zu einem zuvor erschienenen Artikel oder zu einem konkreten Aspekt) an eine Zeitung zu schicken (ggf. online). Diese kann (muss aber nicht) den Brief ganz oder teilweise veröffentlichen und damit der Öffentlichkeit zugänglich machen.	Bei einem Bürgerentscheid wird über eine bestimmte politische Frage abgestimmt, indem durch ein Bürgerbegehren eine Mindestanzahl von Unterschriften von wahlberechtigten Bürger/-innen gesammelt wird. Auf Bundesebene wird der Bürgerentscheid als Volksentscheid bezeichnet (allerdings sind Volksentscheide auf Bundesebene in der Regel nicht vorgesehen).	Hierbei blockieren viele bzw. mehrere Menschen sitzend eine Straße, eine Bahnlinie o. Ä. mit dem Ziel, öffentliche Aufmerksamkeit für ein bestimmtes politisches Anliegen zu erhalten. Sitzblockaden sind in den meisten Fällen strafbar, finden aber in den letzten Jahren („Letzte Generation", Klimakleber) vermehrt Anwendung.

1 Wähle eine der sechs Personen (S. 200) aus und arbeite heraus, welche Position die Person zum Themenkomplex Luftreinheit und Fahrverbote einnimmt.

2 Erläutere mithilfe der in der Tabelle aufgeführten Möglichkeiten, auf welche Weise die gewählte Person ihre Interessen am besten vertreten kann.

8.6 Warum brauchen wir Parteien?

In der Bundesrepublik Deutschland nehmen Parteien innerhalb des politischen Systems eine besondere Stellung ein. Einerseits sind sie ein Mittel, um Interessen der Bevölkerung aufzunehmen und in den politischen Prozess einzubringen. Andererseits stellen Parteien nahezu vollständig die führenden Persönlichkeiten in Regierung und Parlament. Dieser besonderen Stellung wird im Grundgesetz und im Parteiengesetz Rechnung getragen.

M 1 Die Parteien und der Bürger

Zeichnung: Felix Mussil

M 2 Die verfassungsrechtliche Stellung der Parteien

Das Grundgesetz legt in Art. 21 fest, dass die Parteien an der politischen Willensbildung mitwirken. Was dies bedeutet, wird in § 1 des Parteiengesetzes näher beschrieben. Demnach ist es Aufgabe der Parteien,

5 (1) ... auf die Gestaltung der öffentlichen Meinung Einfluss zu nehmen.

(2) ... die politische Bildung anzuregen und zu vertiefen.

10 (3) ... die aktive Teilnahme der Bürger am politischen Leben zu fördern.

(4) ... zur Übernahme öffentlicher Verantwortung befähigte Bürger heranzubilden.

(5) ... sich durch Aufstellung von Bewerbern an den Wahlen in Bund, Ländern und Gemeinden 15 zu beteiligen.

(6) ... auf die politische Entwicklung in Parlament und Regierung Einfluss zu nehmen.

(7) ... die von ihnen erarbeiteten politischen Ziele in den Prozess der staatlichen Willens- 20 bildung einzuführen.

(8) ... für eine ständige lebendige Verbindung zwischen dem Volk und den Staatsorganen zu sorgen.

M3 Beispiele für Aufgaben der Parteien

a) Die Wahlkreisdelegiertenversammlung einer Partei wählt eine Bundestagskandidatin.

b) Die Bundestagsfraktion einer Partei wendet sich in einer Pressemitteilung gegen einen Ge-
5 setzesentwurf der Regierung, um damit die Gesetzgebung zu beeinflussen.

c) Im Bürgerbüro eines Bundestagsabgeordneten können Bürgerinnen und Bürger ihre Anregungen und Beschwerden vorbringen.

10 d) Die Parteien werben in der Öffentlichkeit um Zustimmung für ihre Programme.

e) Eine Partei führt Seminare für Schulklassen zu politischen Themen durch.

f) Eine Partei wirbt dafür, dass die Bürgerinnen und Bürger bei der Bundestagswahl ihre 15 Stimme abgeben.

g) Der Kreisverband einer Partei bietet ein Rhetorikseminar für Gemeinderatskandidatinnen und -kandidaten an.

h) Eine Partei setzt die Aussagen ihres Pro- 20 gramms zur Umweltpolitik in einen konkreten Vorschlag für eine Ökosteuer um.

Autorentext

M4 Funktionen der Parteien nach § 1 Parteiengesetz

Nehmen die Parteien ihre Aufgaben wahr, so helfen sie dabei, politische Prozesse (z. B. das Entwickeln von Gesetzen) erfolgreich zu gestalten. Parteien nehmen dadurch eine weit
5 bedeutendere Stellung ein, als es die Aufgaben, die ihnen zugewiesen werden, vermuten lassen. Häufig wird deshalb davon gesprochen, dass Parteien für das Funktionieren der deutschen Demokratie wichtige Funktionen
10 übernommen haben.

- **Personalrekrutierung:** Parteien präsentieren Kandidatinnen und Kandidaten zur Besetzung öffentlicher Ämter.
- **Interessenartikulation:** Parteien
15 formulieren Erwartungen und Forderungen gesellschaftlicher Gruppen an die Politik.

- **Programmfunktion:** In Wahlprogrammen fassen die Parteien ihre kurz- bis mittelfristig angestrebten Ziele sowie ihre 20 Vorstellungen zu deren Umsetzung zusammen. Grundsatzprogramme bringen hingegen tiefer gehende Überzeugungen zum Ausdruck und sollen längerfristige Orientierungen für die Tagespolitik bieten. 25
- **Partizipationsfunktion:** Parteien ermöglichen die politische Beteiligung der Bürgerinnen und Bürger.
- **Legitimationsfunktion:** Die Parteien verbinden Volk und staatliche Entschei- 30 dungsträger (Bundestag, Bundesregierung); sie sollen so zur Akzeptanz des politischen Systems in der Gesellschaft beitragen.

Autorentext

GLOSSAR

Partizipation

1 Analysiere die Karikatur in M1. Achte besonders auf das dargestellte Verhältnis von Parteien und Bürger.

2 Erkläre die Aufgaben der Parteien (M2). Formuliere hierzu die Ziffern eins bis acht in M2 in deinen eigenen Worten erneut.

3 Ordne den Beispielen in M3 eine Funktion in M4 zu.

4 Ordne die Funktionen der Parteien entsprechend ihrer Wichtigkeit (M4). Vergleiche mit deinem Nachbarn bzw. deiner Nachbarin.

BASISKONZEPT

Regeln und Recht

8.7 Parteien – ein Abbild der Gesellschaft?

In demokratischen Staaten stellen Parteien die Verbindung zwischen Repräsentanten und Repräsentierten her. Die Parteien sind dabei ein „Transmissionsriemen", der einerseits die Interessen der Bevölkerung in die Politik transportiert, andererseits aber auch für die im politischen Prozess getroffenen Entscheidungen in der Bevölkerung erklärend wirbt. Werden die Parteien in Deutschland dieser Aufgabe (noch) gerecht?

INFO

Im Jahr 2022 lebten 84,2 Millionen Menschen in Deutschland.

M 1   Mitgliederzahlen der im Bundestag vertretenen Parteien jeweils am Jahresende (in Tausend)

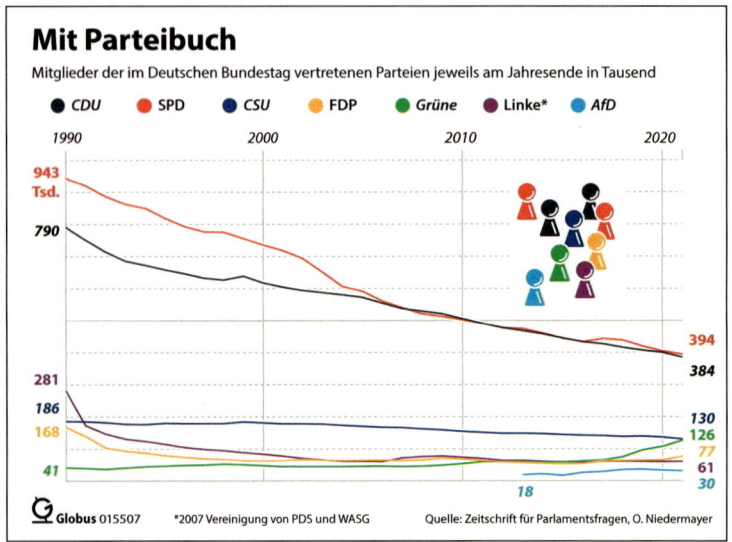

M 2   Durchschnittsalter und Frauenanteil im Bundestag

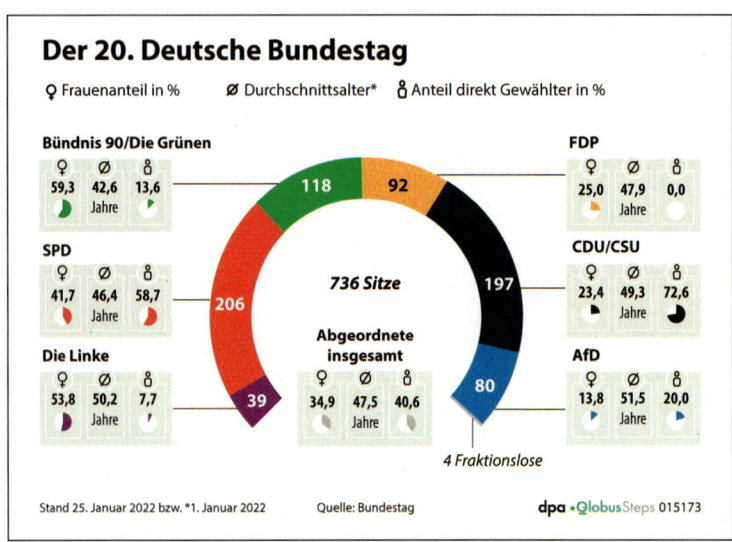

M 3 Mitglieder des 19. Deutschen Bundestages nach Berufsgruppen (2021)

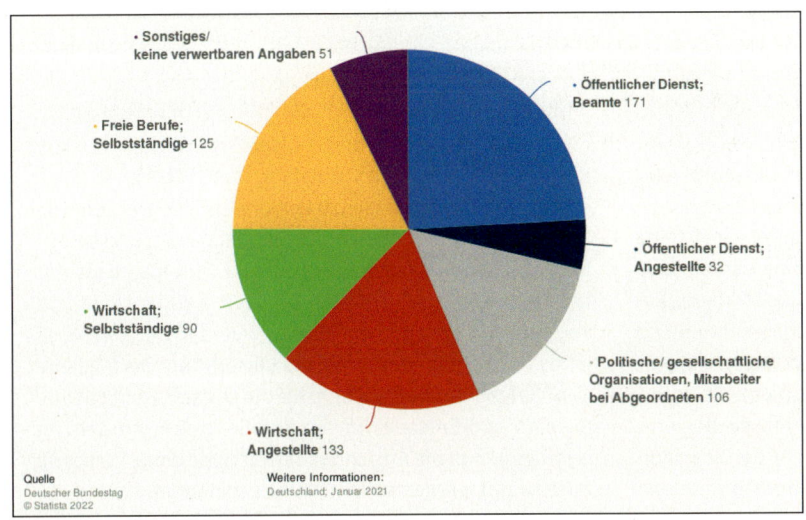

Quelle
Deutscher Bundestag
© Statista 2022

Weitere Informationen:
Deutschland; Januar 2021

M 4 Merz macht die CDU zur Quotenpartei

Friedrich Merz [hat] zum Ende einer leidenschaftlich geführten Debatte noch einmal persönlich am Rednerpult für die Annahme des Quotenantrags geworben, nun wird in seinem Rücken das Ergebnis der Abstimmung eingeblendet: 559 Ja-, 409 Nein-Stimmen, elf Enthaltungen – damit hat sich der Bundesparteitag für die Einführung einer befristeten und schrittweisen Frauenquote entschieden.

[...]

34 Delegierte wollen schließlich zum Vorschlag der Frauenquote sprechen, weit mehr als bei allen anderen Anträgen. [...] Es gebe immer noch viel zu wenig Frauen in Spitzenpositionen der Partei, heißt es von der einen Seite. „Glaubt eigentlich irgendjemand hier im Saal noch im Jahr 2022, dass das am Leistungsmangel der Frauen liegt?" Das Problem liege an ganz anderer Stelle, hält die andere Seite dagegen. „Keine Frauenquote der Welt stellt sicher, dass meine Kinder mittags aus der Kita abgeholt werden."

So geht es temperamentvoll hin und her, bis am Ende Parteichef Merz noch einmal das Wort ergreift. [...] Die Quote gelte ohnehin nur dann, wenn genügend Frauen kandidieren würden. [...] Für die CDU geht es dabei ums Eingemachte. [...] Dass die CDU frauenfreundlicher wirken muss, um künftig auch im Bund bei Wahlen wieder erfolgreich zu sein – dieser Gedanke treibt den Strategen Merz schon seit seiner Wahl zum Vorsitzenden um.

*Sophie Garbe, Florian Gathmann, DER SPIEGEL, 10.09.2022. https://www.spiegel.de/politik/deutschland/
cdu-friedrich-merz-setzt-frauenquote-durch-a-fb5d4af9-4018-4a42-a8c6-2a7c4eba113b (Zugriff 20.07.2023)*

1 Sind die Parteien in Deutschland ein Abbild der Gesellschaft? Analysiere mithilfe der Materialien M 1 bis M 3.

2 Lediglich knapp 1 % der deutschen Bevölkerung ist Mitglied einer Partei. Noch weniger Menschen arbeiten dort aktiv mit. Überprüfe, ob Parteien mit so wenigen Mitgliedern überhaupt noch ihren Aufgaben gerecht werden können.

3 Die CDU hat eine Frauenquote für die Spitzenpositionen in der Partei eingeführt (M 4). Bewerte diese Maßnahme.

Das Inselspiel

Stellt euch vor, ihr seid zusammen mit euren Parallelklassen an Bord eines großen Schiffes, als das Unvorstellbare passiert: Euer Schiff gerät in einen gigantischen Sturm und versinkt in den Fluten. Doch glücklicherweise könnt ihr euch alle an den Strand einer kleinen, einsamen und unbewohnten Insel retten. Nachdem ihr euch etwas erholt habt, erkundet ihr die Insel und findet eine Reihe interessanter Dinge: eine Quelle mit Trinkwasser, jede Menge essbare Früchte und Tiere, die ihr jagen könnt. Euer Überleben ist zunächst gesichert. Nachdem ihr jedoch wochenlang verzweifelt auf Rettung gewartet habt, gebt ihr diese Hoffnung auf. Jede Klasse gründet an unterschiedlichen Stellen der Insel kleine Dörfer. Ihr beginnt, Hütten zu bauen, und beschließt, euch mit der Situation abzufinden. Leider entstehen innerhalb der kommenden

Monate viele Konflikte zwischen den unterschiedlichen Dörfern: Wer darf wann wie viel Wasser aus der Quelle entnehmen? Wem gehören die besonders ertragreichen Fischgründe im Meer vor der Insel? Wer ist dafür zuständig, den Horizont nach vorbeifahrenden Schiffen abzusuchen und das Signalfeuer zu entzünden? Wie werden Leute bestraft, die sich nicht an die Regeln halten, und wer ist für die Bestrafung zuständig? Schnell wird klar, dass das Leben auf der Insel besser organisiert werden muss und verbindliche Absprachen getroffen werden müssen. Auch ist es notwendig, dass manche „Inselbewohner" besondere Aufgaben übernehmen, für die Organisation zuständig sind und Entscheidungen für alle treffen müssen. Allerdings gehen die Ansichten darüber, wie diese Personen ausgewählt werden sollen, stark auseinander.

A
Meiner Meinung nach sollten wir per Los darüber entscheiden, wer welche besonderen Aufgaben übernimmt. Das ist die gerechteste Lösung.

B
Sollten wir wirklich Leute auswählen, die Entscheidungen für uns treffen, dann sollte diese Auswahl aber jeder für sich treffen können, ohne dass jemand erfährt, wen man gewählt hat, sonst kann man sich nicht frei entscheiden.

C
Ich finde nicht, dass wir an unserem Leben hier etwas ändern müssen. Klar, wir brauchen mehr Absprachen und sollten einige Personen finden, die für spezielle Aufgaben zuständig sind. Wir können uns doch jeden Morgen treffen und die Dinge beraten, die anstehen. Das nimmt sicher etwas Zeit in Anspruch, aber bei Entscheidungen sollten alle ihre Meinung sagen können.

1 Stell dir vor, du bist auch ein gestrandeter Schüler bzw. eine Schülerin. Formuliere ein eigenes Statement, das du am Ende in die Diskussion einbringen möchtest.

2 Ordne die Aussagen der Personen A bis I auf einer Positionslinie von „stimme voll zu" bis „stimme überhaupt nicht zu" ein.

8.8 Nach welchen Regeln soll gewählt werden?

Seit mehr als 2.500 Jahren werden Wahlen als Mittel zur Auswahl von Repräsentanten abgehalten. Wahlen sind dabei nicht gleich Wahlen. Es gibt unzählige verschiedene Wahlmodi. Die dabei zugrunde liegenden Regeln wurden dabei häufig verändert und angepasst. Es lassen sich jedoch acht „Hebel" ausmachen, die immer wieder eine bedeutende Rolle gespielt haben.

M 1 Die „Stellschrauben" eines jeden Wahlrechts

(a) Hebel 1
Wahlen sind *geheim*, wenn niemand nachprüfen kann, wie ein einzelner Wähler bzw. eine einzelne Wählerin sich entschieden hat. Dazu
5 ist es unbedingt notwendig, dass es Wahlkabinen gibt, bei denen die Wählenden vor neugierigen Blicken geschützt sind. Auch dürfen die Wahlzettel weder markiert noch nummeriert sein. Und es darf keinen Zwang zur Of-
10 fenlegung der eigenen Wahlentscheidung geben. Sind diese Voraussetzungen nicht gegeben, so spricht man von einer offenen Wahl.

(b) Hebel 2
15 Bei einer *unmittelbaren* Wahl geben die Wählenden ihre Stimme direkt einer Partei oder einem Kandidaten. Zwischen Wählenden und Gewählten besteht dabei eine direkte Verbindung. Im Gegensatz dazu gibt es bei einer mit-
20 telbaren Wahl eine „Zwischeninstanz". Dies bedeutet, dass die Wähler/-innen einen „Vertreter" damit beauftragen, für sie abzustimmen. Ein „Vertreter" kann dabei auch die Stimmen von mehreren Wähler/-innen ver-
25 treten.

(c) Hebel 3
Hat bei einer Wahl die Stimme jedes/jeder einzelnen Wähler/-in das gleiche Gewicht, so spricht man von einer *gleichen* Wahl. Ist dies
30 nicht der Fall, so gilt die Wahl als ungleich. Ein Beispiel: Angenommen, unter den Wählern gibt es 50 % Frauen und 50 % Männer. Es ist festgelegt, dass die Männer über 75 % der Gewählten bestimmen und die Frauen über 25 %.
35 Sowohl Männer als auch Frauen haben je eine Stimme. Allerdings ist die Wertigkeit der Stimme einer Frau geringer als die eines Mannes und die Wahl damit ungleich.

(d) Hebel 4
Eine Wahl gilt als *frei,* wenn die Wähler/-innen 40 bei ihrer Entscheidung nicht unter Druck gesetzt oder in ihrer Entscheidung beeinflusst werden. Sobald Zwang ausgeübt wird, gilt eine Wahl als unfrei. Gibt es eine Wahlpflicht und die Nichtteilnahme an der Wahl wird bestraft, 45 gilt eine Wahl nicht mehr als frei.

(e) Hebel 5
Als *allgemein* gilt eine Wahl, wenn alle Bürgerinnen und Bürger eines Staates das Wahlrecht besitzen. Dieses Wahlrecht muss unabhängig 50 von äußeren Faktoren (z. B. Einkommen, Bildung oder Geschlecht) sein. Ein Mindestwahlalter ist jedoch zulässig. Erstreckt sich das Wahlrecht nicht auf alle Bürger/-innen, so gilt die Wahl nicht mehr als allgemein. 55

(f) Hebel 6
Die Bestimmung von Abgeordneten bei einer Wahl kann grundsätzlich mit zwei unterschiedlichen Möglichkeiten erfolgen. Beim Mehrheitswahlrecht wird ein Staat in ver- 60 schiedene Wahlkreise mit jeweils ungefähr gleich vielen Wahlberechtigten eingeteilt. In jedem Wahlkreis konkurrieren verschiedene Kandidat/-innen miteinander. Jede(r) Kandidat/-in, der/die in seinem/ihrem 65 Wahlkreis die meisten Stimmen erhält, wird Abgeordnete(r). Alle anderen gehen leer aus. Anders verhält es sich beim Verhältniswahlrecht. Hier werden in einem Staat keine Kandidat/-innen gewählt, sondern Parteien. 70 Wahlkreise existieren nicht. Eine Partei darf so viele Abgeordnete in das Parlament schicken, wie sie Stimmanteile erhalten hat. Erhält eine Partei beispielsweise 35 % der Stimmen, so bekommt sie auch 35 % aller Abgeordnetensitze 75 im Parlament.

(g) Hebel 7

Ist ein/eine gewählte(r) Abgeordnete(r) nach der Wahl frei in seinen/ihren Entscheidungen
80 im Parlament und nicht an den direkten Willen der Wählerinnen und Wähler gebunden, so spricht man von einem freien Mandat. Die einzige Einflussmöglichkeit der Wähler/-innen ist der Stimmentzug bei der nächsten
85 Wahl. Muss der/die Abgeordnete dagegen immer genau so abstimmen, wie die Mehrheit der Wähler/-innen es möchte, so spricht man von einem imperativen Mandat. Hierbei ist auch das frühzeitige Abberufen des/der Abge-
90 ordneten möglich.

(h) Hebel 8

Ist es notwendig, eine Mindestanzahl von Stimmen zu erreichen, um im Parlament vertreten zu sein, so spricht man von einer Sperrklausel. Einige Staaten legen beispielsweise 95 fest, dass eine Partei mindestens 5 % aller Stimmen erreichen muss, um Sitze im Parlament zu erhalten.

Autorentext

M2   Die Wahlrechtsmaschine

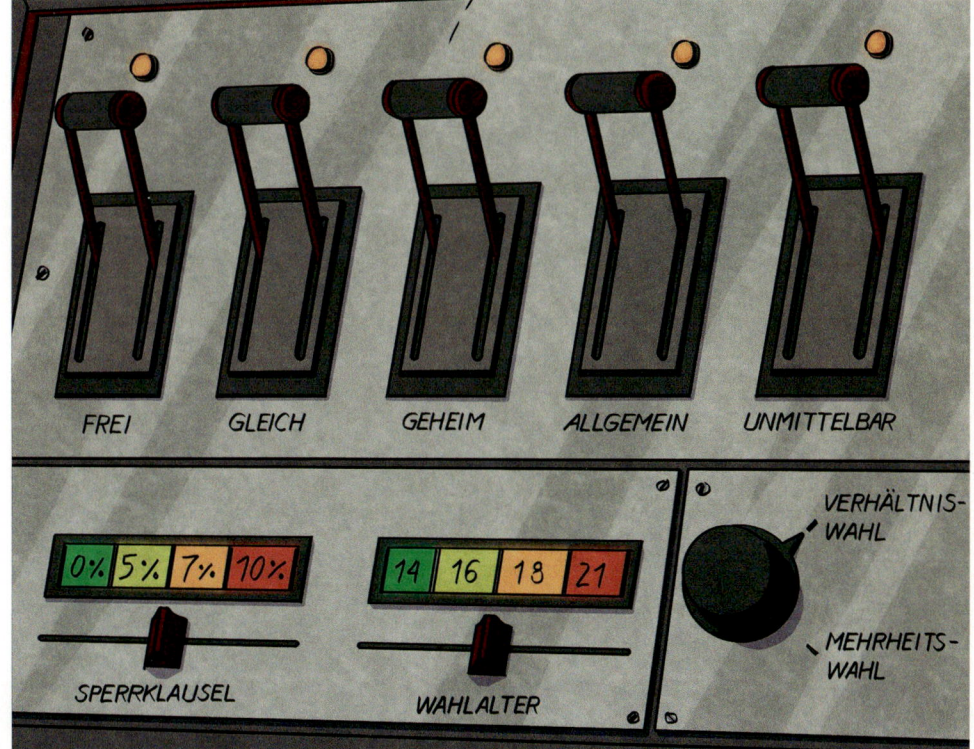

1   Vergleiche die „Stellschrauben" in M1 mit den Statements der Schülerinnen und Schüler im Inselspiel (S. 206/207). Welche Ideen findest du an welchen Stellen wieder?

2   Betätige die Schalter der „Wahlrechtsmaschine" in M2 und gestalte ein Wahlrecht für die Schülerinnen und Schüler auf der Insel.

3   Vergleicht eure Wahlrechtsentwürfe. Erläutert euch gegenseitig eure Entscheidungen.

8.9 Das Wahlsystem zum Deutschen Bundestag – das Beste aus verschiedenen Systemen?

Erststimme, Zweitstimme, Überhangmandate, Sperrklausel. Auf den ersten Blick erscheint das Wahlsystem zum Deutschen Bundestag kompliziert. Schaut man jedoch genauer hin, so lässt sich erkennen, dass verschiedene Elemente unterschiedlicher Wahlrechtssysteme kombiniert wurden. Vereint das Wahlsystem zum Deutschen Bundestag das Beste aus verschiedenen Systemen? Oder führt es nur zu einem der größten Parlamente weltweit und ist deshalb dringend zu reformieren?

INFO

Art. 38 GG
(1) Die Abgeordneten des Deutschen Bundestages werden in allgemeiner, unmittelbarer, freier, gleicher und geheimer Wahl gewählt. Sie sind Vertreter des gesamten Volkes, an Aufträge und Weisungen nicht gebunden und nur ihrem Gewissen unterworfen. (2) Wahlberechtigt ist, wer das 18. Lebensjahr vollendet hat; wählbar ist, wer das Alter erreicht hat, mit dem die Volljährigkeit beginnt. (3) Das Nähere bestimmt ein Bundesgesetz.

M1 Eine Wahl – zwei Stimmen!

M2 Das ist der Unterschied zwischen Erst- und Zweitstimme

Erststimme – der Direktkandidat für deinen Wahlkreis

Mit der Erststimme entscheidest du, welcher Direktkandidat deinen Wahlkreis im Bundestag vertreten soll. In Deutschland gibt es insgesamt 299 Wahlkreise. In jedem davon leben im Durchschnitt 250.000 Menschen (bpb).

- Jede Partei darf pro Wahlkreis einen Kandidaten stellen,
- auch unabhängige Kandidaten sind möglich, diese müssen allerdings 200 Unterschriften sammeln, um es auf den Wahlzettel zu schaffen.

- Nur der Politiker, der die meisten Stimmen
15 bekommt, zieht als Direktkandidat in den Bundestag ein.
- Insgesamt gibt es also 299 Direktkandidaten, jede Region ist so im Bundestag vertreten.

20 **Zweitstimme – welche Partei bekommt wie viele Sitze?**

Die Zweitstimme ist wichtiger, denn durch die Gesamtheit aller Zweitstimmen wird am Ende festgelegt, welche Partei wie viele Sitze im
25 Bundestag bekommt. Das entscheidet über die Mehrheitsverhältnisse. Wer hat die Macht? Wer wird Bundeskanzler? Das kannst du mit deiner Zweitstimme beeinflussen. Deswegen geht es auch bei den Hochrechnungen am
30 Wahlabend meist um die Zweitstimme. (bpb) Das Prinzip (ein bisschen vereinfacht):

- Gewinnt eine Partei 30 Prozent der Zweitstimmen, bekommt sie mindestens 30 Prozent der Sitze im Bundestag.
35 - Wichtig: Die Zweitstimmen für eine Partei verfallen, wenn sie insgesamt weniger als fünf Prozent aller Zweitstimmen erhält und weniger als drei Wahlkreise gewonnen hat.
40 - Die Sitze im Bundestag werden über Landeslisten vergeben.
- Jede Partei hat also eine Liste, auf der steht, welche ihrer Kandidaten in den Bundestag kommen sollen.
45 - Die Reihenfolge ist wichtig: Wer oben steht, kommt eher rein.

Angeberwissen für die Wahlparty: Überhangmandate und Ausgleichsmandate

Angenommen, eine Partei gewinnt 45 Wahl-
50 kreise und bekommt deshalb 45 Sitze für Direktkandidaten. Laut Zweitstimmenverhältnis stehen ihr aber nur 40 Sitze zu. Was jetzt? Sie bekommt fünf Überhangmandate. Um das Machtverhältnis wieder an das Ergeb-
55 nis der Zweitstimmen anzupassen, wird der Bundestag größer gemacht, die anderen Parteien bekommen zusätzliche Sitze, sogenannte Ausgleichsmandate. [...]

Steffen Lüdke. DER SPIEGEL, 23.09.2017. https://www. spiegel.de/politik/bundestagswahl-2017-das-ist-der- unterschied-zwischen-erststimme-und-zweitstimme- a-00000000-0003-0001-0000-000001715183 (Zugriff 20.07.2023)

M 3 **So funktioniert die Bundestagswahl (bis 2021)**

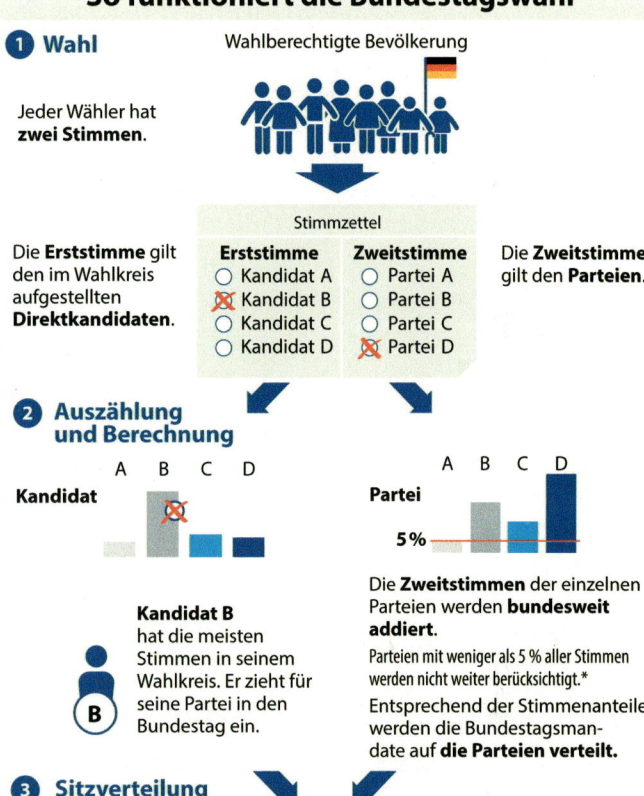

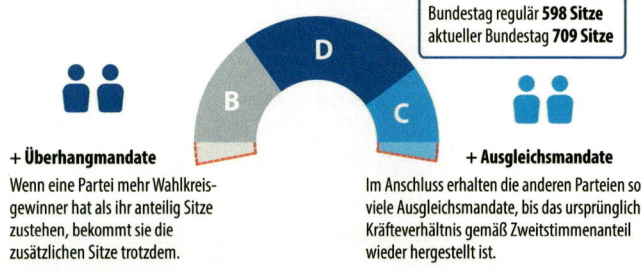

M 4 Die Wahl zum Deutschen Bundestag – Ergebnisse nach gewonnenen Wahlkreisen (Erststimme)

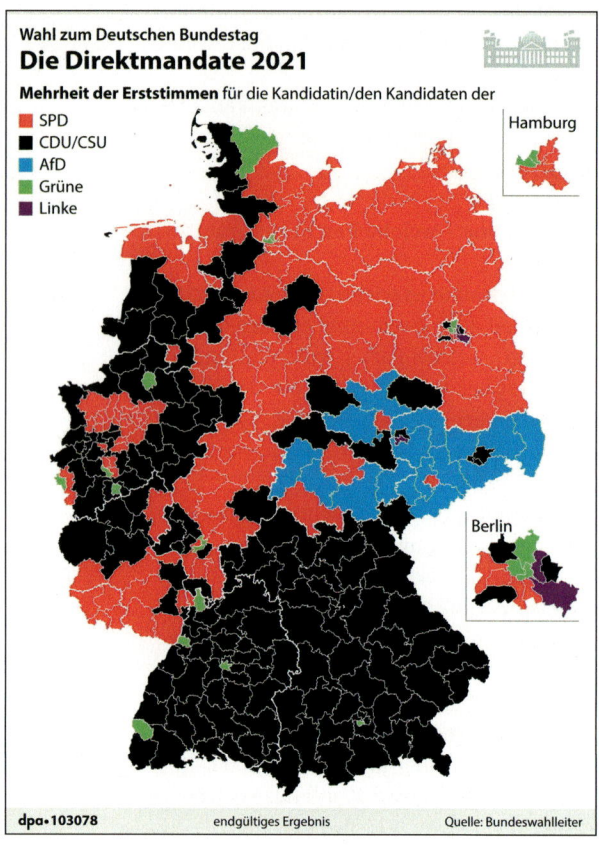

M 5 Die Wahl zum Deutschen Bundestag – Ergebnisse nach Verhältniswahl (Zweitstimme)

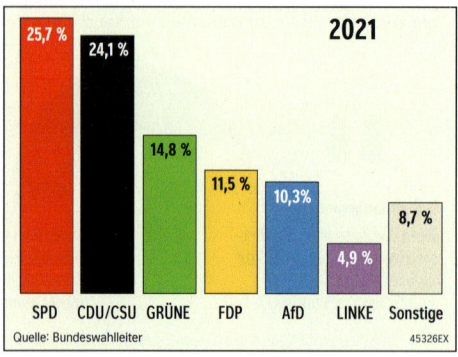

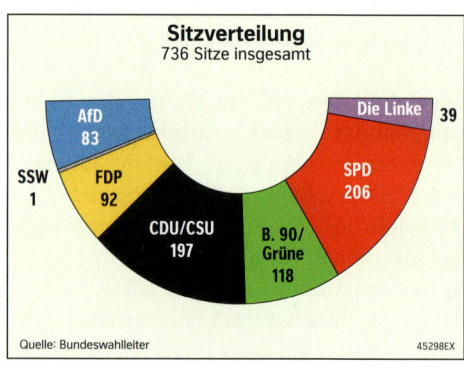

BASISKONZEPT 🔑
Ordnung und Struktur

QUERVERWEIS
Mehrheitswahlrecht
Hebel 6, S. 208

1 Erkläre das Wahlsystem zum Deutschen Bundestag in eigenen Worten (M 1 – M 3).

2 Wie müssen bei deiner Wahlrechtsmaschine (S. 209, M 2) die Stellschalter entsprechend des Wahlrechts zum Deutschen Bundestag eingestellt werden? (M 1 – M 3)

3 Vergleiche dein für die Insel entwickeltes Wahlsystem mit dem Wahlsystem zum Deutschen Bundestag.

4 Analysiere die Veränderungen für die Mehrheitsverhältnisse im 20. Deutschen Bundestag bei einem Wechsel zum Mehrheitswahlrecht (M 4, M 5).

M 6 Die durch die Ampelparteien am 17. März 2023 im Bundestag beschlossene Reform des Wahlrechts zum Deutschen Bundestag

Die seit Ende 2021 regierende Koalition aus SPD, Grünen und FDP hat sich das Ziel gesetzt, den Bundestag dauerhaft auf eine feste Größe von 630 Abgeordneten zu verkleinern. Am
5 17. März 2023 beschloss der Bundestag mit den Stimmen der drei Parteien diese [...] Reform des Wahlrechts. Jede Partei soll künftig nur noch so viele Sitze erhalten, wie ihr nach dem Zweitstimmenergebnis zustehen, und
10 das Verhältniswahlrecht so gestärkt werden. Falls eine Partei über die Erststimmen mehr Wahlkreise gewinnt, als ihr gemessen am Zweitstimmenergebnis in Sitzen zustehen, sollen die Wahlkreissieger mit den schlechtes-
15 ten Wahlergebnissen leer ausgehen. Wer einen Wahlkreis für sich entscheidet, zieht demnach nicht mehr automatisch in den Bundestag ein. Durch die Streichung der Überhangmandate fallen auch die Ausgleichs-
20 mandate weg.
Die nun beschlossene Reform sieht auch den Wegfall der Grundmandatsklausel vor. Dieser zufolge werden bisher bei der Verteilung der Sitze auf die Landeslisten der Parteien auch
25 Gruppierungen berücksichtigt, die zwar die Fünfprozenthürde nicht überwunden, aber mindestens drei Direktmandate gewonnen haben. Von der Sperrklausel befreit sein sollen künftig nur noch Parteien nationaler Min-
30 derheiten, beispielsweise der Südschleswigsche Wählerverband (SSW) als Vertretung der dänischen Minderheit.
Ursprünglich wollte die Bundesregierung die Zahl der Abgeordneten durch die Reform auf
35 598 reduzieren, letztlich einigten sich SPD, Grüne und Liberale jedoch auf 630 Sitze – es

soll das Risiko, dass einzelne Wahlkreise durch keinen Abgeordneten mehr im Bundestag vertreten werden, verringert werden.

Bundeszentrale für politische Bildung online: FAQ: Wahlrechtsreform zur Verkleinerung des Bundestages, 21.04.2023, Bonn; https://www.bpb.de/kurz-knapp/ hintergrund-aktuell/520271/faq-wahlrechtsreform-zur-verkleinerung-des-bundestages/ (Zugriff 21.08.2023)

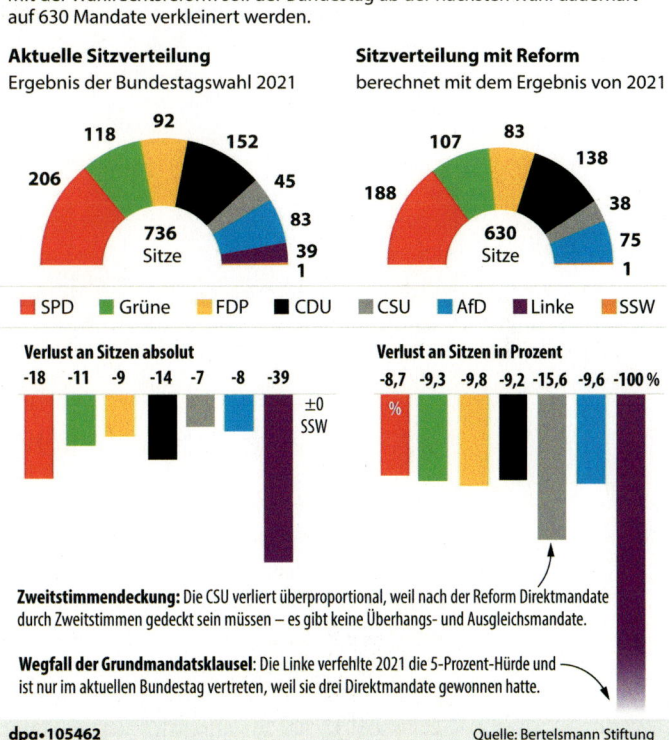

Änderung des Wahlrechts

Bundestag mit und ohne Reform

Mit der Wahlrechtsreform soll der Bundestag ab der nächsten Wahl dauerhaft auf 630 Mandate verkleinert werden.

Aktuelle Sitzverteilung
Ergebnis der Bundestagswahl 2021

206 · 118 · 92 · 152 · 45 · 83 · 39 · 1
736 Sitze

Sitzverteilung mit Reform
berechnet mit dem Ergebnis von 2021

188 · 107 · 83 · 138 · 38 · 75 · 1
630 Sitze

■ SPD ■ Grüne ■ FDP ■ CDU ■ CSU ■ AfD ■ Linke ■ SSW

Verlust an Sitzen absolut
-18 -11 -9 -14 -7 -8 -39 ±0 SSW

Verlust an Sitzen in Prozent
-8,7 -9,3 -9,8 -9,2 -15,6 -9,6 -100 %

Zweitstimmendeckung: Die CSU verliert überproportional, weil nach der Reform Direktmandate durch Zweitstimmen gedeckt sein müssen – es gibt keine Überhangs- und Ausgleichsmandate.

Wegfall der Grundmandatsklausel: Die Linke verfehlte 2021 die 5-Prozent-Hürde und ist nur im aktuellen Bundestag vertreten, weil sie drei Direktmandate gewonnen hatte.

dpa•105462 Quelle: Bertelsmann Stiftung

1 Erläutere die in M 6 dargestellten Änderungen am Wahlrecht zum Deutschen Bundestag.

2 Kritiker des neuen Wahlrechts bemängeln, dass durch den Wegfall der Grundmandatsklausel und möglicherweise nicht durch Abgeordnete vertretene Wahlkreise die Demokratie geschwächt wird. Beurteile diese Kritik unter Rückgriff auf dein Demokratieverständnis.

8.10 Lohnt es sich, wählen zu gehen?

In der öffentlichen Wahrnehmung sind Wahlen der Ausdruck politischer Beteiligung schlecht-hin. Allerdings nimmt die Wahlbeteiligung in den letzten Jahrzehnten kontinuierlich ab. Warum gehen Menschen nicht mehr wählen? Und wie könnte man diesen Entwicklungstrend wieder umkehren?

M 1   Die Wahlbeteiligung bei Bundestagswahlen

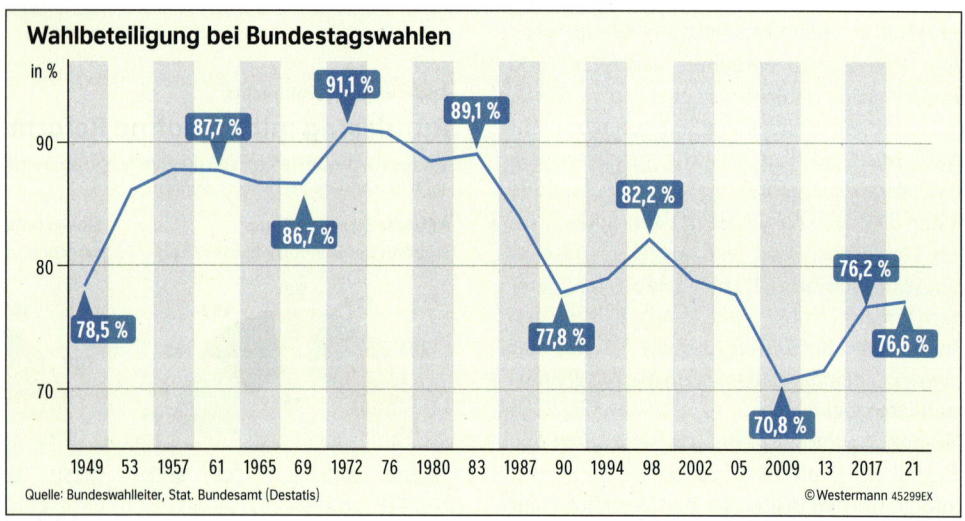

Quelle: Bundeswahlleiter, Stat. Bundesamt (Destatis)   © Westermann 45299EX

M 2   „Es wird sich ja eh nichts ändern"

Pascal K. hat nur einmal in seinem Leben ge-wählt, als er gerade 18 Jahre geworden ist. Seither nie wieder. „Es wird sich eh nichts än-dern, egal, was man wählt", sagt der Stuttgar-
5 ter. Den Politikern gehe es nur ums Geld und die Karriere. „Auf die Menschen, die Arbeiter, die Mittel- und Unterschicht achtet keiner." [...] Pascal K. ist 26 Jahre alt, ausgebildeter Stahl- und Betonbauer und verdient 1.900 Eu-
10 ro netto im Monat. Rein statistisch gesehen ist es nicht überraschend, dass er nicht wählen geht. Nichtwähler haben meistens kein Abi-tur, ein niedriges Einkommen, sind eher jung und unzufrieden. [...] Auch Alex L., 46, aus Nie-
15 dersachsen, hat keinen Beruf erlernt und geht nicht wählen oder gibt einen ungültigen Stimmzettel ab. Obwohl ihn viel umtreibt: Er versteht nicht, warum keiner etwas dagegen tue, dass die Reichen immer reicher werden,
20 warum nicht jeder ein „warmes, gemütliches

Zuhause" haben könne, warum sein Hartz-IV-Satz gekürzt werde, wann er endlich eine Ar-beit finde [...]. Und dann erzählt er von seinen Fußnägeln [...]. Alex L. kann sich wegen kör-
25 perlicher Einschränkungen nicht selbst die Fußnägel schneiden. Für eine professionelle Pflege reiche das Geld, das er durch Hartz IV und den 450-Euro-Job zusammenbekomme, nicht aus [...]. Die Krankenkasse übernehme
30 die Kosten nicht. Das Gesundheitswesen, das er sich wünscht, eines, das stärker auf indivi-duelle Bedürfnisse eingeht, findet er in kei-nem Parteiprogramm [...]. Böse Stimmen sa-gen über Nichtwähler, sie seien von der
35 Gesellschaft Abgehängte, weil sie nichts ge-lernt hätten, weil sie auf irgendeine Weise im Leben gescheitert seien. Das stimmt aber nicht immer. Es sind auch Studierte unter ih-nen, Angestellte, Prominente sogar [...]. Auch
40 Simon E. kann man nicht als sozial benachtei-

ligt bezeichnen. Der 33-Jährige aus Mannheim, der einen Magister in Philosophie sowie der Vor- und Frühgeschichte hat und als Recruiter arbeitet, macht seine Stimmzettel ungültig, indem er kreative Sprüche daraufschreibt. Damit zählt seine Stimme zwar zu den Wahlbeteiligten, fließt aber nicht in die Berechnung der Stimmanteile und Sitze der Parteien ein. Er ist sich nicht sicher, ob dieser stille Protest bei den Behörden wahrgenommen wird. Aber er will zeigen: Es gibt auch Menschen, die nicht wählen, gerade weil sie sich für Politik interessieren. „Wenn es stimmt, dass die Politik von Sachzwängen diktiert wird, dann zeigt es doch nur, dass mit dieser Form der Politik keine Veränderungen angeschoben werden können" sagt Simon E. Für ihn ist es die Wirtschaft, die mit ihren Lobbyisten die Gesellschaft steuert – und die Politiker. [...] Was müsste sich ändern, damit Nichtwähler sich wieder beteiligen? Es müsste eine Partei geben, die seine Interessen zu 100 Prozent vertritt, sagt Alex L. Die Politiker müssten ehrlich werden und dürften sich nicht steuern lassen, sagt Pascal K.

Veronika Wulf: „Es wird sich ja eh nichts ändern", Süddeutsche Zeitung online, 21.08.2017, München; https://www.sueddeutsche.de/politik/nichtwaehler-es-wird-sich-ja-eh-nichts-aendern-1.3632073 (Zugriff 24.11.2022)

M3 Ziemlich gute Gründe, wählen zu gehen

Wählen tut gut! Dieser Moment, nach dem die Wahlzettel in der Urne verschwinden, ist immer wieder ein Genuss. Für viele ist das ja ohnehin einer der seltenen Momente im Leben, in denen sie aktiv die ganz große Politik mitbestimmen können. Wer darauf verzichtet, der verpasst etwas.

Jede Stimme zählt! Die Entscheidung, wer das Land regiert, kann ganz schnell von ganz wenigen Stimmen abhängen. Im Zweifel genau von Ihrer. Von wegen, Ihre Stimme hat kein Gewicht! Am Ende kann sie genau die Stimme sein, die Ihrer Partei an die Macht verhilft – und damit dorthin, wo sie in Ihrem Sinne das Land gestalten kann.

Wählen ist Bürgerpflicht! Nein, nicht im juristischen Sinne. Niemand kann hierzulande dazu gezwungen werden. Aber aus dieser Freiheit erwächst auch die Verantwortung, sich zu kümmern um das Land. Und dazu zählt mindestens, zur Wahl zu gehen.

Nichtwählen aus Protest funktioniert nicht! Also mal angenommen, Sie sind ein Protest-Nichtwähler. Das ist Ihr gutes Recht. Aber: [...] Je mehr Menschen ihre Stimme abgeben, desto geringer wird der prozentuale Anteil der NPD am Gesamtergebnis. Also: Wer wählt, kann einfacher seine Protesthaltung ausdrücken. [...]

Die Faulheits-Ausrede ist eine faule Ausrede! [...] Jede Straße, jedes Haus, jede Kita ums Eck, der Arbeitsplatz, einfach alles um Sie herum betrifft Sie direkt und alles hat irgendetwas mit Politik zu tun. Wollen Sie wirklich anderen überlassen, wer über das bestimmt, was Sie direkt angeht? Nein? Sehen Sie!

Sie können Ihre Kompromissfähigkeit in der Wahlkabine testen! Keine Partei wird Ihnen all das geben, was Sie sich von ihr wünschen. Aber manche machen auf Sie vielleicht einen etwas besseren Eindruck als andere [...].

Sie helfen damit der Demokratie: Stellen Sie sich vor, es ist Demokratie und keiner geht hin! Was denn bitte dann? Wenn niemand wählen würde, die Demokratie wäre tot. Und wenn Ihnen die eine Partei nicht passt, dann wählen Sie halt eine andere oder gründen selbst eine [...].

Thorsten Denkler: Zehn ziemlich gute Gründe, wählen zu gehen, Süddeutsche Zeitung online, 22.09.2013, München; https://www.sueddeutsche.de/politik/bundestagswahl-zehn-ziemlich-gute-gruende-waehlen-zu-gehen-1.1775957 (Zugriff 24.11.2022)

1 Erläutere die Gründe von Pascal, Alex und Simon in M1, nicht wählen zu gehen.

2 Überzeugen dich die Argumente der Nichtwähler in M2? Begründe deine Einschätzung.

3 Gestalte mithilfe von M3 ein Werbeplakat, mit dem du Pascal K. und Simon E. überzeugen kannst, wieder aktiv an Wahlen teilzunehmen.

Zeichnung: Nel

Zeichnung: Gerhard Mester

Zeichnung: ERL

Zeichnung: Schwarwel

Jupp Wolter (Künstler), Stiftung
Haus der Geschichte

Zeichnung: Roger Schmidt

Karikatour

In Karikaturen werden politische, historische und wirtschaftliche Zusammenhänge in Form einer Zeichnung oder Skizze künstlerisch aufbereitet präsentiert. Das dargestellte Problem wird dabei kurz und prägnant präsentiert und ist in aller Regel durch Zuspitzung, Personalisierung und Übertreibung gekennzeichnet. Benutzte Darstellungsmittel sind dabei Sarkasmus, Ironie und Parodie. Eine Karikatur ist deshalb nie eine neutrale Darstellung, sondern gibt die Meinung und Auffassung der Zeichnerin bzw. des Zeichners (oder von deren/dessen Auftraggeber) wider.

Um mehrere Karikaturen in deiner Klasse arbeitsteilig auswerten zu können, bietet sich die Karikatour als Analyseinstrument an.

Schritt 1: Vorbereitungen

Damit die Karikaturen gut erkennbar sind und ihr später in euren Kleingruppen gemeinsam diskutieren könnt, sollten sie eine sinnvolle Größe haben. Eine Möglichkeit ist es, die Karikaturen durch Kopieren zu vergrößern. Ebenfalls möglich ist es, die Karikatur auf eine Folie zu kopieren und mithilfe eines Tageslichtprojektors an die Wand zu projizieren. Falls vorhanden, ist auch der Einsatz eines Smartboards denkbar.

Schritt 2: Erste Annäherung

Alle in deiner Klasse verteilen sich gleichmäßig auf alle im Raum gut sichtbar platzierten Karikaturen. Betrachtet die Karikatur nun 30 Sekunden und behaltet dabei folgende Fragen im Hinterkopf: Was ist auf der Karikatur erkennbar? Welches Problem wird durch die Karikatur angesprochen? Teilt ihr die durch die Karikatur vertretene Meinung? Nach Ablauf der Zeit gibt euer Lehrer bzw. eure Lehrerin euch ein Signal und ihr geht zur nächsten Karikatur. Habt ihr alle Karikaturen gesehen, ist die erste Annäherung beendet.

Schritt 3: Bildung von Arbeitsgruppen

Sicherlich haben euch manche der Karikaturen eher angesprochen als andere. Postiert euch nun vor der Karikatur, die euch am meisten interessiert. Ist eine Karikatur besonders „beliebt", so solltet ihr darüber nachdenken, zu einer anderen zu gehen. Im Idealfall stehen vor jeder Karikatur nun ungefähr immer gleich viele Schülerinnen und Schüler.

Schritt 4: Auswertung der Karikaturen

Jede Kleingruppe beschäftigt sich nun intensiv mit „ihrer" Karikatur. Dabei solltet ihr die folgenden Fragen als Analyseinstrument benutzen:

a) Beschreibung: Welche Symbole (Objekte, Personen, Sprechblasen …) verwendet der Karikaturist bzw. die Karikaturistin?
b) Deutung: Wie können die beschriebenen Symbole gedeutet werden?
   Kernaussage: Welche Meinung vertritt der Karikaturist/die Karikaturistin?
c) Urteil: Stimmst du seiner/ihrer Meinung zu? Begründe!

Schritt 5: Vergleich der Karikaturen

Ist die Analyse der Karikaturen in allen Gruppen beendet, so ist es sinnvoll, die gewonnenen Erkenntnisse mit dem Rest der Klasse zu teilen. Hierzu bieten sich mehrere Möglichkeiten an:

a) Jede Gruppe präsentiert ihre Ergebnisse in Form eines Vortrages für den Rest der Klasse. Diejenigen, die nicht in der Gruppe vertreten sind, machen sich Notizen zu den einzelnen Vorträgen.
b) Es werden neue Gruppen gebildet, in denen aus jeder Analysegruppe je ein Mitglied vertreten ist. Innerhalb jeder neuen Gruppe tragen die Schülerinnen und Schüler ihre Ergebnisse vor. Jede/jeder macht sich zu den Karikaturen, die sie/er nicht bearbeitet hat, Notizen.

Auf folgende Fragen solltest du jetzt antworten können. Du kannst auf den angegebenen Seiten auch noch einmal nachlesen.

1. Was versteht man unter politischer Partizipation?

Wesensmerkmal einer Demokratie ist die Möglichkeit der Bürgerinnen und Bürger, sich an politischen Prozessen zu beteiligen und die eigene Meinung einzubringen. Dabei unterscheidet man zwischen formellen und informellen Möglichkeiten der politischen Partizipation. Während formelle Möglichkeiten der politischen Partizipation durch einfache Gesetze und durch das Grundgesetz besonders geschützt, institutionalisiert und einklagbar sind (z. B. das Recht zu demonstrieren), genießen informelle Möglichkeiten der politischen Partizipation (z. B. Unterschriftensammlung) diesen Schutz nicht und sind in manchen Fällen sogar illegal (z. B. gewaltsame Sitzblockaden). Die unterschiedlichen Möglichkeiten der politischen Partizipation unterscheiden sich deutlich und reichen von einem Leserbrief in einer Zeitung bis zur Mitgliedschaft in einer Partei.

2. Was unterscheidet eine Bürgerinitiative von einem Verband und einer Partei?

Bürgerinitiativen, Verbände und Parteien sind die wichtigsten Garanten politischer Partizipation der Bürgerinnen und Bürger in Deutschland. Dabei unterscheiden sie sich in wesentlichen Punkten. Während Bürgerinitiativen nur für eine bestimmte Zeit bestehen (in der Regel bis zur Klärung eines konkreten, meist regionalen Anliegens), sind Parteien und Verbände Zusammenschlüsse, die auf Dauer angelegt sind. Parteien beschäftigen sich darüber hinaus mit allen Bereichen des öffentlichen Lebens (Gesellschaft, Wirtschaft, Kultur etc.), Verbände dagegen nur mit einem speziellen Bereich (z. B. Interessen der Automobilindustrie). Die Einflussmöglichkeiten von Verbänden und Parteien sind sehr unterschiedlich und hängen mit ihrer Größe, Mitgliederanzahl und Finanzstärke zusammen. (S. 184 – 199)

3. Welche Funktionen haben Parteien?

Parteien sind als herausgehobene Träger der politischen Willensbildung durch das Grundgesetz (Art. 21) besonders geschützt. Die ihnen zugewiesenen Aufgaben sind vielfältig und reichen von der Möglichkeit der Bürgerinnen und Bürger, sich politisch zu beteiligen (Partizipationsfunktion), über die Gewinnung politischen Führungspersonals (Personalrekrutierung) und das Aufstellen von Wahlprogrammen (Programmfunktion) sowie die Formulierung von Erwartungen gesellschaftlicher Gruppen (Interessenartikulation) bis hin zur Schaffung von Akzeptanz politischer Entscheidungen in der Bevölkerung (Legitimationsfunktion). Die Erfüllung der Funktionen gelingt nicht immer in allen Bereichen gleich gut. (S. 202 – 207)

4. Wie funktioniert die Wahl zum Bundestag?

Die Wahlen zum Deutschen Bundestag finden als „personalisierte Verhältniswahl" statt. Dabei werden Elemente des Mehrheitswahlrechts mit Elementen des Verhältniswahlrechts verknüpft. Ausschlaggebend für die Mehrheitsverhältnisse im Bundestag sind dabei allerdings die Elemente des Verhältniswahlrechts. (S. 210 – 213)

Basiskonzept: Macht und Entscheidung

Wesentliches Merkmal einer demokratischen Gesellschaft ist der Pluralismus. Es gibt zu fast jedem Thema oder Problem unterschiedliche Meinungen, die öffentlich diskutiert werden. Da die einzelnen Bürgerinnen und Bürger alleine kaum in der Lage sind, ihre Auffassung durchzusetzen, bilden sie, gemeinsam mit anderen, Vereinigungen. Dies können Parteien, Verbände oder Bürgerinitiativen sein. Ob es einer Vereinigung gelingt, ihre Interessen durchzusetzen, hängt vor allem davon ab, wie wirkungsvoll sie diese in den Entscheidungsprozess einbringen kann. Machtmittel sind dabei beispielsweise Pressekampagnen oder Gespräche mit Abgeordneten; Entscheidungen werden anschließend häufig in den Parlamenten oder den Regierungen getroffen.

M 1   Formen der Partizipation

Felix, 19, wird Parteimitglied

„Schon in meinem Abi-Buch stand: ‚zukünftiger Bundeskanzler'. Als ich Ende September in die CDU eingetreten bin, meinte meine Oma, das sei schon mal der erste Schritt. Politisch war ich schon immer, in meiner Familie wurde am Abendbrottisch viel diskutiert, über Schulpolitik, über die Frauenquote. Ich bin jedoch der Erste, der Parteimitglied geworden ist. Ich habe mich vorher noch nicht reif gefühlt, meinen Standpunkt öffentlich zu verteidigen. Erst mit 16, 17 änderte sich das [...]. Ich halte Politik für einen guten Weg, der Gesellschaft etwas zurückzugeben. Vor allem in Zeiten, wo der Populismus zunimmt [...]. Ich finde es wichtig, dass man AfD-Wähler nicht ausgrenzt, sondern probiert, sie wieder an demokratische Grundwerte heranzuführen. Ich kann nachvollziehen, warum manche Menschen Angst haben, in der Globalisierung zu verlieren oder arbeitslos zu werden."

Sarah Levy: Ich bin eingetreten, in: ZEIT online, 08.12.2016, Hamburg; https://www.zeit.de/2016/51/partei-beitritt-cdu-spd-die-gruenen-fdp-afd (Zugriff 24.11.2022)

Wolf, 21, blockiert Bahnschienen bei einem Castortransport

„Nach einem langen Marsch durch den Wald, über Äcker und Felder [...], rennen auf einmal alle los. Mit schwant Übles, etwa, dass in der Hitze des nahenden Gefechts alle organisatorischen Strukturen über den Haufen geworfen werden, ergo unsere wenigen Vorteile gegenüber den knüppelnden Polizisten verspielt werden. Und in der Tat wird die erste Welle bereits niedergeknüppelt, bevor ich an der Schiene bin [...]. Es geht einen sehr steilen Abhang zwei Meter runter [...]. Da können natürlich nicht hunderte Leute nachrücken, und so stehen viele am Kamm und bezeugen mehr oder weniger hilf- bzw. willenlos den hemmungslosen Einsatz von Schlagstöcken, Pfefferspray, Reizgasbomben [...]. Ich springe runter, verstärke die wenigen unserer Leute, die noch können, ducke mich immer wieder hinter meinem Schutzschild, aber werde auch sehr bald zurückgedrängt."

Wolf Gerr: Republik Freies Wendland – ein Erfahrungsbericht, in: ufafo.de, 17.11.2010, Münster; http://ufafo.de/blog/2010/11/republik-freies-wendland-ein-erfahrungsbericht/ (Zugriff 17.04.2018)

Lorenz, Jona und Maria, alle 18, gehen wählen

Welche Partei ihre Stimme bekommt, steht noch nicht bei jedem fest. [...] Die Schüler [...] Lorenz, Jona und Maria, alle 18 Jahre alt, haben über ihre Vorbereitungen, Erwartungen und die angebliche Politikverdrossenheit ihrer Generation gesprochen. [...] ‚Ich will die volle Erfahrung haben und zur Urne gehen', sagt Maria. Politisch aktiv sind die drei Schüler nicht. [...] In einem sind sich alle drei einig: Wählen zu gehen bedeutet auch Verantwortung zu tragen. Um dieser Verantwortung gerecht zu werden, bereiten sich die 18-Jährigen vor und informieren sich. [...] Während Jona den Wahl-O-Mat der Bundeszentrale für politische Bildung noch zurate ziehen will, hat Maria bereits Parteiprogramme überflogen. [...] Die Entscheidung, wo die Kreuze für Erst- und Zweitstimme auf dem Stimmzettel landen, machen die Schüler von politischen Inhalten abhängig.

Mareike Gröneweg: Erstwähler berichten von ihrem Gang zur Wahlurne, in: Neue Westfälische online, 19.09.2017, Bielefeld; http://www.nw.de/lokal/kreis_paderborn/paderborn/paderborn/21921085_Erstwaehler-berichten-von-ihrem-Gang-zur-Wahlurne.html (Zugriff 24.11.2022)

1 Vergleiche das politische Engagement der Personen in M 1 anhand geeigneter Kriterien.

2 Erläutere die verfassungsrechtlichen und gesetzlichen Grundlagen der in M 1 beschriebenen politischen Beteiligung.

3 Beurteile die Wirksamkeit und Legitimität der dargestellten Partizipationsmöglichkeiten.

 **Donald J. Trump** ✔ @realDonaldTrump · 17. Feb.
The FAKE NEWS media (failing @nytimes, @NBCNews, @ABC, @CBS, @CNN) is not my enemy, it is the enemy of the American People!

↩ 78 Tsd.   51 Tsd. ♥ 162 Tsd.

Demokratie im Zeitalter der neuen Medien

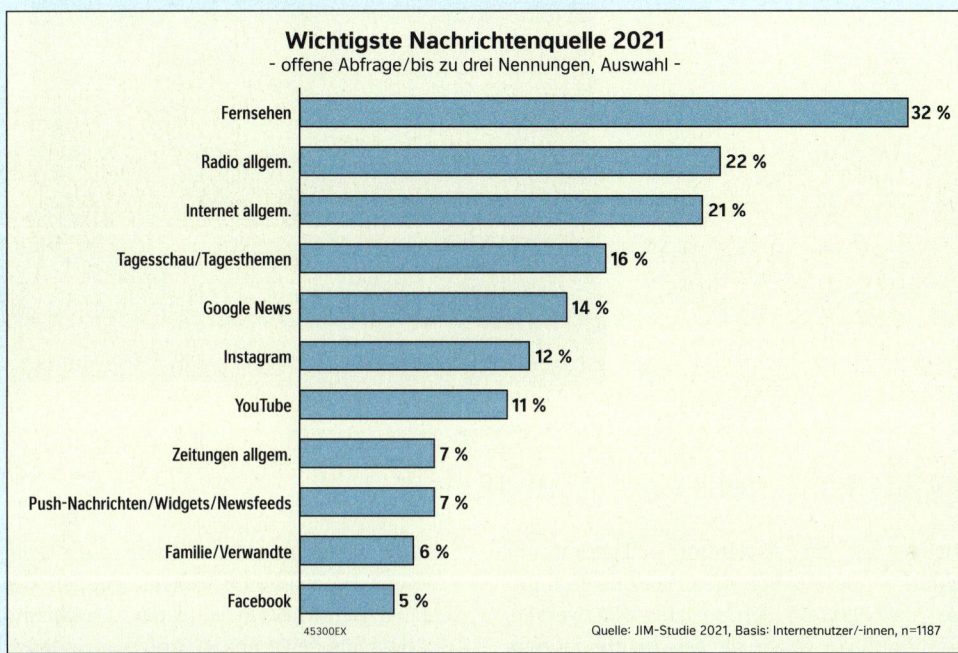

Wichtigste Nachrichtenquelle 2021
- offene Abfrage/bis zu drei Nennungen, Auswahl -

Fernsehen	32 %
Radio allgem.	22 %
Internet allgem.	21 %
Tagesschau/Tagesthemen	16 %
Google News	14 %
Instagram	12 %
YouTube	11 %
Zeitungen allgem.	7 %
Push-Nachrichten/Widgets/Newsfeeds	7 %
Familie/Verwandte	6 %
Facebook	5 %

45300EX

Quelle: JIM-Studie 2021, Basis: Internetnutzer/-innen, n=1187

INFO

JIM steht für Jugend, Information, (Multi-) Media. Die JIM-Studie beschäftigt sich mit dem Medienumgang von 12- bis 19-Jährigen in Deutschland.

Soziales Kotzwerk

Zeichnung: Pfohlmann

9.1 Auf der Suche nach der Wahrheit

M1 Ist doch egal …

Ist doch egal, ob er die Wahrheit sagt. Für mich zählt, dass er recht hat!

Zeichnung: Jan Rieckhoff

M2 Kein „Gratis-Sex" in „Bad Eulen"

INFO

Nachrichtenblog
Privat oder von klassischen Medien betriebenes Online-Portal im Blog-Format mit Beiträgen zu verschiedenen Themen

Fake News
Gefälschte, aber sehr echt erscheinende Nachrichten, häufig begleitet von auffälligen bis reißerischen Überschriften

 **WEBCODE**

WES-116987-015
Film: „Einfach erklärt: Fake News"

QUERVERWEIS

Rechtspopulismus
S. 282 f.

„Gratis-Sex für Asylanten – Landratsamt zahlt!" – diese Meldung verbreitete sich Ende April 2017 in den sozialen Netzwerken. Veröffentlicht wurde die Geschichte auf dem
5 Nachrichtenblog „Der Volksbeobachter". Weitere Meldungen folgten: „Flüchtling schnappt Deutschem den Job weg", hieß es. Oder auch: „Name missfällt: Grüne wollen Café ‚Mohrenkopf' schließen". All diese Meldungen haben
10 eins gemeinsam: Sie sind frei erfunden. Es gab keinen Gratis-Sex, weder für Flüchtlinge noch für andere Bewohner der Stadt Bad Eulen, die überhaupt nicht existiert. Viele Nutzer wollten die Geschichten dennoch gerne
15 glauben. Der Blog „Der Volksbeobachter" und die dazugehörige Facebook-Seite gehören zu einem Experiment von Professor Wolfgang Schweiger und zwei Mitarbeiterinnen von der Universität Hohenheim in Stuttgart. Der
20 Versuch sollte zeigen, wie schnell sich Fake News verbreiten und wie selten Nachrichten auf ihre Echtheit geprüft werden. Zusätzlich zur Webseite erstellten die Mitarbeiterinnen der Universität vier Fake-Profile, die sich mit
25 Gleichgesinnten anfreundeten und rechtspopulistischen Seiten folgten. Nach zwei Wochen hatte eines der falschen Profile schon

251 Facebook-Freunde. Es war auch kein Problem, rechtspopulistischen Gruppen des sozialen Netzwerks beizutreten. „Auffallend 30 war, dass unsere Facebook-Profile nie in Frage gestellt wurden, weder von Facebook, der Institution selber, noch von anderen Usern", so Schweiger im Gespräch mit dem SWR. Besonders bemerkenswert war die Einseitigkeit der 35 Themen, die in der Timeline der erfundenen Nutzer auftauchten. Schweiger warnt: „Wir werden diese Filterblasen und Echokammern weiterhin in den sozialen Netzwerken haben. Wenn diese als Nachrichtenquelle an Bedeu- 40 tung gewinnen, dann wird das auf jeden Fall die Polarisierung, die bei uns auch allmählich anfängt, verstärken." Nachdem die falschen Nutzer und der erfundene Nachrichtenblog in der Community bekannt waren, verbreiteten 45 Schweiger und seine Mitarbeiterinnen ihre Falschmeldungen. Neben den Gerüchten über die Schließung eines Cafés „Mohrenkopf" oder einer persönlichen Entschuldigung von Facebook-Gründer Mark Zuckerberg bei ei- 50 nem Flüchtling hatte die Nachricht über den Gratis-Sex die höchste Reichweite. Viele Nutzer sozialer Medien schienen nicht auf die angegebene Quelle zu achten. Dabei könnten sie

so die Fake News schnell enttarnen, meinen die Wissenschaftler: So erinnere der Name „Der Volksbeobachter" schon an den „Völkischen Beobachter" – was nicht unbedingt für ein glaubwürdiges Medium spreche. Einige Nutzer bemerkten aber, dass es die Stadt Bad Eulen in Deutschland gar nicht gibt, und enttarnten so den Fake. Für viele andere spielte dies hingegen keine Rolle, denn die Nachricht passte in ihr Weltbild. Häufig seien es wenige Leute, die rechte Filterblasen verursach-

ten, erklärt Professor Schweiger, „die aber immens aktiv sind". Er hofft, dass die Macht dieser Menschen möglicherweise überschätzt wird. Allerdings habe das Experiment gezeigt, mit wie wenig Aufwand – nur eine Stunde am Tag – eine hohe Reichweite erzielt werden konnte. Am Ende klärten die Wissenschaftler die Fälschung öffentlich auf. Mittlerweile sind die Seiten eindeutig als Fake News gekennzeichnet, doch die Klarstellung erreichte nicht so viele Menschen wie die Falschmeldungen.

Patrick Gensing: Kein Gratis-Sex in Bad Eulen, tagesschau.de, Faktenfinder, Hamburg; http://faktenfinder.tagesschau. de/inland/experiment-fake-news-filterblase-101.html (Zugriff 20.06.2018, gekürzt)

INFO

Völkischer Beobachter
Parteizeitung der NSDAP, 1920 – 1945

Internetseiten prüfen – ein Fragebogen

METHODE

1. Wer zeichnet für den Inhalt der Webseite verantwortlich? Ist ein Impressum vorhanden? Macht sich der Autor bzw. die Autorin durch weitergehende Informationen über seine/ihre Person nachvollziehbar (z. B. durch Angabe von Beruf, Arbeitsplatz, Art der Ausbildung o. Ä.)?

2. Welche weiteren Referenzen kann der Verfasser/die Verfasserin aufweisen? Erscheinen die angegebenen Referenzen plausibel? In welchem Umfeld wurde die Webseite oder der Text veröffentlicht? Ist die Seite privat oder z. B. in den Webauftritt einer Universität, öffentlichen Institution oder eines bekannten Unternehmens eingebunden? Hierüber kann die Adresse der Webseite Aufschluss geben. Bei ungewöhnlicher Domain-Endung (z. B. .vu, .to) ist Vorsicht geboten!

3. Wie sachlich sind die Texte einer Webseite verfasst? Was war der Anlass für einen Text? Sind Quellen und weiterführende Links angegeben? Texte, die sich unsachlich und stark emotional äußern bzw. aus Aneinanderreihungen von Behauptungen bestehen, die nicht weiter belegt sind, eignen sich nicht als Quelle verlässlicher Informationen.

4. Wird die Webseite regelmäßig aktualisiert? Diese Information […] kann aus dem Einstelldatum der letzten Meldungen oder Texte ersehen werden. Wird die Webseite regelmäßig gewartet? Befindet sich eine große Zahl ungültiger („toter") Links auf der Seite, ist das ein Hinweis darauf, dass sie nicht regelmäßig überarbeitet wird.

5. Wie professionell wirkt die Webseite? Ist sie klar und übersichtlich strukturiert? Wird sie korrekt im Browser angezeigt und funktioniert sie in allen Teilbereichen? Sollte es zu Anzeigefehlern in Ihrem Browser kommen, kann das ein Hinweis auf mangelnde Qualität einer Seite sein.

6. Da ein Thema in i. d. R. auf verschiedenen Seiten zu finden ist, werden unter Umständen auf der betreffenden Seite Links zu anderen Seiten und/oder Portalen angegeben. Lassen sich auf den verlinkten Seiten Rückverlinkungen zu der ursprünglich besuchten Seite finden? Gibt es auf anderen Seiten Meinungsäußerungen/Bewertungen zu der besuchten Webseite?

Klicksafe.de: Wie schätze ich Internetseiten richtig ein?, Ludwigshafen; https://www.klicksafe.de/themen/suchen-recherchieren/glaubwuerdigkeit/wie-schaetze-ich-seiten-im-internet-richtig-ein/ (Zugriff 27.05.2018; verändert)

1. Führt die Befragung über Informationsquellen in der Klasse durch und erstellt eine grafische Darstellung. (S. 221)
2. Vergleiche die Ergebnisse mit denen der JIM-Studie (S. 221).
3. Vergleiche die beiden Karikaturen auf den Seiten 221 und 222.
4. Arbeite aus M 2 heraus, wie sich Fake News verbreiten.
5. Überprüft die Glaubwürdigkeit der Quellen eures letzten Referats anhand der vorgestellten Methode.

QUERVERWEIS

Methode Karikaturenanalyse
S. 38

9.2 Aufgaben der Medien in der Demokratie

WEBCODE

WES-116987-016

Film: „Einfach erklärt: Medien in der Demokratie"

Wenn von „den Medien" die Rede ist, waren bis vor ein paar Jahren in der Regel die „klassischen Medien", also Printmedien, Radio und Fernsehen gemeint. Während Zeitungen und Zeitschriften in Deutschland überwiegend privat betrieben werden und sich über Werbung und den Kaufpreis finanzieren, sind viele Rundfunk- und Fernsehanstalten „öffentlich-rechtlich" und finanzieren sich größtenteils aus Gebühren. Allerdings gibt es seit den 1980ern auch Privatsender und seit den 1990ern sogenannte Pay TV-Angebote. Als „neue" Medien gelten alle Medien rund um das Internet. Das Web 2.0 erlaubt die direkte Rückmeldung zwischen Sendern und Empfängern von Nachrichten. So intensiviert es auch die Kommunikation zwischen Politikerinnen/Politikern und Bürgerinnen/Bürgern.

M 1   Medienfunktionen

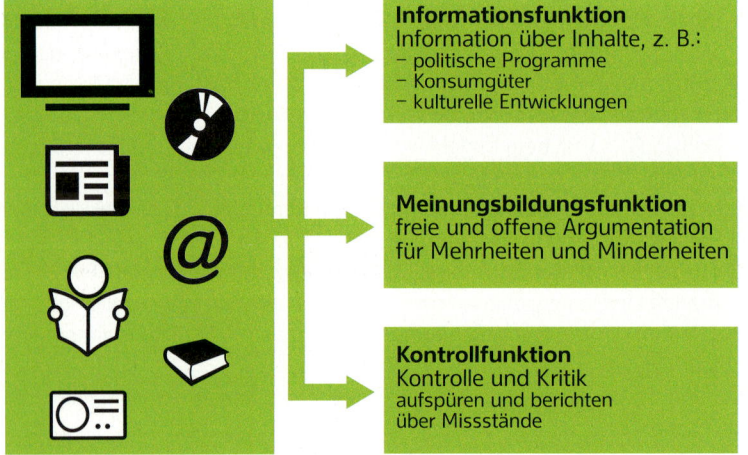

Informationsfunktion
Information über Inhalte, z. B.:
– politische Programme
– Konsumgüter
– kulturelle Entwicklungen

Meinungsbildungsfunktion
freie und offene Argumentation für Mehrheiten und Minderheiten

Kontrollfunktion
Kontrolle und Kritik aufspüren und berichten über Missstände

M 2   Aus dem Landespressegesetz Baden-Württemberg

§ 1 Freiheit der Presse:
(1) Die Presse ist frei. Sie dient der freiheitlichen demokratischen Grundordnung.
(2) Die Freiheit der Presse unterliegt nur den
5 Beschränkungen, die durch das Grundgesetz unmittelbar und in seinem Rahmen durch dieses Gesetz zugelassen sind.
[...]
§ 3 Öffentliche Aufgabe der Presse:
10 Die Presse erfüllt eine öffentliche Aufgabe, wenn sie in Angelegenheiten von öffentlichem Interesse Nachrichten beschafft und verbreitet, Stellung nimmt, Kritik übt oder auf andere Weise an der Meinungsbildung mitwirkt.
15 **§ 4 Informationsrecht der Presse:**
(1) Die Behörden sind verpflichtet, den Vertre-

tern der Presse die der Erfüllung ihrer öffentlichen Aufgabe dienenden Auskünfte zu erteilen.
(2) Auskünfte können verweigert werden, so- 20
weit
1. hierdurch die sachgemäße Durchführung eines schwebenden Verfahrens vereitelt, erschwert, verzögert oder gefährdet werden könnte oder 25
2. Vorschriften über die Geheimhaltung entgegenstehen oder
3. ein überwiegendes öffentliches oder schutzwürdiges privates Interesse verletzt würde oder 30
4. ihr Umfang das zumutbare Maß überschreitet.

M 3 „Eine Katastrophe für die Vielfalt"

Herr Röper, das Urteil Ihrer neuen Studie zum deutschen Zeitungsmarkt ist vernichtend. Sie sprechen von einer „neuen Welle der Pressekonzentration". 61,6 Prozent der verkauften Gesamtauflage der Ta-
5 *geszeitungen werden inzwischen von den zehn größten Verlagsgruppen verlegt, an der Spitze steht Springer.*

In der Vergangenheit hat sich der Konzentrationsgrad im Nachkomma-Bereich entwickelt.
10 Aber in den vergangenen zwei Jahren erlebten wir über 1,8 Prozentpunkte Steigerung. Es gibt einen erheblichen Anteilszuwachs zugunsten der Großverlage. [...]

Sinkende Werbeeinnahmen und Auflagenverluste
15 *führen zu Einsparungen. Was heißt das für die Presselandschaft?*

Während früher in fast allen Verbreitungsgebieten zwei oder mehr lokale Zeitungen nebeneinander konkurrierten, ist das heute die
20 Ausnahme, abgesehen vom Berliner Markt. Das ist hinsichtlich der Vielfalt die noch größere Katastrophe. Es gibt kein Zeitungssterben, denn Zeitungen werden kaum komplett eingestellt. Aber viele Lokalredaktionen wer-
25 den geschlossen, weil die Regionalzeitungen sich aus den Rändern ihrer Regionen zurückziehen und sich auf Ballungsräume fokussieren. In diesen Gegenden hat dann die übrig bleibende Zeitung das Monopol auf die Lokal-
30 berichterstattung.

So entsteht Platz für neue Angebote wie lokale Blogs oder Bürgerjournalismus?

[...] Vor zweieinhalb Jahren gab es in Nordrhein-Westfalen 68 lokaljournalistische Blogs
35 von neuen Anbietern. Das machen meistens ehemalige Zeitungskollegen. Aber ihre einzige Finanzierungsquelle ist Werbung, die allein

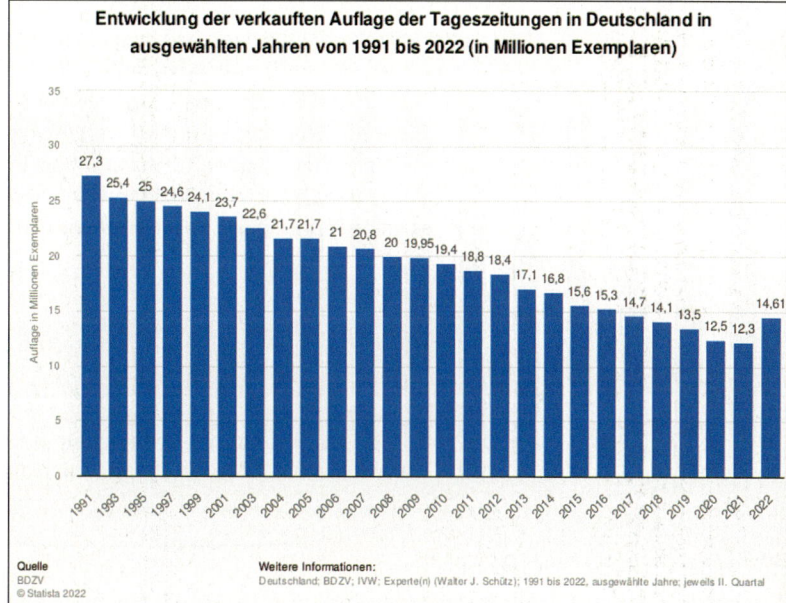

Entwicklung der verkauften Auflage der Tageszeitungen in Deutschland in ausgewählten Jahren von 1991 bis 2022 (in Millionen Exemplaren)

Quelle
BDZV
© Statista 2022

Weitere Informationen:
Deutschland; BDZV; IVW; Experte(n) (Walter J. Schütz); 1991 bis 2022, ausgewählte Jahre; jeweils II. Quartal

nicht ausreicht. Auch Angebote, die sich über Abonnenten oder Einzelstückverkäufe finanzieren, laufen im Netz schleppend. Die Kolle- 40 gen sagen ganz offen, was sie da betreiben, ist Selbstausbeutung.
[...]

E-Paper-Auflagen wachsen, im Netz findet Paid Content immer mehr Akzeptanz. 45
Alle Erlöswege, die Verlage für sich erschließen können, sind hochwillkommen. Aber alle Verlage sagen, dass das eine sehr zähe Entwicklung ist. Bei den verkauften E-Paper-Auflagen der Tageszeitungen haben wir eine 50 sprunghafte Steigerung von 1,07 Millionen im Jahr 2017 auf 1,28 Millionen im Jahr 2018 erlebt, aber das ist nur ein kleiner Anteil der Gesamtauflage. [...]

Sophie Krause, Horst Röper: Interview zur Pressekonzentration: „Eine Katastrophe für die Vielfalt", Tagesspiegel online, 06.07.2018, Berlin; https://www.tagesspiegel.de/gesellschaft/medien/eine-katastrophe-fur-die-vielfalt-3968047.html (Zugriff 07.11.2022)

INFO

Horst Röper ist Leiter des Dortmunder Formatt-Instituts und Autor der alle zwei Jahre erscheinenden Studie zur Konzentration der deutschen Tagespresse.

1 Erläutere, wie eine demokratische Gesellschaft ohne Medien aussehen würde.
2 Arbeite aus M 1 und M 2 die Aufgaben und Rechte der Medien heraus und wie diese gewährleistet werden sollen.
3 Charakterisiere den deutschen Zeitungsmarkt anhand von M 3.
4 Beurteile mögliche Auswirkungen der in M 3 dargestellten Entwicklungen.

BASISKONZEPT

Interessen und Gemeinwohl

9.3 Woher kommen die Nachrichten?

Wer entscheidet darüber, was in der Zeitung steht? Zeitungsredakteurinnen und -redakteure haben die schwierige Aufgabe, auszuwählen, was erscheinen soll und was nicht. Sie werden auch als „Gatekeeper" (engl.: „Torwächter") bezeichnet, weil sie festlegen, welche Informationen über den Weg der Zeitung zu uns gelangen. Aber warum berichten fast alle Tageszeitungen über die gleichen Themen? Es scheint Regeln dafür zu geben, was berichtenswert ist und was nicht. Die Redakteur/-innen können nicht einfach auswählen, was ihnen persönlich gefällt. Es muss die Leserinnen und Leser interessieren. Doch was wollen wir in der Zeitung lesen?

M1 Die Realität der Massenmedien

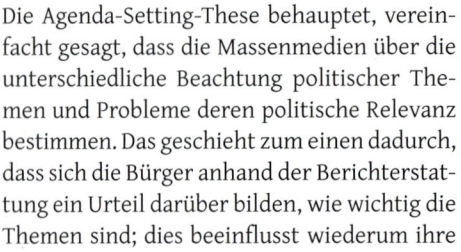

„Was wir über unsere Gesellschaft, ja über die Welt, in der wir leben, wissen, wissen wir durch die Massenmedien."

Niklas Luhmann, deutscher Soziologe, 1927–1998

M2 Agenda Setting

Die Agenda-Setting-These behauptet, vereinfacht gesagt, dass die Massenmedien über die unterschiedliche Beachtung politischer Themen und Probleme deren politische Relevanz bestimmen. Das geschieht zum einen dadurch, dass sich die Bürger anhand der Berichterstattung ein Urteil darüber bilden, wie wichtig die Themen sind; dies beeinflusst wiederum ihre eigenen Themenpräferenzen. Zum anderen wird auch die Agenda der von Parteien, Parlamenten und Regierungen bearbeiteten Probleme von den Medien beeinflusst. Die Prioritäten auf der politischen Agenda werden dabei teils unter dem direkten Eindruck der Medienberichte gesetzt, teils sind sie eine Reaktion auf das medial beeinflusste Urteil der Bürger.

Winfried Schulz: Politische Kommunikation. In: Günter Bentele/Hans-Bernd Brosius/Otfried Jarren (Hrsg.): Handbuch Öffentliche Kommunikation, Westdeutscher Verlag, Opladen 2003, S. 471

Zeichnung:
Burkhard Mohr

M3 Nachrichtenwertfaktoren

In zahlreichen Studien wurde erforscht, welche Kriterien eine Nachricht erfüllen muss, damit sie in der Zeitung oder im Fernsehen landet. Diese Kriterien, auch „Nachrichtenwertfaktoren" genannt, entscheiden darüber, ob eine Nachricht „berichtenswert" ist. Je mehr Faktoren auf eine Nachricht zutreffen, desto größer ist ihr Nachrichtenwert.

- Sind die Leserinnen und Leser bzw. die Zuschauerinnen und Zuschauer von dem Ereignis direkt betroffen?
- Sind viele Personen von dem Ereignis betroffen?
- Liefert die Nachricht „aufregende" Bilder?
- Gibt es einen Bezug zu einer berühmten Person oder einem als wichtig eingeschätzten Land?
- Ist das Ereignis, über das berichtet wird, in der Nähe geschehen?
- Ist das Ereignis außergewöhnlich?
- Ist das Ereignis einfach erklärbar und darstellbar?
- Ist das Ereignis negativ (getreu dem Motto: „Bad news is good news")?

Autorentext

M 4 Was ist eine Nachricht?

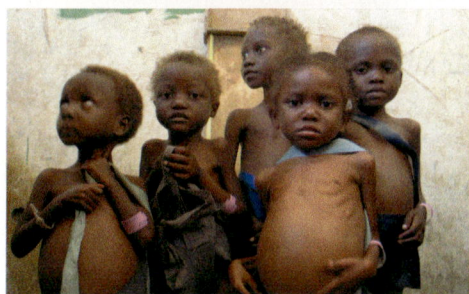

Die Klasse als Redaktion

Zunächst müsst ihr einige Fragen klären:
- Wer soll eure Zeitung kaufen? Welche Berufsgruppen? Welche Altersgruppen?
- Wo soll die Zeitung verkauft werden? Bundesweit? In eurem Bundesland? In eurem Landkreis?
- Über welche Themenbereiche wollt ihr berichten? Internationale Politik? Kultur? Sport?

Dann kann die Arbeit beginnen:
- Teilt euch in verschiedene Fachredaktionen (Ressorts) auf.
- Recherchiert jeweils in euren Ressorts nach interessanten Themen und wählt die drei besten aus. (Ihr könnt dazu auf aktuelle Zeitungen und Zeitschriften sowie Onlineportale zurückgreifen.) Beachtet die Nachrichtenwertfaktoren (M 3).
- Überlegt euch, wie ihr die Artikel präsentieren wollt: als Bericht, in Form eines Interviews oder einer Reportage, mit Foto oder Schaubild?
- Im Anschluss treffen sich die einzelnen Ressorts in der Redaktionskonferenz aller Redakteurinnen und Redakteure. Wählt eine Person, die die Konferenz leitet.
- Stellt eure Artikelvorschläge nacheinander vor und erläutert, wie ihr sie präsentieren wollt. Die Redaktionskonferenz diskutiert den Nachrichtenwert der Artikel und stimmt darüber ab, welcher Artikel jeweils der Aufmacher des Ressorts und welcher der Aufmacher auf der Titelseite wird.

1 Erörtere die These von Niklas Luhmann unter Berücksichtigung der Themen dieses Buches (M 1). Stimmst du ihr zu? Begründe.
2 Stelle das Modell Agenda Setting in einem Schaubild dar (M 2).
3 Erläutert Themen, die bei strikter Beachtung der Nachrichtenwertfaktoren auf der Strecke bleiben würden (M 3).
4 Analysiere die Bilder in M 4 hinsichtlich ihres Nachrichtenwerts. Erörtere, in welchen Medien die Bilder am ehesten veröffentlicht werden könnten.
5 Organisiert als Gruppenarbeit die vorgeschlagene Redaktionskonferenz (Projekt).

9.4 Pressefreiheit in Gefahr?

M1   Schlagzeilen aus aller Welt

ZEITUNG SCHLIESST NACH MORD AN JOURNALISTIN

Nach 27 Jahren gibt die mexikanische Zeitung „Norte" auf. Das Risiko, kritischen Journalismus in dem Land zu betreiben, sei zu groß, so der Direktor der Zeitung. Zuvor war eine Journalistin erschossen worden.

Nach Mord an Journalistin: Zeitung in Mexiko schließt.
© dpa/wgr

DIE ORBÁNISIERUNG DER UNGARISCHEN MEDIEN

Immer mehr Zeitungen in Ungarn werden von Vertrauten des Premier Orbán übernommen. Nur ein paar kleine Onlineportale weigern sich, Teil der Propagandamaschine zu werden.

www.sueddeutsche.de, 08.01.2017

DEUTSCHER JOURNALISTENVERBAND PRANGERT HAFT FÜR JOURNALISTEN IN DER TÜRKEI AN

Anlässlich des Jahrestags des Putschversuchs in der Türkei vom Juli 2016 hat der Deutsche Journalistenverband (DJV) die seither in dem Land erfolgten Massenverhaftungen von Journalisten angeprangert. Seit dem Putschversuch kenne Präsident Recep Tayyip Erdogan „keine Schranken mehr und verfolgt alle Kritiker mit äußerster Härte", erklärte der DJV-Vorsitzende Frank Überall. [...]

AFP, 14.07.2017

TRUMP BESCHIMPFT MEDIEN
„Ich hasse Ihren Sender, jeder bei CNN ist ein Lügner"

www.welt.de, 22.11.2016

M2   Pressefreiheit weltweit 2021

1. Norwegen (1) 2. Finnland (2) 3. Schweden (4) 4. Dänemark (3) 5. Costa Rica (7) 13. Deutschland (11) 33. Großbritannien (35) 34. Frankreich (34) 44. USA (45) 92. Ungarn (89) 143. Mexiko (143) 150. Russland (149) 153. Türkei (154) 179. Nordkorea (180) 180. Eritrea (178)	**Zur Methodik der Rangliste der Pressefreiheit:** Die jährliche Rangliste von Reporter ohne Grenzen bewertet die Lage der Presse- und Informationsfreiheit in 180 Ländern. Grundlage ist ein Fragebogen zu allen Aspekten unabhängiger journalistischer Arbeit, den Reporter ohne Grenzen an Hunderte Journalist*innen, Wissenschaftler*innen, Jurist*innen und Menschenrechtsverteidiger*innen weltweit sowie an ein eigenes Korrespondentennetzwerk verschickt. In der Rangliste der Pressefreiheit 2021 wurden im Wesentlichen die Entwicklungen im Kalenderjahr 2020 berücksichtigt. Die insgesamt 71 qualitativen Fragen sind in sechs Kategorien unterteilt: Medienvielfalt, Unabhängigkeit der Medien, journalistisches Arbeitsumfeld und Selbstzensur, rechtliche Rahmenbedingungen, institutionelle Transparenz sowie Produktionsinfrastruktur. Aus den gewichteten Antworten wird eine Punktzahl zwischen 0 (optimal) und 100 (schlechtestmöglich) errechnet. Hinzu kommt eine quantitative Kategorie für Übergriffe und Gewalttaten gegen Journalisten (einschließlich Verhaftungen, Entführungen und Fällen von Journalisten, die ins Exil gehen), die Reporter ohne Grenzen nach festgelegten Kriterien selbst ermittelt und die in eine Gesamtpunktzahl einfließt. Aus der höheren dieser beiden Punktzahlen ergibt sich im Verhältnis zu den Ergebnissen der übrigen Länder der jeweilige Platz in der Rangliste – die Punktzahl für Übergriffe kann den Rang eines Landes also nur verschlechtern, aber nicht verbessern.

Reporter ohne Grenzen online: Rangliste der Pressefreiheit 2021, Berlin; https://www.reporter-ohne-grenzen.de/fileadmin/Redaktion/Downloads/Ranglisten/Rangliste_2021/Rangliste_der_Pressefreiheit_2021_-_RSF.pdf (Zugriff 07.11.2022)

M3 „Pack dein Zeug und verschwinde"

Dresden, Ende Februar. 2000 Menschen sind zum „Pegida"-Aufmarsch gekommen, stehen Fahnen schwenkend auf dem Wiener Platz vor dem Hauptbahnhof. Journalisten wissen, dass
5 sie montags abends in Dresden gefährdet sind – und mit ihnen die Pressefreiheit. Immer wieder kommt es zu verbalen und längst auch gewalttätigen Übergriffen „durch Steine, durch Schläge, durch was auch immer", wie
10 der Leipziger Fernsehjournalist Arndt Ginzel sagt, der bei Pegida- und AfD-Veranstaltungen regelmäßig Repressionen erfährt. [...] Die Pegida-Demonstration hat sich in Bewegung gesetzt. Von der Bühne herab hat eine Rednerin
15 zuvor den syrischen Bürgerkrieg als Erfindung der „Regierungsmedien" bezeichnet. Und die Pegidisten rufen „Lügenpresse". Darauf angesprochen sagt ein älterer Demonstrant: „Schämt ihr euch nicht? Ihr seid doch
20 keine Journalisten! Kein Hintern und kein Rückgrat, nichts habt ihr! Ihr seid Bezahlschreiber!" [...] [I]mmer mehr Kollegen legen sich Selbstzensur auf aus Angst vor weiteren Angriffen. Wer dennoch berichtet, sorgt vor.
25 Journalisten halten sichere Distanz zu den Demos und meiden die Massen. Fernsehteams gehen nur noch mit Bodyguards zu Pegida-Demos. [...] Die Demonstration in Dresden ist losgelaufen. [...] Ich stehe am Rand des Demo-
30 zuges, dann werde ich attackiert. Ein Demonstrant rammt mir den Ellenbogen in die Seite. „Ey! Was soll das denn?" – „Schnapp dein Mikro und verschwinde! Verpiss dich, Mann!" – „Scheiß Lügenpresse! Du provozierst die gan-
35 ze Zeit. Schnapp dein Mikro und verschwinde!" – „Dich will hier keiner, hast du das nicht gemerkt? Komm, schnapp dein Mikro und ver-

schwinde!" Ein anderer Demonstrant versucht, mir das Mikrofon aus der Hand zu
40 ziehen. Aber ich halte es fest. Dann reißt er mir den Windschutz vom Mikro. „Ey, lass es los! Hör auf!" – „Pack dein Zeug und verschwinde! Damit verdienst du Kohle, schäm dich, du Penner!" Ein paar Tage später ruft ein Beamter des polizeilichen Staatsschutzes aus
45 Dresden bei mir an, der auf den mittlerweile veröffentlichten Vorfall aufmerksam wurde. Er sagt, dass er sich für seine Landsleute schäme und die Polizei nun von sich aus Ermittlungen aufnehmen wird. Ich habe den Angreifer
50 wiedererkannt. Er ist nicht nur Pegida-Demonstrant, sondern war auf dieser Demo sogar als Ordner eingeteilt – verantwortlich für den „ordnungsgemäßen Ablauf" der Demonstration. Gewalt und Drohungen gegen Journa-
55 listen, alltäglich, montags. In Dresden. „Ich finde Gewalt zwar bedrohlich. Aber was mich weitaus mehr entsetzt, ist die gesellschaftlich weit verbreitete Ablehnung von Presse. Weil das geht tiefer rein und ist zerstörerischer. Al-
60 so bedrohlich ist für uns die Abkehr von Menschen, die sagen: Medien lügen. Dass es ihr Hauptzweck ist, zu lügen", [meint Ginzel]. Arndt Ginzel wurde bei Recherchen in der Türkei und auch in der Ostukraine inhaftiert.
65 Er wurde vom Oberbürgermeister Bautzens angegangen, weil er veröffentlichte, dass ein Dachdecker in der Brandruine des angesteckten Flüchtlingsheims „Sieg Heil" rief. Dass Politiker ihnen unangenehme Journalisten be-
70 fehden, kennt er – auch aus Deutschland. Doch die Presse steht längst nicht mehr nur unter Druck von oben, von der Politik, sondern auch von unten, von den Bürgern.

Thilo Schmidt: Pack dein Zeug und verschwinde, Deutschlandfunk online, 03.05.2017, Köln; https://www.deutschlandfunk.de/gewalt-gegen-journalisten-bei-pegida-demo-pack-dein-zeug.2907.de.html?dram:article_id=385258 (Zugriff 07.11.2022)

INFO

Pegida
Abk. für „Patriotische Europäer gegen die Islamisierung des Abendlandes", eine islam- und fremdenfeindliche Organisation, die seit 2014 Demonstrationen in Dresden abhält

1 Erläutere, was du unter Pressefreiheit verstehst.
2 Nenne mögliche Gründe für den Umgang mit der Presse bzw. Journalisten (M1).
3 Charakterisiere mittels einer Recherche die Situation der Pressefreiheit in einem Land deiner Wahl (M2).
4 Nenne mögliche Ursachen für die ablehnende Haltung von Bürgerinnen und Bürgern gegenüber den Medien (M3).
5 Gestalte einen Redebeitrag zum Thema „Ohne Pressefreiheit keine Demokratie".

BASISKONZEPT

Interessen und Gemeinwohl

9.5 Die lange Suche nach der Wahrheit – investigativer Journalismus

Journalistinnen und Journalisten berichten nicht nur über das, was sie bei öffentlichen Veranstaltungen oder Pressekonferenzen sehen oder erzählt bekommen. Sie versuchen auch durch hartnäckige und gründliche Recherche Missstände oder Skandale aufzudecken. Diese Arbeit dauert manchmal mehrere Monate und bedarf oft der Geheimhaltung. Wichtig sind dabei Informantinnen und Informanten, die über sogenannte Insiderinformationen verfügen, z. B. Whistleblower wie Edward Snowden.

M 1   Welchen Medien vertraust du?

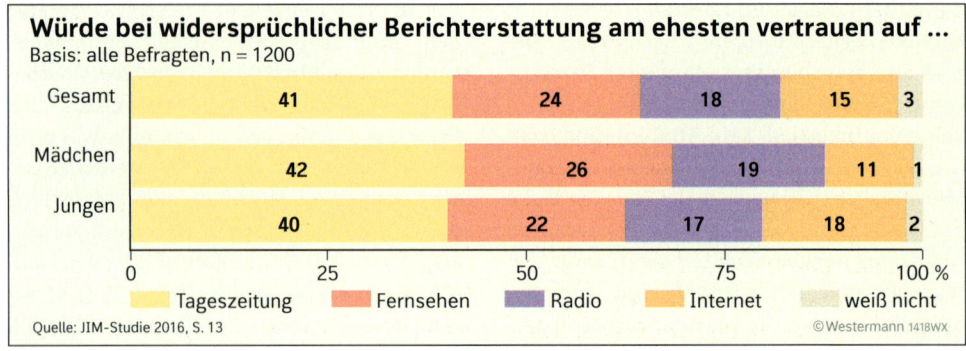

Würde bei widersprüchlicher Berichterstattung am ehesten vertrauen auf …
Basis: alle Befragten, n = 1200

	Tageszeitung	Fernsehen	Radio	Internet	weiß nicht
Gesamt	41	24	18	15	3
Mädchen	42	26	19	11	1
Jungen	40	22	17	18	2

Quelle: JIM-Studie 2016, S. 13   © Westermann 1418WX

M 2   Recherchekooperation NDR, WDR und SZ

Die Rahmenbedingungen für investigative Recherchen haben sich in den letzten Jahren stark verändert: Die Recherche-Themen werden komplexer und globaler (z. B. Panama Papers, Offshore-Leaks, NSA). Die sorgfältige [5] journalistische Aufarbeitung bindet immer mehr personelle und finanzielle Ressourcen. […] Der NDR ist deswegen eine Recherchekooperation mit dem WDR und der Süddeutschen Zeitung (SZ) eingegangen, die zunächst [10] bis 2017 befristet ist. […] Aus der Recherchekooperation sind innerhalb kürzester Zeit publizistisch relevante Projekte hervorgegangen [Auswahl]:

- April 2016: „Die Volkswagen-Story" […]   [15]
- April 2016: „Panama Papers – Im Schattenreich der Offshore-Firmen" […]
- April 2015: Wie die Weltbank den Ärmsten schadet […]
- Nov. 2014: „Lux-Leaks": Die Steuersparmodelle multinationaler Konzerne in   [20] Luxemburg […]
- Juli 2014: BND-Mitarbeiter festgenommen: Verdacht der Spionage für die USA […]

Norddeutscher Rundfunk online, 07.03.2018, Hamburg; http://www.ndr.de/der_ndr/daten_und_fakten/Recherchekooperation-NDR-WDR-und-SZ,kooperationen100.html (Zugriff 14.05.2018)

M3 Geheime Absprachen kommen ans Tageslicht

Am 2. Mai 2016 stellten die Spitzen von Grünen und CDU in Baden-Württemberg der Öffentlichkeit ihren über Wochen erarbeiteten Koalitionsvertrag vor. Wenige Tage später, am 6. Mai, segneten die Delegierten eines CDU-Landesparteitags das 138 Seiten umfassende Werk ab, tags darauf folgten die Delegierten eines Grünen-Parteitags. Tatsächlich gab es zu dem Zeitpunkt bereits Gerede über mögliche Nebenabreden zum Koalitionsvertrag, ohne konkrete Hinweise auf deren Inhalte oder Umfang. Kollegen mehrerer Medien recherchierten. Auf Nachfrage bestätigten Pressesprecher sogar offiziell die Existenz solcher Nebenabreden, ohne Inhalte preiszugeben. Sie versuchten stattdessen, deren Bedeutung kleinzureden. Mehrere Wochen tat sich nichts, die Sache schien im Sande zu verlaufen. Im Juni bekam ich dann von einem mir seit Jahren vertrauten Informanten den Tipp, der Sache noch einmal genauer nachzugehen – es lohne sich. Ich recherchierte nun umfangreich, traf mich mit Politikern beider Seiten, mit Verwaltungsbeamten und Politikberatern zu vertraulichen Hintergrundgesprächen. Der zeitliche Aufwand – mal dauerte ein Telefon[gespräch] zwei Stunden, mal ein vertrauliches Gespräch einen ganzen Abend – war immens, aber letztlich lohnend: Immer deutlicher zeichnete sich für mich ab, dass die Spitzen von Grünen und CDU tatsächlich „Nebenabreden" getroffen hatten, die nicht nur dem im offiziellen Koalitionsvertrag im Dutzend beschworenen Transparenzgedanken widersprachen, sondern auch inhaltlich teils im Widerspruch dazu standen. Mehr noch: dass die sogenannten Nebenabreden in Wirklichkeit die Hauptabreden beider Seiten waren. Bis Mitte Juli hatte ich die Inhalte eines zwölfseitigen Geheimdokuments, dass Kretschmann, Strobl und Co. wie den offiziellen Koalitionsvertrag ebenfalls am 9. Mai unterzeichnet hatten – nur eben ohne Öffentlichkeit – detailliert recherchiert. Am 16. Juli, einem Samstag, erschien mein erster Bericht über die verabredeten Milliardeninvestitionen – selbst führende Mitglieder der Regierungsfraktionen erfuhren nun zum ersten Mal, was sie nach dem Willen ihrer Spitzen in den nächsten Jahren umsetzen sollten. In der Montagsausgabe legte ich mit weiteren Details nach. Am Montagabend dann machten die beiden Parteien notgedrungen das nun ohnehin weitgehend öffentlich gemachte Papier publik. In der Regierungspressekonferenz vom 19. Juli gab [Kretschmann] einen Hinweis darauf, dass seine Grünen mit der CDU weitere Nebenabreden zu Einsparmaßnahmen getroffen hätten. Abermals versuchte ich daher meine in 15 Jahren Korrespondentendasein aufgebauten Netzwerke zu aktivieren, tat mich diesmal aber wesentlich schwerer, da der Kreis der Eingeweihten offenbar viel kleiner war. Da sich die Regierungsspitze offenbar sehr sicher war, dass dieses Papier nicht an die Öffentlichkeit gelangen würde, wollte ich sie möglichst lange in diesem Glauben lassen. Ich recherchierte daher nicht mehr so sehr in die Breite, sondern wandte mich gezielt an Kontakte, die ich als besonders vertraulich und verschwiegen einschätze. So dauerte es noch einmal mehrere Wochen, bis ich auch das zweite Geheimpapier so detailliert recherchiert hatte, dass ich seine Inhalte veröffentlichen konnte.

Roland Muschel: Wie die Enthüllung zustande kam, ans-Tageslicht.de, 28.04.2017, Mahlow-Waldblick; https://www. anstageslicht.de/themen/macht-staat/gruen-schwarz-geheime-nebenabsprachen-in-baden-wuerttemberg/ wie-die-enthuellung-zustande-kam-das-making-of-des-journalisten-roland-muschel/ (Zugriff 07.11.2022)

1 Führt in der Klasse zur Fragestellung in M 1 eine Umfrage durch und vergleicht eure Ergebnisse mit denen der JIM-Studie.
2 Erläutere mögliche Gründe, warum die Arbeit von Roland Muschel (M 3) von der Jury als auszeichnungswürdig erachtet wurde.
3 Recherchiere Themen, die durch investigativen Journalismus an die Öffentlichkeit gelangt sind, und stelle sie der Klasse vor (M 2).
4 Erörtere Vor- und Nachteile des investigativen Journalismus aus unterschiedlichen Perspektiven.

BASISKONZEPT

Macht und Entscheidung

9.6 Presseethik – wie weit dürfen Medien gehen?

Unabhängige, freie Medien sind wichtig für das Funktionieren der Demokratie. Aber wo liegen die Grenzen dessen, was Journalisten dürfen? Wo hört der investigative Journalismus auf und fängt die bloße Jagd nach dem nächsten Skandal an? Wie kann gewährleistet werden, dass Medien auch über Themen berichten können, die den „Mächtigen" aus Politik und Wirtschaft unangenehm sind? Und wie kann trotz Pressefreiheit die Unverletzlichkeit der Privatsphäre garantiert werden? Die Arbeit der Medien bedarf also gewisser Regeln, die sich nicht darin erschöpfen, nur die Wahrheit zu berichten.

M1   Muss das sein? – Wie die Presse berichtet

1. Ein Journalist hackt den Computer einer Abgeordneten, um sie der Korruption zu überführen und darüber zu berichten.

2. Ein bekannter Politiker wird in der Presse
5 als homosexuell geoutet.

3. Die heimliche Affäre eines älteren Politikers mit seiner jungen Sekretärin wird aufgedeckt und darüber ausführlich berichtet. Im Wahlkampf ließ der Politiker sich noch häufig mit
10 seiner Familie in der Rolle des fürsorglichen Familienvaters ablichten.

4. Der Kanzlerkandidat hat als 14-Jähriger einen Joint geraucht – eine Zeitung berichtet kurz vor der Wahl.

5. Die Ministerin ist am Sonntag mit Mann 15 und Kindern im Tiergarten unterwegs. Fotos von diesem Ausflug, die ein Reporter heimlich gemacht hat, erscheinen tags darauf im Boulevardteil der Zeitung.

6. Ein Sender berichtet kritisch über die Re- 20 gierung und veröffentlicht Geheimdienstmaterial. Aus „Gründen des nationalen Interesses" – so heißt es in einer Regierungserklärung – wird der Sender geschlossen.

7. Ein Politiker gibt einer Zeitung ein Inter- 25 view. Nach dem Interview distanziert sich der Politiker von den Aussagen und verbietet die Veröffentlichung. Die Zeitung veröffentlicht das Interview trotzdem.

8. Der Chef eines großen Konzerns lädt die 30 Verlagschefinnen und -chefs der größten Zeitungen des Landes auf seinen Landsitz ein, um mit ihnen „auszuspannen".

9. Eine Ministerin wurde von einem Paparazzo im Badeurlaub unvorteilhaft im Bikini abge- 35 lichtet. Deutsche Zeitungen reißen sich um die Veröffentlichung.

10. Nach einem schweren Autounfall erscheinen großformatige Bilder der Unfallopfer mit Namen auf der Titelseite einer Zeitung. 40

Autorentext

Zeichnung: Gerhard Mester

M2 Aus dem Pressekodex des Deutschen Presserats

Ziffer 1 – Wahrhaftigkeit und Achtung der Menschenwürde

Die Achtung vor der Wahrheit, die Wahrung der Menschenwürde und die wahrhaftige
5 Unterrichtung der Öffentlichkeit sind oberste Gebote der Presse. [...]

Ziffer 2 – Sorgfalt

Recherche ist unverzichtbares Instrument journalistischer Sorgfalt. Zur Veröffentli-
10 chung bestimmte Informationen in Wort, Bild und Grafik sind mit der nach den Umständen gebotenen Sorgfalt auf ihren Wahrheitsgehalt zu prüfen und wahrheitsgetreu wiederzuge- ben. Ihr Sinn darf durch Bearbeitung, Über-
15 schrift oder Bildbeschriftung weder entstellt noch verfälscht werden. Unbestätigte Mel- dungen, Gerüchte und Vermutungen sind als solche erkennbar zu machen. [...]

Ziffer 3 – Richtigstellung

20 Veröffentlichte Nachrichten oder Behauptun- gen, insbesondere personenbezogener Art, die sich nachträglich als falsch erweisen, hat das Publikationsorgan, das sie gebracht hat, unverzüglich von sich aus in angemessener
25 Weise richtigzustellen. [...]

Ziffer 4 – Grenzen der Recherche

Bei der Beschaffung von personenbezogenen Daten, Nachrichten, Informationsmaterial und Bildern dürfen keine unlauteren Metho-
30 den angewandt werden. [...]

Ziffer 7 – Trennung von Werbung und Redaktion

Die Verantwortung der Presse gegenüber der Öffentlichkeit gebietet, dass redaktionelle
35 Veröffentlichungen nicht durch private oder geschäftliche Interessen Dritter oder durch persönliche wirtschaftliche Interessen der Journalistinnen und Journalisten beeinflusst werden. Verleger und Redakteure wehren
40 derartige Versuche ab und achten auf eine kla- re Trennung zwischen redaktionellem Text und Veröffentlichungen zu werblichen Zwe- cken. [...]

Ziffer 8 – Schutz der Persönlichkeit

Die Presse achtet das Privatleben des Men- 45 schen und seine informationelle Selbstbe- stimmung. Ist aber sein Verhalten von öffent- lichem Interesse, so kann es in der Presse erörtert werden. Bei einer identifizierenden Berichterstattung muss das Informationsinte- 50 resse der Öffentlichkeit die schutzwürdigen Interessen von Betroffenen überwiegen; blo- ße Sensationsinteressen rechtfertigen keine identifizierende Berichterstattung. Soweit ei- ne Anonymisierung geboten ist, muss sie 55 wirksam sein. Die Presse gewährleistet den redaktionellen Datenschutz. [...]

Ziffer 9 – Schutz der Ehre

Es widerspricht journalistischer Ethik, mit un- angemessenen Darstellungen in Wort und Bild 60 Menschen in ihrer Ehre zu verletzen.

Ziffer 10 – Religion, Weltanschauung, Sitte

Die Presse verzichtet darauf, religiöse, weltan- schauliche oder sittliche Überzeugungen zu schmähen. 65

Ziffer 11 – Sensationsberichterstattung, Jugendschutz

Die Presse verzichtet auf eine unangemessen sensationelle Darstellung von Gewalt, Bru- talität und Leid. Die Presse beachtet den 70 Jugendschutz.

Ziffer 12 – Diskriminierungen

Niemand darf wegen seines Geschlechts, einer Behinderung oder seiner Zugehörigkeit zu ei- ner ethnischen, religiösen, sozialen oder nati- 75 onalen Gruppe diskriminiert werden. [...]

Ziffer 15 – Vergünstigungen

Die Annahme von Vorteilen jeder Art, die ge- eignet sein könnten, die Entscheidungs- freiheit von Verlag und Redaktion zu beein- 80 trächtigen, sind mit dem Ansehen, der Unabhängigkeit und der Aufgabe der Presse unvereinbar. Wer sich für die Verbreitung oder Unterdrückung von Nachrichten beste- chen lässt, handelt unehrenhaft und berufs- 85 widrig. [...]

Pressekodex in der Fassung vom 11.09.2019, Berlin

---

1 Bewertet die in M 1 genannten Fälle: Findet ihr das Verhalten der Beteiligten korrekt?

2 Entwickle aus den Fallbeispielen in M 1 allgemeine Regeln, an die sich die Medien eurer Meinung nach halten sollten.

3 Vergleicht euren Pressekodex mit dem des Deutschen Presserats (M 2).

4 Nenne aus eigener Zeitungslektüre Beispiele für Verstöße gegen den Pressekodex.

BASISKONZEPT
Regeln und Recht

9.7 Digitale Medien – Chance oder Gefahr für die Demokratie?

WEBCODE

WES-116987-017

Film: „Einfach erklärt: Internetdemokratie"

M1 Zitate

„Man wird Wahlen nicht durchs Internet gewinnen können, aber ohne das Netz wird man sie verlieren."

*Laurenz Meyer; deutscher Politiker, ehemaliger Generalsekretär der CDU, *1948*

„Das Problem mit Zitaten im Internet ist, dass man nicht weiß, ob sie echt sind oder nicht."

laut verschiedener Internetquellen eine Aussage des US-Präsidenten Abraham Lincoln, 1809–1865 (Aber kann das stimmen?)

„Das Internet ist ein Menschenrecht"

https://de.euronews.com/2016/07/05/unhcr-das-internet-ist-ein-menschenrecht, 05.07.2016, Lyon (Zugriff 07.11.2022)

„Das Internet ist wie eine Welle: Entweder man lernt, auf ihr zu schwimmen, oder man geht unter."

Bill Gates, Microsoft Gründer (http://www.frisch-gebloggt.de/internet/die-42-besten-zitate-ueber-das-internet/)

M2 Grundbegriffe der digitalen Gesellschaft

Blog: kurz für Weblog, ein auf einer Internetseite geführtes, meist öffentliches Tagebuch oder Magazin. Besonders in repressiven Regimen haben sich Blogs als wichtiges Mittel zur
5 politischen Meinungsäußerung etabliert.

Digital Divide: die unterschiedlichen Zugangsmöglichkeiten zu digitalen Angeboten. Generationenbezogen wird u. a. kategorisiert nach *digital natives*, Personen, die mit digitalen
10 Angeboten aufgewachsen sind, und *digital immigrants*, die sich erst später damit vertraut gemacht haben. Neben dem Alter spielen Bildung und Einkommen eine Rolle beim Zugang zu digitalen Angeboten.

15 **e-Democracy:** die Wahrnehmung demokratischer Rechte über elektronische Informations- bzw. Kommunikationstechnologien, z. B. Wahlen (I-Voting) oder Internetwahlkampf.

Fake News: sind nicht einfach falsche Mel-
20 dungen, sondern Botschaften, die sich als Nachrichten ausgeben, deren Inhalt aber das Ziel hat, seine Adressaten zu manipulieren.

Filter bubble (Echoraum): Fragmentierung der Gesellschaft in Teile, die sich unterschied-
25 lich informieren und unterhalten lassen – gleiches Umfeld, gleiche Meinung, gleiche Interessen. Internet wirkt hier nicht pluralistisch und für den Austausch, sondern spaltet die Gesellschaft.

30 **Internet Troll:** Person, die in der Online-Kommunikation, also z. B. bei Kommentaren oder Blogs, mit ihren Beiträgen andere zu provozieren versucht.

Open Government: öffentliche Nachvollzieh-
35 barkeit und Überprüfbarkeit von Regierungs- und Verwaltungstätigkeit auf der Grundlage von Transparenz und umfassenden informationellen Freiheiten (z. B. Veröffentlichung von Parlamentsprotokollen, Pressefreiheit).
40 Durch die Verwendung von Web-2.0-Techno-

WEBCODE

WES-116987-018

Spiele zum Themenkomplex Fake News und Desinformation

logien erhoffen sich Verfechter eines erweiterten Open-Government-Begriffs eine größere politische Beteiligung der Bürger und Bürgerinnen.

45 **Social Bot**: Computerprogramme, die automatisiert z. B. in sozialen Netzwerken menschliche Identitäten vortäuschen, um Meinungen zu vertreten oder Werbung zu platzieren.

Social Media: digitale Medien, die es den Nutzern ermöglichen, selbst als Sender und Empfänger aufzutreten, und so den Austausch miteinander ermöglichen (im Gegensatz zu traditionellen Medien). 50

iPolitics Dictionary, in: Internationale Politik (IP), Juli/August 2009, Berlin, Deutsche Gesellschaft für Auswärtige Politik e. V., S. 16 f. Ergänzt und erweitert.

M3 Echtzeitjournalismus in der Kritik

Das Angebot folgt der Nachfrage [...] Laut (N)Onliner Atlas sind mehr als drei Viertel der Deutschen regelmäßig im Internet unterwegs. [...] Im gleichen Tempo, in dem sich die Digitalisierung in den Alltag drängt, verbessert sich
5 auf Angebotsseite die Messmethodik. [...] Diese Analysen zeigen den Medienmachern auch, dass Nachrichtenfaktoren wie Kriminalität, Gewalt, Konflikt oder Sexualität im Onlinejournalismus besonders nachgefragt sind. [...]
10 **Werbemarkt.** [...] Je mehr Klicks, desto mehr Werbeeinnahmen, so lässt sich die Formel zusammenfassen. Dadurch wird es für Medien attraktiver, skandalträchtige Meldungen, Sudokus oder Bildergalerien online zu stellen,
15 längere Texte auf mehrere Klick-Seiten zu verteilen und Videos möglichst kurz zu halten. Andere Wege, journalistische Qualität im Internet zu messen [...], wurden zwar immer
20 wieder diskutiert, aber nicht für zweckmäßig befunden.
Konkurrenten. Der Wettbewerbsdruck im Netz ist enorm. Während die Druckausgaben regionaler Tageszeitungen nur einem begrenzten Wettbewerb in ihrem Gebiet ausge- 25 setzt oder sogar häufig Monopolisten sind, müssen sie online in den überregionalen Ressorts gegen alle anderen Zeitungen antreten.
Public Relations. [...] Ein Großteil der Medienberichterstattung hierzulande wird nach 30 Angaben des [Leipziger Kommunikationswissenschaftlers Günter Bentele] thematisch und inhaltlich von der Presse- und Öffentlichkeitsarbeit dominiert: Bei Print, Hörfunk und Fernsehen gingen etwa zwei Drittel des redaktio- 35 nellen Stoffes außerhalb von Krisensituationen auf die Initiative der PR zurück. [...]
Taktung durch soziale Netzwerke. [...] Nutzer können in Echtzeit mit politischen Repräsentanten oder Autoren in Kontakt treten. 40 Journalisten sehen sich in der Folge nicht nur einer stärkeren Kritik und Kontrolle durch die Rezipienten ausgesetzt, auch ihr Berufsbild verschiebt sich. Der CitJo – *citizen journalist* – und zunehmend auch der MoJo – *mobile journa-* 45 *list* – sind längst am Ort des Geschehens und twittern. Der Redakteur filtert die Nachrichtenströme; er managt die Informationsflut. [...]

> **INFO**
>
> **Echtzeitjournalismus**
> Unter „Echtzeitjournalismus" wird gemeinhin die Live- beziehungsweise sehr zeitnah am Ereignis liegende Berichterstattung per Text, Ton und (Bewegt-)Bild unter Einbeziehung sozialer Medien verstanden.
>
> **Citizen Journalist**
> Bürger-Journalismus abseits traditioneller Medien durch Privatpersonen, i. d. R. über Internetblogs oder Social-Media-Plattformen
>
> **Mobile Journalist**
> Berichterstattung mit und für Smartphones in Form kurzer Clips oder Texte, insbesondere auf Social-Media-Plattformen

Petra Sorge: Echtzeitjournalismus in der Kritik, Bundeszentrale für politische Bildung, 20.05.2014, Bonn; https://www.bpb.de/apuz/184689/echtzeitjournalismus-in-der-kritik?p=all (Zugriff 07.11.2022)

1 Diskutiert die Aussagen aus M1. Stimmt ihr zu? Begründet eure Meinung.

2 Erstellt Definitionen zu weiteren Begriffen, die eurer Meinung nach zu den Grundbegriffen der digitalen Gesellschaft gehören. (M2)

3 Gestaltet ausgehend von M2 und M3 ein stummes Schreibgespräch zum Einfluss des Internets darauf,
  a) wie Bürger/-innen sich über Politik informieren;
  b) wie Politiker/-innen und Bürger/-innen miteinander kommunizieren;
  c) wie Bürger/-innen selbst politisch partizipieren können.

4 Führt eine Pro-Kontra-Diskussion zu der Frage „Internet – Chance oder Gefahr für die Demokratie?" durch.

QUERVERWEIS

Methode Stummes Schreibgespräch
S. 419

QUERVERWEIS

Methode Pro- und Kontra-Debatte
S. 269

9.8 Neue Medien – neue Regeln?

QUERVERWEIS

Presseethik
S. 232 f.

Wenn die Fernsehnachrichten einen Bericht ausstrahlen oder Zeitungen einen Artikel veröffentlichen, muss stets kenntlich gemacht werden, wer der Urheber ist, also wer letztendlich dafür verantwortlich ist, dass der Inhalt stimmt. Bei Kommentaren ist es ebenso wichtig, dass klar ist, wessen Meinung gesendet bzw. gedruckt wird. Die Journalistinnen und Journalisten müssen dazu stehen, was sie veröffentlichen. Im Internet ist die Zuordnung hingegen nicht so einfach. Viele User verstecken sich hinter der scheinbaren Anonymität des Netzes. Aber auch hier gelten Regeln.

M1 Aus dem Strafenkatalog für Volksverhetzung

Freiheitsstrafe bis zu 3 Jahre oder Geldstrafe	Wer eine Schrift verbreitet oder der Öffentlichkeit zugänglich macht, die zum Hass gegen eine nationale, rassische, religiöse oder durch ihre ethnische Herkunft bestimmte Gruppe, gegen Teile der Bevölkerung oder gegen einen Einzelnen wegen seiner Zugehörigkeit zu einer dieser Gruppen oder zu einem Teil der Bevölkerung aufstachelt oder zu Gewalt- oder Willkürmaßnahmen gegen diese auffordert.
	Wer die Menschenwürde dadurch angreift, dass eine dieser Gruppen beschimpft, böswillig verächtlich gemacht oder verleumdet wird.
	Wer öffentlich oder in einer Versammlung den öffentlichen Frieden in einer die Würde der Opfer verletzenden Weise dadurch stört, dass er die nationalsozialistische Gewalt- und Willkürherrschaft billigt, verherrlicht oder rechtfertigt.
Freiheitsstrafe bis zu 5 Jahre oder Geldstrafe	Wer eine unter der Herrschaft des Nationalsozialismus begangene Handlung in einer Weise, die geeignet ist, den öffentlichen Frieden zu stören, öffentlich oder in einer Versammlung billigt, leugnet oder verharmlost.

Quelle: nach Strafgesetzbuch § 130

M2 Hassrede im Netz und ihre Konsequenzen

Der Facebook-Auftritt der Stiftung Warentest hat über 600.000 Follower. Ein Post im Jahr 2016 war besonders erfolgreich: Eine Meldung über Strafen für Hassreden fand fast 2 Millionen Leser. Fast 50.000 mal wurde reagiert, geteilt oder „gelikt". Das Thema bewegt. Die sozialen Netzwerke müssen aktiver werden: Seit Anfang 2018 gilt das Netzwerkdurchsetzungsgesetz. Betroffene Nutzerinnen und Nutzer können aber auch online bei der Polizei Anzeige erstatten. Hier einige Beispiele für den Straftatbestand „Volksverhetzung":

Wegen anonymer Hasspostings wurde ein 34-jähriger Berliner verurteilt. Seine Aussage „Ich bin dafür, dass wir die Gaskammern wieder öffnen und die ganze Brut da reinstecken" kostete ihn 4.800 Euro. [...]

Fünf Stunden lang war dieser Kommentar auf Facebook online: „Gibt genug Deutsche, die für einen Euro arbeiten, um zu überleben, steckt es den Asi-Pack ruhig in den Arsch. Erschossen gehören die." Urteil: Sechs Monate Freiheitsstrafe auf Bewährung sowie 80 Sozialstunden in der Flüchtlingshilfe. [...]

Youtube-Blogger „Julien" wurde zu einer Freiheitsstrafe von acht Monaten auf Bewährung und 15.000 Euro Geldstrafe verurteilt. „Vergasen sollte man die Mistviecher" hatte er in einem knapp 800.000-mal geklickten Video u. a. über die Lokführer*innen der Gewerkschaft GDL gesagt. [...]

Deutsches Recht: Netzwerkdurchsetzungsgesetz, Neue Deutsche Medienmacher*innen e. V., Berlin; https://no-hate-speech.de/de/ wissen/welche-gesetze-gibt-es-gegen-hate-speech/ (Zugriff 07.11.2022)

Hinweis: Über einen weiterführenden Link kann man ggf. jeweils mehr über die Fälle erfahren.

M 3 Bundestag verabschiedet umstrittenes Facebook-Gesetz

Der Bundestag hat am Freitag das umstrittene Gesetz gegen Hasskriminalität im Internet beschlossen.

Es sieht unter anderem vor, dass Netzwerke
5 wie Facebook, Twitter und YouTube klar strafbare Inhalte binnen 24 Stunden nach einem Hinweis darauf löschen müssen. Für nicht eindeutige Fälle ist eine Frist von sieben Tagen vorgesehen. Bei systematischen Verstößen
10 drohen Strafen von bis zu 50 Millionen Euro. Nach der Kritik am ersten Entwurf wurde nun die Möglichkeit vorgesehen, die Entscheidung einem unabhängigen Gremium zu überlassen, das dem Bundesamt für Justiz unterstehen
15 soll. Ausgestaltung und Besetzung dieses Gremiums sind aber unklar.

Kritiker des Gesetzes unter anderem aus der Internet-Branche warnen davor, dass damit den Unternehmen die Entscheidung darüber
20 überlassen werde, was rechtmäßig sei. Außerdem sehen sie die Gefahr einer Einschränkung der Meinungsfreiheit, weil Netzwerke sich aus Angst vor den Strafen eher für das Löschen grenzwertiger Beiträge entscheiden könnten.

Bundesjustizminister Heiko Maas (SPD) ver- 25 teidigte das Gesetz in der Debatte im Bundestag dagegen als „Garantie der Meinungsfreiheit". Mit kriminellen Hassposts sollten Andersdenkende zum Schweigen gebracht werden – „mit diesem Gesetz beenden wir das 30 digitale Faustrecht im Netz", sagte Maas. Die Bundesregierung sei angesichts der ausufernden Hasskriminalität im Netz gezwungen gewesen, einzugreifen. „Denn die Vergangenheit hat gezeigt: Ohne Druck werden die 35 großen Plattformen ihre Verpflichtungen nicht erfüllen." Da die meisten großen Online-Unternehmen ihren Sitz im Ausland haben, sieht das „Netzwerkdurchsetzungsgesetz" nun auch einen „Zustellungsbevollmächtig- 40 ten" in Deutschland vor, der binnen 48 Stunden auf Beschwerden reagieren soll. Die Internet-Unternehmen hatten in den vergangenen Jahren nach der massiven Kritik aus der Politik das Vorgehen gegen Hassposts und Terror- 45 Propaganda zwar verschärft. Der Bundesregierung gehen die Fortschritte aber nicht weit genug.

INFO

Heiko Maas (SPD)
Bundesjustizminister
2013–2018, Bundesaußenminister
2018–2021

Bundestag beschließt umstrittenes Gesetz gegen Hass im Netz. © dpa/wgr

M 4 Netzwerkdurchsetzungsgesetz: Fluch oder Segen?

„Netzwerkdurchsetzungsgesetz: Fluch oder Segen?"

Zeichnung: Greser & Lenz

QUERVERWEIS

Methode Bewerten und Beurteilen
S. 41

Methode Karikaturenanalyse
S. 38

1 Beurteile mithilfe von M 1 die Angemessenheit der Bußgelder in M 2.
2 Gestalte einen Kommentar als Reaktion auf die Kommentare in M 2.
3 Bewerte das Netzwerkdurchsetzungsgesetz anhand geeigneter Kriterien (M 3).
4 Analysiere die Karikatur M 4.

Auf folgende Fragen solltest du jetzt antworten können. Du kannst auf den angegebenen Seiten auch noch einmal nachlesen.

1. Welche Bedeutung haben Medien für eine demokratische Gesellschaft?

Medien vermitteln den Bürgerinnen und Bürgern Informationen darüber, was außerhalb des eigenen Wahrnehmungsfeldes passiert, in der Gemeinde, im Land oder auf der Welt. Dabei kann es um politische, wirtschaftliche, kulturelle oder andere Themen gehen. Im politischen Bereich bestehen in der Meinungsbildungs- und Kontrollfunktion weitere wichtige Aufgaben. So berichten Medien z. B. über politische Entscheidungen oder gesellschaftliche Entwicklungen und sorgen so dafür, dass Themen überhaupt ins Gespräch kommen (Agenda Setting). Dabei beziehen sie teilweise auch selbst Stellung und spielen so eine wichtige Rolle im politischen Diskurs. Sie prägen die Einstellung der Bürgerinnen und Bürger zu Themen und Personen. Probleme entstehen den Medien in den letzten Jahren durch die Verbreitung von Falschmeldungen, sogenannten Fake News, die den Bürgerinnen und Bürgern die Auswahl von verlässlichen Quellen erschwert. (S. 220 – 226)

2. Wie können Medien ihre Kontrollfunktion erfüllen?

Im deutschen Grundgesetz ist die Meinungs- und Pressefreiheit in Artikel 5 festgeschrieben. Vielerorts in der Welt ist die Arbeit von Journalistinnen und Journalisten aber mit vielen Einschränkungen oder Gefährdungen verbunden. In Deutschland hat sich die Einstellung zu den klassischen Medien (v.a. öffentlich-rechtlicher Rundfunk und Tageszeitungen) in den vergangenen Jahren verschlechtert. So können die Medien hierzulande zwar relativ frei arbeiten, sehen sich aber mit einem zunehmenden Vertrauensverlust konfrontiert.

Eine besondere Aufgabe kommt dem Investigativ-Journalismus zu. Durch längere Recherchearbeiten, Aufspüren von Quellen und Informanten und behutsamen Umgang mit den gewonnenen Informationen können Missstände und Skandale aufgedeckt werden. Dabei müssen sich aber auch Journalistinnen und Journalisten, trotz geltender Pressefreiheit, an Regeln halten, wie sie v. a. im Pressekodex des Deutschen Presserats formuliert sind. (S. 228 – 233)

3. Wie wirken sich digitale Medien auf die politische Willensbildung aus?

Soziale Medien verändern das Verhältnis zwischen Sender und Empfänger. Waren diese Rollen bei den klassischen Medien (Fernsehen, Radio, Zeitung) noch klar getrennt, treten nun Bürgerinnen und Bürger als „Nutzer" selbst auch als Sender auf. Das bedeutet eine bessere Teilhabe am öffentlichen Diskurs für weite Bevölkerungsschichten, die Online-Artikel direkt kommentieren oder in Blogs selbst journalistisch tätig werden können. Durch das Internet steht ihnen auch eine viel größere Menge an Informationen zur Verfügung. Das erschwert aber auch häufig die Auswahl und Überprüfung, ob die Informationsquelle auch wirklich vertrauenswürdig ist.

Die (scheinbare) Anonymität des Internets verleitet einige Nutzerinnen und Nutzer auch zu strafbaren Äußerungen. Umstritten ist dabei die Frage, wie damit umzugehen ist, d. h. wie die Kommunikation in sozialen Medien kontrolliert werden soll. (S. 234 – 237)

Basiskonzept Privatheit und Öffentlichkeit

In demokratischen Gesellschaften wird zwischen einem öffentlichen und einem privaten Bereich unterschieden. Während im öffentlichen Bereich staatliche Regelungen unser Zusammenleben, v.a. durch Gesetze, regeln, soll der private Bereich vor diesen Regelungen geschützt werden. Umstritten ist, wo dieser Bereich beginnt. Denn auch Entscheidungen der Bürgerinnen und Bürger, z. B. was sie konsumieren oder mit welchem Verkehrsmittel sie sich fortbewegen, werden von der Politik beeinflusst. Umso wichtiger ist es, dass sich die Bürgerinnen und Bürger darüber informieren, mitreden und mitentscheiden können. Das ermöglichen unabhängige Medien. Sie berichten über gesellschaftliche und politische Entwicklungen, die sich auf unser Leben auswirken und die auch wir, zumindest teilweise, durch unsere Entscheidungen bei Wahlen oder Abstimmungen beeinflussen können.

Karikatour

Karikatur 1

Zeichnung: Ulrich Kieser

Karikatur 2

Populismus → s. INFO S. 282

Karikatur 3

Karikatur 4

Zeichnungen 2–4: Thomas Plaßmann

Bearbeitet die Karikaturen arbeitsteilig:

1 Beschreibt die jeweilige Karikatur. Ordnet sie den Themen des Kapitels zu.

2 Analysiert die Karikatur. Nutzt hierzu die Inhalte des jeweils relevanten Kapitels.

3 Bildet Gruppen und tauscht eure Beschreibungen und Deutungen aus. Vergleicht die Karikaturen und stellt Gemeinsamkeiten und Unterschiede heraus. Formuliert zu jeder Karikatur einen Titel. Diskutiert darüber, welche Karikatur euch besonders gefällt und warum.

4 Erläutert, wie die einzelnen Karikaturen die Kontrollfunktion der Medien in der Demokratie darstellen. Beurteilt diese Frage auch aufgrund eurer Erkenntnisse aus der Bearbeitung des Kapitels sowie vor dem Hintergrund eigener Erfahrungen.

10.

Artikel 20, GG

(1) Die Bundesrepublik Deutschland ist ein demokratischer und sozialer Bundesstaat.

(2) Alle Staatsgewalt geht vom Volke aus. Sie wird vom Volke in Wahlen und Abstimmungen und durch besondere Organe der Gesetzgebung, der vollziehenden Gewalt und der Rechtsprechung ausgeübt.

(3) Die Gesetzgebung ist an die verfassungsmäßige Ordnung, die vollziehende Gewalt und die Rechtsprechung sind an Gesetz und Recht gebunden.

(4) Gegen jeden, der es unternimmt, diese Ordnung zu beseitigen, haben alle Deutschen das Recht zum Widerstand, wenn andere Abhilfe nicht möglich ist.

Das politische System der Bundesrepublik Deutschland

10.1 Demokratie – warum eigentlich?

Die Kritik an der Demokratie ist so alt wie diese selbst. Geäußert wurde und wird diese aber nicht nur von entschiedenen Anhängern anderer Herrschaftsformen, sondern auch aus den eigenen Reihen. Sicherlich weist die Demokratie einige Schwächen auf. Können diese durch ihre Vorteile aufgewogen werden?

GLOSSAR

Demokratie

M 1   Kritische Zitate über die Demokratie

Demokratie ist, wenn sich zwei Wölfe und ein Schaf am Tag darüber unterhalten, was es am Abend zum Essen gibt.
Thomas Jefferson (1743 – 1826),
3. Präsident der USA

Wenn es ein Volk von Göttern gäbe, so würde es demokratisch regiert werden. Eine so vollkommene Regierung passt nicht für Menschen.
Jean-Jacques Rousseau (1712 – 1778), Genfer Philosoph

Es gibt keine absolute Garantie dafür, daß die Demokratie der Wahrheit am nächsten kommt.
Richard von Weizsäcker (1920 – 2015), 6. Bundespräsident der BRD (1984 – 1994)

Die Demokratie ist in Wirklichkeit nicht mehr als die Aristokratie der Redner.
Thomas Hobbes (1588 – 1679), englischer Philosoph

INFO

Aristokratie
Bezeichnung für die Herrschaft des Adels

Zitate nach: Aphorismen.de

M 2   Demokratie – in der Krise und doch die beste Herrschaftsform?

Nach wie vor gilt der Ausspruch des englischen Staatsmannes Winston Churchill vom 11. November 1947 bei einer Rede im Unterhaus: „Demokratie ist die schlechteste aller Regierungsformen – abgesehen von all den anderen Formen, die von Zeit zu Zeit ausprobiert worden sind." Die Demokratie mag nur als das kleinere Übel angesehen werden, vereint aber andererseits so viele Vorteile auf sich, dass sie weiterhin als die beste bekannte Herrschaftsform bezeichnet werden kann. Einer dieser Vorteile ist ihre Lernfähigkeit, die sie in die Lage versetzt, auch große Herausforderungen zu bestehen, Probleme zu bewältigen und dabei ihre Nachteile so zu verarbeiten, dass sie gestärkt aus Krisen hervorgeht.

Die moderne Demokratie ist gemäßigt, basiert auf Gewaltentrennung, repräsentativer Willens- und Entscheidungsbildung und – ganz entscheidend – auf Recht und Verfassung. Leben, Freiheit und Eigentum genießen den Schutz des Rechtes. Individuelle Freiheit und demokratische Selbstregierung lassen sich in der modernen Demokratie miteinander vereinbaren. Demokratien greifen Problemlagen aus der Gesellschaft auf und entschärfen sie, indem sie sie zu allgemein verbindlichen Entscheidungen verarbeiten. Gleichwohl vermag die Demokratie keineswegs alle Probleme zu lösen. Immer wieder wird ihr vorgehalten, dass sie nur die gut organisierten und machtvoll artikulierten Interessen berücksichtige und dabei nur die kurzfristigen Ziele, nicht aber das nachhaltige Gemeinwohl, auch nicht die Belange nachfolgender Generationen, im Auge habe. Das mag in der Tat eine Achillesferse der Demokratie sein, aber ein prinzipieller Einwand gegen diese Herrschaftsform ist

es nicht. Die Demokratie ist die einzige Herr-
40 schaftsform, die es den Bürgerinnen und Bürgern erlaubt, Regierende zu sanktionieren,
ohne das politische System selbst beseitigen
zu müssen. Politische Führung kann ausge-
wechselt werden, weil es in der Demokratie
45 nur Herrschaft auf Zeit gibt. Die Opposition
von heute kann morgen schon Regierung sein,
aus einer Minderheit kann eine Mehrheit werden. Transparenz ermöglicht Kontrolle und
schützt vor Machtmissbrauch. Konflikte kön-
50 nen bewältigt werden, ohne dass die Kontrahenten zu Mitteln der Gewalt greifen müssen.

Und vor allem: Nur der Wille der Bürgerinnen
und Bürger, artikuliert in Wahlen und Abstimmungen, begründet und legitimiert die Herstellung kollektiv verbindlicher Entscheidungen. 55
Nur die Demokratie bietet den Menschen die
Chance, sich umfassend an Willensbildung und
Entscheidungsfindung zu beteiligen, ihre Angelegenheiten selbst in die Hand zu nehmen, und
das in vielen Weisen: vom Engagement in Par- 60
teien über Bürgerinitiativen bis zu Protestakti-
onen. Denn schon die alten Griechen wussten
es, als sie die Demokratie erfanden: Die Politik
ist vor allem die Sache der Bürgerschaft.

Hans Vorländer: Demokratie – in der Krise und doch die beste Herrschaftsform? In: Informationen zur politischen Bildung Nr. 332/2017, Bundeszentrale für politische Bildung, Bonn 2017, S. 80 f. (gekürzt)

1 Nenne mögliche Gründe, welche die Personen aus M 1, darunter klare Verfechter der Volksherrschaft, zu den dargelegten kritischen Zitaten über die Demokratie bewegt haben könnten.

2 Arbeite aus M 2 heraus, welche Vorteile die Demokratie aufweist.

3 Gestalte ein Streitgespräch, in welchem ein Kritiker der Demokratie von den Vorteilen der Volksherrschaft überzeugt wird.

METHODE

Das Streitgespräch

Das Streitgespräch ist eine Form der Erörterung, bei welcher die unterschiedlichen Positionen zu einer Frage bzw. These jeweils von einer Person vertreten werden. Der Austausch der Argumente findet folglich in Form eines Dialoges zwischen mindestens zwei Personen statt, der jedoch, anders als ein umgangssprachlicher Streit, sachlich geführt wird.

Aufbau eines Streitgesprächs

In der **Einleitung** wird der Leser bzw. die Leserin an das „Streitthema" herangeführt und die Personen vorgestellt, welche sich an der Diskussion beteiligen. Eine kurze Charakterisierung der Diskussionsteilnehmer ist hierbei wichtig, da diese zugleich als Grundlage für die Ausgestaltung der einzelnen Redebeiträge im Hauptteil dient. Eine siebzigjährige Rentnerin drückt sich anders aus als ein zwölfjähriger Schüler.

Der **Hauptteil** ähnelt weitgehend dem einer dialektischen Erörterung. Auf ein Argument und ein dazugehöriges Beispiel, welches dieses veranschaulicht, folgt ein Gegenargument mit entsprechendem Beispiel. Allerdings werden diese nicht nur anein-andergereiht, sondern in Form eines Dialoges zwischen unterschiedlichen Personen aufgeteilt. Hierbei ist es wichtig, dass die auftretenden Diskussionsteilnehmer in ihren Beiträgen jeweils auf die vorausgehenden Aussagen eingehen, um den zentralen Merkmalen eines Gesprächs gerecht zu werden. Zudem gilt es hier, die Redebeiträge durch die Wortwahl, den Ausdruck und den Stil so zu gestalten, dass der jeweilige Teilnehmer dadurch ein charakteristisches Profil erlangt.

Der **Schluss** kann unterschiedlich gestaltet werden. Wie bei einer Auseinandersetzung zwischen verschiedenen Personen zu einem strittigen Thema üblich, kann der Schluss letztlich in einem Kompromiss, einer weiterbestehenden Uneinigkeit oder der Überzeugung der Gegenseite bestehen.

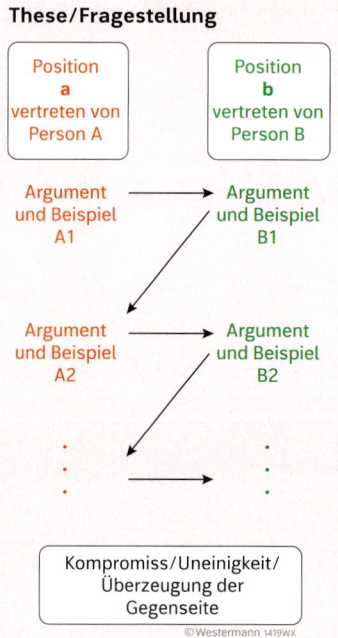

These/Fragestellung

Position **a** vertreten von Person A

Position **b** vertreten von Person B

Argument und Beispiel A1

Argument und Beispiel B1

Argument und Beispiel A2

Argument und Beispiel B2

Kompromiss/Uneinigkeit/ Überzeugung der Gegenseite

© Westermann 1419wx

10.2 Direkte Demokratie – die wahre Volksherrschaft?

Die repräsentative Demokratie, wie sie auch in Deutschland vorzufinden ist, sieht sich immer wieder dem Vorwurf ausgesetzt, dass die Ansichten der Bürgerinnen und Bürger zu wenig von deren gewählten Vertretern, ihren Repräsentanten, bei deren politischen Entscheidungen berücksichtigt werden. Die Politik setze sich über die Köpfe der Menschen hinweg, so lautet eine vielfach geäußerte Kritik. Sollte das Volk die Möglichkeit haben, öfter direkt abzustimmen? Ist es Zeit für mehr direkte Demokratie?

Jean-Jacques Rousseau (1712 – 1778), Philosoph des 18. Jh.

M1   Rousseau über die repräsentative Demokratie

„Das [...] Volk wähnt frei zu sein; es täuscht sich außerordentlich; nur während der Wahlen der Parlamentsmitglieder ist es frei; haben diese stattgefunden, dann lebt es wieder in Knechtschaft, ist es nichts." 5

Jean-Jacques Rousseau: Der Gesellschaftsvertrag, 1762

M2   Demokratie in der Schweiz und in Deutschland

Abstimmung des Schweizer Volkes über ein Gesetz

Abstimmung der Repräsentanten im Deutschen Bundestag

M3   Demokratie – Annäherung an einen Begriff

„Die Verfassung, die wir haben [...], heißt Demokratie, weil der Staat nicht auf wenige Bürger, sondern auf die Mehrheit ausgerichtet ist." So definierte der griechische Staatsmann
5 Perikles (ca. 500 – 429 v.Chr.) die Demokratie im Athen seiner Zeit. Diese Bestimmung von Demokratie als einer Mehrheitsherrschaft scheint so klar und eindeutig zu sein, dass sie zu Beginn des 21. Jahrhunderts dem Entwurf
10 einer Europäischen Verfassung als Motto vorangestellt wurde.

Aber der Eindruck der Eindeutigkeit täuscht. Dass Demokratie eine Verfassungsform ist, in der es auf die Mehrheit ankommt, mag noch relativ unumstritten sein. Doch schon die Frage, 15 wie diese Mehrheit die Herrschaft ausüben soll, führt zu sehr unterschiedlichen Auffassungen und Formen der Demokratie. Soll die Mehrheit ihre Herrschaft direkt, durch Versammlungen und Abstimmungen, oder indi- 20 rekt, durch Bestellung von Vertretern, ausüben?

Auch der Rückgriff auf den griechischen Wortursprung, nach dem demos „Volk" und kratein „herrschen" bedeutet, bringt hier keine Klarheit. Denn er sagt nicht, ob die Herrschaft des Volkes unmittelbar [durch direkte Abstimmungen der Bürger selbst] oder mittelbar [durch die Wahl von Repräsentanten, welche dann für das Volk entscheiden] ausgeübt werden soll. Genauso lässt er offen, ob die Herrschaft des ganzen Volkes gemeint ist oder ob es reicht, wenn eine [...] Mehrheit des Volkes herrscht – wobei sich zusätzlich die Frage stellt, was mit der Minderheit geschieht.

Fraglich ist außerdem, ob in der Demokratie alle Bürgerinnen und Bürger umfassend und zu jeder Zeit am Beratungs-, Entscheidungs- und Ausführungsprozess der Politik beteiligt werden müssen und sollen oder ob das Geschäft der Politik arbeitsteilig unternommen werden kann, indem einige wenige beraten und entscheiden, das Volk aber vor allem bei Wahlen – und bisweilen bei Sachabstimmungen – beteiligt wird.

Hans Vorländer: Demokratie – Geschichte eines Begriffs. In: Informationen zur politischen Bildung Nr. 332/2017, Bundeszentrale für politische Bildung, Bonn 2017, S. 4

M 4   Mehr direkte Demokratie wagen?

Die direkte Beteiligung des Volkes bei Abstimmungen führt zu einer besseren Kontrolle politischer Macht.

Die Möglichkeit, sich direkt an politischen Entscheidungen beteiligen zu können, führt zu mehr Interesse an der Politik.

Mehr Mitbestimmungsrechte bedeuten mehr Freiheit.

An den Abstimmungen beteiligt sich oftmals nur ein kleiner Teil der Bevölkerung. Die Entscheidungen sind damit weder repräsentativ noch legitimiert.

Repräsentanten können für ihre Entscheidungen zur Verantwortung gezogen werden. Die Abstimmungen der Bürgerinnen und Bürger bleiben hingegen anonym.

Gut organisierte Gruppen können bei Volksentscheiden besser für ihre Position werben und haben somit mehr Einfluss.

Durch die direkte Demokratie wird die Diskussionskultur in der Gesellschaft gestärkt. Dies führt wiederum zu besseren Entscheidungen.

Wenn das Volk direkt entscheidet, kann es sich besser mit der Politik identifizieren.

Das Volk lässt sich leicht von Demagogen verführen.

In Anlehnung an: Andreas Gross, Rudolf Steinberg: Mehr direkte Demokratie wagen?, in: Das Parlament, Nr. 40-41, hrsg. vom Deutschen Bundestag, Berlin 2014, S. 9

---

1 Nenne Argumente, welche für bzw. gegen die Aussage Rousseaus sprechen (M 1/M 2).

2 Stelle dar, weshalb eine exakte Bestimmung des Begriffs „Demokratie" so schwer ist (M 3).

3 Gestalte eine Rede für den Auftritt bei einem Jugendkongress zum Thema „Zukunft der Demokratie", in welcher du für bzw. gegen die Ausweitung direktdemokratischer Elemente in Deutschland wirbst (M 4).

QUERVERWEIS

Methode Eine Rede halten
S. 326

10.3 Der Bundestag – Herz der deutschen Demokratie?

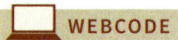

WEBCODE

WES-116987-019
Film: Der Deutsche
Bundestag

GLOSSAR

Bundestag

Der Deutsche Bundestag kann als das Herz der deutschen Demokratie bezeichnet werden. Als einzige politische Institution auf der Bundesebene wird dieser direkt durch das Volk gewählt und nimmt wichtige Aufgaben wahr, die für eine funktionstüchtige Demokratie zentral sind. Dennoch ist er ständig in der Kritik – zu Recht?

M 1   Eindrücke eines Bundestagsbesuches

Besucherschlange vor dem
Reichstagsgebäude

Blick in den Plenarsaal

M 2   Die Hauptaufgaben des Bundestages

Der Deutsche Bundestag ist das Parlament der Bundesrepublik Deutschland. Seine Abgeordneten werden auf jeweils vier Jahre vom Volk als dessen Repräsentanten [Repräsentations-
5 funktion] in allgemeinen Wahlen [Bundestagswahl] bestimmt [...]. Dort erfüllen sie vier Hauptaufgaben (Funktionen):
- Sie wählen den Regierungschef (Wahlfunktion). Das geschieht in der Regel nur
10 einmal, immer dann, wenn ein neuer Bundestag zusammentritt. [Zudem ist der Bundestag u. a. an der Wahl der Bundespräsidenten und der Bundesverfassungsrichter beteiligt.]
15 - Sie beraten und beschließen neue Gesetze, nach denen alle Bürgerinnen und Bürger sich zu richten haben (Gesetzgebungsfunktion). [...]
- Sie kontrollieren die laufende Arbeit der
20 Regierung (Kontrollfunktion). Dazu lassen

sie sich mündlich und schriftlich Anfragen von der Regierung beantworten, nehmen in den Bundestagsausschüssen bei der Beratung über neue Gesetze gleichzeitig
25 die Regierungsarbeit genauer unter die Lupe, setzen – wenn nötig – einen Untersuchungsausschuss ein und – ganz wichtig: Sie teilen der Regierung jährlich in einem Gesetz über den Haushaltsplan das Geld
30 zu, das diese zum Regieren braucht. Vorher lassen sie sich natürlich genau erklären, wofür das im Einzelnen ausgegeben werden soll.
- Schließlich verstehen sie sich als das Forum [lat., Marktplatz] der Nation, auf
35 dem fortlaufend alle mit allen diskutieren und dabei die aktuellen politischen Probleme zur Sprache gebracht (artikuliert) werden (Artikulationsfunktion).

Eckart Thurich: pocket politik. Demokratie in Deutschland, Bundeszentrale für politische Bildung, Bonn 2011, S. 68 f.

M3 „Leichenschauhaus der parlamentarischen Idee"

Es treten auf: Wiefelspütz und von der Leyen, Pau und Wels und Heil, Schäuble, Künast, Gabriel, Merkel, Meyer und wie sie alle heißen, es geben sich das Mikrofon in die Hand: die, die
5 alle aus den Talkshows kennen, und die, die höchstens der eigene, abgelegene niederbayerische Wahlkreis kennt – welch ein Schauspiel unter der großen gläsernen Kuppel, dem „hohen Haus" in Berlin. Oben im Rang saß 2013
10 Roger Willemsen und protokollierte. [...]

Viel Gleiches, kaum Ausreißer

Das beschämende Fazit: „Regierungsparteien kontrollieren das Kabinett nicht, vielmehr begleiten sie sein Tun rühmend und dankend.
15 Die Opposition sieht ohnmächtig zu und wird angesichts der langen vergeblichen Arbeit unbeherrschter und böser." Willemsen gruselt es, dem Leser auch. „Ein Leichenschauhaus der parlamentarischen Idee", schreibt der
20 schlaue Zaungast. Es ist immer wieder, mit seltenen Ausreißern, das Gleiche, was Willemsen [...] mit ansehen muss: Abgeordnete, die [... stur; Red.] ihre Kampflinie verteidigen, sich gegenseitig kaum zuhören, aber reflexhaft be-
25 geistert applaudieren und sich feiern – zum Beispiel, weil ein Fraktionskollege erklärt: „Die FDP ist beim Gülle-Bonus gesprächsbereit" – Parlamentarier, die viel mehr routiniert als getrieben von heißer Wut böse Sa-
30 chen in den Saal rufen, „Unsinn!" „Davon verstehen Sie doch nichts!" „Mann, sind Sie ein primitiver Kerl!" – vehemente Rufe ohne Impetus.

„Die Beleuchtung ist raffinierter als die
35 Rhetorik"

Ach je. Kaum wird hier, folgt man dem Protokollanten, mal etwas offen betrachtet, abgewogen, weiterentwickelt. Es geht um die Performance, der Inhalt stand vor der Sit-
40 zung sowieso schon fest, doch die Darbietung ist oft so schlecht, dass Willemsen öfter mal solche Vergleiche anstellt: „Die Beleuchtung ist raffinierter als die Rhetorik". Und doch, so schlimm das alles ist, er beschreibt die
45 Veranstaltungen, in denen nicht weniger als

Deutschlands Perspektive verhandelt wird, [...] ohne derbe Häme, führt federleicht und mit Humor ein doch irgendwie liebenswertes Panoptikum vor, eine realitätsfern vor sich
50 hin werkelnde, geschlossene Gesellschaft.

Man redet, doch keiner hört zu

Solche Szenen sind bezeichnend – für die Gesprächskultur im Saal ebenso wie für die Art der Beschreibungen, die Willemsen liefert: „Bartholomäus Kalb (CDU/CSU) am Redner-
55 pult spricht gerade von seiner Mutter, die immer sagte: ‚Mit Geld spielt man nicht'. Da ist selbst Vizepräsident Wolfgang Thierse in heitere Zwiegespräche vertieft, und die Rede des Abgeordneten versinkt immer tiefer im akus-
60 tischen Hintergrund. Der Redner röchelt seine Vokale, wiederholt abermals, dass wir mit dem Geld sorgfältig umgehen müssten, wie er selbst, so sagt er, schon oft gesagt habe, deshalb sagt er es noch einmal. Napoleon behaup-
65 tete einst: Die einzige rhetorische Figur, die ich kenne, ist die Wiederholung. Mancher im Parlament redet, als müsse er Soldaten für den Kampf motivieren." [...] Roger Willemsen
70 hat darauf verzichtet, sich auch noch die Ausschüsse anzuschauen, er hat mit keinem Abgeordneten über das Warum und Wieso seines jeweiligen mitunter laienkomödienreifen Beitrages gesprochen, er vertraute den unmittel-
75 baren Eindrücken. [...]

Das Parlament als Affentheater

Wie sehr die Wahrnehmung des „Hohen Hauses" und das dortige tatsächliche Treiben auseinanderklaffen, Willemsen wunderte sich
80 sehr. [...] Das Parlament gibt ein Affentheater, abgekauft wird ihm ein seriöses Stück – das erinnert ein bisschen an das Märchen „Des Kaisers neue Kleider", in dem das betriebsblinde, das manipulierte Volk bereitwillig
85 sieht, was gar nicht da ist. Warum dieser Mechanismus über weite Strecken auch in einer Demokratie funktioniert? So hinreißend Willemsen beobachtet, die komische Welt erklären kann er letztlich auch nicht.

Nina Poelchau: Leichenschauhaus der parlamentarischen Idee, stern.de, 12.03.2014, Hamburg; https://www.stern.de/kultur/buecher/-das-hohe-haus----willemsens-bundestag-kritik--leichenschauhaus-der-parlamentarischen-idee--3388428.html (Zugriff 24.11.2022)

INFO

Roger Willemsen (1955–2016) deutscher Publizist und Fernsehmoderator

Kabinett (auch: Bundeskabinett) Bezeichnung für die Gruppe an Personen, die zusammen die Bundesregierung bilden. Dazu gehören neben dem Bundeskanzler bzw. der Bundeskanzlerin die verschiedenen Ministerinnen und Minister einer Regierung.

Fraktion Bezeichnung für eine Gruppe von Abgeordneten in einem Parlament, welche in der Regel einer Partei angehören bzw. ein Zusammenschluss von Mitgliedern unterschiedlicher Parteien mit ähnlichen politischen Interessen und Zielen sind. Eine Fraktion bedarf einer Mindestgröße (5 % der Abgeordneten im Bundestag). Fraktionen haben zentrale Funktionen mit Blick auf die Arbeitsabläufe im Parlament und sind mit besonderen Rechten versehen (siehe auch S. 249).

Impetus Motivation, innerer Antrieb

Häme Spott

Panoptikum Wachsfiguren-/Kuriositätenkabinett

GLOSSAR

Abgeordnete

м4 Terminplan eines Abgeordneten

	Montag	Dienstag	Mittwoch	Donnerstag	Freitag
8.00		*Besprechung*	*Pressetermin*	*Büroarbeit*	
9.00	*Anreise aus dem Wahlkreis*	Sitzung der Arbeitsgruppen, Arbeitskreise, Arbeitsgemeinschaften	Ausschusssitzung	Plenarsitzung (ganztägig), regelmäßig zwei Kernzeitdebatten und anschließend weitere Aussprachen, eventuell Aktuelle Stunde	Plenarsitzung
10.00					
11.00					
12.00					
13.00		*Treffen Projektgruppe, Parlamentsgruppe*	Plenarsitzung mit Regierungsbefragung, Fragestunde, Aktuelle Stunde (nach Bedarf)	*parallel dazu: Besuchergruppe aus dem Wahlkreis, Pressegespräch, Büroarbeit*	
14.00	*Büroarbeit*				
15.00	Sitzungsvorbereitung, Treffen der Arbeitsgruppen, Arbeitskreise	Fraktionssitzung	Weiterführung der Ausschusssitzung		*Pressetermin Treffen mit Verbandsvertretern, Wissenschaftlern*
16.00					
17.00	Sitzung des Fraktionsvorstands				*Abreise in den Wahlkreis*
18.00				ausnahmsweise Gremiensitzung	
19.00	*Politische Gespräche*	*Abendveranstaltung (Padiumsdiskussionen, Vorträge)*			
20.00	Sitzung der Landesgruppe		*Besuchergruppe aus dem Wahlkreis*		Abendveranstaltung im Wahlkreis
21.00					
22.00					

Deutscher Bundestag (Hrsg.): Regelindis Westphal Grafik-Design (Urheber) Bundestag und Schule. Berlin 2018, AB 7

Gremien im Deutschen Bundestag

Fraktionen

Die Abgeordneten einer Partei im Parlament bilden eine Fraktion. Zur Bildung einer Fraktion ist eine Mindestzahl von Abgeordneten nötig. Im Bundestag sind es 5 Prozent.

Die Fraktionen organisieren und steuern die Arbeit im Parlament. Sie besetzen entsprechend ihrer Stärke die Ausschüsse. Nur Fraktionen oder so viele Abgeordnete, wie es der Mindeststärke einer Fraktion entspricht, sind zu Initiativen berechtigt. Diese Bestimmung verhindert, dass einzelne Abgeordnete mit einer Vielzahl von Anträgen oder Anfragen die Arbeit des Parlaments lahmlegen. Die Fülle der Politikbereiche erfordert eine Arbeitsteilung in der Fraktion. Der einzelne Abgeordnete spezialisiert sich auf bestimmte Sachgebiete. In Arbeitskreisen und Arbeitsgruppen beraten diese Sachverständigen Gesetzesentwürfe und andere Anträge und bereiten die Entscheidungen vor. Die Fraktion folgt in der Regel den Vorschlägen ihrer Sachverständigen.

Ausschüsse

Für den Bundestag als Ganzes gilt wie für die Fraktionen das Prinzip der Arbeitsteilung. Die eigentliche parlamentarische Arbeit wird in den Ausschüssen geleistet. Die Ausschüsse entsprechen den Arbeitskreisen und Arbeitsgruppen der Fraktionen. Deren Mitglieder sind meist zugleich die Vertreter ihrer Fraktionen in entsprechenden Fachausschüssen. In den Ausschüssen werden die Gesetzesentwürfe und sonstige Initiativen diskutiert und formuliert, um dann dem Plenum zur Beschlussfassung vorgelegt zu werden.

Die Ausschüsse tagen in der Regel nicht öffentlich. Daher kann dort ungezwungener und sachlicher debattiert werden als in den öffentlichen Sitzungen des Plenums. Auch die Ausschussmitglieder der Opposition haben so die Chance, einen erheblichen Einfluss auszuüben. Die Arbeitsgebiete der meisten Ausschüsse entsprechen denen der Bundesministerien. Jedem Ministerium ist in der Regel ein Fachausschuss zugeordnet, zum Beispiel der Auswärtige Ausschuss dem Auswärtigen Amt und der Rechtsausschuss dem Bundesministerium der Justiz.

Plenum

Das Plenum ist die „Vollversammlung", eigentlich der Bundestag schlechthin. Nur das Bundestagsplenum kann rechtswirksame Beschlüsse fassen. Der Bundestag ist beschlussfähig, wenn mindestens die Hälfte seiner Mitglieder anwesend ist. Viele Beschlüsse kommen allerdings zustande, wenn weit weniger Abgeordnete anwesend sind. In den Fraktionen und Ausschüssen ist nämlich vorab geklärt, ob einer Vorlage alle Fraktionen zustimmen oder ob sie zwischen Regierungsmehrheit und Opposition strittig ist. Im ersten Fall spielt es keine Rolle, wie viele Abgeordnete anwesend sind, im letzten genügt es, wenn mehr Abgeordnete der Regierungsmehrheit als der Opposition an der Abstimmung teilnehmen.

Horst Pötzsch: Die deutsche Demokratie, Bonn 2009, zit. nach: Bundeszentrale für politische Bildung (Hrsg.): Dossier: Deutsche Demokratie. Bonn 2018, S. 61–63 (gekürzt)

M6   Rede- und Arbeitsparlament in einem

Das Bild des Bundestages in der Öffentlichkeit wird durch die Debatten im Plenum bestimmt. Hörfunk und Fernsehen übertragen wichtige Debatten oder berichten aus den Plenarsitzungen. Wenn die Fernsehkamera über den Plenarsaal schwenkt, sieht der Zuschauer, dass oft nur 30 oder 50 Abgeordnete anwesend sind, von denen ein Teil auch noch Akten studiert oder Zeitung liest. Das führt zu dem weitverbreiteten Missverständnis, die Abgeordneten kämen ihren Pflichten nicht nach. Dieser Kritik liegt die Vorstellung zugrunde, das Plenum sei der eigentliche Ort der parlamentarischen Arbeit. Dort würden die wichtigsten Probleme des Landes in Rede und Gegenrede zwischen Regierungsmehrheit und Opposition debattiert, und die besseren Argumente setzten sich durch. Diesem Idealbild kommt am ehesten das britische Unterhaus nahe, das als „Redeparlament" gilt. Der andere Typ ist das „Arbeitsparlament", in dem, wie vor allem im amerikanischen Kongress, der Schwerpunkt auf der Gesetzgebungsarbeit in Ausschüssen liegt. Der Bundestag wird oft als eine Mischung aus den beiden Parlamentstypen bezeichnet. Nimmt man den Zeitaufwand als Maßstab, so leisten die Bundestagsabgeordneten ihre Arbeit weit überwiegend in Ausschüssen, Fraktionen, Arbeitskreisen und Arbeitsgruppen. [...] Haben die Experten in wochen- und monatelangen Beratungen alle Argumente ausgetauscht und sind die Standpunkte geklärt, ist es nicht verwunderlich, wenn die meisten Beschlüsse im Plenum ohne Debatte oder nach kurzer Diskussion gefasst werden. Eine Anwesenheit der vielen Abgeordneten, die nicht mit der Materie vertraut sind, wäre daher pure Zeitverschwendung.

Die großen Debatten über wichtige Themen, wie zum Beispiel die Haushaltsdebatte, haben nicht die Funktion, die jeweils andere Seite zu überzeugen. Es handelt sich um Reden, die für die Öffentlichkeit bestimmt sind. Dem Bürger sollen die unterschiedlichen Meinungen und die Gründe, die etwa zu dieser oder jener Entscheidung geführt haben, deutlich gemacht werden.

Horst Pötzsch: Die deutsche Demokratie, Bonn 2009, zit. nach: Bundeszentrale für politische Bildung (Hrsg.): Dossier: Deutsche Demokratie. Bonn 2018, S. 63

M7   Fraktionsdisziplin in der Karikatur

Zeichnung: Gerhard Mester

M8 Artikel 38, Absatz 1 des Grundgesetzes

Die Abgeordneten des Deutschen Bundestages werden in allgemeiner, unmittelbarer, freier, gleicher und geheimer Wahl gewählt. Sie sind Vertreter des ganzen Volkes, an Aufträge und Weisungen nicht gebunden und nur ihrem Gewissen unterworfen.

M9 Fraktionsdisziplin und Fraktionszwang

Abgeordnete sind als Mitglieder ihrer Partei gewählt, deren grundlegende politische Überzeugungen sie mit den anderen Mitgliedern ihrer Fraktion teilen. Sie haben das Interesse, dass die politischen Vorstellungen ihrer Partei sich durchsetzen und diese die nächsten Wahlen gewinnt. Nur wenn die Fraktion geschlossen auftritt, erscheint sie entscheidungs- und handlungsfähig. Öffentliche Auseinandersetzungen und abweichendes Stimmverhalten werden als „Zerstrittenheit" gewertet und mindern die Wahlchancen.

Abgeordnete können für ihre Auffassungen in den Arbeitskreisen/Arbeitsgruppen, in informellen Gesprächsrunden oder im Fraktionsplenum werben. Vor der entscheidenden Abstimmung kommt es manchmal zu heftigen Auseinandersetzungen. Wenn die Fraktion mit Mehrheit entschieden hat, sind ihre Mitglieder daran gebunden. Die Fraktionsdisziplin, die freiwillige Unterordnung unter die Mehrheitsbeschlüsse der Fraktion, unterscheidet sich vom Fraktionszwang, der dem Grundsatz des freien Mandats widerspricht. Bei sehr umstrittenen Entscheidungen (Beispiele: Notstandsgesetzgebung 1968; Abstimmung über die Ostverträge 1972) haben beträchtliche Minderheiten gegen die Linie ihrer Fraktionen gestimmt.

Bei ausgesprochenen „Gewissensfragen" (Beispiele: Abtreibung, Verlängerung der Verjährungsfrist für NS-Verbrechen, Einsätze der Bundeswehr bei UN-Friedensmissionen) gibt die Fraktionsführung die Abstimmung in der Regel frei.

INFO

Mandat
Hier: das Recht und der Auftrag, als gewählte Repräsentantin bzw. als gewählter Repräsentant die Interessen der Bürgerinnen und Bürger im Parlament zu vertreten. Bei einem imperativen Mandat sind die Abgeordneten strikt an die Weisungen der Wählerschaft gebunden, bei einem freien Mandat hingegen nicht.

Horst Pötzsch: Die deutsche Demokratie, Bonn 2009, zit. nach: Bundeszentrale für politische Bildung (Hrsg.): Dossier: Deutsche Demokratie. Bonn 2018, S. 61

1 Beschreibe die Fotos in M1.
2 Beschreibe die Aufgaben des Bundestages (M2).
3 Arbeite die am Bundestag geübte Kritik aus dem Artikel M3 heraus.
4 Beschreibe die typische Arbeitswoche eines Bundestagsabgeordneten (M4).
5 Stelle anhand von M5 und der Arbeitswoche eines Bundestagsabgeordneten (M4) das Zusammenwirken der verschiedenen Arbeitsgremien des Parlaments dar.
6 Erkläre, weshalb der Bundestag als eine Mischform von Rede- und Arbeitsparlament betrachtet werden kann (M6).
7 Erläutere das Spannungsverhältnis, in welchem sich die Abgeordneten des Deutschen Bundestages mit Blick auf das freie Mandat (M8) einerseits und der Fraktionsdisziplin andererseits (M7/M9) befinden.
8 Überprüfe die Kritik aus M3 mit Blick auf die Arbeitsweise des Deutschen Bundestages (M4–M9).

10.4 Bundestag – Kontrolleur der Regierung?

Eine der wichtigsten Aufgaben des Bundestages ist die Kontrolle der Bundesregierung. Gerade in Zeiten der Corona-Pandemie schien dies jedoch oftmals nicht zu funktionieren. Schwerwiegende Beschlüsse, die zum Teil die Grundrechte der Bürgerinnen und Bürger berührten, wurden von der Exekutive getroffen, ohne den Bundestag ausreichend zu beteiligen. So lautete zumindest vielfach die öffentlich geübte Kritik – nicht nur an der Bundesregierung, sondern auch am Bundestag. Letzterer hätte sich stärker behaupten müssen. Doch welche Möglichkeiten hat der Bundestag denn überhaupt, um die Regierung zu kontrollieren?

M 1   Parlamentarische Kontrolle in Zeiten von Corona

Die damalige Bundeskanzlerin Angela Merkel (Bundeskanzlerin von 2005 bis 2021) zur Frage nach der Beteiligung des Bundestages bei den Entscheidungen zu Corona-Maßnahmen.

Zeichnung: Jürgen Janson

M 2   Coronabeschlüsse ohne Parlament

Es ist eine seltsame Situation. Im Kanzleramt ringt Angela Merkel mit den Ministerpräsidentinnen und Ministerpräsidenten [...] um die Einzelheiten des neuen Corona-Plans. In
5 Sichtweite debattiert der Bundestag. Alle Oppositionsparteien haben Vorschläge [...] vorgelegt. Nur hören will sie niemand. Das ärgert die Abgeordneten seit langem. Und heute besonders. [...]
10 Staatsrechtler können den Ärger der Bundestagsabgeordneten verstehen. „Die Forderungen vieler Abgeordneter nach besserer Parlamentsinformation und -beteiligung sind berechtigt und notwendig", sagt Stephan Bröchler, Professor für Politik- und Verwal- 15 tungswissenschaften [...].
„Das in der Verfassung nicht vorgesehene informelle Coronagremium aus Bundeskanzlerin und Ministerpräsidenten schwächt den Bundestag." Das Parlament droht „zum blo- 20 ßen Stempelkissen bereits dort gefällter Entscheidungen" zu werden [...].

Allerdings ist auch wahr: Der Bundestag könnte sich mehr einmischen – wenn die Koalitionsfraktionen dafür stimmen würden. „Der Bundestag kann jederzeit tätig werden, doch die Mehrheit will ja offenbar nicht, weil sie die Regierung schützt", sagt Joachim Wieland, Professor an der Universität für Verwaltungswissenschaften Speyer. [...]

Kristina Hofmann: „Eine schwere Missachtung des Bundestages", zdf.de, 10.02.2021, Mainz; https://www.zdf.de/nachrichten/politik/corona-bundestag-mpk-staatsrecht-coronakabinett-100.html (Zugriff 24.11.2022)

M 3 Parlamentarische Kontrolle der Regierung

Das Grundgesetz hat ein parlamentarisches Regierungssystem geschaffen. Das bedeutet, die Regierung kommt nicht von außen oder oben, etwa von einem Monarchen oder einem Präsidenten. Vielmehr wird sie erst vom Parlament installiert. Kanzler oder Kanzlerin müssen von einer Mehrheit der Mitglieder des Bundestages gewählt werden. Mit einer gleichen Mehrheit kann der Bundestag jederzeit jemand anderen zum Kanzler wählen (konstruktives Misstrauensvotum) und damit eine andere Regierung einsetzen.

Das ist die erste und wichtigste Kontrollaufgabe des Bundestages: Wer wird Regierungschef, und wen beruft er oder sie als Minister? Die Mitglieder der Regierung sind überwiegend gewählte Abgeordnete des Bundestages und bleiben es. Die Regierung ist „Fleisch vom Fleische des Parlaments" [...].

Mehr als nur Kritik

Dadurch werden die Abgeordneten in ihrer Mehrheit verantwortlich dafür, wie das Land regiert wird. [...] Es genügt nicht, die Regierung nur in dem Sinne zu kontrollieren, dass man sie angreift, ihre Versäumnisse kritisiert und ihr die Zustimmung verweigert, wenn ihre Gesetzgebungs- oder Haushaltsvorhaben jeweilige Interessen nicht berücksichtigen. Indem die Bundestagsmehrheit die Regierung in Gang setzt, verbindet sie sich mit deren Erfolg und Misserfolg. Ihre Abgeordneten und Parteien sind es, die spätestens bei der nächsten Wahl die Rechnung präsentiert bekommen. Sie sind es, die Zustimmung und Mandate verlieren, behalten oder gewinnen. [...]

Kein einheitliches Organ

Das Parlament steht politisch nicht als einheitliches „Staatsorgan" der Regierung gegenüber. Im Gegenteil: In seiner Mehrheit steht das Parlament auf Seiten der Regierung. Gegenüber stehen die oppositionellen Fraktionen. Der Bundestag ist mit der Kanzlerwahl in seinen politischen Funktionen gespalten und bleibt es für die Wahlperiode – falls nichts dazwischenkommt.

Was bedeutet das für die parlamentarische Kontrolle? Sie ist ebenfalls gespalten zwischen regierender Mehrheit und opponierender Minderheit. Dass nichts „dazwischenkommt", wollen die Koalitionsfraktionen nach Möglichkeit sicherstellen. Also kontrollieren sie „ihre" Regierung im Sinne von Beaufsichtigung, Mitsteuerung, Fehlervermeidung. Sie versuchen das meist nicht öffentlich zu tun. [...]

Die Kontrolle der Opposition ist anderer Art. Sie ist kontrovers, kritisch, will Alternativen aufzeigen und sucht insbesondere die Öffentlichkeit. Das muss sie, denn die politische Willensbildung spielt sich heute nicht mehr in einer privilegierten Schicht auf der Grundlage von Reichstagsdebatten ab. Demokratie verwirklicht sich auch nicht in der Durchsetzung des Mehrheitsprinzips. Sie fängt mit der Gewährleistung politischer Minderheitspositionen erst an. Wer keine Wahl hätte, könnte nicht wählen. Bürger und Wähler müssen von Mindermeinungen und abweichenden politischen Konzepten erfahren. Die demokratisch unverzichtbare Oppositionsarbeit im Bundestag setzt auf die Mobilisierung der Öffentlichkeit und die Interventionsmacht Dritter. Durch dieses Zusammenwirken wird ihre Kontrolle der Regierung effektiv, nicht etwa dadurch, dass die Minderheit der Mehrheit etwas verbieten könnte. [...]

Wolfgang Zeh: Im Zentrum des Systems. In: Das Parlament, Jg. 59, Nr. 44, hrsg. vom Deutschen Bundestag, Berlin, 26.10.2009, S. 1

M 4   Die Kleine Anfrage im Bundestag

„Ich rufe auf den Tagesordnungspunkt 1: Befragung der Bundesregierung. Die Bundesregierung hat mitgeteilt, dass heute Frau Doktor Merkel zur Verfügung steht." – Bundestagspräsident Wolfgang Schäuble (CDU) eröffnet die Regierungsbefragung im Bundestag [...]. Das erste Mal in diesem Jahr [Mitte Mai 2020] steht Bundeskanzlerin Angela Merkel (CDU) persönlich Rede und Antwort.

Die Coronakrise wirft bei den Abgeordneten der Opposition einige Fragen auf [...]. Frage, Antwort, vielleicht eine Nachfrage, nächstes Thema. Für Tiefgang bleibt nicht viel Zeit bei der Befragung im Plenum. Aber die Abgeordneten haben noch andere Möglichkeiten, der Regierung auf den Zahn zu fühlen. Eine davon nutzen die Parlamentarier auch in der Coronakrise eifrig: die Kleine Anfrage. Sie weckt nicht so viel Aufmerksamkeit wie eine direkte Konfrontation zwischen Opposition und Regierungschefin, aber kaum ein Mittel eignet sich Experten zufolge so gut dafür, Vorgehen, Erfolge und Verfehlungen der Regierung zu überprüfen. [...]

Obwohl unter den politischen Lagern vordergründig zunächst weitgehend Einvernehmen herrschte im Kampf gegen Corona, hinterfragten Abgeordnete die Schritte von Merkel und ihrem Krisenkabinett hinter den Kulissen seit dem Ausbruch des Virus [...]. Die FDP wollte zuletzt unter anderem wissen, ob die Arbeit im Homeoffice bei der Steuererklärung berücksichtigt wird. Die Linke fragte nach der Finanzierung der Krankenkassen. Bündnis90/ Die Grünen fürchteten Auswirkungen der Coronakrise auf das Klimaschutzprogramm der Regierung. Und die AfD wollte wissen, warum Exporte von medizinischer Schutzausrüstung ins nichteuropäische Ausland genehmigt wurden. [...]

Auf das Instrument der Kleinen Anfrage könnten die Abgeordneten auch in der Krise nicht verzichten, sagt Jan Korte von der Linken: „Mir ist wichtig, dass der Bundestag weiter seiner Arbeit nachkommt. Und das bedeutet, dass auch weiter insbesondere die Opposition die Regierung kontrolliert und da ist nun mal die Kleine Anfrage eigentlich das zentrale Mittel und deswegen müssen auch in diesen wirklich schwierigen, schlimmen Zeiten der Coronakrise die Kleinen Anfragen weiter beantwortet werden." [...]

Oft sind die Kleinen Anfragen alles andere als klein. Sie beinhalten in der Regel mehrere einzelne Fragen zu einem Thema. Das kann eine Handvoll sein, mitunter sind es über 100. Eine gute Kleine Anfrage zu stellen, sei deshalb nicht einfach. Sie könne aber auch eine große Wirkung entfalten, sagt [der Politikwissenschaftler Sven] Siefken.

„Für die Abgeordneten ist diese Kleine Anfrage insofern attraktiv, als man auf einem Weg sehr viel sachliche Information aus der Verwaltung herausbekommen kann und die dann hinterher auch öffentlich gemacht werden kann. Die Antworten sind wie die Fragen gleich veröffentlicht. Das heißt, sie werden in der Drucksache des Bundestags veröffentlicht. Man kann sie an Journalisten weitergeben, man kann sie an interessierte Bürgerinnen und Bürger im Wahlkreis weitergeben, man kann sie an Interessengruppen weitergeben." [...]

„Wir nutzen das dann natürlich nicht nur für uns, sondern sprechen vielleicht auch eine Journalistin oder einen Journalisten an, ob sie Interesse haben, über unsere Ergebnisse und Antworten, die wir erhalten haben, öffentlich zu berichten", sagt Grünen-Politikerin Britta Haßelmann.

Mitunter stecken Abgeordnete und Journalisten auch die Köpfe zusammen, bevor die Anfrage gestellt wird. Darüber sprechen Abgeordnete nicht so gern. Schließlich ist die Kleine Anfrage ihr originäres Recht. Und es soll nicht so aussehen, als würden Fragen von Journalisten an die Bundesregierung weitergereicht.

Eine Umfrage des Kommunikationswissenschaftlers Hans Mathias Kepplinger unter Abgeordneten, die er bereits 2007 durchführte, ergab aber, dass eine Reihe von ihnen die Themen ihrer Kleinen Anfragen so auswählten, dass sie möglichst viel Medienaufmerksamkeit weckten. Und ein Viertel der Abgeordneten räumte ein, dass die Initiative für Anfragen „meist von Journalisten" oder „von beiden Seiten gleichermaßen" ausgehe.

Für Jan Korte, den parlamentarischen Geschäftsführer der Linken-Fraktion, ist es

selbstverständlich, dass Kleine Anfragen nicht nur im Abgeordnetenbüro entstehen. „Das ist natürlich schon eine Zusammenarbeit und bei Leuten, die länger schon dabei sind, hat man
105 auch Journalistinnen und Journalisten, die man kennt und weiß, die sind in dem und dem Thema sehr drin, die haben schon viel darüber berichtet, und mit denen arbeitet man dann zusammen. Man kriegt auch öfter Hinweise, übrigens auch von Vereinen oder von Bürge- 110 rinnen und Bürgern und auch von Journalisten, die sagen, gucken Sie doch mal, ist das nicht ein interessanter Vorgang, wie ist das denn eigentlich?" [...]

Benjamin Dierks: Neugierige Abgeordnete, genervte Regierende, Deutschlandfunk online, 20.05.2020, Köln; https://www.deutschlandfunk.de/die-kleine-anfrage-im-bundestag-neugierige-abgeordnete-100.html (Zugriff 24.11.2022)

M 5 Parlamentarische Kontrollrechte

© Bergmoser + Höller Verlag AG

66 250

1 Analysiere die Karikatur (M 1).

2 „Der Bundestag kann jederzeit tätig werden, doch die Mehrheit will ja offenbar nicht, weil sie die Regierung schützt" (M 2, Z. 25 – 28). Erkläre diese Aussage mit Blick darauf, wie die parlamentarische Kontrolle der Regierung im Rahmen eines parlamentarischen Regierungssystems funktioniert (M 2/M 3).

3 Erläutere ausgehend von M 4, inwiefern die parlamentarischen Kontrollrechte (M 5) die Opposition in ihrer Kontrollfunktion gegenüber der Regierung stärken.

10.5 Das Amt des Bundeskanzlers – Zentrum der Macht?

WES-116987-020

Film: „Einfach erklärt: Regierungsbildung"

Das Amt des Bundeskanzlers wird in der Öffentlichkeit oft als das höchste politische Amt Deutschlands wahrgenommen. Dies trifft nicht zu. Tatsächlich ist dieses dem Amt des Bundespräsidenten zuzusprechen, dem Staatsoberhaupt. Unbegründet ist die Wahrnehmung allerdings nicht. Sie geht einher mit der herausragenden politischen Rolle, welche der Bundeskanzler im politischen System der BRD einnimmt, sowohl hinsichtlich der verfassungsrechtlichen Stellung als auch der realen politischen Macht des Amtes. Doch wie weit geht diese wirklich?

WES-116987-021

Spiel: Der Kanzlersimulator

M1 In (freudiger) Erwartung neuer Superkräfte

Zeichnung: Klaus Stuttmann

M2 Aufgaben und Zusammensetzung der Bundesregierung

Die Bundesregierung ist die Spitze der Exekutive der Bundesrepublik Deutschland, also die ausführende Gewalt. Sie besteht aus dem Bundeskanzler und den Bundesministern. Zusammen bilden sie das Bundeskabinett.
Die Bundesregierung ist die Lenkungszentrale des Staates:

(1) sie entscheidet über die Innen- und Außenpolitik;
(2) sorgt dafür, dass vom Bundestag verabschiedete Gesetze umgesetzt werden;
(3) arbeitet eigene Gesetzesvorlagen aus und schlägt sie dem Bundestag vor [...].

Claudia Kölbl: Die Bundesregierung, in: Bundeszentrale für politische Bildung (Hrsg.): Spicker Politik, Nr. 12, Bonn 2015

M3 Aus dem Grundgesetz

GLOSSAR

Grundgesetz

Artikel 62
Die Bundesregierung besteht aus dem Bundeskanzler und aus den Bundesministern.
Artikel 63
5 (1) Der Bundeskanzler wird auf Vorschlag des Bundespräsidenten vom Bundestage ohne Aussprache gewählt.
(2) Gewählt ist, wer die Stimmen der Mehrheit der Mitglieder des Bundestages auf sich vereinigt. Der Gewählte ist vom Bundespräsidenten
10 zu ernennen.
Artikel 64
(1) Die Bundesminister werden auf Vorschlag des Bundeskanzlers vom Bundespräsidenten ernannt und entlassen.
15
Artikel 65
Der Bundeskanzler bestimmt die Richtlinien der Politik und trägt dafür die Verantwortung. Innerhalb dieser Richtlinien leitet jeder Bundesminister seinen Geschäftsbereich selbst-
20 ständig und unter eigener Verantwortung. Über Meinungsverschiedenheiten zwischen den Bundesministern entscheidet die Bundesregierung. Der Bundeskanzler leitet ihre Geschäfte nach einer von der Bundesregierung
25 beschlossenen und vom Bundespräsidenten genehmigten Geschäftsordnung.
Artikel 67
(1) Der Bundestag kann dem Bundeskanzler das Misstrauen nur dadurch aussprechen,
30 dass er mit der Mehrheit seiner Mitglieder einen Nachfolger wählt und den Bundespräsidenten ersucht, den Bundeskanzler zu entlassen. Der Bundespräsident muss dem Ersuchen entsprechen und den Gewählten ernennen.
35
Artikel 68
(1) Findet ein Antrag des Bundeskanzlers, ihm das Vertrauen auszusprechen, nicht die Zustimmung der Mehrheit der Mitglieder des Bundestages, so kann der Bundespräsident
40 auf Vorschlag des Bundeskanzlers binnen einundzwanzig Tagen den Bundestag auflösen. Das Recht zur Auflösung erlischt, sobald der Bundestag mit der Mehrheit seiner Mitglieder einen anderen Bundeskanzler wählt.
45

M4 Arbeitsprinzipien der Bundesregierung

GLOSSAR

Bundesregierung

[...] Nach dem **Kanzlerprinzip** bestimmt die Bundeskanzlerin oder der Bundeskanzler die Richtlinien der Politik und trägt dafür die Verantwortung. Das bedeutet: Es werden die Ge-
5 schäfte der Bundesregierung geleitet. Grundlage hierfür ist eine vom Kabinett beschlossene Geschäftsordnung. Sie wird vom Bundespräsidenten genehmigt.
Nach dem **Kollegialprinzip** entscheiden die
10 Kanzlerin oder der Kanzler und die Ministerinnen oder Minister gemeinsam über Angelegenheiten von allgemeiner politischer Bedeutung. Bei Meinungsverschiedenheiten ist die Kanzlerin oder der Kanzler allerdings Erster
15 unter Gleichen. Dies bedeutet: Kommt es zum Streit zwischen den Ministerinnen oder Ministern, schlichtet die Bundeskanzlerin oder der Bundeskanzler. Das Kabinett muss schließlich mit Mehrheit zu einer Entscheidung finden.
20
Nach dem **Ressortprinzip** leitet jede Ministerin oder jeder Minister ihren oder seinen Aufgabenbereich in eigener Verantwortung. Die Bundeskanzlerin oder der Bundeskanzler darf deshalb nicht ohne Weiteres in die Befugnisse
25 der Ministerinnen oder Minister „hineinregieren". Zugleich muss jede Ministerin oder jeder Minister allerdings darauf achten, Entscheidungen nur innerhalb des von der Kanzlerin oder dem Kanzler vorgegebenen politi-
30 schen Rahmens zu treffen.

Presse- und Informationsamt der Bundesregierung: Aufbau und Aufgaben – Drei wichtige Arbeitsgrundsätze, © 2022, Berlin; https://www.bundesregierung.de/breg-de/themen/aufbau-und-aufgaben-390552 (Zugriff 24.11.2022)

M5   Schlagzeilen

Nach langem Zwist mit Vorgänger: Bundeskanzler ernennt neue Verbraucherministerin.

Mit knapper Mehrheit: Bundestag wählt die neue Bundeskanzlerin.

Gegen Erhöhung der Mautgebühren: Verkehrsministerin widersetzt sich den Forderungen der Bundeskanzlerin.

Gescheitertes Misstrauensvotum: Bundeskanzler schlägt Bundespräsident Neuwahlen des Bundestages vor.

Armut im Fokus: Bundeskanzler rückt die Entwicklungshilfe in das Zentrum deutscher Außenpolitik.

M6   Wie viel Macht hat ein Bundeskanzler?

Die Kompetenz des Bundeskanzlers ist begrenzt

Im Grundgesetz selbst ist die „Kompetenz" des Bundeskanzlers begrenzt, die Richtlinien der Politik zu bestimmen. Zunächst einmal
5 gilt sie nur für die Bundesregierung und nicht etwa für die Landesregierungen oder gar für das Bundesverfassungsgericht.

Sie gilt nicht einmal für die Abgeordneten des
10 Bundestages, die – auch das steht im Grundgesetz – „Vertreter des ganzen Volkes, an Aufträge und Weisungen nicht gebunden und nur ihrem Gewissen unterworfen" sind.

Bei der Bildung des Bundeskabinetts ist ein
15 **Kanzler nicht frei**

Vor seiner Wahl zum Kanzler im Bundestag hat der Auserkorene erst einmal ein Regierungsprogramm auszuhandeln – einen „Koalitionsvertrag" seiner eigenen Partei mit ande-
20 ren Parteien. Da sind viele Rücksichten zu nehmen. Auch bei der Bildung des Bundeskabinetts ist ein Kanzler nicht frei. Zum Gegenstand von Koalitionsverhandlungen gehört stets auch die Verteilung der Ressorts auf die
25 Koalitionsparteien. Jede Partei bestimmt „ihre" Minister selbst. Doch selbst [bei der eigenen Partei] ist [der Bundeskanzler] nicht ganz frei. Warum? Der Bundeskanzler wird nicht direkt vom Volk gewählt, sondern von den Ab-
30 geordneten des Bundestages. Und diese sind –

siehe oben – an Aufträge und Weisungen nicht gebunden. Ist der Bundeskanzler aber erst einmal – pro forma laut Grundgesetz „auf Vorschlag des Bundespräsidenten" – vom Bundestag gewählt, hat er eine starke Stellung. Er 35
kann nicht vom Bundespräsidenten, dem Staatsoberhaupt, wieder entlassen werden. Der Bundeskanzler kann zwischen zwei Bundestagswahlen nur dann abgelöst werden, wenn die Mehrheit des Bundestages einen an- 40
deren Politiker zum Kanzler wählt.

Vorteil: Bundeskanzler und Parteivorsitzender

Für die „Macht" eines Bundeskanzlers ist es wichtig, dass er zugleich Vorsitzender „sei- 45
ner" Partei ist. Bei den meisten ist das der Fall (gewesen). Der Vorteil: Als Parteivorsitzender kann er mehr Einfluss auf die inhaltlichen Positionen und personellen Wünsche der Partei nehmen. Umgekehrt gilt auch: Ein schwacher 50
Parteivorsitzender tut sich schwer damit, ein starker Kanzler zu sein.

Ohne Geschick geht es nicht

Zwar sollte der Kanzler führen. Doch ohne sein Geschick, Mehrheiten organisieren zu 55
können, geht es nicht. Ein Kanzler kann auch einmal mit Rücktritt drohen oder seiner Partei/Fraktion auch auf andere Weise bedeuten, ohne ihn gehe es nicht. Doch sollte nicht allzu oft mit diesem Mittel gearbeitet werden. 60

[Gerhard] Schröder drohte häufiger mit Rücktritt oder wurde auch bloß so verstanden. Am Ende aber nahmen ihm seine Parteifreunde die Ernsthaftigkeit der Drohung nicht mehr ab – bis er und Müntefering tatsächlich ernst machten und 2005 die Bundestagswahl vorzogen. Resultat: Merkel wurde Bundeskanzlerin. 65

„Wie viel Macht hat ein Bundeskanzler?" FAZ.NET, 21.06.2017 von Günter Bannas
© Alle Rechte vorbehalten. Frankfurter Allgemeine Zeitung GmbH, Frankfurt. Zur Verfügung gestellt vom Frankfurter Allgemeine Archiv

INFO

Franz Müntefering
Er trat im Jahr 2005 als SPD-Partei- und Fraktionschef für eine vorgezogene Neuwahl des Bundestages ein. Vor dem Hintergrund schlechter Wahlergebnisse der SPD bei Landtagswahlen sowie schlechter Umfragewerte sollte dadurch der Rückhalt der SPD und des Bundeskanzlers Gerhard Schröder in der Bevölkerung, innerhalb des Parlaments und in der SPD-Fraktion gestärkt und damit die politische Handlungsfähigkeit garantiert werden.

M7 Die Regierungsstile der letzten Bundeskanzler

Von links: Helmut Kohl (CDU, Bundeskanzler von 1982 bis 1998), Gerhard Schröder (SPD, Bundeskanzler von 1998 bis 2005) und Angela Merkel (CDU, Bundeskanzlerin von 2005 bis 2021)

Zeichnung: Heiko Sakurai

BASISKONZEPT

Macht und Entscheidung

INFO

Zeitungsannonce
Eine Anzeige in einer Zeitung, die für etwas wirbt, z. B. ein Produkt oder eine offene Stelle. Damit sollen mögliche Interessenten angesprochen werden. Sie besteht i. d. R. aus einem kurzen Einleitungstext, einem zentral und groß platzierten Jobtitel, einer Stellenbeschreibung sowie Erwartungen an die Interessenten und einer Kontaktadresse.

1 Analysiere die Darstellung des Bundeskanzlers Olaf Scholz in der Karikatur (M1).

2 Erläutere die in M2 genannten Aufgaben der Bundesregierung.

3 Überprüfe die Schlagzeilen in M5 auf mögliche Fehler und korrigiere diese gegebenenfalls (M2 – M5).

4 Der Bundeskanzler wird hinsichtlich seiner Stellung im Kabinett als ein „Erster unter Gleichen" bezeichnet. Erkläre dies (M4).

5 Überprüfe anhand von M6, inwieweit die dem Bundeskanzler durch das Grundgesetz, Art. 65, formal zugesprochene Richtlinienkompetenz (Verfassungsnorm) mit dessen realem politischem Einfluss (Verfassungsrealität) übereinstimmt.

6 Erörtere die möglichen Vor- und Nachteile der unterschiedlichen Führungsstile der letzten drei Bundeskanzler (M7).

7 Zeichne eine Statue von Olaf Scholz, die die in der Karikatur (M7) dargestellten Statuen ergänzt.

8 Gestalte in Form einer Zeitungsannonce eine Stellenausschreibung für das Amt des Bundeskanzlers bzw. der Bundeskanzlerin.

10.6 Der Bundesrat – Hürde der Gesetzgebung?

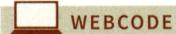

Der Bundesrat ermöglicht es den Bundesländern, sich an der Gesetzgebung des Bundes zu beteiligen. Dies gilt vor allem, wenn es um Angelegenheiten geht, welche die Länder selbst berühren. In manchen Fällen heißt dies aber, dass Gesetzesvorhaben des Bundes an der Ablehnung durch die Länder scheitern. Wenn die Regierungsmehrheit im Bundestag nur die Minderheit im Bundesrat stellt, droht sogar eine Blockade der Gesetzgebung – ein Dorn im Auge vieler.

M1 Letzter Mann der Verteidigung

M2 Der Bundesrat

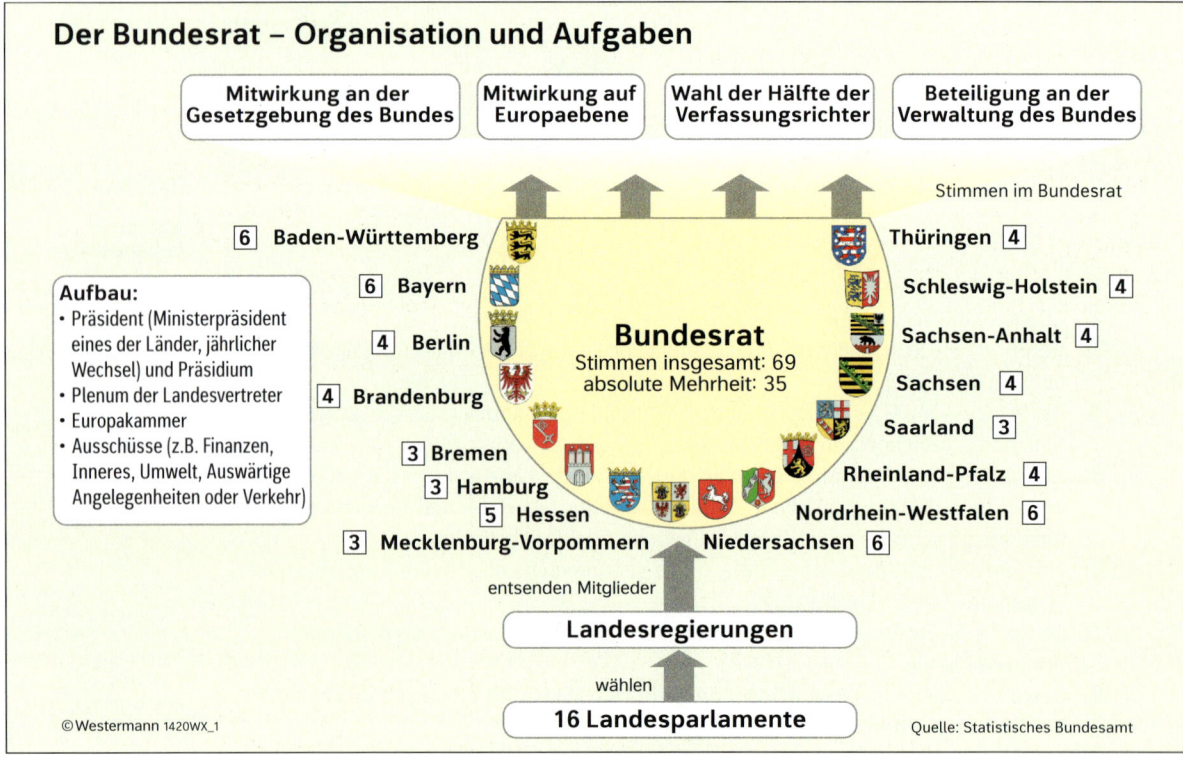

Der Bundesrat – Organisation und Aufgaben

Mitwirkung an der Gesetzgebung des Bundes

Mitwirkung auf Europaebene

Wahl der Hälfte der Verfassungsrichter

Beteiligung an der Verwaltung des Bundes

Stimmen im Bundesrat

Aufbau:
- Präsident (Ministerpräsident eines der Länder, jährlicher Wechsel) und Präsidium
- Plenum der Landesvertreter
- Europakammer
- Ausschüsse (z.B. Finanzen, Inneres, Umwelt, Auswärtige Angelegenheiten oder Verkehr)

6 Baden-Württemberg
6 Bayern
4 Berlin
4 Brandenburg
3 Bremen
3 Hamburg
5 Hessen
3 Mecklenburg-Vorpommern

Bundesrat
Stimmen insgesamt: 69
absolute Mehrheit: 35

Thüringen 4
Schleswig-Holstein 4
Sachsen-Anhalt 4
Sachsen 4
Saarland 3
Rheinland-Pfalz 4
Nordrhein-Westfalen 6
Niedersachsen 6

entsenden Mitglieder

Landesregierungen

wählen

16 Landesparlamente

© Westermann 1420WX_1

Quelle: Statistisches Bundesamt

M3 Zustimmungs- und Einspruchsgesetze

Zustimmungsgesetze

Der verfassungspolitische Rang und die Bedeutung des Bundesrates ergeben sich hauptsächlich aus seinen Mitentscheidungsrechten bei Zustimmungsgesetzen. Diese Gesetze können nur zustande kommen, wenn Bundesrat und Bundestag sich einig sind. Bei einem endgültigen Nein des Bundesrates sind Zustimmungsgesetze gescheitert. Welche Gesetze zustimmungsbedürftig sind, ist ausdrücklich und abschließend im Grundgesetz geregelt. Im Wesentlichen lassen sich drei Gruppen unterscheiden:

- Gesetze, die die Verfassung ändern. [...]
- Gesetze, die in bestimmter Weise Auswirkungen auf die Finanzen der Länder haben. [...]
- Gesetze, für deren Umsetzung in die Organisations- und Verwaltungshoheit der Länder eingegriffen wird.

Einspruchsgesetze

Das Grundgesetz geht vom Grundfall des nicht zustimmungsbedürftigen Gesetzes aus. Gesetze, die der ausdrücklichen Zustimmung des Bundesrates bedürfen, sind [...] explizit im Grundgesetz aufgeführt. Alle Gesetze, die nicht einer der dort genannten Materien zugeordnet werden können, sind demnach sogenannte Einspruchsgesetze. Der Einfluss des Bundesrates ist geringer als bei zustimmungsbedürftigen Gesetzen. Er kann seine abweichende Meinung [...] zum Ausdruck bringen, [indem] er Einspruch gegen das Gesetz einlegt. Der Einspruch des Bundesrates kann durch den Bundestag überstimmt werden.

Bundesrat online: Zustimmungs- und Einspruchsgesetze, Berlin; https://www.bundesrat.de/DE/aufgaben/ gesetzgebung/zust-einspr/zust-einspr-node.html (Zugriff 24.11.2022)

M4 Der Vermittlungsausschuss

Der Vermittlungsausschuss ist ein gemeinsamer Ausschuss der Verfassungsorgane Bundestag und Bundesrat, in dem beide Häuser gleich stark vertreten sind [...]. Er ist [...] ein parlamentarisches „Hilfsorgan", das bei umstrittenen Gesetzesvorhaben mit dem Ziel der Kompromisssuche eingeschaltet werden kann. [...]

Hauptaufgabe des Vermittlungsausschusses ist es, die unterschiedlichen Vorstellungen von Bundestag und Bundesrat hinsichtlich eines Gesetzgebungsvorhabens zum Ausgleich zu bringen. Dabei gilt es, im Wege des politischen Vermittelns und des gegenseitigen Nachgebens Lösungen zu finden, die für beide Seiten akzeptabel sind. Der Vermittlungsausschuss stellt somit ein Instrument der politischen Kompromissfindung dar. [...]

Der Vermittlungsausschuss hat keine abschließenden Entscheidungsrechte. Er ist nicht berechtigt, selbst Änderungen eines Gesetzes verbindlich zu beschließen. Der Ausschuss ist kein „Überparlament". Er kann lediglich Einigungsvorschläge unterbreiten, die anschließend der Zustimmung des Bundesrates und gegebenenfalls auch zunächst noch einmal der Zustimmung des Bundestages bedürfen.

Bundesrat online: Stellung und Aufgabe des Vermittlungsausschusses, Berlin; https://www.bundesrat.de/VA/DE/ aufgaben-arbeitsweise/aufgaben/aufgaben.html (Zugriff 24.11.2022)

M5 Schafft den Bundesrat ab!

Die Länderkammer blockiert immer häufiger die Bundespolitik. In seiner jetzigen Form sollte man sie daher streichen und die Mitglieder künftig direkt wählen.

Der Zeitpunkt, den Schäuble [Wolfgang, CDU, damals Bundesinnenminister] gewählt hat, war denkbar ungünstig, sein Anliegen hingegen ist nicht völlig falsch. Denn mit seiner For-

derung nach einer Begrenzung der Bundes-
ratsmacht weist er zumindest auf ein
veritables [echtes] Problem der föderalen
Ordnung hin: Deutschland könnte schon in
der kommenden Legislaturperiode [hier:
2009–2013] unregierbar werden. Angesichts
eines Fünfparteiensystems und einer noch nie
dagewesenen föderalen Vielfalt droht eine
parteipolitisch motivierte Dauerblockade im
Bundesrat. Schon nach der Bundestagswahl
2009 wird voraussichtlich keine denkbare
Bundesregierung auf eine Bundesratsmehr-
heit zurückgreifen können. Nicht Schwarz-
Gelb, nicht Jamaika, nicht Rot-Rot-Grün und
auch nicht eine Große Koalition. Es droht ein
völliger politischer Stillstand. [...] Tatsächlich
jedoch hat Wolfgang Schäuble seinen Vorschlag nicht konsequent zu Ende gedacht.
Denn statt nur das Abstimmungsverfahren im
Bundesrat zu ändern, sollte man den Bundesrat in seiner jetzigen Form ganz abschaffen.
[...] Der Bundesrat ist schließlich längst nicht
mehr das, was er einmal war. Er war nach dem
Zweiten Weltkrieg ursprünglich nur als föderales Korrektiv vorgesehen, in dem die Bundesländer ihre Interessen gegenüber dem Ge-
samtstaat geltend machen sollten. Nach den
Erfahrungen mit dem totalen NS-Staat sollte
so die Macht der Zentralregierung begrenzt
werden. Doch mit der Zunahme der zustim-

mungspflichtigen Gesetze wandelte sich die
Länderkammer seit den 1970er-Jahren mehr
und mehr zu einem parteipolitisch funktiona-
lisierten Blockadeinstrument. Quasi durch die
verfassungsrechtliche Hintertür haben sich
die Ministerpräsidenten und die Landesregierungen großen Einfluss auf die Bundespolitik
gesichert – mehr, als ihnen die Väter des
Grundgesetzes zugedacht hatten. Trotzdem
war die föderale Welt lange Zeit noch übersichtlich, weil sich die Parteien und ihre Wähler zwei Lagern zuordnen ließen. Jeder wusste: Schwand die Mehrheit der Parteien, die die
Bundesregierung stellten, im Bundesrat und
begann die Opposition, dort eine gesetzgeberische Blockade zu organisieren, ob unter
Kohl oder später bei Rot-Grün, stand auch der
Bund vor einem Machtwechsel. So war es
1982, 1998 und auch 2005. Doch nun droht die
Blockade zur Anarchie und zum Dauerzustand
zu verkommen. Schon jetzt sind im Bundesrat
sechs verschiedene Regierungskonstellatio-
nen vertreten, und wenn es in den Bundesländern demnächst auch Dreierbündnisse gibt,
könnten es noch mehr werden. Jede der beteiligten Parteien wird versuchen, über die Länderebene den Einfluss auf die Bundespolitik
zu nehmen, der ihr im Bundestag fehlt.
Deutschland würde unregierbar und stünde
vor einer veritablen Verfassungskrise.

Christoph Seils: Schafft den Bundesrat ab!, ZEIT Online, 02.04.2009, Hamburg; https://www.zeit.de/online/2008/48/
bundesrat (Zugriff 24.11.2022)

M6   Der Bundesrat Ende 2022

M 7	**Statistik der parlamentarischen Arbeit des Bundesrates**
	Bilanz der 19. Wahlperiode (2017 – 2021)

Sitzungen des Bundesrates im Berichtszeitraum	49
Gesetzesvorlagen insgesamt	
vom Bundestag beschlossen und dem Bundesrat bislang zugeleitet	547
vom Bundesrat beraten	546
davon durch den Bundespräsidenten ausgefertigt und verkündet	542
Zur Zustimmungsbedürftigkeit	
Zustimmungsbedürftige Gesetze (nach Auffassung des Bundesrates)	205
davon ohne Zustimmungsformel verkündet	1
Grundgesetzänderungen	3
Beschlussverhalten	
kein Antrag auf Einberufung des Vermittlungsausschusses	338
Zustimmung	200
Zustimmung nach Vermittlungsverfahren	7
Versagung der Zustimmung	4
Versagung der Zustimmung nach Vermittlungsverfahren	0
Anrufung des Vermittlungsausschusses	4
Vermittlungsausschuss	
Vorlagen aus dem Vermittlungsausschuss insgesamt	7
… nach Anrufung durch den Bundesrat	4
… nach Anrufung durch die Bundesregierung	3
… nach Anrufung durch den Bundestag	0
Beschlussempfehlung des Vermittlungsausschusses vom Bundestag angenommen	7
Beschlussempfehlung des Vermittlungsausschusses vom Bundestag abgelehnt	0
kein Zustandekommen eines Einigungsvorschlages	0
geänderte Gesetzesbeschlüsse durch den Bundespräsidenten ausgefertigt und verkündet	7

Bundesrat (Hrsg.): Statistik der parlamentarischen Arbeit des Bundesrates. Berichtszeitraum: 961. bis 1009. Sitzung des Bundesrates, Berlin 2021 (verändert)

1 Analysiere die Zeichnung M 1.
2 Stelle die Aufgaben und die Organisation des Bundesrates dar (M 2).
3 Erkläre den Unterschied zwischen Zustimmungs- und Einspruchsgesetzen (M 3).
4 Erkläre die Aufgabe des Vermittlungsausschusses (M 4).
5 Arbeite die in M 5 dargestellte Kritik am Bundesrat heraus.
6 Überprüfe anhand von M 6 und M 7, inwieweit die Kritik aus M 5, der Bundesrat sei als potenzielles Blockadeinstrument der Regierungsopposition eine Gefahr für den Gesetzgebungsprozess, zutreffend ist.

BASISKONZEPT
Regeln und Recht

10.7   Das Amt des Bundespräsidenten: Sollte das Staatsoberhaupt direkt vom Volk gewählt werden?

Protokollarisch hat der Bundespräsident das höchste politische Amt Deutschlands inne. Seine Einflussmöglichkeiten sind zwar wesentlich geringer als beispielsweise die der Regierung oder des Bundestages, dennoch gilt er als das Staatsoberhaupt und damit als der höchste Repräsentant des Volkes im Rahmen der deutschen Demokratie. Sollte der Bundespräsident dann nicht auch direkt vom Volk gewählt werden?

M1   Geschlossene Gesellschaft

Zeichnung: Ralf Böhme

M2   Aufgaben und Wahl des Bundespräsidenten

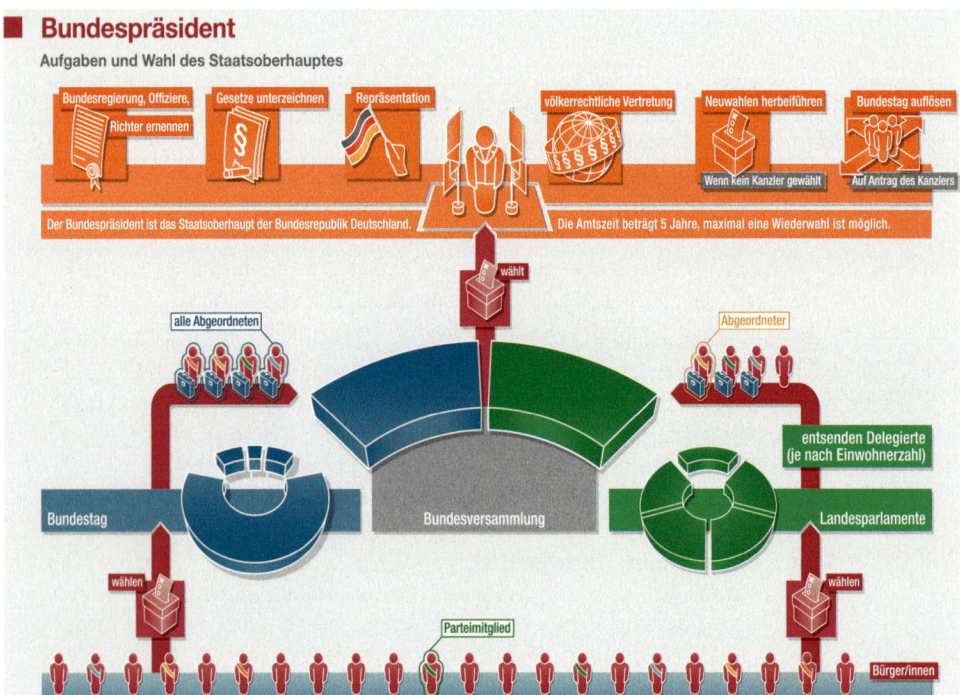

Bundeszentrale für politische Bildung, Bonn 2009, www.bpb.de; https://www.bpb.de/themen/politisches-system/24-deutschland/40453/bundespraesident/

M 3 Die Rolle des deutschen Bundespräsidenten

Der Amtssitz des Bundespräsidenten: das Schloss Bellevue in Berlin

Protokollarisch steht das Amt des Bundespräsidenten an erster Stelle, noch vor Bundestag oder Bundesregierung. Als Staatsoberhaupt der Bundesrepublik Deutschland erfüllt der
5 Bundespräsident aber vor allem repräsentative Aufgaben, konkrete politische Macht hat er kaum. Laut Grundgesetz ist er das Verfassungsorgan, das Deutschland nach innen und außen repräsentiert, und das einzige, das nur
10 aus einer Person besteht. Praktisch bedeutet das Staatsbesuche im Ausland und Empfang ausländischer Würdenträger und Diplomaten in Deutschland. Außerdem schließt das Staatsoberhaupt im Namen des Bundes völkerrecht-
15 liche Verträge mit anderen Staaten. Gesetze benötigen seine Unterschrift, damit sie in Kraft treten können. Verweigert der Bundespräsident die Ausfertigung eines Gesetzes, so darf dies nicht aus politischen, sondern nur
20 aus verfassungsrechtlichen Gründen geschehen. Aus diesem Grund wird er auch bisweilen als oberster Bundesnotar bezeichnet. Der Bundespräsident ernennt gemäß der Wahl des Bundestages den Bundeskanzler und über-
25 reicht ihm am Ende der Regierungszeit die Entlassungspapiere. Auch die Bundesminister bekommen ihre Ernennungs- und Entlassungsurkunde vom Bundespräsidenten, ein Mitspracherecht hat er bei der Besetzung der Ministerien aber nicht. Bei der Auflösung des
30 Bundestages und dem Ansetzen von Neuwahlen hat der Bundespräsident das letzte Wort. Dreimal war das bisher in der Geschichte der Bundesrepublik der Fall: 1972, 1983 und 2005 stimmte das Staatsoberhaupt nach einer ver-
35 lorenen Vertrauensfrage des Kanzlers der Auflösung des Parlaments und damit verbundenen Neuwahlen zu. [...]

Der Präsident soll sein Amt unparteiisch führen, daher ruht seine Parteimitgliedschaft in
40 dieser Zeit auch. Öffentliche Äußerungen zu Problemen der Tagespolitik sind vom Bundespräsidenten nicht zu erwarten, grundsätzliche gesellschaftliche Impulse dagegen schon. Sein wichtigstes Machtinstrument ist das
45 Wort, bedeutende Reden werden erwartet. Autorität erlangt der Bundespräsident vor allem als moralische Instanz.

FOCUS online: Zehn Fragen zum Bundespräsident, 1. Welche Macht hat der Bundespräsident?, 21.09.2013, München; https://www.focus.de/politik/deutschland/bundespraesident/wie-viel-verdient-der-bundespraesident-zehn-fragen-zum-amt_id_1728930.html (Zugriff 24.11.2022)

INFO

Notar
Person, die beruflich Beurkundungen und Beglaubigungen von Rechtsgeschäften vornimmt

M4   Die Macht der Worte: Warum der Bundespräsident mehr als ein Maskottchen ist

Per Grundgesetz hat er wenig politische Macht, dafür aber ein Maximum an Autorität und Einfluss. Denn das gesprochene Wort ist das wichtigste Instrument von Politikern – und das des Bundespräsidenten ist besonders einflussreich. Diese sieben Männer haben es bewiesen.

Frank-Walter Steinmeier, zwölfter Bundespräsident seit 2017

An politischer Erfahrung fehlt es dem einstigen Kanzleramtsminister, Fraktionschef, Kanzler-   5
kandidaten und Außenminister Frank-Walter Steinmeier [...] nicht. [Er] denkt durch und durch
politisch. Er weiß um die Grenzen des Machbaren, um das Ringen um Mehrheit, um die Suche
nach dem Kompromiss – jedes Mal aufs Neue. In seiner Antrittsrede sagt Steinmeier, wir müssen
wieder lernen, für die Demokratie zu streiten. Demokratie sei eine „anstrengende Staatsform".
Diesen Begriff verwendet der Bundespräsident öfter. Sei es bei seiner „Demokratiereise" durch   10
die 16 Bundesländer oder in den vielen Bürgerdialogen, bei denen er ganz normale Menschen
zum Gespräch ins [Schloss] Bellevue einlädt [...]. Steinmeier will die „stille Mehrheit" hören. [...]
Steinmeier ist ein Menschenfreund, der sich auch vor Gesten der Umarmung nicht scheut. Nach
dem rassistisch motivierten Anschlag in Hanau findet er ebenso die richtigen Worte wie beim
Jahrestag des Massakers in Babyn Jar, wo SS-Kommandos 1941 mehr als 33.000 ukrainische Juden   15
ermordeten. [...] Steinmeier wirkt zugänglich und nahbar, er kann auf Menschen zugehen und
ihnen in die Augen sehen [...]. Er glaubt an Versöhnung, Miteinander und konstruktives Streiten.

*Anita Fünffinger: Bundespräsident Steinmeier wohl vor seiner zweiten Amtszeit, BR.de, 13.02.2022, München; https://
www.br.de/nachrichten/deutschland-welt/bundespraesident-frank-walter-steinmeier-vor-seiner-wohl-zweiten-
amtszeit,Sx7zxDw (Zugriff 02.08.2023)*

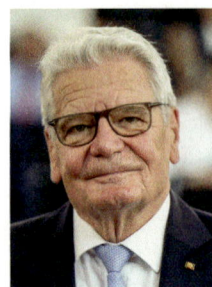

Joachim Gauck, elfter Bundespräsident von 2012–2017

Der deutsche Bundespräsident Joachim Gauck [...] mischte sich stets in die Politik ein [...]. Dass
Deutschland außenpolitisch mehr Verantwortung übernehmen müsse, forderte er bereits bei der   20
Münchner Sicherheitskonferenz im Januar 2014. „Deutschland muss bereit sein, sich außen- und
sicherheitspolitisch früher, entschiedener und substanzieller einzubringen", sagte Gauck – dies notfalls auch militärisch. [Dies] stieß in weiten Teilen der Bevölkerung auf Ablehnung.
[...] Gauck [war jedoch] nie um kernige Worte verlegen. Dadurch verlieh er der deutschen Haltung
bisweilen stärkere Kontur. So geißelte der Bundespräsident [...] mit scharfen Worten das russi-   25
sche Vorgehen in der Ostukraine und auf der Krim und warnte, dass „territoriale Zugeständnisse
den Appetit von Aggressoren" vergrößern würden. [...]
Auch innenpolitisch scheute sich der erste parteilose Bundespräsident Deutschlands [...] nicht
vor klaren Botschaften. [Er] stieß sich an der [...] aufkeimenden Pegida-Bewegung [...]. Nach wüs-
ten Protesten gegen Flüchtlinge und Brandanschlägen auf Asylunterkünfte warnte Gauck vor   30
einer Spaltung der Gesellschaft: „Es gibt ein helles Deutschland, das sich leuchtend darstellt gegenüber dem Dunkeldeutschland." [...]
Gaucks Art polarisierte. Die Zeitung „Die Welt" erkennt bei ihm eine Neigung, „sein Ich über alles
andere zu schieben" [...]. Die [...] „Tageszeitung" hingegen bezeichnet Gauck anerkennend als
„Polterpräsidenten", der in seinem Amt den Mut aufgebracht habe, auch unbequeme Dinge an-   35
zusprechen.

*Christoph Reichmuth: Der „Polterpräsident" geht in Rente: Ein Rückblick auf die Amtszeit von Joachim Gauck,
Luzerner Zeitung online, 11.02.2017, Luzern; https://www.luzernerzeitung.ch/international/der-polterpraesident-geht-
in-rente-ein-ruckblick-auf-die-amtszeit-von-joachim-gauck-ld.1612154 (Zugriff 25.11.2022)*

Christian Wulff, zehnter Bundespräsident von 2010–2012

Seine Rede zum 20. Jahrestag der Deutschen Einheit hat eine gesellschaftliche Debatte entfacht:
„Zuallererst brauchen wir aber eine klare Haltung. Ein Verständnis von Deutschland, das Zugehörigkeit nicht auf einen Pass, eine Familiengeschichte oder einen Glauben verengt, sondern breiter   40

angelegt ist. Das Christentum gehört zweifelsfrei zu Deutschland. Das Judentum gehört zweifelsfrei zu Deutschland. Das ist unsere christlich-jüdische Geschichte. Aber der Islam gehört inzwischen auch zu Deutschland." (Wulff, 3. Oktober 2010)

45 Wulff hat Deutschland mit diesem Satz zum zweiten Mal vereint, und zwar mit den vielen Musli-
men im Land. Viele schätzen ihn bis heute dafür. Wulff war allerdings nicht der Erste, der diesen
Satz gesagt hat – auch Wolfgang Schäuble hat ihn bei der Eröffnung der Islamkonferenz 2006
ausgesprochen. Aber erst bei Bundespräsident Wulff hatte er eine immense Wirkung auf die Gesellschaft. Wulff schlug allerdings auch viel Kritik entgegen für diese Äußerung – Joachim Gauck,
sein Nachfolger, relativierte sie: „Muslime, die in Deutschland leben, gehören zu Deutschland."

50 ### Horst Köhler, neunter Bundespräsident von 2004–2010

Horst Köhler ist nicht für einen bestimmten Ausspruch in Erinnerung geblieben – dafür durch
Taten. Unter anderem feiern wir dank ihm heute noch den Tag der Deutschen Einheit am 3. Oktober. Die Bundesregierung unter Gerhard Schröder wollte den Feiertag abschaffen und auf einen
Sonntag verlegen, um das Wirtschaftswachstum anzukurbeln. Köhler hat sich jedoch klar dage-
55 gen positioniert und damit – zusammen mit anderen Politikern – den Einheitsfeiertag erhalten.
Köhler hat auch ein paar Gesetze nicht unterzeichnet – obwohl sie vom Bundestag beschlossen
waren. Die Privatisierung der Deutschen Flugsicherung und das dazugehörige Flugsicherungsge-
setz ratifizierte er zum Beispiel nicht, weil es für ihn nicht mit dem Grundgesetz vereinbar war.

Johannes Rau, achter Bundespräsident von 1999–2004

60 Johannes Rau hat klare Worte gefunden gegen falschen Nationalismus:
„Man kann nicht stolz sein auf etwas, was man selber gar nicht zustande gebracht hat, sondern
man kann froh sein oder dankbar dafür, dass man Deutscher ist. Aber stolz kann man darauf nicht
sein [...]. Stolz ist man auf das, was man selber zuwege gebracht hat." (Rau, 16. März 2001)
Rau musste dafür den Vorwurf der CSU einstecken, als Bundespräsident fehle ihm Patriotismus.
65 Rau antwortete, wie jeder Patriot ist er gerne Deutscher – und genau deshalb lehne er Nationalismus ab. Er mahnte auch: „Hüten wir uns daher vor nationalistischen Tönen" – eine Mahnung
aktuell wie nie. Der achte Bundespräsident war auch der erste deutsche Politiker, der vor dem
israelischen Parlament, der Knesset, stand und eine Rede hielt – darin bat er 2000 um Vergebung
für die Verbrechen des Holocaust.

Roman Herzog, siebter Bundespräsident von 1994–1999

Wenige Reden haben sich so eingeprägt wie die sogenannte „Ruck-Rede" von Roman Herzog, die
als sein Markenzeichen in die Geschichte einging: „Durch Deutschland muss ein Ruck gehen. Wir
müssen Abschied nehmen von liebgewordenen Besitzständen, vor allen Dingen von den geisti-
gen, von den Schubläden und Kästchen, in die wir gleich alles legen. Alle sind angesprochen, alle
75 müssen Opfer bringen, alle müssen mitmachen." (Herzog, 26. April 1997)
Herzogs Rede war ungewohnt direkt für Politik dieser Zeit und deckte eine unbequeme Wahrheit
auf. Sieben Jahre nach der Wiedervereinigung war Deutschland damit überfordert, die Begeiste-
rung war weg, alte Strukturen noch immer da. Bis heute ist der „Ruck" ein geflügeltes Wort. [...]

Richard von Weizsäcker, sechster Bundespräsident von 1984–1994

80 Richard von Weizsäcker hat mit einer Rede im deutschen Bundestag unsere Erinnerungskultur geprägt: „Der 8. Mai war ein Tag der Befreiung. Er hat uns alle befreit von dem menschenverachten-
den System der nationalsozialistischen Gewaltherrschaft." (von Weizsäcker, 8. Mai 1985, Rede im
Bundestag zum 40. Jahrestag des Endes des Zweiten Weltkriegs)
Seine schonungslos offene Rede hat die Aufarbeitung der NS-Zeit geprägt und verändert. Er hat
85 die kollektive Verantwortung der Deutschen für die NS-Verbrechen klar formuliert und den
8. Mai als Tag der Befreiung gefeiert. Das hat vor ihm kein Bundespräsident getan.

*Z. 1–3 und 37–86 aus: Warum der Bundespräsident mehr als ein Maskottchen ist, in: Bayerischer Rundfunk online,
PULS, 09.02.2017, München; https://www.br.de/puls/themen/welt/bundespraesident-steinmeier-macht-
wahl-2017-100.html (Zugriff 25.11.2022)*

M 5   Pro und Kontra: Volkswahl des Bundespräsidenten?

Pro

[...] Die sogenannte Wahl durch die Bundesversammlung ist eine Farce. Auch wenn es manchmal knapp war – der jeweils gewählte
5 Bewerber stand zu Beginn der Versammlung bereits fest. Die Rolle der Bundesversammlung beschränkt sich darauf, den präsidialen Start ins Amt mehr oder weniger holprig zu gestalten, danach dürfen sich die Teilnehmer
10 Schnittchen und ein paar Gläser Schampus gönnen, und der Demokratie ist mal wieder genüge getan; eine bizarre Veranstaltung!
Wir bräuchten endlich einen offenen Wettbewerb um das Amt des Bundespräsidenten.
15 Wir sind seit Langem mit einer steigenden Politikverdrossenheit konfrontiert. Den Wunsch vieler Bürgerinnen und Bürger, sich mehr einzumischen, mehr mitzuentscheiden über politische Belange, sollte man als Angebot, nicht
20 als Drohung wahrnehmen. Politische Beteiligung ist nicht statisch für alle Zeiten festgelegt, sondern eben auch den Veränderungen in politischen Willens- und in meinungsbildenden Prozessen unterworfen. Diesem An-
25 liegen sollte Rechnung getragen werden.
Deshalb plädiere ich [...] dafür, den Bundespräsidenten direkt zu wählen. Die Vorteile liegen klar auf der Hand: In einem offenen Wettbewerb kämen im Gegensatz zur bisherigen
30 Kür, die vornehmlich in Hinterzimmern erfolgt, Menschen zum Zuge, die echte Diskussionsangebote an das Volk machen. Erst so käme eine tatsächliche (Aus-)Wahl zustande.
Ein direkt gewählter Bundespräsident hätte
35 zwar zum einen eine stärkere Legitimation, zum anderen aber auch eine stärkere Verpflichtung dem Volke gegenüber [...]. Mehr Kompetenzen braucht der Präsident nicht – aber ein anderes Auswahlverfahren.

Kontra   40

Gäbe es eine Direktwahl des Bundespräsidenten, entstünde eine monatelange, polarisierende Wahlkampfsituation, die die Menschen spalten würde. Könnte ein Präsident, der sich in einem intensiven Wahlkampf durchgesetzt 45 hat, die Herzen der Bevölkerung erobern? Die Verfassungsväter und -mütter des Grundgesetzes wollten, dass der Bundespräsident möglichst in der gesamten Bevölkerung akzeptiert wird, weshalb auch vorgeschrieben 50 ist, dass in der Bundesversammlung der Präsident ohne Aussprache gewählt wird. Die Bundesversammlung besteht ja aus allen Bundestagsabgeordneten und einer gleichen Anzahl von Delegierten, die von den einzelnen Lan- 55 desparlamenten gewählt werden. Auf diese Weise wird auch der föderalen Ordnung der Bundesrepublik entsprochen.
Ein Bundespräsident sollte kein eigener Machtfaktor sein. Seine wesentliche Aufgabe 60 ist die der Integration des Volkes, die Macht des Wortes. Er ist „Staatsnotar". Er hat auch „Reservefunktionen", etwa bei Schwierigkeiten während der Regierungsbildung oder bei vorgezogenen Wahlen. Ein direkt gewählter 65 Bundespräsident würde hingegen versucht sein, seine dann von ihm in Anspruch genommene „höhere Legitimation" gegenüber dem Kanzler auszuspielen, der ja nur indirekt, durch den Bundestag, gewählt wird. Die Di- 70 rektwahl des Bundespräsidenten würde also die Machtarithmetik auf Bundesebene verändern. Der Bundespräsident als Oberkanzler – das war von den Schöpfern des Grundgesetzes zu Recht nicht gewollt [...]. Der Reichspräsi- 75 dent der Weimarer Republik mit seiner starken Stellung kann kein Vorbild sein.

Josef Winkler (Pro) und Gerd Langguth (Kontra): Volkswahl des Bundespräsidenten?, in: politik & kommunikation online, 01.02.2012, Berlin; https://www.politik-kommunikation.de/politik/volkswahl-des-bundespraesidenten/ (Zugriff 25.11.2022)

Mögliche Beobachtungsaufgaben für das Publikum:
1 Werden die Argumente überzeugend vorgebracht?
2 Gehen die „Anwälte" auf die Argumente des Vorredners/der Vorrednerin ein?
3 Respektieren die Sprechenden die Meinungen der anderen Debattierenden?

Die Pro- und Kontra-Debatte

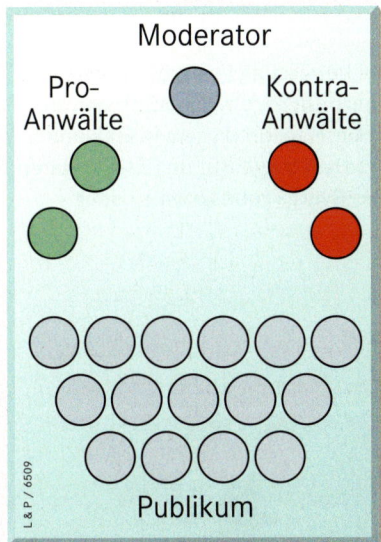

Die Pro- und Kontra-Debatte dient dazu, sich eine eigene Meinung zu einem strittigen Thema zu bilden. Die Teilnehmerinnen und Teilnehmer der Debatte müssen sich positionieren und versuchen, die Zuhörenden von ihrem Standpunkt zu überzeugen. Ein erfolgreiches Abschneiden setzt voraus, dass zuvor die wichtigsten Argumente für die eigene Position aus den Texten herausgearbeitet und gewichtet wurden. Die wichtigsten Argumente sollten erst am Ende der freien Aussprache und in der Schlussrunde angeführt werden. Für Pro- und Kontra-Debatten sind nur Entscheidungsfragen geeignet. Im Gegensatz zu einer Diskussion gibt es konkrete Phasen und Regeln. In der Vorbereitungsphase wird die Klasse in Pro- und Kontra-„Anwälte" sowie einen Moderator bzw. eine Moderatorin eingeteilt, wobei jeweils zwei Schülerinnen/Schüler die jeweilige Position in der Debatte vertreten.

1. Eröffnungsrunde: Stellung beziehen

Die Moderation führt Thema und Bedeutung der Debatte an. Dann stellt sie die Teilnehmer der Debatte vor. Anschließend haben die zwei Pro- und Kontra-Anwält/-innen jeweils die Aufgabe, ihre Position und die ersten Argumente anzuführen. Die Moderation achtet darauf, dass die Redezeit gleich verteilt ist (1 – 2 Minuten).

2. Freie Aussprache: Überzeugende Darstellung der eigenen Argumente und Entkräften der Gegenargumente

Die Moderation leitet die zweite Phase ein. In möglichst freiem Wechsel sollen hier die eigenen Argumente vorgebracht und auf die Argumentation der Gegner eingegangen werden (8 bis 10 Minuten).

3. Schlussrunde: Erneut Stellung beziehen und Ansprache an das Publikum

Die Moderation gibt das Startzeichen für die Schlussrunde. Hier hat jeder Redner noch einmal eine Minute Zeit, um Werbung für die eigene Position mithilfe der wichtigsten Argumente zu betreiben.

4. Abstimmung über die Problemfrage

Das Publikum stimmt über die Entscheidungsfrage ab. Enthaltungen werden nicht zugelassen.

1 Analysiere die Karikatur (M1).

2 Erkläre das Wahlverfahren zum Amt des Bundespräsidenten (M2).

3 Stelle dar, welche Rolle dem Amt des Bundespräsidenten zugesprochen wird (M2/M3).

4 Das zentrale Machtinstrument des Bundespräsidenten ist das Wort. Erläutere dies (M3/M4).

5 Arbeite aus M5 die Argumente für und gegen eine direkte Wahl des Bundespräsidenten durch das Volk heraus.

6 Erörtert im Rahmen einer Pro- und Kontra-Debatte, ob der Bundespräsident direkt vom Volk gewählt werden sollte (M5).

10.8 Das Bundesverfassungsgericht: Richterinnen und Richter auf dem Rückzug?

GLOSSAR

Bundes-
verfassungs-
gericht

Das Bundesverfassungsgericht, kurz BVerfG, ist als Hüter der Verfassung von großer Bedeutung für das politische System der BRD. Im Wesentlichen überprüft es, ob die Politik sich an die Regeln des Grundgesetzes hält und die verabschiedeten Gesetze mit diesem in Einklang stehen. Trifft dies nicht zu, kann es Änderungen fordern oder Gesetze gar für ungültig erklären. Doch gerade mit Blick auf Letzteres wird häufig kritisiert, das BVerfG gehe zu weit – oder manchmal auch nicht weit genug.

WES-116987-023

Film: Die wichtigsten
Fakten über das
Bundesverfassungs-
gericht

M1 Die Kritik an der Corona-Politik der Regierung …

Zeichnung: Gerhard Mester

M2 … und die wegweisende Entscheidung des BVerfG

Der Bund durfte in der dritten Pandemie-Welle im Frühjahr über die sogenannte Corona-Notbremse Ausgangs- und Kontaktbeschränkungen verhängen. Die Maßnahmen hätten in erheblicher Weise in verschiedene Grundrechte eingegriffen, seien aber „in der äußersten Gefahrenlage der Pandemie" mit dem Grundgesetz vereinbar gewesen, teilte das Bundesverfassungsgericht in Karlsruhe am Dienstag mit. In einem zweiten Verfahren wiesen die Richterinnen und Richter Klagen von Eltern und Schülern gegen die damals angeordneten Schulschließungen ab. Gleichzeitig erkannten sie erstmals ein „Recht der Kinder und Jugendlichen gegenüber dem Staat auf schulische Bildung" an. (Az. 1 BvR 781/21 u.a.)

Verfassungsgericht billigt „Notbremse"-Maßnahmen aus dem Frühjahr, wgr/© dpa

M3 Der Rückzug der Verfassungshüter

[...] Ein Gericht, das kontrolliert, ob sich die Politik an die Verfassung hält – das war die Idee der Verfassungsväter und -mütter [...]. Das Bundesverfassungsgericht [...] hat sich selbst als „Hüter der Verfassung" bezeichnet. Es ist diesem Anspruch auch oft gerecht geworden [...]. Die [...] Entscheidungen [zu den Corona-Maßnahmen] lassen [nun aber] daran zweifeln.

Karlsruhe ist nicht nur ein Gericht wie jedes andere. Das Verfassungsgericht ist auch ein politischer Player. Die Richterinnen und Richter haben auch eine gesamtgesellschaftliche Verantwortung. Sie müssen nicht nur schwierige Rechtsfragen entscheiden. Sie müssen auch salomonische Urteile fällen, die gesellschaftliche und politische Gräben zuschütten können. [...]

Corona hat Gräben in der deutschen Gesellschaft aufgerissen und vertieft. Mit [der] Ent-
20 scheidung zur Bundesnotbremse schafft es
Karlsruhe nicht, diese Gräben zu überwinden
und die Gesellschaft zu befrieden. Es fokussiert
sich einseitig auf die großen Gefahren durch
die Pandemie. Die ebenso großen Gefahren, die
25 mit einschneidenden und lang wirkenden
Grundrechtseingriffen verbunden sind, verliert es aus dem Blick. Das ist fatal. Denn die
Grundrechte schützen die Freiheit, ohne die
eine Demokratie nicht denkbar ist [...].

Das Bundesverfassungsgericht

Verfassungsorgan; selbstständiger, unabhängiger, höchster Gerichtshof
der Bundesrepublik Deutschland
2 Senate mit je 8 Richtern, die je zur Hälfte vom Bundestag
und Bundesrat für eine Amtszeit von 12 Jahren gewählt werden.
Letztgültige Entscheidungen u.a. über ...

- Vereinbarkeit von Bundes- und Landesrecht mit dem Grundgesetz (Normenkontrolle)
- Verfassungsstreitigkeiten zwischen Bund und Ländern, verschiedenen Bundesorganen oder Ländern über gegenseitige Rechte und Pflichten (Organstreit)
- Verfassungsbeschwerden
- Verfassungswidrigkeit von Parteien
- Richteranklagen
- Anklagen gegen den Bundespräsidenten
- Auslegung des Grundgesetzes
- Verwirkung von Grundrechten

*Volker Boehme-Neßler: Der Rückzug der Verfassungshüter, ZEIT Online, 30.11.2021, Hamburg; https://www.zeit.de/
politik/deutschland/2021-11/bundesverfassungsgericht-corona-bundesnotbremse-vertrauen?utm_
referrer=https%3A%2F%2Fwww.google.com%2F (Zugriff 25.11.2022)*

M 4   Die Kritiker machen es sich zu einfach

[... W]er das Gericht damit kritisiert, die Maßnahmen einfach durchgewunken zu haben,
macht es sich zu einfach. Die Richterinnen und
Richter haben Kontaktbeschränkungen, Aus-
5 gangsverbote und Schulschließungen detailliert daraufhin überprüft, ob der Gesetzgeber
davon ausgehen konnte, dass sie geeignet und
erforderlich waren, um Leben zu retten und die
Gesundheit der Bevölkerung zu schützen – und
10 ob sie die Freiheiten übermäßig beschränkten.
Das sind schwierige Abwägungsfragen und auf
den ersten Blick mag es enttäuschen, dass das
Gericht hier keine klareren roten Linien eingezogen hat. Doch das Grundgesetz ist nun
15 einmal keine detaillierte Spielanleitung mit
konkreten Verhaltensregeln für jede Situation. Gerade in unübersichtlichen Lagen, wo
noch vieles unklar ist, lässt die Verfassung viel
Spielraum für Einschätzungen, Bewertungen
20 und Entscheidungen. [...]

Diesen Spielraum darf aber nicht das Bundesverfassungsgericht füllen. Der Ball liegt bei
der Politik – besonders bei den Parlamenten.
Das ist richtig, denn die Parlamente sind direkt vom Volk gewählt – das Bundesverfas- 25
sungsgericht nicht. [...]
Es sind die Verantwortlichen in Parlamenten
und Regierungen, die in jeder Lage der Pandemie einschätzen müssen: Wie hoch ist die Gefahr? Welche Maßnahmen sind tauglich, um 30
das Virus zu bekämpfen? Und sie müssen immer neu abwägen, welche Beschränkungen
sie den Bürgerinnen und Bürgern noch zumu-
ten dürfen, um Leib und Leben Einzelner und
das Gesundheitssystem zu schützen. Machen 35
sie dabei Fehler, schlägt die Stunde der Hüte-
rinnen und Hüter der Verfassung – aber auch
erst dann.

*Sarah Tacke: Die Kritiker machen es sich zu einfach, ZDF.de, 01.12.2021, Mainz; https://www.zdf.de/nachrichten/
politik/corona-bundesverfassungsgericht-notbremse-kommentar-100.html (Zugriff 25.11.2022)*

1 Analysiere die Karikatur (M 1) unter Berücksichtigung der Entscheidung des BVerfG zur Rechtmäßigkeit der Bundesnotbremse (M 2).

2 Erläutere, inwiefern das Bundesverfassungsgericht das Recht hat, die Entscheidungen der Politik zu überprüfen, und damit auch Einfluss auf die Politikgestaltung hat (M 2, Grafik in M 3).

3 Vergleiche die Einschätzungen des Verfassers von M 3 und der Verfasserin von M 4 hinsichtlich der Entscheidung des BVerfG zur Bundesnotbremse.

4 Erörtere, inwieweit eine politische Entscheidung, die von der Mehrheit im Bundestag getroffen wurde, durch das Urteil eines Gerichts aufzuheben sein sollte.

10.9 Das Gesetzgebungsverfahren – zu langwierig?

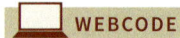
WEBCODE

WES-116987-024

Film: „Einfach
erklärt: Deutsche
Gesetzgebung"

Gesetze bilden als allgemeinverbindliche Regelungen das Fundament des gesellschaftlichen Zusammenlebens in einem Rechtsstaat. Sowohl der Staat als auch die Bevölkerung müssen sich an Gesetze halten. Kommt es zu Veränderungen in der Gesellschaft, so müssen die Gesetze schritthalten, um ihrer Funktion gerecht zu werden: Sie müssen umgestaltet, verworfen oder neu erarbeitet werden. Das braucht Zeit – vielleicht zu viel Zeit?

M1   Dauer des Gesetzgebungsverfahrens

In der 18. Wahlperiode (2013–2017) dauerte es 137 Tage vom Beginn bis zum Abschluss des gesamten Gesetzgebungsverfahrens!

M2   Auf dem Weg zu einem flächendeckenden Mindestlohn

INFO

**Tarifautonomie-
stärkungsgesetz**

Im Mittelpunkt dieses Gesetzes steht die Einführung eines verbindlichen flächendeckenden Mindest-
5 lohns. Die rechtlich garantierte Tarifautonomie, d. h. die freie Aushandlung von Löhnen zwischen den
10 sog. Sozialpartnern (den Arbeitgeberverbänden einerseits und den Gewerkschaften andererseits), wird dahingehend eingeschränkt,
15 dass Löhne eine gesetzlich festgelegte Mindesthöhe nicht unterschreiten dürfen. Damit werden die Arbeitnehmer-
20 rechte gestärkt.

- Die Zahl derer, die nicht ohne staatliche Zuschüsse von ihrem Lohn leben können, steigt; die Gewerkschaften fordern die Einführung eines gesetzlichen Mindestlohns.
- März 2013: Die SPD nimmt die Forderung nach einem flächendeckenden Mindestlohn von 8,50 € in ihr Wahlprogramm auf.
- 16.12.2013: Im Koalitionsvertrag einigen sich CDU/CSU und SPD auf die Einführung eines Mindestlohns unter gewissen Einschränkungen.
- Forderungen aus der Gesellschaft – Erstellung des Gesetzentwurfs im Ministerium.
- 17.03.2014: Bundesarbeitsministerin Andrea Nahles (SPD) stellt den ersten Gesetzentwurf zum Tarifautonomiestärkungsgesetz vor, der die Einführung eines Mindestlohns mit Ausnahmen vorsieht.
- 02.04.2014: Das Kabinett stimmt dem Gesetzentwurf der Arbeitsministerin zu.
- 05.06.2014: Die Ministerin stellt ihr Gesetz im Bundestag in erster Lesung vor.
- 25.06.2014: Nach zahlreichen Forderungen von Unternehmensverbänden und Vertretern von CDU/CSU einigen sich die Parteispitzen von SPD und CDU/CSU auf eine Aufweichung einer strikten Regelung, z. B. bei Praktikanten oder Zeitungsboten.
- 30.06.2014: In einer öffentlichen Anhörung sprechen Sachverständige vor dem Ausschuss für Arbeit und Soziales.
- 01./02.07.2014: Mit der Mehrheit der Koalitionsfraktion schlägt der Ausschuss Änderungen am ursprünglichen Entwurf vor und formuliert eine Beschlussempfehlung.
- 04.07.2014: Nach zweiter und dritter Lesung stimmt der Bundestag dem geänderten Gesetzentwurf mit großer Mehrheit zu.
- 11.07.2014: Der Bundesrat stimmt dem Gesetz mit großer Mehrheit zu.
- Der Bundespräsident unterschreibt nach Prüfung das Gesetz.

- Ab 01.01.2015: Das Gesetz tritt in Kraft. Es beinhaltet wenige Übergangsfristen bis 2017.
- Nach der Einführung: anhaltende Auseinandersetzung hinsichtlich der angemessenen Höhe des Mindestlohns und dessen Auswirkungen auf den Arbeitsmarkt. Der Mindestlohn wird bis 2021 mehrfach von ursprünglich 8,50 € auf 9,60 € angehoben.
- 03.06.2022: Der Bundestag beschließt, den gesetzlichen Mindestlohn ab 1. Oktober 2022 auf 12 Euro/Stunde zu erhöhen.
- 10.06.2022: Bestätigung des Gesetzes durch den Bundesrat.

Autorentext

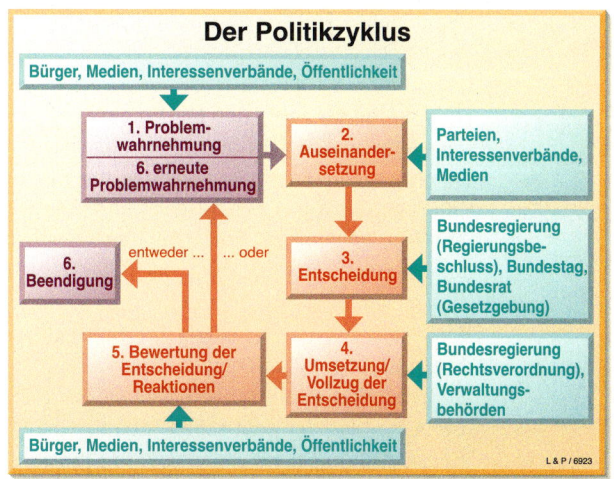

Der Politikzyklus

Bürger, Medien, Interessenverbände, Öffentlichkeit

1. Problemwahrnehmung
6. erneute Problemwahrnehmung

2. Auseinandersetzung — Parteien, Interessenverbände, Medien

3. Entscheidung — Bundesregierung (Regierungsbeschluss), Bundestag, Bundesrat (Gesetzgebung)

entweder ... ... oder

6. Beendigung

4. Umsetzung/ Vollzug der Entscheidung — Bundesregierung (Rechtsverordnung), Verwaltungsbehörden

5. Bewertung der Entscheidung/ Reaktionen

Bürger, Medien, Interessenverbände, Öffentlichkeit

L & P / 6923

M 3 Der Gesetzgebungsprozess

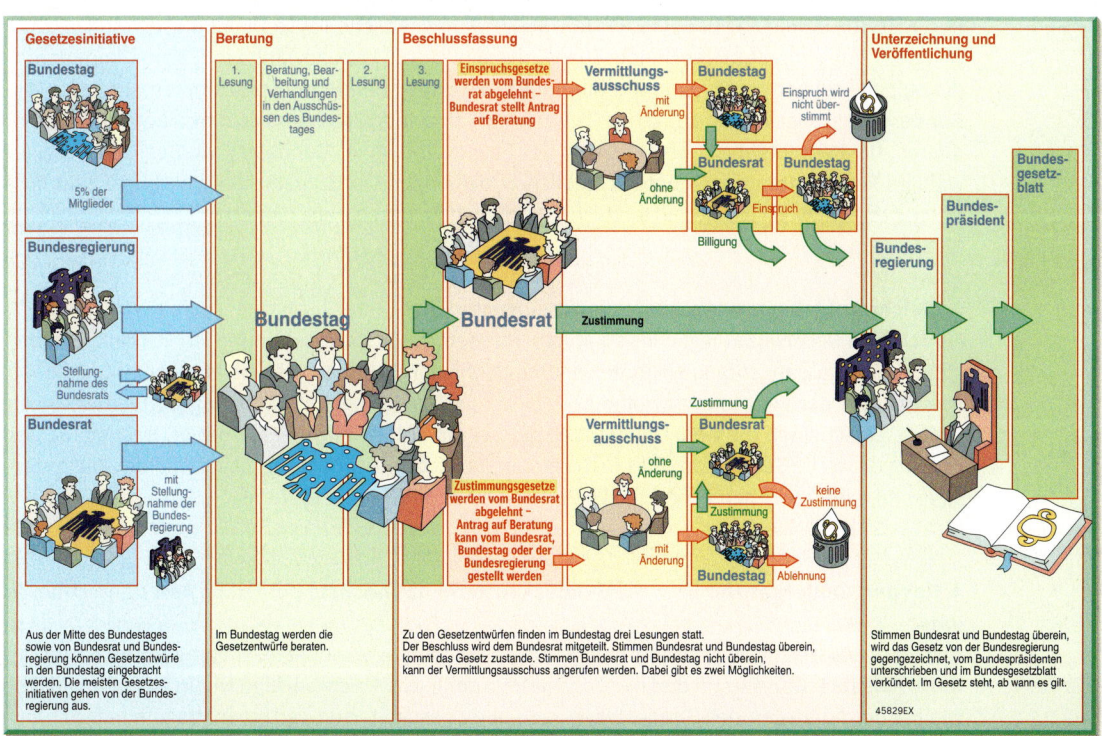

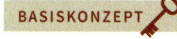

45829EX

---

1 Nenne mögliche Gründe, weshalb der Gesetzgebungsprozess so viel Zeit in Anspruch nimmt (M 1).

2 Ordne die in M 2 beschriebenen Ereignisse auf dem Weg zum flächendeckenden Mindestlohn den verschiedenen Phasen des Politikzyklus zu.

3 Stelle den Gesetzgebungsprozess zum Mindestlohn anhand der in M 3 aufgezeigten möglichen Wege der Gesetzgebung dar.

4 Erörtere die Vor- und Nachteile eines so langwierigen Gesetzgebungsprozesses, bei dem viele Akteurinnen und Akteure Einfluss nehmen.

QUERVERWEIS

Zustimmungs- und Einspruchsgesetze
s. M 3, S. 261

BASISKONZEPT

Regeln und Recht

GLOSSAR

Politikzyklus

Auf folgende Fragen solltest du jetzt antworten können. Du kannst auf den angegebenen Seiten auch noch einmal nachlesen.

1. Was sind die zentralen Merkmale des politischen Systems der BRD?

Eine Antwort bietet Art. 20 des Grundgesetzes, welcher oft als eine Kurzform der deutschen Verfassung bezeichnet wird. Hier heißt es, dass die BRD ein demokratischer Bundesstaat sei, in dem alle Staatsgewalt vom Volke ausgehe und über Wahlen und Abstimmungen sowie besondere Organe der Gesetzgebung, der vollziehenden Gewalt und der Rechtsprechung ausgeübt werde. In Deutschland herrscht also das Volk, was die BRD als Demokratie auszeichnet. Allerdings gibt es auf der Bundesebene keine Möglichkeit für das Volk, sich in Form von Abstimmungen direkt an politischen Entscheidungen zu beteiligen. Das politische System der BRD entspricht einer repräsentativen Demokratie, in der durch regelmäßige Wahlen Volksvertreterinnen und Volksvertreter bestimmt werden, welche die politischen Entscheidungen treffen.

Die Aufteilung der politischen Macht in die drei Gewalten, die im Wesentlichen vom Bundestag (Gesetzgebung), der Bundesregierung (ausführende/vollziehende Gewalt) und vom Bundesverfassungsgericht (Rechtsprechung) verkörpert werden, dient dem Schutz vor Machtmissbrauch. Hierzu trägt auch die Beteiligung des Bundesrates an der Gesetzgebung bei, dessen Mitglieder die unterschiedlichen Interessen aller Bundesländer einbringen.

2. Warum gilt der Bundestag als das Herz der deutschen Demokratie?

Der Deutsche Bundestag hat eine zentrale Stellung im politischen System der BRD. Er ist das einzige Verfassungsorgan auf der Bundesebene, das direkt vom Volk gewählt wird. Damit kommt ihm die Aufgabe zu, andere Organe, wie die Bundesregierung, den Bundespräsidenten oder auch die Bundesverfassungsrichter, zu wählen bzw. sich daran zu beteiligen und so demokratisch zu legitimieren. Die Kernaufgabe besteht aber in der Gesetzgebung. Im Bundestag werden durch die gewählten Repräsentanten die unterschiedlichen Meinungen der Bürgerinnen und Bürger zum Ausdruck gebracht, verhandelt und letztlich in Form von Gesetzen entschieden.
(S. 246 – 255; S. 272 – 273)

3. Welche Aufgabe hat das Bundesverfassungsgericht?

Da in einem Rechtsstaat jegliches staatliche Handeln an Gesetze gebunden ist, schränkt dies zugleich die Verfassungsorgane in ihrer Handlungsfreiheit ein und gewährleistet deren Kontrolle. Ob das Handeln der Verfassungsorgane bzw. deren Entscheidungen im Einklang mit den Gesetzen stehen, entscheiden die Gerichte. Geht es hierbei um Fragen hinsichtlich der Verfassung, ist das höchste deutsche Gericht, das Bundesverfassungsgericht, zuständig. Es gilt als Wächter der Verfassung und damit der oben aufgeführten Prinzipien des politischen Systems.
(S. 270 – 271)

4. Hat der Bundeskanzler bzw. die Bundeskanzlerin das höchste politische Amt Deutschlands inne?

Nein, diese Auszeichnung gebührt dem Bundespräsidenten, obwohl dieser vornehmlich repräsentative Aufgaben wahrnimmt und nur über geringe politische Macht verfügt. Nur in Ausnahmefällen, wie bei der Auflösung des Bundestages nach einer gescheiterten Vertrauensfrage durch den/die Bundeskanzler/-in, kommen die Entscheidungsbefugnisse des Bundespräsidenten zum Tragen. Einfluss hat er hauptsächlich über die Macht der Worte. Dem Bundeskanzler schreibt die Verfassung hingegen zu, die Richtlinien der deutschen Politik vorzugeben, und er sorgt als Chef der Regierung dafür, dass die im Bundestag getroffenen Entscheidungen umgesetzt werden. Doch bereits im Rahmen der Regierung ist der Bundeskanzler in seiner Macht durch das Kollegial- und Ressortprinzip eingeschränkt und kann sich nicht ohne Weiteres über die Köpfe der Minister/-innen hinwegsetzen. Zudem braucht er die Unterstützung der Mehrheit des Bundestages, für welche in der Regel neben den Abgeordneten der eigenen Partei noch ein Koalitionspartner benötigt wird, da diese ihn schließlich wählt und auch mittels eines konstruktiven Misstrauensvotums wieder abwählen kann.
(S. 256 – 259; S. 264 – 269)

Basiskonzept: Macht und Entscheidung

Demokratie bedeutet Herrschaft des Volkes. Herrschaft bedeutet, verbindliche politische Entscheidungen treffen zu können. In einer repräsentativen Demokratie wie der BRD können dies nur die gewählten Vertreter/-innen in den Organen des politischen Systems. Diese sind in ihren Entscheidungen an die Interessen der Bürger/-innen gebunden, nicht zuletzt durch die regelmäßigen Wahlen. Beeinflusst und bestimmt werden die Entscheidungen somit vom Volk selbst, womit die politische Macht bei diesem verbleibt. Abgesichert wird dies, indem die vom Volk verliehene Macht auf unterschiedliche Organe aufgeteilt wird. Diese sind bei der Durch- und Umsetzung der allgemeinverbindlichen Regeln aufeinander angewiesen und können sich gegenseitig kontrollieren.

Charles de Secondat, Baron de Montesquieu (1689 – 1755), französischer Philosoph:

„Jeder Staat weist drei Gewalten auf, die gesetzgebende Gewalt, die vollziehende Gewalt und die richterliche Gewalt. Aber alles wäre verloren, wenn derselbe Mann oder dieselbe Behörde, gleich ob der Vornehmen oder des Volkes, alle drei Gewalten zugleich ausübte."

M 1 Gewaltenteilung und -verschränkung in Deutschland

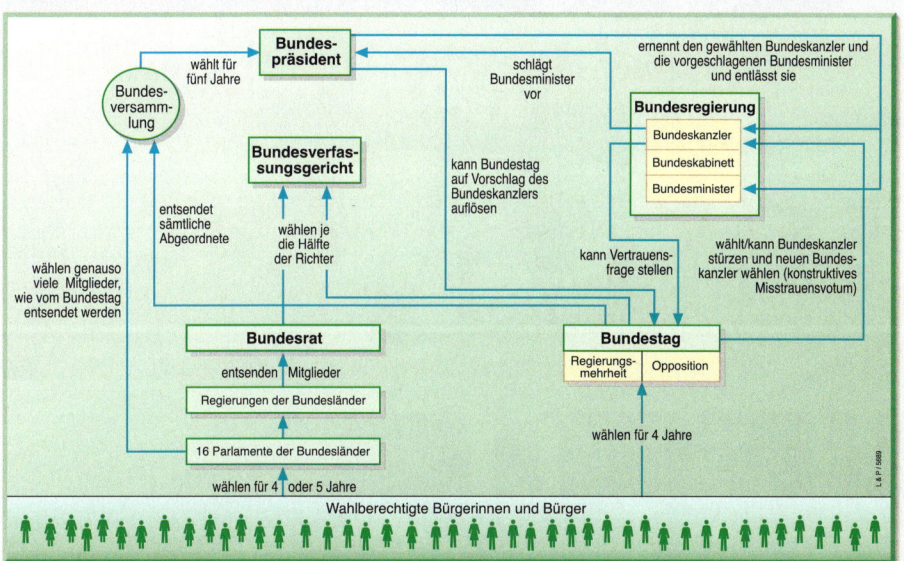

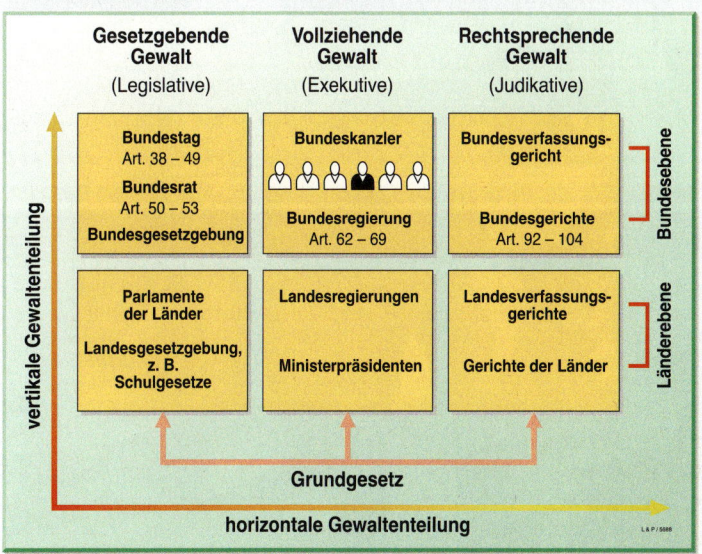

WEBCODE

WES-116987-025
Film: „Einfach erklärt: Gewaltenteilung"

1 Nenne mögliche Gründe für die Forderung Montesquieus, die drei staatlichen Gewalten in voneinander unabhängige Organe aufzuteilen (Randspalte).

2 Überprüfe, inwieweit das politische System der BRD der Forderung Montesquieus gerecht wird (M 1).

Reichsbürger
DEUTSCHES REICH
DR

11.

CSD
NO NAZIS
SPYLE
ANTIFA AREA

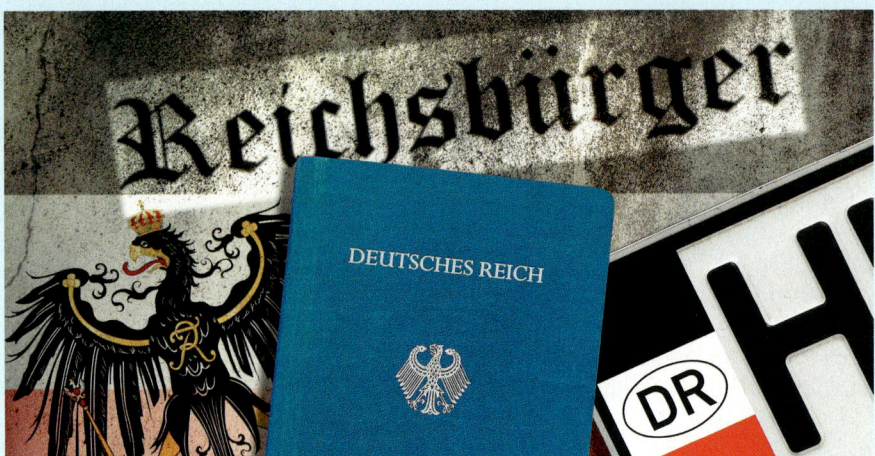

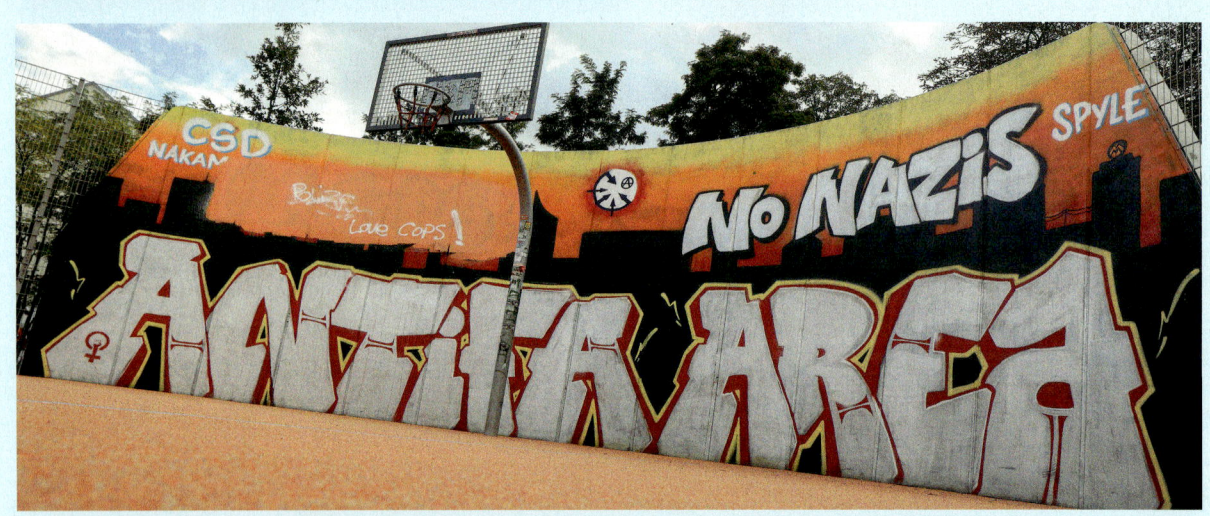

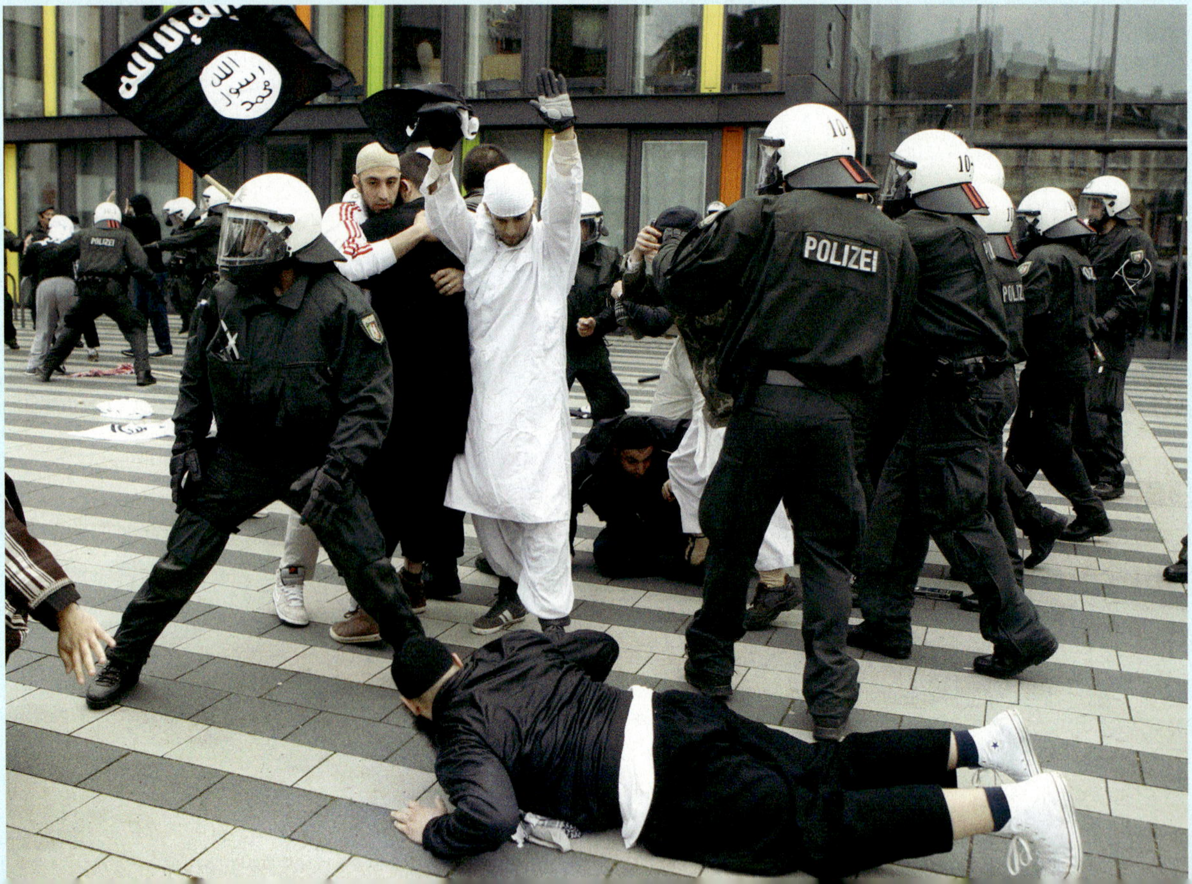
POLIZEI

Extremismus

11.1 Extremismus in Deutschland

GLOSSAR

Grundgesetz

WEBCODE

WES-116987-026

Film „Einfach erklärt:
Politischer
Extremismus"

Das Wort „Extremismus" kommt aus dem Lateinischen und meint die extremste Form von etwas. Es ist eine Steigerung des Radikalen und ist gekennzeichnet durch Kompromisslosigkeit und den Anspruch einer Absolutheit. Extremismus zeichnet sich dadurch aus, dass er den demokratischen Verfassungsstaat bzw. die freiheitliche demokratische Grundordnung (Art. 20 GG) ablehnt. Was die Zielrichtung angeht, so wird zwischen dem Links- und dem Rechtsextremismus sowie dem religiösen Extremismus unterschieden.

M 1   Darf man das sagen?

A7:
Demokratie ist ein von Menschen ausgedachtes System und mit dem Islam unvereinbar.

A1:
Gut ausgebildete junge Deutsche sitzen zu Hause und finden keinen Job, und die Ausländer nehmen ihnen die Arbeitsplätze weg.

A3:
So schlecht war das alles gar nicht bei Hitler.

A8:
Das Christentum ist die einzig wahre Religion!

A2:
Die Ausländer sollte man alle ausweisen!

A4:
Naziskin, wir kriegen dich …

A5:
Ob Ost oder West, nieder mit der Nazipest.

A9:
Konsequent abschieben!

A6:
Al-Dawla Al-Islamiya baqiya (Der Islamische Staat bleibt).

A10:
Eigentum ist Diebstahl!

INFO

„Islamischer Staat"
Die islamistische Terrorgruppe „Islamischer Staat" (IS) kontrollierte jahrelang riesige Gebiete in Syrien und im Irak mit dem Ziel, den Kalifat (Gottesstaat, in dem in extrem strenger Form der Islam gelebt werden soll) im Nahen Osten zu errichten. Mittlerweile ist der selbst ernannte Kalifat zerfallen, doch die Anhänger/-innen des IS sind weiterhin aktiv, auch in anderen Ländern wie Ägypten, Afghanistan, Nigeria. Nicht nur in Europa besteht weiterhin die Gefahr von Anschlägen durch die Terrororganisation.

M 2   Herausforderung für die Demokratie?

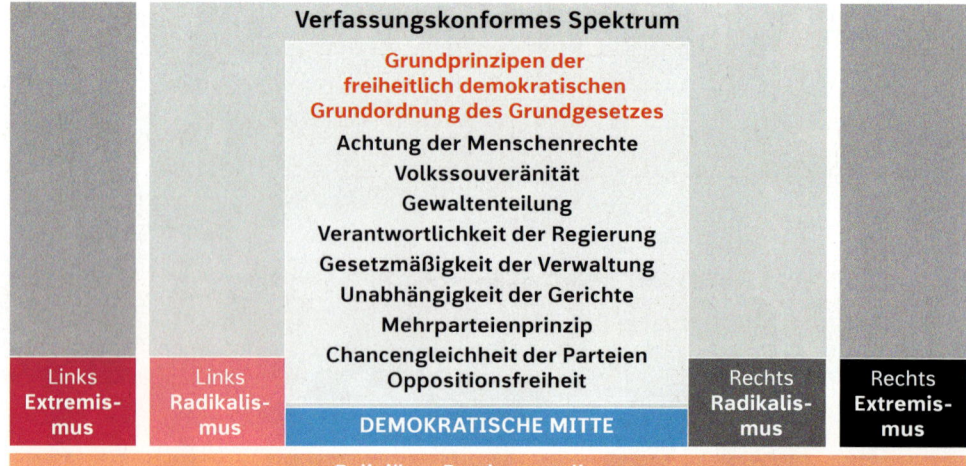

Quelle: In Anlehnung an Richard Stöss, Extremismus aus verfassungsrechtlicher Sicht, 2005; Bundesamt für Verfassungsschutz

M 3 Politisch motivierte Kriminalität 2022

Politisch motivierte Kriminalität 2022

| | 2021 |
| | 2022 |

rechte Ideologie
+6,96 % ↑
21964 (2021)
23493 (2022)

linke Ideologie
−31,02 % ↓
10113 (2021)
6976 (2022)

ausländische Ideologie
+237,03 % ↑
1153 (2021)
3886 (2022)

religiöse Ideologie
+0,42 % ↑
479 (2021)
481 (2022)

nicht zuzuordnen
+12,85 % ↑
21339 (2021)
24080 (2022)

gesamt
+7,03 % ↑
55048 (2021)
58916 (2022)

Quellen: Bundeskriminalamt, Bundesministerium des Innern und für Heimat

45306EX_1

INFO

Art. 20 GG
(1) Die Bundesrepublik Deutschland ist ein demokratischer und sozialer Bundesstaat.
(2) Alle Staatsgewalt geht vom Volke aus. Sie wird vom Volke in Wahlen und Abstimmungen und durch besondere Organe der Gesetzgebung, der vollziehenden Gewalt und der Rechtsprechung ausgeübt.
(3) Die Gesetzgebung ist an die verfassungsmäßige Ordnung, die vollziehende Gewalt und die Rechtsprechung sind an Gesetz und Recht gebunden.
(4) Gegen jeden, der es unternimmt, diese Ordnung zu beseitigen, haben alle Deutschen das Recht zum Widerstand, wenn andere Abhilfe nicht möglich ist.

ausländische Ideologie
Der Phänomenbereich „Politisch motivierte Kriminalität - ausländische Ideologie" bildet ab, inwieweit im Ausland begründete nichtreligiöse Ideologien (= Weltanschauungen, Grundeinstellungen) nach Deutschland hereingetragen werden und hier den Hintergrund für Straftaten bilden. Die Staatsangehörigkeit der Täter/-innen spielt dabei keine Rolle.

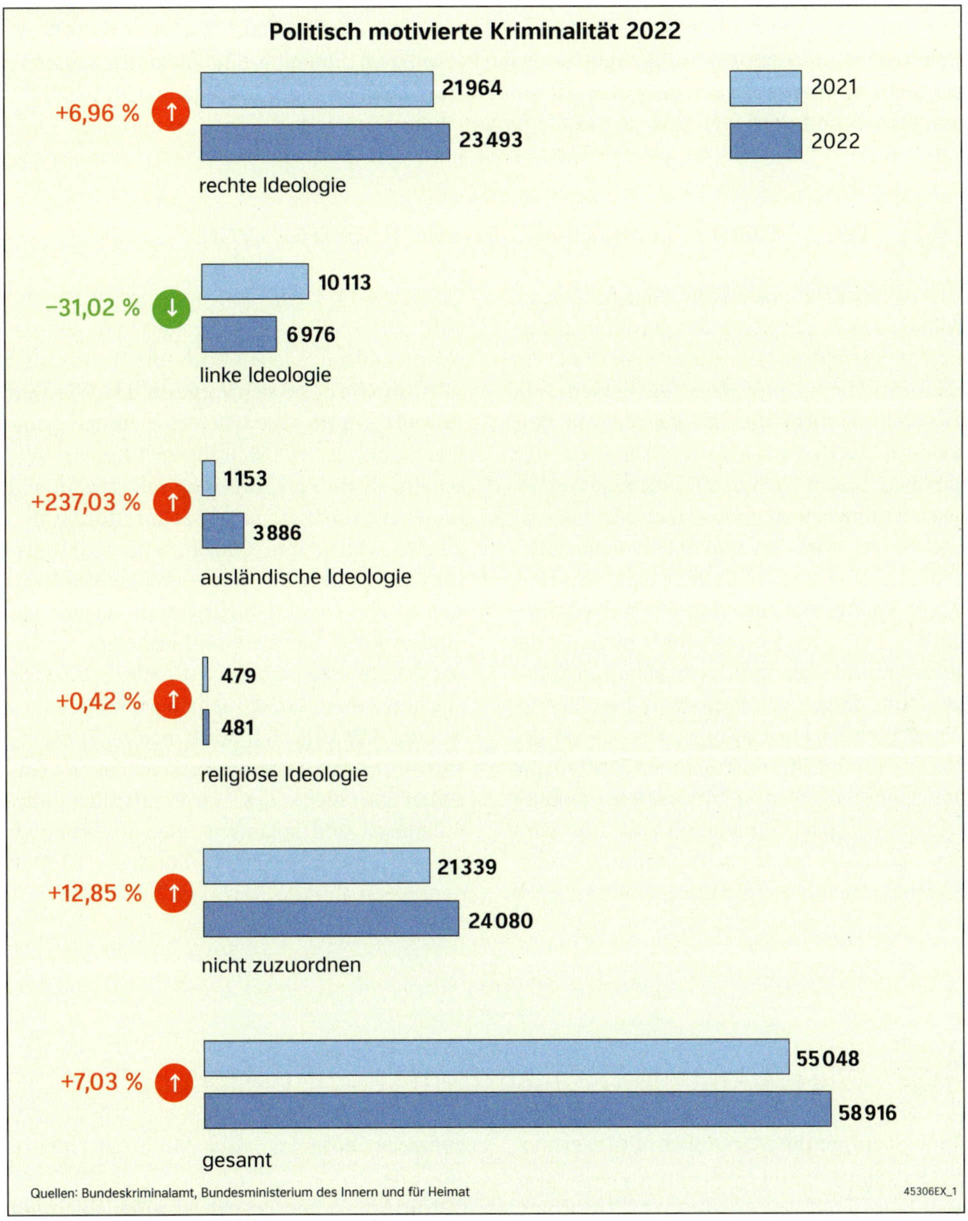

1 Bewerte die Aussagen mithilfe der Tabelle (M 1).

	Stimme zu	Stimme nicht zu, ist aber tolerierbar	Nicht tolerierbar
Aussage 1			
Aussage 2			
...			

2 Erläutere das Schaubild (M 2).
3 Analysiere die Statistik zu politisch motivierter Kriminalität in Deutschland (M 3).
4 Erörtere, inwiefern der Extremismus eine Gefahr für die Demokratie darstellt.

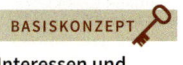

BASISKONZEPT

Interessen und Gemeinwohl

11.2 … und plötzlich bist du rechts

INFO

**Identitäre
Bewegung**
So bezeichnet sich
eine in Frankreich
entstandene, seit
Ende 2012 auch in
Deutschland existie-
rende Gruppierung
neu-rechter und
rechtsextremer
Aktivisten. Mit provo-
kanten Aktionen ver-
suchen sie, rassisti-
sche Vorurteile zu
verbreiten, und ver-
treten klassische
fremden- und islam-
feindliche sowie
demokratiefeindliche
Positionen.

TIPP

Fettes Brot
Titel „Du driftest
nach rechts" im
Album „LOVESTORY",
Februar 2019

WEBCODE

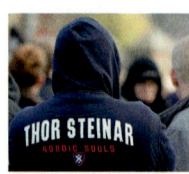

WES-116987-027
Spiel „Hidden Codes"
zur Radikalisierung
im digitalen Zeitalter

Seit Ende der 1990er-Jahre findet die Neonazi-Szene wieder mehr Zulauf. Die Szene rekrutiert sich sowohl aus frustrierten Jugendlichen ohne Perspektive und mit großen Zukunftsängsten als auch aus aufstrebenden jungen Erwachsenen, zum Beispiel in der Bewegung der Identitären. Aber es gibt noch viele andere Gründe für den Zulauf.

M 1   Wenn dein Freund plötzlich rechtsextrem wird

Mit 16 fängt er eine Lehre beim Bäcker an. Während er Hochzeitstorten mit Blumen verziert, unterhält er sich mit seinem Chef. Vor allem ein Thema interessiert die beiden: Politik. Er lernt nicht nur das Backen von ihm, sondern auch Verschwörungstheorien und wie man Ausländer hasst. Deutschland befinde sich immer noch im Krieg, erklärt ihm der Bäcker. Das Wort Personal in Personalausweis bedeute, dass alle Deutschen Sklaven seien. Oliver Riek glaubt ihm das, ohne es nachzuprüfen. 1997 gab es Google noch nicht. Er hat keine Freunde, die ihn davon abhalten könnten, mit denen er darüber reden könnte. Oliver Riek ist Einzelgänger. Ein Freund des Bäckers nimmt ihn mit zu einem Treffen, die Burschenschaft Chattia Friedberg zu Hamburg versammelt sich in einer alten Villa. Dort wird man nur über persönliche Kontakte aufgenommen. Sie fahren im Auto gemeinsam nach Schleswig-Holstein. […] An diesem Abend trifft Oliver Riek zum ersten Mal auf die rechtsradikale Szene. Doch die Leute sind nicht so, wie er sie sich vorgestellt hat: Es sind Anwälte, Ärzte, der Filialleiter einer Commerzbank, der NPD-Mitgliedern Konten verschafft. Oliver Riek fühlt sich sofort wohl und findet alle sehr nett. Er ist der Jüngste, die Mitglieder stellen ihm Fragen, wirken interessiert. Er denkt: Das sind intelligente Menschen, die können nicht falsch liegen. Ein elitärer Kreis, der die Wahrheit kennt. Er findet die Freunde, die er sonst nicht hat. […] Er isst nun keinen Döner mehr, auch McDonald's ist tabu. Die Alliierten dürfe man nicht unterstützen, auch die Franzosen nicht. Levi's-Jeans gehen gar nicht, der war schließlich Jude. Italienisch und Japanisch seien in Ordnung, das seien ja schließlich Verbündete. […] Riek nennt es später die „Nazi-Diät".

Gerrit-Freya Klebe: Wie aus einem normalen Teenager ein überzeugter Nazi wurde, noizz.de, Berlin; https://noizz.de/big-stories/aussteiger-oliver-riek-berichtet-aus-der-rechten-szene/97ser7b (Zugriff 28.02.2019)

M 2   Wie erkennt man rechtsextremistische Gesinnung?

Thor Steinar: Die Marke war mit ihrer modisch designten und hochwertigen Kleidung über Jahre Trendsetter eines „rechten Chic". […] Die produzierende Firma Mediatex GmbH erzielt Jahresumsätze von mehreren Millionen Euro und hat Anfang 2017 knapp 50 verschiedene Namen, Logos und Symbole als eigenständige Marken eingetragen. Diese beziehen sich in großer Mehrheit auf germanische und nordische Mythologie (Viking Company, Walküre, Walhalla, etc.). Andere Motive von Thor Steinar spielen auf die deutsche Kolonial- und Militärgeschichte an.

CONSDAPLE: Der Begriff ist eine Ableitung von dem englischen Wort Constable, das übersetzt „Schutzmann" bedeutet. Der Markenname enthält die Buchstabenfolge NSDAP. Der Betreiber eines neonazistischen Versandes brachte 2001 die Marke auf den Markt, nachdem das Unternehmen von Lonsdale seinen Liefervertrag gekündigt hatte. Auch das Markendesign von CONSDAPLE ist dem von Lonsdale nachgemacht.

Agentur für soziale Perspektiven e. V.: Bekleidung und Marken, Berlin; https://dasversteckspiel.de/die-symbolwelt/bekleidung-und-marken-22.html (Zugriff 14.11.2022)

M3 Musik – die braune Einstiegsdroge?

Der Rechtsrock ist eine Art Einstiegsdroge in die gewaltbereite Neonaziszene. Rockmusik, die generell viele junge Leute anspricht, wird als Lockmittel genutzt. Musik weckt Emotio-
5 nen, und auf der Gefühlsebene lassen sich politische Botschaften gut transportieren, unter anderem Fremdenhass. [...] Die Strate-gie hat das Neonazi-Netzwerk „Blood & Honour" seit den 80er-Jahren angewendet,
10 die NPD hat es perfektioniert. Die Partei verschenkt sogenannte Schulhof-CDs mit Liedern rechtsextremer Bands an Jugend-liche und sie stellt die Titel zum kostenlosen Download ins Internet. Beispiele sind Bands
15 wie Landser [jetzt: Die Lunikoff-Verschwö-rung] oder die Band Kategorie C, die auch im Fußball-Umfeld von Hooligans und Ultras zu finden ist. Die aktuelle Musik der rechts-extremen Szene unterscheidet sich von reak-tionären Militärmärschen und Nazi-Propa- 20 gandaliedern wie dem „Horst-Wessel-Lied". Zum ursprünglichen Rechtsrock sind etwa rechtsextreme Liedermacher, Nazi-Hip-Hop oder Heavy Metal hinzugekommen. Es gibt kaum einen modernen Musikstil, der nicht 25 auch von der rechten Szene übernommen wurde. Dahinter stehen Rapper wie „Sprech-gesang zum Untergang", „Makss Damage" oder „Natürlich"; aber auch Neofolk-Bands wie „Jännerwein" oder „Death in June". 30

Nach: Kai Brinckmeier, Jonas Miller: Was Neonazis hören, Bayerischer Rundfunk online, 09.01.2016, München; https://www.br.de/nachrichten/rechtsaussen/rechtsextremismus-extremismus-musik-100.html (Zugriff 14.11.2022)

INFO

Horst-Wessel-Lied
Politisches Kampflied der SA (Sturmabtei-lung) und später Parteihymne der NSDAP (National-sozialistische Deut-sche Arbeiterpartei) – in Deutschland seit Ende der Nazi-Dikta-tur als Kennzeichen einer verfassungs-widrigen Organisa-tion verboten.

M4 Neonazis erobern Social Media

Um Jugendliche anzusprechen, nutzen Rechtsextreme immer offensiver Face-book, Twitter und YouTube. Das ergab eine Recherche von „jugendschutz.net", einer län-
5 derübergreifenden Stelle für Jugendschutz im Internet, deren Ergebnisse am Dienstag in Berlin vorgestellt wurden. Jugendschutz. net verzeichnete im vergangenen Jahr etwa 1.500 rechtsextreme Websites. [...] Auch ins
10 mobile Web dringen die Rechtsextremen vor, etwa mit Smartphone-Apps. Zwei Tendenzen lassen sich ablesen: Einerseits gebe es, vor allem auf ausländischen Plattformen, mehr Brutalität – Tötungsvideos und unverhohlene
15 Gewaltaufrufe – als früher, sagte Stefan Glaser, Leiter des Arbeitsbereichs politischer Extre-mismus von jugendschutz.net. Andererseits gehen die Rechtsextremen bei der Rekrutie-rung von Jugendlichen immer raffinierter vor. Statt auf „pure, plumpe Propaganda" setzten 20 sie auf harmlos wirkende Angebote, sagte Thomas Krüger, Präsident der Bundeszentrale für politische Bildung, die jugendschutz. net unterstützt. Selbst für Erwachsene sind diese oft nicht sofort als rechtsextrem erkenn- 25 bar. Besonders eine Gruppe, die sich selbst „Identitäre Bewegung" nennt, setzt Glaser zufolge auf diese Methode. Die „Identitären" distanzieren sich mit Slogans wie „100 % iden-tität, 0 % rassistisch" nach außen hin von Neo- 30 nazis und verwenden für ihre Propaganda Elemente der Populärkultur; zuletzt starteten sie eine „Solidaritätsaktion für Hochwasser-opfer". [...]

Ruth Eisenreich: Neonazis erobern Facebook & Co., in: Tagesspiegel online, 10.07.2013, Berlin; https://www.tages-spiegel.de/politik/neonazis-erobern-facebook-co-6356281.html (Zugriff 14.11.2022)

1 Nenne Gründe, warum Jugendliche rechtsextrem werden könnten.
2 Arbeite am Beispiel von Oliver Riek heraus, warum er rechtsextrem wurde (M 1).
3 Beschreibe die Erkennungsmerkmale der rechten Szene (M 2).
4 Erläutere, wie rechte Musik als Einstieg in die rechte Szene funktioniert (M 3).
5 Erörtere, ob durch soziale Netzwerke die Gefahr einer Rekrutierung verstärkt wird (M 4).

BASISKONZEPT

Privatheit und Öffentlichkeit

11.3 Rechtspopulistisch, -radikal oder -extrem?

Seit dem Ende der NS-Herrschaft 1945 existiert eine gewaltbereite rechtsextreme Szene, deren Anhängerschaft aber überschaubar groß war. Mit dem Nationalsozialistischen Untergrund (NSU) erlangte die rechte Gewalt ein bis dahin nicht gekanntes Ausmaß. Die Begriffe Rechtsextremismus, Neonazis, Rechtsradikalismus oder Rechtspopulismus werden in der Alltagssprache häufig synonym gebraucht. Was ist also rechtspopulistisch, was rechtsradikal oder rechtsextrem?

M 1   Reichsbürger gegen Corona-Maßnahmen

Zeichnung: Schwarwel

M 2   Reichsbürger haben Zulauf

Die Szene der „Reichsbürger" in Baden-Württemberg wird größer. Im vergangenen Jahr hat der Verfassungsschutz im Land einen deutlichen Zulauf festgestellt. Das führen die
5 Experten auf die Proteste gegen die Corona-Maßnahmen und die dadurch in Umlauf gebrachten Verschwörungstheorien zurück. Derzeit rechnet das Landesamt für Verfassungsschutz (LfV) den „Reichsbürgern" und
10 „Selbstverwaltern" in Baden-Württemberg rund 3.300 Personen zu. Die Bedrohungslage durch die Szene schätzt der Verfassungsschutz als hoch ein – besonders wegen der Waffenaffinität und des Gewaltpotenzials innerhalb des Milieus. Staatliche Maßnahmen 15
beeindrucken „Reichsbürger" und „Selbstverwalter" eher nicht. [...] [Am vergangenen] Mittwoch hatte ein mutmaßlicher „Reichsbürger" auf die Polizei geschossen, die einen Durchsuchungsbeschluss für sein Anwesen 20
umsetzen wollte. [...] Seit fünf Jahren müssen in Baden-Württemberg Reichsbürger und andere Extremisten ihre Waffen abgeben. Sie bekommen auch keine Waffenscheine mehr. „Jede eingezogene Schusswaffe ist eine 25
Schusswaffe weniger in der Hand eines Extremisten – und damit eine Gefahr weniger", sagt dazu Innenminister Thomas Strobl (CDU). [...]

Renate Allgöwer: „Reichsbürger" haben Zulauf, Stuttgarter Nachrichten online, 22.04.2022; https://www.stuttgarter-nachrichten.de/inhalt.szene-in-baden-wuerttemberg-reichsbuerger-haben-zulauf.e4075534-f5fa-424f-8776-52e5639f6748.html (Zugriff 14.11.2022)

M 3 Unter dem Deckmantel des Koran?

Zeichnung: Horst Haitzinger

M 4 Ist der Koran ein Buch der Gewalt?

[...] Die Vorstellung, der Islam fordere per se Gewalt ein, ist weit verbreitet. 57 Prozent der Deutschen sehen ihn als Bedrohung an. Weltweit gibt es 1,5 Milliarden Muslime, also etwa
5 ein Viertel der Menschheit. Würden alle Muslime einer Gewaltverherrlichung folgen, wäre unsere Welt eine andere. In Deutschland leben mehr als vier Millionen Muslime. Dennoch ist die Anzahl der Gewaltakte, die durch Rechts-
10 extreme verübt wurden, um ein Vielfaches höher als die durch Islamisten verübte. Der Dschihadismus ist eine Interpretation der islamischen Schriften, die einen massiven Bruch mit den islamischen Traditionen bedeuten.
15 Extremistische Gruppen wie der IS finden hier ihre Ursprünge. Wenn der Koran aber zur Gewalt riefe, müssten sich darin eindeutige Worte finden lassen. Beispielsweise heißt es in Sure 9, Vers 5: „Und bekämpft die Polytheisten,
20 wo ihr sie findet!" Der islamische Mainstream argumentiert kontextualisierend: Diese Suren stammten allesamt aus lang vergangener Zeit, in der die islamische Gemeinde gegen „die Polytheisten" kämpfte und in der es eine „aku-
25 te Bedrohung der damals noch kleinen und schwachen muslimischen Gemeinde" gegeben habe. Gewalt werde vielmehr begrenzt. Wer weiterliest, findet beispielsweise den Satz: „Wenn sie aufhören, so ist Gott voller Verge-
30 bung und barmherzig." Islamwissenschaftler betonen auch, dass „Barmherzigkeit" die im Koran meistgenannte Eigenschaft Gottes sei. Sowohl viele Islamkritiker als auch radikale Islamisten teilten die irrige Vorstellung, dass
35 die islamischen Texte keiner Interpretation bedürften, dass sie eindeutig seien. Kritisierenswert wäre beispielsweise, dass es überhaupt möglich ist, die Schrift gewaltverherrlichend zu interpretieren. Aber das gilt wohl
40 für die meisten Religionen und Denksysteme.

Nach: Houssam Hamade: Ist der Koran ein Buch der Gewalt? in: Cicero online, 13.07.2017, Berlin; https://www.cicero.de/kultur/islam-ist-der-koran-ein-buch-der-gewalt (Zugriff 14.11.2022, gekürzt)

WES-116987-028

Video ZDF Kulturzeit, Streitgespräch Islam

1 Charakterisiere das Phänomen des religiösen Fundamentalismus anhand der Zitate (M 1).

2 Erläutere, wer die Aussagen getätigt haben könnte (M 1), und überprüfe deine Einschätzung anhand der Angaben im Anhang (S. 404).

3 Arbeite Gründe heraus, warum Jugendliche sich islamistischen Gruppierungen, wie den Salafisten, anschließen (M 2).

4 Analysiere die Karikatur (M 3).

5 Überprüfe, ob das in M 3 dargestellte Bild des Islam sich in M 4 widerspiegelt.

BASISKONZEPT

Interessen und Gemeinwohl

11.6 Bekämpfung von Extremismus

Eine strategische Bekämpfung von Extremismus basiert auf Prävention und Aufklärung (proaktiv) einerseits sowie der Verfolgung von Straftaten und Ordnungswidrigkeiten (reaktiv) andererseits.

M1   Extremisten im sozialen Umfeld

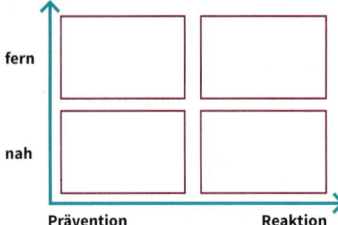

Die Grafik stellt das soziale Umfeld eines Menschen dar. Sie zeigt Personen, Organisationen und Institutionen, die sich darin befinden, wie nah sie ihm oder ihr stehen und ob sie sich eher zur Extremismus-Prävention oder -Reaktion eignen.

M2   Mit Zivilcourage gegen Extremismus

Menschenwürde, Meinungsfreiheit, Demokratie – unsere Grundwerte sind nicht verhandelbar. Doch zielen immer wieder unterschiedlichste Gruppierungen darauf ab, unsere ⁵ freiheitlich-demokratische Grundordnung (FDGO) abzuschaffen. [...] Ob Rechtsextremismus, Linksextremismus oder Islamismus – all diese Ideologien lehnen den demokratischen Verfassungsstaat ab.

¹⁰ Und all diese Gruppierungen werben um neue Sympathisanten und versuchen ihre Anhängerschaft zu vergrößern – online wie auch off-line. Sie nutzen das Internet und die sozialen Medien intensiv und professionell für die Verbreitung ihrer Botschaften, Bilder und Videos. ¹⁵ Dabei versuchen sie, dich emotional zu treffen, von ihrer Ideologie zu überzeugen und letztlich zu Gewalttaten aufzuwiegeln. „Fake News", sogenannte Falschmeldungen, sollen helfen, die Stimmung zu beeinflussen und zu ²⁰ manipulieren.

Tu was gegen Extremismus:
- Achte auf extremistische Tendenzen in deinem Umfeld.
- Suche das Gespräch und tritt für eine frei- ²⁵ heitlich-demokratische Überzeugung ein.
- Sei tolerant gegenüber Andersdenkenden – Meinungsfreiheit ist ein Grundrecht.
- Verhalte dich auf Demonstrationen friedlich und distanziere dich von Gewalt. ³⁰
- Hinterfrage Meldungen im Internet und prüfe, ob diese aus seriösen Quellen stammen.

> **Für mehr Zivilcourage!**
> Tipps für Zeuginnen/Zeugen und Helferinnen/Helfer:
> 1. Hilf, aber bring dich nicht in Gefahr!
> 2. Ruf die Polizei unter 110.
> 3. Bitte andere um Mithilfe.
> 4. Präg dir Tätermerkmale ein.
> 5. Kümmere dich um Opfer.
> 6. Sag als Zeuge aus.

Polizeiliche Kriminalprävention der Länder und des Bundes, Aktion Tu was online, Stuttgart; https://www.aktion-tu-was.de/tu-was/gegen-extremismus/ (Zugriff 08.12.2023)

M3   Aussteiger bei den Rechtsextremen

[...] Martin ist neun Jahre alt, als er in die Szene rutscht. Im Unterschied zu seinen Freunden fällt ihm Lesen und Schreiben sehr schwer. Seine Eltern können sich um den Jungen nicht kümmern. Sie arbeiten im Schichtsystem. ⁵ Statt mit den eigenen Eltern übt Martin mit

einem Bruder seines Klassenkameraden. Der 16-Jährige zeigt erstaunlich viel Einsatz. Nachmittags, wenn die Eltern schlafen, setzt sich der Teenager mit Martin hin und lässt ihn aus
10 einem Buch vorlesen. Es handelt von der deutschen Wehrmacht. Das Buch ist der Einstieg in den Rechtsextremismus. 16 Jahre war er Teil der Szene in Sachsen. Gewalt bestimmte sein Leben. Er habe Dönerbuden angezündet, sagt
15 er. Viele Jahre seines Lebens glaubte er an die Allmachtsfantasien und die Propaganda der Szene. Doch nach vielen Jahren kamen die Zweifel. „Ich habe erst versucht, mich mit unseren Taten auseinanderzusetzen, und sie
20 hinterfragt." Lange ringt er mit sich, schiebt den Ausstieg vor sich her, bis ihm eine Freundin eine simple Frage stellt: Was hast du davon, in der rechten Szene zu sein? Die Frage hatte ihm zuvor noch niemand gestellt. „Ich habe keine Antwort darauf gehabt", sagt Martin. 25 Ihm sei klargeworden, dass es ihm außer Hass und Gewalt nicht viel eingebracht habe. Über einen Freund lernt Martin den Sozialarbeiter Michael Ankele kennen. Das erste Gespräch dauerte eineinhalb Stunden. Danach packt 30 Martins Oma die NS-Devotionalien ihres Enkels zusammen, weil er es selbst nicht konnte. Martin geht auf ein Feld und verbrennt alles.

Nach: Björn Menzel, Jens Kiffmeier: Hass ohne Ende, Angst ohne Ende, in: SPIEGEL online, 20.06.2013, Hamburg; https://www.spiegel.de/panorama/justiz/ein-neonazi-berichtet-von-seinem-ausstieg-aus-der-rechten-szene-a-905625.html (Zugriff 14.11.2022, gekürzt)

INFO

Devotionalien
Gegenstände, die der Andacht dienen sollen, hier: Nazi-Symbole wie Orden, Uniformen und Waffen als Erinnerungsstücke an die NS-Zeit 1933 – 1945

Argumentationstechniken gegen Stammtischparolen

METHODE

Mit einem Menschen zu diskutieren, dessen Überzeugung man überhaupt nicht teilt, ist nur begrenzt möglich. Kann ein Gespräch mit jemandem geführt werden, der laut verkündet: „Alle Ausländer neigen zu Kriminalität"? Der Philosoph Hubert Schleicher hält dies für möglich und schlägt für solche Themen subversives Argumentieren vor. Er meint damit das Ansprechen und Benennen von Problemen, Seltsamkeiten und Abstrusitäten, die in derartigen Grundüberzeugungen enthalten sind. Damit könne man fanatische Überzeugungen durchaus „erschüttern", „unterminieren" und „untergraben". Ein derartiges Vorgehen lockere auf, entspanne und lege oft nahe, dass manches auch anders sein kann und anders gesehen werden könne. Der verengte Blick werde dabei u. U. erweitert.
Klaus-Peter Hufer erprobte „subversives Argumentieren" mit dem Gespräch über die Parole „Wir haben zu viele Ausländer hier" und schlägt vor:

- Fragen, die auf Probleme bei dieser Position aufmerksam machen, könnten sein: Was passierte, wenn wir weniger Ausländerinnen und Ausländer hätten? Wer würde z. B. den Müll wegräumen? Wer misst mit welchen Mitteln ab, wann die Ausländerinnen und Ausländer „zu viele" sind? Was geschieht, wenn unsere Wirtschaft boomt und wir zu wenige Arbeitskräfte haben?
- Fragen, die auf Seltsamkeiten hinweisen: Sind die in den Grenzbereichen lebenden Däninnen/Dänen, Holländer/-innen, Belgier/-innen, Österreicher/-innen auch Ausländer/-innen? Sollte man protestieren, dass zu viele Ausländer/-innen hier sind, wenn der Spezialist, der an einem eine lebensnotwendige Operation durchführt, aus Griechenland kommt?
- Fragen, die Abstrusitäten belegen: Wie viele echte Münchner spielen noch beim FC Bayern München? Träfe – aus der Sicht der jeweiligen Einheimischen – die Parole, es seien zu viele Ausländer/-innen da, auch auf Deutsche zu, die auf Mallorca ein Haus besitzen?

1 Nenne Personen und Institutionen, die zur Prävention und Bekämpfung von Extremismus beitragen können (M 1).

2 Stelle dar, was zur Prävention von Extremismus getan werden kann (M 2).

3 a) Arbeite aus M 3 heraus, welche Faktoren zum Ausstieg geführt haben.
b) Vergleiche deine Ergebnisse mit deiner Verortung in Aufgabe 1 (M 3).

4 „Harte Strafen gegen Extremisten helfen mehr als Prävention." Erörtert diese These mithilfe der Methode „Good Angel/Bad Angel".

BASISKONZEPT
Ordnung und Struktur

QUERVERWEIS
Methode Good Angel/Bad Angel
S. 101

Auf folgende Fragen solltest du jetzt antworten können. Du kannst auf den angegebenen Seiten auch noch einmal nachlesen.

1. Was ist Extremismus?

Extremistisch oder radikal sind Abweichungen von der Mitte, wobei Radikale gesellschaftliche Probleme von der Wurzel her anpacken wollen, ohne sich gegen die Verfassung oder die freiheitlich-demokratische Grundordnung zu stellen. Wir finden sie im politischen Spektrum links und rechts, aber auch im religiösen Kontext, zum Beispiel als Fanatismus. Das extreme Denken äußert sich zunächst in Aussagen (Parolen) über zum Beispiel gesellschaftliche Zustände oder Entwicklungen. Nicht selten greifen Extremisten aber auch zu Gewalt, um ihre Ziele durchzusetzen. Sie lehnen die Grundprinzipien unserer demokratischen Ordnung ab und versuchen die verfassungsmäßige Ordnung zu beseitigen. Sie bewegen sich dabei häufig im Bereich von Straftaten. (S. 278–279)

2. Welche Ausprägungen von Extremismus gibt es in Deutschland?

In Deutschland gibt es seit dem Nationalsozialismus der 1930er- und 1940er-Jahre zwei gegenläufige Entwicklungen. Die Linke hat sich als Gegenbewegung zum Nationalsozialismus bzw. den Neonazis verfestigt. Auf der anderen Seite des Spektrums die Rechten, zunächst hauptsächlich Neonazis, seit der Flüchtlingswelle in Europa und der Pandemie aber auch alternative Gruppierungen (Reichsbürger, Querdenker, Identitäre). Seit den 1990er-Jahren und insbesondere seit dem 11. September 2001 auch religiös motivierter Extremismus (al-Qaida, IS, Salafisten). (S. 280–87)

3. Was kann man gegen Extremismus tun?

Bei der Bekämpfung von Extremismus kann man einerseits proaktiv durch Prävention und frühzeitiges Aufspüren möglicher extremistischer Tendenzen, z. B. in der Musik oder bei Logos/Symbolen, vorgehen. Zudem können institutionelle Angebote und Projekte das Zugehörigkeitsgefühl und die Teilhabe Jugendlicher unterstützen und Ausgrenzung verhindern. Reaktiv können Betreuung durch Sozialarbeiter/-innen (und z. B. spezielle Aussteigerprogramme) Jugendlichen dabei helfen, sich von extremistischen Gruppen und Freundeskreisen zu lösen. Extremistische und fanatische Anschauungen und Parolen können mithilfe der Methode des subversiven Argumentierens untergraben, ein verengter Blickwinkel dadurch eventuell geweitet, im besten Falle neue Perspektiven geschaffen werden. (S. 288–289)

Basiskonzept: Interessen und Gemeinwohl

Da in einer Gesellschaft sehr unterschiedliche Vorstellungen von einer guten Ordnung herrschen, sind radikale und extreme Ansichten keine Seltenheit, obwohl sie nur von Minderheiten vertreten werden. Eine gefestigte Demokratie muss dieses Spannungsverhältnis von Einzelinteressen aushalten, solange sich die Ansichten innerhalb des Verfassungskonformen befinden.

Rechtsradikale wollen eine homogene Gesellschaft ohne Migrant/-innen (z. B. Flüchtlinge), die Mehrheit der Deutschen bevorzugt aber eine heterogene, multikulturelle Gesellschaft mit Menschen aus diversen Kulturen und Sprachen. Die Linksradikalen wollen eine Gesellschaft ohne Klassen und lehnen den Kapitalismus sowie den Staat ab; die Mehrheit der Deutschen schätzt den Wohlstand, den der Kapitalismus gebracht hat, und wünscht sich einen Staat, der sich für ihren Schutz und die Aufrechterhaltung der Ordnung einsetzt. Religiöse Fundamentalisten wollen z. B. einen islamischen Gottesstaat; auch das wird von der Mehrheit der Deutschen abgelehnt, da sie christlich-abendländisch geprägt sind und einen säkularisierten Staat bevorzugen.

M 1 Generationen – Hakenkreuz

Zeichnung: Christian Eckert

M 2 Politisch motivierte Kriminalität erreicht Höchststand

[...] In der Bundespressekonferenz stellte [Nancy Faeser] gemeinsam mit dem Präsidenten des Bundeskriminalamtes (BKA), Holger Münch, die Statistik politisch motivierter
5 Kriminalität für das Jahr 2021 vor. Die Gesamtzahl der politisch motivierten Straftaten stieg demnach von 44.692 im Jahr 2020 auf 55.048 im vergangenen Jahr. Das sei ein „absoluter Höchststand", sagte Faeser. Den größten An-
10 teil von knapp 40 Prozent machen demnach weiter Straftaten aus dem rechten Spektrum aus. Es geht also um Rassismus, Ausländerfeindlichkeit und Antisemitismus. Die Zahl der links motivierten Straftaten ist leicht gesunken: von 10.971 im Jahr 2020 auf 10.113 15 in 2021. „Ich sehe auch hier weiterhin keinen Grund zur Entwarnung", sagte Faeser. Zu diesem Bereich gehören zum Beispiel illegale Aktionen von militanten Umweltschützern, Globalisierungs- oder Kapitalismusgegnern. 20 Ein weiterer Bereich umfasst Straftaten, die das BKA einer „aus dem Ausland stammenden nichtreligiösen Ideologie" zuordnet. Wichtigstes Beispiel ist die in Deutschland verbotene Arbeiterpartei Kurdistans (PKK). Die 25 Behörden verzeichneten hier einen Zuwachs von 1.016 auf 1.153. [...]

Fabian Busch: Ein polarisiertes Land: Politisch motivierte Kriminalität erreicht Höchststand, web.de, 10.05.2022, Karlsruhe; https://web.de/magazine/politik/polarisiertes-land-politisch-motivierte-kriminalitaet-erreicht-hoechst-stand-36850766 (Zugriff 14.11.2022, gekürzt)

INFO

Nancy Faeser (geb. 13.07.1970), SPD, ist seit dem 8. Dezember 2021 erste weibliche Bundesministerin des Inneren und für Heimat im Kabinett von Bundeskanzler Olaf Scholz.

1 Analysiere die Karikatur (M 1).
2 Überprüfe, ob sich die Aussage der Karikatur auch in der Realität widerspiegelt (M 2).

12.

Zeichnung: Thomas Plaßmann

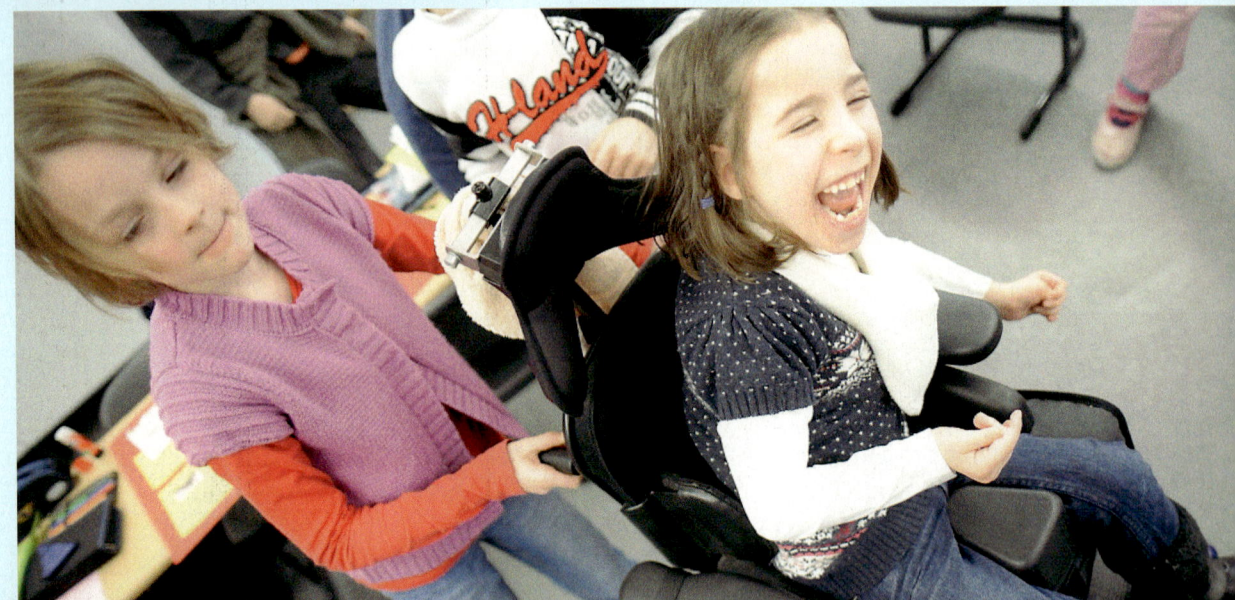

Aufgaben und Probleme unseres Sozialstaates

„Wer dem Volk anstrengungslosen Wohlstand verspricht, lädt zu spätrömischer Dekadenz ein."

Guido Westerwelle, Vorsitzender der FDP 2001–2011, in: WELT online, 11.02.2010, Berlin; https://www.welt.de/debatte/article6347490/An-die-deutsche-Mittelschicht-denkt-niemand.html (Zugriff 08.11.2022)

„Ich halte den Sozialstaat, wie wir ihn in Deutschland und anderen Staaten kennen, für die größte Kulturleistung, die die Europäer im Lauf dieses schrecklichen 20. Jahrhunderts zustande gebracht haben."

Helmut Schmidt (SPD), Bundeskanzler 1974–1982, zit. nach: dw.com, 23.11.2015, Bonn; https://www.dw.com/de/willen-braucht-man-und-zigaretten/a-18866767 (Zugriff 08.11.2022)

„Jeder hat Pflichten gegenüber der Gemeinschaft, in der allein die freie und volle Entwicklung seiner Persönlichkeit möglich ist."

Allgemeine Erklärung der Menschenrechte von 1948, Artikel 29, Menschenrechtscharta der Vereinten Nationen

„Evolution statt Revolution, das gilt nicht nur für die Gestaltung der digitalen Transformation der Arbeitswelt, sondern auch für Verteilungsfragen. Wir brauchen über den Dialog Arbeiten 4.0 hinaus eine gesellschaftliche Verständigung zur Weiterentwicklung des Sozialstaats und seiner Sicherungssysteme."

Weißbuch Arbeiten 4.0, hrsg. vom Bundesministerium für Arbeit und Soziales, Abteilung Grundsatzfragen des Sozialstaats, der Arbeitswelt und der sozialen Marktwirtschaft, März 2017, Berlin, S. 13

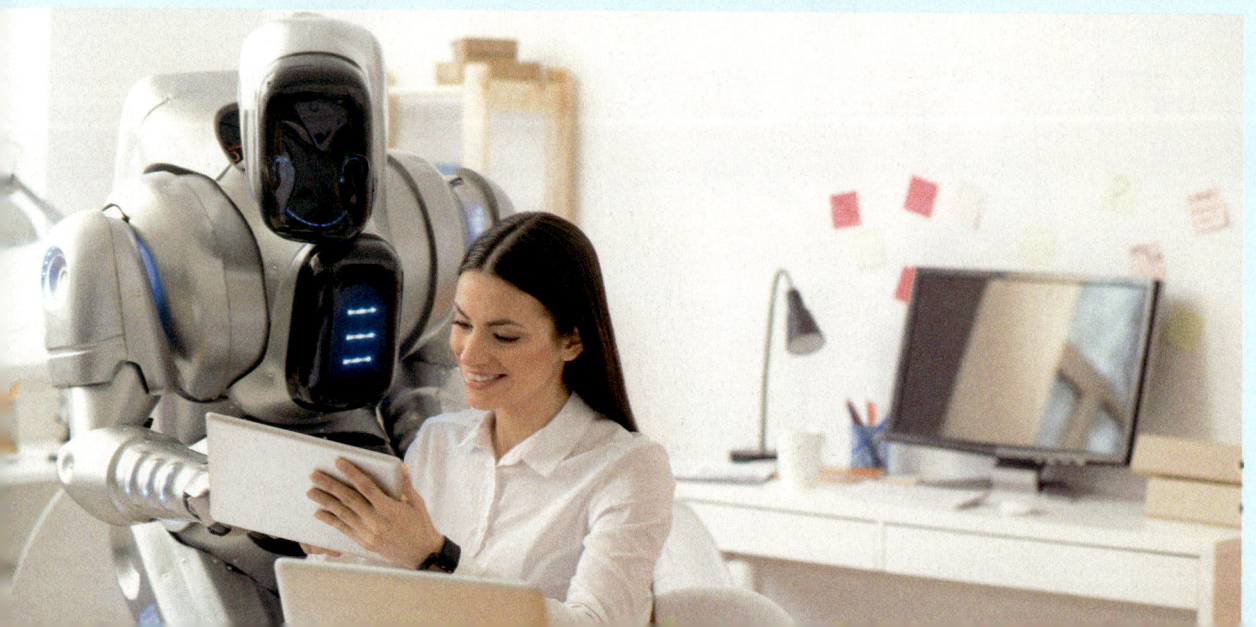

Experiment: Sozialstaat, warum? Sozialpolitik, für wen?

Vorgehensweise

Vorbereitung:
Acht Schülerinnen/Schüler aus eurer Klasse erhalten eine Rollenkarte (s. S. 295): Lest euch die Stichpunkte durch und versucht, euch in die Situation der jeweiligen Person hineinzuversetzen. Der Inhalt eurer Rollenkarte bleibt geheim. Stellt euch nun nebeneinander an einer geraden Start-linie auf.

Durchführung:
Die Spielleitung verliest jetzt verschiedene Fragen, die alle Teilnehmenden im Hinblick auf ihre Rolle bedenken. Seid ihr der Meinung, die Frage mit „ja" beantworten zu können, geht einen Schritt nach vorn.
Nach der letzten Frage bleiben alle an ihrem Platz stehen. Die Spielleitung macht die Rollenkarten (eventuell mittels Projektor) für alle sichtbar. Die Zuschauenden erhalten folgenden Auftrag: Versucht die Rollen den einzelnen Personen, welche sich im Raum positioniert haben, zuzuordnen. Begründet eure Vermutung.

Fixiert gegebenenfalls das Ergebnis an der Tafel.

Fragen:
1. Kannst du dich stets ausgewogen und gesund ernähren?
2. Verfügst du über ausreichend Geld, um mehrmals in der Woche deinem Hobby nachgehen zu können?
3. Kannst du dich regelmäßig über wichtige aktuelle Geschehnisse informieren?
4. Fühlst du dich nachts sicher?
5. Bist du in der Lage, dir spontan ein schönes Kleidungsstück zu kaufen?
6. Kannst du deine Freundinnen und Freunde zu einer Party zu dir nach Hause einladen?
7. Hast du keine Angst vor einem kalten Winter?
8. Schaust du optimistisch in die Zukunft?

Die Methode wird am Ende des Kapitels fortgesetzt.

Auswertung:
Diskutiert nun im Plenum folgende Fragen:

1. Worin bestehen Ursachen für den Erfolg bzw. den Misserfolg der einzelnen Personen?
2. Welche Chancen und Möglichkeiten seht ihr für die jeweiligen Personen, ihre wirtschaftliche Situation (gegebenenfalls) zu verbessern?
3. In welchen Situationen sollte die Allgemeinheit (zusätzlich) helfen? Benennt Hilfsangebote, welche ihr für sinnvoll erachtet.
4. Formuliere eine individuelle Aussage, warum Sozialstaat wichtig ist; formuliere eine allgemeine Regel, für wen Sozialpolitik gemacht werden sollte.

1 Nadja, Floristin, 29 Jahre
✓ alleinerziehende Mutter von zwei Kindern
✓ ist zurzeit ohne Arbeit
✓ durch Bürgergeld und Kindergeld stehen der Familie monatlich ca. 1.300 Euro zur Verfügung
✓ Kosten für Miete und Heizung werden erstattet

2 Kolja, Jurastudent, 19 Jahre
✓ wohnt bei seinen Eltern
✓ erhält BAföG in Höhe von 312 Euro/Monat
✓ die Großeltern unterstützen ihn manchmal finanziell

3 Crissi, Zahnarzthelferin , 21 Jahre
✓ verdient ca. 1.900 Euro/Monat
✓ lebt mit ihrem Freund zusammen
✓ muss täglich mit dem Auto zur Arbeit fahren

4 Ole, Bauingenieur, 37 Jahre
✓ verheiratet, kinderlos
✓ arbeitet, ebenso wie seine Frau, in einer renommierten Firma, welche Gebäude energieeffizienter macht
✓ das monatliche Familieneinkommen beträgt ca. 9.000 Euro

5 Jürgen, Dreher, 44 Jahre
✓ geschieden
✓ ist seit drei Jahren erwerbslos
✓ erhält den monatlichen Bürgergeld- Regelsatz von 502 Euro
✓ Kosten für Miete und Heizung werden erstattet

6 Zeinab, Lehrerin, 25 Jahre
✓ unterrichtet Englisch und Spanisch an einem Gymnasium
✓ hat ein monatliches Einkommen von ca. 3.500 Euro
✓ verdient sich manchmal mit Übersetzungen etwas hinzu
✓ wohnt mit zwei Freundinnen in einer WG

7 Benno, Obdachloser, 54 Jahre
✓ wuchs im Kinderheim auf
✓ brach zwei Lehren ab
✓ konnte sein Zimmer nicht mehr bezahlen
✓ lebt meist vom Betteln
✓ wohnt auf der Straße

8 Cayenne, Schülerin, 13 Jahre
✓ hat drei Geschwister
✓ Mutter hat keine abgeschlossene Ausbildung und ist nicht erwerbstätig
✓ Vater jobbt als Lagerarbeiter
✓ der Familie stehen durch den Lohn des Vaters und staatliche Transferleistungen ca. 3.000 Euro im Monat zur Verfügung

INFO
Bürgergeld
s. S. 301

BAföG
Bundesausbildungsförderungsgesetz, regelt die staatliche Unterstützung für Schülerinnen/Schüler und Studierende; die Höhe der Leistungen ist „familienabhängig"; ein Teil der Gelder wird als zinsloses Darlehen vergeben

INFO
Staatliche Transferleistungen
Sammelbegriff für Zuwendungen des Staates an wirtschaftlich Schwächere

12.1 Das Sozialstaatsgebot unserer Verfassung

GLOSSAR

Sozialstaat

INFO

Armuts- und Reichtumsbericht
Seit dem Jahr 2001 legt die Bundesregierung dem Deutschen Bundestag einen Bericht zu Armut, Reichtum sowie den zentralen Lebenslagen in Deutschland vor. [Er hat] das Ziel, die soziale Lage in Deutschland faktengestützt zu begutachten, bestehende Maßnahmen zu überprüfen und neue Handlungsschwerpunkte anzuregen. Hierfür trägt er eine Vielzahl an detaillierten Informationen aus relevanten Bereichen zusammen. Er beschreibt Lebenslagen, Aspekte von Wohlstand und Lebensqualität, aber auch Ungleichheiten bei Teilhabechancen und der Verteilung von Einkommen und Vermögen. [Der aktuellste, sechste Bericht erschien 2021.]

Bundesministerium für Arbeit und Soziales, Berlin 2021; https:// www.armuts-und-reichtumsbericht.de/ DE/Bericht/ Der-sechste-Bericht/ Der-Bericht/ der-bericht.html (Zugriff 08.11.2022)

GLOSSAR

Grundgesetz

Stell dir vor, wir wären alle jung, gesund und fit für eine gute Arbeit. Alle würden ausreichend Geld für Essen, Wohnung, Kleidung, Bildung, Freizeitgestaltung und alle Dinge, die wir eben so brauchen, verdienen. Alle müssten sich nur um sich selbst kümmern. Doch das ist eine Utopie. In unserer Gesellschaft leben Junge und Alte, Menschen, die meistens gesund, und solche, die dauerhaft beeinträchtigt sind. Manchmal haben wir Glück und Erfolg und manchmal eben nicht. Aus diesem Grund übernehmen wir Verantwortung für unsere Mitmenschen. Von unserem Staat wird durch mehrere Grundrechtsartikel soziales Handeln gefordert. Anders jedoch als das Rechtsstaatsprinzip wurde der soziale Auftrag des Staates, das Sozialstaatsgebot, nur an wenigen Stellen des Grundgesetzes im Einzelnen konkretisiert. Der Parlamentarische Rat hat davon abgesehen, ein verbindliches Modell des Sozialstaates vorzuschreiben, da soziale Gerechtigkeit, die zentrale Zielsetzung des Sozialstaates, sich nicht verbindlich definieren lässt. So wurde die Ausgestaltung weitgehend dem Gesetzgeber überlassen.

M1 Aus dem Armuts- und Reichtumsbericht

„In Deutschland ist es seit nunmehr über sechzig Jahren gelungen, wirtschaftliche Dynamik mit wirksamen Teilhabechancen für die große Mehrheit der Bevölkerung zu verbinden. Hierdurch werden sozialer Friede, gesellschaftlicher Zusammenhalt und eine lebendige Demokratie aufgebaut und gesichert. Grundlage hierfür war und ist das Leitbild der Sozialen Marktwirtschaft, das darauf setzt, Wettbewerb und wirtschaftliche Leistung auch immer mit sozialem Ausgleich und ökonomischer und sozialer Teilhabe zu verbinden. Ökonomische und soziale Teilhabe der Bürgerinnen und Bürger ist Ausfluss des im Grundgesetz verankerten Sozialstaatsprinzips."

Aus den Leitlinien der Bundesregierung, Vierter Armuts- und Reichtumsbericht der Bundesregierung, Berlin, März 2013, S. 1 (gekürzt)

M2 Die Grundlagen für das Sozialstaatsgebot im Grundgesetz

Art. 1, Absatz 1 GG
„Die Würde des Menschen ist unantastbar. Sie zu achten und zu schützen ist Verpflichtung aller staatlichen Gewalt."

Art. 20, Absatz 1 GG
„Die Bundesrepublik Deutschland ist ein sozialer und demokratischer Bundesstaat."

Art. 28, Absatz 1 GG
Die verfassungsmäßige Ordnung in den Ländern muss den Grundsätzen des republikanischen und sozialen Rechtsstaates im Sinne des Grundgesetzes entsprechen."

Art. 79, Absatz 3 GG
„Eine Änderung dieses Grundgesetzes, durch welche die Gliederung des Bundes in Länder, die grundsätzliche Mitwirkung der Länder bei der Gesetzgebung oder die in den Artikeln 1 und 20 niedergelegten Grundsätze berührt werden, ist unzulässig."

M3 Sozialer Rechtsstaat

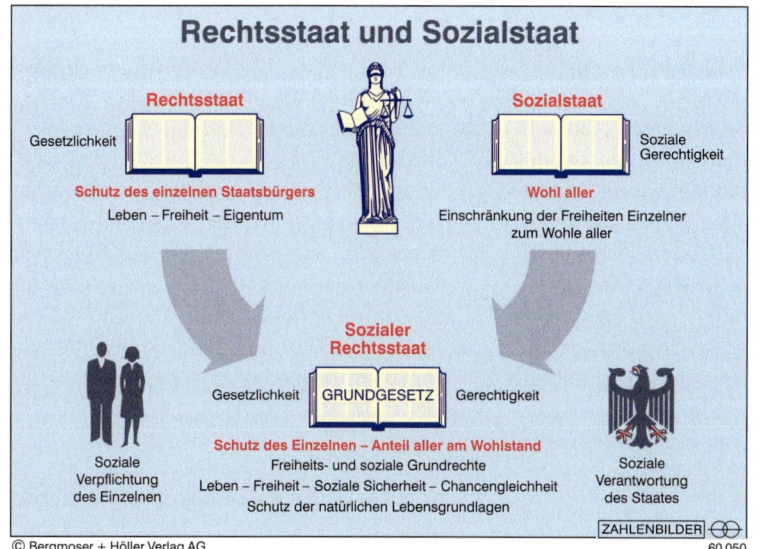

© Bergmoser + Höller Verlag AG
60 050

M4 Urteil des Bundesverfassungsgerichts

Die **Sanktionen gegenüber Hartz-IV-Empfängern sind teilweise verfassungswidrig**. [...] Ja, der Gesetzgeber darf von den Empfängern fordern, dass sie aktiv daran mitwirken,
5 wieder einen Job zu bekommen. Ja, er darf auch Sanktionen aussprechen, wenn Betroffene das nicht tun. Weil es aber um das vom Grundgesetz geschützte Existenzminimum geht, also eine Frage der Menschenwürde,
10 dürfen die Sanktionen nicht zu weit gehen. [...] Kürzungen von 30 Prozent sind unter bestimmten Bedingungen in Ordnung. Kürzungen von 60 oder gar 100 Prozent aber ab sofort nicht mehr.

Frank Bräutigam: Was das Hartz-IV-Urteil bedeutet, tagesschau.de, 05.11.2019, Hamburg; https://www. tagesschau.de/inland/hartz-vier-urteil-105.html (Zugriff 08.11.2022)

M5 Hindernislauf

Zeichnung: Holger Appenzeller

---

1 Nenne wesentliche Betätigungsfelder des Sozialstaates. Nutze dazu sowohl die Auftaktseiten als auch die Materialien M1 bis M5.

2 Erläutere Probleme, die ohne Sozialpolitik auftreten würden.

3 Beschreibe das Sozialstaatsgebot des Grundgesetzes (M2).

4 Bewerte das Urteil des BVerfG (M4). Ist es gerecht?

5 Analysiere die Karikatur M5. Leite daraus Konsequenzen für die Realisierung von Sozialpolitik ab.

BASISKONZEPT

Regeln und Recht

12.2 Unterschiedliche Vorstellungen zur Umsetzung des Sozialstaatsgebotes

Das Sozialstaatspostulat ist anders als z.B. das Prinzip der Rechtsstaatlichkeit ein offenes Prinzip; seine Ausgestaltung wurde weitgehend dem Gesetzgeber überlassen. Die Beantwortung vieler wichtiger Fragen bleibt somit den demokratischen Mehrheiten überlassen: Welche Maßnahmen sollen zur Erreichung dieser Ziele ergriffen werden? In welchem Umfang soll und muss Umverteilung stattfinden? Wie definiert man Sicherung der sozialen Existenz in Deutschland? Was ist soziale Gerechtigkeit?

Experiment: Was bedeutet für mich *soziale Gerechtigkeit*?

- Notiert alle Stichpunkte auf jeweils einem Blatt Papier.

- Bildet einen Sitzkreis und legt die Zettel in die Mitte.
- Jede Teilnehmerin und jeder Teilnehmer hat drei Spielsteine. Legt diese nun auf dem Blatt oder den Blättern ab, auf welchem/ welchen die Merkmale stehen, welche ihr persönlich befürwortet.
- In der Blitzlichtrunde begründen nun alle ihre Wahl. Die Gedanken eurer Mitschülerinnen und Mitschüler bleiben unkommentiert.
- Überlegt nun in Partnerarbeit, welche Merkmale sozialer Gerechtigkeit noch fehlen. Fügt diese Blätter der Reihe nach in den Kreis ein und begründet eure Ergänzung.
- Diskutiert das Ergebnis.
- Alle formulieren nun ihre individuelle Definition für den Begriff *soziale Gerechtigkeit*.

M1 Unterschiedliche Vorstellungen von sozialer Gerechtigkeit

Leistungsgerechtigkeit bedeutet, dass alle in dem Maße vom gesellschaftlichen Wohlstand profitieren sollen, in welchem sie dazu beigetragen haben.

Bedarfsgerechtigkeit herrscht, wenn die Grundbedürfnisse von jedem Gesellschaftsmitglied gedeckt sind, also das soziokulturelle Existenzminimum erreicht ist.

Chancengerechtigkeit erfordert, dass jeder Mensch die Möglichkeit besitzt, die eigene Lebenssituation zu gestalten und zu verbessern. Jedes Gesellschaftsmitglied hat hierbei also die Chance auf Arbeit, Bildung und Aufstieg.

Egalitäre Gerechtigkeit fordert, dass alle Menschen den gleichen Anteil am gesellschaftlichen Reichtum bekommen sollen.

Stefan Hradil (Hg.): Deutsche Verhältnisse: Eine Sozialkunde, Campus, Frankfurt/New York 2013, S. 179 f. (verändert)

INFO
égalité (frz.) – Gleichheit

M2 Auf der Suche nach sozialer Gerechtigkeit

1   Erkläre, welche unterschiedlichen Vorstellungen es zur Umsetzung des Sozialstaatsgebotes gibt. Nutze dazu auch M1.

2   Ordne jedem Gerechtigkeitsbegriff eine Partei zu. Begründe deine Zuordnung anhand der Zielsetzungen der jeweiligen Partei (M2).

3   Erörtert im Rahmen eines Vier-Ecken-Spiels, welche Vorstellung von sozialer Gerechtigkeit als politische Leitlinie für unsere Gesellschaft gelten soll.

BASISKONZEPT
Interessen und Gemeinwohl

QUERVERWEIS
Methode Vier-Ecken-Spiel
S. 420

12.3 Die Aufgaben des Sozialstaates

Der erste Bundeswirtschaftsminister, Ludwig Erhard, setzte 1949 ein entscheidendes politisches Ziel: Wohlstand für alle. Das Sozialstaatsgebot des Grundgesetzes (siehe 12.1) regelt dazu die allgemeinen Rahmenbedingungen. Die Richterinnen und Richter des Bundesverfassungsgerichtes präzisierten diese, indem sie zwei grundsätzliche Aufgaben des deutschen Sozialstaates formulierten, welche für alle staatlichen Organe bindend sind.

M1 Allgemeine Aufgaben des Sozialstaates

Sozialer Ausgleich: Unterschiede zwischen sozial schwachen und sozial starken Personen oder Personengruppen soll der Staat verringern. Das Bundesverfassungsgericht spricht von der Pflicht des Staates, 5 „für einen Ausgleich der sozialen Gegensätze und damit für eine gerechte Sozialordnung zu sorgen."

Soziale Sicherheit: Der Staat soll die Existenzgrundlagen ganz allgemein sichern 10 und möglichst fördern, also unabhängig von der Pflicht zum sozialen Ausgleich Daseinsvorsorge betreiben, beispielsweise durch geeignete Maßnahmen im Bildungs- und Gesundheitswesen, in anderen Bereichen 15 der Sozialpolitik und der Wirtschaftspolitik.

Nach: Hermann Albeck: Ziele und Grundwerte des Sozialstaats, in: Informationen zur politischen Bildung, Neudruck 1992, Heft 215, Bundeszentrale für politische Bildung, Bonn, S. 11 (gekürzt und verändert)

M2 Sozialstaat konkret I

■ **Jan** hat die Schule geschmissen und seit einem halben Jahr ständig Zoff mit dem neuen Freund seiner Mutter. Der spielte sich von Anfang an als Herr im Hause auf und verprügelte sogar die Mutter. Jan suchte vergeblich nach einem Ausweg; seine Mutter entschied sich dafür, weiter in der Beziehung zu leben. Von einem Freund bekam Jan den Tipp, sich an einen Jugendsozialarbeiter der Jugendhilfe zu wenden. Er wohnt jetzt in einer betreuten Wohngruppe und holt den Realschulabschluss nach.

■ **Lea** erhielt die Zusage für einen Ausbildungsplatz. Die Freude darüber währte allerdings nur kurz. Das Ausbildungsunternehmen befindet sich in der 70 km entfernten Kreisstadt, in welche sie umziehen müsste. Das Leben in der Stadt ist teuer und ihre Eltern haben kaum Geld, um sie finanziell zu unterstützen. Lea recherchierte im Netz und fand heraus, dass sie bei der Arbeitsagentur Ausbildungsförderung beantragen kann.

■ **Petra M.** entwickelte während der letzten 25 beiden Monate eine geniale Geschäftsidee. Während dieser Zeit bezog sie Arbeitslosengeld. Zur Existenzgründung benötigte sie allerdings finanzielle Hilfe. Sie legte ihren Businessplan in der Arbeitsagentur 30 vor und erhält nun für neun Monate einen Gründungszuschuss in Höhe von pauschal € 300 zum Arbeitslosengeld. In dieser Zeit kann sie ihr Unternehmen etablieren.

■ **Branko** weist nach einem Unfall eine 35 dauerhafte Leistungsminderung beim Sehen und Gehen auf. Zunächst erscheint es ihm unmöglich, an seiner alten Schule weiter zu lernen. Seine Eltern recherchieren auf der Internetseite „Aktion Mensch" 40 und finden heraus, dass er mit dem sogenannten persönlichen Budget soziale Leistungen einkaufen und bezahlen kann, beispielsweise einen Assistenten für den Schulbesuch. Branko ist erleichtert, dass 45 er nicht die Schule wechseln muss.

Autorentext

M 3 Sozialstaat konkret II

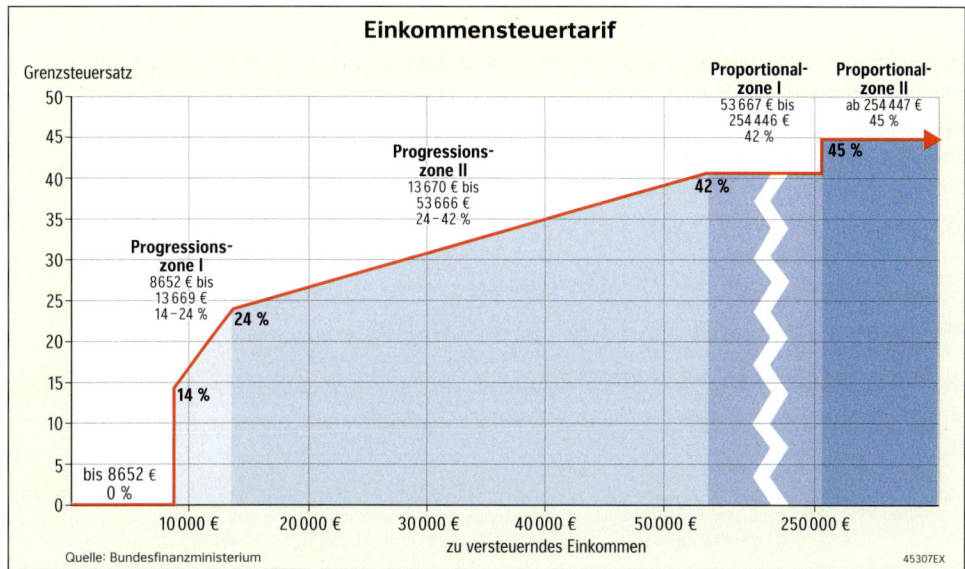

Einkommensteuertarif

Grenzsteuersatz

Proportional-
zone I
53 667 € bis
254 446 €
42 %

Proportional-
zone II
ab 254 447 €
45 %

Progressions-
zone II
13 670 € bis
53 666 €
24–42 %

Progressions-
zone I
8652 € bis
13 669 €
14–24 %

45 %

42 %

24 %

14 %

bis 8652 €
0 %

10 000 € 20 000 € 30 000 € 40 000 € 50 000 € 250 000 €
zu versteuerndes Einkommen

Quelle: Bundesfinanzministerium

45307EX

INFO

1957:
Mit der Rentenreform wurde die Rentenversicherung umgestaltet. Der sogenannte Generationenvertrag löste das bis dato gültige Kapitaldeckungsverfahren durch das Umlageverfahren ab.

1969:
Das Arbeitsförderungsgesetz ergänzte die bislang vorwiegende passive Arbeitsmarktpolitik um die aktive Arbeitsmarktpolitik.

1982–1995:
In der Familienpolitik wurden Leistungserweiterungen beschlossen. Die Pflegeversicherung wurde eingeführt.

2003–2005:
Mit der „Agenda 2010" erfolgten umfassende Reformen des Arbeitsmarktes sowie Reformen bei der Kranken- und Rentenversicherung.

M 4 Das Bürgergeld

Seit dem 1. Januar 2023 gibt es das Bürgergeld. Das Arbeitslosengeld II (Hartz IV) und das Sozialgeld sind abgeschafft. Menschen, die bisher eine von beiden Leistungen erhalten ha
5 ben, bekommen seit Anfang des Jahres das Bürgergeld. Dafür mussten sie nichts unternehmen, die Umstellung passierte automatisch.
Das Bürgergeld ist eine Leistung zur Grundsi
10 cherung für Arbeitssuchende. Es sichert das Existenzminimum ab [...]. Wer arbeitslos, aber erwerbsfähig und hilfebedürftig ist, kann Bürgergeld erhalten [...]. Darüber hinaus können Menschen, deren Einkommen zu niedrig ist,
15 Bürgergeld als aufstockende Leistung beantragen.

Diese Voraussetzungen für den Anspruch auf Bürgergeld müssen Personen darüber hinaus erfüllen:
hauptsächlich in Deutschland leben, älter als 20 15 und jünger als 67 Jahre alt sein, mindestens drei Stunden am Tag arbeiten können, den Lebensunterhalt nicht aus eigenem Einkommen und Vermögen bestreiten können. [...]
Die Regelsätze (jeweils pro Monat): Alleinste 25 hende erhalten 502 Euro, volljährige Partner/ -innen 451 Euro (im Falle einer Bedarfsgemeinschaft von zwei Personen mit Anspruch auf Bürgergeld erhalten beide aktuell jeweils 451 Euro), Kinder von 14 bis 17 Jahren erhalten 30 420 Euro, Kinder von 6 bis 13 Jahren 348 Euro, Kinder unter 6 Jahren 318 Euro. [...]

Bürgergeld – Neue Hilfe für Erwerbslose, Stiftung Warentest online, 01.07.2023, Berlin; https://www.test.de/
Buergergeld-Antrag-Hoehe-Dauer-Kuerzungen-5622052-0/ (Zugriff 03.08.2023; leicht verändert)

1 Erläutere die Aufgaben des Sozialstaates (M 1).
2 Ordne die Beispiele aus M 2 bis M 4 jeweils einer der in M 1 genannten Aufgaben zu. Begründe deine Zuordnung.
3 Arbeite für jede Etappe der Entwicklung des Sozialstaates ein zentrales Merkmal heraus. Stelle das Ergebnis in einem Zeitstrahl dar.
4 Überprüfe folgende These: Die Ausgestaltung unseres Sozialstaates muss permanent an die gesellschaftlichen Verhältnisse angepasst werden.

BASISKONZEPT

Ordnung und Struktur

12.4 Prinzipien der sozialen Sicherung

Das System der sozialen Sicherung in Deutschland lässt sich auf drei grundlegende Kernprinzipien zurückführen: das Versicherungs-, das Versorgungs- und das Fürsorgeprinzip. Jedes dieser Prinzipien wird durch einen spezifischen organisatorischen Aufbau geprägt und unterliegt einer sozialpolitischen Zweckbestimmung.
Die Ausgestaltung der Sozialversicherung unterliegt festen Gestaltungsprinzipien: dem Solidar-, dem Äquivalenz- und dem Subsidiaritätsprinzip.

INFO

Arbeitslosengeld
Es war bis zur Einführung des Bürgergeldes unter der Bezeichnung „Arbeitslosengeld I" bekannt. Die Höhe des Arbeitslosengeldes beträgt 60% (bei Arbeitslosen mit Kindern 67%) des Leistungsentgelts, das auf der Grundlage des Brutto-Arbeitsentgelts der vergangenen 12 Monate berechnet wird. Um Anspruch zu haben, müssen verschiedene Bedingungen erfüllt sein, u. a. muss man in den 30 Monaten vor der Arbeitslosmeldung mindestens 12 Monate lang versicherungspflichtig beschäftigt gewesen sein. Die Anspruchsdauer variiert je nach Alter und Dauer der versicherungspflichtigen Beschäftigung.

M1 Kernprinzipien der sozialen Sicherung

Leistungen nach dem …	Versicherungs-prinzip	Versorgungs-prinzip	Fürsorge-prinzip
durch die …	Sozialversicherung	Staat	Staat
erhalten …	Mitglieder der Sozialversicherung, wenn sie Versicherungsbeiträge gezahlt haben	bestimmte Bevölkerungsgruppen, wenn sie besondere Opfer oder Leistungen für die Gemeinschaft erbracht haben	alle Bürgerinnen und Bürger, wenn sie bedürftig sind
finanziert durch …	Versicherungsbeiträge und Staatszuschüsse	Steuermittel	Steuermittel
Beispiele …	Arbeitslosengeld I (Äquivalenzprinzip) gesetzliche Rentenversicherung (Äquivalenzprinzip) Krankenversicherung (Solidarprinzip)	Kriegsopferversorgung Kindergeld Beamtenversorgung	Bürgergeld Sozialhilfe

L & P / 6013

M2 Gestaltungsprinzipien der Sozialversicherung

Subsidiaritätsprinzip, Solidarprinzip, Äquivalenzprinzip?

Einer für alle – alle für einen
Die Höhe der Beiträge richtet sich nach dem Einkommen. Gemeinsam finanzieren die Versicherten die Versicherungsleistungen. Jeder
5 erwirbt einen Leistungsanspruch für den Fall, dass er einmal zu den Betroffenen gehört. Die Leistungen der Versicherung sind dann unabhängig von der Höhe der eingezahlten Beiträge. So entsteht ein Ausgleich zwischen
10 Kranken und Gesunden, Alten und Jungen.

Zahlst du mehr ein, bekommst du mehr
Dieses Prinzip besagt, dass sich die Höhe der

Leistungen an Dauer und Umfang der Einzahlungen orientiert. Somit wird in gewisser Weise eine Gleichwertigkeit zwischen eingezahlten 15 Beiträgen und Höhe der Leistungen hergestellt.

Selbsthilfe vor staatlicher Hilfe
Dieses Gestaltungsprinzip betont die primäre Eigenverantwortlichkeit des Individuums. Nur wenn die/der Einzelne weder allein noch 20 mithilfe ihrer/seiner Familie in der Lage ist, schwierige Lebenssituationen zu meistern, greift der Sozialstaat unterstützend ein.

Autorentext

M3   System der Sozialversicherung im Überblick (2022)

	Träger und Anspruchsberechtigte	Finanziert durch:	Leistungen
Renten-versicherung *seit 1889*	Deutsche Rentenversicherung; alle Arbeiter, Angestellten, bestimmte Selbstständige, z. B. Handwerker, Künstler	18,6 % des Bruttogehaltes, Arbeitgeber und -nehmer je 9,3 %	Renten u. a. bei Alter und verminderter Erwerbsfähigkeit, Hinterbliebenenrente
Kranken-versicherung *seit 1883*	Gesetzliche Krankenkassen; Arbeiter und Angestellte	14,6 % des Bruttoeinkommens; davon zahlen Arbeitgeber und -nehmer 7,3 %; seit Januar 2019 müssen Arbeitnehmer und Arbeitgeber außerdem den kassenindividuellen Zusatzbeitragssatz je zur Hälfte zahlen.	Behandlungskosten, Hilfsmittel, Krankengeld (70 % des Nettogehaltes, in der Regel nach der sechsten Krankheitswoche)
Arbeitslosen-versicherung *seit 1927*	Arbeiter und Angestellte; Selbstständige können sich freiwillig versichern	2,4 % des Bruttoeinkommens, Arbeitnehmer und -geber je 1,2 %	Unterstützung bei der Integration in den Arbeitsmarkt, Arbeitslosengeld, berufliche Aus- und Fortbildung, Umschulung, Arbeitsvermittlung
Unfall-versicherung *seit 1884*	Alle Arbeitnehmer	Arbeitgeber, Höhe je nach Gefahrenklasse	Unfallverhütung, Unterstützung bei Arbeitsunfällen oder Berufskrankheiten
Pflege-versicherung *seit 1995*	Pflegekassen der Krankenkassen; gesetzlich und privat Krankenversicherte	3,05 % des Bruttoeinkommens; je zur Hälfte vom Arbeitnehmer und -geber*; Beitragszuschlag für Kinderlose: 0,35 %	Je nach Pflegegrad (1 – 5) von 316 € bis 1.995 € für häusliche oder stationäre Pflege

*in Sachsen: Arbeitgeber 1,025 % statt 1,525 %; die Arbeitnehmer haben dafür zusätzlich den Buß- und Bettag frei.

Autorenzusammenstellung

M4   Sozialstaat und private Vorsorge

© Bergmoser + Höller Verlag AG

486 120

1 Erkläre, weshalb Sozialleistungen (M1) nach unterschiedlichen Prinzipien gewährt werden.

2 Ordne den Texten aus M2 die Bezeichnung für das entsprechende Gestaltungsprinzip zu.

3 Charakterisiere die Gestaltungsprinzipien der sozialen Sicherung (M2).

4 Ordne den fünf Zweigen der Sozialversicherung (M3) Prinzipien aus M1 und M2 zu. Begründe deine Wahl.

5 „Junge Leute kümmern sich nicht genug um ihre Rente" (SZ, 10.10.2017). Bewerte diese Forderung nach mehr individueller Vorsorge.

BASISKONZEPT

Ordnung und Struktur

12.5 Das Rentensystem: Solidarität oder Konflikt zwischen den Generationen?

M1 Drei denkbare Generationenverträge

WEBCODE

WES-116987-032

Film: „Einfach erklärt: Demografischer Wandel"

Vertragsentwurf 1

§ 1 Als Angehöriger der noch nicht arbeitenden Generation werde ich von der arbeitenden Generation versorgt.

§ 2 Als Angehöriger der arbeitenden Generation verpflichte ich mich, die noch nicht arbeitende und die nicht mehr arbeitende Generation mitzuversorgen.

§ 3 Als Angehöriger der nicht mehr arbeitenden Generation habe ich einen Rechtsanspruch auf Versorgung im Alter erworben, der sich in Abhängigkeit von meiner Lebensarbeitsdauer und meinem Arbeitseinkommen ergibt.

Vertragsentwurf 2

§ 1 Als Angehöriger der noch nicht arbeitenden Generation werde ich von der arbeitenden Generation versorgt.

§ 2 Als Angehöriger der arbeitenden Generation verpflichte ich mich, die noch nicht arbeitende und die nicht mehr arbeitende Generation mitzuversorgen.

§ 3 Als Angehöriger der nicht mehr arbeitenden Generation habe ich einen Rechtsanspruch auf eine staatliche, steuerfinanzierte Grundrente, die für alle gleich ist.

Vertragsentwurf 3

§ 1 Als Angehöriger der noch nicht arbeitenden Generation werde ich von der arbeitenden Generation versorgt.

§ 2 Als Angehöriger der arbeitenden Generation verpflichte ich mich, die noch nicht arbeitende Generation mitzuversorgen. Für meinen Lebensabend werde ich selbstständig Rücklagen bilden.

§ 3 Als Angehöriger der nicht mehr arbeitenden Generation lebe ich von der Vorsorge, die ich in meiner aktiven Zeit getroffen habe.

Stephan Kurz-Gieseler (Hrsg.): Sozialkunde. Politik in der Sekundarstufe II, Schöningh/Westermann, Braunschweig 2003, S. 15 (verändert)

„... du versäufst grad wieder meine Ausbildung!"

Zeichnung: Horst Haitzinger

M2 Der Generationenvertrag

Niemand hat ihn eigenhändig unterzeichnet und dennoch gilt er für uns alle. Der sogenannte Generationenvertrag ist die Grundlage für die gesetzliche Rentenversicherung. Sein Regelwerk verpflichtet die Generationen, füreinander einzustehen: die Erwerbstätigen für Kinder und Jugendliche und für die Alten, unabhängig davon, ob sie miteinander verwandt sind. Das Rentensystem funktioniert nach dem Grundprinzip, dass die Generation, die im Berufsleben steht, mit ihren Einzahlungen für die Renten der Bürgerinnen und Bürger sorgt, die sich derzeit im Ruhestand befinden. Gleichzeitig erwirbt die erwerbstätige Generation dadurch das Recht, später selbst wieder Rente zu beziehen, die dann von der nächsten

Generation getragen wird. Dieses Finanzierungsmodell wird auch als Umlageverfahren bezeichnet: Die Beiträge der Ver-
20 sicherten werden für die Rentenzahlungen des jeweils nächsten Monats genutzt, das Geld wird umgelagert. Mit der Einführung des Generationenvertrags im Jahr 1957 gelang es, ein Versicherungssystem aufzubauen, welches
25 erstmals einkommens- und beitragsbezogene Lohnersatzleistungen ermöglichte, um den Lebensunterhalt im Alter zu sichern. Neu war auch die regelmäßige Anpassung der Renten: Die Renten orientieren sich seitdem auch an
30 der aktuellen Lohnentwicklung und ermöglichen es den Rentnerinnen und Rentnern, an den Produktivitätsfortschritten der Wirtschaft teilzuhaben.

Autorentext

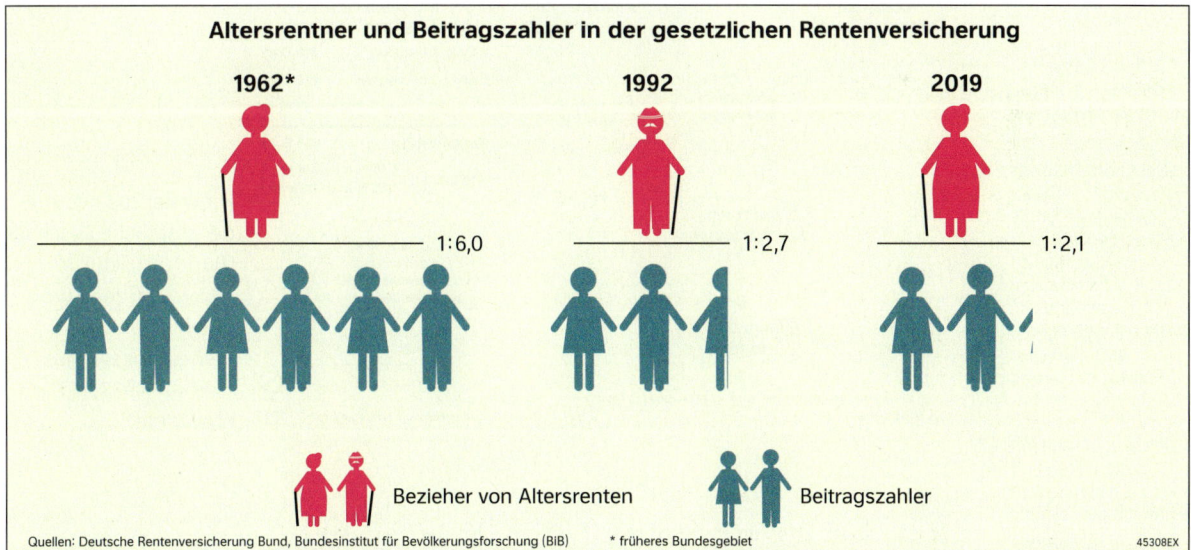

M3 Wie funktioniert unser Rentensystem?

Altersrentner und Beitragszahler in der gesetzlichen Rentenversicherung

1962* 1:6,0
1992 1:2,7
2019 1:2,1

Bezieher von Altersrenten   Beitragszahler

Quellen: Deutsche Rentenversicherung Bund, Bundesinstitut für Bevölkerungsforschung (BiB)   * früheres Bundesgebiet   45308EX

1 Analysiere die Karikatur in M 1.
2 Stimmt zunächst spontan ab: Welchen Vertrag aus M 1 würdet ihr unterschreiben?
3 Erörtert Chancen und Risiken der Vertragsentwürfe aus der Sicht der Generationen (M 1).
4 Stimmt erneut ab. Erörtert mögliche Abweichungen eures Abstimmungsverhaltens.
5 Erklärt anhand von M 2 Begriff und Funktionsweise des Generationenvertrags.
6 Erörtert, welche Voraussetzungen erfüllt sein müssen, damit der Generationenvertrag funktioniert.
7 Überprüfe die These: „Der Generationenvertrag verursacht einen Konflikt der Generationen" (M 2, M 3).

BASISKONZEPT

Regeln und Recht

12.6 Gesetzliche und private Krankenversicherung – ein überlastetes System?

INFO

In den 1880er-Jahren wurde die gesetzliche Krankenversicherung (GKV) in Deutschland eingeführt und zunächst aus drei Kassenarten gebildet: den *Allgemeinen Ortskrankenkassen (AOK)*, den *Betriebskrankenkassen (BKK)* und den *Innungskrankenkassen (IKK)*. Erst in den folgenden Jahrzehnten wurden die *Ersatzkassen* einbezogen. Zu den Ersatzkassen gehören die Techniker Krankenkasse, die BARMER, DAK-Gesundheit, die KKH – Kaufmännische Krankenkasse, die HKK – Handelskrankenkasse und die HEK – Hanseatische Krankenkasse.

Gesundheitsfonds

Sie wurden 2009 als Grundlage für die Bürgerversicherung für alle gesetzlich Krankenversicherten geschaffen. Sie tragen zur gerechten Verteilung der Beitragsmittel und Steuern bei und sorgen dafür, dass auch Krankenkassen mit vielen alten und kranken Mitgliedern wettbewerbsfähig bleiben.

Jede Bürgerin bzw. jeder Bürger kann in eine Notlage geraten. Eine chronische Krankheit oder ein Krankenhausaufenthalt mit Operation würde die finanziellen Ressourcen der meisten Menschen übersteigen. Die gesetzliche Krankenversicherung stellt den ältesten Zweig deutscher Versicherung dar. Sie ist seit 2007 grundsätzlich verpflichtend für alle Personen in Deutschland, welche nicht als versicherungsfrei eingestuft werden bzw. keinen anderweitigen Anspruch auf Absicherung im Krankheitsfall haben. Sie übernimmt im Normalfall die Kosten für medizinische Leistungen im Krankheitsfall, für Krankenhausaufenthalt, Operationen und deren Nachsorge. Als umfassendster Zweig deutscher Versicherungen gilt die Rentenversicherung. Sie deckt insgesamt ca. zwei Drittel aller Altersvorsorgeausgaben in Deutschland ab.

M 1   Finanzierung der gesetzlichen Krankenversicherung

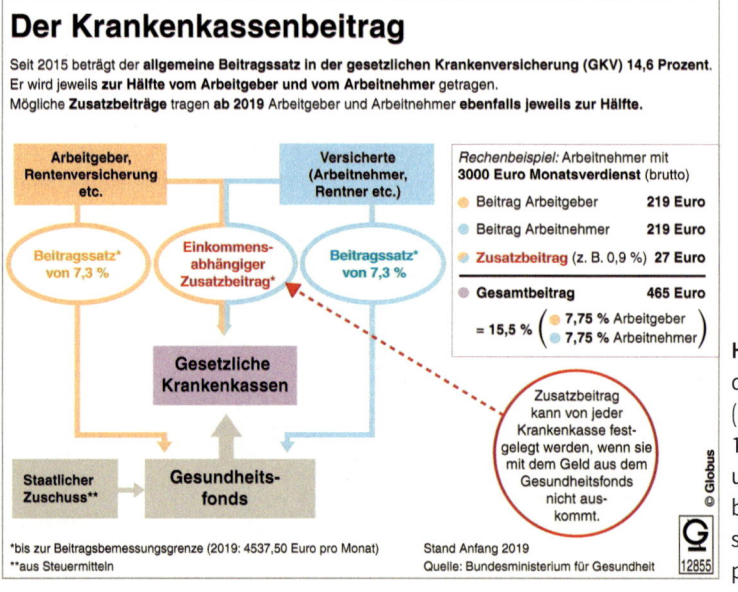

Hinweis: 2023 betrug der staatliche Zuschuss (Bundeszuschuss) 16,5 Milliarden Euro und die Beitragsbemessungsgrenze stieg auf 4987,50 Euro pro Monat.

M 2   Die private Krankenversicherung (PKV)

Wer eine bestimmte Einkommensgrenze überschreitet (2022: 64.350 € brutto pro Jahr), darf sich in Deutschland privat krankenversichern. Viele Selbstständige sowie Beamtinnen
5 und Beamte sind privat versichert, da sie nicht der gesetzlichen Versicherungspflicht unterliegen. Private Krankenversicherungen (PKV) sind privatwirtschaftliche Unternehmen, welche (auch) Krankenversicherungen anbieten.
10 Das Versicherungsverhältnis kommt deshalb, anders als in der gesetzlichen Krankenversicherung, nicht durch ein Gesetz, sondern durch einen privatrechtlichen Vertrag zustande. Nach der Behandlung stellt die Ärztin bzw. der Arzt eine Rechnung, die die Patientin bzw. 15 der Patient zunächst selbst begleichen muss und danach bei der Versicherung einreichen kann. Es gilt, anders als in der GKV, freie Arztwahl. Man entrichtet aber auch Beiträge, die direkt an die Versicherung gezahlt werden. 20 Durch die privatrechtliche Vertragsbasis können Versicherte zwischen sehr verschiedenen

Tarifen und Leistungen wählen, die zum Teil sehr hohe Beiträge bedeuten. Die Beiträge sind einkommensunabhängig, basieren also nicht auf dem Bruttolohn der Versicherten, sondern werden aufgrund von Alter, Beruf, Gesundheitszustand und gewünschter (Zusatz-) Leistung berechnet. Sie beruhen auf dem Prinzip der Leistung und Gegenleistung. Anders als in der gesetzlichen Krankenversicherung zahlt also jede/jeder Versicherte einen Beitrag für die eigene Versorgung auf Basis des persönlichen Risikos und nicht für die Versorgung anderer.

Autorentext

QUERVERWEIS
Die Prinzipien der sozialen Sicherung, S. 302

M3 Was eine Bürgerversicherung bringt – und was nicht

Zwischen einem Menschen und einem Termin in einer deutschen Facharztpraxis steht in Deutschland eine große Hürde, sie heißt: *Wie sind Sie versichert?* Privat oder gesetzlich, das spaltet das Land in privilegierte und weniger privilegierte Patienten, in „Kommen Sie gerne heute Nachmittag vorbei" und „Leider haben wir erst wieder was im März 2023". Ob das wirklich nicht besser geht, ist eine der zentralen Fragen des deutschen Gesundheitssystems – und manche, dazu gehören auch die SPD, die Linken und die Grünen, wollen diesen Missstand mit einer sogenannten Bürgerversicherung beheben: mit einer Krankenversicherung für alle. Aber wäre das wirklich gerechter?

Das arbeitgeberfinanzierte Institut der Deutschen Wirtschaft (IW) hat nachgerechnet, was eine Bürgerversicherung tatsächlich für die Versicherten in Deutschland bedeuten würde. [...] Um die Kosten einer gemeinsamen Versicherung berechnen zu können, haben die Wissenschaftler zunächst verglichen, wie hoch das Erkrankungsrisiko beider Gruppen ist. Dabei zeigt sich, dass im Alter zwischen 20 und 70 Jahren die privat Versicherten deutlich geringere Kosten verursachen als gesetzlich Versicherte. Im höheren Alter gleicht sich das an. Für die Studie hat man das als Indiz für die tatsächlich bessere Gesundheit der privat Versicherten interpretiert. Woran liegt das? Es gebe mehrere Erklärungsansätze, sagt Jochen Pimpertz, der am IW Köln unter anderem zu Krankenversicherung und Verteilungsfragen forscht und einer der Studienautoren ist. Eine Möglichkeit sei, dass vor allem Menschen mit guter Konstitution ein hohes Einkommen erwirtschaften. Wer mit seiner Gesundheit kämpft, könnte es deutlich schwerer haben, überhaupt über die Verdienstgrenze zu kommen, die für einen Beitritt in die private Krankenversicherung notwendig ist. Die andere Möglichkeit wäre, dass die Privaten ihre Versicherten durch bessere Leistungen länger gesund hielten. „Diese Frage ist wissenschaftlich ungeklärt", sagt Pimpertz. Tatsächlich würden bei einem Wechsel aller PKV-Versicherten in die gesetzliche Kasse nun überdurchschnittlich viele ältere Menschen dazukommen, die entsprechend höhere Kosten verursachen. Sie brächten allerdings auch überdurchschnittlich hohe Einkommen und folglich hohe Beiträge mit. Das führt dazu, dass mit dem aktuellen Beitragssatz Überschüsse erwirtschaftet würden – das sieht das System nicht vor, der Kassenbeitrag würde also gesenkt: um einen Prozentpunkt von derzeit 15,6 auf 14,6 Prozent. [...]

Angelika Slavik: Was eine Bürgerversicherung bringt – und was nicht, Süddeutsche Zeitung online, 12.07.2021, München; https://www.sueddeutsche.de/wirtschaft/buergerversicherung-gruene-krankenversicherung-1.5349659 (Zugriff 08.11.2022)

INFO
Die **Bürgerversicherung** ist ein politisches Modell zur möglichen Umgestaltung bzw. Erweiterung der gesetzlichen Krankenversicherung, welches insbesondere die SPD, die Linke und die Grünen favorisieren. Die Kernidee der am häufigsten vorgeschlagenen Version der Bürgerversicherung ist, das duale System zwischen gesetzlicher und privater Krankenversicherung abzuschaffen und alle Bürgerinnen und Bürger zur gesetzlichen Krankenversicherung zu verpflichten.

1 Erkläre die Finanzierung der gesetzlichen Krankenversicherung (M 1).

2 Nenne wesentliche Unterschiede zwischen privater und gesetzlicher Krankenversicherung (M 1 und M 2).

3 Erörtere, ob das aktuelle System durch ein System der Bürgerversicherung (M 3) ersetzt werden sollte.

4 Vergleiche die gesetzliche Krankenversicherung mit der gesetzlichen Rentenversicherung anhand geeigneter Kriterien, z. B. Finanzierung, Anspruchsberechtigte, Gestaltungsprinzipien.

BASISKONZEPT

Interessen und Gemeinwohl

Arbeit mit Bevölkerungsdiagrammen

a) Lebendiges Diagramm

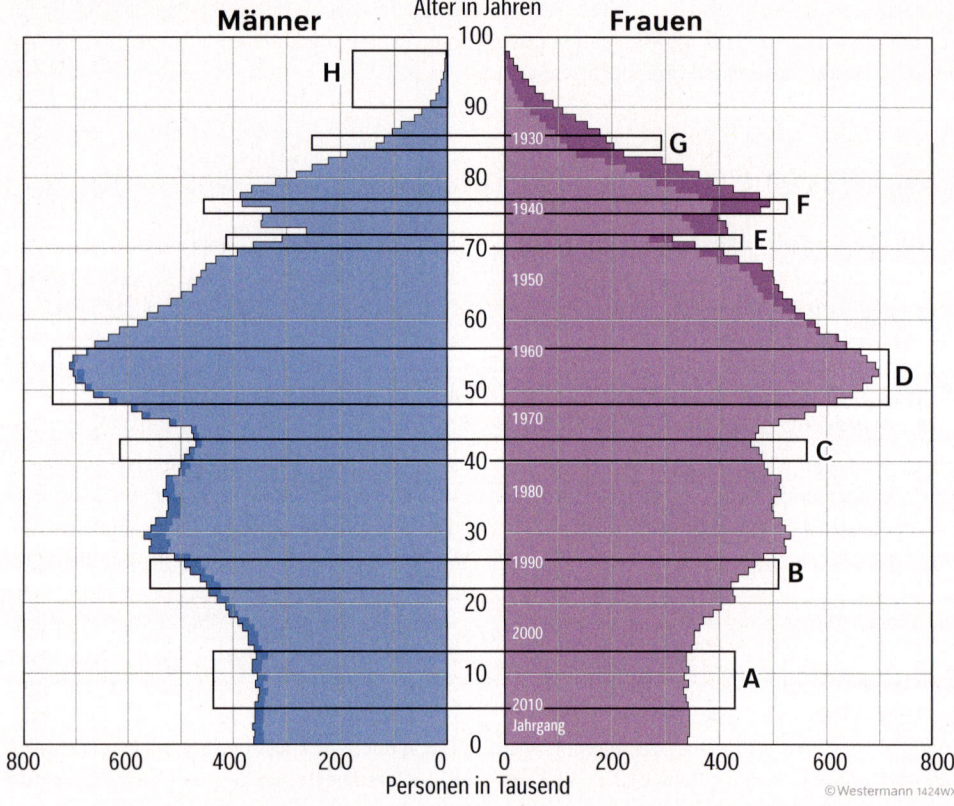

I.   Karsten (35) und Andrea (33) beschließen, dass ihre Familie mit zwei Kindern komplett ist. An-
      drea wird nun die Pille nehmen.

II.   Sandra aus Dresden (25) denkt noch nicht an Kinder. Sie möchte zunächst die neuen Reise-
      möglichkeiten gründlich nutzen.

III. Die Entbindungsstation des Krankenhauses ist so stark frequentiert wie noch niemals zuvor!

IV.   Mütter wurden in diesem Gesellschaftsbild als unterstützender „Kamerad" des Ehemanns zu
      Heldinnen stilisiert. Sie sollten möglichst viele Kinder bekommen; Verhütung wurde extrem
      erschwert.

V.   Bente und Arne leben in einer Fernbeziehung. Arne arbeitet in einem Job, der hohe Flexibilität
      verlangt, Bente absolviert gerade das zweite Praktikum.

VI.   Der Alltag der Menschen ist hart. Sie räumen Trümmer beiseite und bemühen sich, nicht an
      ihren Hunger zu denken.

VII. Die Reichsanstalt für Arbeitsvermittlung und Arbeitslosenversicherung sollte zu dieser Zeit
      6 Mio. Arbeitslose versorgen. Da dies nicht möglich war, erhielten nur 900.000 Arbeitslose
      staatliche Unterstützung.

VIII. Viele Männer fielen im Krieg.

1   Ordne jeder Aussage den entsprechenden Buchstaben aus der grafischen Darstellung
    zur Altersstruktur der deutschen Bevölkerung im Jahr 2016 zu.

2   Erkläre die jeweiligen demografischen Ereignisse.

b) Vergleichende Analyse von Darstellungen zum Bevölkerungsaufbau

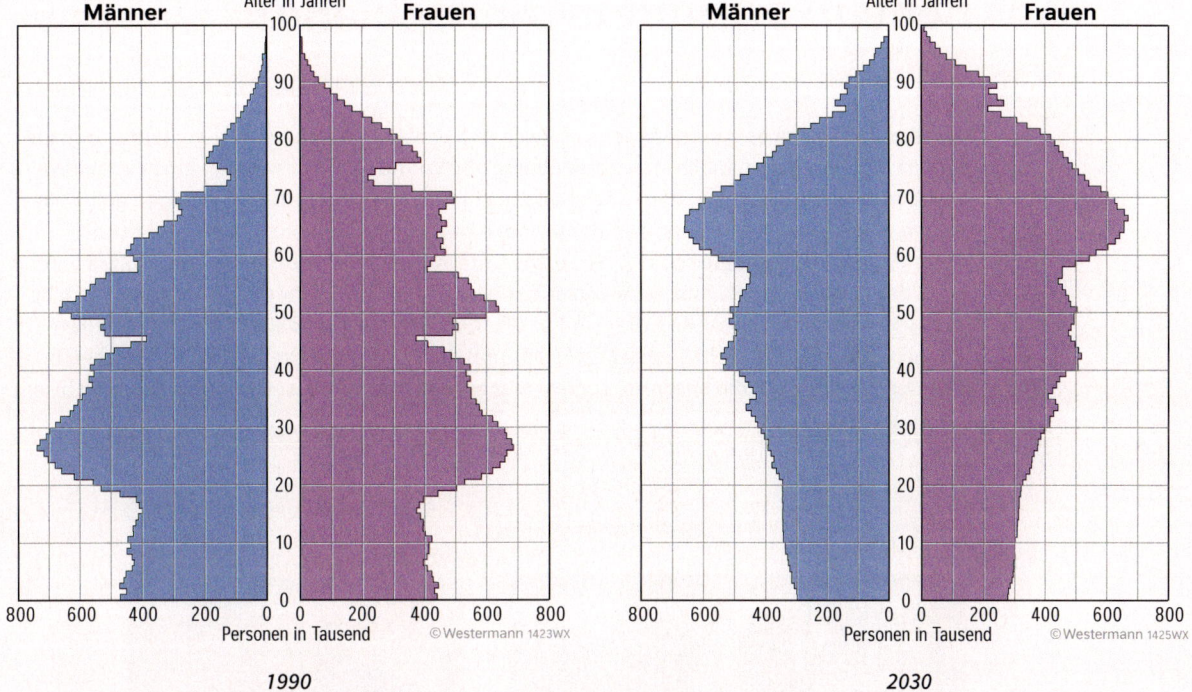

1990   2030

Analysiere alle drei Darstellungen unter Beachtung der folgenden Schritte. Fertige hierfür gegebenenfalls eine Tabelle an.

1. Schritt:
- Allgemeine Angaben: Bevölkerungsgruppe (z. B. Land), Jahr

2. Schritt:
- Betrachtung der verschiedenen Altersgruppen
- Einteilung in Kinder und Jugendliche (0–14 Jahre), erwerbsfähige Personen (15–65 Jahre) und Rentnerinnen/Rentner bzw. Pensionärinnen/Pensionäre (> 65 Jahre), Vergleich der Altersgruppen
- Erkennen und Erklären von Unregelmäßigkeiten in einzelnen Altersgruppen

3. Schritt:
- Betrachtung der männlichen und weiblichen Bevölkerung
- Erkennen und Erklären von Unregelmäßigkeiten (Frauen- bzw. Männerüberschuss)

4. Schritt: Form der Darstellung bestimmen
- Zuordnung einer Grundform: Pyramide, Glocke, Urne, Pilz
- Kennzeichne die Unterschiede in deiner Tabelle.

1. Aufgrund der veränderten Formen der grafischen Darstellungen lassen sich Prognosen zur zukünftigen Bevölkerungsentwicklung ableiten. Beschreibe diese in Form einer These.
2. Erörtert Probleme, die sich durch den demografischen Wandel für die Systeme sozialer Sicherung ergeben.
3. Entwickle Lösungsansätze für benannte Probleme.

12.7 Probleme und Herausforderungen: Was bedeutet Armut in Deutschland?

Zu allen Zeiten gab es innerhalb der Gesellschaft Menschen, welche besser gestellt waren als andere. So verfügen manche Menschen über große Vermögen oder nehmen eine exponierte Position innerhalb ihrer sozialen Beziehungen ein. So sind manche Berufsgruppen angesehener als andere, ist der Einfluss, den Bürgerinnen und Bürger auf Politik und Gesellschaft nehmen können, nicht gleich groß. Wenn die Unterschiede in der Verteilung nun so gravierend sind, dass ein Teil der Bevölkerung von etwas Wichtigem nicht mehr genug hat, dann spricht man von Armut. Doch welche Güter sind so wichtig, dass sie als Indikator für Armut gelten können? Wo wird die Grenze zwischen Armut und Nicht-Armut gezogen? Gibt es Gruppen in unserer Gesellschaft, die besonders von Armut bedroht sind, und welche Auswirkungen bringt dies mit sich?

M 1 Gesichter deutscher Armut

M2 Definitionen von Armut und Einkommen

Absolute Armut bezeichnet ein Leben am Rande des Existenzminimums (existenzielle Armut). Menschen in absoluter Armut haben kaum Zugang zu lebenswichtigen Gütern wie
5 Nahrung und Trinkwasser. In Geld bemessen sind Menschen nach einer Definition der Weltbank „absolut arm", wenn sie von weniger als 1,90 US-Dollar pro Tag leben müssen, das entspricht rund 1,60 Euro. Diese Definition
10 ist in erster Linie auf Entwicklungsländer anwendbar. Absolute Armut ist in Deutschland nahezu ausgeschlossen und beschränkt sich auf Menschen, die trotz großer Bedürftigkeit vorhandene sozialstaatliche Leistungen nicht
15 in Anspruch nehmen.

In relativer Armut leben Menschen, deren Lebensstandard unterhalb des Standards einer Gesellschaft ist. Dies ist die Definition, die für Industrieländer insbesondere von
20 Bedeutung ist. Von relativer Einkommens-armut spricht man, wenn das Einkommen deutlich unter dem mittleren Einkommen liegt. Menschen mit einem Einkommen unter
25 der Armutsrisiko-schwelle können je nachdem, in welcher Art von Wirtschafts- und
30 Sozialsystem sie leben, möglicherweise nur eingeschränkt an Bildung, Gesundheitsleistungen und dem gesellschaftli-
35 chen Leben teilhaben.

Die Armutsrisikoschwelle liegt bei 60 Prozent des mittleren Einkommens. Wer weniger als diesen rechnerischen Wert zur Verfügung hat, gilt in Deutschland als armutsgefährdet.

Das mittlere Einkommen oder Median- 40 **einkommen** liegt genau in der Mitte: Die Zahl der Haushalte mit höheren Einkommen ist genauso groß wie die Zahl derer mit niedrigeren.

Die Armutsrisikoquote misst die relative 45 Armut. Sie gibt also an, wie hoch der Anteil der Menschen ist, die mit ihrem Einkommen unter der Armutsrisikoschwelle liegen.

Wer unter **erheblichem Mangel** leidet, kann sich viele Dinge nicht leisten, die als üblich 50 gelten. Zum Beispiel: die Wohnung ausreichend zu heizen, sich eine Waschmaschine zu kaufen, jährlich in den Urlaub zu fahren oder die Miete zu zahlen.

INFO

Bei der Ermittlung des Durchschnitts-einkommens wird die Summe aller Einkommen durch die Anzahl der Einkommen geteilt.

Mittleres Einkommen oder Medianeinkommen bedeutet, dass es genau in der Mitte liegt: Die Anzahl der niedrigeren Einkommen ist genauso groß wie die Anzahl der höheren Einkommen. Die Personen, denen weniger als 60 Prozent des Medianeinkommens zur Verfügung stehen, gelten in Deutschland als armutsgefährdet.

Nutze auch den Webcode zur Recherche:

WES-116987-033
6. Armuts- und Reichtumsbericht der Bundesregierung

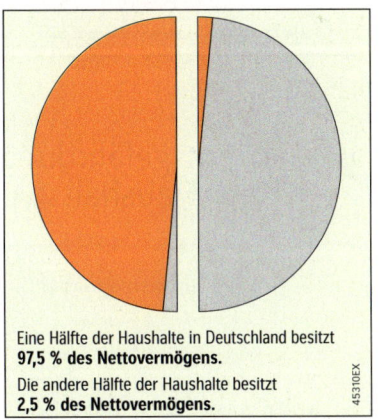

Jedes achte Kind in Deutschland ist armutsgefährdet. Ohne Sozialtransfers wären es 30 Prozent der Minderjährigen!

Eine Hälfte der Haushalte in Deutschland besitzt 97,5 % des Nettovermögens. Die andere Hälfte der Haushalte besitzt 2,5 % des Nettovermögens.

Sozialpolitik: Armut und Reichtum – Ungleiche Verteilung von Vermögen und Einkommen, Herausgeber: BMAS/Klett Mint GmbH, Bonn/Stuttgart; https://www.sozialpolitik.com/armut-und-reichtum (Zugriff 08.11.2022)

1 Beschreibe, ausgehend von M1, Formen der Armut in Deutschland.

2 Arbeite die Begriffe absolute Armut und relative Armut heraus (M2).

3 Ordne den Bildern aus M1 jeweils einen Armutsbegriff zu. Begründe deine Auswahl.

4 Erläutere den Unterschied zwischen Durchschnittseinkommen und Medianeinkommen. Welcher Wert liegt vermutlich höher? (M2 und INFO in der Randspalte)

5 Begründe, weshalb im „Fünften Armuts- und Reichtumsbericht" des Bundesministeriums für Arbeit und Soziales das Konzept der „Lebenslagen in Deutschland" in den Mittelpunkt gestellt wurde.

6 Gestalte ein eigenes Bild, eine Fotografie oder Collage zum Thema „Armut in Deutschland". Oder: Schreibe eine Kurzgeschichte zu einem der Fotos aus M1.

Regeln und Recht

12.8 Armut in Deutschland – ein Problem von Randgruppen?

INFO

Eine Person gilt in der Europäischen Union (EU) als von **Armut oder sozialer Ausgrenzung** bedroht, wenn mindestens eine der folgenden drei Bedingungen zutrifft: Ihr Einkommen liegt unter der Armutsgefährdungsgrenze (beträgt weniger als 60 % des mittleren Einkommens), ihr Haushalt leidet unter erheblicher materieller und sozialer Entbehrung oder sie lebt in einem Haushalt mit sehr geringer Erwerbsbeteiligung (d. h., sie arbeitet nur in sehr geringem Umfang).

M 1 Anteil der von Armut oder sozialer Ausgrenzung bedrohten Bevölkerung in Deutschland 2020/2021

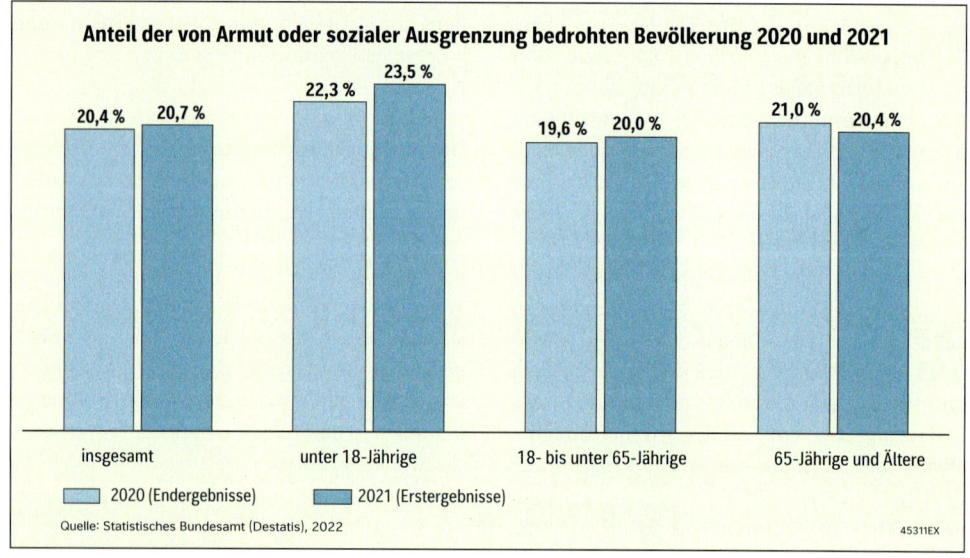

Anteil der von Armut oder sozialer Ausgrenzung bedrohten Bevölkerung 2020 und 2021

	insgesamt	unter 18-Jährige	18- bis unter 65-Jährige	65-Jährige und Ältere
2020 (Endergebnisse)	20,4 %	22,3 %	19,6 %	21,0 %
2021 (Erstergebnisse)	20,7 %	23,5 %	20,0 %	20,4 %

Quelle: Statistisches Bundesamt (Destatis), 2022

45311EX

INFO

Armutsgefährdungsquote
Indikator zur Messung relativer Einkommensarmut; ist definiert als Anteil der Personen mit einem Äquivalenzeinkommen von weniger als 60 Prozent des Bundesmedians der Äquivalenzeinkommen der Bevölkerung in Privathaushalten

Äquivalenzeinkommen
ein auf der Basis des Haushaltsnettoeinkommens berechnetes bedarfsgewichtetes Pro-Kopf-Einkommen je Haushaltsmitglied

M 2 Armutsgefährdungsquote in Deutschland nach Haushaltstyp im Jahr 2020

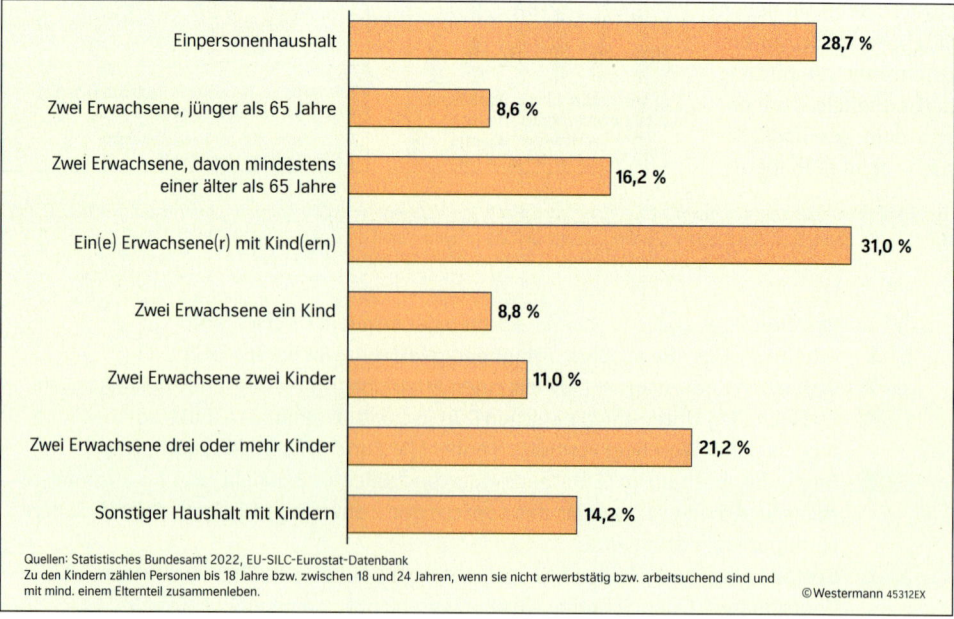

Haushaltstyp	Quote
Einpersonenhaushalt	28,7 %
Zwei Erwachsene, jünger als 65 Jahre	8,6 %
Zwei Erwachsene, davon mindestens einer älter als 65 Jahre	16,2 %
Ein(e) Erwachsene(r) mit Kind(ern)	31,0 %
Zwei Erwachsene ein Kind	8,8 %
Zwei Erwachsene zwei Kinder	11,0 %
Zwei Erwachsene drei oder mehr Kinder	21,2 %
Sonstiger Haushalt mit Kindern	14,2 %

Quellen: Statistisches Bundesamt 2022, EU-SILC-Eurostat-Datenbank
Zu den Kindern zählen Personen bis 18 Jahre bzw. zwischen 18 und 24 Jahren, wenn sie nicht erwerbstätig bzw. arbeitsuchend sind und mit mind. einem Elternteil zusammenleben.

©Westermann 45312EX

M3 Armutsgefährdungsquote in Deutschland
nach Erwerbsstatus 2020 und 2021

	2020	2021
erwerbstätig	8,6 %	8,6 %
nicht erwerbstätig	26,4 %	25,3 %
arbeitslos	49,7 %	47,0 %
im Ruhestand	20,1 %	19,3 %

Quelle: Statistisches Bundesamt (Destatis), 2022

M4 Armutsgefährdungsquote 2021
nach Migrationshintergrund (in Prozent)

	insgesamt	ohne Migrationshintergrund	mit Migrationshintergrund
Bevölkerung in Privathaushalten insgesamt	16,6	12,3	28,1
nach Schulabschluss:			
Hauptschulabschluss	19,8	18,0	27,2
Realschule	12,4	10,3	21,7
Fachhochschulreife	9,9	7,3	18,3
Abitur	12,1	8,8	20,7
kein Abschluss	46,1	40,1	48,3
noch in Ausbildung	20,9	12,1	34,6

Quelle: Statistisches Bundesamt (Destatis), 2022

1 Analysiere die Statistiken in M1 bis M4. Nutze dazu die Methodenseite.
2 Stelle dar, welche Personengruppen in unserer Gesellschaft insbesondere vom Armutsrisiko betroffen sind.
3 Erstelle eine Liste von Ursachen, welche deiner Meinung nach zu Armut führen können.

QUERVERWEIS

Methode Analyse von Statistiken
S. 315

M 5   Risikogruppen aus der Sicht von Karikaturisten

Zeichnungen: Thomas Plaßmann

BASISKONZEPT

Interessen und Gemeinwohl

QUERVERWEIS

Aufbau eines Arguments
S. 315

1   Analysiere die Karikaturen aus M 5. Formuliere die jeweilige Hauptaussage in Form einer These.

2   Erläutere Pro- und Kontra-Argumente für die These: „Armut in Deutschland ist ein Problem von Randgruppen." Nutze dazu die Methodenseite.

3   Erörtert die These auf der Basis eurer Argumente.

12.11 Finanzierung des Sozialstaates

Bevor ein Unternehmen investieren kann, muss es über die Finanzierung nachdenken. Ähnlich verhält es sich mit dem deutschen Sozialstaat. Woher kommt das Geld für die soziale Sicherung, wie veränderte sich das Verhältnis von Einnahmen und Ausgaben in den letzten Jahren?

M 1 Wer finanziert das soziale Netz?

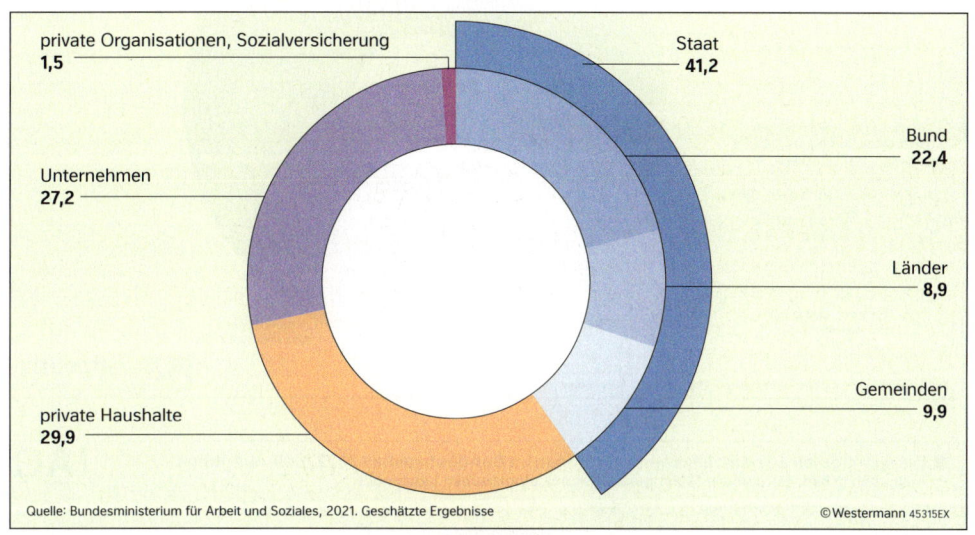

Quelle: Bundesministerium für Arbeit und Soziales, 2021. Geschätzte Ergebnisse
© Westermann 45315EX

M 2 Entwicklung der staatlichen Sozialausgaben

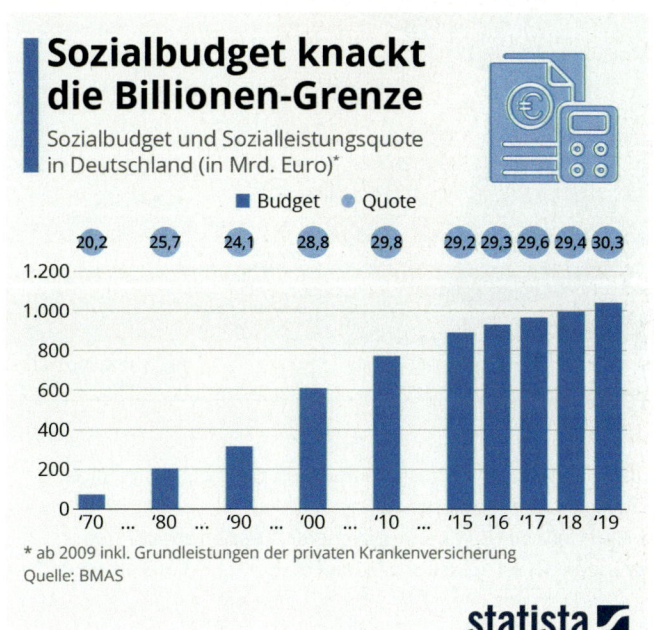

Sozialbudget knackt die Billionen-Grenze
Sozialbudget und Sozialleistungsquote in Deutschland (in Mrd. Euro)*

■ Budget ● Quote

* ab 2009 inkl. Grundleistungen der privaten Krankenversicherung
Quelle: BMAS

statista ◢

INFO

Das **Sozialbudget** ist ein Bericht der Bundesregierung, in dem in bestimmten Zeiträumen die erbrachten sozialen Leistungen und deren Finanzierung dargestellt werden.

Die **Sozialleistungsquote** zeigt den Anteil am Bruttoinlandsprodukt, der für soziale Zwecke verwendet wird. Die Sozialleistungsquote misst den Zusammenhang zwischen den Sozialleistungen und den im gleichen Zeitraum erbrachten gesamtwirtschaftlichen Leistungen (Bruttoinlandsprodukt). Sozialleistungsquoten:
1960: 18,3 %
1980: 25,9 %
2000: 28,8 %
2017: 29,6 %
2020: 33,6 %
2021: 32,5 %

INFO

Herausforderungen
für den Sozialstaat:
https://www.in-die-
zukunft-gedacht.de/
de/page/84/
thema/145/
themen.html

M3   Anteil der Sozialausgaben am Bundeshaushalt 2022

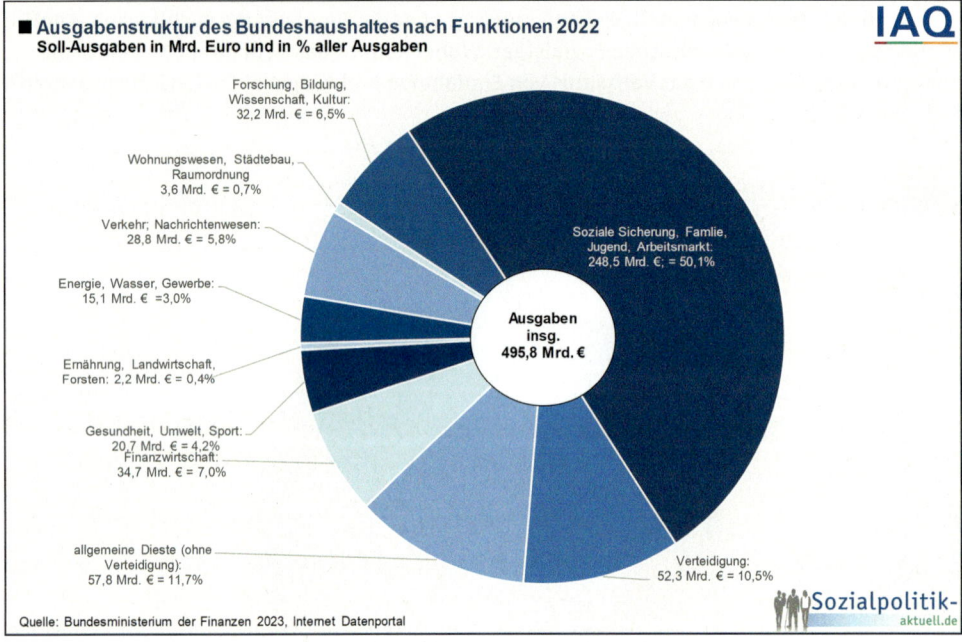

Ausgabenstruktur des Bundeshaushaltes nach Funktionen 2022
Soll-Ausgaben in Mrd. Euro und in % aller Ausgaben

- Forschung, Bildung, Wissenschaft, Kultur: 32,2 Mrd. € = 6,5%
- Wohnungswesen, Städtebau, Raumordnung 3,6 Mrd. € = 0,7%
- Verkehr; Nachrichtenwesen: 28,8 Mrd. € = 5,8%
- Energie, Wasser, Gewerbe: 15,1 Mrd. € =3,0%
- Ernährung, Landwirtschaft, Forsten: 2,2 Mrd. € = 0,4%
- Gesundheit, Umwelt, Sport: 20,7 Mrd. € = 4,2%
- Finanzwirtschaft: 34,7 Mrd. € = 7,0%
- allgemeine Dieste (ohne Verteidigung): 57,8 Mrd. € = 11,7%
- Soziale Sicherung, Famlie, Jugend, Arbeitsmarkt: 248,5 Mrd. €; = 50,1%
- Verteidigung: 52,3 Mrd. € = 10,5%

Ausgaben insg. 495,8 Mrd. €

Quelle: Bundesministerium der Finanzen 2023, Internet Datenportal

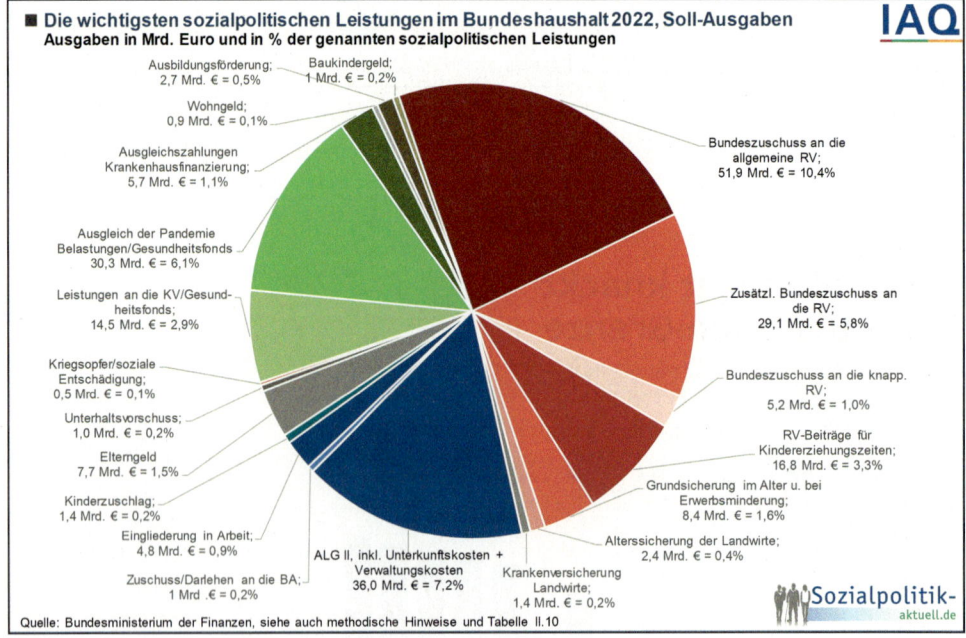

Die wichtigsten sozialpolitischen Leistungen im Bundeshaushalt 2022, Soll-Ausgaben
Ausgaben in Mrd. Euro und in % der genannten sozialpolitischen Leistungen

- Ausbildungsförderung; 2,7 Mrd. € = 0,5%
- Baukindergeld; 1 Mrd. € = 0,2%
- Wohngeld; 0,9 Mrd. € = 0,1%
- Ausgleichszahlungen Krankenhausfinanzierung; 5,7 Mrd. € = 1,1%
- Ausgleich der Pandemie Belastungen/Gesundheitsfonds 30,3 Mrd. € = 6,1%
- Leistungen an die KV/Gesundheitsfonds; 14,5 Mrd. € = 2,9%
- Kriegsopfer/soziale Entschädigung; 0,5 Mrd. € = 0,1%
- Unterhaltsvorschuss; 1,0 Mrd. € = 0,2%
- Elterngeld 7,7 Mrd. € = 1,5%
- Kinderzuschlag; 1,4 Mrd. € = 0,2%
- Eingliederung in Arbeit; 4,8 Mrd. € = 0,9%
- Zuschuss/Darlehen an die BA; 1 Mrd .€ = 0,2%
- ALG II, inkl. Unterkunftskosten + Verwaltungskosten 36,0 Mrd. € = 7,2%
- Krankenversicherung Landwirte; 1,4 Mrd. € = 0,2%
- Bundeszuschuss an die allgemeine RV; 51,9 Mrd. € = 10,4%
- Zusätzl. Bundeszuschuss an die RV; 29,1 Mrd. € = 5,8%
- Bundeszuschuss an die knapp. RV; 5,2 Mrd. € = 1,0%
- RV-Beiträge für Kindererziehungszeiten; 16,8 Mrd. € = 3,3%
- Grundsicherung im Alter u. bei Erwerbsminderung; 8,4 Mrd. € = 1,6%
- Alterssicherung der Landwirte; 2,4 Mrd. € = 0,4%

Quelle: Bundesministerium der Finanzen, siehe auch methodische Hinweise und Tabelle II.10

1 Erkläre die Finanzierung des sozialen Netzes (M 1 und M 3). Leite daraus Voraussetzungen für sein reibungsloses Funktionieren ab.

2 Erläutert mithilfe der Materialien M 2, M 3 und geeigneter Internetadressen, vor welchen Herausforderungen derzeit unser Sozialstaat steht. Geht dabei arbeitsteilig vor.

12.12 Das bedingungslose Grundeinkommen – die Lösung all unserer Probleme?

Das bedingungslose Grundeinkommen galt lange als Utopie idealistischer Sozialvisionäre. Doch mit der Diskussion um sinkende Erwerbstätigkeit durch Digitalisierung und demografischen Wandel kommt das Grundeinkommen wieder ins Spiel. Möglicherweise bietet es eine realistische Lösung für den Sozialstaat der Zukunft. Aber ist das Grundeinkommen wirklich finanzierbar? Wer zahlt am Ende den finanziellen Mehraufwand?

M 1 Müllabfuhr in der Stadt

Zeichnung: Til Mette

M 2 Grundeinkommen in der Schweiz

M 3 1.000 Euro im Monat

Die Finnen haben es gerade erst getestet, in Deutschland steht es schon lange in der Diskussion: ein bedingungsloses Grundeinkommen. Kann es den Sozialstaat fit für die Zu-
5 kunft machen? Jeder bekommt pro Monat 1.000 Euro vom Staat. Ein Grundeinkommen, bedingungslos – egal, wie viel Einkommen oder Vermögen man hat. In repräsentativen Umfragen sind die Meinungen [dazu] geteilt:
10 Die eine Hälfte der Befragten ist dafür, die andere dagegen. Auch die Parteien sind gespalten. In der Union und der FDP gibt es mehr Gegner, bei der Linken und den Grünen mehr Befürworter. Im Ausland hat man das Konzept
15 längst getestet. In den 1970er-Jahren bekamen in Kanada 1.000 Menschen fünf Jahre lang ein Grundeinkommen. Das Ergebnis: Es gab weniger Krankheitsfälle, nur ein Prozent der Teilnehmer gaben ihre Arbeit auf und
20 Schüler verbesserten sich in der Schule, weil die Eltern mehr Zeit zu Hause hatten. Sicherheit und weniger Existenzängste bei den unteren Einkommensschichten durch ein bedingungsloses Grundeinkommen: Eigentlich müsste das doch den Gewerkschaften gefal-
25 len, die sich dafür einsetzen, dass es gerechter zugeht in der Gesellschaft. Der DGB lehnt das Grundeinkommen jedoch strikt ab. „Manche Unternehmer wollen sich aus der Verantwortung stehlen, weniger zahlen, nach dem Mot-
30 to: Was wollt ihr denn, ihr habt doch ein bedingungsloses Grundeinkommen." Doch auch Arbeitgeber sind skeptisch: Die Eigenverantwortung bei der Arbeit werde nachlassen, heißt es. 1.000 Euro pro Monat Grundeinkom-
35 men für jeden Bürger würden rund 990 Milli-

Vertiefe dein Wissen über folgenden Webcode:

WES-116987-035

Bedingungsloses Grundeinkommen

arden Euro kosten. Bezahlt werden müsste das mit den 965,5 Milliarden Euro, die der Staat derzeit für Sozialleistungen ausgibt – für Ren-
40 te, Arbeitslosengeld oder Kindergeld. Doch das reicht nicht. Die Steuern müssten erhöht werden [z. B. auf 50 % des Einkommens]. Die Idee des bedingungslosen Grundeinkommens ist aber keine Spinnerei. Marlene Graßl bereut
45 es nicht, dass sie beim Crowdfunding von

„Mein Grundeinkommen" als glückliche Gewinnerin hervorging. Sie hat sich als Mental-Trainerin und Feng-Shui-Beraterin selbstständig gemacht. Das Grundeinkommen sorgt beim beruflichen Neustart für Sicherheit und 50 ein finanzielles Polster. Die Kritik, viele Menschen würden sich mit dem Grundeinkommen in die Hängematte legen, kann sie nicht teilen: Für sie war es eine Motivation.

Tom Fleckenstein: Bedingungsloses Grundeinkommen: Pro & Contra, br online, 16.11.2018, München; https://www. br.de/nachrichten/wirtschaft/bedingungsloses-grundeinkommen-pro-and-contra,R9Ns6eC (Zugriff 13.03.2019, gekürzt)

M4 Volksabstimmung in der Schweiz

Genügend Geld vom Staat, jeden Monat, ohne Bedingungen? Nur so könne jedem ein würdevolles Leben ermöglicht werden, warben die Befürworter. Aber die Schweizer blieben skeptisch.

5 Die Schweizer haben mit großer Mehrheit die Einführung eines bedingungslosen Grundeinkommens für jeden Einwohner abgelehnt. Bei der weltweit ersten Volksabstimmung zu einem solchen Vorschlag entschieden sich

77 Prozent der Teilnehmer nach Hochrech- 10 nungen des Instituts gfs.Bern dagegen. 23 Prozent stimmten demnach dafür. Die Initiatoren des Referendums sprachen dennoch von einem „sensationellen Erfolg". 23 Prozent Zustimmung seien „deutlich mehr, als wir erwar- 15 tet hatten", sagte Daniel Häni, der Sprecher der Volksinitiative. „Das bedeutet, die Debatte geht weiter, auch international."

Schweizer lehnen Grundeinkommen klar ab – Asylreform angenommen. © dpa/wgr

M5 Bedingungsloses Grundeinkommen in Finnland

Seit Anfang des Jahres [2017] bekommen 2.000 finnische Frauen und Männer jeden Monat 560 Euro von der Sozialversicherungsagentur auf ihr Konto überwiesen. Sie nehmen an einem vielbeachteten 5 *Experiment zum bedingungslosen Grundeinkommen teil. Niemand fragt, was sie mit dem Geld machen – jedenfalls noch nicht.*
[...]

Es ist fast Halbzeit

10 Seit Anfang des Jahres bekommen 2.000 finnische Frauen und Männer jeden Monat 560 Euro auf ihr Konto überwiesen. Den Betrag, der für finnische Verhältnisse nicht üppig ist, schickt ihnen die Sozialversiche-
15 rungsagentur KELA. Die Empfänger sind in keiner Weise rechenschaftspflichtig, was sie

mit diesem Geld machen. Ob sie sich trotz dieses Einkommens Arbeit suchen oder nicht – die KELA fragt nicht nach. Noch nicht. Denn der Versuch dauert zwei Jahre, es ist 20 also fast Halbzeit.
Nach Ablauf des Experiments, Ende 2018, sollen mindestens zwei Fragen beantwortet werden: Ob die Empfänger des bedingungslosen Grundeinkommens gearbeitet und damit zum 25 Steueraufkommen beigetragen haben, also nicht nur Geld empfangen, sondern auch zahlen. Und ob ein bedingungsloses Grundeinkommen die unzähligen Beihilfen derzeit ablösen kann. Die Testpersonen sind zwar 30 nach dem Zufallsprinzip ausgewählt worden, hatten aber eine Gemeinsamkeit: Alle waren arbeitslos. [...]

Sabine Adler: Ein Angebot, das man nicht ablehnen kann, Deutschlandfunk online, 05.10.2017, Köln; https://www. deutschlandfunk.de/bedingungsloses-grundeinkommen-in-finnland-ein-angebot-das-100.html (Zugriff 09.11.2022)

M 6 Positionen zur Idee des bedingungslosen Grundeinkommens (1)

dankegrafik & 123comics GbR

1 Vergleiche die Hauptaussage der Karikatur (M 1) und die Intention der in M 2 abgebildeten Aktion. Leite Vermutungen über die Idee des bedingungslosen Grundeinkommens ab.

2 Stelle wesentliche Inhalte der Konzeption des bedingungslosen Grundeinkommens dar. Nutze M 3 und die angegebenen Internetquellen.

3 Erstelle ein Plakat, auf dem du zeigst, wie du leben würdest, wenn du jeden Monat 1.000 Euro zur Verfügung hättest.

4 Erörtert die Behauptungen aus M 6.

5 Nenne Pro- und Kontra-Argumente für das bedingungslose Grundeinkommen. Nutze dazu auch M 1 bis M 7.

6 Gestalte eine Rede vor dem Deutschen Bundestag, in welcher du die Einführung des bedingungslosen Grundeinkommens empfiehlst oder ablehnst.

BASISKONZEPT

Interessen und Gemeinwohl

QUERVERWEIS

Methode
Eine Rede halten
S. 326f.

| M 7 | Positionen zur Idee des bedingungslosen Grundeinkommens (2) |

Zeichnung: Rudolf Schuppler   Zeichnung: Schwarwel

METHODE   Eine Rede halten

Rede-Vorbereitung

Ideen-Sammlung:
Sammle wesentliche Informationen zu deinem Thema. Konzentriere dich dann insbesondere auf die Fakten und Argumente, die für die Zuhörerinnen und Zuhörer wirkungsvoll sind.

Gliederung:
Ordne die einzelnen Redeteile nun bewusst an. Die Anordnung orientiert sich sowohl an der Sache als auch an den Zuhörenden. Vor allem sollten diese dort abgeholt werden, wo sie stehen.

Sprachgestaltung:
Formuliere deine Rede aus. Suche dabei in Wortwahl, Satzbau und Stil nach der angemessenen Ausdrucksweise. Achte darauf, dass der Inhalt sowohl verständlich als auch wirkungsvoll präsentiert wird.

Merkphase:
Eigne dir nun die Rede an. Als Hilfe dient dir dein Stichwortzettel. Gut einprägen solltest du dir aber Anrede und Einleitung, einzelne Höhepunkte der Rede und den gezielten Schluss-Satz.

Probesprechen:
Beim abschließenden Probesprechen werden Lautstärke, Betonung und Pausentechnik sowie Gestik, Mimik und Haltung geübt. Auch das Ausprobieren der Medien und eine Zeitkontrolle gehören zu dieser letzten Vorbereitungsphase.

Frieden und Menschenrechte

Fluchtrouten über das Mittelmeer

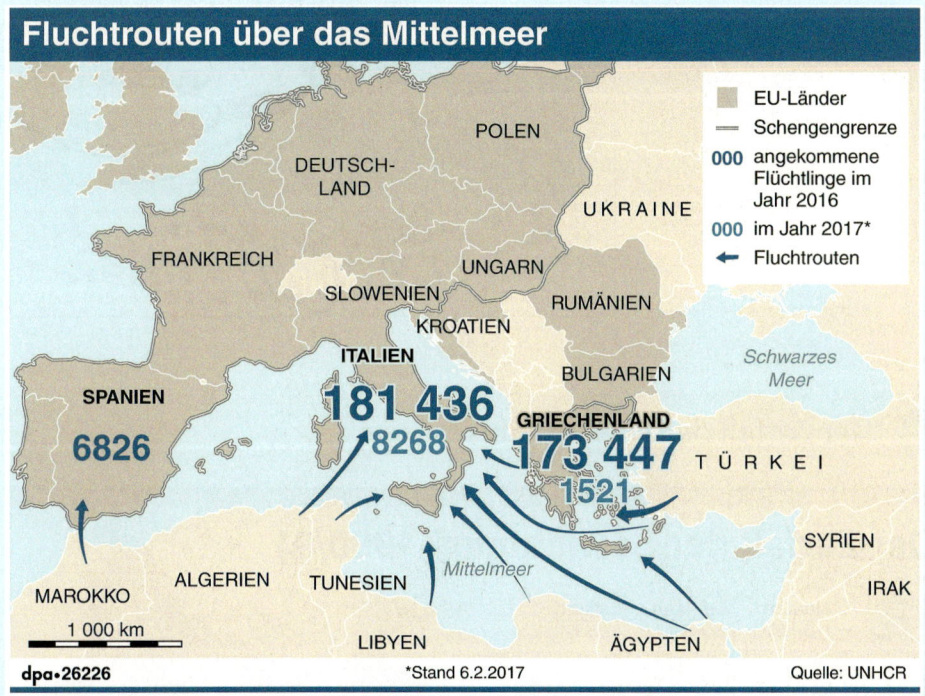

EU-Länder
— Schengengrenze
000 angekommene Flüchtlinge im Jahr 2016
000 im Jahr 2017*
← Fluchtrouten

POLEN

DEUTSCH-LAND

UKRAINE

FRANKREICH

UNGARN

SLOWENIEN

RUMÄNIEN

KROATIEN

ITALIEN

181 436
8268

BULGARIEN

Schwarzes Meer

SPANIEN

GRIECHENLAND

173 447
1521

TÜRKEI

6826

SYRIEN

MAROKKO

ALGERIEN

TUNESIEN

Mittelmeer

IRAK

1 000 km

LIBYEN

ÄGYPTEN

dpa•26226

*Stand 6.2.2017

Quelle: UNHCR

13.1 Der Krieg in der Ukraine – eine Fallanalyse

Der Konflikt zwischen der Ukraine und Russland begann militärisch bereits im Frühjahr 2014 mit der Besetzung (Annexion) der ukrainischen Halbinsel Krim durch russische Streitkräfte. Im Februar 2022 marschierte Russland dann in die Ostukraine ein, seitdem tobt der Krieg zwischen beiden Ländern.

M 1   „Russischer Zupfkuchen"

Zeichnung: Jürgen Tomicek

M 2   Der Zerfall der Sowjetunion

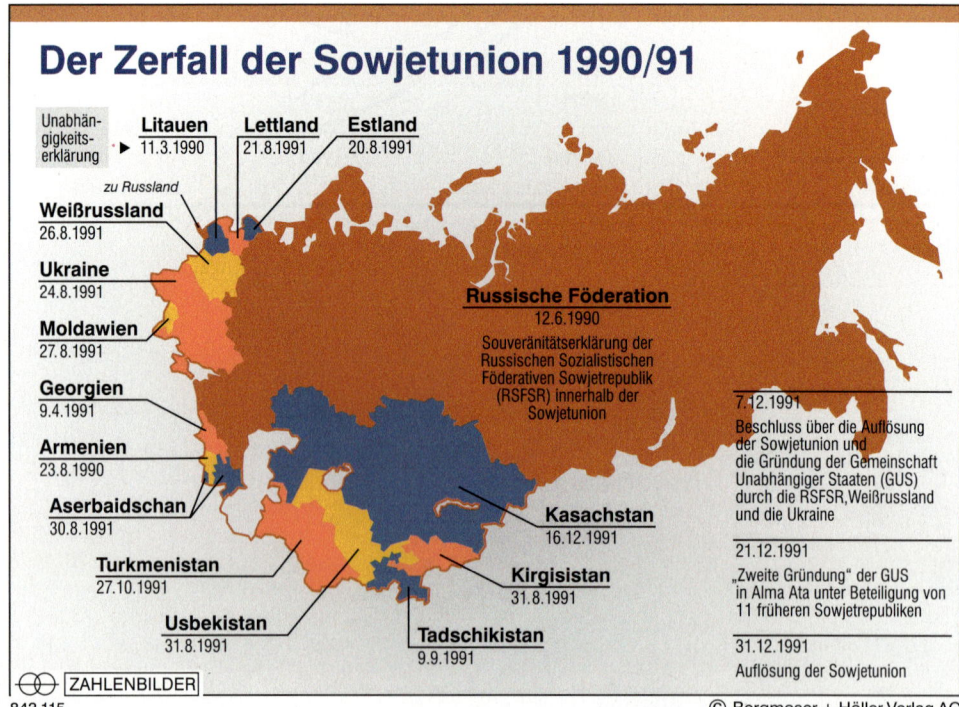

M3 Krieg in der Ukraine: Die historischen Hintergründe

Am 24. Februar 2022 startete Russland einen Großangriff auf die Ukraine. Die Ukraine liegt eingeklemmt zwischen der EU-Ostgrenze (Polen, Slowakei, Ungarn, Rumänien) und
5 Russland. Bis 1991 war die Ukraine eine von 15 Sowjetrepubliken – also ein Teil der damals riesigen Sowjetunion. Seit deren Auflösung sind die ehemaligen Sowjetrepubliken eigene Staaten. Estland, Litauen und Lettland gehö-
10 ren mittlerweile der EU und dem Militärbündnis NATO an – die Ukraine dagegen nicht. Ende Februar – kurz nach Beginn des russischen Angriffskriegs – gab die ukrainische Regierung bekannt, dass sie den Antrag auf EU-Bei-
15 tritt gestellt habe. Dieser wird zurzeit in Brüssel geprüft – mit einer kurzfristigen Zusage ist aber eher nicht zu rechnen. Der Wunsch, EU-Mitglied zu werden, besteht bei einem großen Teil der ukrainischen Bevölkerung schon lan-
20 ge. 2013 kamen hunderttausende Menschen in Kiew zu den Maidan-Protesten zusammen

und forderten einen Anschluss an die EU. Die Polizei schritt gewaltsam gegen die Demonstranten ein. Es entstand eine Massenbewe-
25 gung, bei Protesten im Februar 2014 wurden mehr als 100 Demonstrierende getötet. In der Folge annektierte Russland die zur Ost-Ukraine gehörende Halbinsel Krim im Schwarzen Meer. Dadurch hat Russland völkerrechtliche
30 Verträge gebrochen, in denen die Achtung von Grenzen und die territoriale Integrität festgeschrieben ist.

Der Konflikt zwischen Russland und der Ukraine kommt seither nicht zur Ruhe. In der Nord-
35 ost-Ukraine kämpfen ukrainische Soldaten seit fast acht Jahren gegen die von Russland ausgerüsteten „Separatisten". Um die Städte Donezk und Luhansk herum wurden 2014 zwei international nicht anerkannte „Republiken"
40 ausgerufen. Am 21. Februar 2022, wenige Tage vor seinem Großangriff, hat Russland diese beiden „Republiken" anerkannt.

Nach: wdr.de: Krieg in der Ukraine: Die Hintergründe kurz erklärt, 10.05.2022, Hamburg; https://www.tagesschau.de/inland/regional/nordrheinwestfalen/wdr-story-45255.html (Zugriff 14.11.2022, gekürzt)

INFO

NATO
Die NATO (North Atlantic Treaty Organization) ist das wichtigste sicherheitspolitische Bündnis der Welt und versteht sich auch als Wertegemeinschaft freier demokratischer Staaten. Gegründet wurde sie am 4. April 1949 in Washington von zwölf Staaten, mittlerweile gehören ihr 31 Staaten an (letzter Beitritt im April 2023: Finnland). Wichtigstes Prinzip ist die kollektive Verteidigung: Die Mitgliedstaaten haben vereinbart, sich gegenseitig zu schützen und im Konfliktfall gemeinschaftlich zu reagieren.

M4 Putins Plan im Ukraine-Krieg

Zu Beginn des Ukraine-Krieges gab es noch vage Hoffnungen auf eine Verhandlungslösung. So erklärte sich der ukrainische Präsident Wolodymyr Selenskyj Anfang März bereit,
5 über den Status der Separatistengebiete im Osten des Landes und der von Russland annektierten Halbinsel Krim zu sprechen. Schon damals machte Selenskyj zugleich deutlich, er werde die Unabhängigkeit der selbst ernann-
10 ten „Volksrepubliken" sowie die russische Herrschaft über die Krim nicht anerkennen. Nach 167 Tagen des Krieges, nach den Massakern von Butscha und der Bombardierung von Einkaufszentren und Krankenhäusern klingt
15 der ukrainische Präsident inzwischen deutlich kompromissloser: „Die Krim ist ukrainisch, und wir werden sie niemals aufgeben", sagte Selenskyj in seiner täglichen Videoansprache, nachdem es erstmals seit Kriegsausbruch zu
20 Explosionen auf der Schwarzmeer-Halbinsel gekommen war. „Dieser russische Krieg gegen die Ukraine, gegen das ganze freie Europa, hat

mit der Krim begonnen und muss mit der Krim enden, mit ihrer Befreiung."
Kiew setzt also darauf, den Krieg dank westli-
25 cher Waffenlieferungen gewinnen zu können und die russischen Besatzer zu vertreiben. Aber auch Wladimir Putin ist weiter davon überzeugt, diesen Krieg gewinnen zu können – trotz der anfänglichen militärischen
30 Rückschläge, etwa dem Rückzug aus der Region Kiew. „Im Gegensatz zu den ersten chaotischen Monaten hat Putin jetzt auch einen klaren Plan", erklärt Russland-Expertin Tatiana Stanovaya […]. Die Politologin geht da-
35 von aus, dass Putin sein Ziel aufgegeben hat, die gesamte Ukraine zu erobern, dafür aber die volle Kontrolle über Donezk und Luhansk sowie einen Landkorridor zur Krim sichern will. „Trotz aller gegenteiligen Behauptungen
40 herrscht im Westen die Ansicht vor, die Ukraine könne die von den russischen Truppen besetzten Gebiete sowieso nicht zurückgewinnen. Und der Kreml scheint zu glauben,

INFO

Das Massaker von Butscha
Kriegsverbrechen in einem Vorort Kiews im April 2022, bei dem 485 zivile Opfer von russischen Soldaten gefoltert und zu Tode geknüppelt wurden

45 dass seine Gegner diese Idee früher oder später völlig aufgeben werden." Aber das viel entscheidendere Kriegsziel für Putin sei, Selenskyj zur totalen Kapitulation zu zwingen: Die Regierung müsste zurücktreten und
50 durch eine moskaufreundliche ersetzt werden. Kiew müsste die Zusammenarbeit mit dem Westen beenden, der russischsprachigen Bevölkerung eine dominante Stellung garantieren und ukrainische Nationalhelden kriminalisieren. „Der Kreml erwartet, dass die Ukraine in ein oder zwei Jahren vom Krieg 55 erschöpft ist, nicht mehr normal funktioniert und massiv demoralisiert ist. Dann wären die Voraussetzungen für eine Kapitulation erfüllt", so Stanovaya. [...] 60

Klaus Rimpel: Russland-Expertin erklärt Putins Plan im Ukraine-Krieg: Selenskyj zur totalen Kapitulation zwingen, Merkur.de, 17.08.2022, München; https://www.merkur.de/politik/ukraine-krieg-selenskyj-kapitulation-russland-expertin-putin-plan-91718608.html (Zugriff 14.11.2022)

M 5   Ukraine-Krieg: Wer verfolgt welche Ziele?

INFO

Wladimir Putin
(geb. 7.10.1952),
Präsident Russlands
seit 2012

INFO

**Wolodymyr
Selenskyj**
(geb. 25.1.1978),
Präsident der
Ukraine seit 2019

[...] Seit dem Frühjahr 2021 hatte Russland seine militärische Präsenz entlang der ukrainischen Grenze massiv aufgerüstet. Tausende Soldaten wurden dort stationiert. Russland
5 begründete diesen Schritt mit der Behauptung, die Ukraine plane eine Militäroffensive im Donezkbecken und habe dort ihrerseits Tausende Soldaten zusammengezogen. [...] Der russische Präsident Wladimir Putin hat
10 seine Ziele und Forderungen als Bedingungen für ein Ende des Krieges immer wieder neu formuliert: die Anerkennung der Krim als russisches Territorium, die Anerkennung der Unabhängigkeit der beiden „Volksrepubliken" im
15 Donbass und die Verankerung der Neutralität in der Verfassung der Ukraine. Damit verbunden, so Putins Worte, seien eine „Entnazifizierung" und „Entmilitarisierung" der Ukraine. Seiner Auffassung nach ist die derzeitige
20 Regierung der Ukraine – unter dem jüdischen Präsidenten Wolodymyr Selenski – „faschistisch". [...] Gleichzeitig fordert Russland schon länger, dass das nordatlantische Verteidigungsbündnis NATO sich verpflichten soll,
25 keine weiteren östlichen Staaten aufzunehmen. Die NATO soll außerdem militärische Handlungen auf dem Gebiet der Ukraine und anderer Staaten Osteuropas, des Südkaukasus und in Zentralasien unterlassen. [...]
30 Die Annexion der Krim gilt bei den meisten westlichen Staaten bis heute als völkerrechtswidrig. Die Europäische Union und die USA verhängten damals Sanktionen in Form von Einreiseverboten und Kontensperrungen ge-
35 gen russische und ukrainische Politiker und schränkten den Handel ein. Länder wie die USA und Großbritannien liefern der Ukraine unterdessen weiter Waffen. Die Bundesregierung hat ihre Haltung nach anfänglichem Zögern geändert und schickt ebenfalls schwere 40 Waffen in die Ukraine – darunter auch Kampfpanzer. [...]

Die Bevölkerung der Ukraine ist gespalten: in einen westlich orientierten oder stark nationalistischen und einen pro-russischen Teil. In 45 den ostukrainischen Städten Donezk und Luhansk haben die Menschen bei einem umstrittenen Referendum für die Abspaltung von der Ukraine abgestimmt. Auch bei der Annexion der Krim stimmte eine Mehrheit in einem 50 nicht minder umstrittenen und von vielen Ländern nicht anerkannten Referendum für den Anschluss an Russland. In anderen Landesteilen dagegen gibt es starke anti-russische Bewegungen. Im Osten der Ukraine kommt es 55 seit Jahren zu gewalttätigen Auseinandersetzungen zwischen den beiden Lagern. Besonders um die Städte Luhansk, Odessa, Charkow, Slowjansk und Donezk bekämpften sich ukrainische Militärs und pro-russische Separatis- 60 ten. Der Konflikt hat über Jahre viele Tote und Verletzte gefordert, die Lebensbedingungen der Einwohner in den ostukrainischen Großstädten Luhansk und Donezk haben sich dramatisch verschlechtert. [...]

Im Zuge der Spannungen im Land und der 65 Konflikte mit Russland ist deshalb immer wieder die Rede von der „Verletzung der Völkerrechte". Dabei handelt es sich um eine Rechtsordnung, nach der sich alle Staaten der Welt zu richten haben. Ein wichtiger Bestandteil 70 etwa ist die Menschenrechtserklärung, nach der alle Menschen gleich und frei sind. Basis für die Rechtsordnung ist die Charta der Vereinten Nationen (UN). Der UN gehören 193 Staaten an, darunter auch Russland und die Ukraine. Verstößt ein Staat gegen das Völker-recht, können Sanktionen verhängt werden. Wichtig zu wissen: Staaten, die das Völker-recht anerkennen, ist es verboten, einen anderen Staat mit kriegerischen Mitteln anzugreifen.

wdr.de: Krieg in der Ukraine: Die Hintergründe kurz erklärt, 10.05.2022, Hamburg; https://www.tagesschau.de/inland/regional/nordrheinwestfalen/wdr-story-45255.html (Zugriff 14.11.2022)

QUERVERWEIS

Vereinte Nationen (UN)
S. 340ff. und Glossar

M6 Der Ukraine-Krieg aktuell Ende 2023

Der aktuelle Konflikt reicht weit über die Problematik um die Ukraine hinaus – letztlich geht es um die Neuordnung Europas, möglicherweise sogar der Welt. Teile der seit 1990 bestehenden europäischen Sicherheits- und Friedensordnung werden von der russischen Regierung wieder grundsätzlich infrage gestellt. Der Krieg könnte eventuell auch eine Ausweitung auf NATO-Staaten zur Folge haben, zwar nicht durch eine direkte militärische Unterstützung der Ukraine, aber durch unterstützende Maßnahmen wie z. B. Waffenlieferungen.

Aus dem Konflikt ist nun ein Abnutzungskrieg geworden. Beide Parteien halten an ihren Positionen fest, es scheint keine Basis für einen Frieden auf dem Wege von Verhandlungen zu geben. Die Kämpfe an der Front könnten sich noch lange hinziehen. Ca. acht Millionen Ukrainerinnen und Ukrainer sind bislang in verschiedene europäische Länder geflüchtet, etwa eine Million davon nach Deutschland.

In der Ukraine machen sich allmählich Erschöpfung und Ernüchterung breit, es mehren sich die Stimmen für die sogenannte „Demobilisierung". Die Ehefrauen der Soldaten demonstrieren für eine schnelle Rückkehr ihrer Männer, für die es allerdings kaum Ersatz gibt. Zu Beginn des Krieges gab es viele freiwillige Meldungen, aber nun hat die Motivation stark nachgelassen, für viele zählt nur noch das reine Überleben.

Auch auf russischer Seite gibt es hohe Verluste; im November 2023 wurde mit 931 Toten und Verwundeten pro Tag der vorläufige Höchststand erreicht (Datenquelle: euronews). Dennoch gewinnt Russland allmählich die Oberhand, es verfügt über mehr Waffen (u. a. aus Nordkorea und Iran) und mehr Soldaten und stellt sich schon länger auf einen langen Krieg ein.

Wie geht es weiter mit den Ukraine-Hilfen?
Die bisherige Unterstützung der Ukraine durch den Westen reicht offensichtlich nicht aus. Die internationale Militär- und Finanzhilfe für die Ukraine ist nach Berechnung deutscher Forscher in den vergangenen Monaten stark zurückgegangen, auf den niedrigsten Stand seit Januar 2022 vor der russischen Invasion. Der Westen muss also seine Hilfen verstärken oder aber die Ukraine läuft Gefahr zu verlieren, was gravierende Auswirkungen auf die europäische Sicherheitslage hätte. Der Plan, mit militärischem Druck die Verhandlungsbereitschaft Russlands zu erhöhen, ist bisher nicht aufgegangen. Russland scheint den längeren Atem zu haben und will seine Armee nochmals um 300.000 Kämpfende verstärken. Der Westen muss sich besser darauf einstellen, dass der Krieg länger dauern wird. Sollte Donald Trump erneut US-Präsident werden, könnte er unter Umständen Russland sogar noch ermutigen, weitere angrenzende Länder (z. B. im Baltikum) ins Visier zu nehmen

In den USA lässt die Unterstützung der Ukraine vor allem bei den Republikanern nach. Der US-Senat hat Anfang Dezember 2023 die neuen Sicherheitshilfen (für die Ukraine und Israel) in Höhe von 110,5 Milliarden Dollar blockiert. Präsident Biden hatte im Vorfeld gewarnt, der Preis werde viel höher, wenn man bei einem russischen Angriff auf ein NATO-Land diesem mit Geld und Soldaten helfen müsse; zum anderen gehe es um Abschreckung in Richtung China und Nordkorea.

Autorentext

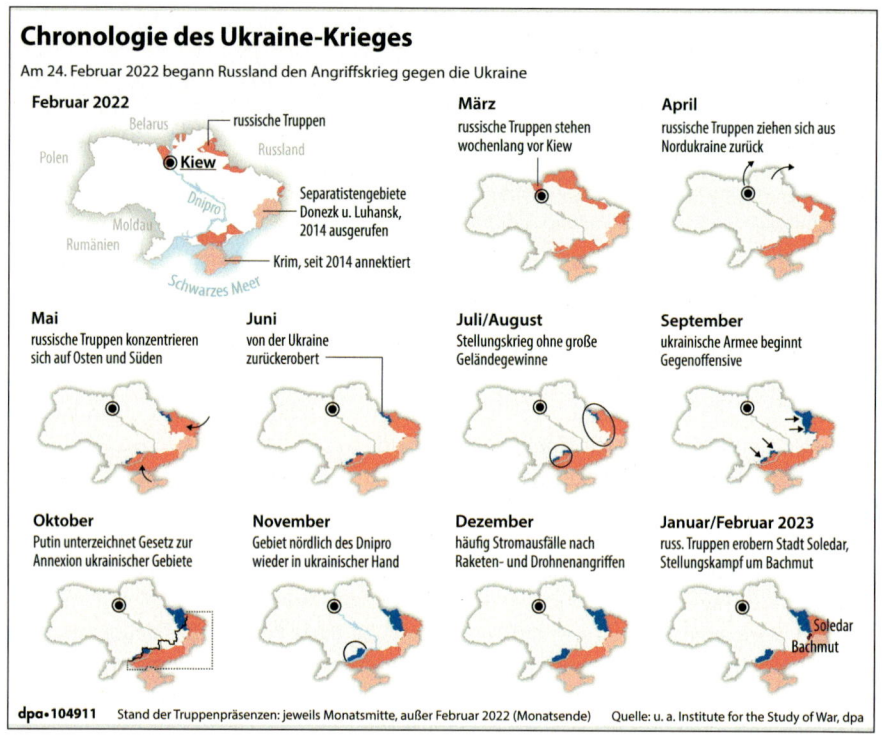

Chronologie des Ukraine-Krieges

Am 24. Februar 2022 begann Russland den Angriffskrieg gegen die Ukraine

Februar 2022 — russische Truppen; Kiew; Russland; Belarus; Polen; Dnipro; Moldau; Rumänien; Separatistengebiete Donezk u. Luhansk, 2014 ausgerufen; Krim, seit 2014 annektiert; Schwarzes Meer

März russische Truppen stehen wochenlang vor Kiew

April russische Truppen ziehen sich aus Nordukraine zurück

Mai russische Truppen konzentrieren sich auf Osten und Süden

Juni von der Ukraine zurückerobert

Juli/August Stellungskrieg ohne große Geländegewinne

September ukrainische Armee beginnt Gegenoffensive

Oktober Putin unterzeichnet Gesetz zur Annexion ukrainischer Gebiete

November Gebiet nördlich des Dnipro wieder in ukrainischer Hand

Dezember häufig Stromausfälle nach Raketen- und Drohnenangriffen

Januar/Februar 2023 russ. Truppen erobern Stadt Soledar, Stellungskampf um Bachmut; Soledar; Bachmut

dpa•104911　Stand der Truppenpräsenzen: jeweils Monatsmitte, außer Februar 2022 (Monatsende)　Quelle: u. a. Institute for the Study of War, dpa

M 7　Russlands Scheinreferenden in besetzten Gebieten

Trotz scharfer internationaler Proteste haben in vier russisch kontrollierten Gebieten in der Ukraine Scheinreferenden zur Annexion begonnen. Abstimmungen über einen Beitritt der Regionen zur Russischen Föderation finden in Donezk und Luhansk im ostukrainischen Donbass sowie in den südukrainischen Regionen Cherson und Saporischschja statt. In der Region Saporischschja wird nur in den Teilen abgestimmt, die von russischen Truppen kontrolliert werden. Die Gebietshauptstadt selbst wird von der Ukraine kontrolliert. Bei den Scheinreferenden werden Bewohner gefragt, ob sie wollten, dass ihre Region Teil von Russland werde. Russland will sich mithilfe des Ergebnisses die Gebiete einverleiben und beruft sich auf das „Selbstbestimmungsrecht der Völker". Weder die Ukraine noch die internationale Gemeinschaft erkennen die Abstimmung unter der Besatzungsmacht Russland an. Es handelt sich um Scheinreferenden, weil sie ohne Zustimmung der Ukraine, unter Kriegsrecht und nicht nach demokratischen Prinzipien ablaufen. Auch eine freie Arbeit internationaler unabhängiger Beobachter ist nicht möglich.

tagesschau.de: Scheinreferenden in besetzten Gebieten gestartet, 23.09.2022, Hamburg; https://www.tagesschau.de/ausland/europa/ukraine-scheinreferenden-103.html (Zugriff 14.11.2022, gekürzt)

1　Analysiere die Karikatur (M 1) unter Einbeziehung der russischen Geschichte (M 2).
2　Erkläre die Hintergründe zum russischen Angriffskrieg auf die Ukraine (M 3).
3　Stelle die Ziele der verschiedenen direkt und indirekt betroffenen Akteure dar (M 4–M 6).
4　Gestalte eine Rede aus Sicht des/der deutschen Botschafter/-in bei der UN-Vollversammlung, in der du die Position Deutschlands darlegst (M 7).

Konfliktanalyse

Bei einer Konfliktanalyse geht es darum, die Ursachen, den Verlauf sowie die Strukturen eines Konfliktes möglichst genau zu erfassen, um dann auf der Grundlage der Analyse zu einem eigenen begründeten Urteil zu gelangen.

1. Vorbereitung

- Zunächst ist es wichtig, sich eine breite Materialbasis zu beschaffen. Dazu gehören z. B.: Auswertung der Berichterstattung in den verschiedenen Medien (Zeitungen, Zeitschriften, Fernsehen, soziale Medien), Recherchen im Internet und in Bibliotheken, Beschaffung von Informationen bei Organisationen (z. B. NGOs) oder Fachleuten.

2. Durchführung

Mögliche Arbeitsschritte	Vorschläge zur konkreten Bearbeitung und Analyse
Konfliktbeschreibung	Wer sind die Konfliktparteien? Worin besteht der Konflikt?
Genese des Konflikts	Wie könnte man den Konflikt historisch erklären? Wie hat sich der Konflikt bislang manifestiert? Welche konfliktträchtigen Aktionen wurden von den Konfliktparteien bisher unternommen und welche Folgen hatten diese?
Interessen	Handelt es sich um territoriale Ansprüche, um Grenzen und Gebiete, geht es vorrangig um Ressourcen, um politisch-ökonomische Interessen von Eliten, um die Ablenkung von inneren Konflikten durch eine aggressive Außenpolitik, um konkrete Bedrohungen u. Ä. m.?
Rechtliche Situation	Wie wird der Konflikt von den Konfliktparteien und der internationalen Gemeinschaft rechtlich bewertet?
Mittel und Ressourcen	Über welche Geldquellen verfügen die Konfliktparteien, wer unterstützt sie auf welche Weise, wer liefert Waffen und bietet politische bzw. ideologische Unterstützung?
Eskalationsstufen	Kann man verschiedene Stadien der Konflikteskalation unterscheiden? Wie hat sich die Gruppe der Konfliktgegner verändert oder erweitert, hat eine Partei Bündnispartner verloren oder gewonnen? Hat die neue Bündniskonstellation die Konfliktmuster verändert oder gar verschärft?
Rolle der internationalen Gemeinschaft	Wann und warum traten andere Staaten im Konflikt auf? Wie hat sich dadurch der Konflikt verändert? Welche Rolle spielt die UNO oder die NATO bei der Konflikteskalation oder -deeskalation?
Kompromisse oder Lösungen	Welche Faktoren tragen dazu bei, dass eine oder mehrere Konfliktparteien auf Kompromisse oder Konfliktlösungen drängen oder zu Verhandlungen bereit sind? Welche Rolle spielen dabei die betroffene Zivilgesellschaft und externe Akteure? Werden Lösungen gefunden, bei denen die Mehrzahl der Konfliktparteien zustimmen kann, oder gibt es „Sieger" und „Besiegte"?

3. Bewertung

- Wie kann der gefundene Kompromiss bewertet werden? Handelt es sich eher um eine vorläufige Zwischenlösung oder um einen dauerhaften Frieden?

1 Analysiere den Konflikt. Nutze dazu das methodische Verfahren der Konfliktanalyse.

13.2 Konzepte des negativen und positiven Friedens

Friedenstaube

Die Friedenstaube, ursprünglich entworfen von Pablo Picasso, ist eines der bekanntesten Friedenssymbole. In der Bibel kündigt eine Taube mit einem Ölzweig im Schnabel Noah an, dass das Wasser der Sintflut zurückgeht und die Erde neu zu leben beginnt. Der Friedensbegriff kommt aus dem Althochdeutschen und bedeutete ursprünglich Schutz, Sicherheit. Seitdem sind im Laufe der Geschichte verschiedene Friedensauffassungen entwickelt worden.

M 1 Was bedeutet Frieden?

M 2 Die Friedensauffassungen von Thomas Hobbes und Immanuel Kant

Thomas Hobbes
(1588 – 1679)
Hobbes geht von einem negativen Menschenbild aus. Für ihn ist
5 der „Mensch des Menschen Wolf". Würde der Staat nicht regulierend
10 eingreifen, würde ein „Kampf aller gegen alle" stattfinden. Er fordert daher die absolute Unterwerfung aller unter die staat-
15 liche Gewalt.
Auch zwischenstaatliche Konflikte können nur durch glaubhafte Abschreckung verhindert werden.

Immanuel Kant
(1724 – 1804)   20
Immanuel Kant sieht für die Menschheit nur die Möglichkeiten einer Friedens-   25
ordnung oder des Verlusts jeglicher Friedenshoffnung. In seiner Schrift „Zum ewigen   30
Frieden" beschreibt er einen positiven Friedensbegriff, der geprägt ist von rechtsstaatlicher Demokratie und dem Entstehen eines Bundes freier Völker.

Autorentext

M3 Vom negativen zum positiven Frieden?

Der norwegische Friedensforscher Johan Galtung hatte bereits in den 1960er-Jahren vorgeschlagen, die bloße Abwesenheit von Krieg lediglich als negativen Frieden zu charakterisieren. Nach seiner Definition besteht negativer Frieden in Gebieten, in welchen zwar Waffenruhe herrscht, doch ungelöste politische, soziale und kulturelle Konflikte schwelen. Positiver Frieden herrscht nach seiner Konzeption erst, wenn die Menschen nicht mehr daran gehindert werden, sich voll zu entfalten. Sie wären somit in der Lage, frei von Diskriminierung und drückender Ungleichheit ihr Leben selbstbestimmt zu gestalten. Positiver Frieden ist eng mit Demokratie und der Verwirklichung der Menschenrechte verbunden. Voraussetzung für die Gestaltung des positiven Friedens ist der moderne Rechtsstaat.

Autorentext

INFO

Johan Galtung (*24. Oktober 1930 in Oslo) ist ein norwegischer Mathematiker, Soziologe und Politologe. Er gilt als Gründungsvater der Friedens- und Konfliktforschung. Das Institut für Friedensforschung (PRIO), das erste Friedensforschungsinstitut Europas, wurde 1959 von ihm gegründet.

M4 Schlagzeilen aus der Presse

Nord- und Südkorea stellen gemeinsames Team für Olympia

Südkorea will bei den Olympischen Winterspielen im heimischen Pyeongchang im Februar mit Nordkorea eine gemeinsame Eishockey-Frauenmannschaft bilden. Den Vorschlag habe die südkoreanische Seite am Dienstag bei den ersten offiziellen Gesprächen mit Nordkorea seit zwei Jahren gemacht, zitierte die nationale Nachrichtenagentur Yonhap am Freitag Vizesportminister Roh Tae Kang. Südkoreas Delegation hatte zudem einen gemeinsamen Einmarsch bei der Eröffnungs- und Schlussfeier der Spiele angeboten.

Südkorea will bei Olympia Frauen-Eishockeyteam mit Nordkorea. © dpa/wgr

WEBCODE

WES-116987-036
Film: „Einfach erklärt: Frieden"

„Journalismus ist kein Verbrechen"

[...] „Die Hälfte aller weltweit inhaftierten Journalisten scheint in der Türkei inhaftiert worden zu sein", stellte am Wochenende Zeid bin Ra'ad Hussein, der Hohe Kommissar für Menschenrechte bei den Vereinten Nationen, fest. „Das bereitet uns Sorgen. Journalismus ist kein Verbrechen. Die Regierung sollte diesem Punkt mehr Aufmerksamkeit widmen." Die nackten Zahlen sollten nachdenklich stimmen: 156 Medienhäuser sind seit dem gescheiterten Putsch im Juli vergangenen Jahres geschlossen worden; 2.500 Medienschaffende verloren ihren Job; rund 150 Journalisten sitzen im Gefängnis. [...]

Reinhard Baumgarten: Journalismus ist kein Verbrechen, in: Deutschlandfunk online, 03.05.2017, Köln; https://www.deutschlandfunk.de/pressefreiheit-in-der-tuerkei-journalismus-ist-kein-100.html (Zugriff 14.11.2022)

WEBCODE

WES-116987-037
Tipps zur Internetrecherche

1 Vervollständige den Comic in M1, indem du einen eigenen Friedensbegriff formulierst.
2 Vergleiche die Konzeptionen des positiven und des negativen Friedens (M2 und M3).
3 Ordne den beiden Situationen aus M4 jeweils einen der beiden Friedensbegriffe zu. Begründe deine Wahl. Recherchiere gegebenenfalls weitere Hintergrundinformationen.
4 Überprüfe die These von Ghandi (S. 330) zum Friedensbegriff.

13.3 Die UN – eine wirksame Organisation zum Schutz von Frieden und Menschenrechten?

Die Vereinten Nationen (engl. United Nations bzw. United Nations Organization) wurden am 26. Juni 1945 gegründet. Ihre Charta trat am 24. Oktober 1945 nach der Ratifizierung durch 51 Staaten in Kraft. Diese Gründungsstaaten verpflichteten sich, den Frieden durch internationale Zusammenarbeit und ein System kollektiver Sicherheit zu erhalten. Der Hauptsitz der UNO ist in New York, außerdem existieren offizielle Sitze in Genf, Wien und Nairobi. Derzeit (Stand Mitte 2023) gehören 193 Staaten den Vereinten Nationen an.

GLOSSAR

Vereinte Nationen

M 1 Ziele und Grundsätze der Vereinten Nationen

Zentrale Prinzipien der UN-Charta

Nationale Souveränität und souveräne Gleichheit aller Mitglieder

Weltfrieden und internationale Sicherheit wahren

Friedliche Schlichtung aller Streitigkeiten

Freundschaftliche Zusammenarbeit

Verzicht auf Gewaltanwendung

Internationale Zusammenarbeit

Lösen von Problemen wirtschaftlicher, sozialer und kultureller Art

Charta der Vereinten Nationen, Inkrafttreten am 24. Oktober 1945

Bundeszentrale für politische Bildung, 2010, www.bpb.de

https://www.bpb.de/themen/internationale-organisationen/vereinte-nationen/48577/ziele-und-grundsaetze-der-vereinten-nationen/

M 2 Die Präambel der Charta der Vereinten Nationen

WIR, DIE VÖLKER DER VEREINTEN NATIONEN – FEST ENTSCHLOSSEN,
- künftige Geschlechter vor der Geißel des Krieges zu bewahren, die zweimal
5 zu unseren Lebzeiten unsagbares Leid über die Menschheit gebracht hat,
- unseren Glauben an die Grundrechte des Menschen, an Würde und Wert der menschlichen Persönlichkeit, an die
10 Gleichberechtigung von Mann und Frau sowie von allen Nationen, ob groß oder klein, erneut zu bekräftigen,

- Bedingungen zu schaffen, unter denen Gerechtigkeit und die Achtung vor den Verpflichtungen aus Verträgen und an- 15 deren Quellen des Völkerrechts gewahrt werden können,
- den sozialen Fortschritt und einen besseren Lebensstandard in größerer Freiheit zu fördern, 20

UND FÜR DIESE ZWECKE
- Duldsamkeit zu üben und als gute Nachbarn in Frieden miteinander zu leben,

25 – unsere Kräfte zu vereinen, um den Weltfrieden und die internationale Sicherheit zu wahren,
– Grundsätze anzunehmen und Verfahren einzuführen, die gewährleisten,
dass Waffengewalt nur noch im gemein-
30 samen Interesse angewendet wird, und
– internationale Einrichtungen in Anspruch zu nehmen, um den wirtschaftlichen und sozialen Fortschritt aller Völker zu fördern,

HABEN BESCHLOSSEN, IN UNSEREM 35
BEMÜHEN UM DIE ERREICHUNG DIESER
ZIELE ZUSAMMENZUWIRKEN.
Dementsprechend haben unsere Regierungen durch ihre in der Stadt San Francisco versammelten Vertreter, deren 40
Vollmachten vorgelegt und in guter und
gehöriger Form befunden wurden, diese
Charta der Vereinten Nationen angenommen und errichten hiermit eine internationale Organisation, die den Namen „Ver- 45
einte Nationen" führen soll.

M3 ## UNO-Friedenseinsätze: Hoffnung und Desaster

DAS VERSAGEN HAT EINEN NAMEN: SREBRENICA.

Als im Juni 1995 Serben die ostbosnische
Stadt eroberten und begannen, muslimische
Männer und Jungen von ihren Frauen zu
trennen und abzutransportieren, schauten
5 die dort stationierten niederländischen Soldaten und Offiziere der Uno-Schutztruppe
weitgehend tatenlos zu. Die Selektion von
Srebrenica, das zur Schutzzone erklärt worden war, endete mit einer Massenhinrich-
10 tung. 8.000 muslimische Männer wurden
bestialisch ermordet. [...]

Marion Kraske: Hoffnung und Desaster, in: SPIEGEL
online, 10.12.2001, Hamburg; https://www.spiegel.de/
politik/ausland/uno-friedenseinsaetze-hoffnung-
und-desaster-a-171640.html (Zugriff 14.11.2022)

Der UN-Einsatz in Liberia startete 2003

... und sollte dem von Bürgerkriegen und Gewalt gegenüber Frauen erschütterten Land
zu Stabilität verhelfen. Mit der UN-Friedens-
15 mission konnte Schritt für Schritt humanitäre Hilfe geleistet und eine stabile politische
Lage geschaffen werden. [...] Die Sicherheits-
verantwortung wurde 2016 an die liberiani-

sche Regierung übergeben und gleichzeitig
der langsame Abzug der UN-Friedenstruppen besiegelt. 20

Hoffnung in Timor-Leste

Zwischen 1999 und 2013 wurden mit kurzen Unterbrechungen insgesamt fünf UN-
Einsätze in dem zu Beginn von Indonesien
annektierten Land verabschiedet. Die erste Mission diente der Durchsetzung einer 25
Volksabstimmung zur Unabhängigkeit
von Osttimor, die 2002 offiziell bestätigt
wurde. In den Folgejahren kam es jedoch
immer wieder zu gewaltsamen Auseinan- 30
dersetzungen im Land und Spannungen
innerhalb des neu aufgebauten Militärs.
Mit der bis heute letzten UN-Mission im
Inselstaat konnte der Grundstein für Re-
gierungsinstitutionen, Rechtswesen und 35
Parlament gelegt werden. Die letzten
Blauhelme verließen 2013 das Land.

Kabel Eins Doku online: Die Vereinten Nationen: Das
sind die wichtigsten UN-Einsätze, Unterföhring;
https://www.kabeleinsdoku.de/themen/geschichte/
die-vereinten-nationen-das-sind-die-wichtigsten-un-
einsaetze (Zugriff 14.11.2022)

Aktivisten erinnern
vor dem Branden-
burger Tor an
Srebrenica

QUERVERWEIS
Intervention
in Libyen,
S. 350 f.

---

1 Ein wichtiges Ziel der UNO ist die Bewahrung des Weltfriedens. Arbeite anhand der
Präambel heraus, wie die UNO Frieden definiert. Beziehe dein Wissen zu den verschiedenen Konzeptionen von Frieden ein (M2).

2 Erörtere anhand von M3 die These: „Die Vereinten Nationen sind eine wirksame
Organisation zum Schutz von Frieden und Sicherheit."

3 Erstelle eine Liste von Voraussetzungen, welche deiner Meinung nach für eine
erfolgreiche Mission erfüllt sein müssen.

13.4 Wie funktionieren die UN?

M 1 Überblick über die Struktur der UNO

© Westermann 45316EX

Das System der Vereinten Nationen

Sicherheitsrat	Sekretariat	Internationaler Gerichtshof
5 ständige Mitglieder 10 nichtständige Mitglieder	Generalsekretär	15 Richter

Ständiger Militärausschuss

Friedenstruppen

Abrüstungskommission

GENERAL-VERSAMMLUNG

Wirtschafts- und Sozialrat
(ECOSOC)

Fachkommissionen

Ständige Hilfsorganisationen
(Auswahl)

1	UNITAR	(Ausbildung)
1	UNICEF	(Kinderhilfswerk)
2	UNCTAD	(Handel)
3	WFC	(Welternährungsrat)
4	UNEP	(Umwelt)
5	UNRWA	(Palästinaflüchtlinge)
6	UNU	(UN-Universität)
7	INSTRAW	(Forschung)

Sonderorganisationen
(Auswahl)

8	UNESCO	(Bildung, Kultur)
2	ILO	(Arbeitsorganisation)
3	FAO	(Ernährungsorganisation)
9	IMF	(Intern. Währungsfonds)
2	WHO	(Weltgesundheitsorganisation)

Treuhandrat
Die 5 ständigen Mitglieder des Sicherheitsrates

Sitz in

1 New York	4 Nairobi	7 Santo Domingo
2 Genf	5 Wien	8 Paris
3 Rom	6 Tokio	9 Washington

M 2 Die Generalversammlung der UN

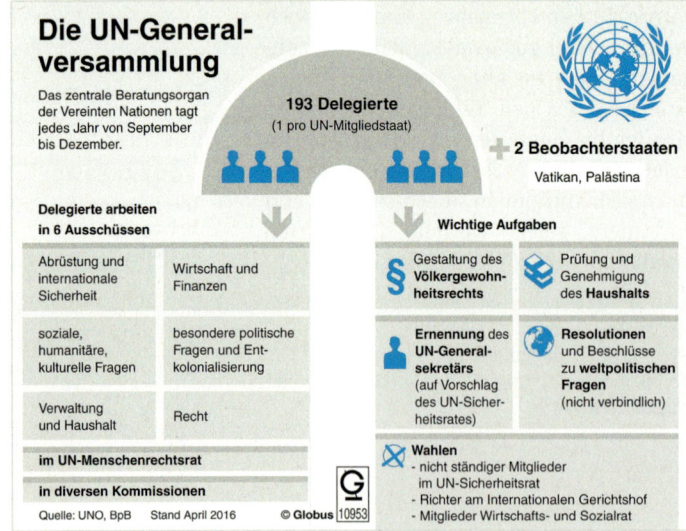

Die UN-Generalversammlung

Das zentrale Beratungsorgan der Vereinten Nationen tagt jedes Jahr von September bis Dezember.

193 Delegierte
(1 pro UN-Mitgliedstaat)

+ 2 Beobachterstaaten
Vatikan, Palästina

Delegierte arbeiten in 6 Ausschüssen

Abrüstung und internationale Sicherheit	Wirtschaft und Finanzen
soziale, humanitäre, kulturelle Fragen	besondere politische Fragen und Entkolonialisierung
Verwaltung und Haushalt	Recht

im UN-Menschenrechtsrat

in diversen Kommissionen

Quelle: UNO, BpB   Stand April 2016   © Globus 10953

Wichtige Aufgaben

§ Gestaltung des Völkergewohnheitsrechts

Prüfung und Genehmigung des Haushalts

Ernennung des UN-Generalsekretärs (auf Vorschlag des UN-Sicherheitsrates)

Resolutionen und Beschlüsse zu weltpolitischen Fragen (nicht verbindlich)

✕ Wahlen
- nicht ständiger Mitglieder im UN-Sicherheitsrat
- Richter am Internationalen Gerichtshof
- Mitglieder Wirtschafts- und Sozialrat

Das zentrale Beratungsorgan der UN ist die Generalversammlung. Sie genehmigt den Haushalt, ernennt den/die UN-Generalsekretär/-in und entscheidet über die Besetzung von zentralen Ämtern.

Jeder Mitgliedsstaat hat eine Stimme in der Generalversammlung, unabhängig von seiner Einwohnerzahl, Wirtschaftskraft oder der militärischen Stärke. Um die Arbeit zu strukturieren, hat die Generalversammlung zahlreiche Unterorgane. 10

Die UN-Generalversammlung beschäftigt sich mit allen weltpolitischen Fragestellungen, die unter die UN-Charta fallen – sofern diese nicht bereits im Sicherheitsrat behandelt werden. 15 Neben der Gestaltung des Völkergewohnheitsrechts sind die wichtigsten Aufgaben der UN-Generalversammlung die Prüfung und Genehmigung des Haushalts inklusive Festlegung der Beitragsquoten, die Ernennung des 20 UN-Generalsekretärs bzw. der UN-Generalsekretärin (auf Vorschlag des Sicherheitsrats) und die Wahl der nicht ständigen Mitglieder des Sicherheitsrats. Außerdem wählt die Generalversammlung die Richter/-innen des Internationalen Gerichtshofs. Die Generalversammlung tagt regulär einmal pro Jahr. Bei 25 aktuellen Ereignissen – wie zwischenstaatli-

chen Konflikten oder humanitären Katastro-
30 phen – tagt die Generalversammlung außerordentlich. Sie kann allerdings nur Empfehlungen
aussprechen, sie hat keine ausführende Ge-

walt. Ihre Resolutionen sind für die Mitgliedsstaaten nicht verbindlich.

Autorentext

M3 Sekretariat und Generalsekretär der UN

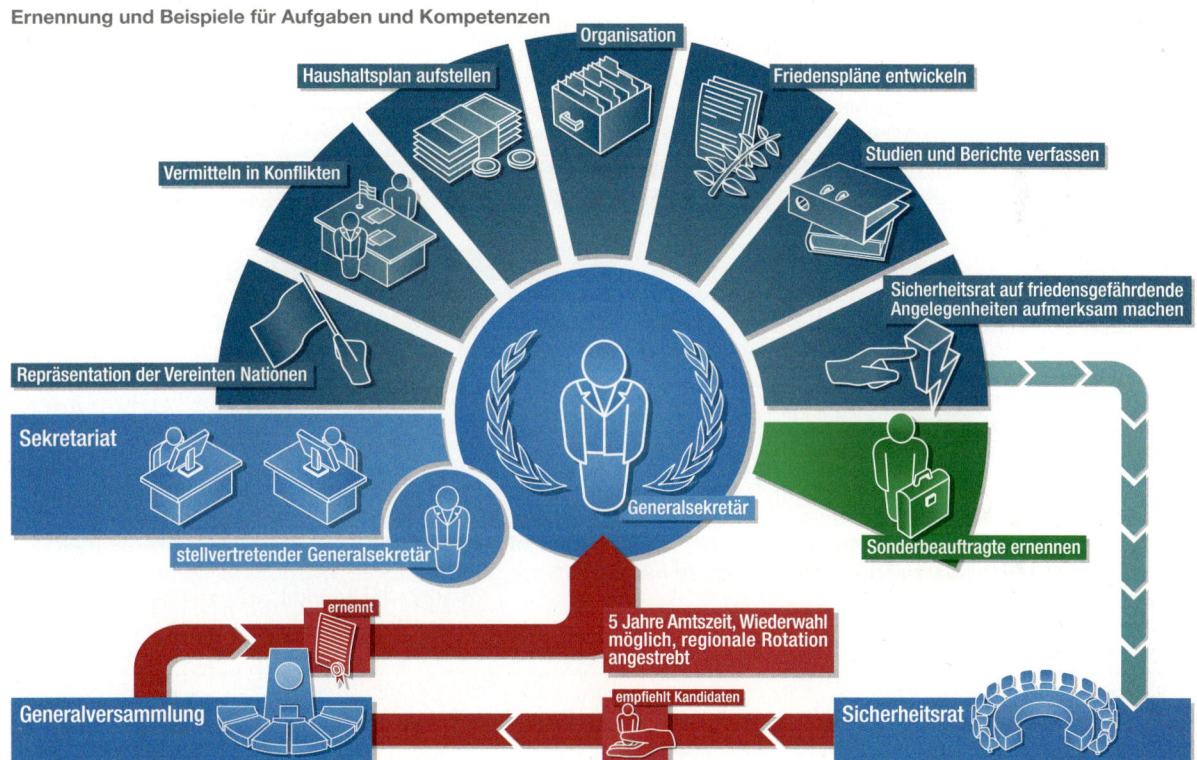

Sekretariat und Generalsekretär der Vereinten Nationen

Ernennung und Beispiele für Aufgaben und Kompetenzen

- Haushaltsplan aufstellen
- Organisation
- Friedenspläne entwickeln
- Vermitteln in Konflikten
- Studien und Berichte verfassen
- Repräsentation der Vereinten Nationen
- Sicherheitsrat auf friedensgefährdende Angelegenheiten aufmerksam machen
- Sekretariat
- Generalsekretär
- stellvertretender Generalsekretär
- Sonderbeauftragte ernennen
- ernennt
- 5 Jahre Amtszeit, Wiederwahl möglich, regionale Rotation angestrebt
- Generalversammlung
- empfiehlt Kandidaten
- Sicherheitsrat

Bundeszentrale für politische Bildung, 2010, www.bpb.de
https://www.bpb.de/themen/internationale-organisationen/vereinte-nationen/48589/generalsekretaer-der-vereinten-nationen/

Wenn die UNO das „Gewissen der Welt" ist, ist
der UNO-Generalsekretär sozusagen der „Anwalt des Weltgewissens." Er ist in der Weltöf-
fentlichkeit präsent, die UNO wird oft mit ihm
5 identifiziert. Er ist der oberste Verwaltungsbe-
amte der Vereinten Nationen (VN), bei dem alle
Fäden im UNO-System zusammenlaufen. Im
Sekretariat wird die Arbeit der einzelnen Organe und Gremien vorbereitet und deren Umset-
10 zung der Programme in die Wege geleitet.

*Natalie Muntermann: Die UNO-Generalsekretäre,
planet-wissen.de, WDR, 18.08.2015, Köln; https://www.
planet-wissen.de/gesellschaft/organisationen/uno_
zwischen_macht_und_ohnmacht/pwiedieunogeneral-
sekretaere100.html (Zugriff 22.06.2018)*

Der Generalsekretär ist der ranghöchste
Vertreter der UNO. Er wird für jeweils fünf
Jahre von der Generalversammlung gewählt.
Meist wird der Generalsekretär nicht aus
dem Kreis der ständigen Mitgliedsstaaten 15
gewählt. [...]
Der Generalsekretär führt die laufenden Geschäfte, hat eine starke Position in der UNO
und in der internationalen Politik, hat aber
kein Stimmrecht.   20

*Bayerischer Rundfunk: Telekolleg Politik und
Gesellschaft – 11. Folge: Die UNO-Organe, 14.03.2020,
München; https://www.br.de/telekolleg/faecher/
sozialkunde/telekolleg-sozialkunde-11-uno-102.html,
(Zugriff 15.11.2022)*

António Guterres
UN-Generalsekretär
seit 1. Januar 2017

M 4   Internationaler Gerichtshof

Hauptrechtsprechungsorgan der Vereinten Nationen ist der Internationale Gerichtshof mit Sitz in Den Haag. Er ist zuständig für Streitfälle zwischen Staaten, verfasst im Auftrag des Sicherheitsrats bzw. der Generalversammlung Rechtsgutachten und entwickelt durch seine Kommentare zu speziellen Fragen das Völkerrecht weiter. Die 15 unabhängigen Richter aus 15 Ländern werden für je neun Jahre von der Generalversammlung und dem Sicherheitsrat gewählt. Klagen oder verklagt werden können jeweils nur Staaten, die sich dem Internationalen Gerichtshof unterworfen haben.

Gerd Schneider, Christiane Toyka-Seid: Das junge Politik-Lexikon von www.hanisauland.de, Bonn: Bundeszentrale für politische Bildung 2018

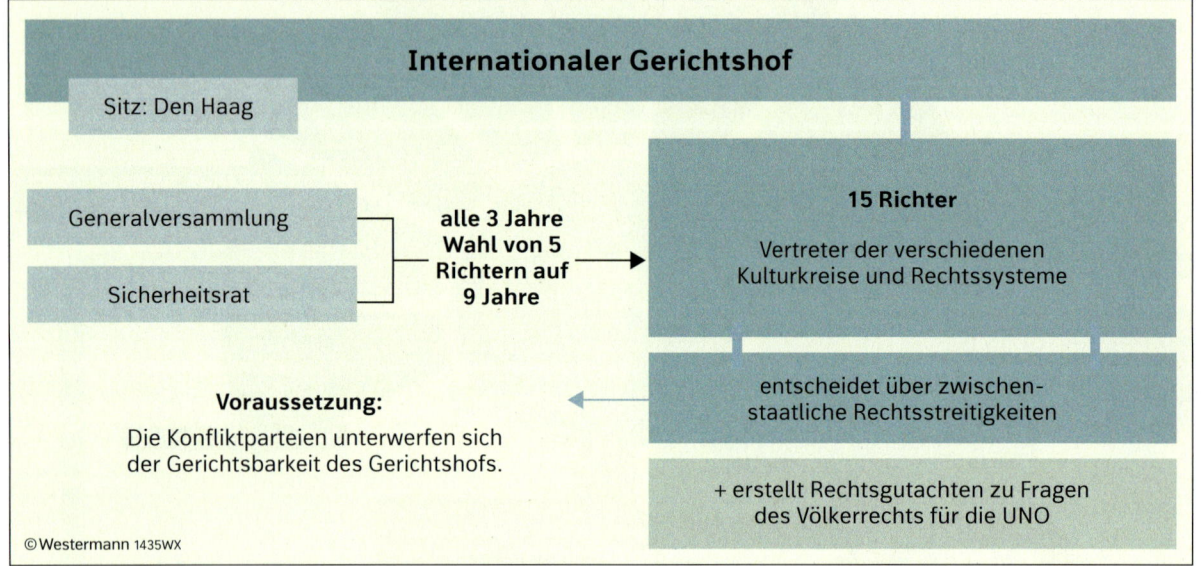

Internationaler Gerichtshof

Sitz: Den Haag

Generalversammlung

Sicherheitsrat

alle 3 Jahre Wahl von 5 Richtern auf 9 Jahre

15 Richter

Vertreter der verschiedenen Kulturkreise und Rechtssysteme

Voraussetzung:
Die Konfliktparteien unterwerfen sich der Gerichtsbarkeit des Gerichtshofs.

entscheidet über zwischenstaatliche Rechtsstreitigkeiten

+ erstellt Rechtsgutachten zu Fragen des Völkerrechts für die UNO

© Westermann 1435WX

WEBCODE

WES-116987-039

Hintergrundinformationen zum UN-Sicherheitsrat

M 5   Der Sicherheitsrat

Nach Artikel 24 der UN-Charta trägt der Sicherheitsrat der Vereinten Nationen in New York die Hauptverantwortung für die Wahrung des Weltfriedens und der internationalen Sicherheit.

Das wichtigste und mächtigste UNO-Gremium ist der Sicherheitsrat. Er kann als einziges UNO-Organ verbindliche Beschlüsse für alle Mitglieder fassen: Wenn der Frieden bedroht ist, kann der Sicherheitsrat wirtschaftliche Sanktionen erlassen und Militäreinsätze der UN-Friedenstruppen beschließen. Der Sicherheitsrat besteht aus fünf ständigen Mitgliedern (China, Frankreich, Großbritannien, Russland, USA) und zehn nichtständigen Mitgliedern aus Afrika, Asien, Lateinamerika, Westeuropa und Osteuropa. Die nichtständigen Mitglieder sind jeweils für zwei Jahre gewählt. [...] Die ständigen Mitglieder besitzen ein Vetorecht: Ist ein ständiges Mitglied gegen einen Beschluss, kann dieser nicht gefasst werden. [Beschlüsse bei wesentlichen Entscheidungen erfordern eine Mehrheit von neun Mitgliedern inkl. aller fünf ständigen Mitglieder.]

Bayerischer Rundfunk: Telekolleg Politik und Gesellschaft – 11. Folge: Die UNO-Organe, 14.03.2020, München; ergänzt; https://www.br.de/telekolleg/faecher/sozialkunde/telekolleg-sozialkunde-11-uno-102.html (Zugriff 15.11.2022)

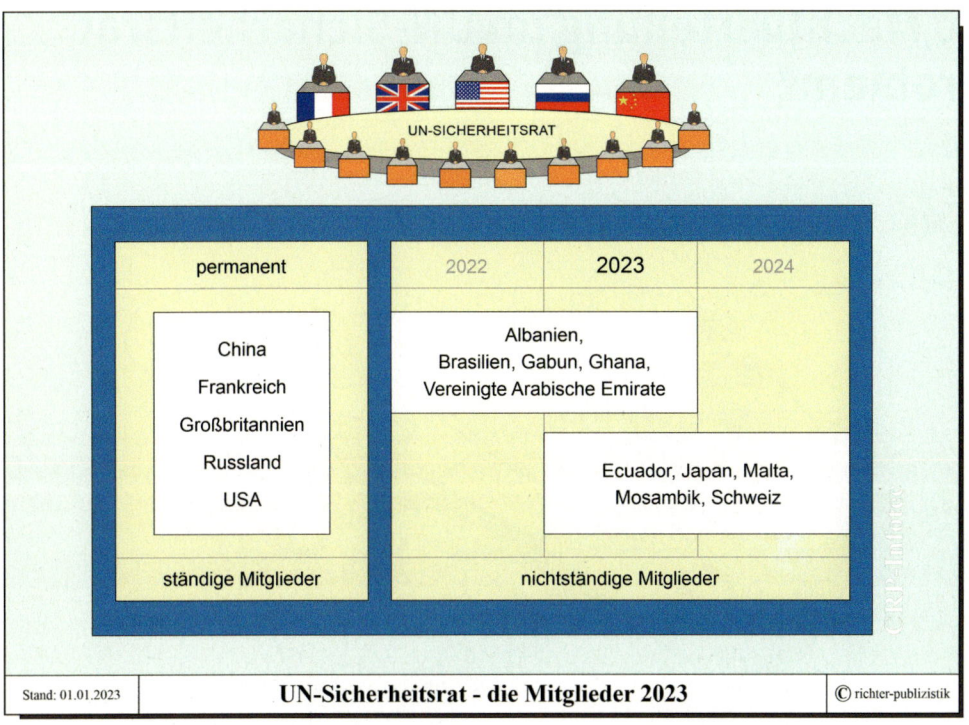

permanent	2022	**2023**	2024

UN-SICHERHEITSRAT

permanent

China

Frankreich

Großbritannien

Russland

USA

ständige Mitglieder

Albanien,
Brasilien, Gabun, Ghana,
Vereinigte Arabische Emirate

Ecuador, Japan, Malta,
Mosambik, Schweiz

nichtständige Mitglieder

Stand: 01.01.2023   **UN-Sicherheitsrat – die Mitglieder 2023**   © richter-publizistik

Gruppenpuzzle: Wie funktionieren die UN?

METHODE

QUERVERWEIS
Methode Gruppen-
puzzle
S. 198

1. Einzelarbeit in Stammgruppen

Für jedes der vier ausgewählten Hauptorgane soll ein Experte bzw. eine Expertin ausgebildet werden. Teilt die vier Organe unter euch auf. Jedes Gruppenmitglied erarbeitet für sein Hauptorgan
folgende Fakten:

- Wahl/ Bildung
- Zusammensetzung/Besetzung
- Aufgaben/ Bedeutung
- Besonderheiten/ Aktuelles
- Die Legitimation der Organe

2. Austausch, Ergänzung und Vertiefung in Expertengruppen

In den zu jedem Organ gebildeten Expertengruppen wird in diesem Arbeitsschritt das eigene Un-
terthema mit den anderen Expert/-innen vertieft und gefestigt. Offene Fragen können nun geklärt,
die eigenen Aufzeichnungen vervollständigt werden.

3. Verknüpfung der Unterthemen in den Stammgruppen

Kommt in den ursprünglichen Stammgruppen zusammen. Jedes Gruppenmitglied stellt den anderen nun sein Hauptorgan vor und beantwortet gegebenenfalls Fragen der anderen Gruppenmitglieder. Alle anderen fertigen sich Notizen an.

Anschließend werden Verknüpfungen herausgearbeitet und das Thema als Ganzes wird auf einem
Lernplakat visualisiert und der Lerngruppe vorgestellt.

13.5 Ist die Machtverteilung im UN-Sicherheitsrat ein Problem?

M 1 Ungleichgewicht?

Zeichnung: Zapiro

M 2 Resolution gegen Russland scheitert

Eine gegen Russlands Einmarsch in die Ukraine gerichtete Resolution ist im UN-Sicherheitsrat gescheitert. Moskau legte bei der Abstimmung im mächtigsten Gremium der Vereinten Nationen in New York wie erwar- [5] tet ein Veto gegen den Text ein – China jedoch enthielt sich zusammen mit zwei weiteren Ländern. Elf Staaten des 15-köpfigen Rates stimmten für den Text. Westliche Diplomaten werteten dies als Erfolg bei ihrem [10] Versuch, Russland diplomatisch zu isolieren und einen Keil zwischen Moskau und Peking zu treiben. Der Entwurf der Resolution, welcher der Nachrichtenagentur dpa vorliegt, verurteilt Russlands Aggression „aufs [15] Schärfste" und bekräftigt die Souveränität und territoriale Integrität sowie die Unabhängigkeit und Einheit der Ukraine. Von Russland wird darin der sofortige Rückzug sowie die Rückkehr zum Minsker Abkommen [20] verlangt. In dem Text – der unter Federführung der USA entstand – heißt es unter anderem, der Sicherheitsrat möge beschließen, „dass die Russische Föderation ihre Streitkräfte unverzüglich, vollständig und bedin- [25] gungslos aus dem Hoheitsgebiet der Ukraine innerhalb ihrer international anerkannten Grenzen abzieht". Da Russland im Sicherheitsrat wie auch China, die USA, Frankreich und Großbritannien Vetorecht besitzt, schien [30] eine Annahme von vornherein unmöglich. Die USA und ihre westlichen Verbündeten hofften jedoch, Moskau diplomatisch weitgehend isolieren zu können.

Tagesschau.de: Resolution gegen Russland scheitert, Norddeutscher Rundfunk, 26.02.2022, Hamburg; https://www.tagesschau.de/ausland/amerika/un-sicherheitsrat-249.html (Zugriff 15.11.2022)

1 Analysiere die Karikatur in M 1.

2 Bewerte anhand der Kriterien *Effektivität* und *Gerechtigkeit*, ob die Machtverteilung im UN-Sicherheitsrat ein Problem darstellt (M 2).

13.6 Frieden schaffen – notfalls mit Gewalt?

Positionslinie: Frieden schaffen – notfalls mit Gewalt?

METHODE

INFO
Linkes Bild (s. auch
S. 330): Die Skulptur
steht im Garten des
UNO-Hauptgebäudes
in New York. Sie zeigt
einen muskulösen
Heros, der ein
Schwert zu einem
Pflug umschmiedet.
„Schwerter zu Pflug-
scharen" wurde zum
Symbol verschiedener
Abrüstungsinitiativen.

- Markiert auf dem Boden im Klassenraum eine Linie. Die Enden dieser Linie stellen alternative Pole, der Abstand zwischen diesen Punkten entsprechend abgestufte Positionen dar.
- Überlegt, welchen Standpunkt ihr zur Problemfrage einnehmt, und positioniert euch an der Linie.
- Begründet nun eure Positionen. Bezieht euch dabei auch auf die Argumente des Vorredners.

M1 Instrumente der UNO

Konfliktprävention	Konfliktintervention	Konfliktnachsorge
Vorbeugende Diplomatie	Friedensschaffung (*peacemaking*)	
	Friedensdurchsetzung, Friedenser-zwingung durch militärische Gewalt (*peaceenforcement*)	
	Friedenssicherung (*peacekeeping*)	
		Friedenskonsolidierung (*post-conflict peacebuilding*)

Vorbeugende Diplomatie umfasst Maßnahmen mit dem Ziel, Spannungen abzubauen und die Eskalation (stufenweise Steigerung) bestehender Streitigkeiten zu verhindern, indem sie versucht, die zugrunde liegenden Ursachen zu beseitigen. Solche Maßnahmen können sein: Frühwarnungen, Informationsbeschaffung, Analyse der Streitigkeiten, entmilitarisierte Zonen, ggf. vorbeugende Blauhelmeinsätze (s. INFO S. 348) auf Antrag bzw. mit Zustimmung der jeweiligen Regierung oder aller Konfliktparteien.

Friedensschaffung wirkt in bestehende, andauernde Konflikte hinein, um feindliche Parteien zu einer Einigung zu bringen (z. B. durch den Abschluss eines Friedensvertrags oder Waffenstillstands). Im Wesentlichen wird dies durch solche (friedlichen) Mittel angestrebt, wie sie in Kapitel VI der UN-Charta vorgesehen sind (z. B. Vermittlung, Verhandlung).

Friedensdurchsetzung, Friedenserzwingung durch militärische Gewalt bezeichnet Maßnahmen nach Kapitel VII der UN-Charta, die energisch umgesetzt werden sollen. Dazu gehören nach Art. 42 militärische Zwangsmaßnahmen, die bei Bedrohung oder Bruch des Friedens oder bei Angriffshandlungen eingesetzt werden können, um den Weltfrieden aufrechtzuerhalten. Ferner müssen nach Art. 43 der Charta dem Sicherheitsrat auf sein Ersuchen hin ggf. Truppen zur Verfügung gestellt werden.

Friedenssicherung (durch Blauhelm-Truppen, ggf. unter Einbeziehung regionaler Organisationen): Dieses Instrument soll ständig so weiterentwickelt werden, dass es den sich verändernden Konflikttypen entsprechend eingesetzt werden kann.

Friedenskonsolidierung zielt auf den dauerhaften Übergang von der Gewalt zum Frieden (z. B. durch Entwaffnung der Konfliktparteien, Minenräumung, Aussöhnungsbemühungen, Neuaufbau der staatlich-politischen Ordnung).

Autorentext

M2   UN-Friedenseinsätze

Blauhelme
Als Blauhelme werden die Friedenstruppen der Vereinten Nationen bezeichnet. Sie werden von den Mitgliedsländern der Vereinten Nationen für Einsätze zur Friedenssicherung und Friedenserhaltung entsendet und stehen unter dem Kommando der UN.

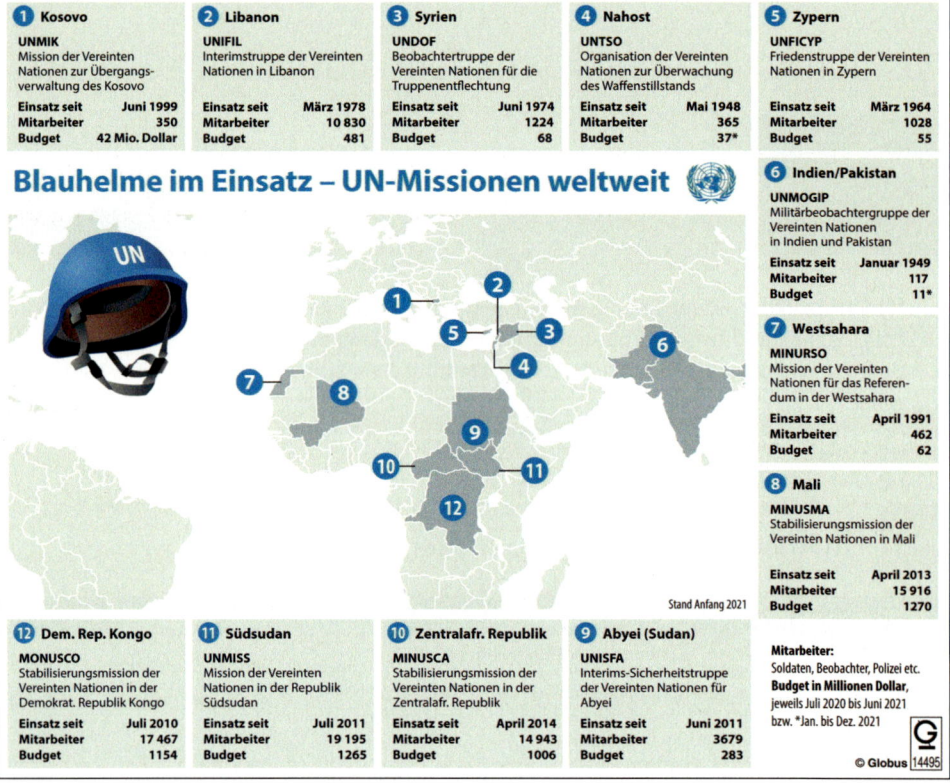

Blauhelme im Einsatz – UN-Missionen weltweit

1 Kosovo
UNMIK
Mission der Vereinten Nationen zur Übergangsverwaltung des Kosovo
Einsatz seit	Juni 1999
Mitarbeiter	350
Budget	42 Mio. Dollar

2 Libanon
UNIFIL
Interimstruppe der Vereinten Nationen in Libanon
Einsatz seit	März 1978
Mitarbeiter	10 830
Budget	481

3 Syrien
UNDOF
Beobachtertruppe der Vereinten Nationen für die Truppenentflechtung
Einsatz seit	Juni 1974
Mitarbeiter	1224
Budget	68

4 Nahost
UNTSO
Organisation der Vereinten Nationen zur Überwachung des Waffenstillstands
Einsatz seit	Mai 1948
Mitarbeiter	365
Budget	37*

5 Zypern
UNFICYP
Friedenstruppe der Vereinten Nationen in Zypern
Einsatz seit	März 1964
Mitarbeiter	1028
Budget	55

6 Indien/Pakistan
UNMOGIP
Militärbeobachtergruppe der Vereinten Nationen in Indien und Pakistan
Einsatz seit	Januar 1949
Mitarbeiter	117
Budget	11*

7 Westsahara
MINURSO
Mission der Vereinten Nationen für das Referendum in der Westsahara
Einsatz seit	April 1991
Mitarbeiter	462
Budget	62

8 Mali
MINUSMA
Stabilisierungsmission der Vereinten Nationen in Mali
Einsatz seit	April 2013
Mitarbeiter	15 916
Budget	1270

Stand Anfang 2021

12 Dem. Rep. Kongo
MONUSCO
Stabilisierungsmission der Vereinten Nationen in der Demokrat. Republik Kongo
Einsatz seit	Juli 2010
Mitarbeiter	17 467
Budget	1154

11 Südsudan
UNMISS
Mission der Vereinten Nationen in der Republik Südsudan
Einsatz seit	Juli 2011
Mitarbeiter	19 195
Budget	1265

10 Zentralafr. Republik
MINUSCA
Stabilisierungsmission der Vereinten Nationen in der Zentralafr. Republik
Einsatz seit	April 2014
Mitarbeiter	14 943
Budget	1006

9 Abyei (Sudan)
UNISFA
Interims-Sicherheitstruppe der Vereinten Nationen für Abyei
Einsatz seit	Juni 2011
Mitarbeiter	3679
Budget	283

Mitarbeiter:
Soldaten, Beobachter, Polizei etc.
Budget in Millionen Dollar,
jeweils Juli 2020 bis Juni 2021
bzw. *Jan. bis Dez. 2021

© Globus 14495

M3   UNO-Einsatz im Kongo: Presseschau

Blauhelme im Kongo

Bei einem Rebellenangriff auf die UN-Friedenstruppe im Kongo sind nach Angaben der Vereinten Nationen mindestens 14 Blauhelmsoldaten und fünf Angehörige der kongolesischen Streitkräfte getötet worden. [5] Laut der UN-Friedensmission (Monusco) sind weitere 53 UN-Soldaten verletzt worden. UN-Generalsekretär António Guterres nannte dies den „schlimmsten Angriff auf UN-Friedenstruppen in der jüngsten Ge- [10] schichte der Organisation".

© dpa/wgr

UN-Friedensmission im Kongo

Trotz einer umfassenden Friedensmission: Die Demokratische Republik Kongo steckt in einer der schlimmsten Krisen seit Jahrzehnten. [...] Das UNO-Mandat wurde über die [15] Jahrzehnte immer wieder angepasst. Seit 2013 darf die UN aktiv kämpfen, um den „Frieden herzustellen". Damit wagte der UNO-Sicherheitsrat einen Testlauf, ob sich Frieden „erzwingen" ließe. [20]

Simone Schlindwein: Wo Monusco an ihre Grenzen stößt, taz online, 03.07.2017, Berlin; https://taz.de/ UN-Friedensmission-im-Kongo/!5426004/ (Zugriff 15.11.2022)

M4 UN-Friedenseinsätze – notwendig und richtig?

Sind friedenssichernde Missionen der UNO notwendig, sind sie überhaupt erfolgreich?
Susan Manuel: Ja, sie sind beides. Aber nur unter bestimmten Voraussetzungen. Zunächst können die Vereinten Nationen einen Frieden nur bewahren. Es gab Zeiten, zum Beispiel Anfang der 1990er-Jahre in Bosnien, in denen die UNO in Länder entsandt wurde, in denen Krieg herrschte. Unsere heutigen Missionen wollen den streitenden Parteien eine Atempause verschaffen, damit sie einen Friedensvertrag erarbeiten und implementieren können. In Sierra Leone zum Beispiel hat der UN-Einsatz, der übrigens Ende des Jahres zurückgefahren wird, bewirkt, dass sich die Menschen von einem Trauma erholen konnten. Es konnten dort eigene Sicherheitskräfte wieder aufgebaut werden. [...]

Dietrich Alexander: „Missionen der UNO sind richtig und wichtig“, WELT online, 03.08.2004, Berlin; https://www.welt.de/print-welt/article331828/Missionen-der-UNO-sind-richtig-und-wichtig.html (Zugriff 15.11.2022)

INFO
Susan Manuel war zum Zeitpunkt des Interviews Sprecherin der UN.

M5 Die Blauhelmsoldaten der UNO

Blauhelme sollen kämpfen dürfen
Die Vereinten Nationen beraten derzeit über die Zukunft der Blauhelm-Missionen. Die alte Idee des Peacekeepings scheint nicht mehr zu greifen. Ein Bericht empfiehlt, die Friedenstruppen sollten proaktiver sein, sich auch in Kämpfe einmischen. Viele Länder, die Soldaten stellen, wollen das nicht.
Antonio Guterres, der UN-Generalsekretär, Oberbefehlshaber über 110.000 Blauhelmsoldaten, er sitzt an diesem 8. Dezember des Vorjahres in New York und trauert. 15 Blauhelmsoldaten aus Tansania, im Einsatz getötet. 40 verletzt im Kongo.
„Das ist der schlimmste Angriff auf Blauhelme in der jüngsten UN-Geschichte.“
Peacekeeper heißen sie. Jean-Pierre Lacroix, Untergeneralsekretär der Vereinten Nationen, der Mann, der sämtliche Blauhelm-Missionen koordiniert, sitzt hoch oben im 35. Stock des UN-Hauptquartiers in New York und sagt im ARD-Interview sehr nüchtern: Der blaue Helm biete heute keinen natürlichen Schutz mehr. Das spiegle schon die Tatsache wider, dass es 2017 so viele tote Blauhelme gab wie noch nie in der jüngeren UN-Geschichte. [...]

Georg Schwarte: Blauhelme sollen kämpfen dürfen, Deutschlandfunk online, 24.03.2018, Köln; https://www.deutschlandfunk.de/zukunft-der-un-friedensmissionen-blauhelme-sollen-kaempfen-100.html (Zugriff 15.11.2022)

1 Erkläre friedens- und sicherheitspolitische Mittel bzw. Instrumente der Vereinten Nationen (M1).

2 Wähle dir eine Friedensmission (M2) aus. Arbeite mithilfe einer Internetrecherche Ursache, Ziel, Mittel und bisherige Resultate des Einsatzes der UNO heraus. Präsentiere dein Ergebnis in der Lerngruppe.

3 Arbeite die Grundpositionen der Autoren heraus (M3 und M4).

4 Ordne dich erneut auf der Positionslinie (M1) unter Beachtung deiner neuen Erkenntnisse ein.

5 Bewerte die Aussage „Frieden sollte man notfalls mit Waffengewalt erzwingen“ hinsichtlich der Kriterien *Legitimation* und *Effektivität*.

WEBCODE

WES-116987-040
Recherchetipps zu UN-Friedensmissionen

13.7 Humanitäre Intervention in Libyen

Im September 2005 nahmen die Vereinten Nationen in ihr Abschlussdokument das Konzept der „Responsibility to Protect" auf. Es zielt darauf ab, schwerste Menschenrechtsverletzungen zu unterbinden. Der Grundgedanke besteht darin, dass jeder Staat verpflichtet ist, seine eigene Bevölkerung vor solchen Verletzungen zu schützen. Darüber hinaus soll aber auch die internationale Gemeinschaft in der Verantwortung stehen. Ihr fällt die Aufgabe zu, die Staaten bei der Wahrnehmung ihrer Schutzfunktion zu unterstützen und gegebenenfalls kollektive Maßnahmen zu ergreifen, um Völkermord und vergleichbar schwere Verbrechen zu verhindern.

M 1   Präzedenzfall für R2P

Das Prinzip, auf Englisch *Responsibility to Protect oder kurz R2P* genannt, besagt, dass der Schutz der Zivilbevölkerung vor schlimmsten Verbrechen im Zweifelsfall ein militärisches
5 Eingreifen legitimiert. Kein Regime soll sich auf das völkerrechtliche Gebot der Nichteinmischung berufen können, wenn es Krieg gegen das eigene Volk führt. Libyen war der Präzedenzfall.
10 Und anfangs schienen tatsächlich alle Voraussetzungen für eine Intervention vorzuliegen: Ein Diktator setzt Panzer, Scharfschützen, Kampfbomber gegen die eigene Bevölkerung ein, droht mit Säuberungen „von Haus zu Haus", nennt seine Feinde „Ungeziefer". 15 Schnell warnen die ersten UN-Vertreter, darunter die Hochkommissarin für Menschenrechte, hier könne der Tatbestand der Verbrechen gegen die Menschlichkeit erfüllt sein. Regionale Organisationen verurteilen das 20 Vorgehen Gaddafis, der UN-Generalsekretär fordert den libyschen Diktator vergeblich zu Verhandlungen auf, der UN-Sicherheitsrat verhängt Sanktionen, schaltet den Internationalen Strafgerichtshof ein und beschließt 25 schließlich unter dem Eindruck eines drohenden Massakers an der Bevölkerung von Bengasi eine militärische Intervention. [...]

Jochen Bittner und Andrea Böhm: Dieser Krieg war gerecht – Eine Bilanz der Intervention in Libyen, in: ZEIT online, 27.10.2011, Hamburg; https://www.zeit.de/2011/44/Libyen-Intervention (Zugriff 15.11.2022)

M 2   Resolution 1973, Weltsicherheitsrat, 17.03.2011

In Libyen kam es während des Bürgerkrieges 2011 zu massiven Menschenrechtsverletzungen durch die Regierung des Landes. Der Weltsicherheitsrat verabschiedete daraufhin zur
5 Wahrung seiner Schutzverantwortung folgende Resolution:
„Der Sicherheitsrat, [...] unter Verurteilung der groben und systematischen Verletzung von Menschenrechten, insbesondere willkürlicher
10 Inhaftierungen, des Verschwindenlassens, der Folter und summarischer Hinrichtungen, [...] in der Erwägung, dass die in [...] [Libyen] derzeit stattfindenden ausgedehnten und systematischen Angriffe gegen die Zivilbevölkerung
15 möglicherweise Verbrechen gegen die Menschlichkeit darstellen, [...] den Schutz der Zivilpersonen und der von der Zivilbevölkerung bewohnten Gebiete sowie den raschen und ungehinderten Durchlass humanitärer Hilfe und die Sicherheit der humanitären Helfer zu 20 gewährleisten, [...] tätig werdend nach Kapitel VII der Charta der Vereinten Nationen, [...] verlangt, dass die libyschen Behörden ihren Verpflichtungen nach dem Völkerrecht, namentlich dem humanitären Völkerrecht, den 25 internationalen Menschenrechtsnormen und dem Flüchtlingsvölkerrecht, nachkommen und alle Maßnahmen ergreifen, um Zivilpersonen zu schützen und ihre Grundbedürfnisse zu decken sowie den raschen und ungehinderten 30

Durchlass humanitärer Hilfe zu gewährleisten; [...] beschließt, ein Verbot aller Flüge im Luftraum [...] (Libyens) zu verhängen, um zum Schutz der Zivilpersonen beizutragen; [...] beschließt, dass alle Staaten [...] die erforderlichen Maßnahmen ergreifen." ³⁵

Autorentext – Auszüge aus der Resolution 1973 des UN-Sicherheitsrates, https://www.un.org/Depts/german/sr/ sr_10-11/sr1973.pdf, S. 461 ff., 17.03.2011 (Zugriff 15.11.2022)

M3 Auswirkungen der UN-Resolution

Über Libyen gilt ab sofort ein Flugverbot. Der UN-Sicherheitsrat verabschiedete eine entsprechende Resolution. Die internationale Gemeinschaft kann nun militärische Gewalt anwenden, nicht nur gegen Muammar al-Gaddafis Luftabwehr, sondern auch gegen andere Ziele im Land. Deutschland enthielt sich bei der entscheidenden Abstimmung im Sicherheitsrat der Vereinten Nationen, genau wie Russland, China, Indien und Brasilien. Das Votum wurde von den Rebellen ausgelassen

gefeiert. Das libysche Regime schlug indessen überraschend versöhnliche Töne an. Der stellvertretende Außenminister Chalid Kaim brachte sogar die Möglichkeit einer Waffenruhe ins Gespräch. Mit der Resolution soll die Luftwaffe des libyschen Diktators Muammar al-Gaddafi am Boden gehalten werden. Demnach sollen keine Flugzeuge im libyschen Luftraum erlaubt sein, es sei denn, sie verfolgen ein „humanitäres" Ziel.

Muammar al-Gaddafi war 42 Jahre lang Machthaber in Libyen.

© dpa/wgr

M4 Aktuelle politische Situation

Sechs Jahre nach dem Zusammenbruch des Gaddafi-Regimes hat sich in Libyen ein komplexes Geflecht aus lokalen Konflikten, transnationalen kriminellen Netzwerken und den Interventionen externer Mächte entwickelt. [...] Regionalmächte, wie Ägypten und die Vereinigten Arabischen Emirate, fliegen Luftangriffe, die lokale Milizen und Zivilisten treffen [...]. Der sogenannte Islamische Staat (IS) hat nach seiner Expansion im libyschen Chaos seit 2016 jegliches Territorium verloren; in entle-

genen Regionen treiben kleinere IS-Gruppen aber weiter ihr Unwesen. [...] Die heutige Situation ist das Ergebnis des gescheiterten politischen Übergangsprozesses nach der Revolution von 2011. Seitdem bekämpfen sich zwei gegnerische Lager aus lokalen bewaffneten Gruppen, die sich jeweils einem Parlament und einer Regierung zuordnen. Unter Vermittlung der UNO verständigten sich moderate Vertreter beider Seiten im Dezember 2015 auf ein Abkommen zur Bildung einer Einheitsregierung.

Wolfram Lacher: Libyen – Aktuelle Situation: Bundeszentrale für politische Bildung, 18.12.2017, Bonn; http://www. bpb.de/internationales/weltweit/innerstaatliche-konflikte/54649/libyen (Zugriff 09.08.2018)

1 Arbeite aus dem Einleitungstext und M1 heraus, in welchen Fällen die Staatengemeinschaft laut des Konzeptes „Responsibility to Protect" Maßnahmen ergreifen darf.

2 Erörtert, welche Maßnahmen (humanitäre Hilfe leisten, Sanktionen, Aufklärungsflüge, Einsatz von Drohnen, Luftangriffe, Einsatz von Bodentruppen) eurer Meinung nach angewendet werden dürfen und welche ausgeschlossen sein sollten.

3 Stellt mithilfe geeigneter Internetseiten den Bürgerkrieg in Libyen im Jahr 2011 und dessen Auswirkungen für die Bevölkerung dar.

4 Analysiere die Resolution 1973 unter dem Aspekt der Schutzverantwortung (M2).

5 Bewerte die humanitäre Intervention der Vereinten Nationen in Libyen 2011. Beachte dabei auch die aktuelle politische Situation im Land (M4).

13.8 Einhaltung der Menschenrechte?

GLOSSAR

Menschenrechte

Menschenrechte sind Rechte, die jedem Menschen zustehen, unabhängig von Herkunft, Geschlecht, Religion und politischen Ansichten. Sie wurden erstmalig 1789 in der Erklärung der Menschen- und Bürgerrechte von der französischen Nationalversammlung niedergeschrieben. 1948 folgte die Allgemeine Erklärung der Menschenrechte durch die Vereinten Nationen (UN).

M 1

Freiheit und Menschenrechte weltweit I

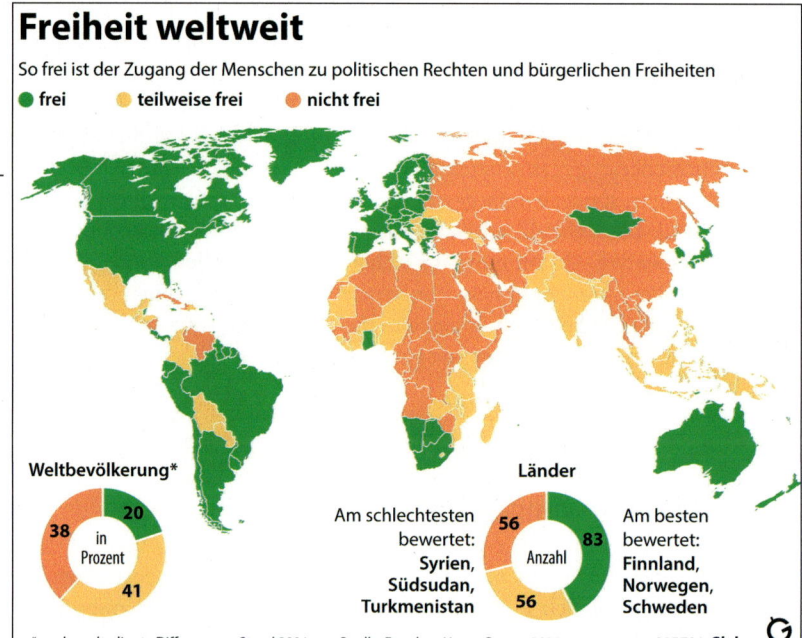

Freiheit weltweit

So frei ist der Zugang der Menschen zu politischen Rechten und bürgerlichen Freiheiten

● frei   ● teilweise frei   ● nicht frei

Weltbevölkerung*
20 / 38 / 41 — in Prozent

Länder
Am schlechtesten bewertet: Syrien, Südsudan, Turkmenistan
56 / 83 / 56 — Anzahl
Am besten bewertet: Finnland, Norwegen, Schweden

*rundungsbedingte Differenz   Stand 2021   Quelle: Freedom House Report 2022   015781 **Globus**

INFO

Freedom House internationale NGO, deren Ziel es ist, Demokratie weltweit zu fördern.

M 2   Freiheit und Menschenrechte weltweit II

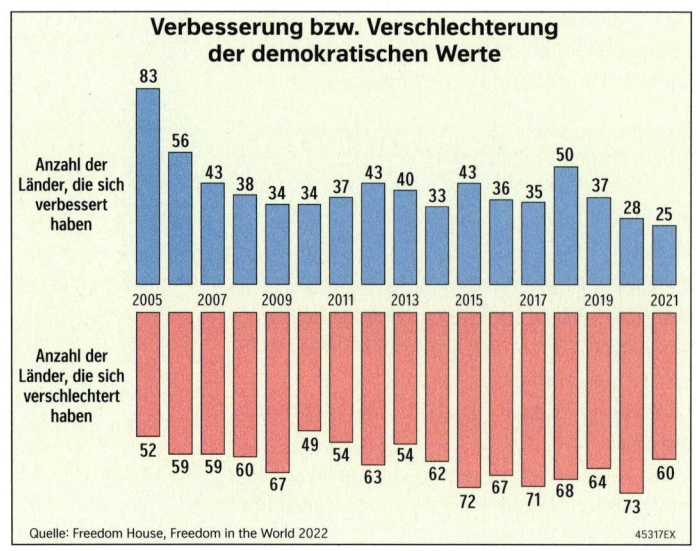

Verbesserung bzw. Verschlechterung der demokratischen Werte

Anzahl der Länder, die sich verbessert haben:
83, 56, 43, 38, 34, 34, 37, 43, 40, 33, 43, 36, 35, 50, 37, 28, 25

2005 2007 2009 2011 2013 2015 2017 2019 2021

Anzahl der Länder, die sich verschlechtert haben:
52, 59, 59, 60, 67, 49, 54, 63, 54, 62, 72, 67, 71, 68, 64, 73, 60

Quelle: Freedom House, Freedom in the World 2022   45317EX

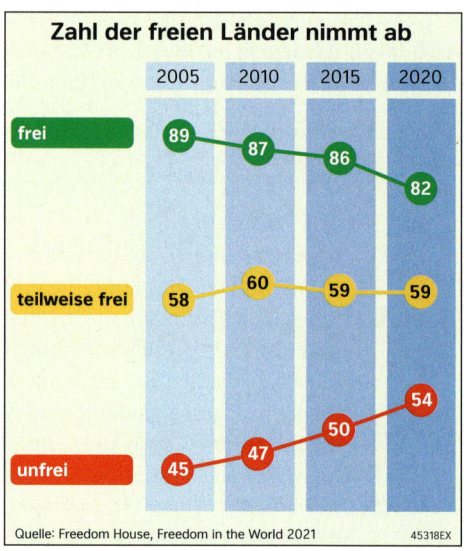

Zahl der freien Länder nimmt ab

2005 2010 2015 2020

frei: 89, 87, 86, 82

teilweise frei: 58, 60, 59, 59

unfrei: 45, 47, 50, 54

Quelle: Freedom House, Freedom in the World 2021   45318EX

M3 Folter am eigenen Leib erfahren

Frankfurt/Main, 3.10.2001: Der 19-jährige Murat Kurnaz besteigt ein Flugzeug nach Pakistan. [...] Seit den islamistischen Terroranschlägen auf das World Trade Center und
5 das Pentagon sind gerade einmal drei Wochen vergangen. Das US-Militär bereitet sich für einen Angriff auf Afghanistan vor, weil dort der Drahtzieher der Anschläge [...] vermutet wird. [...] Auf der Fahrt zum Flughafen wird Kurnaz
10 im Dezember 2001 von pakistanischen Sicherheitskräften festgenommen und den US-Streitkräften im Land übergeben – verraten für ein Handgeld. Ist er ein illegaler Kämpfer auf dem Weg zum Schlachtfeld Afghanistan?
15 Bis heute sind die Hintergründe seiner Pakistanreise nicht zweifelsfrei geklärt. Aber ein erklärter Dschihadist ist er nicht. Kurnaz wird nach Afghanistan gebracht [...]. Im Februar 2002 wird er [...] in das US-Gefangenenlager Guantánamo (Kuba) verlegt. [...] „In Guan- 20 tánamo werden zwei verschiedene Arten von Folter angewendet, das eine ist psychisch, das andere ist physisch", sagt Kurnaz später. Die Methoden: Waterboarding, systematischer Schlafentzug, Monate in einer Isolationszelle. 25 Kurnaz wird geschlagen und gedemütigt. [...] Am 23. September 2002 erhält er Besuch aus Deutschland: Zwei Männer vom BND und ein Kollege vom Verfassungsschutz befragen ihn zwei Tage lang. Auch sie finden keine Hin- 30 weise darauf, dass Kurnaz ein islamistischer Terrorist ist. [...] Nach viereinhalb Jahren in Guantánamo wird Kurnaz am 24. August 2006 auf die US-Luftwaffenbasis Ramstein ausgeflogen [...]. 35

UN-Menschenrechtserklärung, 1948

INFO

Guantánamo
Camp Delta in der Guantánamo Bay Naval Base – dort wurden zeitweilig über 700 Personen völkerrechtswidrig festgehalten und gefoltert.

WDR Stichtag online: 24. August 2006 – Murat Kurnaz wird aus Guantánamo freigelassen, 24.08.2016, Köln; https://www.wdr.de/stichtag/stichtag-murat-kurnaz-guantanamo-100.html (Zugriff 18.07.2023)

M4 Aus der Menschenrechtserklärung

Art. 1 (Freiheit, Gleichheit, Brüderlichkeit)
Alle Menschen sind frei und gleich an Würde und Rechten geboren. Sie sind mit Vernunft und Gewissen begabt und sollen einander im
5 Geist der Brüderlichkeit begegnen.
Art. 3 (Recht auf Leben und Freiheit)
Jeder hat das Recht auf Leben, Freiheit und Sicherheit der Person.
Art. 5 (Verbot der Folter)
10 Niemand darf der Folter oder grausamer, unmenschlicher oder erniedrigender Behandlung oder Strafe unterworfen werden.
Art. 7 (Gleichheit vor dem Gesetz)
Alle Menschen sind vor dem Gesetz gleich und
15 haben ohne Unterschied Anspruch auf gleichen Schutz durch das Gesetz. Alle haben Anspruch auf gleichen Schutz gegen jede Diskriminierung, die gegen diese Erklärung verstößt, und gegen jede Aufhetzung zu einer derartigen Diskriminierung. 20
Art. 9 (Schutz vor Verhaftung und Ausweisung)
Niemand darf willkürlich festgenommen, in Haft gehalten oder des Landes verwiesen werden. 25
Art. 10 (Anspruch auf faires Gerichtsverfahren)
Jeder hat bei der Feststellung seiner Rechte und Pflichten sowie bei einer gegen ihn erhobenen strafrechtlichen Beschuldigung in voller 30 Gleichheit Anspruch auf ein gerechtes und öffentliches Verfahren vor einem unabhängigen und unparteiischen Gericht.

1 Beschreibe die globale Situation von Demokratie, Freiheit und Menschenrechten (M1, M2).
2 Überprüfe, ob im Fall von Murat Kurnaz Menschenrechtsverletzungen vorliegen (M3, M4).
3 Bewerte, ob im Kampf gegen den Terrorismus Menschenrechtsverletzungen gerechtfertigt sind.

INFO

Filmtipps:
• 5 Jahre Leben
• Rabiye Kurnaz vs. George W. Bush

13.9 Schützt der Menschenrechtsrat effektiv die Menschenrechte?

Im Jahr 2006 löste der UN-Menschenrechtsrat (UNHRC – United Nations Human Rights Council) die bis dahin existierende UN-Menschenrechtskommission ab. Man erhoffte sich von einer verkleinerten Institution mit 47 statt 53 Mitgliedern mehr Effektivität beim Schutz der Menschenrechte.

M 1 Instrumente des Menschenrechtsrates

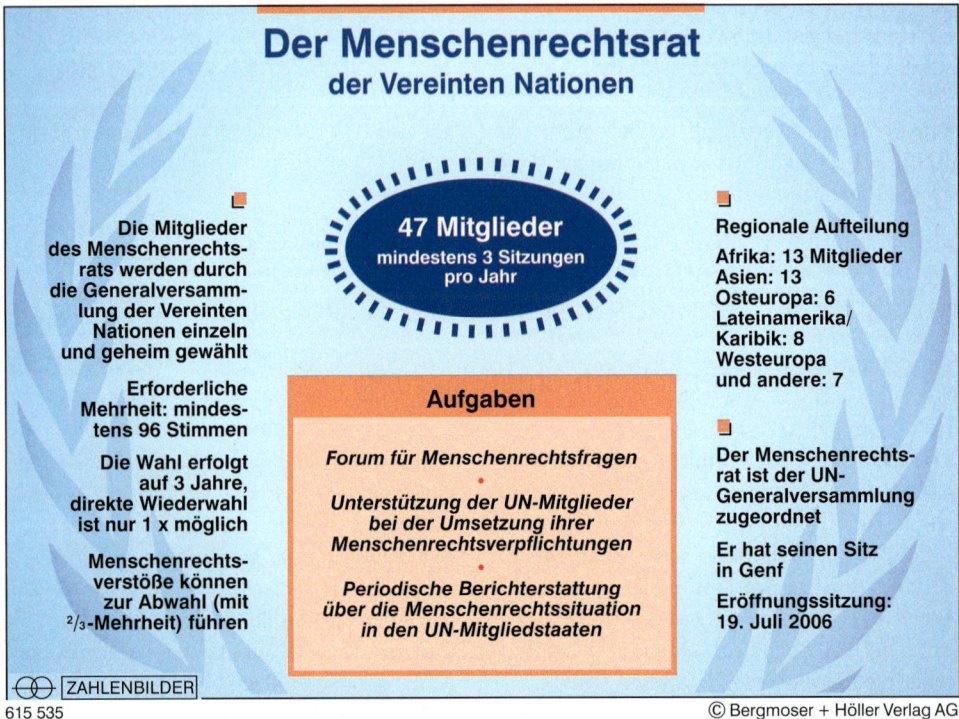

© Bergmoser + Höller Verlag AG

615 535

- **Universelle Periodische Überprüfung (UPR):** „Peer-Review"-Verfahren, in dem eine Überprüfung von Staaten durch Staaten erfolgt. Jeder einzelne der 192
5 Mitgliedstaaten der UNO wird im Rahmen eines 4-jährigen UPR-Zyklus von allen anderen Staaten hinsichtlich seiner Menschenrechtsprobleme überprüft. Jeder Staat hat die Pflicht, sich diesem Verfahren
10 zu stellen, und jeder Staat hat im Rahmen dieses Verfahrens das Recht, gegenüber jedem anderen Staat beliebige Empfehlungen zur Verbesserung von dessen Menschenrechtslage zu formulieren.

- **Spezialverfahren:** „Special Procedures"
15 befassen sich mit der Menschenrechtssituation in einem bestimmten Staat als Mandatsträger – Einzelpersonen (Sonderberichterstatter) oder Arbeitsgruppen. Sie bestehen aus unabhängigen Experten, die
20 keine Eigeninteressen verfolgen dürfen. Sie führen dazu Ländermissionen durch, verfassen Studien und bieten den jeweiligen Staaten Beratung und Hilfe an.

25 ■ **Beschwerdeverfahren:** „Complaint Procedures" dienen der Identifizierung von Situationen schwerer und zuverlässig bestätigter Menschenrechtsverletzungen. Ziel des Beschwerdeverfahrens ist die
30 Identifizierung und Eindämmung von Menschenrechtsverletzungen. Solche Beschwerden werden von einer Einzelperson oder einer NGO eingereicht. Der Menschenrechtsrat beschäftigt sich
35 mindestens einmal jährlich mit solchen Situationen. Er überwacht die Menschenrechtssituation in den betreffenden

Staaten. Zudem kann er Empfehlungen abgeben, den betreffenden Ländern Hilfe zu leisten. 40

Weltbevölkerung nach Regionen		
Region	**Menschen**	**Länder**
Asien	ca. 4,4 Mrd.	ca. 47
Afrika	ca. 1,2 Mrd.	ca. 55
Osteuropa	ca. 150 Mio.	ca. 8
Westeuropa	ca. 399 Mio.	ca. 20
Lateinamerika	ca. 500 Mio.	ca. 20

Menschenrechtsrat – Beschwerdeverfahren, https://www.humanrights.ch/de/internationale-menschenrechte/ uno-organe/menschenrechtsrat/monitoring/, 08.03.2017, Bern (Zugriff 19.08.2018, verändert)

M2   UN-Bericht zu Unterdrückung der Uiguren in China

[...] „Der Bericht ist sehr sorgfältig recherchiert. Der Bericht dokumentiert sehr klar, dass China eklatante Menschenrechtsverletzungen begangen hat. Diese Menschenrechts-
5 verletzungen wiegen so schwer, dass sie den Tatbestand der Verbrechen gegen die Menschlichkeit erfüllen können. Und ganz selbstverständlich wird dieser Bericht im Menschenrechtsrat eine sehr wichtige Rolle spielen",
10 sagte die deutsche Botschafterin bei den Vereinten Nationen in Genf, Dr. Katharina Stasch, dem ARD-Studio in Genf. Sie ist stellvertretende Vorsitzende des Menschenrechtsrats. [...] Botschafterin Katharina Stasch: „Wir erwar-
15 ten, dass der neue Hochkommissar für Menschenrechte, Volker Türk, den Bericht im Menschenrechtsrat präsentieren wird. Und, dass der neue Hochkommissar auch mit ganz klaren Worten die Menschenrechtsverletzun-
20 gen in China benennen wird." Dass der Menschenrechtsrat China in einer Resolution verurteilt, ist längst nicht ausgemacht. Es gilt sogar als eher unwahrscheinlich, dass die

nötige Mehrheit der Ratsmitglieder zustande käme. Zahlreiche Staaten zögern, Partei gegen 25 Peking zu ergreifen. Sie fürchten Nachteile. China ist mächtig – hat sich durch seine massiven Investitionen in Afrika oder Lateinamerika Einfluss gesichert. Und der Kampf um Einflusssphären setzt sich auch im Menschen- 30 rechtsrat fort. China und auch Russland ziehen im Hintergrund selbstbewusst die Strippen. Jeden Vorwurf der Menschenrechtsverletzung weisen Peking und Moskau empört zurück. Ob es um das Foltern der Uiguren in 35 Xinjiang geht oder um das Massaker an der Zivilbevölkerung im ukrainischen Butscha. Die deutsche Botschafterin Katharina Stasch kündigt Widerstand an: „Es ist ganz klar, dass Russland, ganz ähnlich wie China, versucht, 40 mit seinem Narrativ andere Staaten auch auf seine Seite zu ziehen. Dem stellen wir uns ganz klar entgegen. Eins ist klar: Alternative Fakten werden wir nicht akzeptieren. Hier geht es um Menschenrechtsverletzungen und 45 die Menschenrechte sind unteilbar." [...]

Mathias Zahn: Volles Programm für Menschenrechtsrat, tagesschau.de, 12.09.2022, Hamburg; https://www. tagesschau.de/ausland/europa/un-menschenrechtsrat-123.html (Zugriff 15.11.2022)

1 Erläutere die Zusammensetzung und die Aufgaben des Menschenrechtsrats (M 1).
2 Arbeite die Position Deutschlands und die Probleme mit einer UN-Resolution gegen China heraus (M 2).
3 Erörtere, ob Staaten, die Menschenrechtsverletzungen begehen, Mitglieder des Menschenrechtsrates sein können.

13.10 Schutz der Menschenrechte durch NGOs?

NGOs, sogenannte Nicht-Regierungsorganisationen (engl. non-governmental organizations), spielen international eine wichtige Rolle bei der Überwachung der Einhaltung der Menschenrechte. Darüber hinaus unterstützen sie die UN-Institutionen und versorgen diese mit Informationen zu Menschenrechtsverletzungen.

M1 Amnesty International über die Lage in der Ukraine

[...] „Konnten Sie erkennen, welche Uniform die Soldaten trugen? Wir brauchen möglichst viele Details, um die Angreifer zu identifizieren", erklärt der 23-Jährige Roman Koval. Er
5 arbeitet seit vier Jahren als Ermittler für die Nichtregierungsorganisation Truth Hounds (Spürhunde der Wahrheit). Er und seine Kolleg*innen versuchen, Kriegsverbrechen der russischen Armee zu dokumentieren. [...]
10 Die russische Armee besetzte nach ihrem Einmarsch Ende Februar mehr als 3.500 ukrainische Ortschaften, mehr als 1.000 wurden inzwischen wieder befreit, vor allem im Norden und Westen der Hauptstadt Kiew. Die russischen Truppen gingen dort mit äußerster 15 Brutalität vor – sie mordeten, brandschatzten und vergewaltigten. Nach Angaben der ukrainischen Generalstaatsanwältin Iryna Wenediktowa wurden bis Ende Mai mehr als 15.000 Fälle russischer Kriegsverbrechen ge 20 gen die Zivilbevölkerung dokumentiert. [...]

Andrzej Rybak: Spur um Spur, Beweis um Beweis, amnesty.de, 23.06.2022, Berlin; https://www.amnesty.de/informieren/amnesty-journal/ukraine-krieg-russland-kriegsverbrechen-dokumentation (Zugriff 15.11.2022)

M2 Scharfe Kritik am Ukraine-Bericht von Amnesty International

In einem Untersuchungsbericht zum russischen Angriffskrieg in der Ukraine bemängelt Amnesty International, dass die ukrainischen Truppen gezielt zivile Einrichtungen als Mili
5 tärposten benutzen – und dadurch Zivilisten unnötig in Gefahr bringen. Experten kritisieren die Menschenrechtsorganisation für die Veröffentlichung scharf, Kiew weist die Vorwürfe zurück. Der Politikberater Sergej Sum
10 lenny geht ebenfalls mit Amnesty hart ins Gericht: Der Bericht sei „eine ganz klare De-facto-Unterstützung der russischen Propaganda", sagt er. Nicht umsonst teilten russische Botschaften die Veröffentlichung weltweit auf Facebook. [...] Laut Sumlenny basiert 15 das Amnesty-Dokument „auf keinerlei Fakten", es verdrehe die Realität vollkommen. Die Menschenrechtsorganisation wirft ukrainischen Soldaten unter anderem vor, ihre Landsleute als menschliche Schutzschilde zu 20 benutzen. Die Russen würden nur „als Antwort" darauf zurückschießen. Dies sei falsch, so Sumlenny. „Wir wissen, dass über 80 Prozent der russischen Artilleriebeschüsse oder Raketenanschläge in den Wohnvierteln lan 25 den." Die Russen zielten auf Zivilisten, auch hätten sie ganz gezielt etwa auf die Evakuierungskonvois vor Kiew geschossen. [...]

Sergej Sumlenny, Axel Rahmlow: Scharfe Kritik an den Hütern der Menschenrechte, Deutschlandfunk online, 11.08.2022, Köln; https://www.deutschlandfunkkultur.de/amnesty-international-ukraine-bericht-sergej-sumlenny-100.html (Zugriff 15.11.2022)

1 Erläutere, was Amnesty International der russischen Armee vorwirft (M1).
2 Beurteile, ob Amnesty International ihrem Anspruch, politisch neutral zu sein, gerecht wird (M2).

M3 Was tut Amnesty?

Aktuelle nationale Maßnahmen in Deutschland (2018)

- Kampagne „Für Meinungsfreiheit in der Türkei"
- 5 Tag gegen Rassismus mit Lesung aus dem Buch „Durch die Wand"
- Verleihung Menschenrechtspreis an Menschenrechtsaktivisten
- Ausstellung „Stop Folter" in einer Berliner
- 10 Galerie
- Demonstration am Frankfurter Flughafen mit der Forderung „Keine Abschiebung nach Afghanistan"
- Foto-Ausstellung „Menschen auf der
- 15 Flucht"

Aktuelle internationale Maßnahmen (2018)

- Kampagne „Solidarität mit der Zivilgesellschaft in Ungarn"
- Aktion „Wiedervereinigung von Flüchtlingsfamilien" in Großbritannien 20
- Petition an syrische Regierung: Evakuierung von Patienten mit dringendem Bedarf an medizinischer Hilfe
- Kampagne „Freilassung von Taner Kılıç aus türkischer Haft" 25
- Demonstration in Saudi Arabien gegen die Todesstrafe für 12 Männer

Autorentext nach Angaben von Amnesty International Deutschland e. V., Berlin

M4 NGOs im Kontext der UN

Auf dem Gebiet der Menschenrechte arbeiten NGOs intensiv mit der UN zusammen, weil sie sich davon spürbaren Einfluss erhoffen […]. Eines der Hauptziele des NGO-Engagements im 5 Kontext der UN ist die Beeinflussung politischer Debatten durch die verschiedenen Kommunikationskanäle. Häufig nutzen Menschenrechts-NGOs die offiziellen Wege, die ihnen die UN geschaffen hat, um ihre Anliegen einzubrin- 10 gen: So hat die UN etwa regelmäßig stattfindende Sitzungen, planmäßige Treffen oder feste Ausschüsse, an denen die Organisationen teilnehmen können (zum Teil auf Einladung) und bei denen ihre mündlichen und schriftlichen 15 Beiträge zu Protokoll genommen werden. Auf diese Weise können sie sich formal in den Politikprozess einbringen. NGOs versuchen darüber hinaus durch paralleles, informelles Lobbying Einfluss auf UN-Mitarbeiter und 20 -Mitarbeiterinnen und Regierungsvertreter und -vertreterinnen zu nehmen. […] Viele NGO-Aktivitäten auf dieser Ebene zielen darauf ab, Themen auf die internationale politische Agenda zu setzen und internationale Standards in den jeweiligen Politikfeldern zu beeinflussen. 25 Durch ihre Aktivitäten wollen sie die Ausarbeitung von internationalen Abkommen auf UN-Ebene voranbringen, um anschließend auf Staaten Druck ausüben zu können, sich an ihre internationalen Verpflichtungen zu halten. […] 30 Im Bereich der Menschenrechte haben NGOs inzwischen nachhaltig zum Fortschritt internationaler Normen und Standards beigetragen. Insbesondere haben sie Vorschläge für die weitere Entwicklung, Sicherung und Durchführung 35 von Menschenrechtskonventionen gemacht. So gilt zum Beispiel die Folterverbots-Kampagne von Amnesty International (AI) in den 1970er-Jahren als eine der ersten sehr erfolgreichen NGO-Initiativen. Auch die Einrichtung des Amts 40 eines Hohen Kommissars der Vereinten Nationen für Menschenrechte im Jahr 1993 geht auf jahrelange Lobbyarbeit von Menschenrechtsorganisationen zurück.

ICC – Internationaler Strafgerichtshof in Den Haag, Niederlande

Kerstin Martens: Menschenrechts-NGOs im UN-System, Aus Politik und Zeitgeschichte, Bundeszentrale für politische Bildung, 31.10.2008, Bonn; https://www.bpb.de/shop/zeitschriften/apuz/30868/menschenrechts-ngos-im-un-system/?p=all (Zugriff 15.11.2022)

3 Arbeite heraus, wie sich Amnesty International für den Schutz der Menschenrechte stark macht (M3).

4 Beurteile, ob NGOs zum Schutz der Menschenrechte beitragen können (M4).

5 Recherchiere weitere NGOs, die sich für die Einhaltung der Menschenrechte engagieren.

Auf folgende Fragen solltest du jetzt antworten können. Auf den angegebenen Seiten könntest du auch noch einmal nachlesen.

1. Wie kann der Frieden bewahrt, geschaffen und gesichert werden?

Der Begriff Frieden kann auf unterschiedliche Weise definiert werden. Als positiven Frieden bezeichnet man dabei sowohl einen Zustand als auch einen Prozess, der von rechtsstaatlicher Demokratie und dem Entstehen einer globalen Gemeinschaft freier Völker gekennzeichnet ist. Auf dem Weg zu diesem Endzustand spielen neben den Vereinten Nationen internationale Nichtregierungsorganisationen (NGOs) eine wichtige Rolle. Den Vereinten Nationen stehen eine Vielzahl von Instrumenten zur Schaffung, Sicherung und Bewahrung des Friedens zur Verfügung. Dazu gehören diplomatische Maßnahmen oder Einsetzung von Tribunalen zur Wiederherstellung von Gerechtigkeit. Die Vereinten Nationen agieren prinzipiell gewaltfrei und mit Zustimmung der betroffenen Staaten. Kommt es allerdings trotz der Bemühungen um friedliche Streitbeilegung zu einer fortdauernden Friedensstörung, kann der Sicherheitsrat nach Kapitel VII der UN-Charta Zwangsmaßnahmen bis hin zur Anwendung militärischer Gewalt gegen den staatlichen Aggressor oder gegen die für die Friedensstörung verantwortlichen Staaten verhängen. (S. 338 – 339, 347 – 349, 356 – 357)

2. Welche Regeln bestimmen die internationale Politik und wo sind sie verankert?

Mit dem Voranschreiten der Globalisierung hat die Bedeutung der Verrechtlichung internationaler Beziehungen deutlich zugenommen. Obwohl sich bisher keine einheitliche internationale Rechtsordnung im Rahmen eines Weltstaates herausgebildet hat, finden sich jedoch Ansätze zu Rechtsstaatlichkeit. Einen wesentlichen Bestandteil stellt die Allgemeine Erklärung der Menschenrechte dar. Die UN-Menschenrechtscharta wurde von der Generalversammlung der Vereinten Nationen am 10. Dezember 1948 genehmigt und verkündet und ihre Gedanken fanden seitdem Eingang in die Verfassungen vieler Staaten. Das Gründungsdokument der Vereinten Nationen, die UN-Charta, stellt einen völkerrechtlichen Vertrag dar, welcher das Ziel anstrebt, die Souveränität der einzelnen Staaten durch das Völkerrecht zu begrenzen. Die zentrale Regel dieser Weltordnung stellt das in Artikel 2 (4) der UN-Charta niedergelegte umfassende Verbot zwischenstaatlicher Gewalt, die nur noch zur Selbstverteidigung gegen bewaffnete Angriffe oder aufgrund eines Beschlusses des Sicherheitsrates der UNO zulässig ist, dar. (S. 352 – 355)

3. Wie trifft die UNO Entscheidungen?

Die sechs Hauptorgane der Vereinten Nationen sind die Generalversammlung, der Generalsekretär mit Sekretariat, der Weltsicherheitsrat, der Internationale Gerichtshof, der Wirtschafts- und Sozialrat sowie der Treuhandrat. Das Gremium, welches ausschließlich verbindliche Entscheidungen treffen darf, ist der Weltsicherheitsrat. Er setzt sich aus fünf ständigen Mitgliedern, welche mit einem Vetorecht ausgestattet sind, und zehn nichtständigen Mitgliedern zusammen. Sowohl Zusammensetzung als auch Machtverteilung unterliegen zunehmend der Kritik. So scheiterte eine Resolution gegen Russlands Einmarsch in die Ukraine am Veto von Russland, China enthielt sich zusammen mit zwei weiteren Ländern. (S. 342 – 346)

Basiskonzept: Regeln und Recht

Jenseits des souveränen Staates ist es schwer, Regeln zu verankern, da es keine supranationale Instanz gibt, die die Einhaltung der Regeln für alle garantieren kann. Daher bedarf es der freiwilligen Selbstverpflichtung der Nationalstaaten zur Einhaltung von getroffenen Regeln. In vielen Fällen stehen nationale Interessen nicht im Einklang mit internationalen Bestrebungen, wie zum Beispiel der Schaffung von Frieden oder dem Verbot eines Angriffskrieges. International gibt es nur wenig vereinheitlichtes Recht (zum Beispiel das Völkerrecht oder die Charta der Vereinten Nationen), welches auch nur schwer einklagbar ist, da nicht alle Staaten weltweit Mitglied der Vereinten Nationen sind und an ihrer souveränen Gesetzgebungsautorität festhalten wollen. Häufiger schließen Staaten untereinander bilaterale Verträge ab, als ihr Recht multilateral zu verankern.

M 1 Russland blockiert Sicherheitsrats-Resolution

Zeichnung: Heiko Sakurai

M 2 DGVN: Das Vetorecht muss reformiert werden

[Am] 24. Februar 2022 [begann] der groß angelegte Versuch Russlands unter dem Regime von Putin, die Ukraine militärisch einzunehmen und als eigenständigen Staat auszuradieren. Es gibt keine Zweifel daran, dass es sich
5 um einen völkerrechtswidrigen Angriffskrieg handelt, der unter anderem das Gewaltverbot der UN-Charta verletzt. Das wurde vom Internationalen Gerichtshof (IGH) in einer Eilentscheidung vom 16. März 2022 bestätigt. [...]
10 Mit einer Zweidrittel-Mehrheit von 141 Ja-Stimmen bei 5 Nein-Stimmen und 35 Enthaltungen wurde mit einer am 2. März 2022 verabschiedeten Resolution Russlands Angriffskrieg verurteilt und der sofortige militärische Rückzug gefordert. Obwohl dies ein
15 starkes Votum der Weltgemeinschaft ist, hat sich Russland davon unbeirrt gezeigt und die Kampfhandlungen sowie Angriffe auf die Zivilbevölkerung fortgesetzt. [...] Eine Blockade
20 des Sicherheitsrates durch ein Veto eines oder mehrerer ständiger Mitglieder hat es häufig gegeben. Seit Bestehen der UN wurde über 250 Mal vom Vetorecht Gebrauch gemacht. In

jüngerer Zeit gilt dies insbesondere für Russ- 25
land, das allein oder zusammen mit China in mittlerweile über 15 Fällen ein Veto eingelegt hat. [...] Der DGVN-Arbeitskreis „UN-Reform" [...] schlägt vor, das Auslegungsprinzip „Geist vor Buchstabe" anzuwenden, um Wege aus 30
diesem Dilemma zu finden. Das heißt, dass dem Sinn und Zweck des Vetos nachgegangen werden muss. [...]
Solange die Charta noch ihre bisherige Form hat, muss sie ihren Zielen nach interpretiert 35
werden. Der Gebrauch des Vetos sollte im konkreten Fall danach beurteilt werden, ob es im Einklang mit den Zielen der Charta steht. [Die] Generalversammlung [sollte daher prüfen], ob dies beim Veto Russlands am 25. Februar 40
2022 der Fall war. Gegebenenfalls könnte es als missbräuchlich und ungültig eingestuft werden. Da es sich um eine Resolution handelte und Russland eine Streitpartei ist, war das Veto auch ein Verstoß gegen die Charta, denn 45
Art. 27 Abs. 3 verlangt hier eine Stimmenthaltung. In diesem Fall wäre die von Russland blockierte Resolution gültig und in Kraft. [...]

Christoph von Knobelsdorff, Andreas Bummel: Debatte: Das Vetorecht muss reformiert werden, DGVN online, 03.05.2022, Berlin; https://dgvn.de/meldung/debatte-das-vetorecht-im-un-sicherheitsrat-muss-reformiert-werden (Zugriff 15.11.2022, verändert)

INFO

Deutsche Gesellschaft für die Vereinten Nationen e. V.
Die DGVN setzt sich für starke Vereinte Nationen ein, denn nur durch enge internationale Zusammenarbeit können sie Frieden sichern, Menschenrechte stärken und eine nachhaltige Entwicklung fördern.

1 Analysiere die Karikatur (M 1).
2 Bewerte den Vorschlag der DGVN, das Vetorecht im UN-Sicherheitsrat zu reformieren (M 2).

14.

„Die einen wollen ‚mehr Europa' und glauben weiterhin, der Zweck der EU sei die Überwindung der Nationalstaaten. Die anderen wollen ‚weniger Europa' und am liebsten ein Zurück zu voller nationaler Souveränität."
DIE ZEIT Nr. 29/2016, S. 26, Hamburg

„Die EU macht es möglich, in jedem EU-Staat zu leben und zu arbeiten."
Jean aus Frankreich, www.ec.europa.eu

„Es ist das Empfinden der Menschen, dass [durch die EU] mehr und mehr Dinge geregelt werden, die ihr ganz persönliches Leben betreffen, […] und dass diese Entscheidungen in einer Art und Weise fallen, die sie nicht beeinflussen [können]."
Günter Verheugen, ehemaliger EU-Kommissar, Deutschlandfunk, 21.6.2016, Köln

„Deutschlands Steuerzahler werden zukünftig noch tiefer in die Tasche greifen müssen, denn das EU-Brüssel-Regime hat einen europäischen Zentralstaat zum Ziel."
https://russlanddeutsche-afd.nrw.de, ohne Datum

„Wir können in Europa in der Lage wachsender Demagogie und tiefer Europaskepsis nicht einfach so weitermachen wie bisher."
Wolfgang Schäuble, zit. nach: www.tagesschau.de, 03.07.2016, Hamburg

„[Es] ist […] eine Illusion, darauf zu hoffen, dass die nationale Identität nach und nach durch eine europäische Identität abgelöst werden könnte."
Jutta Limbach, www.faz.net, 26.08.2012, Frankfurt/M.

„Der Tag wird kommen, an dem der Hass, der im Krieg unvermeidlich scheint, überwunden wird. Einmal muss das Europa Wirklichkeit werden, in dem Europäer leben können."
Der spätere Bundeskanzler und Friedensnobelpreisträger Willy Brandt in der schwedischen Zeitschrift „Trots allt" im August 1943; zit. nach: Der EUROPALOTSE, Hannover 2013

„Zur Politik der europäischen Einigung gibt es keine verantwortbare Alternative. Wenn wir Frieden, Freiheit, Sicherheit und Wohlstand für alle Bürger unseres Kontinents auf Dauer sichern wollen, dann bleibt es unsere Aufgabe, mit Engagement und Optimismus für den Bau des Hauses Europa einzutreten. Denn Europa – und das gilt besonders für die junge Generation – ist unsere Zukunft."
Helmut Kohl, Bundeskanzler a. D. und Ehrenbürger Europas: „Europa hat seine Chance genutzt", WELT online, 23.03.2007, Berlin

„Die Polen sehen sich nicht mehr deshalb als Europäer, weil sie den Westen imitieren, sondern weil sie für etwas stehen, was sie für die wahren europäischen Werte halten."
Iwan Krastew, Frankfurter Allgemeine Zeitung v. 25.05.2016, S. 9

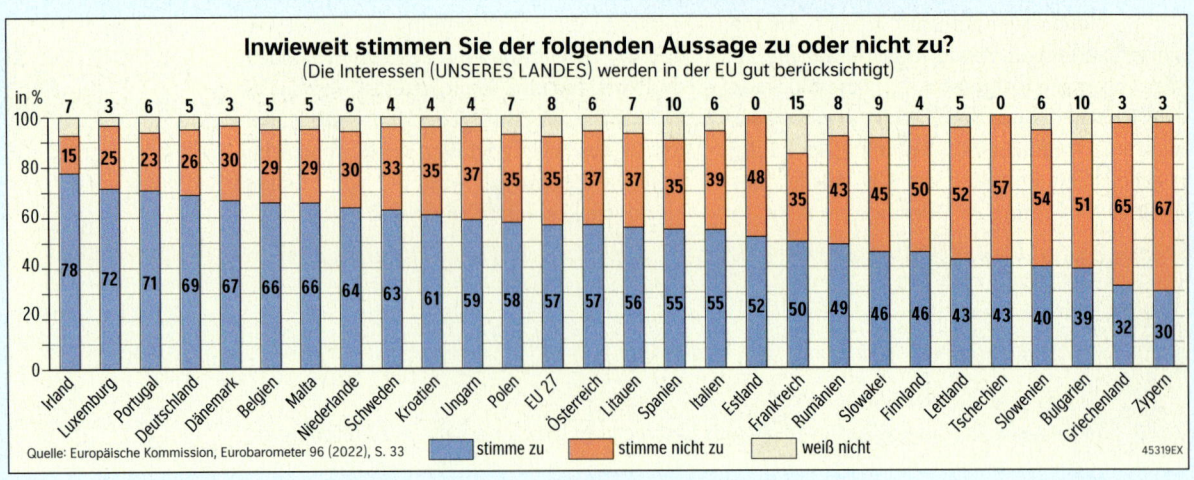

Inwieweit stimmen Sie der folgenden Aussage zu oder nicht zu?
(Die Interessen (UNSERES LANDES) werden in der EU gut berücksichtigt)

Quelle: Europäische Kommission, Eurobarometer 96 (2022), S. 33 — stimme zu / stimme nicht zu / weiß nicht

45319EX

Die Europäische Union: Erfolgs- oder Auslaufmodell?

Die Werte, auf die sich die Union gründet, sind die Achtung der Menschenwürde, Freiheit, Demokratie, Gleichheit, Rechtsstaatlichkeit und die Wahrung der Menschenrechte einschließlich der Rechte der Personen, die Minderheiten angehören. Diese Werte sind allen Mitgliedstaaten in einer Gesellschaft gemeinsam, die sich durch Pluralismus, Nichtdiskriminierung, Toleranz, Gerechtigkeit, Solidarität und die Gleichheit von Frauen und Männern auszeichnet.
Art. 2 EU-Vertrag

14.1 Die Europäische Union in unserem Alltag

M1   Ziel Europa

Zeichnung: Heiko Sakurai

M2   Wo wir Europa im Alltag begegnen

 Sie können in jedes EU-Land reisen, dort studieren, arbeiten und leben. Der EU-Binnenmarkt ermöglicht den freien Personenverkehr.

5

 Die EU hat die Schranken für den freien Handel zwischen ihren Mitgliedern abgebaut. Das bedeutet, dass jeder/jede selbst ent-
10 scheiden kann, wo in Europa er/sie Waren produziert, kauft und verkauft. Das bedeutet auch eine größere Auswahl an Produkten und niedrigere Preise für die Verbraucher.

 Reisen in Europa ist heute sehr
15 einfach. Durch das Schengener Übereinkommen wurden die Grenzkontrollen zwischen den meisten europäischen Ländern abgeschafft. [...]

20  Es kann passieren, dass Sie auf Ihrer Reise in einem anderen EU-Land krank werden oder einen Unfall haben. Als EU-Bürger haben Sie Anspruch auf die medizinische Versor-
25 gung, die nicht bis zu Ihrer Heimreise warten kann.

 Flugreisen sind viel billiger geworden. Die EU hat nationale Monopole abgeschafft und den Luftverkehr für den Wettbewerb 30 geöffnet. [...]

 Die Preise für die Nutzung von Mobiltelefonen [...] im Ausland sind in den letzten Jahren deutlich gesunken. Dank EU- 35 Vorschriften, mit denen Preisobergrenzen festgelegt wurden, konnten die Kosten deutlich (um mehr als 90 % seit 2007) gesenkt werden. Roaminggebühren wurden im Juni 2017 abgeschafft, sodass Sie für die 40 Benutzung Ihres Mobiltelefons im Ausland dasselbe bezahlen wie zu Hause.

 Die Gewährleistungsfrist für Konsumgüter wie z. B. elektronische Geräte beträgt jetzt mindes- 45 tens zwei Jahre. Das bedeutet beispielsweise, dass Ihr Mobiltelefon, sollte es nach einem Jahr kaputtgehen, kostenlos repariert oder ersetzt werden kann. [...]

 Auch wenn Sie Waren nicht in 50 einem Ladengeschäft bestellen oder kaufen, sind Sie durch

EU-Recht geschützt. Sie haben z. B. auch dann die Möglichkeit, es sich anders zu überlegen,
55 wenn Sie ein Abonnement oder einen Vertrag auf der Straße abschließen oder im Internet einkaufen. Sie haben das Recht, innerhalb von 14 Tagen die Bestellung zu stornieren oder die Ware zurückzuschicken.

60 Als Verbraucher haben Sie vielleicht ein Interesse daran, möglichst umweltfreundliche Produkte zu kaufen; das Energie-etikett der EU hilft Ihnen dabei, die richtige
65 Wahl zu treffen. Zahlreiche Produkte wie Leuchtmittel, Waschmaschinen, Kühlschrän-

ke und Fernsehgeräte tragen das Energie-etikett der EU. So lässt sich leichter feststellen, welche Produkte die höchste Energieeffizienz
70 aufweisen [...].

Die EU zeichnet sich durch sau-beres Trinkwasser und saubere Badegewässer aus. Umweltver-schmutzung kennt keine Gren-zen, und saubere Luft sowie sauberes Wasser 75 haben natürlich einen sehr hohen Stellenwert. Die EU hat verbindliche europaweite Grenz-werte für die Luft- und Wasserverschmutzung eingeführt, und die EU-Staaten sind verpflich-tet, für die Einhaltung dieser Werte zu sorgen. 80

M3 ## EU-Staaten im Vergleich

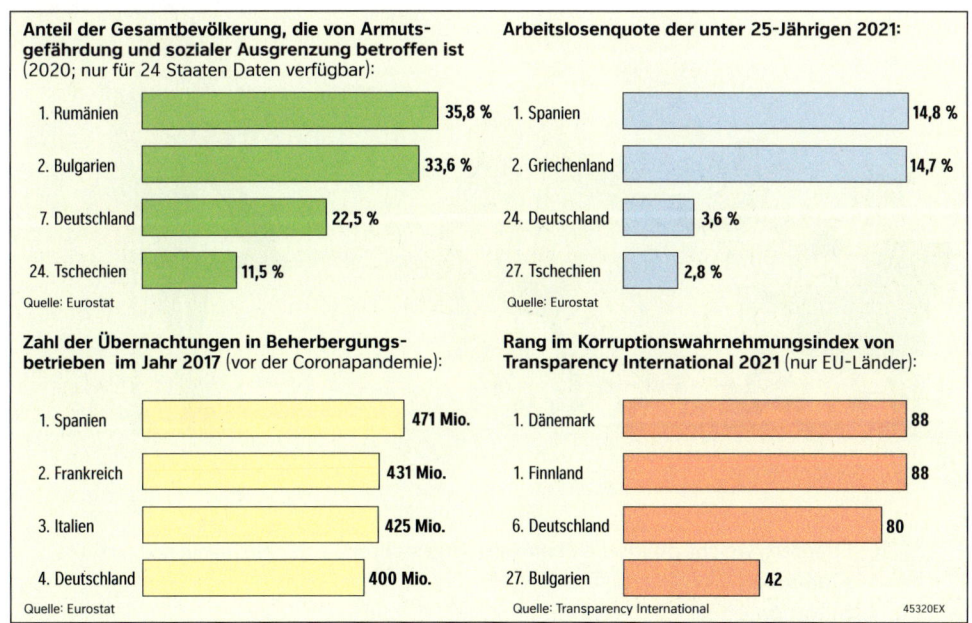

1. **Erkläre**, was Europa für dich bedeutet.
2. **Vergleicht**, ob ihr andere Begriffe genannt hättet, wenn „Europa" durch „die EU" ersetzt werden würde, und **erläutert**, warum die Gleichsetzung von „Europa" und „EU" problematisch ist.
3. **Analysiere** die Karikatur M 1.
4. **Erläutere**, welche drei der in M 2 dargestellten Beispiele für dich am wichtigsten sind, und **vergleicht** eure Ergebnisse.
5. **Erörtert** weitere Beispiele, wo ihr euch eine europäische Regelung wünschen würdet.
6. **Erläutere** mögliche Ursachen für die in M 3 dargestellten Unterschiede und deren Folgen.
7. **Gestalte** ausgehend von M 3 mögliche Satzenden für „Europa ist für mich …" aus der Perspektive verschiedener EU-Bürger und -Bürgerinnen.

Interessen und Gemeinwohl

M4   Wer soll entscheiden?

- Unternehmenssteuer
- Höhe der Studiengebühren
- Mindestlöhne
- Energiegewinnung (Atomkraft, Kohle, Windenergie etc.)

- Außenpolitik
- Terrorismusabwehr
- Umweltschutz

M5   „Das Gespenst des Nationalismus geht um in Europa …"

Zeichnung: Gerhard Mester

1 Erläutert, welche politische Ebene die vorgestellten Probleme regeln soll (M4, M5):
   a) Europa,
   b) Nationalstaat,
   c) Region,
   d) Kommune.
2 Vergleicht mithilfe einer Recherche die Ergebnisse mit den aktuellen Regelungen in Europa.
3 Erörtert ausgehend von M5, was nationale Entscheidungen gegenüber europäischen für manche Bürgerinnen und Bürger attraktiv macht.

14.2 Wie funktioniert die Europäische Union?

Inzwischen hat die Europäische Union – nach dem Austritt Großbritanniens – 27 Mitglieder. Nirgendwo sonst auf der Welt arbeiten souveräne Nationalstaaten so eng zusammen. Aber wie kann das funktionieren, treffen doch sehr unterschiedliche Länder aufeinander, z. B. das große Deutschland auf das kleine Malta und das reiche Dänemark auf das arme Bulgarien? Das Institutionengeflecht der Europäischen Union muss all diesen Unterschieden Rechnung tragen und zwei Fragen beantworten: Welche Bedeutung sollen die Unterschiede der Mitgliedstaaten für ihren Einfluss in der EU haben? Und mit welchen Entscheidungsregeln können die verschiedenen Interessen, aber auch die unterschiedliche Integrationsbereitschaft miteinander vereinbart werden?

WEBCODE

WES-116987-043

Projekt „Unionslabor" – Europäische Politik ausprobieren, erleben, verstehen

M 1 Die Mitgliedstaaten der EU: Zahlen und Fakten

*¹ z. T. vorläufig oder geschätzt;
Quelle: Eurostat*

Mitgliedstaat	Einwohner 2022[1]	BIP 2021 (Mrd. Euro)	BIP/Kopf 2021 (Euro)	in EU seit	Euro eingeführt
Belgien	11,6 Mio.	502	39.300	1951	1999
Bulgarien	6,8	71	17.800	2007	nein
Dänemark	5,9	337	43.300	1973	nein
Deutschland	83,2	3.602	38.600	1951	1999
Estland	1,3	31	28.200	2004	2011
Finnland	5,5	251	36.500	1995	1999
Frankreich	67,8	2.501	33.700	1951	1999
Griechenland	10,6	182	20.900	1981	2001
Irland	5,1	426	71.200	1973	1999
Italien	59,0	1.782	30.600	1951	1999
Kroatien	3,9	58	22.600	2013	2023
Lettland	1,9	34	23.000	2004	2014
Litauen	2,8	56	28.400	2004	2015
Luxemburg	0,6	72	89.700	1951	1999
Malta	0,5	15	32.000	2004	2008
Niederlande	17,6	856	42.300	1951	1999
Österreich	8,8	406	39.300	1995	1999
Polen	37,7	575	25.000	2004	nein
Portugal	10,4	214	24.000	1986	1999
Rumänien	19,0	240	23.500	2007	nein
Schweden	10,5	537	40.100	1995	nein
Slowakei	5,4	99	22.000	2004	2009
Slowenien	2,1	52	29.100	2004	2007
Spanien	47,4	1.207	27.200	1986	1999
Tschechien	10,5	238	29.500	2004	nein
Ungarn	9,7	154	24.500	2004	nein
Zypern	0,9	24	28.400	2004	2008

1 Bei jedem EU-Gipfeltreffen entstehen Fotos mit den Staats- und Regierungschefinnen und -chefs der Mitgliedstaaten. Nehmen wir an, die Regel für die Aufstellung sei: „Je wichtiger, desto weiter in der Mitte." Entwickle anhand von M 1 eine mögliche Anordnung der Vertreter/-innen der Mitgliedstaaten. Begründe anschließend deine Aufstellung.

BASISKONZEPT

Macht und Entscheidung

M2 Wer entscheidet in der EU?

Petteri Orpo:

Der Finne ist seit 2023 Ministerpräsident seines Landes. In „seiner" Institution arbeitet er u.a. mit dem deutschen Bundeskanzler Olaf Scholz und 25 weiteren Staats- und Regierungschefinnen und -chefs zusammen. Da hier das Einstimmigkeitsprinzip gilt, ist Herrn Orpos Einfluss formal genauso groß wie der von Herrn Scholz. Die Realität ist anders.

Christophe Béchu:

Der französische Umweltminister vertritt in seiner Institution die Interessen Frankreichs. Natürlich ist es für Herrn Bechú trotzdem wichtig, mit seinen Kolleginnen und Kollegen, der Kommission und dem Parlament europäische Kompromisse zu finden.

Charles Michel:

Der Belgier ist ein Unikat in Brüssel. Seit 2019 sitzt er seiner Institution vor – ohne allerdings selbst Stimmrecht zu haben. Qualifiziert für seine Aufgabe hat ihn eventuell auch, dass er schon belgischer Regierungschef war. Seine Aufgabe ist es nämlich, zwischen den Interessen von 27 Staats- und Regierungschefinnen und -chefs zu vermitteln.

Ursula von der Leyen:

Die Deutsche ist eine der wichtigsten Politikerinnen Europas und Chefin der Institution, die sich als Motor der EU sieht. Vor allem aber muss sie Vermittlerin sein. Deshalb ist es wichtig, dass sie mit den Staats- und Regierungschefinnen/ -chefs und den Europaparlamentariern gut auskommt.

Ska Keller:

Die Deutsche ist Mitglied der Institution, die sich selbst als das Sprachrohr der Bürger/-innen Europas sieht. Seit ihrer Gründung hat diese Institution immer mehr an Gewicht gewonnen. Frau Keller darf u. a. darüber entscheiden, wofür das Geld ausgegeben wird. Interessanterweise sitzt sie in ihrer „Fraktion" nicht nur mit Deutschen zusammen, sondern mit Vertretern der gleichen politischen Ausrichtung, deren Vorsitzende sie auch ist.

Koen Lenaerts:

Der Belgier kümmert sich mit seiner Institution, die ihren Sitz in Luxemburg hat, darum, dass das Recht bei der Auslegung und Anwendung der Verträge gewahrt bleibt. Hier kann geklagt werden, u. a. kann die Kommission Mitgliedsländer verklagen, die gegen das Recht der Europäischen Union verstoßen.

BASISKONZEPT

Ordnung und Struktur

2 Ordne die in M2 porträtierten Personen ihren Institutionen in M3 zu.

3 Vergleiche, wie sie jeweils zu ihren Aufgaben in der Europäischen Union gekommen sind.

4 Erstellt arbeitsteilig je eine Präsentation zu den EU-Institutionen in M4. Ihr solltet anschließend folgende Fragen erläutern können:

- In welcher Beziehung steht eure Institution zu den anderen Institutionen?
- Welche Interessen vertritt diese Institution vor allem – nationale oder europäische?
- Welche Konflikte könnte es zwischen eurer Institution und anderen Institutionen geben?
- Wie werden Unterschiede der Bevölkerungszahl und Integrationsbereitschaft berücksichtigt?

5 Begründe, warum eure Institution unverzichtbar ist.

M3 Die Organe der Europäischen Union

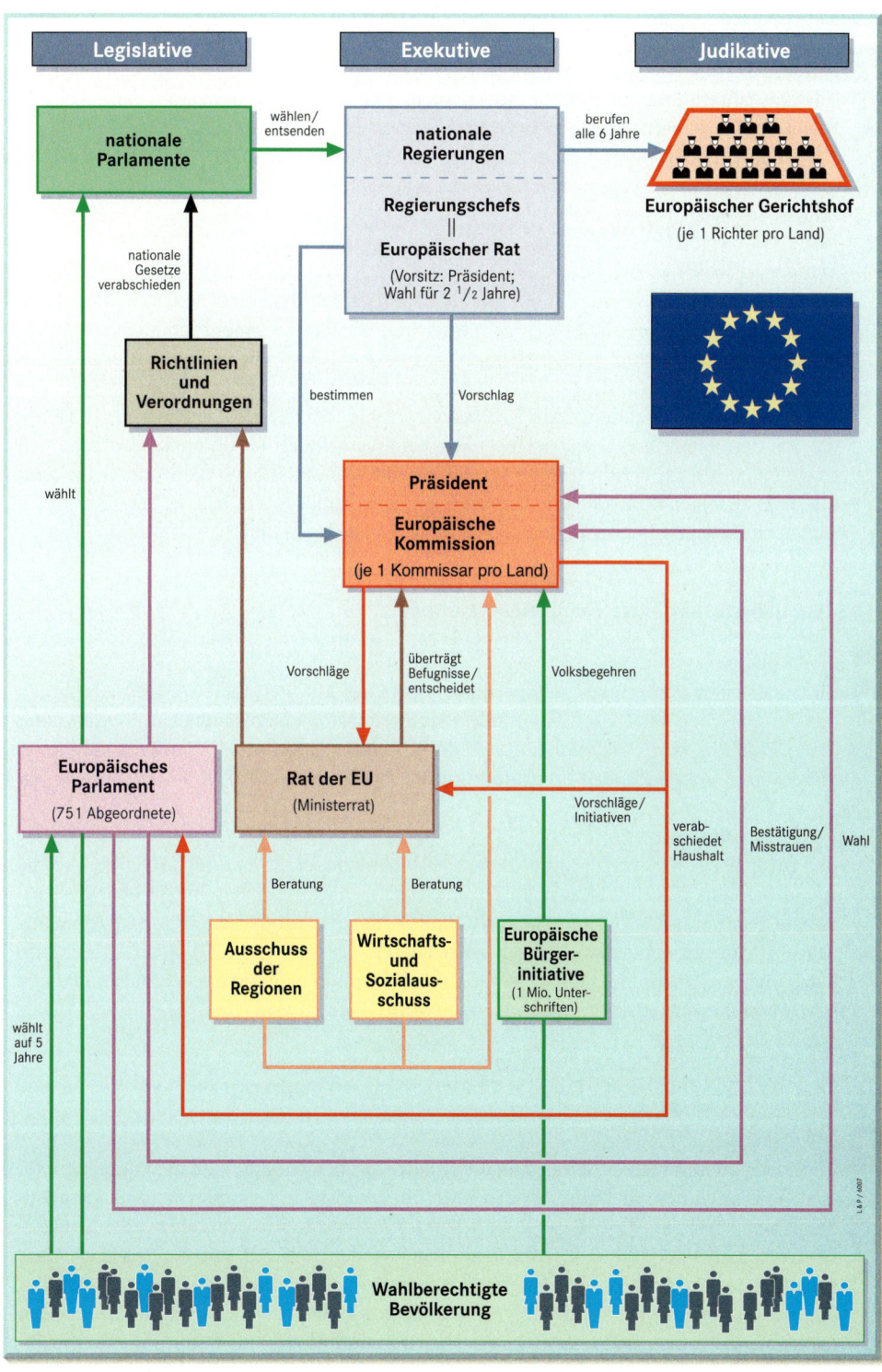

Legislative

Exekutive

Judikative

nationale Parlamente

wählen/ entsenden

nationale Regierungen

berufen alle 6 Jahre

Europäischer Gerichtshof
(je 1 Richter pro Land)

Regierungschefs
||
Europäischer Rat
(Vorsitz: Präsident; Wahl für 2 1/2 Jahre)

nationale Gesetze verabschieden

Richtlinien und Verordnungen

wählt

bestimmen

Vorschlag

Präsident

Europäische Kommission
(je 1 Kommissar pro Land)

Vorschläge

überträgt Befugnisse/ entscheidet

Volksbegehren

Europäisches Parlament
(751 Abgeordnete)

Rat der EU
(Ministerrat)

Vorschläge/ Initiativen

verab- schiedet Haushalt

Bestätigung/ Misstrauen

Wahl

Beratung

Beratung

wählt auf 5 Jahre

Ausschuss der Regionen

Wirtschafts- und Sozialaus- schuss

Europäische Bürger- initiative
(1 Mio. Unter- schriften)

Wahlberechtigte Bevölkerung

WEBCODE

WES-116987-044

Film: „Einfach erklärt:
Institutionen der EU"

M4   Die Organe der EU und ihre Aufgaben

a) Das Europäische Parlament – Europas „Bürgerkammer" und Gesetzgeber

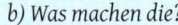

a) Wer sind die?

Alle fünf Jahre finden seit 1979 Direktwahlen in den Mitgliedsländern statt. Seit dem Austritt Großbritanniens sitzen genau 705 Personen im Parlament und vertreten die ca. 450 Millionen EU-Bürger/-innen. Je größer ein Staat ist, desto mehr Abgeordnete darf er ins Europaparlament entsenden. Die Plenarsitzungen finden in Straßburg statt, die Ausschüsse tagen in Brüssel.

b) Was machen die?

Das Europäische Parlament teilt sich mit dem Ministerrat in den meisten Politikbereichen die gesetzgebende Gewalt. In wenigen Bereichen hat das Parlament lediglich ein Anhörungsrecht und darf nicht mitentscheiden. Ohne seine Zustimmung kann allerdings der EU-Haushalt, also wofür die EU ihr Geld ausgibt, nicht verabschiedet werden.

Das Parlament wählt zudem den Kommissionspräsidenten bzw. die -präsidentin und kann die von den Regierungen vorgeschlagenen Kommissarinnen und Kommissare ablehnen sowie einen Misstrauensantrag gegen die gesamte Kommission stellen und sie so zum Rücktritt zwingen. Kontrolle übt das Parlament auch dadurch aus, dass es Vertreter/-innen der Kommission in die Ausschüsse einladen kann, um Bericht erstatten zu lassen.

b) Der Europäische Rat – „Weichensteller" Europas

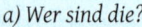

a) Wer sind die?

Die Staats- und Regierungschefinnen und -chefs der Mitgliedstaaten bilden zusammen den Europäischen Rat. Dieser tritt mindestens zweimal im Jahr zusammen. Außerdem sind die Präsidentin der EU-Kommission und der Präsident des Europäischen Rats Mitglieder dieses Gremiums, beide aber ohne Stimmrecht.

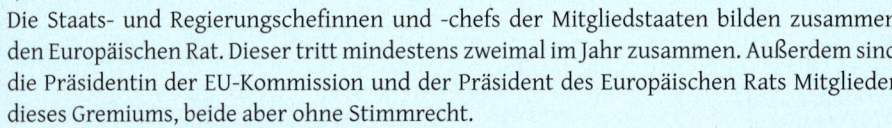

b) Was machen die?

Der Europäische Rat verfügt über die „Richtlinienkompetenz" in der EU, trifft also die grundlegenden Entscheidungen für Europa. Dazu gehören z.B. Beschlüsse über die Aufnahme neuer Staaten. Er gibt aber auch Impulse, um die Europäische Union weiterzuentwickeln oder auf Fehlentwicklungen zu reagieren. Da die Beschlüsse des Europäischen Rates ohne Gegenstimme gefasst werden müssen, fallen jedoch klare Vorgaben, die alle Staats- und Regierungschefinnen und -chefs gutheißen, schwer.

c) Der Rat der EU / Ministerrat – Europas Länderkammer und Gesetzgeber

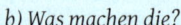

a) Wer sind die?

Im jeweiligen Ministerrat, offiziell „Rat der Europäischen Union", sind die nationalen Regierungen mit einem Fachminister bzw. einer Fachministerin vertreten. Je nach anstehendem Thema tagt der Ministerrat u. a. als Rat der Außen-, Agrar-, Verkehrs- oder Umweltministerinnen und -minister. Entscheidungen werden hier auf unterschiedliche Weise getroffen. Je nach Politikbereich muss einstimmig entschieden werden oder mit einfacher Mehrheit. Die meisten Entscheidungen werden jedoch nach der Regelung der „doppelten Mehrheit" getroffen: mindestens 55 % der Staaten mit mindestens 65 % der Gesamtbevölkerung der EU müssen zustimmen. Dazu dürfen nicht vier Staaten die Entscheidung blockieren.

b) Was machen die?

Der Ministerrat ist zusammen mit dem Europäischen Parlament der „Gesetzgeber" der EU. Ohne seine Zustimmung können keine „Gesetze", d.h. Richtlinien und Verordnungen verabschiedet werden. Gemeinsam mit dem Parlament genehmigt er den Haushalt, d.h. die Ausgaben der EU. In der Außen- und Sicherheitspolitik entscheidet er sogar alleine.

d) Die Europäische Kommission – Europas „Regierung"

a) Wer sind die?

Der Europäische Rat schlägt – im Normalfall im Anschluss an die Europawahlen – mit qualifizierter Mehrheit einen Kandidaten/eine Kandidatin für das Amt des Kommissionspräsidenten vor. Das Europäische Parlament wählt den Kommissionspräsidenten oder die -präsidentin dann mit absoluter Mehrheit. Die Staats- und Regierungschefinnen und -chefs müssen sich bei ihrem Vorschlag also nach den Mehrheitsverhältnissen im Parlament richten. Der Kommissionspräsident bzw. die -präsidentin leitet die Kommission. Darüber hinaus stellt jedes Land je einen „Kommissar". Jeder Kommissar bzw. jede Kommissarin ist jeweils, wie die nationalen Minister/-innen, für einen bestimmten Politikbereich zuständig, z.B. für den Umweltschutz. Das Europäische Parlament muss auch allen Mitgliedern der Kommission zustimmen. Erst dann kann diese ihr Amt aufnehmen.

b) Was machen die?

Der Präsident bzw. die Präsidentin der Kommission ist das Bindeglied zwischen Parlament und Ministerrat. Er/Sie nimmt an den wichtigen Sitzungen ebenso teil wie an allen Tagungen des Europäischen Rates. Die Kommission darf als einzige Institution „EU-Gesetze" vorschlagen. Sie setzt zudem die politischen Beschlüsse der Europäischen Union um und überwacht die Einhaltung europäischen Rechts. Staaten, die gegen das EU-Recht verstoßen, kann sie u.a. vor dem Europäischen Gerichtshof anklagen. Sie vertritt die EU auf internationaler Ebene und verwaltet den Haushalt der EU.

e) Der Europäische Gerichtshof – die „Wahrer" des europäischen Rechts

a) Wer sind die?

Seit 1952 gibt es den Europäischen Gerichtshof. Jedes Mitgliedsland der Europäischen Union entsendet jeweils einen Richter oder eine Richterin für sechs Jahre nach Luxemburg. Nach sechs Jahren können sie erneut für sechs Jahre berufen werden.

b) Was machen die?

Der Europäische Gerichtshof entscheidet über die Auslegung des EU-Rechts. Das bedeutet, dass hier auch geprüft werden kann, ob nationale Gesetze oder Gerichtsurteile mit europäischem Recht im Einklang stehen. Mitgliedsländer oder Organe der Europäischen Union, v.a. die Europäische Kommission, können hier auch klagen, wenn sie denken, dass ein anderes Organ oder ein Mitgliedsland gegen europäisches Recht verstoßen hat. Nationale Gerichte rufen den Europäischen Gerichtshof auch an, um zu überprüfen, ob ihre Rechtsprechung mit europäischem Recht übereinstimmt. So kann die EU-weite Einheitlichkeit des Rechts gewährleistet werden.

GLOSSAR

Europäischer Rechnungshof

Europäische Zentralbank

14.3 Die Europäische Union in der Kritik

M1   Presseschau

Das Parlament ist lächerlich

Es war ein unerwarteter, aber dafür umso deutlicher Wutausbruch Junckers [damaliger Kommissionspräsident] am Morgen im EU-Parlament. Das Parlament sei lächerlich und er könne dort so keine Reden mehr halten, schimpfte der EU-Kommissionspräsident. Der Grund dafür lag direkt vor seinen Augen. [...] Gerade einmal 30 von 751 EU-Volksvertretern sind erschienen, um einem Premier und einem Präsidenten zu lauschen.

Ralph Sina, tagesschau.de, Hamburg, 04.07.2017

Dieses Plädoyer ist eine Katastrophe für die Flüchtlingspolitik

[...] Der EuGH ist nicht das, was er sein sollte – Hüter der europäischen Verträge –, er ist verantwortlich für den schleichenden Kompetenzverlust der nationalen Regierungen durch eine mitunter abenteuerlich freizügige Interpretation sämtlicher europäischer Vertragswerke. Während er die Kompetenzen weit auslegt, die der EU übertragen worden sind, legt er die Rechte eng aus, die sich die Mitgliedstaaten in den europäischen Verträgen vorbehalten haben. [...]

Jacques Schuster, in: WELT online, 11.02.2017, Berlin; https://www.welt.de/debatte/kommentare/article162005945/Dieses-Plaedoyer-ist-eine-Katastrophe-fuer-die-Fluechtlings-politik.html (Zugriff 10.11.2022)

Bürgerbeauftragte kritisiert undurchsichtige Entscheidungsprozesse im EU-Rat

Die europäische Bürgerbeauftragte hat undurchsichtige Entscheidungsprozesse der EU-Mitgliedstaaten kritisiert. Für Bürger sei es „praktisch unmöglich", die meist „hinter verschlossenen Türen" stattfindende Beschlussfassung im EU-Rat nachzuverfolgen, erklärte EU-Ombudsfrau Emily O'Reilly am Dienstag in Brüssel. Dies untergrabe das Recht der Bürger, ihre gewählten nationalen Vertreter zur Rechenschaft zu ziehen, und drohe, eine „negative Stimmung" gegenüber der EU zu fördern. [...]

AFP, 13.02.2018

EU(-Kommission) will Bürokratie-Wut stoppen

Die EU-Kommission will unter dem neuen Präsidenten Jean-Claude Juncker schneller unnötige Bürokratie abbauen. Er reagiert damit auf die anhaltende Kritik an dem Bürokratiedschungel und der Regelungswut der EU-Bürokratie. Die EU-Kommission war immer wieder in die öffentliche Kritik geraten, etwa wegen ihrer Idee, offene Olivenölkännchen auf den Tischen aller Lokale zu verbieten oder Regeln für den Strom- oder Wasserverbrauch von Kaffeemaschinen aufzustellen.

Einfache Gesetze: EU-Kommission will unnötige Bürokratie vermeiden. © dpa/wgr

WEBCODE

WES-116987-045

Film: „Einfach erklärt: Die Wahl zum EU-Parlament"

M2   Wahlen zum Europäischen Parlament

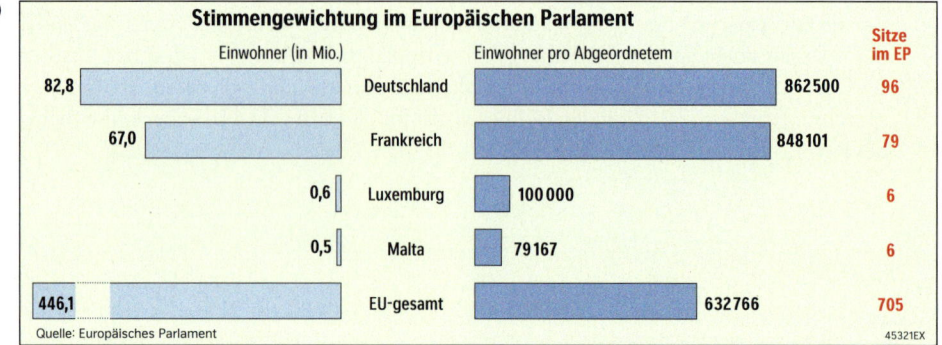

a)

Stimmengewichtung im Europäischen Parlament

Einwohner (in Mio.)		Einwohner pro Abgeordnetem	Sitze im EP
82,8	Deutschland	862500	96
67,0	Frankreich	848101	79
0,6	Luxemburg	100000	6
0,5	Malta	79167	6
446,1	EU-gesamt	632766	705

Quelle: Europäisches Parlament

45321EX

b)

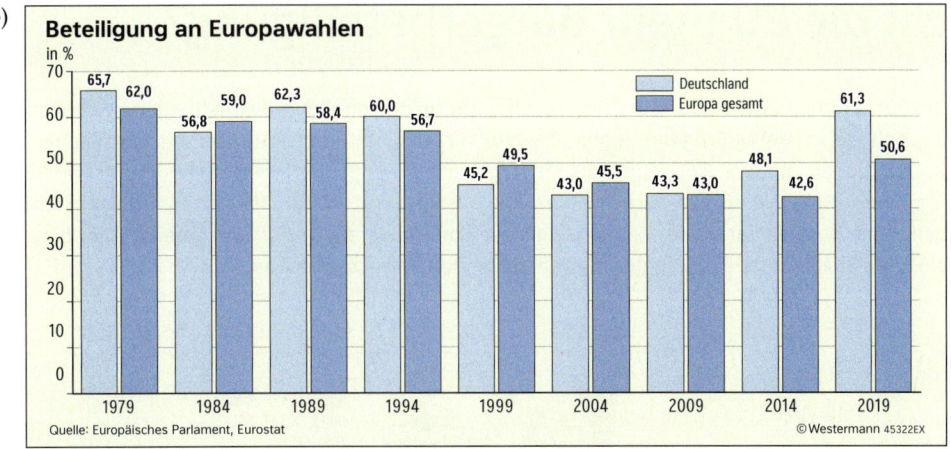

Beteiligung an Europawahlen
in %

Quelle: Europäisches Parlament, Eurostat

© Westermann 45322EX

M3 Was bedeutet „Legitimation"?

Wenn wir von „legitimem" Handeln sprechen, dann meinen wir, dass es für dieses Handeln eine Rechtfertigung gibt. Ein gutes Beispiel für eine solche Rechtfertigung ist ein Gesetz: Es
5 ist legitim, jemanden, der einen Diebstahl begeht, dafür zu bestrafen, weil es ein entsprechendes Gesetz gibt. Aber wir können die Bestrafung auch deshalb legitim finden, weil wir sie einfach gerecht finden, unabhängig davon,
10 was das Gesetz sagt. Für den Soziologen Niklas Luhmann war entscheidend, wie eine Handlung oder eine Entscheidung zustande kommt. Wenn sie nach einer Diskussion und in demokratischer Abstimmung herbeigeführt wurde,
15 dann ist sie „rechtmäßig und anerkennungswürdig", übrigens auch, wenn sie nicht „richtig" im Sinne von „universell wahr" oder „gut" ist. Dass der deutsche Bundestag Gesetze für unser Land macht, ist deshalb legitim,
20 weil er laut Grundgesetz dazu berechtigt ist (Rechtsstaat), aber auch, weil wir als Volk seine Vertreterinnen und Vertreter dazu gewählt haben (demokratisches Verfahren). Daran ändert sich auch nichts, wenn das Gesetz für
25 mich nachteilig ist, ich z. B. höhere Steuern zahlen müsste. Der deutsche Rechtswissenschaftler Fritz Scharpf unterscheidet Input-Legitimation und Output-Legitimation. Input-Legitimation entspricht der oben genannten Vorstellung der Anerkennung, wie politische
30 Entscheidungen herbeigeführt oder wie politisches Handeln begründet wird. Output-Legitimation orientiert sich an der Nützlichkeit. Die Betroffenen bewerten die Ergebnisse politischer Entscheidungen und Handlungen. Ob
35 wir eine Handlung oder eine Entscheidung als legitim erachten, hängt also immer teilweise auch von der eigenen Perspektive ab. Wenn ich Demokrat bin, ist mir wichtig, dass die Entscheidungsträger durch faire Wahlen legi-
40 timiert sind; wenn ich kein Demokrat bin, ist mir das nicht so wichtig. Bei der Einschätzung der Legitimation sind auch Dilemmasituationen möglich. Wenn bei einer Abstimmung in der Klasse das Ausflugsziel für den nächsten
45 Wandertag bestimmt wird, kann es etwa dazu kommen, dass ich einerseits die Art und Weise anerkenne, wie die Entscheidung getroffen wurde (Input-Legitimation), andererseits das Ergebnis aber nicht gut finde (Output-Legiti-
50 mation).

Autorentext

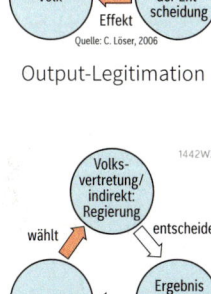

1442WX_1

Output-Legitimation

1442WX

Input-Legitimation

1 Erläutere die Kritik an den europäischen Institutionen in M1.
2 Überprüfe mithilfe von M2 und M3 die Kritik am Europäischen Parlament, ihm fehle es an Legitimation.
3 Vergleicht arbeitsteilig die Legitimation der EU-Organe mit den Verfassungsorganen Deutschlands: a) Europaparlament vs. Bundestag; b) Rat der EU vs. Bundesrat; c) EU-Kommission vs. Bundesregierung; d) EUGH vs. Bundesverfassungsgericht.

QUERVERWEIS

Bundestag
S. 246

Bundesrat
S. 260

Bundesregierung
S. 252

Bundesverfassungsgericht
S. 270

14.4 Braucht die EU mehr Bürgerbeteiligung?

Die Bürgerinnen und Bürger der Europäischen Union dürfen sich auf verschiedene Weise an der politischen Gestaltung beteiligen. Dies soll nicht zuletzt der Legitimation europäischer Politik dienen (siehe S. 371). Doch die Einschätzung vieler Bürgerinnen und Bürger ist anders. Sie sehen „Brüssel" als eine ferne Behörde, in der Bürokrat/-innen über ihren Alltag entscheiden, ohne dass sie wirklichen Einfluss nehmen können. Ist es für den einzelnen Bürger bzw. die einzelne Bürgerin möglich, in der europäischen Politik mitzumischen?

M 1 Europa hat gewählt

Zeichnung: Thomas Plaßmann

M 2 Beteiligungsmöglichkeiten für die EU-Bürger/-innen

Teilnahme an der Wahl zum Europaparlament	Anrufung der Ombudsfrau/ des Ombudsmannes des Europaparlaments (Erl.)	Verfassen von Leserbriefen zu europapolitischen Themen
Interessenvertretung über einen Verband	Wahl des nationalen Parlaments (und damit indirekt der Regierung)	Kandidatur bei Europawahlen für eine Partei
Petition ans Europaparlament (Erl.)	Demonstration zu europapoli-tischen Themen (siehe M 3)	Teilnahme an einer europaweiten Bürgerinitiative

M 3 Pulse of Europe

Jeder 1. Sonntag im Monat ist „Pulse of Europe-Tag"! Wir treffen uns gleichzeitig überall in Europa und setzen sichtbar und hörbar Zeichen für den Erhalt eines vereinten Europas,
5 für Demokratie, Rechtsstaatlichkeit und Frieden. [...] Demokratie ist Aufgabe einer und eines jeden von uns. Unerlässlich an der Wahlurne, aber auch darüber hinaus! Wir halten es für wichtiger denn je, miteinander zu reden, und
10 möchten den politischen Diskurs beleben und intensivieren. Gleichzeitig fordern wir die Politik auf, die Bedeutung eines vereinten Europas herauszustellen und als vordringlichstes Thema zu behandeln. Nationale Interessen berühren immer auch die Interessen der Gemein- 15 schaft und müssen als solche behandelt werden. [...] Die Europäische Union ist nicht perfekt. Wir zeigen Probleme auf, machen auf Missstände aufmerksam, konfrontieren die Verantwortlichen mit Fehlern und Unzuläng- 20 lichkeiten und fordern Veränderungen und Reformen ein. Den Freiraum hierzu gewährt un-

sere politische Unabhängigkeit von Parteien, Ämtern und jeglichem Lobbyismus. Wir verfol-
gen unsere Ziele durch besondere Aktionen und Kampagnen, durch Öffentlichkeitsarbeit, Demonstrationen und Kundgebungen. Ein ver-eintes Europa benötigt als Fundament eine wirkliche europäische Gemeinschaft, eine eu-ropäische Zivilgemeinschaft, getragen von ge-genseitiger Solidarität, Verbundenheit und echtem Interesse aneinander.

Pulse of Europe e. V., Frankfurt am Main: Unser Beitrag, https://pulseofeurope.eu/unser-beitrag (Zugriff 15.12.2022)

M4 Gibt es eine europäische Öffentlichkeit?

[...] Es ist zunächst wichtig, eine Vorstellung davon zu haben, was den Begriff der Öffent-lichkeit im Kern ausmacht. Mit diesem Aus-druck ist ein gesellschaftlicher Raum gemeint, der entsteht, wenn Einzelpersonen über ge-meinsame Angelegenheiten debattieren. Öf-fentlichkeit ist von drei Elementen gekenn-zeichnet: den Teilnehmern (Akteuren), der Debatte (Themen, Angelegenheiten) und der öffentlichen Sphäre (Zeitung, Café, Radio etc.). [...] Die Existenz einer Öffentlichkeit ist für jede demokratische Gesellschaft von existen-zieller Bedeutung, denn sie ist es, die offene Debatten und den Austausch von Informatio-nen ermöglicht. [...] Was verstehen wir aber unter „europäische Öffentlichkeit"? [...] Euro-päische Öffentlichkeit besteht aus sämtlichen Themen, Angelegenheiten, Politiken und Ak-teuren von europäischer Relevanz, an denen die EU-Bürger ein gemeinsames Interesse haben – Angelegenheiten also, die auf die eine oder andere Art alle EU-Bürger betreffen. [...] Ganz so einfach ist es allerdings nicht. Ist es möglich, dass alle [27] Mitgliedsstaaten der Europäischen Union, mit nationalen Parla-menten und Medien sowie unterschiedlichen Sprachen, in ein und derselben Öffentlichkeit zusammenfinden? [...] Ich gehe davon aus, dass die notwendigen Elemente für das Ent-stehen einer europäischen Öffentlichkeit be-reitstehen und dass die Hindernisse über-windbar sind. Daher gehe ich außerdem davon aus, dass es möglich ist, von der Europäisie-rung nationaler Öffentlichkeiten zu einer transnationalen europäischen Öffentlichkeit zu gelangen. [...]

Aus meiner Sicht ist das Internet die einzige Plattform, auf der Bürger ihr passives und aktives Recht auf Information wahrnehmen können, sich also über EU-Angelegenheiten informieren und in partizipativer Weise mit anderen darüber austauschen. Darüber hi-naus bietet es die Möglichkeit, die Kontrolle der Massenmedien als Gatekeeper zu über-winden: Schon heute dienen Massenmedien teils als Verstärker dessen, was Nutzer in sozi-alen Netzwerken äußern. [...] Das Internet kann aufgrund seiner Eigenschaften (preis-günstig, global, reziprok) als eine von mehre-ren Möglichkeiten betrachtet werden, die Ent-wicklung einer transnationalen europäischen Öffentlichkeit voranzutreiben und innerhalb der EU Begegnungen zwischen Kulturen sowie Repräsentation von Kulturen zu ermöglichen. Denn letztlich geht es doch in der EU darum, in Vielfalt vereint zu sein.

Javier Ruiz-Soler: Gibt es eine europäische Öffentlichkeit?, Aus Politik und Zeitgeschichte online, Bundeszentrale für politische Bildung, 08.09.2017, Bonn; Übersetzung: Jan Fredriksson; https://www.bpb.de/apuz/255613/gibt-es-eine-europaeische-oeffentlichkeit/?p=all (Zugriff 10.11.2022)

1 Analysiere die Karikatur M1.
2 Begründe, welche Beteiligungsformen aus M2 für dich generell infrage kommen.
3 Erstelle ein Schaubild, in dem du die Beteiligungsmöglichkeiten aus M2 nach Aufwand und Einfluss anordnest.
4 Erörtere ausgehend von M3 und M4 eine der folgenden Thesen: „Die Europäische Union funktioniert nur, wenn ihre Bürgerinnen und Bürger sie aktiv unterstützen." „Durch das Internet kann eine europäische Öffentlichkeit geschaffen werden."

BASISKONZEPT

Macht und Entscheidung

14.5 Die Europäische Bürgerinitiative – ein Weg zu mehr Bürgernähe

M1   Wasser muss in öffentlicher Hand bleiben

ver.di hat in Deutschland federführend die Europäische Bürgerinitiative „Wasser ist Menschenrecht" organisiert, bei der sich zuletzt weit über 1,9 Millionen EU-Bürgerinnen und -Bürger mit ihrer Unterschrift für das Menschenrecht auf Zugang zu Wasser und sanitärer Grundversorgung sowie für öffentliche Wasserversorgung ausgesprochen haben. In Deutschland sind allein über 1,38 Millionen Unterschriften gesammelt worden. Bereits im Februar 2014 hat die Bürgerinitiative in Brüssel vor Ausschüssen des Europäischen Parlaments ihre Vorschläge für die Gesetzgebung vorgestellt. [...] Im März 2014 hat die Europäische Kommission geantwortet und die Wichtigkeit von Wasser als öffentliches Gut von grundlegendem Wert betont: „Wasser ist kein kommerzielles Produkt." Die Bürgerinitiative fordert aber auch eine rechtliche Verankerung, dass es keine Initiativen der EU für die Liberalisierung von Wasser- und Abwasserversorgung geben wird. [...] Am 8. September 2015 [...] haben die Abgeordneten im Europäischen Parlament mit Mehrheit die EU-Kommission aufgefordert, sie möge einen konkreten Vorschlag unterbreiten, das Menschenrecht auf Wasser gemäß den UN-Richtlinien in der europäischen Gesetzgebung zu verankern. Das Votum des EU-Parlaments geht im Wesentlichen auf die Forderungen der Europäischen Bürgerinitiative (EBI) „Wasser ist Menschenrecht – right2water" zurück. Nun ist die EU-Kommission aufgefordert, dem Willen der Bürger zu folgen und das Menschenrecht auf Wasser wirksam und dauerhaft zu verankern.

ver.di: Wasser muss in öffentlicher Hand bleiben, Berlin; https://www.verdi.de/themen/internationales/wasser-ist-menschenrecht (Zugriff 07.08.2018)

M2   Was ist eine Europäische Bürgerinitiative?

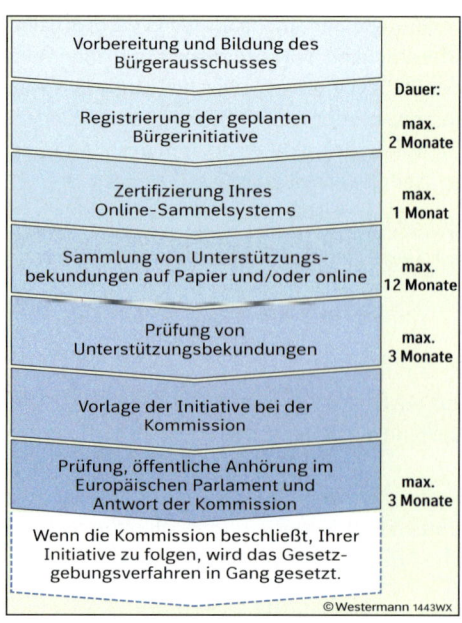

Die Europäische Bürgerinitiative (EBI) gibt den Bürgerinnen und Bürgern die Möglichkeit, konkrete Änderungen der Rechtsvorschriften in den Bereichen anzuregen, in denen die Europäische Kommission befugt ist, Rechtsakte vorzuschlagen, z.B. in den Bereichen Umwelt, Landwirtschaft, Energie, Verkehr und Handel. Um sie zu starten, muss ein „Bürgerausschuss" gebildet werden. Dieser muss aus mindestens 7 EU-Bürgerinnen und -Bürgern bestehen, die in mindestens 7 verschiedenen Mitgliedsländern wohnhaft sind. Die Mitglieder eines Bürgerausschusses müssen EU-Bürger/-innen sein, die das aktive Wahlrecht bei den Wahlen zum Europäischen Parlament besitzen. Der Bürgerausschuss muss seine Initiative auf diesem Internetportal registrieren, bevor er mit der Sammlung von Unterstützungsbekundungen von Bürgerinnen und Bürgern beginnt. So-

20 bald die Registrierung bestätigt wurde, haben die Organisatoren ein Jahr Zeit für die Sammlung von Unterschriften. Alle EU-Bürgerinnen und -Bürger (d.h. Staatsangehörige eines Mitgliedslandes), die das aktive Wahlrecht bei den 25 Wahlen zum Europäischen Parlament besitzen, können eine Bürgerinitiative unterstützen. Wenn eine EBI eine Million Unterstützungsbekundungen erhalten hat, prüft die Kommission die Initiative sorgfältig. Binnen drei Monaten 30 nach Eingang der Initiative treffen Vertreter der Kommission die Organisatoren, damit diese die in der Initiative angesprochenen Themen erläutern können. Die Organisatoren haben die Möglichkeit, ihre Initiative bei einer öffent-lichen Anhörung im Europäischen Parlament 35 vorzustellen. Die Kommission veröffentlicht eine offizielle Antwort, in der sie erläutert, ob und welche Maßnahmen sie als Antwort auf die Bürgerinitiative vorschlägt, und in der sie die Gründe für ihre – möglicherweise auch nega-40 tive – Entscheidung darlegt. Die Kommission ist nicht dazu verpflichtet, auf eine Bürgerinitiative hin einen Vorschlag für einen Rechtsakt zu unterbreiten. Beschließt die Kommission, einen Vorschlag für einen Rechtsakt vorzulegen, 45 läuft das reguläre Gesetzgebungsverfahren an: Der Vorschlag der Kommission wird dem Gesetzgeber unterbreitet. Wird der Vorschlag angenommen, so wird er zum Gesetz.

Europäische Kommission, Secretariat-General: Was ist eine europäische Bürgerinitiative?, http://ec.europa.eu/ citizens-initiative/public/basic-facts (Zugriff 09.08.2018, gekürzt)

M3 Sinn und Grenzen der EBI

- Die Bürger sind motivierter, sich aktiv an europäischer Politik zu beteiligen.
- Die Bürger beschäftigen sich mehr mit Politik und werden dadurch kompetentere 5 Bürger.
- Der Einbezug der Bürger kann die Legitimität der Union erhöhen und zu einer stärkeren Identifikation führen.
- Die politische Auseinandersetzung wird 10 lösungsorientierter, weil die Initiatoren eine neue Bestimmung vorschlagen müssen und nicht lediglich vom europäischen Gesetzgeber erlassene Rechtsakte kritisieren können.
15 - Die EBI trägt zur Herausbildung einer europäischen Öffentlichkeit bei.
- Die EBI ermöglicht es den Initiatoren lediglich, einen Regelungsgegenstand auf die Agenda der EU zu setzen, zu dem die 20 Kommission und eventuell anschließend noch der Gesetzgeber – Europäisches Parlament und Ministerrat – öffentlich Stellung beziehen müssen. Lehnen die Kommission oder der Gesetzgeber eine EBI ab, stehen den Initiatoren kaum Sank- 25 tionsmöglichkeiten zur Verfügung.
- In den meisten Fällen wird unbekannt bleiben, was die Unionsbürger in ihrer Gesamtheit von einer EBI halten. Der Erfolg einer EBI bringt letztlich nur zum 30 Ausdruck, dass relevante Minderheiten in mehreren Mitgliedstaaten eine bestimmte Regelung befürworten.
- EBIs werden keinen umfassenden Politikwandel bewirken. Vielmehr ist zu erwar- 35 ten, dass aus einer erfolgreichen EBI nur punktuelle Einzelmaßnahmen resultieren.
- Eine politische Aktivierung breiter Bevölkerungsschichten lässt die EBI nicht von sich aus erwarten. Vermutlich wird 40 sich das Gros der Unionsbürger nicht an EBIs beteiligen.

Nach: Andreas Maurer, Stephan Vogel: Die Europäische Bürgerinitiative – Chancen, Grenzen und Umsetzungsempfehlungen, Stiftung Wissenschaft und Politik, S 28, Oktober 2009, Berlin, S. 10 f.; https://www.swp-berlin.org/publications/products/studien/2009_S28_mrr_vogel_ks.pdf (Zugriff 10.11.2022)

1 Erörtere, ob die in M1 bis M3 dargestellte Problematik zu einer europäischen Regelung führen sollte.

2 Arbeite aus M2 die wichtigsten Regelungen der Europäischen Bürgerinitiative heraus.

3 Beurteile, ob die Europäische Bürgerinitiative eine sinnvolle Ergänzung der Beteiligungsmöglichkeiten der EU-Bürgerinnen und -Bürger darstellt (M1 – M3).

4 Erläutere, wie du bei einer Europäischen Bürgerinitiative vorgehen würdest.

BASISKONZEPT

Macht und Entscheidung

14.6 Die europäische Entsenderichtlinie – gleicher Lohn für gleiche Arbeit am selben Ort?

Die wirtschaftliche Integration ist seit Beginn der europäischen Einigung einer ihrer zentralen Bestandteile. 1993 vollzog die neu gegründete Europäische Union mit der Etablierung des gemeinsamen Binnenmarkts einen weiteren großen Schritt. Der Binnenmarkt ermöglichte u. a. den freien Warenverkehr innerhalb der Europäischen Union sowie die Möglichkeit, dass die EU-Bürgerinnen und -Bürger selbst entscheiden können, in welchem EU-Staat sie leben und arbeiten wollen.

INFO

Ausgewählte branchenspezifische Mindestlöhne in Deutschland
Bauhauptgewerbe Facharbeiter 15,20 € (West) und 15,05 € (Ost) (März 2019)

Gerüstbauer-handwerk
11,88 € (Juni 2019)
12,85 € (Oktober 2022)

Maler- und Lackierer-handwerk (gelernte Arbeitnehmer)13,30 € (West), 12,95 € (Ost)

Pflegebranche
11,05 € (West)
10,55 € (Ost)
(Januar 2019)
17,10 € (West)
13,70 € (Ost)
(September 2022)

M1 Arbeitnehmerentsendung: Einsatzort Europa

Arbeitnehmerentsendung: Einsatzort Europa
im Jahr 2015

Arbeitnehmerentsendung liegt vor, wenn Arbeitnehmer von ihrem inländischen Arbeitgeber zeitlich befristet im Ausland eingesetzt werden. Das inländische Beschäftigungsverhältnis bleibt dabei bestehen – und damit auch die Sozialversicherungspflicht im Heimatland.

Nach Deutschland entsandte Arbeitnehmer aus ...

Polen	130.893
Slowenien	60.976
Slowakei	35.522
Ungarn	35.208
Österreich	30.084
Kroatien	22.114
Rumänien	17.637
Frankreich	17.330
Spanien	11.881
Luxemburg	11.095

Europa insgesamt: 418.908

Von deutschen Unternehmen entsandte Arbeitnehmer nach ...

Schweiz	33.627
Österreich	31.644
Niederlande	27.699
Frankreich	20.853
Belgien	16.482
Spanien	11.775
Italien	11.498
Vereinigtes Königreich	11.069
Schweden	8.143
Luxemburg	8.060

Europa insgesamt: 218.006

Länderauswahl: die zehn häufigsten Herkunfts- und Zielländer

Quelle: EU-Kommission
© 2017 IW Medien / iwd

Institut der deutschen Wirtschaft Köln

WEBCODE

WES-116987-046

Informationen der Europäischen Kommission zur Entsendung von Mitarbeitern und Mitarbeiterinnen

M2 Mindestlohn in der EU

Gesetzliche Mindestlöhne pro Stunde in ausgewählten EU-Mitgliedstaaten (in Euro)			
	2015	2018	2022
Luxemburg	11,12	11,55	12,73
Deutschland	8,50	8,84	12,00
Irland	8,65	9,55	10,50
Frankreich	9,61	9,88	10,48
Niederlande	9,21	9,68	9,82
Spanien	3,93	4,46	5,76
Polen	2,42	2,85	4,61
Griechenland	3,35	3,39	3,94
Rumänien	1,30	2,50	2,87
Bulgarien	1,06	1,57	2,07

Autorentext nach: Statista

M3 Fakten und Zahlen zur Arbeit

Entsandte Arbeitnehmer/-innen werden von ihrem Arbeitgeber in ein anderes Land entsandt, um grenzüberschreitende Dienstleistungen zu erbringen.

Die Entsendungsdauer beträgt im EU-Durchschnitt **weniger als 4 Monate.**

Im Jahr 2015 gab es in der EU **2,05 Mio. entsandte Arbeitnehmer/-innen,** die damit einen Anteil von 0,9 % an der Gesamtbeschäftigung beziehungsweise von 0,4 % der Beschäftigung ausmachen.

Zwischen **2010 und 2015** stieg die Zahl der Entsendungen **um 41 %.**

Die Entsenderichtlinie ist **seit 1996** in Kraft. Sie war die erste Richtlinie, die durch die Schaffung eines Mindestrahmens Sozialstandards im Interesse der Arbeitnehmer/-innen garantiert und so die Erbringung von Dienstleistungen im Binnenmarkt ermöglicht.

Autorentext nach: Europäische Kommission: Lage der Union 2017

M 4   Die Geschichte der Entsenderichtlinie

1996	Die Richtlinie 96/71/EG über die Entsendung von Arbeitnehmern regelt die Bedingungen, unter denen Unternehmen aus einem EU-Land Arbeiter in ein anderes EU-Land schicken dürfen. Als sie beschlossen wurde, ging es darum, den Binnenmarkt für Waren auch auf Dienstleistungen auszudehnen. Jedes Unternehmen in der EU darf seither Aufträge in der ganzen EU annehmen und mit eigenen Arbeitskräften ausführen. Das war vorher wegen der bürokratischen Hürden fast unmöglich. Im Gegenzug legte die Richtlinie fest, dass die Unternehmen ihren Arbeitnehmern, die sie ins Ausland schicken, den dort üblichen Mindestlohn zahlen und die Arbeitszeitvorschriften einhalten müssen.[1]
2004	Beitritt von zehn Ländern zur Europäischen Union, darunter acht Ländern aus Mittelosteuropa: Estland, Lettland, Litauen, Polen, Slowakei, Slowenien, Tschechien und Ungarn.
	Der niederländische EU-Kommissar für den Binnenmarkt, Frits Bolkestein, bereitete eine Dienstleistungsrichtlinie vor. Ähnlich wie bei Waren, die – einmal in einem EU-Land zugelassen – in der gesamten EU verkauft werden dürfen, sollte künftig auch mit Dienstleistungen verfahren werden. Ein Schreinermeister etwa mit Sitz in Aachen sollte ohne Einschränkungen und ohne zusätzliche Bürokratie auch in Belgien, Holland oder Frankreich Türen und Fenster einbauen dürfen [und dabei nach dem Herkunftslandprinzip grundsätzlich nur den Gesetzen und Bestimmungen des Landes unterliegen, in dem es niedergelassen ist]. […] Doch die geplante Bolkestein- oder Dienstleistungsrichtlinie machte vielen Menschen Angst, Angst vor der billigen Konkurrenz aus dem Osten der EU. Gewerkschaften und Globalisierungsgegner liefen Sturm. Die EU-Dienstleistungsrichtlinie wurde zu einem der umstrittensten und am stärksten umkämpften Gesetzesvorhaben der Europäischen Union.[1]
2006	Die 2006 beschlossene Richtlinie 2006/123/EG über Dienstleistungen im Binnenmarkt hat viele bürokratische Hürden beseitigt, aber die Entsenderichtlinie nicht angetastet. Sie regelt im Kern, was Regierungen von ausländischen Unternehmen verlangen dürfen und was nicht. Ein selbstständiger Fliesenleger, der in Tschechien ordentlich angemeldet ist, darf in Deutschland arbeiten und den Preis für seine Arbeit selbst festlegen. Aber wenn er Angestellte mitbringt, dann muss er sie nach dem deutschen Mindestlohn bezahlen, muss tariflich festgelegte Arbeitszeiten einhalten und ausreichend Urlaub geben. Die Vorgaben der Entsenderichtlinie haben Vorrang vor der Dienstleistungsrichtlinie.[1]
2007	EU-Beitritt von Bulgarien und Rumänien
2008	Das Rüffert-Urteil: In Niedersachsen galt bei größeren Aufträgen des Landes bisher eine Tariflohnklausel. Wer den Auftrag haben wollte, musste sich verpflichten, seinen Beschäftigten Tariflohn zu zahlen – auch wenn die Firma nicht tarifgebunden war. Der EuGH erklärte im April 2008 derartige Tariflohnklauseln für unzulässig, weil sie nicht in der EU-Entsenderichtlinie vorgesehen sind. Nach dieser dürfe von ausländischen Baufirmen nur die Einhaltung von Mindestlöhnen oder von allgemein verbindlichen Tarifverträgen verlangt werden. Seither kann das Land Niedersachsen bei öffentlichen Aufträgen nicht mehr die Bezahlung des Bau-Tariflohns verlangen, der für Gewerkschaftsmitglieder 15,24 Euro pro Stunde vorsieht, sondern nur noch den allgemein verbindlichen Bau-Mindestlohn von 12,50 Euro. Betroffen sind sechs weitere Bundesländer.[2]
2011	Die Europäische Kommission klagt gegen Deutschland, Österreich und Griechenland beim Europäischen Gerichtshof, weil diese Mitgliedstaaten die Dienstleistungsrichtlinie nur unvollständig umgesetzt haben. Dabei wird sie auch tägliche Zwangsgelder beantragen. […] Die beantragten Zwangsgelder liegen für Deutschland bei 141.362,55 Euro, für Österreich bei 44.876,16 Euro und für Griechenland bei 51.200,10 Euro.[3]
2015	Einführung des allgemeinen gesetzlichen Mindestlohns in Deutschland
2016	Auf Druck von Frankreich, Belgien, Deutschland, Luxemburg, den Niederlanden und Österreich schlägt die Europäische Kommission eine Überarbeitung der Entsenderichtlinie vor.
...	...

[1] *Alois Berger: Der umkämpfte Lohn, Deutschlandfunk online, 21.06.2017, Köln; https://www.deutschlandfunk.de/ streit-um-eu-entsenderichtlinie-der-umkaempfte-lohn-100.html (Zugriff 10.11.2022)*
[2] *taz-Archiv, https://taz.de/!827572/, 12.09.2008, Berlin, S. 4 (Zugriff 10.11.2022)*
[3] *EU-Kommission, Vertretung in Deutschland: Dienstleistungsrichtlinie: Kommission verklagt Deutschland, 27.10.2011, Berlin; https://web.archive.org/web/20121110125652/http://ec.europa.eu/deutschland/press/pr_releases/10267_ de.htm (Zugriff 10.11.2022)*

1 Beschreibe Gründe, die für dich dafür und dagegen sprechen, später einmal im EU-Ausland zu leben oder zu arbeiten.

2 Erläutere die Bedeutung der Arbeitnehmerentsendung in der Europäischen Union anhand der Materialien M 1 bis M 3.

3 Analysiere die Entwicklung der Regelungen für Arbeitnehmerentsendungen in der Europäischen Union mithilfe des Politikzyklus. (M 4)

4 Entwickle einen Reformvorschlag für die Entsenderichtlinie.

QUERVERWEIS
Politikzyklus
S. 84

м5   Streit um die Reform der Entsenderichtlinie

a) Liina Carr vom Europäischen Gewerkschaftsdachverband ETUC:

„Wir müssen die Entsenderichtlinie so gestalten, dass sie dem sozialen Europa entspricht,
5 das wir wollen. Wir müssen die Sorgen der Arbeiter in den Vordergrund rücken und ihre Arbeitsbedingungen verbessern […]. Es gibt so viele neuartige Arbeitsverhältnisse und Arbeitspraktiken, die immer neue Möglichkeiten
10 zum Sozialdumping innerhalb der Europäischen Union eröffnen. Wir müssen dieses Sozialdumping bekämpfen. Und der einzige Weg dazu ist, auf europäischer Ebene vorzugehen. […] Die nationalen Regierungen könnten ganz
15 sicher mehr tun. Aber in der Wirtschaftskrise haben viele bei den Kontrollen gekürzt. […] Es wäre schon viel gewonnen, wenn die Regierungen die bestehende Entsenderichtlinie entschlossener durchsetzen würden."

20 *b) Martyna Bildziukiewicz verhandelt in Brüssel für die polnische Regierung:*

„Es ist ganz natürlich, dass Unternehmen im Binnenmarkt miteinander in Wettbewerb stehen. Die Vorteile für polnische Unternehmen
25 sind neben der hohen Qualität der Dienstleistungen auch die niedrigen Arbeitskosten. Wir sehen darin ein natürliches Phänomen der Wirtschaft. Eine protektionistische Entsenderichtlinie widerspricht den Grundprinzipien
30 der Europäischen Union. […] Als wir der EU beitraten, haben wir den vier Grundfreiheiten des Binnenmarktes zugestimmt, der Bewegungsfreiheit von Waren, von Menschen, von Dienstleistungen und Kapital. Das ist das
35 Rückgrat der ganzen Europäischen Union, das Fundament der EU. Die Entsenderichtlinie steht unserer Ansicht nach im Widerspruch zu diesen Prinzipien. […] Elf Parlamente von elf Mitgliedsstaaten, die etwa 100 Millionen
40 Bürger vertreten, haben festgestellt, dass die Richtlinie dem Gebot der Subsidiarität widerspricht. Das war ein sehr starkes Signal in Richtung Europäische Kommission, aber die Kommission hat das ignoriert […]."

c) Die konservative französische Europaabgeord 45 *nete Elisabeth Morin-Chartier:*

„1996 hatte die EU 15 Mitgliedsländer, die alle einen ähnlichen politischen, wirtschaftlichen und sozialen Entwicklungsstand hatten. Die größten Unterschiede bei den Minimumlöh 50 nen lagen bei 1:3. Heute sind wir, nach der Osterweiterung und nach dem Brexit, 27 Länder mit Einkommensunterschieden von 1:10. Diese enormen Unterschiede ermöglichen ein Sozialdumping zwischen Arbeitern und einen 55 unfairen Wettbewerb zwischen Unternehmen. Europa braucht deshalb neue Regeln für die Freizügigkeit von Arbeitnehmern. […] Die Bezahlung muss den Mindestlohn plus alle Zulagen enthalten, also das 13. Monatsgehalt, 60 Erschwerniszulagen, Kältezulagen, kurz: Die ausländischen Arbeiter müssen finanziell den nationalen Arbeitern gleichgestellt werden."

d) Aus einer Veröffentlichung des arbeitgebernahen Instituts der Deutschen Wirtschaft: 65
Wer die Dienstleistungsfreiheit des Binnenmarktes ernst nimmt und will, dass Europa ökonomisch zusammenwächst, darf polnischen [oder] slowakischen Unternehmen ihren Lohnkostenvorteil nicht verwehren – und 70 sollte akzeptieren, dass schon der deutsche Mindestlohn für polnische Arbeitskräfte einen enormen Wohlstandsgewinn bedeutet […]. Im Reformeifer übersehen hat die EU, dass auch Hochlohnländer wie Deutschland 75 viele Fachkräfte entsenden: Im Jahr 2015 hatten deutsche Unternehmen europaweit 218.000 Beschäftigte im Einsatz. Für sie alle müssten künftig für jede Dienstreise die branchenspezifischen Entlohnungsregeln im Gast 80 land gecheckt werden – selbst wenn das Lohnniveau dort niedriger ist. Dadurch droht vor allem der Metall- und Elektro-Industrie ein immenser bürokratischer Aufwand für jeden Mitarbeiter, der z. B. zur Wartung einer Ma 85 schine nach Frankreich geschickt wird.

Positionen a – c: Zit. nach: Alois Berger: Der umkämpfte Lohn, Deutschlandfunk online, 21.06.2017, Köln; https://www.deutschlandfunk.de/streit-um-eu-entsenderichtlinie-der-umkaempfte-lohn-100.html (Zugriff 10.11.2022)

Position d: iwd: Wohin steuert Europa?, 23.11.2017, Köln; https://www.iwd.de/fileadmin/iwd_Archiv/2017_Archiv/iwd2417.pdf (Zugriff 15.12.2022)

M6 Rechtsakte der Europäischen Union

WEBCODE

Verordnungen

Eine Verordnung ist ein verbindlicher Rechtsakt, den alle EU-Länder in vollem Umfang umsetzen müssen. Um beispielsweise sicherzu-
5 stellen, dass für Waren, die in die EU importiert werden, gemeinsame Schutzmaßnahmen gelten, hat der Rat der EU eine entsprechende Verordnung angenommen.

Richtlinien

10 Eine Richtlinie ist ein Rechtsakt, in dem ein von allen EU-Ländern zu erreichendes Ziel festgelegt wird. Es ist jedoch Sache der einzelnen Länder, eigene Rechtsvorschriften zur Verwirklichung dieses Ziels zu erlassen. Ein
15 Beispiel ist die EU-Richtlinie über Verbraucherrechte [...].

Beschlüsse

Beschlüsse sind für diejenigen verbindlich und unmittelbar anwendbar, an die sie gerich-
20 tet sind (beispielsweise ein EU-Land oder ein einzelnes Unternehmen). So hat die Kommission beispielsweise einen Beschluss über die Beteiligung der EU an verschiedenen Organisationen für die Zusammenarbeit bei der Ter-
25 rorismusprävention und -bekämpfung erlassen, der allein diese Organisationen betrifft.

Empfehlungen

Empfehlungen sind nicht verbindlich. So hatte die Empfehlung der Kommission an die Justiz-
30 behörden der EU-Länder, Videokonferenzen verstärkt für eine bessere grenzüberschreitende Zusammenarbeit zu nutzen, keine rechtlichen Konsequenzen. In einer Empfehlung können die Institutionen ihre Ansichten äußern und
35 Maßnahmen vorschlagen, ohne dass dies für diejenigen, an die sich die Empfehlung richtet, rechtlich bindend wäre.

Stellungnahmen

In einer Stellungnahme können sich die Insti-
40 tutionen in unverbindlicher Form zu einem Sachverhalt äußern. Sie stellt für die Adressaten also keine rechtliche Verpflichtung dar und ist nicht verbindlich. Stellungnahmen können von den wichtigsten EU-Organen
45 (Kommission, Rat, Parlament) sowie dem Ausschuss der Regionen und dem Europäischen

Wirtschafts- und Sozialausschuss abgegeben werden. [...] So hat beispielsweise der Ausschuss der Regionen eine Stellungnahme mit dem Titel „Maßnahmenpaket für saubere Luft 50 in Europa" vorgelegt.

Europäische Union: Verordnungen, Richtlinien und sonstige Rechtsakte, Europäische Kommission, Generaldirektion Kommunikation; https://europa.eu/european-union/eu-law/legal-acts_de (Zugriff 18.05.2018)

WES-116987-047

Film: „Einfach erklärt: Die EU-Gesetzgebung"

M7 Der Gesetzgebungsprozess in der Europäischen Union

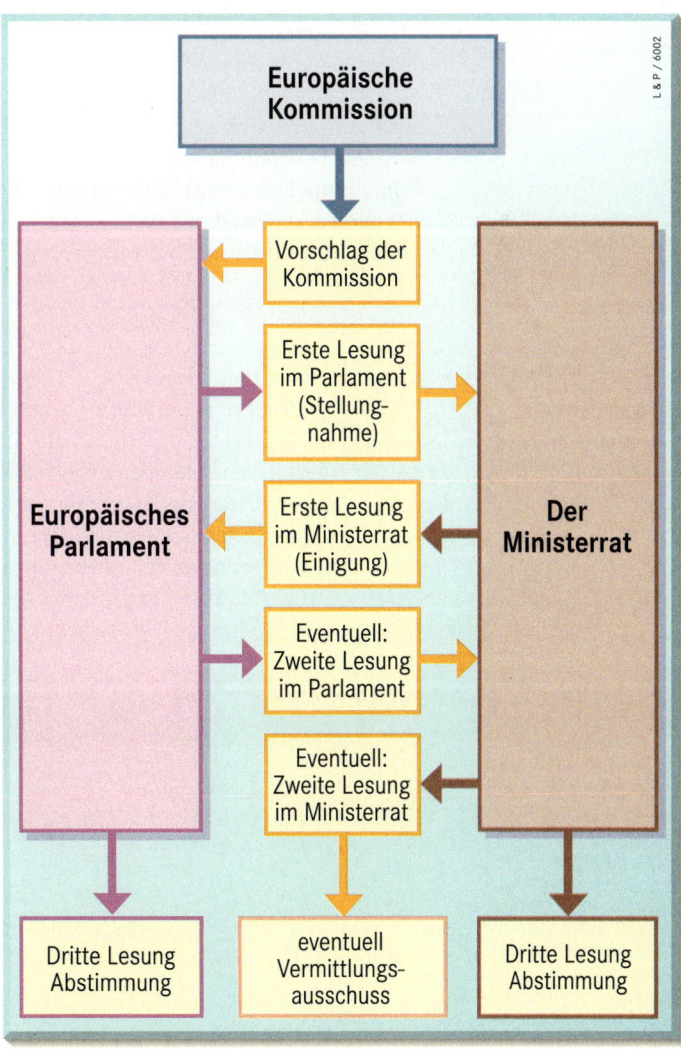

M8   Entsendung von Arbeitnehmern: Rat erzielt Einigung

Der Rat hat eine Einigung über seinen Standpunkt [...] zur Richtlinie über die Entsendung von Arbeitnehmern erzielt. Mit dem neuen Vorschlag werden bestimmte Vorschriften
5 der ursprünglichen Richtlinie von 1996 überarbeitet. [...]

Insbesondere ist in der neuen Richtlinie Folgendes vorgesehen:

- die Entlohnung der entsandten Arbeitneh-
10 mer im Einklang mit dem Recht und den Verfahren des Aufnahmemitgliedstaats,
- langfristige Entsendungen von 12 Monaten, die auf der Grundlage einer von einem Dienstleistungserbringer mitgeteil-
15 ten Begründung um 6 Monate verlängert werden können (auf insgesamt 18 Monate),
- die Anwendung allgemein verbindlicher Tarifverträge auf entsandte Arbeitnehmer in allen Wirtschaftszweigen,
20 - die Gleichbehandlung von Leiharbeitnehmern und lokalen Arbeitnehmern,
- was den Verkehrssektor anbelangt, so gelten die Bestimmungen der Änderungs-

richtlinie ab dem Zeitpunkt des Inkraft-
25 tretens der künftigen sektorspezifischen Rechtsvorschriften,
- eine Umsetzungsfrist von drei Jahren sowie ein weiteres Jahr, bevor die Richtlinie anzuwenden ist.

Alle Entlohnungsvorschriften, die für lokale 30 Arbeitnehmer gelten, müssen auch auf entsandte Arbeitnehmer angewandt werden. Dabei wird die Entlohnung nicht nur die Mindestlohnsätze, sondern auch andere Bestandteile wie Prämien oder Zulagen umfas- 35 sen.

Die Plattform zur Bekämpfung nicht angemeldeter Erwerbstätigkeit wird zur Betrugs- und Missbrauchsbekämpfung sowie zur Verbesserung des Informationsaustauschs und der 40 Verwaltungszusammenarbeit zwischen den Mitgliedstaaten eingesetzt. [...] Aufgrund dieser Einigung kann der Rat jetzt die Verhandlungen mit dem Europäischen Parlament aufnehmen. 45

Europäischer Rat: Entsendung von Arbeitnehmern: Rat erzielt Einigung, Pressemitteilung 2/17, 23.10.2017, Brüssel; https://www.consilium.europa.eu/de/press/press-releases/2017/10/23/epsco-posting-of-workers/ (Zugriff 10.11.2022)

BASISKONZEPT 🔑

Ordnung und Struktur

QUERVERWEIS

Methode Eine Rede halten
S. 326 f.

INFO

Fidesz
Fidesz – Ungarischer Bürgerbund, kurz Fidesz, ist eine politische Partei in Ungarn, deren Ausrichtung als sehr konservativ, teils rechtspopulistisch eingestuft wird. Parteivorsitzender ist Viktor Orbán. Fidesz ist seit 2010 die Regierungspartei und schränkte die politischen Rechte und Freiheiten der Bürgerinnen und Bürger sowie die Pressefreiheit seitdem immer mehr ein.

1 Vergleiche deinen Reformvorschlag (Aufgabe 4, S. 377) mit den Forderungen aus M 5.

2 Erkläre ausgehend von M 6 und M 7 die Entstehung einer Europäischen Richtlinie.

3 Gestalte einen Redebeitrag zur Position des Ministerrats aus Sicht eines/einer Abgeordneten des Europäischen Parlaments:
a) aus Sicht eines/einer Abgeordneten der Partei Die Linke aus Deutschland,
b) aus Sicht eines/einer Abgeordneten der ungarischen Regierungspartei Fidesz.

4 Erstelle ein Szenario zur Entwicklung des Europäischen Arbeitsmarktes bis zum Jahr 2050.

Szenario

Bei der Szenario-Methode geht es um die Beschreibung von zukünftigen Situationen und Wegen, die aus der Gegenwart in die Zukunft führen. In der Regel sollten zwei sich deutlich unterscheidende und in sich stimmige Szenarien entwickelt werden. Aus der Fragestellung „Was könnte mit Blick auf die Entwicklung der EU bestenfalls passieren?" resultiert das „Best-Case-Szenario" und aus der Fragestellung „Was könnte mit Blick auf die Entwicklung der EU schlimmstenfalls passieren?" das „Worst-Case-Szenario". Spekulative Elemente sollen einbezogen, jedoch sollten die Szenarien nicht völlig unrealistisch werden.

Der Szenario-Trichter symbolisiert die Ungewissheit als Merkmal der Zukunft. Je weiter man von der heutigen Situation in die Zukunft geht, desto größer wird die Unsicherheit und desto vielfältiger werden die Möglichkeiten. Auf der Schnittfläche des Trichters an einem beliebigen Zeitpunkt liegen alle denkbaren, theoretisch möglichen Zukunftssituationen.

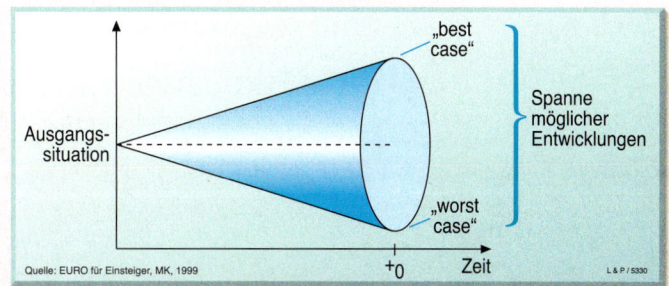

Auf dem Weg von der gegenwärtigen Situation zu den Zukunftsszenarien muss Spielraum für die Fantasie gelassen werden. Zugleich muss man Möglichkeiten zur Zusammenfassung und zum Austausch der erzielten Ergebnisse schaffen. Ein Mittelweg zwischen diesen Polen wird mit der „Sechs-Schritte-Struktur" beschritten.

Schritt 1: In der ersten, gemeinsamen Phase – der Problemanalyse – muss die Ausgangssituation abgeklärt werden: Der Gegenstand in seiner gegenwärtigen Situation wird analysiert, und das Problem wird bestimmt und erläutert.

Schritt 2: In der Einflussanalyse werden die Einflussbereiche, die auf das Problem entscheidend einwirken, festgelegt und die Einflussfaktoren innerhalb dieser Bereiche ermittelt und zugeordnet. Ratsam ist es, die Lerngruppe anschließend in „Expertenteams" einzuteilen, die sich jeweils einem Einflussbereich widmen. Dabei ist Zeit für ausführliche Informationen (z. B. mithilfe des Internets) einzuplanen.

Schritt 3: In der dritten Phase – der Entwicklungsprojektion – werden die Einflussfaktoren nach der Beschreibung des Ist-Zustandes in ihren möglichen zukünftigen Zuständen skizziert. Festzuhalten ist, was im Rahmen der einzelnen Faktoren besten- bzw. schlimmstenfalls passieren könnte.

Die sich aus dem vorangegangenen Schritt ergebenden Möglichkeiten werden in der **vierten** Phase – der Alternativenbündelung – der Klasse vorgestellt und erläutert, bevor sie anschließend (in der Lerngruppe gemeinsam) zu zwei stimmigen, aber kontrastierenden Szenario-Grundstrukturen gebündelt werden. Reflektiert werden sollte dabei auch, welche Entwicklungen zueinander passen, sich eventuell sogar gegenseitig verstärken oder füreinander Voraussetzung sind.

Schritt 5: In der fünften Phase – der Szenarienausgestaltung – werden die Grundstrukturen I und II in den beiden Arbeitsgruppen zu ausführlichen Szenarien ausgestaltet, indem neben der Beschreibung der Zielqualität und des Zieljahres auch die Wege in die Zukunftssituation auf der Basis der Einflussfaktoren aufgezeigt werden.

Schritt 6: Im Rahmen der sechsten Phase – der Strategieentwicklung – werden nach der Vorstellung der Szenarien I und II unter der Fragestellung, wie die Entwicklung der Einflussfaktoren in die gewünschte Richtung beeinflusst werden kann, Strategien zur Problemlösung gesucht und diskutiert.

14.7 Beitreten? Austreten? Wer gehört in die EU?

Die Europäische Integration ist ein Projekt mit Anziehungskraft. Aus einer anfangs losen Verbindung von sechs Gründerstaaten entwickelte sich eine eng kooperierende Gemeinschaft von inzwischen 27 Mitgliedstaaten. Aber ist das schon das Ende? Die Europäische Union führt Beitrittsverhandlungen mit Albanien und Montenegro. Auch Nordmazedonien und Serbien haben den Status von Beitrittskandidaten. Weitere Staaten, insbesondere in Osteuropa, haben ebenso Interesse angemeldet. Der Türkei wird bereits seit 1963 ein Beitritt in Aussicht gestellt.

M1   Die Europäische Union im Jahr 2022

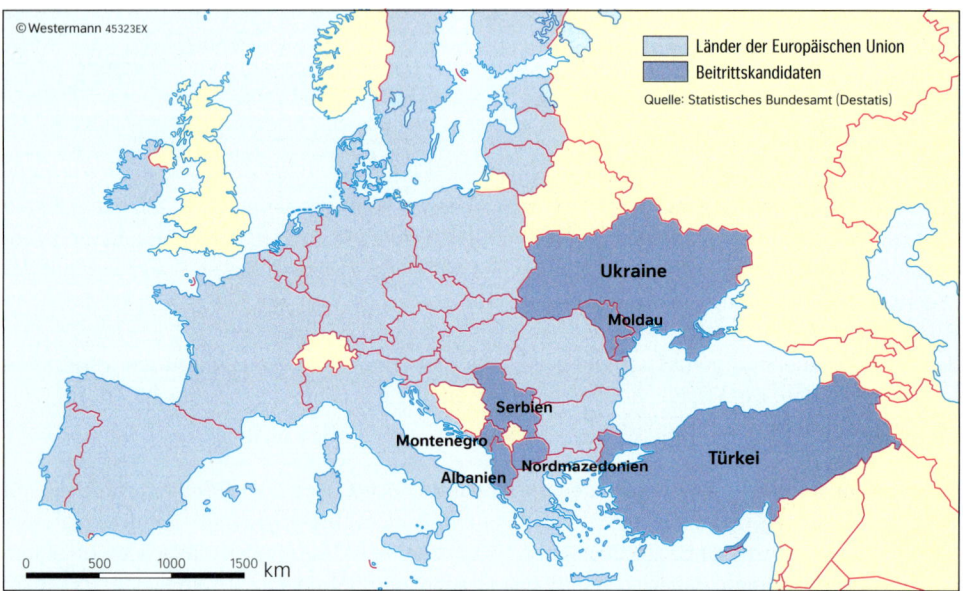

M2   Der Weg in die EU: Die Kopenhagener Kriterien

[...] Die Kopenhagener Kriterien bestehen zusammengefasst aus drei Bedingungen und einer Voraussetzung für den Beitritt neuer Staaten:

5 a) **das politische Kriterium** (stabiler demokratischer Rechtsstaat, der die Menschen- und Minderheitenrechte achtet),

b) **das wirtschaftliche Kriterium** (funktionsfähige Marktwirtschaft und die Fähig-
10 keit, dem Wettbewerbsdruck des Binnenmarktes standzuhalten),

c) **das Integrationskriterium** (Übernahme des Gemeinschaftsrechts sowie die Bereitschaft, die Ziele der politischen und der Wirtschafts- und Währungsunion mitzu- 15 tragen).

Hinzu kommt eine Voraussetzung, die lange Zeit als das „vergessene Kriterium" bezeichnet wurde, weil sie erst in der Diskussion der letzten Jahre Bedeutung erlangt hat. Hierbei 20 handelt es sich um die Aufnahmefähigkeit der Europäischen Union. Auf diese Bedingung haben die Kandidatenländer wenig Einfluss, sie bezieht sich auf die innere Reform der Europäischen Union. [...] 25

*Nach: Auswärtiges Amt: Grundsätze der Erweiterungspolitik, Berlin; https://www.auswaertiges-amt.de/de/
aussenpolitik/europa/erweiterung-nachbarschaft/grundsaetze-erweiterungspolitik-node (Zugriff 21.06.2018)*

M 3 Das Brexit-Referendum

Am 23. Juni 2016 fand das Referendum, das lediglich einen „beratenden Charakter" (Briefing 07212) hatte, zum „British exit", dem Brexit, statt. Die Abstimmung „ermöglicht es
5 den Wahlberechtigten, ihre Meinung auszudrücken".

Für den Brexit, also für einen EU-Austritt Großbritanniens, haben **51,9 Prozent** der Wähler/-innen gestimmt, das entspricht etwa
10 17,4 Millionen Stimmen. **Für einen Verbleib Großbritanniens in der Europäischen Union** votierten **48,1 Prozent** der Wähler/-innen, das entspricht 16,1 Millionen Stimmen. Das Ergebnis war demnach knapp.

15 Zwischen den britischen Landesteilen gab es große Unterschiede im Wahlverhalten. England und Wales sprachen sich für den Brexit aus, die Schotten und Nordiren wollten hingegen mehrheitlich in der EU bleiben.

20 In England stimmten 46,6 Prozent der Wähler/-innen für den EU-Verbleib und 53,4 Prozent für den Brexit (Wahlbeteiligung: 73 Prozent). Auch in Wales stimmten nur 47,5 Prozent für den EU-Verbleib und 52,5 Pro-
25 zent für den Brexit (Wahlbeteiligung: 72 Prozent). In Schottland stimmten 62 Prozent für einen Verbleib in der EU, 38 Prozent für den Brexit (Wahlbeteiligung: 67 Prozent). In Nordirland wollten 55,8 Prozent der Wähler/-innen in der EU bleiben, während 44 Prozent
30 den Brexit befürworteten (Wahlbeteiligung: 63 Prozent).

Die Abstimmung nach Altersgruppen		
	Bleiben	Austreten
18 – 24 Jahre	71 %	29 %
25 – 49 Jahre	54 %	46 %
50 – 64 Jahre	40 %	60 %
über 65 Jahre	36 %	64 %

Quelle: YouGov

Freiheit !!!

Zeichnung:
Gerhard Mester

Landeszentrale für politische Bildung Baden-Württemberg online: Der Brexit – Der EU-Austritt Großbritanniens und seine Folgen, Stuttgart; https://www.lpb-bw.de/brexit#c32290 (Zugriff 11.11.2022)

M 4 Bleiben oder gehen?

Standards	Binnenmarkt	Macht	Gesetzgebung
Kosten	Souveränität	Außenpolitik	Bürokratie
Export	Demokratie	Freiheit	Frieden
Grenzen	Solidarität	Euro	Werte

1 Erläutere anhand von M 1, wo für dich die Grenzen Europas liegen und wie weit sich die Europäische Union noch ausweiten sollte.

2 Erarbeite einen Kriterienkatalog für Beitrittskandidaten zur Europäischen Union und vergleiche deine Ergebnisse mit M 2.

3 Angela Merkel forderte 2012, bei zukünftigen Beitrittskandidaten sorgfältiger zu prüfen, ob diese wirklich den Anforderungen genügen. Recherchiert, wie sich folgende Staaten seit ihrem Beitritt entwickelt haben: Großbritannien, Griechenland, Ungarn, Rumänien.

4 Erörtere mögliche Folgen des Brexits für Großbritannien und die Europäische Union (M 3).

5 Im Zusammenhang mit dem Brexit gab es auch in Deutschland Umfragen über einen Austritt Deutschlands aus der EU (Dexit). Gestalte ausgehend von M 4 ein Streitgespräch zwischen einem Befürworter und einem Gegner dieser Forderung.

14.8 Fallbeispiel: Soll Serbien der EU beitreten?

Anfang Februar 2018 nannte die Europäische Kommission das Jahr 2025 als Zieldatum, um Serbien in die EU aufzunehmen. Doch ist das Land bereit, um in die EU aufgenommen zu werden? Erfüllt es die Kopenhagener Kriterien?

M 1 Serbien: Zahlen und Vergleiche

HDI 2016	Korruptionsindex 2017	Rangliste der Pressefreiheit 2017	BIP/Kopf 2017 (IWF)	Global Competitiveness Index 2017/2018
1. Norwegen	1. Neuseeland	1. Norwegen	1. Luxemburg 105.803 US-Dollar	1. Schweiz
4. Deutschland	12. Deutschland	16. Deutschland	19. Deutschland 44.550 US-Dollar	5. Deutschland
66. Serbien	77. Serbien	66. Serbien	91. Serbien 5.899 US-Dollar	78. Serbien

M 2 Serbiens Schritte Richtung Westen

Ein paar Rentner spielen Schach in einem Park in Belgrad. Nicht nur sie brüten über den nächsten Zug, auch Johannes Hahn macht sich dort regelmäßig Gedanken. Denn als EU-Kommissar ist der Österreicher für die Erweiterung der Union zuständig und damit auch in Serbien ein häufiger Gast. [...] „Gegen Korruption und organisierte Kriminalität muss Serbien viel stärker vorgehen, doch auch freie Meinungsäußerung oder die Pressefreiheit müssen garantiert werden und sind damit ein genauso wichtiges Thema." Hier könnte sich auch Aleksandar Vučić angesprochen fühlen, der serbische Präsident. Laut Oppositionellen, regierungsunabhängigen Organisationen oder nicht Vučić-treuen Journalisten nimmt dieser viel zu viel Einfluss auf Justiz, Geheimdienst, Wirtschaft oder serbische Medien. Doch der angestrebte EU-Beitritt ist Chefsache und als Chef versteht sich nun mal vor allem [Aleksandar Vučić]. [Er] diente schon dem serbisch-nationalistischen Milošević-Regime und besetzt nach außen inzwischen gekonnt die Rolle des geläuterten Hardliners. Was den EU-Beitritt angeht, pocht Vučić immer wieder auf ein genaues Datum. „Wir haben einen bedeutenden Teil der Reformen umgesetzt und obwohl wir wissen, dass noch viel vor uns liegt, fordert Serbien eine klare EU-Beitrittsperspektive, damit die Bürger wissen, wo und wann wir dieses Ziel erreichen." Ein EU-Beitritt ist allerdings frühestens zwischen 2019 und 2025 drin. Gemeinsam mit Montenegro. Das hat EU-Kommissionspräsident Juncker in einer Grundsatzrede gerade in Aussicht gestellt. Serbiens Regierungschefin Ana Brnabić will nun Tempo machen, vor allem im Bereich Wirtschaft, öffentliche Verwaltung und Rechtsstaatlichkeit. „Wir lassen uns absolut nicht entmutigen und konzentrieren uns auf uns selbst und auf niemand anderen." Das wird allerdings kaum möglich sein, denn Dreh- und Angelpunkt der Beitrittsgespräche sind auch die anderen, Stichwort Kosovo. Serbien erkennt den jüngsten Staat Europas nach wie vor nicht an und die EU-geführten Normalisierungsgespräche zwischen Belgrad und Pristina laufen genauso schleppend wie die Wirtschaft. Die Arbeitslosigkeit liegt bei knapp zwölf Prozent, bei jungen Serben unter 24 sogar bei rund 15 Prozent. Viele sind zudem frustriert, weil es ohne Beziehun-

gen kaum gut bezahlte Arbeit und Perspektiven gibt. [...] Was den Kosovo angehe, dürfe
55 man den Kopf nicht in den Sand stecken, sondern müsse realistisch sein, schrieb Serbiens Präsident Vučić neulich in einer serbischen Zeitung. [...] Vučić kann es sich inzwischen also sogar erlauben, die heikle Kosovo-Frage
60 zu stellen, und er sucht den Dialog mit den Albanern in seinem Artikel. Die Kosovo-Frage habe das Verhältnis über Generationen hinweg vergiftet und müsse ohne Gewaltanwendung gelöst werden. Der albanische Premier
65 Edi Rama postete das Ganze sogar auf seiner

Facebookseite und auch im Kosovo selbst gab es positive Reaktionen. Doch Kritiker sehen darin die Doppelstrategie des ausgefuchsten Politikers Vučić, der nach allen Seiten offen bleibt. Denn Serbien ist ebenso an guten Be- 70 ziehungen mit China, der Türkei oder Russland interessiert. Moskau zum Beispiel liefert ja nicht nur Energie, sondern auch verlässlich ein Veto in Sachen Kosovo, etwa gegen die Aufnahme des Landes in die UNESCO. Eines 75 scheint also sicher: Die schachspielenden Rentner in Belgrad kommen deutlich schneller zum Zug als Serbien in die EU.

Andrea Beer: Serbiens Schritte Richtung Westen, Deutschlandfunk online, 19.09.2017, Köln; https://www.deutschlandfunk.de/eu-beitritt-serbiens-schritte-richtung-westen-100.html (Zugriff 11.11.2022)

M3 Presseschau vom 06. und 07. Februar 2018

FRANKFURTER ALLGEMEINE ZEITUNG „Wenn die Länder des sogenannten Westbalkans ihre Vorbereitungen auf die Mitgliedschaft abgeschlossen haben, werden sie eine enorme Transformation von Staat, Wirtschaft und Gesellschaft hinter sich haben
5 müssen. Und dann wird noch immer eine große Kluft zwischen ihnen und der EU bestehen. Überdies dürfte ein Beitritt noch andere Konsequenzen haben: Für „Europa" rückte das Ziel der „immer engeren Union" in noch weitere Ferne. Das ist vielleicht kein Unglück, selbst wenn es die europäischen Föderalisten als solches
10 empfinden mögen."

Die serbische Tageszeitung POLITIKA „Die Europäische Kommission hat in Straßburg eine glaubwürdige Perspektive für den westlichen Balkan eingenommen. Dazu gehört auch ein stärkeres Engagement der EU in dieser Region, womit die EU die Zu-
15 kunft des westlichen Balkans als eine geostrategische Investition in ein stabiles, starkes und geeintes Europa bestätigt hat, das auf gemeinsamen Werten beruht."

Die schwedische Zeitung SKÅNSKA DAGBLADET „Serbien und Montenegro können frühestens 2025 beitreten, und selbst das ist 20 noch eine optimistische Prognose. Die anderen müssen noch länger warten. Trotzdem ist es wichtig, dass die Tür für die früheren jugoslawischen Teilrepubliken und Albanien grundsätzlich offen bleibt. Aber die Länder 25 müssen dafür eine so robuste wirtschaftliche Struktur haben, dass sie in der EU bestehen können. Rumänien und Bulgarien wurden aufgenommen, bevor sie ihre Korruption abgebaut hatten, und Kroatien liefert sich noch 30 immer einen Grenzstreit mit Slowenien. Solche Beispiele zeigen, dass die EU künftig vorsichtiger sein muss: Nur Länder mit einer stabilen Demokratie können Mitglieder werden."

Deutschlandfunk Presseschau 06. und 07. Februar 2018, Köln

1 Arbeitet aus M1 Informationen heraus, die helfen zu überprüfen, ob Serbien die Kopenhagener Kriterien (M2, S. 382) erfüllt.
2 Führt mithilfe der Materialien dieser Seite eine Pro-Kontra-Debatte durch zur Frage: „Soll Serbien der EU beitreten?"
3 Überprüft ausgehend von einer Recherche zur aktuellen Situation der EU und in Serbien, wie realistisch ein Beitritt Serbiens bis 2025 ist.
4 Überprüft, ob sich angesichts aktueller Entwicklungen eure Antwort auf die Frage auf dieser Doppelseite verändert.

BASISKONZEPT
Interessen und Gemeinwohl

14.9 Quo vadis Europa?

M1 Alles
Europäer?

ICH BIN EUROPÄER!

ICH BIN SPANIER!

ICH BIN KATALANE!

ICH BIN ZU KLEIN ...

SEPARATISTISCHE EVOLUTION

Zeichnung: Kostas Koufogiorgos

M2   Imagine there's no countries

INFO

Katalanische Sepa-ratisten-Bewegung
Aufgrund histo-rischer, sprachlicher und kultureller Unter-schiede zum übrigen Spanien sieht sich Katalonien als eigen-ständige Nation und strebt nach Unab-hängigkeit. Im Okto-ber 2018 hat der ehe-malige katalonische Regionalpräsident Carles Puigdemont eine neue Separatis-ten-Bewegung gegründet.

Katalanische Parteien, die eine Unabhängigkeit von Spanien fordern, bekamen im Dezember [2017] erneut die absolute Mehrheit im Regio-nalparlament. In Belgien mehren sich Stim-men, die mehr Eigenständigkeit für die pros-
5 perierende Region Flandern um Antwerpen fordern, in Großbritannien gilt dasselbe für das erdölreiche Schottland, in Italien für das wirt-schaftlich starke Venetien. [...] Stets steht das
10 Streben nach Eigenständigkeit im Widerspruch zur Verfassung: Für die einen sind die Aktivis-ten zerstörerische Separatisten, für die ande-ren nationale Unabhängigkeitskämpfer. [...] „Der alte Nationalstaat als politischer Körper
15 ist ausgehöhlt", sagt [die deutsch-französische Politikwissenschaftlerin] Ulrike Guérot. 2016 legte Guérot mit ihrem Buch „Warum Europa eine Republik werden muss", Untertitel: „Eine politische Utopie", ein engagiertes Plädoyer
20 für ein Europa der Regionen nach. Die Analyse der europäischen Verhältnisse in Guérots Buch geht so: Der Nationalstaat steckt in der Krise. Globalisierung (und EU) knabbern von oben an seiner Souveränität. Von unten fordert die Zi-
25 vilgesellschaft mehr Mitsprache und Transpa-renz. Das Internet bietet neue Beteiligungs-wege, die Bindekraft der Parteien sinkt. Nur die Demokratie setze weiter auf Methoden aus

dem 19. Jahrhundert: Repräsentation und Na-
30 tionalstaat. „Die Frage ist: Wie wollen wir den Modernisierungsschub überstehen – nur durch nationalstaatliche Regression oder durch et-was Neues?", fragt Guérot provokant. [...] Guérot verweist auf europäische Landkarten –
35 mit den Stadtrepubliken aus dem Mittelalter und von heute. Was die kleingliedrige Ein-teilung betrifft, sind die Abbildungen fast de-ckungsgleich. 50 bis 60 Regionen sind darauf zu sehen mit je fünf bis zehn Millionen Einwoh-
40 nern. Sie sind im Verlauf der Geschichte rund um urbane Wirtschaftszentren wie Barcelona, Mailand oder Venedig gewachsen und ökono-misch ungefähr gleich stark. In Deutschland könnte sich etwa eine Region Sachsen rund um
45 die Zentren Dresden und Leipzig konstituieren. In einer EU-50-plus, in der alle gleich mächtig sind, so die Unterstützer der Idee, gäbe es keine Großen mehr, die die Richtung vorgeben wie zuletzt Deutschland in der Eurokrise. Zwischen
50 Riesen haben Kleine oft nicht viel zu melden: Schon jetzt zeichnet sich ab, dass sich die EU nach dem Brexit über weite Strecken wie be-reits mehrmals in ihrer Geschichte auf der Ach-se Paris und Berlin ausrichten könnte. Eine EU-
55 50-plus böte immer neue Mehrheiten entlang von Sachfragen und somit keine dauerhaften

Niederlagen Einzelner, sondern wechselnde Gewinner. Ein „Paradigmenwechsel von nationalem Interesse zu gesellschaftlichen Präferenzen", sagt Guérot. [...] Doch wie soll das gehen, eine EU-50-plus, wo schon die heutigen [27] Staaten keinen Konsens finden? Guérots Vorschlag lautet: mit einer europäischen Republik. An der Spitze steht ein direkt gewählter EU-Präsident mit seinem Kabinett – vergleichbar mit der heutigen EU-Kommission. Die Europäische Abgeordnetenkammer (das heutige EU-Parlament) würde durch eine zweite Kammer, den „Europäischen Senat", ergänzt. In diesen entsendet jede Region je zwei Senatoren. Klingt verwegen? „Funktioniert in den USA doch auch", sagt Guérot mit Blick auf das Zwei-Kammer-System der Vereinigten Staaten knapp. Bisher ist diese Idee wohlgemerkt nur eine Zukunftsvision einiger weniger. Gegnerinnen und Gegner warnen zum Beispiel vor Zersplitterung, Instabilität und einem enormen Verwaltungs- und Abstimmungsaufwand. [...] Natürlich gehe es bei den Autonomiebestrebungen auch um Verteilungsfragen, räumt Ulrike Guérot ein. Schottland ist reich an Erdöl, rund um Antwerpens Hafen in Flandern sitzen Belgiens Exportindustrien, und auch Katalonien mag seinen Reichtum in der Krise ungern mit dem landwirtschaftlich geprägten Andalusien teilen. [...]

Peter Riesbeck: Imagine there's no countries, Fluter online, Bundeszentrale für politische Bildung, 17.01.2018, Bonn; https://www.fluter.de/was-ist-ein-europa-der-regionen (Zugriff 11.11.2022)

M3 Einigung – wie weit?

Die politischen Zielvorstellungen lassen sich vereinfachend in folgenden Modellen zusammenfassen:

- Das **Bundesstaat-Modell:** Nach diesem Modell sollen europäische, nationale und regionale Ebenen jeweils bestimmte Kompetenzen erhalten, die in einer Verfassung festgelegt sind. Es entspricht am ehesten dem Ziel der „Vereinigten Staaten von Europa" und bedeutet eine Vertiefung der politischen Zusammenarbeit der EU-Mitglieder in allen die EU betreffenden Fragen.
- Das **Staatenbund-Modell:** Möglichst viele Entscheidungen sollten bei den Nationalstaaten belassen werden. Viele Anhängerinnen und Anhänger dieses Modells gibt es z. B. in Großbritannien. Ihnen würde eine reine Wirtschaftsunion, d. h. Europa als großer Binnenmarkt ohne politische Vertiefung, völlig ausreichen.
- Das **Modell der zwei Geschwindigkeiten** ist als Reaktion auf häufiger auftretende Blockadesituationen in der Europäischen Union entstanden. Es ermöglicht einigen Mitgliedstaaten, in einem Bereich enger zusammenzuarbeiten. Später können sich dann weitere Staaten anschließen. Ein Beispiel hierfür wäre die Einführung des Euro, zunächst in zwölf, inzwischen (Stand 2023) in 20 Staaten. *Autorentext*

1 Analysiere die Karikatur M1.

2 Stellt die Positionen in der Klasse zu den folgenden Aussagen in geeigneter Weise grafisch dar:
  - Ich fühle mich zuallererst als Bürgerin/Bürger a) meiner Gemeinde, b) meiner Region, c) Deutschlands, d) Europas.

3 Bewerte die in M2 vorgeschlagene Alternative zum Europa der Nationalstaaten anhand geeigneter Kriterien.

4 Erörtert Vor- und Nachteile der in M3 vorgestellten Modelle. Stimmt ab, welches Modell euch am ehesten zusagt.

5 Erstellt arbeitsteilig ein Szenario zu folgenden im Kapitel angesprochenen Themen:
  - Einfluss der EU auf den Alltag der Bürgerinnen und Bürger
  - Stand der politischen Integration
  - Teilhabe der Bürgerinnen und Bürger an Entscheidungen auf europäischer Ebene
  - Mitgliedstaaten der EU und Verhältnis zu den Nachbarstaaten

BASISKONZEPT

Ordnung und Struktur

Auf folgende Fragen solltest du jetzt antworten können. Du kannst auf den angegebenen Seiten noch einmal nachlesen.

1. Wie wirken sich Entscheidungen der EU auf das Leben der Bürgerinnen und Bürger aus?

Die Europäische Union beeinflusst mit ihren Entscheidungen das Leben der EU-Bürgerinnen und Bürger maßgeblich, die Aufhebung der Grenzen zwischen den Mitgliedstaaten ermöglicht einfaches Reisen und erleichtert den Import und Export von Gütern. Aber auch in vielen Verbraucherfragen verbesserte die EU den Alltag ihrer Bürger/-innen, sei es durch die Abschaffung der Roaminggebühren oder die Einführung von Umwelt- und Gesundheitsstandards. Umstritten ist jedoch, ob die Europäische Union sich zu stark in Themen einmischt, die eigentlich besser auf nationaler Ebene entschieden werden sollten. (S. 362–364)

2. Wie ist die Macht zwischen den Organen der EU verteilt? Wie wirken sie zusammen?

Die Organe der EU haben unterschiedliche Aufgaben und treten untereinander sowohl als Partner als auch als Kontrahenten auf. Der Europäische Rat der Staats- und Regierungschefinnen und -chefs sowie der Ministerrat sind geprägt durch das Aufeinandertreffen nationalstaatlicher Interessen. Während Ersterer im Konsens die Leitlinien der EU bestimmt, ist Letzterer gemeinsam mit dem Europäischen Parlament für die Gesetzgebung zuständig. Wie die Mitglieder der Europäischen Kommission sollen die Abgeordneten des Parlaments nicht nationalstaatliche, sondern primär europäische Interessen vertreten. Die Abgeordneten sind deshalb auch nicht nach Ländern, sondern nach Parteien eingeteilt. Die Kommission initiiert die europäischen Gesetze wie z. B. die Richtlinien. Der Europäische Gerichtshof legt das europäische Recht aus und ahndet Verstöße. (S. 365–370, 376–380)

3. Welche Möglichkeiten haben die Bürger/-innen, ihre Interessen in die EU-Politik einzubringen?

Viele Beteiligungsmöglichkeiten auf nationalstaatlicher Ebene finden ihre Entsprechung auf europäischer Ebene. So können sich die Bürger/-innen der EU u. a. an den Wahlen zum Europäischen Parlament beteiligen, über NGOs und Verbände Einfluss nehmen oder sich direkt an ihre Abgeordneten wenden. In den vergangenen Jahren sind im Zuge der gestiegenen Europaskepsis auch Bewegungen entstanden, die sich für eine stärkere Vernetzung zwischen den Bürgerinnen und Bürgern der EU-Staaten einsetzen. Auch die Europäische Bürgerinitiative hat das Ziel, die Bürgerinnen und Bürger für Europa zu interessieren und sie am Entscheidungsprozess zu beteiligen. (S. 372–375)

4. Wie soll sich die Europäische Union weiterentwickeln?

Seit Gründung der EU gibt es unterschiedliche Vorstellungen davon, was das Ziel dieser Vereinigung sein sollte. Während die einen ein Modell anstreben, dass möglichst viele Entscheidungen in Brüssel ansiedelt, gibt es auch Vertreter der Position, dass Nationen oder gar Regionen die zentralen Bausteine der Union sein sollten. Diskutiert wird auch die Frage, wer in Zukunft Mitglied der Europäischen Union sein sollte. Aus ursprünglich sechs Staaten entwickelte sich zwischenzeitlich eine Union von 28 Staaten, mit Großbritannien ist jedoch auch erstmals ein Staat ausgetreten. Weitere Staaten wie z. B. Serbien streben eine Mitgliedschaft in naher Zukunft an. Durch die Kopenhagener Kriterien macht sich die EU selbst und den Kandidaten Vorgaben, die bei einem Beitritt erfüllt werden müssen; zuletzt bleibt die Entscheidung jedoch eine politische. (S. 382–387)

Basiskonzept: Ordnung und Struktur

Die Strukturen der EU sind Ergebnis eines Aushandlungsprozesses, der sich u. a. an zwei Fragen orientiert: Wie viel Macht soll von den Nationalstaaten auf Europa übergehen? Eine starke Kommission entspricht eher den Vorstellungen eines mächtigen Europas, denn die Kommissar/-innen sind nur dem Wohl Europas verpflichtet. Ein starker Europäischer Rat entspricht eher den Vorstellungen mächtiger Nationalstaaten. Hier entscheiden die Staats- und Regierungschefinnen und -chefs im Konsens. Wie ist damit umzugehen, dass in der EU große und kleine Länder miteinander kooperieren? Im Parlament wird über die Zahl der Abgeordneten, im Ministerrat über die qualifizierte Mehrheit sichergestellt, dass Größe bzw. Einwohnerzahl eine Rolle spielen, kleine Staaten aber nicht entmachtet werden. Beide Fragen sind allerdings nur zwischenzeitlich durch die aktuelle politische Ordnung der EU beantwortet. Genauso wie diese Ordnung die Entscheidungen der EU prägt, ist sie selbst Ergebnis politischer Entscheidungen.

M 1 Die EU – ein Turmbau zu Babel?

Zeichnung: Wieslaw Smetek

Zeichnung: Gerhard Mester

Turmbau zu Babel
Der Turmbau zu Babel bzw. Turm von Babel (Gen 11,1–9 EU) ist eine der bekanntesten biblischen Erzählungen des Alten Testaments. Die Bibel erzählt von einem Volk aus dem Osten, das die eine (heilige) Sprache spricht und eine Stadt und einen Turm mit einer Spitze bis zum Himmel bauen will. Da befürchtet Gott, dass die Menschen dadurch versuchen wollen, ihm gleich zu sein, verwirrt ihre Sprache und vertreibt sie über die ganze Erde. Die Weiterarbeit am Turm endet gezwungenermaßen, weil die durch ein Wunder Gottes aufgetretene Sprachverwirrung die notwendige Verständigung der am Turm bauenden Menschen untereinander so gut wie unmöglich macht.

M 2 Zählt meine Stimme in der EU?

Meine Stimme zählt in der EU (in %)	stimme zu	stimme nicht zu	weiß nicht
EU27	44	52	4
Geschlecht			
männlich	46	51	3
weiblich	43	52	5
Alter			
15–24	45	48	7
25–39	47	50	3
40–54	44	53	3
55+	44	51	5
Ausbildung (Ende der)			
15–	34	59	7
16–19	42	54	4
20+	52	45	3
noch in Schule/Ausbildung	47	46	7
sozioprofessionelle Kategorie			
Selbstständige	45	52	3
leitende Angestellte	57	40	3
sonstige Angestellte	47	50	3
Arbeiter	41	55	4
Hausfrauen/–männer	36	58	6
Arbeitslose	31	66	3
Rentner/Pensionäre	44	50	6
Schüler/Studenten	47	46	7
Schwierigkeiten beim Bezahlen von Rechnungen			
meistens	25	71	4
gelegentlich	37	59	4
nahezu nie/nie	50	45	5
Gefühl der Zugehörigkeit zur			
Arbeiterschicht	34	60	6
unteren Mittelschicht	37	59	4
Mittelschicht	49	47	4
oberen Mittelschicht	59	38	3
Oberschicht	68	32	
Bild der EU			
positiv	64	32	4
neutral	35	60	5
negativ	17	81	2

45324EX

☐ stimme zu ☐ stimme nicht zu ☐ weiß nicht

Quelle: Europäische Kommission, Eurobarometer 96 (2022), S. 38

1 Beschreibe, wie sich der Alltag von Jugendlichen in Deutschland ohne die Europäische Union verändern würde.

2 Vergleiche die Aussagen des Bildes und der Karikatur in M 1.

3 Erläutere mögliche Ursachen für die Umfrageergebnisse in M 2.

4 Erörtere Vor- und Nachteile eines Beitritts der Türkei zur Europäischen Union.

5 Gestalte einen Redebeitrag zu einem der Zitate auf Seite 360.

6 Entwickle eine Strategie, wie das Ansehen der Europäischen Union bei den Bürgerinnen und Bürgern verbessert werden könnte.

15.

Zeichnung: Michael Hüter

80 MILLIONEN GEMEINSAM FÜR
ENERGIEWECHSEL

Umschalten auf Zukunft

Problem-
lösefähigkeit
des politischen
Systems –
eine Fallstudie

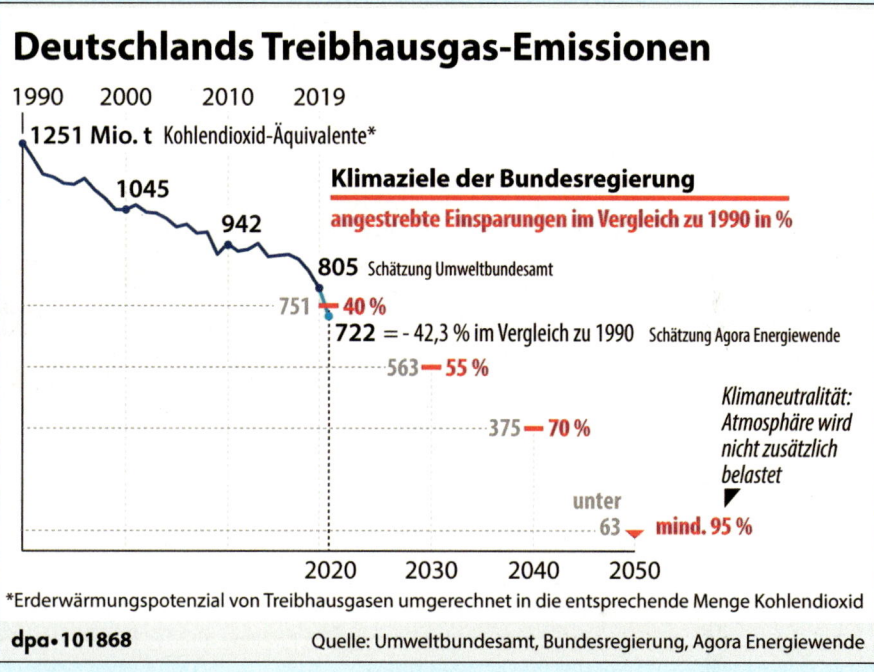

Deutschlands Treibhausgas-Emissionen

1990   2000   2010   2019

1251 Mio. t Kohlendioxid-Äquivalente*

1045

942

Klimaziele der Bundesregierung

angestrebte Einsparungen im Vergleich zu 1990 in %

805 Schätzung Umweltbundesamt

751 — 40 %

722 = - 42,3 % im Vergleich zu 1990 Schätzung Agora Energiewende

563 — 55 %

375 — 70 %

Klimaneutralität: Atmosphäre wird nicht zusätzlich belastet

unter

63 — mind. 95 %

2020   2030   2040   2050

*Erderwärmungspotenzial von Treibhausgasen umgerechnet in die entsprechende Menge Kohlendioxid

dpa•101868   Quelle: Umweltbundesamt, Bundesregierung, Agora Energiewende

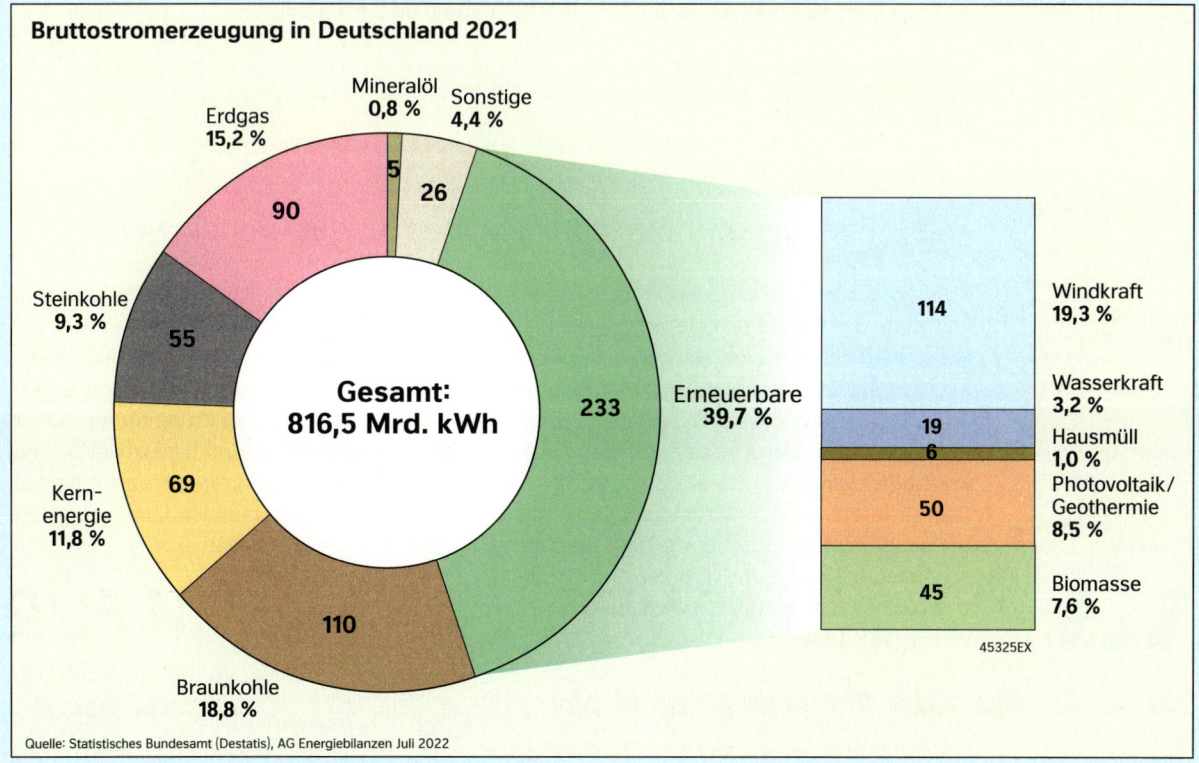

Bruttostromerzeugung in Deutschland 2021

Erdgas 15,2 %
Mineralöl 0,8 %
Sonstige 4,4 %
5
26
90

Steinkohle 9,3 %
55

Gesamt: 816,5 Mrd. kWh

233 Erneuerbare 39,7 %

Kern-energie 11,8 %
69

110

Braunkohle 18,8 %

114 Windkraft 19,3 %

19 Wasserkraft 3,2 %
6 Hausmüll 1,0 %

50 Photovoltaik/ Geothermie 8,5 %

45 Biomasse 7,6 %

45325EX

Quelle: Statistisches Bundesamt (Destatis), AG Energiebilanzen Juli 2022

Kann die Energiewende gelingen?

Nach der Entscheidung, aus der Atomenergie auszusteigen und gleichzeitig auf erneuerbare Energien umzusteigen, stellt sich die Frage, wie die Energiewende gelingen kann. Dabei spielen verschiedene gesellschaftliche, politische und wirtschaftliche Akteurinnen und Akteure eine Rolle.

M1 Energiewende in Gefahr?

Die Klimakrise und die angestrebte Unabhängigkeit von fossilen Energien machen Energiesparen notwendiger als je zuvor. Und da-
5 zu können wir alle beitragen. Das ist ein Appell von Bundeswirtschafts- und Klimaschutzminister Robert Habeck; er schlägt u. a. vor:

- Warmwasser sparen durch
10 kürzeres Duschen und z. B. für das Händewaschen auch mal kaltes Wasser benutzen;
- im Sommer den Schatten suchen und Räume z. B. durch Jalousien abdunkeln, statt die Klimaanlage zu benutzen;
15 - Energie sparen beim Kochen (Restwärme auf der Herdplatte nutzen), Backen mit Umluft und auf Vorheizen verzichten;
- 7 Grad Celsius reichen im Kühlschrank aus, –18 Grad im Gefrierfach.

Nach: Bundesministerium für Wirtschaft und Klimaschutz: 80 Millionen gemeinsam für Energiesparen – Jetzt mitmachen, Berlin; https://www.energiewechsel.de/KAENEF/Navigation/DE/Thema/energiespartipps.html (Zugriff 16.11.2022)

INFO

Die Nuklearkatastrophe von Fukushima (Japan) am 11.03.2011: Nach einem Erdbeben und darauffolgendem Tsunami kommt es im Atomkraftwerk zu einer Kernschmelze und Explosion der Reaktoren, woraufhin große Mengen radioaktiver Strahlung austraten. 170.000 Menschen mussten evakuiert werden; die gesundheitlichen Folgen sind für die Bevölkerung bis heute spürbar.

M2 Energiegewinnung umgestalten für das Gemeinwohl

Künftig werden die erneuerbaren Energien vor allem die Kernkraft ersetzen, aber auch Kohle als Energieträger. Nach der Reaktorkatastrophe in Fukushima in 2011 hat die
5 Bundesregierung das Energiekonzept fortentwickelt und den Ausstieg aus der Kernkraft beschleunigt. […] Stattdessen wird der Energieanteil an der Stromerzeugung aus Sonne, Wind & Co. rasch ausgebaut werden.
10 Schon heute sind sie die Nummer 2 im Strommix mit über 33 Prozent. So wird die Energieversorgung umweltfreundlich.

Die Energiewende soll zum anderen über eine höhere Energieeffizienz erreicht werden. Vor allem beim Heizen von Wohnraum und bei der 15 Mobilität gibt es Möglichkeiten, Energie einzusparen. Die Bundesregierung fördert daher Gebäudesanierungen und Elektroautos und hat bei den Förderprogrammen noch einmal nachgelegt. Zuletzt mit der Einführung der 20 Kaufprämie für Elektroautos.

Die Bundesregierung: Energiewende im Überblick, Presse- und Informationsamt der Bundesregierung, Berlin; https://www.bundesregierung.de/Content/DE/StatischeSeiten/Breg/Energiekonzept/0-Buehne/buehnenartikel-links-energiewende-im-ueberblick.html (Zugriff 12.05.2018)

M3 Europäische Energie- und Klimaziele

INFO

Kyoto-Protokoll
Klimakonferenz im Jahr 1997 in Japan, auf welcher erstmalig rechtsverbindliche Begrenzungs- und Reduzierungsverpflichtungen für die Industrieländer beschlossen wurden.

Die Europäische Union hatte sich im Rahmen der Klimarahmenkonvention 2002 im Kyoto-Protokoll dazu verpflichtet, die Emissionen der sechs wichtigsten Treibhausgase im
5 Durchschnitt der Jahre 2008 bis 2012 gegenüber dem Basisjahr (meist 1990) um 8 Prozent zu reduzieren. [...]
Im Rahmen der zweiten Verpflichtungsperiode (2013 bis 2020) des Kyoto-Protokolls haben sich
10 die EU und ihre damals noch 28 Mitgliedstaaten zu einer Reduktion von sieben wichtigen Treibhausgasen um 20 % bekannt. Darüber hinaus hat sich die EU im Rahmen des Klima- und Energiepaketes zu weiteren Zielen bis 2020 ver-
15 pflichtet. Die 2009 in Kraft getretenen Regelungen beinhalten folgende Verpflichtungen:

- Treibhausgas-Emissionen werden um 20 % gemindert.
- Die Nutzung erneuerbarer Energien wird
20 auf 20 % des gesamten Endenergieverbrauches gesteigert.
- Die Energieeffizienz wird um 20 % gesteigert [...].

Mit dem EU-Klimagesetz hat die EU ihr Langfristziel für 2050 angehoben. Anstatt einer 25 Minderung von 80 % – 95 % strebt sie nun netto-Null Treibhausgasemissionen („Klimaneutralität") sowie anschließend negative Emissionen ab 2050 an. Emissionssenken können dabei Emissionsquellen ausgleichen. Um dieses 30 langfristige Ziel zu erreichen, hat die EU ihr Zwischenziel für das Jahr 2030 von 40 % auf 55 % Emissionsminderung gegenüber 1990 angepasst. [...]
Außerdem ist geplant, die bestehenden Ener- 35 gieziele ebenfalls zu erhöhen:

- Das Ziel für die Nutzung erneuerbarer Energien soll von 30 % auf 40 % des gesamten Endenergieverbrauches gesteigert werden. 40
- Das Ziel für die Energieeffizienz (Primärenergieverbrauch) wird von 32,5 % auf 39 % erhöht im Vergleich zu einer Entwicklung ohne weitere Effizienzanstrengungen.

Umweltbundesamt: Europäische Energie- und Klimaziele, 18.02.2022, Berlin; https://www.umweltbundesamt.de/daten/klima/europaeische-energie-klimaziele (Zugriff 16.11.2022)

M4 Deutschland verpasst Klimaziel

Der 15. März 2022 wird ganz sicher nicht der schönste Tag in der Amtszeit des neuen Klimaministers. Spätestens dann, so will es das Gesetz, wird Robert Habeck (Grüne) die Klima-
5 bilanz für 2021 in Händen halten. Und die wird ziemlich bescheiden.
Das jedenfalls legen Zahlen nahe, die am Dienstag die Arbeitsgemeinschaft Energiebilanzen (Ageb) vorgelegt hat. Demnach ist
10 der Energiehunger im Jahr nach der ärgsten Corona-Krise wieder deutlich gestiegen. Und gestillt wurde er vor allem mit fossiler, klimaschädlicher Energie. So wuchs der Einsatz von Braun- und Steinkohle um jeweils 18 Prozent
15 – während die erneuerbaren Energien nahezu stagnierten. Zwar legten Solarstrom und Wasserkraft um jeweils fünf Prozent zu. Doch bei der Windkraft an Land herrschte oft Flaute, ihre Leistung schrumpfte um elf Prozent.

Das alles geht an der deutschen Klimabilanz 20 nicht spurlos vorbei. Im vorigen Jahr war sie – coronabedingt – gut ausgefallen, die Treibhausgas-Emissionen sanken auf 739 Millionen Tonnen. Das waren 40,8 Prozent weniger als 1990, erstmals erreichte eine Bundesregie- 25 rung damit ihr offizielles Klimaziel: minus 40 Prozent. Doch 2021 werden nach Daten der Ageb die energiebedingten Emissionen um 25 Millionen Tonnen höher liegen. In die Bilanz fließt zwar auch der Treibhausgas-Aus- 30 stoß von Landwirtschaft und Abfallbereich ein, doch die Energie-Emissionen sind der dominierende Faktor. Was bedeutet: Am 15. März sieht sich der neue Klimaminister einer heftigen Zielverfehlung gegenüber. Selbst das 35 Klimaziel für 2020 wird verfehlt. Nach den Zahlen der Ageb landet Deutschland bei 38,9 Prozent Minderung gegenüber 1990. [...]

Michael Bauchmüller: Deutschland verpasst Klimaziel, Süddeutsche Zeitung online, 21.12.2021, München; https://www.sueddeutsche.de/wirtschaft/klimaschutz-corona-emissionen-1.5493011 (Zugriff 16.11.2022)

M5   Nach Kanzler-Machtwort: Kabinett verlängert Laufzeit

Akw als Notreserve

● bis 15. April 2023

● *seit Ende 2021 abgeschaltet*

Brokdorf

● **Emsland**

● *Grohnde*

DEUTSCHLAND

Neckarwestheim 2

● **Isar 2**

Gundremmingen C

Quellen: BMU, BASE, BMWK

M6   Gesucht: Energie der Zukunft

[...] Die Bundesministerien für Umwelt und Wirtschaft kamen bei einer Prüfung im Frühjahr zum „eindeutigen Ergebnis", dass ein Weiterbetrieb der AKW nur einen „sehr be-
5 grenzten Beitrag zur Energieversorgung" leisten könne. Dem stünden „nicht nur eine Reihe praktischer Probleme gegenüber, sondern auch verfassungsrechtliche Schwierigkeiten und Aspekte der Sicherheit für Mensch und
10 Umwelt". [...]
Schaut man ins europäische Ausland, so ist die Haltung zur Kernenergie vielfach eine andere: Belgien hat angesichts der russischen Invasion in der Ukraine bereits den Ausstieg aus der Atomenergie um zehn Jahre verscho- 15 ben – auf 2035. Und das, obwohl die Sicherheit der älteren dortigen AKWs immer wieder für Diskussionen sorgt. Die beiden Reaktoren, die verlängert werden sollen, seien jedoch neueren Typs. Frankreich setzt so- 20 gar auf den Ausbau der Atomkraft: So hatte Präsident Emanuel Macron erst am 15. Februar 2022 den Neubau von bis zu 14 Atomreaktoren angekündigt. Tatsächlich jedoch versucht Frankreich bereits seit 2007 einen 25 einzigen neuen Reaktor (Flammanville3) zu

bauen und in Betrieb zu nehmen – bislang vergeblich. [...]

Auch das nördlichere Finnland setzt auf Atom-
30 strom: Dort soll der neue Atommeiler Olkiluoto 3 nach einem Testbetrieb noch dieses Jahr ans Netz gehen. Hier verzögerte sich die Bauzeit ebenfalls auf insgesamt 17 Jahre, auch hier stiegen die Kosten [...]. Der Bau eines weiteren Reaktors wurde daher aufgegeben. In Finn- 35 land, wo man sogar schon ein atomares End-lager hat, ist die Kernkraft aber selbst bei den mitregierenden Grünen ein unumstrittener Teil der Klimapolitik zum Einsparen von CO_2.

Andrej Reisin: Gesucht wird die Energie der Zukunft, tagesschau.de, 29.07.2022, Hamburg; https://www.tagesschau.de/faktenfinder/atomenergie-klimawandel-101.html (Zugriff 16.11.2022)

M 7 Gnadenfrist für die Kohlekraft

Um Deutschland für einen Engpass in der Gas-versorgung zu rüsten, sollen Dutzende Kohle-kraftwerke in Reserve bleiben. Gerät der Kohleausstieg noch ins Wanken?
5 [...] „Die Gasversorgung in Deutschland ist stabil", so steht im täglichen Lagebericht der Bundesnetzagentur jeden Tag zu lesen. „Die Versorgungssicherheit ist derzeit weiterhin gewährleistet." So geht das schon, seit Bun-
10 deswirtschaftsminister Robert Habeck (Grü-ne) die Frühwarnstufe für die Gasversorgung ausrief, aus Angst vor ausbleibenden rus-sischen Gaslieferungen: Die Krisenstäbe sind bereit, aber die Krise ist noch nicht da. Was
15 aber, wenn?

Am Dienstag hat das Ministerium einen weite-ren Gesetzentwurf in die Abstimmung inner-halb der Bundesregierung gegeben, diesmal rund um Kraftwerke. Jenes Ministerium, das
20 „idealerweise" schon 2030 aus der Kohlekraft aussteigen wollte, will damit eine Reserve auf-bauen, die im Falle eines Falles die Gaskraft-werke ersetzen kann – und das vorwiegend aus Kohlekraft. So sollen Steinkohleanlagen,
25 die eigentlich in diesem oder nächsten Jahr endgültig vom Netz gehen sollten, noch bis zum 31. März 2024 in Bereitschaft bleiben. Auch Braunkohlemeiler, die nach ihrer Ab-schaltung in eine vierjährige „Sicherheits-
30 bereitschaft" gegangen waren, sollen gleich anschließend einer Versorgungsreserve ange-hören. Per Ministerverordnung könnten sie „temporär an den Strommarkt zurückkeh-ren", wie es aus Kreisen des Ministeriums heißt. 35

Klein ist diese Reserve nicht. Allein zehn Steinkohleanlagen mit einer Kapazität von 4,3 Gigawatt, die bisher schon der sogenann-ten Netzreserve angehören, stehen künftig auf Abruf. Dazu kommen 1,6 Gigawatt in ins- 40 gesamt sechs Öl-Kraftwerken. Weitere 2,6 Gi-gawatt Leistung entfallen auf Kraftwerke, für die eigentlich in diesem oder im nächsten Jahr Schluss sein sollte – macht insgesamt 8,5 Gigawatt einsatzbereiter Kraftwerksleis- 45 tung. In der „Sicherheitsbereitschaft" der Braunkohle sind weitere 1,9 Gigawatt einge-mottet – fünf Kraftwerksblöcke, die sich reak-tivieren ließen. Zum Vergleich: Derzeit laufen in Deutschland noch Steinkohlekraftwerke 50 mit insgesamt 16 Gigawatt Leistung. Zusätz-liche Kosten für die neue Reserve werden den Betreibern erstattet. Schließlich hatten die sich bisher auf das Ende ihrer Anlagen einge-stellt und waren auch meist für die Stilllegung 55 schon entlohnt worden. Bahnt sich da nun eine Abkehr vom Kohleausstieg an? Das Wirt-schaftsministerium weist das weit von sich. „Wir müssen den Kohleausstieg in Deutsch-land bis 2030 vollenden", heißt es aus dem 60 grün geführten Ministerium. In der aktuellen Krise sei das „wichtiger denn je". Nur müsse man eben auf dem Weg dorthin die Vorsorge stärken. [...]

Michael Bauchmüller: Gnadenfrist für die Kohlekraft, Süddeutsche Zeitung online, 24.05.2022, München; https://www.sueddeutsche.de/wirtschaft/gasversorgung-deutschland-bundesnetzagentur-kohlekraft-1.5591119 (Zugriff 16.11.2022)

Fallstudie

Bei einer Fallstudie sollt ihr Antworten auf die Fragen finden, wer im betroffenen Problemfeld mit welcher Legitimation Entscheidungen treffen kann *(Macht und Entscheidung)*, welche Akteurinnen und Akteure betroffen sind und welche Interessen sie verfolgen *(Interessen und Gemeinwohl)* und wie durch die Festlegung von rechtlichen Regelungen das Problem gelöst werden soll *(Regeln und Recht)*.

Ablauf einer Fallstudie (idealtypische Form)

Phase	Ziel	vereinfacht
1. **Konfrontation** mit dem Fall	Erfassen der Problem- und Entscheidungssituation	**Was ist?**
2. **Information** über Fall	Lernen, sich die für die Entscheidungsfindung erforderlichen Informationen zu beschaffen und zu bewerten	
3. **Exploration:** Diskussion alternativer Lösungsmöglichkeiten	Denken in Alternativen	**Was ist möglich?**
4. **Resolution:** Treffen der Entscheidung in Gruppen	Gegenüberstellen und Bewerten der Lösungsvarianten	**Was soll geschehen?**
5. **Disputation:** die einzelnen Gruppen verteidigen ihre Entscheidung	Verteidigen einer Entscheidung mit Argumenten	
6. **Kollation:** Vergleich der Gruppenlösungen mit der in der Wirklichkeit getroffenen Entscheidung	Abwägen der Interessenzusammenhänge, in denen die Einzellösungen stehen	

Nach: Matthias Pilz: Fallstudie, Sowi-Online e. V., 2007, Bielefeld; https://www.sowi-online.de/praxis/methode/fallstudie.html (Zugriff 16.11.2022)

M8　Das NIMBY-Phänomen

Zeichnung: Joe Heller

M9 Nord-Süd-Strom-autobahn

Vorschläge für Stromtrassen

— Vorgeschlagene Trassenkorridore für Gleichstromleitungen
— Alternativen

Nordsee · Ostsee · Brunsbüttel · Wilster · Emden · Hamburg · Berlin · Südlink · Wolmirstedt · Hannover · Magdeburg · Korridor A · Südostlink · Osterath · Kassel · Leipzig · Düsseldorf · Köln · Gera · Fulda · Hof · Koblenz · Frankfurt · Bayreuth · Mannheim · Grafen-rheinfeld · Philippsburg · Großgartach · Regensburg · Stuttgart · Landshut · Isar · München

dpa·27778 · Quelle: Bundesnetzagentur, Tennet, 50Hertz

M10 Gefahr der Strom-unterversorgung

Bayern produziert inzwischen weniger Strom, als es selbst verbraucht, und ist zunehmend auf Lieferungen aus anderen Bundesländern angewiesen. Dieser Trend hat sich im vergangenen Jahr weiter fortgesetzt: Weil das Atomkraftwerk Grafenrheinfeld vom Netz ist, sank die bayerische Stromerzeugung 2016 im Jahresvergleich um mehr als 5 Prozent. [...] Für die Zukunft prognostiziert der Verband der Bayerischen Energie und Wasserwirtschaft eine zunehmende Abhängigkeit Bayerns von außerhalb produziertem Strom, zumal der Stromverbrauch in Bayern wahrscheinlich steigen wird – unter anderem wegen der Elektroautos und zunehmender Heizung durch Wärmepumpen.

Lorenz Storch: Energiewende: Stromerzeugung in Bayern sinkt, BR online, 14.11.2017, München; https://www.br.de/nachrichten/energiewende-in-gefahr-stromerzeugung-in-bayern-sinkt-100.html (Zugriff 18.05.2018)

M11 Bergrheinfeld wehrt sich

Die Gemeinde Bergrheinfeld ist von der Energiewende betroffen wie sonst keine andere Kommune. „Wir werden uns mit allen Mitteln gegen eine Planung stellen, die unsere Heimat zu einem Umschlagzentrum der Stromversorgung entwickelt und dabei Alternativen außer Acht lässt", heißt es in einem Schreiben der Gemeindeverwaltung. Gleich drei neue Stromtrassen träfen mit all ihren Folgeerscheinungen zentral auf den Netzverknüpfungspunkt Bergrheinfeld, heißt es. Bürgermeister, Gemeinderat und Bürger von Bergrheinfeld seien äußerst betroffen und könnten kein Verständnis aufbringen über diese äußerst sorglose Planung, die Wohnumfeld, Lebensraum und Heimat geringschätze wie nirgendwo sonst. Diese Planung hemme die Entwicklungsmöglichkeiten für Bergrheinfeld, schränke die Planungshoheit massiv ein und greife in das Recht der kommunalen Selbstverwaltung ein. „Wir sehen ein Stück Willkür in der vorliegenden Planung, die allein aus wirtschaftlichen und energiepolitischen Erwägungen heraus nach den besten Lösungen für die Energiebetreiber sucht", zitiert die Verwaltungsleiterin. Aufgrund der Lage Bergrheinfelds in unmittelbarer Nähe zum stillgelegten AKW und der vorhandenen Infrastruktur bleibe es unausweichlich, dass der Ort zu einem Mittelpunkt der Energiewende werde.

Horst Fröhling: Bergrheinfeld wehrt sich, Main-Post online, 27.10.2017, Würzburg; https://www.mainpost.de/regional/schweinfurt/Planung-Stromtrassen;art763,9778356 (Zugriff 18.05.2018)

INFO

EEG-Umlage
Betreiber von Erneu-erbare Energien-Anlagen, die Strom in das Netz der öffent-lichen Versorgung einspeisen, erhalten dafür eine im EEG festgelegte Vergü-tung – der einge-speiste Strom wird an einer Strombörse verkauft, allerdings unter dem Vergü-tungssatz. Der Differenzbetrag wird auf alle Strom-verbraucher/-innen umgelegt und beträgt 2018: 6,79 ct/kWh.

EEG (Gesetz für den Ausbau Erneuer-barer Energien)
Instrument zur För-derung von Wind- und Sonnenenergie, Wasserkraft, Bio-masse und Geo-thermie im Bereich der Stromerzeugung, seit 01.04.2000 in Kraft (Vorläufer von 1991: Stromeinspei-sungsgesetz) und seither weiterentwi-ckelt (EEG 2004, EEG 2009, EEG 2012, EEG 2014, EEG 2017)

M 12 Strom wird verschenkt – Problem: fehlende Speicher

Wie bei Solarenergie besteht auch bei Strom aus Wind eine bis dato schlechte Planbarkeit. Wer weiß schon, wann die Sonne wie stark scheint beziehungsweise wie stark es an wel-chen Tagen weht? Was bedeutet es für die zu-künftige Energieversorgung, wenn Windkraft einen nicht unerheblichen Teil des benötigten Stroms erzeugen könnte, aber ausschließlich an windigen Tagen? [...] Während die Menge produzierten Stroms bei Privathaushalten überschaubar und teilweise speicherbar ist, gilt dies noch nicht in größeren Dimensionen. Bis zu 20 Prozent der über Windkraftanlagen gewonnenen Energie verpuffen, wenn es zu stark weht. Es gibt keinen wirtschaftlichen Weg der Speicherung und um einer Überlas-tung der Netze zuvorzukommen, schalten die Betreiber in diesen Fällen die Windräder ab oder stellen sie in den Wind, sodass sie sich nicht mehr drehen können. Manchmal wird auch der überschüssige Strom zu Negativprei-sen in andere Netze geleitet: Wir müssen Geld bezahlen, damit andere uns den Strom abneh-men. Eine Förderung erfolgt dennoch. Für den gegensätzlichen Fall beträgt die gesicherte Leistung nur circa 10 Prozent, sodass immer noch ein fossiler Kraftwerkspark nötig ist, der die gesamte Nachfrage decken kann. [...]

Möglichkeiten der Speicherung

Die Liste möglicher Methoden ist lang: Pump-speicherkraftwerke sind beispielsweise theo-retisch in der Lage, Wasser in stromreichen Zeiten in höher gelegene Becken zu pumpen und später über Generatoren wieder hinunter-fließen zu lassen. Bereits seit Jahren denken Experten über die Nutzung alter Kohlezechen als Pumpspeicher nach – bisher ohne Ergebnis. Auch Pumpspeicher am Meeresgrund sind grundsätzlich denkbar [...]. Druckluftspeicher hingegen komprimieren mit überschüssiger Energie Luft und geben sie im Bedarfsfall wieder ab. Als bisher vielversprechendstes Projekt gilt das Redox-Flow-Modell, bei dem mit Polymeren gesättigtes Salzwasser Energie aufnimmt und wieder abgeben kann wie bei einer Batterie. Die Kosten sind vergleichbar mit denen von Pumpspeicherwerken. [...]

Karl Tack: Strom wird verschenkt: Trotz fehlender Speicher wird die Windkraft weiter ausgebaut, in: FOCUS online, 25.06.2021, München; https://www.focus.de/immobilien/experten/energiewende-strom-wird-verschenkt-trotz-fehlender-speicher-wird-die-windkraft-weiter-ausgebaut_id_8441583.html (Zugriff: 15.12.2022)

M 13 Positionen zur Energiewende

Wir fordern in den ersten 100 Tagen einer neuen Bundesregierung:
1. **Die Verabschiedung eines 1,5°C-konformen CO_2-Budgets:** Verbindlich als Grundlage eines Reduktionspfades
   1. Unabhängige Kontrolle: Einführung eines Mechanismus zur Prüfung aller Gesetze und Infrastrukturprojekte auf Kompatibilität mit dem CO_2-Budget
2. **Die sofortige Beendigung neuer Erdgasinfrastrukturprojekte und Beschluss des Erdgasausstiegs bis spätestens 2035**
3. **Einen sozialverträglichen Ausstieg aus allen fossilen Energien in Deutschland**
   1. Alle Dörfer bleiben: keine weiteren Flächen für Kohle abbaggern und verbindlicher Kohleausstieg bis spätestens 2030
   2. Ende aller Subventionen für fossile Energieträger
4. **Die Beseitigung aller (politischen) Ausbaubremsen für Sonnen- und Windenergie und die Versiebenfachung des Ausbaus**
5. **Das Einleiten einer radikalen, sozial gerechten Mobilitätswende**
   1. Einen Einbaustopp für fossile Verbrennungsmotoren ab 2025
   2. Einen sofortigen Neu- und Ausbaustopp für Autobahnen und Bundesstraßen

6. **Das Übernehmen globaler Verantwortung: Deutschland verpflichtet sich, für seine historischen Verantwortungen einzustehen**
   1. Festlegung von mindestens 14 Milliarden Euro jährlich für internationale Klimafinanzierung
   2. Ausschluss der Ratifizierung klima- und umweltschädlicher sowie menschenrechtsgefährdender Handelsverträge (wie bspw. das Mercosur-Abkommen)

Fridays for Future online: Forderungen für die ersten 100 Tage der neuen Bundesregierung, Kiel; https://fridaysforfuture.de/forderungen/100-Tage/ (Zugriff 16.11.2022)

Die chemische Industrie hat mit drastischen Worten vor einem Scheitern der Energiewende gewarnt. „Wir brauchen brutal günstigen Strom und das in unvorstellbaren Mengen", sagte Wolfgang Große Entrup, Geschäftsführer des Verbands der Chemischen Industrie (VCI). [...]

Bernd Freytag, Frankfurter Allgemeine Zeitung online, 17.03.2021; https://www.faz.net/aktuell/wirtschaft/klima-nachhaltigkeit/energiewende-chemische-industrie-fordert-mehr-oekostrom-17248364.html (Zugriff 16.11.2022)

Dr. Ulrich Schneider, Hauptgeschäftsführer des Paritätischen Gesamtverbandes [...]: „Wir können der Klimakrise nur erfolgreich entgegentreten mit einer sozial-ökologischen Politik, die alle mitnimmt und Klimaschutz mit sozialem Zusammenhalt verbindet. Der CO_2-Preis in seiner jetzigen Höhe reicht bei weitem nicht aus, um eine angemessene Wirkung zu entfalten. Wir müssen klimapolitisch deutlich ambitionierter werden und mit einem sozial gerechten Ausgleich verhindern, dass sich die gesellschaftliche Spaltung dabei vertieft. [...]"

Wiebke Schroeder: Klima-Allianz stellt gemeinsame Forderungen zur Bundestagswahl vor, Der Paritätische Gesamtverband online, 01.03.2021, Berlin; https://www.der-paritaetische.de/alle-meldungen/klima-allianz-stellt-gemeinsame-forderungen-zur-bundestagswahl-vor/ (Zugriff 16.11.2022)

Bundesverfassungsgericht definiert Klimaschutzpflichten

[...] Insbesondere um die Akzeptanz für Erneuerbare Energien in der Gesellschaft zu stärken, die gerade bei der Windkraft in den letzten Jahren gelitten hat, hat das BVerfG die wichtige Rolle der Bürgerenergien und kleinteiligen Investitionen erkannt und mit diesem Urteil sogar massiv gestärkt. [...] Ab sofort können Betreiber von Windkraftanlagen auch vom Landesgesetzgeber gesetzlich dazu verpflichtet werden, Bürger*innen und Kommunen im Umkreis finanziell zu beteiligen. [...]

Hans-Josef Fell: Ein wegweisendes BVerfG-Urteil für die Windkraft – und ausgerechnet der BWE kritisiert, 09.05.2022, Hammelburg; https://hans-josef-fell.de/ein-wegweisendes-bverfg-urteil-fuer-die-windkraft-und-ausgerechnet-der-bew-kritisiert/ (Zugriff 16.11.2022)

Die Energiewende hin zur „grünen Energie" aus Sonne und Wind dürfte in den kommenden Jahren für erhebliche Engpässe auf dem globalen Metallmarkt sorgen. Grund ist, dass diese Technologien mehr Metalle benötigen als bisherige Verfahren. [...] Das gleiche gilt für die Umgestaltung des Verkehrssektors von Verbrennungs- auf Elektro-Motoren. „Elektrofahrzeuge, Batterien, Fotovoltaikanlagen, Windräder und Wasserstofftechnologien benötigen alle wesentlich mehr Metalle als ihre herkömmlichen Alternativen", so eine zentrale Erkenntnis der Studie „Metals for Clean Energy". [...]

MDR Wissen online: Energiewende sorgt für Engpässe bei Metallen, 26.04.2022, Leipzig; https://www.mdr.de/wissen/umwelt/metall-mangel-durch-energiewende-100.html (Zugriff 16.11.2022)

Kommunen spüren steigende Energiepreise und reagieren vielfältig darauf

Die Auswirkungen des Krieges zwischen Russland und der Ukraine und die damit verbundenen Anspannungen auf den internationalen Rohstoffmärkten haben eine Erhöhung der Energiepreise von bislang ungekannter Höhe zur Folge. [...] Auch die Kommunen sind durch diese Entwicklungen betroffen, sei es durch die Kosten für Wärme, Strom oder Treibstoff. Während die im Rahmen einer Ergänzungsumfrage für das KfW-Kommunalpanel befragten Kommunen angaben, im Jahr 2020 durchschnittlich rund 1,5 % ihrer Ausgaben auf Energiekosten zu verwenden, stieg diese Zahl bis 2022 auf 2 %. Rund die Hälfte der teilnehmenden Kommunen gibt in der Befragung an, dass diese Mehrbelastungen für sie „nur schwer" (46 %) oder sogar „gar nicht" (5 %) zu schultern sind. [...]

Pressemitteilung der KfW Bankengruppe, 03.05.2022, Frankfurt am Main; https://www.kfw.de/Über-die-KfW/Newsroom/Aktuelles/Pressemitteilungen-Details_706944.html (Zugriff 16.11.2022)

BASISKONZEPT

Macht und Entscheidung

QUERVERWEIS

Methode Fallstudie
S. 396

INFO

Experten-Hearing
Anhörung von Experten („Rechtliches Gehör" gemäß Art. 103 GG) zu politischen Sachthemen in Gremien, den Landtagen oder im Bundestag.

1 Arbeite aus den Materialien die Interessenlagen der verschiedenen Akteurinnen und Akteure heraus. (M 1 – M 13 und Auftaktdoppelseite)

2 Erstelle nach Sichtung aller Materialien eine Fallstudie.

3 Führt ein Experten-Hearing im Bundestag durch.

4 Überprüfe auf Basis aktuellerer energiepolitischer Entscheidungen (z. B. in Form von Gesetzen), ob Fortschritte bei der Lösung der Probleme festzustellen sind.

Hilfen zu einzelnen Aufgaben

Hier findest du Hilfestellungen zu den Aufgaben mit dunkelblauem Aufgabenkästchen im Buch.

S. 33, Aufgabe 5 — Bei der Bearbeitung der Aufgabe kann es hilfreich sein, verschiedene Perspektiven zu berücksichtigen, z. B. ein unverheiratetes Paar mit Kindern, ein Ehepaar mit Kindern, ein kinderloses Ehepaar, einen alleinerziehenden Vater.

S. 43, Aufgabe 4 — Mögliche staatliche Maßnahmen zur Unterstützung von Familien:
- Erhöhung der finanziellen Mittel für den Kita-Ausbau oder die elterliche Kinderbetreuung
- Stärkere finanzielle Förderung betrieblicher Kinderbetreuung
- Erhöhung des Kindergeldbetrages pro Kind
- Einführung eines gesetzlichen Rückkehrrechts von Teil- auf Vollzeit
- Erhöhung der anrechenbaren Jahre der Kindererziehung auf die Rente

S. 46, Aufgabe 6 — An diesen Leitfragen kannst du dich bei der Bewertung der Frauenquote orientieren:
- Werden die Ziele der Frauenquote erreicht?
- Welche Folgen sind zu erwarten?
- Steht die Frauenquote im Einklang mit unserer Verfassung?
- Sorgt die Maßnahme für mehr oder für weniger Chancengleichheit?
- Ist die Frauenquote gerecht?

S. 49, Aufgabe 1 — Charakterisieren bedeutet, Sachverhalte mit ihren typischen Merkmalen und in ihren Grundzügen zu bestimmen. Deshalb ist es bei dieser Aufgabe nicht nötig, jedes Schaubild im Detail zu beschreiben. Vielmehr geht es darum, besonders typische Größen und Entwicklungen herauszuarbeiten.

S. 55, Aufgabe 3 — Mögliche Aufgaben wären z. B., bei Konflikten zu vermitteln oder eine Diskussion in der Klasse zu leiten.

S. 55, Aufgabe 5 — Hier ist es wichtig, gut zu begründen, z. B.: Gerechtigkeitssinn ist wichtig, weil sonst Schülerinnen und Schüler, die sich ungerecht behandelt fühlen, kein Vertrauen mehr zum Klassensprecher/zur Klassensprecherin haben.

S. 75, Aufgabe 3 — Beachte bei der Gestaltung der Pressemitteilung, wessen Interessen du vertrittst. Wie sind diese Personen von den Entscheidungen betroffen? Welche Forderungen hast du noch?

S. 78, Aufgabe 2 — Eine „starke" Position kann verstanden werden als eine andere Formulierung für „mit viel Macht". Und „Macht" bedeutet, dass man Entscheidungen beeinflussen kann (s. S. 18). Bei einer Beurteilung der Macht des Bürgermeisters/ der Bürgermeisterin müssen also die Einflussmöglichkeiten von Bürgermeister/-in und Gemeinderat verglichen werden.

S. 83, Aufgabe 3 — Hier kannst du dich an den Kriterien von Seite 41 (Methodenseite „Bewerten und Beurteilen") orientieren:
Mehr Bürgerbeteiligung steigert die Akzeptanz von Entscheidungen, da die Bürgerinnen und Bürger selbst an der Entscheidung teilhaben konnten.
Mehr Bürgerbeteiligung führt dazu, dass Entscheidungen länger dauern, da ja erst abgestimmt werden muss. Das ist ineffizient. ...

S. 85, Aufgabe 3 — Um den Einfluss der sechs Akteur/-innen einzuschätzen, kannst du dir noch einmal die Seiten 76 – 78 anschauen. Wer hat das größte Interesse am Bürgerentscheid und dem Schwimmbadbau? Wer kann am besten die öffentliche Meinung beeinflussen und welche Mittel stehen dafür zur Verfügung?

S. 89, Aufgabe 3 Drei mögliche Kriterien sind z. B.: Entscheidungsbefugnis, Wahlrecht, Alter der Mitglieder.

S. 98, Aufgabe 5 Hier sollst du beurteilen, ob das Jugendschutzgesetz (JuSchG) effektiv ist. Du musst dich also fragen, ob das Gesetz geeignet ist, um Alkoholkonsum von Jugendlichen angemessen zu verhindern.

Um das beurteilen zu können, musst du aus dem Text M 6 und der Statistik M 7 die Informationen entnehmen, die dir Aufschluss darüber geben, ob und – wenn ja – wie oft gegen das JuSchG verstoßen wird. Folgende Fragen zu Text und Statistik können dir dabei helfen:

→ Wie viele Kontrollen wurden in Berlin durchgeführt?

→ Wie häufig wurden dabei Verstöße gegen das JuSchG festgestellt?

→ Wenn man davon ausgeht, dass die Stichproben weniger als 0,001 % aller Fälle ausmachen, in denen Alkohol gekauft wird, wie viele Verstöße erwartest du dann alleine in Berlin?

→ Wie viele Jugendliche konsumieren so viel Alkohol, dass sie ins Krankenhaus müssen? Was kann man daraus über die Verfügbarkeit von Alkohol für Jugendliche ableiten?

Aber wann ist eine Maßnahme eigentlich effektiv? Man spricht von Effektivität, wenn mit den eingesetzten Mitteln ein festgelegtes Ziel erreicht wird. Dabei muss man unbedingt darauf achten, „Effektivität" nicht mit „Effizienz" zu verwechseln. Ist eine Maßnahme „effizient", so wird nicht nur danach gefragt, ob das Ziel mit den eingesetzten Mitteln erreicht wurde, sondern auch, ob die eingesetzten Mittel in einem vernünftigen Verhältnis zum Ziel stehen.

Beispiel: In einem Wald gibt es viele Rehe. Die Gemeindeverwaltung beschließt, die Anzahl der Rehe zum Schutz der Felder und des Waldes zu reduzieren. Um das zu erreichen, stehen verschiedene Maßnahmen zur Verfügung:

1. Ein Jäger wird gegen Bezahlung mit dem Abschuss der notwendigen Anzahl Rehe beauftragt.
2. Eine Gruppe von Anwohnern verteilt sich im Wald und versucht, die Rehe mit den Händen einzufangen.
3. Der Wald wird vollständig gerodet, um die Rehe zu vertreiben.

Maßnahme 3 ist effektiv. Ohne den Wald wird es keine Rehe mehr geben. Die Maßnahme ist aber sehr teuer, da Maschinen und Menschen für die Rodung bezahlt werden müssen und das Holz abtransportiert werden muss. Deshalb ist die Maßnahme nicht effizient.

Maßnahme 2 ist zwar kostengünstig, da die Anwohner sich kostenlos daran beteiligen und mit Glück ein Reh fangen können. Die Maßnahme ist aber weder effizient noch effektiv, da sehr viele Personen einen sehr hohen Aufwand betreiben, das Problem der großen Anzahl Rehe aber nicht gelöst wird.

Maßnahme 1 ist sowohl effektiv als auch effizient, da der Jäger die notwendige Anzahl Rehe erjagen kann und die Bezahlung des Jägers durch den Verkauf der Rehe, zumindest annähernd, gedeckt werden kann.

S. 111, Aufgabe 3 Mithilfe dieses Webcodes kannst du hilfreiche Internetseiten zur Recherche abrufen:

WES-116987-007
Recherchehilfen zum Fall Jens Söring

S. 131, Aufgabe 5 Ideen:
- Einen konkreten Konflikt darstellen (zwischen Bürger/-innen z. B.) ohne einen Rechtsstaat
- Wer löst den Konflikt?

S. 157, Aufgabe 3
- Toleranz
- Hunger
- Arbeitslosigkeit
- Rechtssicherheit
- Bildungsmöglichkeiten
- Politische Instabilität
- Niedrige Löhne
- Überbevölkerung
- Landknappheit
- Diskriminierung
- Bürgerkrieg
- Menschenrechtsverletzungen
- Familienzusammenführung
- Gute Gesundheitsversorgung
- Bedarf an Arbeitskräften
- Persönliche Gründe
- Mediale Berichterstattung

S. 160, Aufgabe 5 Zum Entwickeln von Argumenten kann es hilfreich sein, die Aussage aus der Perspektive verschiedener Personen zu betrachten, zum Beispiel:
- einer Mutter mit drei Kindern, die aus der Ukraine geflohen sind;
- dem Bürgermeister einer Stadt, die verzweifelt nach Unterkünften für die vielen ankommenden Flüchtlinge sucht;
- einer Einwohnerin eines Dorfs, in dem derzeit mehr Flüchtlinge als Einwohner/-innen leben;
- einem Vertreter von PRO AYSL, einer Organisation, die sich für den Schutz und die Rechte von asylsuchenden Menschen einsetzt (Motto der Organisation: „Der Einzelfall zählt.").

S. 163, Aufgabe 3 Kriterien: Solidarität, Souveränität, Gerechtigkeit, Effektivität, politische Durchsetzbarkeit, Folgen, Stabilität

S. 167, Aufgabe 2 Zur Überprüfung der These können folgende Leitfragen helfen:
- Vor welchen aktuellen und zukünftigen Herausforderungen steht Deutschland?
- Welchen Beitrag kann Zuwanderung zur Bewältigung dieser Herausforderungen leisten?
- Wodurch wird dieser Beitrag begrenzt?

S. 187, Aufgabe 5 Versuche bei dieser Aufgabe Antworten auf die folgenden Fragen zu finden:
- Wie lange beschäftigt sich die Bürgerinitiative bereits mit dem Problem der Feinstaubbelastung?
- Was sind die genauen Ziele der Bürgerinitiative?
- Welche dieser Ziele konnte die Bürgerinitiative in dieser Zeit bereits erreichen?

Du findest die Antworten vor allem in M 5.

S. 225, Aufgabe 4 Mögliche Perspektiven der Beurteilung: Verlage, Bürger/-innen und Leser/-innen, Journalistinnen und Journalisten. Mögliche Kriterien: Wie wirken sich die Entwicklungen auf die Legitimation der Medien aus? Inwiefern können sie noch effektiv ihre Aufgaben (s. M 1) erfüllen?

S. 227, Aufgabe 4 Medien lassen sich u. a. unterscheiden nach ihrer Reichweite (lokal, regional, überregional), nach den Inhalten, die sie behandeln (Nachrichten, Boulevardthemen, Sport …), nach ihrer Zielgruppe (Geschlecht, Alter, Interessen …) oder natürlich nach der Art des Mediums selbst (Fernsehen, Zeitung, Zeitschrift, Radio).

S. 237, Aufgabe 3   Mögliche Kriterien:

- Gerechtigkeit (Wie werden Äußerungen im Netz und außerhalb des Netzes behandelt?)
- Effektivität (Wie wirksam werden damit die gewünschten Ziele erreicht? Welche Nebeneffekte können auftreten?)
- Legitimation (Wer sollte darüber entscheiden dürfen, was veröffentlicht werden darf und was nicht?)

S. 283, Aufgabe 2

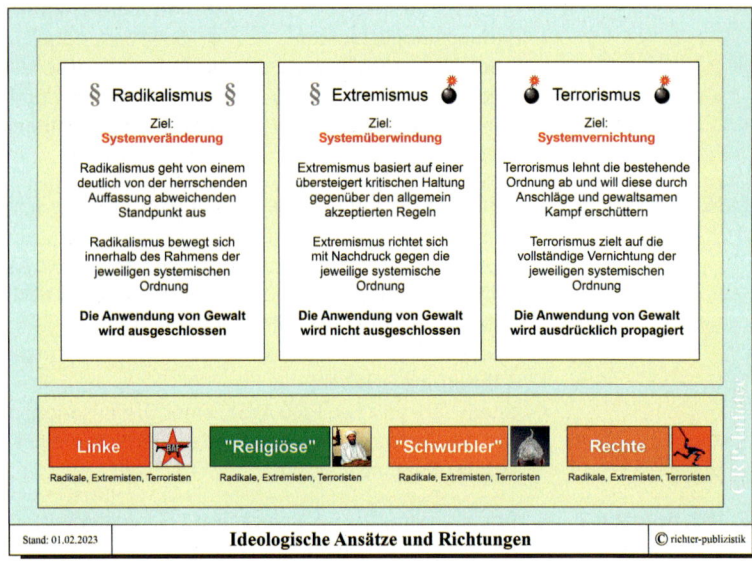

S. 285, Aufgabe 3   Überlege dir dazu,
a) wie viele Straftaten von links bzw. rechts begangen werden,
b) was für Straftaten begangen werden,
c) die Schwere der Straftaten.

S. 287, Aufgabe 2   A1: George W. Bush, US-Präsident (2001 – 2009), am 16.09.2001
A2: Papst Urban 1095 in seinem Aufruf zum ersten Kreuzzug
A3: Pierre Vogel (islamistischer deutscher Hassprediger) nach Sure 2, Vers 191
A4: Ted Cruz, amerik. Politiker und seit 2013 Senator in Texas

S. 289, Aufgabe 1   Mögliche Akteur/-innen:
a) Nahbereich: Familie, Schule, Freunde, Sportverein
b) Fernbereich: Polizei, Verfassungsschutz, Präventionsstellen, Staat/Politik

S. 339, Aufgabe 3   Recherchetipps und Hintergrundinformationen zur Türkei und Nordkorea:

WEBCODE

WES-116987-037
Tipps zur Internetrecherche

S. 349, Aufgabe 3   Recherchetipps und Hintergrundinformationen:

WES-116987-040

Recherchetipps zu UN-Friedensmissionen

S. 366, Aufgabe 2   Die Personen können entweder direkt von den Bürgerinnen und Bürgern gewählt worden sein oder sie können indirekt, etwa durch ein Parlament, gewählt worden sein oder sie können bestimmt bzw. berufen worden sein. Weitere Informationen erhältst du in M 4 auf Seite 368/369.

S. 371, Aufgabe 3   Mögliche Vergleichsaspekte bei der Input-Legitimation: Gibt es Unterschiede dabei, wie die Vertreterinnen und Vertreter der Organe in ihre Ämter kommen? (Wahlrecht, Wahlbeteiligung …)
Mögliche Vergleichsaspekte bei der Output-Legitimation: Welche Kritik an den Entscheidungen der Organe gibt es und ist sie berechtigt?

S. 400, Aufgabe 2   Vorschläge für Lösungen (Exploration):
- Subventionen
- Rückkehr zur Kernenergie
- Kein Ausstieg aus Kohleenergiegewinnung

S. 400, Aufgabe 3   Mögliche Rollen im Hearing:
- Umweltverbände (BUND, NABU etc.)
- Unternehmensvertreter/-innen (RWE, E.ON etc.)
- Wissenschaftler/-innen und Expert/-innen, z. B. zu Umweltthemen

Hinweise für die GFS

GFS – Vom Thema zur Leitfrage

Bei der GFS (Gleichwertige Feststellung von Schülerleistungen) in den gesellschaftswissen-schaftlichen Fächern Gemeinschaftskunde, Geschichte oder Wirtschaft ist es wichtig, ein Thema zu finden, bei dem sich eine Problemstellung ergibt, und mit einem eigenen Urteil abzuschließen.

Wie kommst du zu einem interessanten Thema?

- Du kannst dich an den im Buch behandelten Themen orientieren. Häufig bieten sie bereits eine problemorientierte Fragestellung, z. B. „Schafft das Elterngeld mehr Gleichberechtigung?" (S. 42). Dieser Weg ist am einfachsten, die Auswahl ist hier allerdings begrenzt.
- Ein Blick in die Zeitung oder ein Nachrichtenportal hilft dir, ein aktuelles Thema zu finden. Aber achte darauf, dass das Thema nicht zu umfangreich oder zu kompliziert ist. Überprüfe auch, ob dein Thema wirklich ein gesellschaftlich oder politisch relevantes Problem aufgreift:

„Juso-Vorsitzende will Wahlrecht ab der Geburt" (DIE ZEIT vom 25. März 2017) wäre beispielsweise eine Schlagzeile, die ein interessantes Thema anspricht.
„Stuttgart schlägt Mainz" (SPORT BILD vom 26. August 2017) ist für dich vielleicht auch eine wichtige Nachricht, aber nicht wirklich gesellschaftlich oder politisch relevant.

Wie kommst du nun zu einer Problemorientierung?

- Formuliere eine Leitfrage, die die Möglichkeit zur Stellungnahme und Beurteilung bietet, also eine Frage, auf die man mit Ja oder Nein antworten kann.
- W-Fragen sind eher ungeeignet, wenn eine Problemorientierung das Ziel ist. Häufig wird dann eher beschrieben wie in einem Lexikonartikel.

Geeignete und ungeeignete Leitfragen

Wie helfen Bootcamps im Jugendstrafvollzug?

- Bei solch einer Fragestellung wirst du v.a. beschreiben, was Bootcamps sind und warum es sie im Jugendstrafvollzug gibt. Eine Beurteilung ihrer Vor- und Nachteile erreichst du mit einer solchen Frage nur schwer.

Sind Bootcamps als Mittel des Jugendstrafvollzugs geeignet?

- Bei solch einer Fragestellung musst du Stellung beziehen und kommst zu einer Beurteilung, ob die Bootcamps geeignet sind oder nicht.

Die Leitfrage in der GFS – ein Beispiel

Einstieg und Herleitung der Leitfrage:

„Ist ein Wahlrecht ab Geburt sinnvoll?"

Argumente für die Position, dass ein Wahlrecht ab Geburt sinnvoll ist

Argumente für die Position, dass ein Wahlrecht ab Geburt nicht sinnvoll ist

Abschließende Stellungnahme:

„Ein Wahlrecht ab Geburt ist sinnvoll, weil ..."

Operatorentrainer

Vorbemerkung:

Operatoren sind Verben, die insbesondere für die Aufgabenstellungen in Klassenarbeiten verwendet werden. Hinter allen Operatoren steckt ein konkreter Arbeitsauftrag, den es zu bearbeiten gilt, d. h., der Operator sagt dir, was du bei einer bestimmten Aufgabe tun sollst. Im Folgenden wollen wir dir einige der wichtigsten Operatoren genauer vorstellen. Alle Operatoren, die in den Fächern Gemeinschaftskunde, Geschichte, Geografie und Wirtschaft verwendet werden, findest du in der Tabelle auf S. 418.

Die Operatoren gliedern sich in insgesamt drei Anforderungsbereiche (AFB), die sich vom Schwierigkeitsgrad her unterscheiden:

AFB I: verlangt in der Regel die Wiedergabe (**Reproduktion**) von Wissen. Dabei kann es sich um im Unterricht erlernte Theorien und Modelle handeln, aber auch um die Zusammenfassung der Textquelle.

AFB II: Hier sollt ihr euer Wissen anwenden und selbstständig auf einen Quellentext, eine Grafik oder eine Karikatur übertragen (**Reorganisation und Transfer**).

AFB III: Hier ist eure Urteilskompetenz, aber auch eure Kreativität gefragt. An dieser Stelle wird die größte Eigenleistung von euch erwartet (**Reflexion und Problemlösung**).

Und nun zur Vorstellung einiger Operatoren im Einzelnen:

Operator „beschreiben" (AFB I):

Der Operator „beschreiben" meint, Sachverhalte schlüssig mit eigenen Worten sprachlich distanziert, strukturiert und unkommentiert wiederzugeben. Sollte, wie in der folgenden Beispielaufgabe, ein Material vorliegen, auf das Bezug genommen werden soll, muss dies eingangs vorgestellt werden.

Beispielaufgabe:

1 Beschreibe mithilfe von M 1, bei welchen Straftaten Kinder und Jugendliche häufig beteiligt sind.

Ladendiebstahl als „Mutprobe unter Freunden"
RP Online vom 06.03.2018

Jugendliche klauen Hund – und erpressen Besitzerin
Welt.de vom 21.02.2017

Massenschlägerei in Berlin
Rund 60 Jugendliche prügeln sich in Neuköllner Freibad
SPIEGEL Online vom 06.07.2015

Mädchen verprügeln 13-Jährige
Kennt Jugendgewalt keine Grenzen mehr?
FOCUS Online vom 11.01.2014

Diebstahl Jugendliche flüchteten mit Schuhen im Rucksack
Kölner Stadtanzeiger vom 20.02.2015

Gewaltexzess: 15-Jährige wird ins Gefängnis gebracht
stimme.de vom 20.02.2017

Sechs Jugendliche wegen Sachbeschädigung angeklagt
Feiernde Jugendliche haben im vergangenen Jahr ein frisch renoviertes Haus in Hannover-Kirchrode verwüstet. Nun müssen sich sechs Gäste der Feier vor Gericht verantworten.
Hannoversche Allgemeine Zeitung vom 19.07.2010

Lösungsbeispiel:

M 1 zeigt sieben Schlagzeilen zur Jugendkriminalität aus Zeitungen und Online-Nachrichten-portalen der Jahre 2010 bis 2018.

Einleitung und Bezug zum Material

Als Straftaten, an denen Kinder und Jugendliche beteiligt sind, werden hier **Diebstahl** (Kölner Stadtanzeiger vom 20.02.2015, RP Online vom 06.03.2018 und Welt.de vom 21.02.2017), **Gewalt** (FOCUS Online vom 11.01.2014, SPIEGEL Online vom 06.07.2015 und stimme.de vom 20.02.2017) und **Sachbeschädigung** (Hannoversche Allgemeine Zeitung vom 19.07.2010) genannt.

Da es sich um Einzelbeispiele handelt, kann allerdings keine Aussage dazu getroffen werden, ob Kinder und Jugendliche an solchen Straftaten insgesamt häufig beteiligt sind.

Wiedergabe des Sachverhalts

Unzureichende Lösung:

Jugendkriminalität ist ein großes Problem. Da wird viel geklaut und geschlägert. Das finde ich nicht gut. Als ob Jugendliche nichts Besseres zu tun hätten. Oft werden auch Sachen kaputt gemacht. Das geht gar nicht.

Kein Materialbezug, zu knapp

Wertung

Operator „herausarbeiten" (AFB II):

Herausarbeiten bedeutet, einem Material (z. B. einem Text) Informationen unter einem bestimmten Gesichtspunkt zu entnehmen und diese wiederzugeben. Wichtig ist hierbei, dass du dich auf die Inhalte des Materials beschränkst und keine eigenen Ideen ergänzt.
Darüber hinaus musst du darauf achten, richtig zu zitieren.

Möglicher Aufbau einer Antwort

1. Deine Antwort sollte mit einem Bassisatz beginnen, in welchem du Angaben zum Material machst. Dazu gehören bei einem Text neben dem Titel der Autor oder die Autorin, der Erscheinungsort, das Erscheinungsdatum und das Thema beziehungsweise die Hauptthese des Textes.
2. Im Hauptteil deiner Antwort gibst du, der Aufgabenstellung entsprechend, die dem Material entnommenen Informationen wieder. Achte darauf, dass du wirklich nur Aussagen zum in der Aufgabe genannten Aspekt machst. Es wird keine komplette Beschreibung oder Zusammenfassung des Materials verlangt.

Beispielaufgabe:

1 Arbeite heraus, welche Faktoren heutzutage viele Menschen davon abhalten, eine Familie zu gründen (M 1).

M1 Was macht Familie schwierig?

Auf lange Sicht ist die Familie von der sinkenden Geburtenrate bedroht. Diese [lag 2010] statistisch gesehen bei 1,4 Kindern je Frau. Vergegenwärtigt man sich, dass mit Beginn der Industrialisierung, also vor rund 140 Jahren, eine Frau hierzulande durchschnittlich 4,7 Kindern das Leben schenkte, wird die ganze Dramatik dieser Entwicklung deutlich. Wovon ein großer Teil in den vergangenen 40 Jahren stattgefunden hat: Zwischen 1964 und 2006 hat sich die Zahl der Geburten in Deutschland nahezu halbiert. [...]

Oft wird die geringe Geburtenrate vor allem in gebildeten Schichten den Frauen angelastet: Ihr Streben nach Selbstverwirklichung im Beruf geschehe auf Kosten von Mutterschaft. Tatsächlich aber scheint es mehr und mehr junge Männer zu geben, die unter Bindungsängsten leiden und sich scheuen, die lebenslange Verpflichtung, die mit Vaterschaft einhergeht, zu akzeptieren.

Das alles sind Folgen der Individualisierungstendenzen: Das Streben nach Glück und Freiheit, in dem die Fürsorge für eine Familie als Beschränkung der eigenen Individualität wahrgenommen wird, kollidiert mit der lebenslangen Verantwortung, die Familie mit sich bringt. Wie sehr die Menschen mit diesem Dilemma zu kämpfen haben, lässt sich auch an den hohen Scheidungsraten ablesen. Mittlerweile wird jede dritte Ehe vor Gericht beendet.

Aber auch äußere Faktoren wie Existenzsorgen und Arbeitslosigkeit können das Gelingen von Familie bedrohen. Kinder sind nachgewiesenermaßen ein Armutsrisiko. Auch die mittlerweile von vielen Firmen vorausgesetzte Bereitschaft zu grenzenloser Mobilität lässt viele Menschen ratlos zurück. Denn wo Partner und Kinder sind, ist es eben nicht so einfach, alle Jahre umzuziehen und Schule und Freunde hinter sich zu lassen.

Aus: Patricia Wolf: Was ist Familie heute?, in: Tagesspiegel online, 04.04.2010, Berlin; https://www.tagesspiegel.de, (Zugriff 08.12.2022)

in Bezug auf die Aufgabenstellung relevante Aspekte aus dem Text

Informationen zum Text

Lösungsbeispiel:

Im Artikel „Was macht Familie schwierig?" von Patricia Wolf, der am 04. April 2010 auf Tagesspiegel Online erschienen ist, geht die Autorin der Frage nach, warum die Geburtenrate in Deutschland im historischen Vergleich sehr niedrig ist.

Ein Faktor, der Menschen davon abhält, eine Familie zu gründen, ist laut Wolf die Tendenz zur Individualisierung: vor allem gebildeten Frauen sei ihre berufliche Karriere wichtiger als die Gründung einer Familie; Männer schreckten davor zurück, „die lebenslange Verpflichtung, die mit Vaterschaft einhergeht, zu akzeptieren" (Z. 18ff).

Darüber hinaus gebe es auch äußere Zwänge, die Menschen davon abhalten, eine Familie zu gründen. Dazu gehörten sowohl die Angst vor Armut und Arbeitslosigkeit als auch die Tatsache, dass viele Betriebe von ihren Mitarbeiterinnen und Mitarbeitern uneingeschränkte Mobilität verlangten.

Bezugnahme auf die Aufgabenstellung

Wiedergabe von Informationen aus dem Text in eigenen Worten

direktes Zitat mit Zeilenangabe

Art. 1 GG
(1) Die Würde des Menschen ist unantastbar. Sie zu achten und zu schützen ist Verpflichtung aller staatlichen Gewalt.

Art. 2 GG
(2) Jeder hat das Recht auf Leben und körperliche Unversehrtheit. Die Freiheit der Person ist unverletzlich. In diese Rechte darf nur auf Grund eines Gesetzes eingegriffen werden.

Art. 10 GG
(1) Das Briefgeheimnis sowie das Post- und Fernmeldegeheimnis sind unverletzlich.

Art. 13 GG
(1) Die Wohnung ist unverletzlich.

(2) Durchsuchungen dürfen nur durch den Richter, bei Gefahr im Verzuge auch durch die in den Gesetzen vorgesehenen anderen Organe angeordnet […] werden.

(4) Zur Abwehr dringender Gefahren für die öffentliche Sicherheit, insbesondere einer gemeinen Gefahr oder einer Lebensgefahr, dürfen technische Mittel zur Überwachung von Wohnungen nur auf Grund richterlicher Anordnung eingesetzt werden.

Operator „erläutern" (AFB II):

Erläutern bedeutet, Sachverhalte im Zusammenhang zu beschreiben und anschaulich mit Beispielen oder Belegen zu erklären. Wichtig hierbei ist, dass du den größeren Zusammenhang beschreibst und auf jeden Fall Beispiele, die dir einfallen oder die ihr im Unterricht besprochen habt, oder Textbelege aus einem vorhandenen Material verwendest.

Beispielaufgabe:

1 Erläutere das Spannungsverhältnis der betroffenen Grundrechte (M 1).

M 1 Grundrechte im Konflikt

Lösungsbeispiel:

Basissatz, Bezug zur Aufgabe

Die Grafik einer Waage zeigt das Spannungsverhältnis verschiedener Grundrechte. Auf der einen Seite steht **Artikel 1** Grundgesetz, der die Würde des Menschen, die unantastbar durch die Verfassung geschützt ist, betont. Ergänzt durch **Artikel 2** Grundgesetz, der das Recht auf Leben und körperliche Unversehrtheit garantiert.

Beispiele & Belege

Auf der anderen Seite der Waage steht **Artikel 10** Grundgesetz, der das Brief-, Post- und Fernmeldegeheimnis und damit ein wichtiges Stück Privatsphäre der Bürger/-innen schützt.
Ferner **Artikel 13** Grundgesetz, der darüber hinaus die Privatsphäre in der eigenen Wohnung, dem eigenen Haus oder Garten schützt.

größerer Zusammenhang

Im Zusammenhang mit der Frage nach mehr Sicherheit oder mehr Freiheit stehen diese Grundgesetz-Artikel sich diametral gegenüber. Aufgabe des Staates ist es, die Freiheit, das Leben und die körperliche Unversehrtheit zu schützen. Andererseits haben alle Bürger/-innen ein Interesse daran, dass ihre Privatsphäre gleichermaßen vom Staat geachtet und geschützt wird.

Bei einem Verdächtigen (z.B. Terrorverdächtigen) gilt es genau dieses Spannungsverhältnis bzw. die sich entgegenstehenden Interessen abzuwägen: Einerseits hat auch ein Verdächtiger (= noch nichts bewiesen) das Recht auf Privatsphäre – sei es in seiner Wohnung, bei Telefonaten, die er führt, oder E-Mails, die er schreibt. Andererseits hat der Staat, mit seinen Institutionen (Staatsanwaltschaft) und Behörden (Polizei), die Aufgabe, andere Menschen zu schützen (vgl. Art. 13 (4) GG), indem er präventiv versucht, Gewalt, Verbrechen oder Terrorakte zu verhindern. Deshalb trifft nicht die Exekutive (Staatsanwaltschaft/Polizei) die Entscheidung, ob jemand observiert oder abgehört wird. Die unabhängige Judikative (Richter) trifft eine solche Entscheidung (vgl. Art. 13 (2) GG) nach Abwägung aller Fakten und Interessen (Gemeinwohl vs. Individualinteresse).

Beispiele & Belege

Basiskonzept

Operator „vergleichen" (AFB II):

Vergleichen bedeutet, Gemeinsamkeiten und Unterschiede zwischen zwei Gegenständen (Theorien, Systeme, Organisationen, Texte, Maßnahmen …) aufzuzeigen, diese einander gewichtend gegenüberzustellen und ein Fazit zu ziehen. Ein Vergleich orientiert sich immer an Kriterien. Diese werden entweder durch die Aufgabe vorgegeben oder müssen selbst festgelegt werden. Zur Bearbeitung einer Aufgabe mit dem Operator „vergleichen" empfiehlt es sich, ein Raster mit Kriterien zu erstellen und auf Basis des Rasters eine Lösung auszuformulieren.

Es gibt verschiedene Möglichkeiten, eine schriftliche Lösung aufzubauen:

Einleitungssatz, der auf die Aufgabenstellung Bezug nimmt		
Gemeinsamkeiten	Unterschiede	Kriterium 1: Gemeinsamkeiten und Unterschiede
		Kriterium 2: Gemeinsamkeiten und Unterschiede
Unterschiede	Gemeinsamkeiten	Kriterium 3: Gemeinsamkeiten und Unterschiede
		…
Abschließendes Fazit: Zusammenfassend lässt sich sagen, dass …		

Beispielaufgabe:

1. Vergleiche die gesetzliche Krankenversicherung mit der gesetzlichen Rentenversicherung anhand geeigneter Kriterien, z. B. Finanzierung, Anspruchsberechtigte, Gestaltungsprinzipien. Berücksichtige dabei aktuelle Reformansätze (M 3 und M 4).

Kriterienraster:

	Gesetzliche Krankenversicherung	Gesetzliche Rentenversicherung
Einführung	1883	1889
Zielsetzung und Leistungen	Gesundheit der Versicherten zu erhalten, wiederherzustellen oder ihren Gesundheitszustand zu bessern; Gesundheitsvorsorge, notwendige medizinische Hilfe (medizinische Leistungen im Krankheitsfall, Krankenhausaufenthalt, Operation, Nachsorge), Krankengeld	Altersvorsorge von Beschäftigten; Altersrente, Rente bei Erwerbsminderung, Hinterbliebenenrente, Rehabilitation
Gestaltungsprinzipien	Solidarprinzip (Leistungen sind unabhängig von der Höhe der eingezahlten Beiträge)	Äquivalenzprinzip (Höhe der Leistungen orientiert sich an Dauer und Umfang der Einzahlungen)
Anspruchsberechtigte	Verpflichtend versichert sind: alle Personen in Deutschland, die als nicht versicherungsfrei eingestuft werden und die keinen anderweitigen Anspruch auf Absicherung im Krankheitsfall haben. Beamtinnen/Beamte, Selbstständige und Menschen mit einem Bruttojahreseinkommen über 64.350€ (2022) unterliegen nicht der gesetzlichen Versicherungspflicht und können sich bei einer privaten Krankenversicherung versichern.	Verpflichtend versichert sind: Arbeitnehmerinnen und Arbeitnehmer, bestimmte Gruppen von selbstständig Erwerbstätigen, weitere Personenkreise
Träger	Gesetzliche Krankenkassen	Deutsche Rentenversicherung
Finanzierung	Beiträge und staatlicher Zuschuss; der gesetzlich festgeschriebene allgemeine Beitragssatz beträgt 14,6 Prozent des Bruttolohns (2022); die Versicherten und die Arbeitgeber/-innen zahlen die Beiträge jeweils zur Hälfte (Parität).	Beiträge und Bundeszuschüsse; der Beitragssatz zur allgemeinen Rentenversicherung beträgt 18,6 Prozent des Bruttolohns (2022); die Beiträge werden von Arbeitnehmer/-innen und Arbeitgeber/-innen zu gleichen Teilen getragen (Parität). Generationenvertrag und Umlageverfahren: aktuelle Einnahmen aus Beiträgen werden für die laufenden Rentenzahlungen verwendet; Versicherte erhalten im Gegenzug für ihre Beiträge einen Anspruch auf Rente im Alter, die dann von der nächsten Beitragszahler-Generation finanziert wird.
Reformansätze	Bürgerversicherung	Bis 2024 wird die Zahl der geborenen Kinder um ca. 30 % sinken; gleichzeitig gibt es immer mehr Rentenbezieher/-innen, die im Durchschnitt immer länger Rente beziehen; das Verhältnis von Beitragszahlern zu Anspruchsberechtigten wird deshalb immer ungünstiger; deshalb stellt sich die Frage, ob und wie die Rente nachhaltig finanziert werden kann; höhere Beiträge sinkendes Rentenniveau Anhebung des Renteneintrittsalters bei steigender Lebenserwartung

Operator „beurteilen" (AFB III):

Die Operatoren „beurteilen" und „bewerten" fordern von dir, Aussagen, Behauptungen, Vorschläge oder Maßnahmen zu untersuchen, und zwar anhand von Kriterien. Im Mathematikunterricht misst du beispielsweise die Länge einer Seite auch exakt mit dem Geodreieck und schreibst nicht nur „Die Seite ist kurz".

Das, was im Mathematikunterricht das Geodreieck ist, sind beim „Beurteilen" und „Bewerten" die Kriterien. Allerdings ist es in Gemeinschaftskunde mit dem Messen nicht ganz so einfach. Denn es gibt viele unterschiedliche Kriterien und nicht immer passen alle Kriterien gleich gut zu einem Sachverhalt. Dann musst du entscheiden, welche Kriterien du benutzen möchtest. Die folgenden Fragen helfen dir dabei:

- Stehen Aufwand und Ergebnis in einem vernünftigen Verhältnis? *(Effizienz)*
- Wird das gewünschte Ziel erreicht? *(Effektivität)*
- Werden die Gesetze eingehalten? *(Legalität)*
- Akzeptieren die Betroffenen die Maßnahme? *(Legitimität)*
- Ist die Maßnahme gerecht? *(Gerechtigkeit)*

Möglicher Aufbau einer Antwort

1. Sind die Urheberin/der Urheber und die Quelle einer Aussage, einer Behauptung, eines Vorschlages oder einer Maßnahme bekannt, so solltest du diese zu Beginn deiner Antwort nennen (Basissatz).

2. Erkläre anschließend zentrale Begriffe, die für das Verständnis des Sachverhaltes, den du beurteilen oder bewerten sollst, wichtig sind.

3. Vergleiche nun den Sachverhalt, den du beurteilen bzw. bewerten möchtest, mit deinem Kriterium bzw. deinen Kriterien. Achte dabei darauf, wirklich nur aus dem Blickwinkel deines jeweiligen Kriteriums zu schreiben.

4. Fasse deine Erkenntnisse zusammen und fälle ein abschließendes Urteil. Hier ist es nicht notwendig, alle bereits geschriebenen Dinge nochmals zu wiederholen. Es kommt in diesem Teil darauf an, wichtige und zentrale Aspekte, auf die sich dein Urteil stützt, nochmals knapp zu nennen.

Beispielaufgabe:

1 Beurteile die Möglichkeiten der Bürgerbeteiligung in baden-württembergischen Gemeinden.

Lösungsbeispiel:

Seit dem 01. Dezember 2015 gelten in Baden-Württemberg neue Regeln für die Bürgerbeteiligung.

Einleitungssatz

Um die Möglichkeiten der Bürgerbeteiligung in der Gemeinde zu bewerten, muss zunächst erläutert werden, wer überhaupt die Bürgerinnen und Bürger der Gemeinde sind: Als Bürger/-in der Gemeinde gilt, wer mindestens 16 Jahre alt ist und eine EU-Staatsbürgerschaft hat. Nicht-EU-Bürgerinnen/-Bürger und jüngere Menschen gehören also nicht dazu.

Klärung „Bürgerin/Bürger"

Den Bürgerinnen und Bürgern stehen unterschiedliche Möglichkeiten der Beteiligung zur Verfügung. Sie können an Wahlen teilnehmen, sowohl aktiv als auch passiv, und die direkten Beteiligungsformen, also Bürgerbegehren, Bürgerbescheid, Einwohnerantrag und Einwohnerversammlung nutzen. Auch hier können sie sich stärker einbringen, z. B. durch Mitarbeit bei einer Unterschriftensammlung, oder einfach „nur" abstimmen.

Klärung „Beteiligung"

Wählen zu gehen oder an Abstimmungen teilzunehmen stellt eigentlich keinen großen Aufwand für Bürgerinnen und Bürger dar. Es kostet nichts und dauert auch nicht lange. Dazu könnte man jedoch einwenden, dass der Ertrag, also der Einfluss auf das Ergebnis, auch nicht

Stehen Aufwand und Ergebnis in einem vernünftigen Verhältnis? (Effizienz)

Wird das gewünschte Ziel erreicht? *(Effektivität / Wirksamkeit)*

Ist die Regelung gerecht? *(Gerechtigkeit und Erläuterung, was darunter verstanden wird)*

besonders groß ist. Es stimmen ja normalerweise Tausende ab. Aber zumindest hat man das Gefühl, dazuzugehören.

Wenn man davon ausgeht, dass das Ziel der Beteiligungsmöglichkeiten ein Einbezug der Bürger/-innen in die Kommunalpolitik ist, kann geprüft werden, ob dieses Ziel dadurch erreicht wird. Und tatsächlich haben die Bürger/-innen ja die Möglichkeit mitzubestimmen. Durch Bürgerbegehren oder den Einwohnerantrag können sie sogar selbst Themen zur Abstimmung bzw. zur Diskussion stellen. Es bleibt aber eine gewisse Skepsis, ob die Möglichkeiten wirklich von vielen genutzt werden, da sich ja nicht alle für Politik interessieren.

Seit 2015 dürfen sich auch Nicht-EU-Bürger/-innen durch Einwohnerantrag oder Einwohnerversammlung beteiligen. Bei Bürgerbegehren, Bürgerentscheid und Wahlen sind sie aber außen vor. Ich finde, das ist nicht gerecht, weil alle Einwohner/-innen einer Gemeinde die gleichen Rechte haben sollten, auch Menschen, die einen russischen, türkischen oder amerikanischen Pass haben. Auch jüngere Menschen interessieren sich teilweise schon für Politik und dürfen nicht wählen.

Insgesamt bin ich der Meinung, dass es viele Möglichkeiten der Beteiligung für Bürgerinnen und Bürger in der Gemeinde gibt. Wer will, kann mitmachen und Entscheidungen aktiv beeinflussen. Allerdings sollte darüber nachgedacht werden, ob man nicht auch Nicht-EU-Bürgern diese Rechte zugesteht.

Diese Lösung ist eine mögliche Variante. Andere Kriterien und Argumente sind natürlich möglich. Denn in Gemeinschaftskunde kann man nicht so genau messen wie etwa in Mathematik.

Operator „überprüfen" (AFB III):

Überprüfen bedeutet, dass man mit Blick auf die innere Stimmigkeit (Schlüssigkeit einer Argumentation) und/oder anhand von konkreten Sachverhalten kontrolliert, inwieweit bestimmte Behauptungen bzw. Aussagen zutreffend sind oder auch nicht. Hierbei kann es sich um Forderungen, Thesen, Kritik oder Ähnliches handeln, welche in der Regel unter Zuhilfenahme von dargebotenem Material, wie Texten oder Statistiken, zu überprüfen sind.

Neben dem Beachten von formalen Kriterien der Textarbeit ist vor allem ein strukturiertes Vorgehen wichtig. Ausgehend von einer kurzen Einführung der Leserschaft in die Thematik wird eine Konkretisierung der zu überprüfenden Aspekte vorgenommen, deren gezielte Prüfung letztlich zu einem Fazit führt, in welchem das Ergebnis zusammengefasst dargestellt wird.

Möglicher Aufbau der Antwort:

- In der **Einleitung** wird die Leserschaft in die Thematik eingeführt und auf die Problemstellung aufmerksam gemacht. Die zu überprüfenden Aussagen, Behauptungen oder Kritik werden zusammengefasst dargestellt und gegebenenfalls über einen Basissatz deren Quelle(n) bekanntgegeben.
- Der **Hauptteil** widmet sich der Überprüfung der aufgeführten Behauptungen. Da diese in der Einleitung nur kurz angerissen werden, müssen die Aussagen zunächst nochmals ausgeführt und konkretisiert werden. Darauf folgt die Kontrolle. Die Behauptungen werden an konkreten Sachverhalten gemessen, Begründungen auf ihre Schlüssigkeit hin überprüft.
- Im **Fazit** werden die gewonnenen Erkenntnisse zusammengefasst und ein abschließendes, begründetes Ergebnis in Bezug auf die eingangs aufgeworfene Problematik formuliert.

Beispielaufgabe:

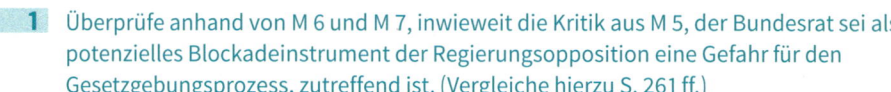 1   Überprüfe anhand von M 6 und M 7, inwieweit die Kritik aus M 5, der Bundesrat sei als potenzielles Blockadeinstrument der Regierungsopposition eine Gefahr für den Gesetzgebungsprozess, zutreffend ist. (Vergleiche hierzu S. 261 ff.)

Lösungsbeispiel:

„Schafft den Bundesrat ab!", lautet das Plädoyer von C. Seils, welches unter dem gleichnamigen Titel am 02.04.2009 auf ZEIT Online veröffentlicht wurde. Die Argumentation Wolfgang Schäubles aufgreifend, welche allerdings nur auf eine Änderung des Abstimmungsverfahrens im Bundesrat abzielte, verschärft Seils die Forderung. Begründet sieht er dies in der Gefahr einer „parteipolitisch motivierte[n] Dauerblockade" (M 5, Z. 17) der Gesetzgebung durch ein Organ, welches ihm zufolge zudem seine ursprüngliche Funktion „als föderales Korrektiv" (M 5; Z. 32–33) verloren habe.

Deutschland könne „unregierbar" (M 5, Z. 14) werden. Eine sich zunehmend ausdifferenzierende Parteienlandschaft, ein Fünfparteiensystem zum Zeitpunkt der Veröffentlichung des Plädoyers, verhindere, dass sich zukünftige Bundesregierungen nicht nur im Bundestag, sondern auch im Bundesrat einer Mehrheit gewiss sein könnten (M 5, Z. 12–24). Verstärkt werde diese Gefahr dadurch, dass damit einhergehend klassische Koalitionskonstellationen aufbrechen würden und zudem auch Dreierbündnisse bei den Landesregierungen zu erwarten seien. Zustimmungspflichtigen Gesetzen, die, wie der Name bereits andeutet, nur mittels der Zustimmung sowohl des Bundestages als auch des Bundesrates verabschiedet werden können, drohe aus parteipolitischen Motiven damit eine dauerhafte gesetzgeberische Blockade durch eine im Bundesrat mehrheitlich vertretene Opposition bzw. eine fehlende Regierungsmehrheit. (M 5, Z. 50–63)

Die Grafik „Stimmenverteilung im Bundesrat" (M 6), basierend auf den Daten des Bundesrates zum Stand Mitte November 2022, zeigt die Zusammensetzung des Bundesrates und die damit einhergehende Stimmenverteilung.

Zu erkennen ist, dass von den insgesamt 69 Stimmen im Bundesrat nur die Minderheit von 16 Stimmen auf den „Regierungsblock" entfiel. Nur bei vier Bundesländern (Rheinland-Pfalz, Hamburg, Niedersachsen, Saarland) wurden die im Bundesrat vertretenen Landesregierungen aus Bündnissen gebildet, die der Regierungskoalition auf Bundesebene entsprachen. Damit blieben zwölf Bundesländer mit insgesamt 53 Stimmen übrig, die durch Landesregierungen vertreten wurden, die davon abweichen (nämlich Bayern, Nordrhein-Westfalen, Hessen, Schleswig-Holstein, Sachsen, Sachsen-Anhalt, Thüringen, Baden-Württemberg, Berlin, Bremen, Mecklenburg-Vorpommern, Brandenburg). Die Regierungen von Sachsen, Sachsen-Anhalt, Thüringen, Berlin, Bremen und Brandenburg wurden dabei durch einen Zusammenschluss von jeweils drei Parteien gebildet. Insgesamt fanden sich sieben Parteien (CDU, CSU, SPD, Grüne, Linke, FDP, Freie Wähler) im Bundesrat vertreten.

Der von Seils ausgedrückten Befürchtung einer fehlenden Mehrheit im Bundesrat, welche der Regierungsmehrheit im Bundestag entspricht, muss folglich mit Blick auf die Situation im Bundesrat Mitte November 2022 beigepflichtet werden. Auch die Dreierbündnisse sind inzwischen Realität geworden.

Wie sich dies auf die gesetzgeberische Arbeit auswirkt, zeigt die Tabelle „Statistik der parlamentarischen Arbeit des Bundesrates. Bilanz der 19. Wahlperiode (2017 – 2021)" (M 7), herausgegeben vom Bundesrat im Jahr 2021.

Ausgehend von der Gesamtzahl der Gesetzesvorlagen aus dem Bundestag wird dargestellt, wie viele Gesetzesvorhaben vom Bundesrat als zustimmungspflichtig erachtet wurden, wie sich das Beschlussverhalten gestaltete und inwieweit die Hilfe des Vermittlungsausschusses in Anspruch genommen wurde.

Festzustellen ist zunächst einmal, dass der Großteil der Gesetze keiner Zustimmung des Bundesrates bedurfte. Nur 205 von insgesamt 546 vom Bundestag beschlossenen und im Bundesrat bis dato beratenen Gesetzen wurden vom Bundesrat selbst als zustimmungspflichtig erachtet. Eines davon wurde ohne die Zustimmungsformel des Bundesrates verkündet. Außerdem gab es drei Grundgesetzänderungen, bei welchen die Zustimmung des Bundesrats ebenfalls erforderlich war.

Zweites Zwischenfazit zur Aufgabenstellung durch Auswertung der aus M 7 gewonnenen Informationen

Eine unvermittelte Zustimmung durch den Bundesrat erfolgte in 200 Fällen, viermal war die Anrufung des Vermittlungsausschusses von Seiten des Bundesrates notwendig und dreimal von Seiten der Bundesregierung. Dessen Einigungsvorschläge wurden durch den Bundestag jeweils angenommen, die geänderten Gesetzesbeschlüsse sodann vom Bundespräsidenten ausgefertigt und unterzeichnet.

Die vorliegende Statistik bestätigt die von Seils aufgeworfene These des Bundesrates als ein Blockadeinstrument der Opposition folglich nicht. Die Mehrzahl der Gesetze bedurfte keiner Zustimmung und Uneinigkeiten bei zustimmungspflichtigen Gesetzen konnten durch die Arbeit des Vermittlungsausschusses aufgelöst werden.

Fazit, welches die Erkenntnisse aus der Überprüfung zusammengefasst darstellt und die Aufgabenstellung beantwortet

Letztlich ergibt sich damit ein zwiespältiges Bild hinsichtlich der Gefahr eines im Rahmen des Gesetzgebungsverfahrens als Blockadeinstrument missbrauchten Bundesrates. So kann mit Blick auf die Zusammensetzung desselbigen durchaus von einer, wie von Seils antizipierten, potenziellen Behinderung des Gesetzgebungsprozesses ausgegangen werden. Die Regierungsmehrheit auf der Bundesebene fand sich nicht im Bundesrat wieder und die sich verändernde Parteienlandschaft könnte mit den heute tatsächlich vorzufindenden Dreierkoalitionen in den Landesregierungen eine erhöhte Komplexität für die Mehrheitsfindung im Bundesrat bedeuten. Gleichsam zeigt der Blick auf die parlamentarische Arbeit des Bundesrates, dass hier nur von einer möglichen Gefahr gesprochen werden kann. In den seltenen Fällen der Zustimmungsversagung von Seiten des Bundesrates wurden im Anschluss die Einigungsvorschläge des Vermittlungsausschusses stets angenommen. Von einer Blockade kann hier also keine Rede sein.

Operator „gestalten" (AFB III):

Der Operator „gestalten" verlangt, zu einer vorgegebenen oder selbst entworfenen Problemstellung ein Produkt rollen- beziehungsweise adressatenorientiert herzustellen. Im Unterschied zum Operator „erörtern" geht es also nicht um ein Abwägen unterschiedlicher Argumente und darum, ein „objektives", an Kriterien orientiertes Urteil zu fällen, sondern darum, eine Rolle einzunehmen und „subjektiv" eine Meinungsäußerung zu formulieren. Dabei gilt es dennoch sachlich zu bleiben und den Adressaten von dieser eigenen Position zu überzeugen.
Typische Textformen sind der Kommentar, die Rede oder ein Streitgespräch.

Sehr gut gestaltete Texte erfüllen folgende Voraussetzungen:
Die Autorin/der Autor zeigt, dass sie/er Ahnung vom Thema hat.
Die Position der eingenommenen Rolle wird klar.
Das Ziel des Kommentars, also wozu aufgefordert wird, wird klar.
Die Autorin/der Autor verwendet eine sachliche Sprache, aber auch Stilmittel wie rhetorische Frage oder Ironie sind in dieser Textform möglich.

Beispielaufgabe:

 **1** Gestalte einen Redebeitrag zur Position des Ministerrats aus Sicht eines/einer Abgeordneten der ungarischen Regierungspartei Fidesz (vgl. S. 380).

Lösungsbeispiel:

Sehr geehrte Damen und Herren,

Der Vorschlag des Ministerrats für die Entsenderichtlinie sieht vor, dass Arbeitnehmer/-innen aus Land A in Land B für maximal 18 Monate und im Einklang mit dem Arbeitsrechts und den Tarifverträgen in Land B arbeiten dürfen. Die Befürworter freuen sich über einen Schritt zu einem sozialeren Europa.

Darstellung des Sachverhalts

Das klingt auf den ersten Blick wirklich alles sehr sozial: gleiches Recht für alle. Warum sollten auch polnische oder ungarische Arbeitnehmer/-innen z.B. in Deutschland weniger verdienen als ihre einheimischen Kolleg/-innen?

Darstellung der eigenen Position

Was dahinter steckt, ist aber einfach nur Protektionismus und ein Verstoß gegen das Prinzip des europäischen Binnenmarktes.

Als 1993 der gemeinsame Binnenmarkt eingeführt wurde, sollten vier Freiheiten gelten: Freiheit der Waren, der Dienstleistungen, des Kapitals und der Arbeitskräfte. Für viele Bürgerinnen und Bürger der mittel- und osteuropäischen Beitrittsländer ab 2004 war die Mitgliedschaft in diesem Markt ein Hauptgrund für den Beitrittswunsch. Sie nährte die Hoffnung auf eine bessere Zukunft mit Möglichkeiten und Wohlstand.

Begründung der eigenen Position

Deutsche und französische Unternehmen haben die Freiheit, ihre Waren und Dienstleistungen auf den ungarischen Märkten anzubieten. Sie sind oft Weltmarktführer und haben Vorteile bei Qualität und Kosten. Viele ungarische Unternehmen sind pleite gegangen, weil sie diesem Wettbewerbsdruck nicht standhalten konnten. In Brüssel sah das niemand als Problem.

Auf den deutschen Baustellen haben die Arbeitnehmer aus den östlichen Mitgliedsländern, aus Polen, aus Slowenien, aus Ungarn, einen Wettbewerbsvorteil. Sie arbeiten günstiger, weil sie von einem niedrigeren Lohn in ihrer Heimat gut leben können. Auch sie nutzen die Freiheiten des Marktes, aber hier soll es nun ein Problem sein?

Und über welche Zahlen reden wir eigentlich? 2015 gab es ca. 2 Millionen entsandte Arbeitnehmer/-innen in der EU. Das entspricht 0,4 Prozent der gesamten Beschäftigung. Ist dieser kleine Anteil eine Gefahr für den europäischen Binnenmarkt?

Die Entsendung stellt kein bedeutendes Phänomen im großen Binnenmarkt mit annähernd 500 Millionen Menschen dar, für ungarische Unternehmen und Arbeitnehmer/-innen ist es aber eine Möglichkeit für bescheidenen Wohlstand, da sie einen Kostenvorteil gegenüber ihren westeuropäischen Konkurrenten haben. Diese Möglichkeit wird ihnen mit dem Vorschlage des Ministerrats genommen. Wir lehnen ihn deshalb ab und fordern eine Richtlinie, die den europäischen Binnenmarkt stärkt und nationale Märkte nicht mit protektionistischen Maßnahmen abschottet, die den Arbeitnehmer/-innen und Unternehmen der östlichen Mitgliedsstaaten die Chancen gibt, die westliche Unternehmen auf deren Märkten von jeher haben.

Darstellung der Forderung

Operatoren des Bildungsplans 2016 im Fach Gemeinschaftskunde

Operator	Beschreibung der erwarteten Leistung
Anforderungsbereich I	
beschreiben	Sachverhalte schlüssig wiedergeben
bezeichnen	Sachverhalte (insbesondere bei nichtlinearen Texten wie z. B. Tabellen, Schaubildern, Diagrammen oder Karten) begrifflich präzise formulieren
nennen	Sachverhalte in knapper Form anführen
Anforderungsbereich II	
analysieren	Materialien oder Sachverhalte systematisch untersuchen und auswerten
begründen	Aussagen (z. B. eine Behauptung, eine Position) durch Argumente stützen, die durch Beispiele oder andere Belege untermauert werden
charakterisieren	Sachverhalte mit ihren typischen Merkmalen und in ihren Grundzügen bestimmen
darstellen	Sachverhalte strukturiert und zusammenhängend verdeutlichen
ein-, zuordnen	Sachverhalte schlüssig in einen vorgegebenen Zusammenhang stellen
erklären	Sachverhalte schlüssig aus Kenntnissen in einen Zusammenhang stellen (z. B. Theorie, Modell, Gesetz, Regel, Funktions-, Entwicklungs- und /oder Kausalzusammenhang)
erläutern	Sachverhalte mit Beispielen oder Belegen veranschaulichen
erstellen	Sachverhalte (insbesondere in grafischer Form) unter Verwendung fachsprachlicher Begriffe strukturiert aufzeigen
herausarbeiten	Sachverhalte unter bestimmten Gesichtspunkten aus vorgegebenem Material entnehmen, wiedergeben und/oder gegebenenfalls berechnen
vergleichen	Vergleichskriterien festlegen, Gemeinsamkeiten und Unterschiede gewichtend einander gegenüberstellen sowie ein Ergebnis formulieren
Anforderungsbereich III	
beurteilen	Aussagen, Vorschläge oder Maßnahmen untersuchen, die dabei zugrunde gelegten Kriterien benennen und ein begründetes *Sachurteil* formulieren
bewerten	Aussagen, Vorschläge oder Maßnahmen beurteilen, ein begründetes *Werturteil* formulieren und die dabei zugrunde gelegten Wertmaßstäbe offenlegen
entwickeln	zu einer vorgegebenen oder selbst entworfenen Problemstellung einen begründeten Lösungsvorschlag entwerfen
erörtern	zu einer vorgegebenen These oder Problemstellung durch Abwägen von Pro- und Kontra-Argumenten ein begründetes Ergebnis formulieren
gestalten	zu einer vorgegebenen oder selbst entworfenen Problemstellung ein Produkt rollen- beziehungsweise adressatenorientiert herstellen
überprüfen	Aussagen, Vorschläge oder Maßnahmen an Sachverhalten auf ihre sachliche Richtigkeit hin untersuchen und ein begründetes Ergebnis formulieren

Stummes Schreibgespräch

Nicht immer muss eine Kontroverse als mündliche Debatte oder Diskussion ausgetragen werden, manchmal bietet es sich auch an, ein stummes Schreibgespräch zu verfassen. Dabei kann man die geschriebenen und gelesenen Worte erst einmal wirken lassen, bevor man darauf reagiert. In ähnlicher Form findet man solch eine Debatte (oft in Form von Kommentaren) in Briefen oder E-Mails, aber auch in Chats oder SMS.

1. Vorbereitung
Im Vorfeld solltet ihr Tischgruppen (2-4 Tische) herrichten und große Papierbögen (mind. DIN A3, besser DIN A2) oder Flipchart-Papier darauf verteilen. Auf jeden Bogen sollte eine (provokante) Aussage oder ein Impuls als Startpunkt der schriftlichen Diskussion geschrieben werden.

2. Ablauf
Teilt eure Klasse je nach Größe in mehrere Gruppen auf. Jede Gruppe geht zu einem Gruppentisch (mit Papier) und alle Gruppenmitglieder machen sich Gedanken zum Impuls bzw. der Aussage. Die großen Poster nutzt ihr nun, um Fragen, Kommentare, Aussagen oder andere Impulse (Zeichen, Smileys etc.) zu notieren.
Anschließend könnt ihr zu diesen Ideen oder Fragen kurze Kommentare oder Antworten und Gegenpositionen verfassen.
Die anderen Schüler/-innen lesen die Ideen der Mitschüler/-innen durch und widersprechen oder bekräftigen die Aussage der anderen. Es ist auch möglich, neue Aspekte hinzuzufügen, Pfeile und Verbindungslinien zwischen den Statements einzufügen.
Ganz wichtig: Reden ist in dieser Phase nicht gestattet!
Das Schreibgespräch endet nach einer vorgegebenen Zeit (z. B. durch ein akustisches Signal). Anschließend verständigt ihr euch mündlich auf einige Ergebnisse. Außerdem habt ihr noch die Möglichkeit, Fragen zu klären.

3. Hinweise zur Durchführung
Es sollte nicht gesprochen werden. Nutzt den Platz auf dem ganzen Poster, sodass alle Schülerinnen und Schüler zur gleichen Zeit etwas aufschreiben können.
Pro- und Kontra-Argumente können farblich (z. B. mit rot und grün) voneinander abgehoben und so vorstrukturiert werden. Ruhige Musik kann die Arbeitsatmosphäre positiv verstärken.

Beispiel-Thesen/Impulse:
- „Beschneidung ist Körperverletzung und hat mit Religion nichts zu tun!"
- „Beschneidung gibt es seit 4 000 Jahren und ist fester Bestandteil des Judentums."
- „Soll mich jetzt der Nachbar anzeigen, weil ich mein Enkelkind beschneiden lasse?"

Nach: Lothar Scholz: „Beschneidung ist ganz klar eine Gefährdung des Kindeswohls", in: bpb Methoden-Kiste 07/2016, Methodenkarte 11, S. 13, Bundeszentrale für politische Bildung, Bonn

Vier-Ecken-Spiel

Bei dieser Methode steht jede der vier Ecken (A, B, C oder D) für eine unterschiedliche Position oder Meinung. Durch eine Zuordnung zu einer Ecke kommt man miteinander ins Gespräch, tauscht seine eigene Meinung aus und gleicht diese mit der Meinung der anderen ab.

Durchführung

- Jede/r Schüler/-in geht in die Ecke, die der eigenen Meinung am nächsten kommt (A, B, C oder D).
- Alle Schüler/-innen, die in der gleichen Ecke stehen, tauschen sich mit den Mitschülern/-innen aus.
- Abschließend kommen Schüler/-innen aus allen vier Ecken zu Wort und erläutern ihre individuelle Zuordnung zur jeweiligen Ecke.

Auswertung

- Jede/r Schüler/-in reflektiert, ob er/sie neue Aspekte oder Argumente gehört hat, die ihn/sie überzeugt haben.
- Ggf. kann das Vier-Ecken-Spiel noch ein zweites Mal durchgeführt werden, um Veränderungen in der Einstellung sichtbar zu machen.

Beispielecken zur Fragestellung

„Darf der Staat zur Abwehr terroristischer Verbrechen heimlich die Staatstrojaner-Software einsetzen?"

- Ja, ich habe nichts zu verbergen.
- Nur, wenn eine Richterin/ein Richter es erlaubt.
- Bestimmte Personengruppen sollten ausgeschlossen sein: z.B. Pfarrer, Ärztinnen/Ärzte oder Rechtsanwältinnen/-anwälte.
- Nein, auf keinen Fall.

Nach: Lothar Scholz: Methoden-Kiste der Bundeszentrale für politische Bildung, Bonn 2018; http://www.bpb.de/shop/lernen/thema-im-unterricht/36913/methoden-kiste (Zugriff 18.09.2018)

Abgeordnete

Von den Bürgerinnen und Bürgern (Volk) durch allgemeine, unmittelbare, freie, gleiche und geheime → **Wahlen** gewählte Repräsentanten, die in den deutschen Parlamenten mit keinerlei Aufträgen oder Weisungen (z. B. aus der → **Partei** oder dem Wahlkreis) gebunden werden können (Art. 38 Abs. 1 GG); dieser Freiheit der Abgeordneten steht allerdings faktisch die Fraktionsdisziplin gegenüber. Zur ungehinderten Ausübung ihres Amtes sind die Abgeordneten u. a. durch ihre Immunität und den Bezug von Diäten, die ihren Lebensunterhalt sichern, in der Lage. Die Abgeordneten einer Partei oder gleicher politischer Überzeugung schließen sich in den Parlamenten zu → **Fraktionen** oder Gruppen zusammen. Im Deutschen → **Bundestag** können Abgeordnete eine Fraktion bilden, wenn dieser mindestens fünf Prozent der Abgeordneten angehören. Der wichtigste Teil der Abgeordnetenarbeit findet nicht in den Plenarsitzungen, sondern in den Parlamentsausschüssen und Fraktionen statt.

Bürger

Bürgerinnen und Bürger sind die Inhaber der grundlegenden demokratischen Rechte in einer → **Demokratie**. Dazu zählt an erster Stelle das Wahlrecht (→ **Wahlen**). In früheren Zeiten waren die Bürgerrechte an ein hohes Vermögen oder das Geschlecht gekoppelt (es durften nur Männer wählen). Seit der Französischen Revolution von 1789 hat sich nach und nach der Gedanke durchgesetzt, dass alle (erwachsenen) Staatsangehörigen die gleichen Rechte und Pflichten als Bürger haben sollen. Einwohner eines Landes, die nicht dessen Staatsangehörigkeit besitzen, weil sie z. B. eingewandert sind, zählen nicht als Bürger.

Bürgerbegehren

Als Bürgerbegehren werden Anträge von Bürgerinnen und Bürgern einer Gemeinde bezeichnet, die eine Entscheidung des Gemeinderats durch einen → **Bürgerentscheid** ersetzen. Als Mittel der direkten Demokratie können Bürgerinnen und Bürger einer Gemeinde so aktiv über wichtige Angelegenheiten mitbestimmen. Dabei sind, je nach Bundesland, unterschiedliche Voraussetzungen zu beachten. Das Begehren muss i. d. R. schriftlich beantragt werden und die Angelegenheit, über die entschieden werden soll, darf nicht in die Zuständigkeit der Bürgermeisterin/des Bürgermeisters, sondern muss in die des Gemeinderates fallen.

Bürgerentscheid

Der Bürgerentscheid ist ein direktdemokratisches Instrument auf kommunaler Ebene in Deutschland (→ **Kommunalpolitik**). Nach der erfolgreichen Beantragung eines → **Bürgerbegehrens** folgt der Bürgerentscheid zu einer wichtigen Sachfrage in einer Gemeinde, die in der Abstimmung mit „Ja" oder „Nein" beantwortbar sein muss. Abstimmungsberechtigt sind alle Bürgerinnen und Bürger der Gemeinde.

Bürgergeld

Das Bürgergeld löste zum 1. Januar 2023 das Arbeitslosengeld II und das Sozialgeld ab. Damit wird die Grundsicherung, die den Lebensunterhalt von Arbeitsuchenden sichern soll, grundlegend reformiert. Ziel ist, die Entwicklung des Arbeitsmarkts sowie die Lebensumstände der Betroffenen noch stärker zu berücksichtigen. Zuständig für das Bürgergeld ist das jeweilige Jobcenter am Wohnort. Anspruch auf Bürgergeld hat, wer erwerbsfähig und hilfebedürftig ist (d. h. arbeitslos ist oder nur ein sehr geringes Einkommen hat, das nicht für den Lebensunterhalt reicht). Personen, die nicht erwerbsfähig, aber hilfebedürftig sind, können Bürgergeld erhalten, wenn sie mit erwerbsfähigen Personen in einer sogenannten Bedarfsgemeinschaft zusammenleben.

Die Regelbedarfe (Stand 01.01.2023) sehen wie folgt aus:

Alleinstehende, Alleinerziehende	502 Euro
Volljährige Partner	451 Euro
Volljährige 18 – 24 Jahre	402 Euro
Kinder/Jugendliche 14 – 17 Jahre	420 Euro
Kinder 6 – 13 Jahre	348 Euro
Kinder 0 – 5 Jahre	318 Euro

Die Kosten der Unterkunft (Miete, Nebenkosten) werden im ersten Jahr vollständig übernommen (Karenzzeit), die Heizkosten werden grundsätzlich nur in angemessener Höhe anerkannt. Mit dem Bürgergeld wird eine Karenzzeit für Vermögen für die ersten 12 Monate eingeführt, d. h. Vermögen wird nur berücksichtigt, wenn es die Summe von 40.000 Euro für die Antragstellerin oder den Antragsteller übersteigt. Der Betrag erhöht sich um 15.000 Euro für jede weitere Person, die in der Bedarfsgemeinschaft lebt. Selbst genutztes Wohneigentum (Hausgrundstück, Eigentumswohnung) bleibt bei der Ermittlung des Vermögens unberücksichtigt.

Bürgerinitiative

Eine Bürgerinitiative ist eine aus der Bevölkerung heraus gebildete Interessensvereinigung, die aufgrund eines konkreten Anlasses in ihrer politischen, sozialen oder ökologischen Welt Selbsthilfe organisiert und somit möglicherweise Einfluss auf die öffentliche Meinung, auf staatliche Einrichtungen, → **Parteien** oder andere gesellschaftliche Gruppierungen nimmt.

Bürgermeister

Der Bürgermeister bzw. die Bürgermeisterin ist das oberste Mitglied der Verwaltung in einer Stadt oder Gemeinde, also auf kommunaler Ebene. Er/sie ist gleichzeitig Vorsitzende(r) des Stadt- oder Gemeinderates, der/die gesetzliche Vertreter/-in der Gemeinde, etwa gegenüber dem Landkreis oder dem Bundesland. Er/sie ist außerdem Vorgesetzte(r) der hauptamtlichen Mitarbeiter der Kommunalverwaltung und verantwortlich für die sachgerechte Durchführung der Weisungsaufgaben der Kommune.

Bruttoinlandsprodukt (BIP)

Das BIP misst den Wert aller Güter und Dienstleistungen, die in einem Jahr innerhalb der Landesgrenzen einer Volkswirtschaft produziert werden. Das BIP enthält also, anders als das Bruttosozialprodukt, auch die Leistungen der Ausländer/-innen, die innerhalb des Landes arbeiten, während die Leistungen der Inländer/-innen, die im Ausland arbeiten, nicht berücksichtigt werden.

Bundeskanzler

Deutscher Regierungschef bzw. -chefin; von einer Mehrheit des Deutschen → Bundestages auf Vorschlag des → Bundespräsidenten gewählte(r), die Richtlinien der Politik bestimmende(r) Chef/-in der → Exekutive (→ Gewaltenteilung).

Bundespräsident

Deutsches Staatsoberhaupt; von der Mehrheit der → Bundesversammlung für fünf Jahre gewählt; eine einmalige Wiederwahl ist zulässig (Art. 54 GG). Seine/ihre Aufgaben sind die völkerrechtliche Vertretung Deutschlands und der Abschluss von Verträgen des Bundes mit dem Ausland sowie die Verkündung und Ausfertigung der Gesetze. Er/sie hat das Recht, Begnadigungen auszusprechen, sowie das Vorschlagsrecht

für die Wahl des/der → Bundeskanzler/-in (Art. 63 GG). Er ernennt diese(n) und entlässt ihn/sie auf Ersuchen des → Bundestages.

Bundesregierung

Oberstes deutsches → Exekutivorgan (→ Gewaltenteilung), an dessen Spitze der → Bundeskanzler steht, der von den Bundesministern und -ministerinnen unterstützt wird (Art. 62 GG).

Bundesrat

Der Bundesrat ist die zweite Kammer des Parlaments in Deutschland. Durch ihn wirken die Bundesländer bei der Gesetzgebung und Verwaltung des Bundes und in Angelegenheiten der → Europäischen Union mit (Art. 50 GG). Ihm gehören 69 Mitglieder an, die nicht direkt von den Wahlberechtigten gewählt, sondern als Vertreter der Landesregierungen an deren Weisung gebunden sind. Die Anzahl der entsandten Mitglieder des Bundesrates richtet sich nach dem Bevölkerungsanteil der Bundesländer (drei, vier oder sechs Vertreter pro Land). Die Stimmen jedes Landes können nur geschlossen abgegeben werden (→ Gewaltenteilung).

Bundestag

Der Deutsche Bundestag ist das oberste Parlament in Deutschland und die erste Kammer; seine Mitglieder (→ Abgeordnete) werden in allgemeinen, unmittelbaren, freien, gleichen und geheimen → Wahlen (Art. 38 GG) für vier Jahre von den deutschen Bürgerinnen und Bürgern gewählt. Der Bundestag besteht aus mind. 598 Abgeordneten. Zu seinen wichtigsten Aufgaben zählen a) die Wahl (und ggf. Abwahl) des → Bundeskanzlers, b) die Kontrolle der → Bundesregierung und der ihr unterstellten Verwaltung (Ministerien), c) die Gesetzgebung des Bundes und die Feststellung des Bundeshaushalts, d) die Mitwirkung

bei der Wahl des → Bundespräsidenten sowie e) der Richterinnen/ Richter am → Bundesverfassungsgericht und f) die Feststellung des Spannungs- oder Verteidigungsfalles. Eine wichtige Funktion bei der parlamentarischen Arbeit der Bundestagsabgeordneten kommt den Bundestagsausschüssen zu.

Bundesverfassungsgericht

Das Bundesverfassungsgericht ist eine Art oberster Hüter der Verfassung in Deutschland (Art. 93 GG). Es ist allen anderen Verfassungsorganen (→ Bundestag, → Bundesregierung, → Bundesrat, → Bundespräsident) gegenüber selbstständig, unabhängig und diesen gleichgeordnet. Die Kompetenzen des Bundesverfassungsgerichts erstrecken sich u. a. auf a) Verfassungsstreitigkeiten zwischen obersten Bundesorganen, b) Streitigkeiten zwischen Bund und Ländern und zwischen den Ländern, c) Verfassungsbeschwerden von Bürgerinnen/Bürgern und den Gemeinden, d) die Überprüfung von Rechtsvorschriften, e) die Feststellung der Verfassungswidrigkeit politischer → Parteien, f) Wahlprüfverfahren.

Bundesversammlung

Sie besteht aus den Mitgliedern des → Bundestages und einer gleichen Anzahl von Mitgliedern, die von den Volksvertretungen der Länder gewählt werden. Einzige Aufgabe der Bundesversammlung ist die Wahl des → Bundespräsidenten.

Demografischer Wandel

Alle Veränderungen in der Zahl und Struktur der Bevölkerung eines Landes (Alter, Geschlecht, Lebensform, Kinderzahl, Religion), die grundlegender Natur sind, d. h. über eine längere Zeit hinweg die Zusammensetzung nachhaltig und nicht nur vorübergehend ändern; dazu zählen z. B. die sinkenden

Geburtenraten oder die Steigerung der Lebenserwartung in den meisten Industrieländern. In Deutschland gehört der demografische Wandel durch die steigende Zahl der Älteren gegenüber dem Anteil jüngerer Erwerbsfähiger zu den wichtigsten gesellschaftlichen Entwicklungen. Er wirkt sich vor allem auf die Arbeitswelt und die Sozialversicherungssysteme aus, die an die veränderten Entwicklungen angepasst werden müssen. Geburtenrückgang und Alterung der → **Gesellschaft** lassen sich nach Berechnungen des Statistischen Bundesamtes durch Zuwanderung verlangsamen, nicht jedoch gänzlich aufhalten.

Demokratie

Der Begriff kommt aus dem Altgriechischen und bedeutet „Herrschaft des Volkes". Der Demokratie liegt die Erkenntnis zugrunde, dass jeder Mensch in der Lage ist, über die Bedingungen seines Lebens mitzubestimmen. Während in anderen Herrschaftsformen wenige oder sogar nur einzelne Menschen über alle anderen bestimmen, werden in der Demokratie alle Bürgerinnen und → **Bürger** an den politischen Entscheidungen beteiligt. In unserer → **Gesellschaft** und den meisten anderen derzeitigen demokratischen Gesellschaften geschieht dies über die → **Wahl** von politischen Vertreter/-innen (Repräsentanten).

Diktatur

Staatsform, in der sich eine Person, Gruppe, → **Partei** oder Regierung anmaßt, „von oben" bestimmen zu können, was dem allgemeinen Wohl der Bürger/-innen diene. Es werden zumeist autoritäre und totalitäre Diktaturen unterschieden. Letztere, zu denen vor allem der Nationalsozialismus und der Stalinismus gerechnet werden, stehen im schärfsten möglichen Gegensatz zum demokratischen Verfassungsstaat.

Kennzeichen totalitärer Diktatur sind eine geschlossene → **Ideologie**, staatlicher Terror gegen Andersdenkende, die Kontrolle der → **Massenmedien** und des wirtschaftlichen Lebens sowie die Konzentration der Macht bei einer hierarchisch strukturierten Massenpartei.

Europäischer Rechnungshof

Kontrollorgan der → **Europäischen Union**, seit 1975 mit Sitz in Luxemburg. Der EuRH überwacht die ordnungsgemäße und rechtmäßige Verwendung der EU-Mittel.

Europäische Union (EU)

1993 von den 12 EG-Mitgliedern (Belgien, Dänemark, Deutschland, Frankreich, Griechenland, Großbritannien, Irland, Italien, Luxemburg, Niederlande, Portugal, Spanien) gegründete → **supranationale** Organisation. Der Staatenverbund baut auf der Europäischen Gemeinschaft (EG) auf, deren Anfänge bis in das Jahr 1951 zurückreichen. Seit 2020 zählt die EU 27 Mitgliedstaaten, in 20 Ländern gilt seit 2023 der Euro. Die EU bildet mit dem Vertrag von Lissabon (2009) den rechtsverbindlichen Rahmen für eine → **Gemeinsame Außen- und Sicherheitspolitik (GASP)**, die Zusammenarbeit in der Justiz und Innenpolitik (ZIJP) sowie für die Europäischen Gemeinschaften (Europäische Wirtschaftsgemeinschaft, Europäische Gemeinschaft für Kohle und Stahl, Europäische Atomgemeinschaft).
Die zentralen Organe der EU sind:
1. das Europäische Parlament,
2. der Europäische Rat (Gremium aus den Staats- bzw. Regierungschefinnen/-chefs aller EU-Mitgliedstaaten, der Kommissionspräsidentin, dem Hohen Vertreter für Außen- und Sicherheitspolitik sowie dem Präsidenten des Europäischen Rates),
3. der Rat der Europäischen Union, auch Ministerrat genannt (Gremi-

um der Fachminister/-innen der Staaten),
4. die Kommission (Exekutivorgan),
5. der Gerichtshof der Europäischen Union,
6. die Europäische Zentralbank,
7. der Rechnungshof.

Europäische Zentralbank

Unabhängige Zentralnotenbank in „Euroland" mit Sitz in Frankfurt am Main, die das exklusive Recht zur Ausgabe von Banknoten und Geldmünzen (Euro/Cent) hat und die Geld- und Währungspolitik der → **Europäischen Union** durchführt; geleitet wird die EZB von sechs Direktoren aus verschiedenen Euroländern, denen die Präsidenten der nationalen Zentralbanken aller → **Staaten** der Eurozone im EZB-Rat beratend zur Seite stehen.

Exekutive

Die Exekutive ist die vollziehende oder ausübende Gewalt. Sie ist dabei an das geltende Recht gebunden und umfasst die Regierung und die Verwaltung.

Extremismus

Bezeichnet politische Einstellungen, die die → **freiheitliche demokratische Grundordnung (FDGO)** beseitigen wollen; Extremisten vertreten fanatische oder fundamentalistische Haltungen, → **Ideologien** oder Ziele, oftmals auch mit Gewalt. Die Formen des Extremismus lassen sich in die Kategorien „rechts", „links" und „religiös" untergliedern.

Fraktion

Organisatorischer Zusammenschluss einer Gruppe von → **Abgeordneten** einer → **Partei** bzw. von Parteien, die nicht miteinander konkurrieren (Fraktionsgemeinschaft), zur gemeinsamen Wahrnehmung parlamentarischer Aufgaben.

Freiheitliche demokratische Grundordnung (FDGO)

Politische Ordnung der Bundesrepublik Deutschland, die nach der Definition des → **Bundesverfassungsgerichts** im SRP-Urteil von 1952 (Verbot der rechtsextremen Sozialistischen Reichspartei) „unter Ausschluss jeglicher Gewalt- und Willkürherrschaft eine rechtsstaatliche Herrschaftsordnung auf der Grundlage der Selbstbestimmung des Volkes nach dem Willen der jeweiligen Mehrheit und der Freiheit und Gleichheit darstellt". Die FDGO ist u. a. gekennzeichnet durch die Achtung vor den → **Menschenrechten**, die → **Gewaltenteilung**, die Verantwortlichkeit der Regierung, die Gesetzmäßigkeit der Verwaltung, die Unabhängigkeit der Gerichte, das Mehrparteiensystem und die Chancengleichheit für alle politischen Parteien mit dem Recht auf Bildung und Ausübung einer → **Opposition**.

Gemeinde → Kommunalpolitik

Gemeinsame Außen- und Sicherheitspolitik (GASP)

Eine gemeinsame Außen- und Sicherheitspolitik wird seit mehr als 50 Jahren in der → **Europäischen Union** und ihren Vorläufern angestrebt. Bisher ist es aber wegen der nötigen Einstimmigkeit bei außenpolitischen Entscheidungen kaum zu einem wirksamen gemeinsamen Handeln der Mitgliedstaaten gekommen. Innerhalb der GASP wurde seit 1999 auch eine Krisenreaktionskomponente (die Europäische Sicherheits- und Verteidigungspolitik, heute: → **GSVP**) aufgebaut, die es der Union erlauben soll, zivil und militärisch eigenständig in Krisen einzugreifen.

Gemeinsame Sicherheits- und Verteidigungspolitik (GSVP)

Die GSVP ist der militärische Arm der → **GASP** der → **Europäischen Union**. Die EU soll mit der GSVP in die Lage versetzt werden, für die Bereiche der zivil-militärischen Konfliktprävention und Krisenbewältigung autonom Beschlüsse fassen und in den Fällen, in denen die NATO als Ganzes nicht involviert ist, eigene Militäreinsätze unter Rückgriff auf NATO-Mittel und -Fähigkeiten einleiten und durchführen zu können. Die Missionen der EU erfolgen dabei im Einklang mit den Grundsätzen der → **Vereinten Nationen**. 2003 und 2006 hat die EU z. B. in der Demokratischen Republik Kongo zwei Militärmissionen jeweils ohne Rückgriff auf NATO-Mittel und -Fähigkeiten durchgeführt.

Gerichtsbarkeit

Organe der Rechtsprechung und ihre Tätigkeiten, zum einen die Tätigkeit der Staatsanwaltschaft, die ermittelt und gegebenenfalls Anklage erhebt, zum anderen die Rechtsprechung vor Gericht. Die Gerichte sind nach Aufgabenbereichen in mehrere Zweige gegliedert. So gibt es z. B. Familiengerichte und Arbeitsgerichte. Die Gerichte, die einander über- bzw. untergeordnet sind, nennt man Instanzen. Die urteilenden Richter/-innen sind in Deutschland unabhängig und dürfen nur dem → **Gesetz** verpflichtet sein.

Gesellschaft

Unter Gesellschaft wird in der Regel die Gesamtheit der in einem → **Staat** lebenden Menschen verstanden. Dabei sind die wechselseitigen Beziehungen dieser Menschen von entscheidender Bedeutung. Im Unterschied zu zufälligen Zusammentreffen sind Menschen einer Gesellschaft aufeinander angewiesen. Ein Beispiel hierfür ist die Arbeitsteilung in der → **Wirtschaft**.

Gesetz

Gesetze sind schriftliche, allgemeingültige Regeln in einem → **Staat**. An Gesetze müssen sich alle Menschen halten, die sich in dem betreffenden Staat aufhalten. In → **Demokratien** werden Gesetze i. d. R. von → **Parlamenten** beschlossen („verabschiedet"). In direkten Demokratien wie der Schweiz oder Demokratien mit direkt-demokratischen Elementen können Gesetze auch von einer anderen Institution der Volksvertretung verabschiedet werden. In einem demokratischen → **Rechtsstaat** hat sich auch der Staat selbst verpflichtet, sich den Gesetzen unterzuordnen. Gesetze sind nicht bloße Aufforderungen, denn wer sie nicht beachtet, wird bestraft. Ob ein Gesetzesverstoß vorliegt, entscheiden im Streitfall die zuständigen Gerichte (→ **Gerichtsbarkeit**).

Gewaltenteilung

Grundprinzip in der Organisation (demokratischer) staatlicher Gewalt; Ziel ist es, die Konzentration und den Missbrauch politischer Macht zu verhindern, die Ausübung politischer Herrschaft zu begrenzen und zu mäßigen und damit die bürgerlichen Freiheiten zu sichern. Es wird zwischen gesetzgebender Gewalt (Legislative), ausführender Gewalt (→ **Exekutive**) und rechtsprechender Gewalt (Judikative) unterschieden. Diese Funktionen werden unabhängigen Staatsorganen (→ **Bundestag**, → **Bundesregierung**, → **Bundespräsident**, → **Bundesrat**, → **Bundesverfassungsgericht**) zugewiesen. Die Regierung wird wegen ihrer zentralen Rolle auch als Gubernative bezeichnet. In der Praxis ergeben sich Abweichungen vom strikten Prinzip der Gewaltenteilung oder es sind sogar Abweichungen vorgesehen (z. B. Verordnungen der Exekutive, Gesetzesinitiativen der Regierung). Auch die Prinzipien des Föderalismus gelten als Teil der Gewaltenteilung.

Gewerkschaften

Vereinigungen, in denen sich Arbeitnehmer/-innen zusammenschließen, um gemeinsam ihre Interessen gegenüber den Arbeitgebern zu vertreten; die relative Schwäche der einzelnen Arbeitnehmer/-innen gegenüber ihren Arbeitgeber/-innen soll so ausgeglichen werden. Die Hauptziele der Gewerkschaften in Deutschland sind die Durchsetzung von Lohnforderungen, die soziale Absicherung der Arbeitenden sowie die Verbesserung der Arbeitsbedingungen. Auch der Ausbau der → **Mitbestimmung** gehört zu den Zielen gewerkschaftlicher Arbeit. Um diese Ziele zu erreichen, verhandeln die Gewerkschaften mit den Arbeitgebern bzw. den Arbeitgeberverbänden. Die Arbeitsniederlegung (Streik) ist das letzte Druckmittel der Gewerkschaften. Die meisten und größten deutschen Gewerkschaften sind im Deutschen Gewerkschaftsbund (DGB) zusammengeschlossen.

Gleichberechtigung
Gemäß den → **Menschenrechten** haben alle Menschen gleiche, unverletzliche Grundrechte. In der Geschichte aber waren häufig bestimmte Gruppen von Menschen gegenüber anderen Gruppen benachteiligt (so etwa Sklavinnen/Sklaven, die gar keine Rechte hatten). Die Forderung nach Gleichberechtigung richtet sich gegen diese Benachteiligungen und hat gleiche Rechte für alle zum Inhalt. In Deutschland bezieht sie sich zur Zeit vor allem auf die Benachteiligung von Frauen gegenüber Männern. Da diese Benachteiligung nicht nur rechtliche Aspekte hat, sondern z. B. auch wirtschaftliche, wird häufig statt von Gleichberechtigung von Gleichstellung gesprochen.

Grundgesetz
In seinen 146 Artikeln ist die politische und rechtliche Ordnung der Bundesrepublik Deutschland festgelegt (Verfassung). In den ersten Artikeln sind die an den allgemeinen → **Menschenrechten** orientierten → **Grundrechte** genannt, die innerhalb unserer Rechtsordnung im Grundgehalt nicht verändert werden dürfen. Das Grundgesetz legt die deutsche Gesellschaftsordnung auf die Prinzipien der → **Demokratie**, der → **Rechtsstaatlichkeit**, des Privateigentums, der Gliederung in Bundesländer (Föderalismus) und des sozialen Ausgleichs fest. Es darf durch den → **Bundestag** mit Zweidrittelmehrheit geändert werden.

Grundrechte
Verfassungsmäßige, vom jeweiligen → **Staat** garantierte Rechte, die alle Menschen, die sich im betreffenden Staat aufhalten, vor staatlichen Übergriffen schützen (Abwehr- bzw. Freiheitsrechte). → **Bürgern** des Staates garantieren sie außerdem die Teilnahme an der politischen Willensbildung (Teilhaberechte). Von den Abwehr- und Freiheitsrechten zu unterscheiden sind die Gleichheitsrechte. Sie schützen vor der Ungleichbehandlung durch den Staat, z. B. aufgrund des Geschlechts oder der Herkunft (Art. 3 GG).

Hartz IV
Durch das im Rahmen der Agenda 2010 verabschiedete Hartz-IV-Gesetz wurde 2005 das Arbeitslosengeld II eingeführt. Es führte die bisherige Arbeitslosenhilfe und die Sozialhilfe für arbeitslose Erwerbstätige zusammen und war bis Ende 2022 die Grundsicherung für erwerbsfähige Hilfsbedürftige. Die Leistungen entsprachen dem Existenzminimum in Deutschland und wurden mehrmals angehoben. Das Arbeitslosengeld II konnte aber auch ergänzend zum Erwerbseinkommen oder anderen staatlichen Leistungen bezogen werden. Hartz IV wurde zum 01.01.2023 durch das → **Bürgergeld** ersetzt.

Ideologie
(griech.: Lehre von den Ideen) Lehre über die soziale und politische Wirklichkeit oder die Entwicklung der → **Gesellschaft** mit dem Anspruch auf Allgemeingültigkeit. Sie kann in die Nähe des Religionsersatzes rücken (z. B. Fortschrittsglaube) oder sich zu einer allgemeinen Welt- und Geschichtserklärung steigern (z. B. Marxismus-Leninismus). Allgemein: zusammenhängende, theoretisch begründete politische Überzeugung.

Integration
Im sozialwissenschaftlichen Sinne die Herstellung einer gesellschaftlichen Einheit. Der Begriff wird häufig für die Eingliederung ausländischer Menschen in eine fremde Gesellschaft gebraucht.

Jugendgemeinderat
Der Jugendgemeinderat ist eine überparteiliche Gruppe von Jugendlichen, die neben dem Gemeinderat als zusätzliches Gremium existiert und durch Wahl bestimmt wird. Wählen und gewählt werden dürfen Jugendliche zwischen 14 und 18 Jahren. Der Jugendgemeinderat soll die Interessen der jungen Menschen einer Gemeinde gegenüber dem Gemeinderat vertreten und ihre Bedürfnisse sichtbar machen.

Jugendstrafrecht
Das Jugendstrafrecht ist ein gesondertes Strafrecht für Menschen, die in ihrer Rechtsfähigkeit noch nicht als Erwachsene angesehen werden. Sie stehen in ihrer Persönlichkeitsentwicklung zwischen Kindheit und Erwachsenenalter. Das Jugendstrafrecht berücksichtigt diesen Umstand, indem es bei der Strafe insbesondere auf Sozialisation und Erziehung setzt und weniger auf Abschreckung.

Kommunalpolitik

Kommunalpolitik ist eine Sammelbezeichnung für die politischen Einrichtungen, politischen Prozesse und sachlichen Angelegenheiten der Städte und Gemeinden (→ **Politik**). Die innere politische Ordnung der Kommunen ergibt sich aus unterschiedlichen, in den Verfassungen und Gemeindeordnungen der Länder geregelten Kommunalverfassungen. Die wichtigsten Aufgaben der Kommunalpolitik liegen in den Bereichen Sozial-, Kultur-, Gesundheits- und Wirtschaftspolitik.

Konflikt

Konflikt bedeutet „Zusammenstoß", genauer den Zusammenstoß von zwei Interessen oder Positionen. Konflikte entstehen z. B., wenn Menschen sich um ein Gut streiten, das sie nicht teilen können oder wollen. Manchmal kommt es auch zu Konflikten, weil sich jemand benachteiligt fühlt, ohne dass dies tatsächlich zutrifft. Konflikte sind nicht immer schlecht, sondern oft notwendig. Sie haben jedoch oft eine Eigendynamik, d. h., sie können sich unabhängig von ihrem Ausgangspunkt weiterentwickeln, was u. U. neue Verletzungen und Zurückweisungen hervorruft, die den Konflikt weiter anheizen. Deswegen ist es wichtig, Konflikte möglichst schnell zu klären, damit sie nicht zu noch ungünstigeren Entwicklungen führen.

Lobbyismus

Der Begriff „Lobby" stammt aus dem englischsprachigen Raum: In der Vorhalle, der „Lobby" des „Willard Hotels" in Washington D.C. trafen sich zu Beginn des 19. Jahrhunderts Abgeordnete und Wirtschaftsvertreter zur Kontaktaufnahme. Dieser Begriff hat sich dann für die Kontaktaufnahme und Interessenvertretung der Wirtschaft gegenüber der Politik etabliert.

Massenmedien

Technische Mittel, durch die Informationen schnell und über große Entfernungen zu einer großen Zahl von Menschen gelangen können; Empfänger/-innen und Sender/-innen von Nachrichten sind sich dabei nicht persönlich bekannt. Massenmedien sind sehr einflussreich und werden als eine Kontrollinstanz z. B. gegenüber dem → **Staat** angesehen („vierte Gewalt"). Zugleich aber sind die durch sie verbreiteten Nachrichten für die Empfänger/-innen kaum noch zu überprüfen. Zu den Massenmedien zählen Zeitungen, Hörfunk, Fernsehen und das Internet.

Menschenrechte

Rechte, die jedem Menschen zustehen, unabhängig von Herkunft, Geschlecht, Religion und Vermögen. Sie sollen jedem Menschen eine gesicherte Existenz und Entfaltung ermöglichen. Im Gegensatz zu anderen Rechten kommen die Menschenrechte jedem Menschen von Geburt an zu, also nicht erst durch die Garantie eines → **Staates**. Deshalb „gelten" sie nicht wie andere Rechte, sondern bezeichnen den Anspruch auf ein menschenwürdiges Leben.

Migration

Der Ausdruck umfasst verschiedene Formen der Ein- und Auswanderung (Asylsuche, Arbeitsmigration, Flucht vor Krieg usw.). Das trägt der Tatsache Rechnung, dass alle diese Formen Gemeinsamkeiten aufweisen: einen Migrationsgrund, der in fast allen Fällen eine Art von Zwang beinhaltet, und soziale Probleme, die sich aus der Situation im Aufnahmeland ergeben.

Nationalsozialismus
(1918 bis 1945)

Als „Nationalsozialismus" bezeichnet man eine politische Bewegung, die in Deutschland nach dem Ersten Weltkrieg (1914 – 1918) entstand. Die Nationalsozialisten nutzten die Not der Menschen nach dem Krieg aus. Nach den Reichstagswahlen von 1933 an die Macht gekommen, errichteten sie 1933 eine Diktatur: Es gab nur noch eine einzige Partei, die Nationalsozialistische Deutsche Arbeiterpartei (NSDAP) mit ihrem sogenannten „Führer" Adolf Hitler. Der Nationalsozialismus verfolgte nationalistische, antisemitische (anti-jüdische) und fremdenfeindliche Ziele. Durch einen Krieg sollten fremde Länder erobert und dadurch mehr „Lebensraum" für die Deutschen geschaffen werden – so wurde der Zweite Weltkrieg von Deutschland begonnen (1939 – 1945). Die Nationalsozialisten betrachteten viele andere Völker gegenüber der sogenannten „deutschen Rasse" als minderwertig und tötete Millionen wehrloser Opfer in Konzentrations- und Vernichtungslagern. Verfolgt und ermordet wurden politisch Andersdenkende, Homosexuelle, Sinti und Roma, behinderte Menschen, aber vor allem Juden, die von Hitler und den Nationalsozialisten als Hauptfeinde betrachtet wurden. Die Massentötung der Juden wird als „Holocaust" bezeichnet.

Parlament

Das Parlament ist die Volksvertretung (→ **Demokratie**); Parlamente gibt es in Deutschland nicht nur auf Bundesebene, sondern auch auf Länderebene (Landtag), Kreisebene (Kreistag) und der kommunalen Ebene (Gemeinderat, Stadtrat). Das oberste Parlament in Deutschland ist der → **Deutsche Bundestag**. Dem obersten Parlament obliegt im Allgemeinen die Gesetzgebung, es übt aber auch noch andere Funktionen aus (z. B. → **Wahl** der Regierung; in einigen Staaten – so auch in Deutschland – Mitwirkung bei der Wahl des Staatsoberhauptes).

Partei

Parteien sind auf Dauer angelegte Zusammenschlüsse von Menschen, um politische Ziele zu erreichen. In Deutschland ist das Recht der → Bürger, → Parteien zu gründen oder ihnen beizutreten, im → Grundgesetz verankert. Die Parteien benennen Kandidatinnen und Kandidaten für die Wahlen in Bund, Ländern und Gemeinden. In den Parlamenten bilden die → Abgeordneten jeweils einer Partei sogenannte → Fraktionen.

Partizipation

Beteiligung der Bürgerinnen und Bürger an der Willensbildung und Entscheidungsfindung im politischen Prozess, u. a. durch → Wahlen, Mitgliedschaft in → Parteien, → Verbänden, → Bürgerinitiativen und Vereinen bzw. Wahrnehmung der in der Verfassung verankerten Artikulations- und Mitwirkungsrechte.

Petition

(von lat. petitio = Gesuch, Bittschrift) ist ein Schreiben von (einzelnen) Bürgerinnen und Bürgern an politische Entscheider, z. B. → Parlamente. Es handelt sich dabei i. d. R. um ein Ersuchen, einen politischen Gegenstand zu verändern (konkrete Reformvorschläge), oder um eine Beschwerde, um einen konkreten unerwünschten Zustand abzustellen. Diese Partizipationsform findet durch ihren vergleichsweise geringen Aufwand (insbesondere bei Online-Petitionen) relativ hohen Anklang in der Bevölkerung.

Politik

Im weiten Sinne jegliche Art der Einflussnahme und Gestaltung sowie die Durchsetzung von Forderungen und Zielen, sei es in privaten oder öffentlichen Bereichen; im engeren bzw. klassischen Sinne Staatskunst, das Öffentliche bzw. das, was alle → Bürger betrifft und verpflichtet; das Handeln des → Staates und das Handeln in staatlichen Angelegenheiten (von griech.: polis = Stadtstaat); im modernen Sinne auf die Durchsetzung bestimmter Ziele besonders im staatlichen Bereich und auf die Gestaltung des öffentlichen Lebens gerichtetes Handeln von Regierungen, Parlamenten, → Parteien, Organisationen etc.

Politikzyklus

Der Politikzyklus ist ein Modell, das aus der Politikwissenschaft stammt und den politischen Entscheidungsprozess schematisch abbilden soll. In den gängigen Varianten besteht der Politikzyklus aus 6 Phasen: 1. Problemdefinition, 2. Problemthematisierung, 3. Durchführung, 4. Implementation, 5. Evaluation, 6. Re-Definition.

Rechtsfähigkeit

Menschen können ab ihrer Geburt Träger von Rechten sein. Viele Rechte, insbesondere solche, die eine aktive Wahrnehmung erfordern, sind jedoch an ein gewisses Maß an Mündigkeit gebunden. Sie gelten deshalb in Deutschland nicht für Kinder und entmündigte Menschen. In unserer → Gesellschaft ist diese Beschränkung zugleich ein Schutz: Kinder dürfen vieles nicht, werden aber auch für ihre Handlungen nur begrenzt verantwortlich gemacht. Die Rechtsfähigkeit wird mit dem Heranwachsen stufenweise erweitert.

Rechtsstaat

Bezeichnung für einen → Staat, in dem das Handeln der staatlichen Organe gesetztem Recht (i. d. R. Gesetzen und Verfassungen, in Deutschland dem → Grundgesetz) untergeordnet ist (Grundsatz der Gesetzmäßigkeit); den einzelnen → Bürgern stehen damit bestimmte unverbrüchliche → Grundrechte zu, während dem staatlichen Handeln bestimmte Grenzen gesetzt sind. Im Rechtsstaat soll alles staatliche Handeln dem (Verfassungs-)Recht dienen und bei Eingriffen des Staates dem Fall angemessen sein (Grundsatz der Verhältnismäßigkeit).

Schülermitverantwortung (SMV)

Die SMV soll es Schülerinnen und Schülern erleichtern, ihr schulisches Umfeld aktiv mitzugestalten. Auch soll sie zur Entfaltung der politischen Bildung in der Schule beitragen. Diese Ziele basieren auf einem → Gesetz (SchulG, § 60 — 72) und werden in der Verordnung über die SMV konkretisiert.

Sozialstaat

Eines der vier Grundprinzipien des politischen Systems der Bundesrepublik Deutschland – neben Demokratie, → Rechtsstaat und Bundesstaat. Das Prinzip bedeutet, dass der Staat seine Bürgerinnen und Bürger gegen soziale Risiken abzusichern und soziale Ungleichheit abzumildern hilft.

Staat

Politische Organisation (→ Politik), unter der die Menschen einer → Gesellschaft leben. Nach der gängigen Definition sind drei Aspekte für einen Staat notwendig: Er muss ein eindeutiges eigenes Territorium haben (Staatsgebiet), in dem Menschen wohnen, die zu diesem Staat gehören (Staatsvolk) und die einer Regierung gehorchen, die sie anerkennen (Staatsgewalt). Ein Staat hat Außenbeziehungen zu anderen Staaten, die im Allgemeinen durch das Völkerrecht geregelt werden. Nach innen und außen ist der Staat souverän, d. h., es steht keine Gewalt über ihm. Im → Rechtsstaat verpflichtet sich der Staat, seine Gewalt ausschließlich gemäß den geltenden Gesetzen auszuüben.

Steuern

Geldbeträge, die die Einwohnerinnen und Einwohner und die ansässigen Betriebe an den → **Staat** bzw. an das Land oder die Gemeinde abführen; Steuern sind die Haupteinnahmequelle des Bundes, der Länder und der Gemeinden, um die anfallenden Ausgaben zu finanzieren. Eingezogen werden die Steuern von den Finanzämtern.

Subsidiaritätsprinzip

Aus der katholischen Soziallehre stammendes, gesellschaftliches Gestaltungsprinzip, das die Selbstbestimmung und Selbstverantwortung des Individuums bzw. der jeweils kleineren sozialen Gruppen im Verhältnis zum → **Staat** sowie den Vorrang von Regelungen auf jeweils unterer Ebene gegenüber Regelungen „von oben" betont.

Verband, Verbände

Das Wort „Verband" bezeichnet den Zusammenschluss von Personen mit gemeinsamen Interessen zur Verfolgung gemeinsamer Ziele. Die Aufgabe von Verbänden ist es, die besonderen Interessen ihrer Mitglieder in den politischen Entscheidungsprozess einfließen zu lassen („Lobbyisten"). Zu diesem Zweck sind Verbände sehr unterschiedlich organisiert, u. a.
1. als Massenorganisationen (z. B. Gewerkschaften);
2. als Interessenverbände (z. B. ADAC);
3. als Fachverbände (z. B. Verbände des Fleischerhandwerks);
4. als Berufsverbände (z. B. der Verband der Flugzeugführer und Flugingenieure: Cockpit);

5. als Standesorganisationen (z. B. der dbb Beamtenbund) usw. Adressaten der verbandspolitischen Arbeit sind neben → **Staat** und Politiker/-innen auch die Öffentlichkeit und die Medien sowie die eigene Mitgliedschaft (Werbung neuer Mitglieder, Mobilisierung von Unterstützung).

Vereinte Nationen

(engl.: United Nations, UN, oder United Nations Organization, UNO) Die UN wurden 1945 in San Francisco gegründet, ihr Hauptsitz ist New York (daneben u. a. Genf und Wien). Derzeit sind 193 Staaten Mitglied der UN. Laut der Charta der Vereinten Nationen bestehen ihre Hauptaufgaben in der Sicherung des Friedens und der Garantie der internationalen Sicherheit, dem Schutz der → **Menschenrechte** und der Fortentwicklung des Völkerrechts sowie der internationalen Zusammenarbeit zur Lösung wirtschaftlicher, kultureller, sozialer und humanitärer Probleme – alles auf der Grundlage der Gleichberechtigung der → **Staaten** und der Selbstbestimmung der Völker (Art. 1 UN-Charta).
Die wichtigsten Organe der UN sind:
1. die jährliche Vollversammlung (jeder Mitgliedstaat hat eine Stimme) und deren Ausschüsse;
2. der Sicherheitsrat der UN mit fünf ständigen Mitgliedern (Frankreich, Großbritannien, Russland, China, USA, die über ein Vetorecht verfügen) und zehn jeweils für zwei Jahre gewählten Mitgliedern;
3. das Generalsekretariat mit einem/einer Generalsekretär/-in an der Spitze (auf fünf Jahre von der Vollversammlung gewählt);

4. der Wirtschafts- und Sozialrat mit 54 Mitgliedern (jährlich werden 18 davon für drei Jahre gewählt) und den fünf regionalen Kommissionen;
5. der Internationale Gerichtshof (15 Richter/-innen, die von der Vollversammlung und dem Sicherheitsrat für neun Jahre gewählt werden).
Seit einiger Zeit gibt es verstärkt Forderungen, durch eine Reform der UN den Entwicklungs- und Schwellenländern größeren Einfluss zuzugestehen.

Verwaltung, öffentliche

Zur öffentlichen Verwaltung gehören alle öffentlichen Einrichtungen und Behörden, die weder der Justiz noch der Gesetzgebung zuzuordnen sind. Sie führt die Aufgaben der → **Exekutive** aus, dazu gehören auf kommunaler Ebene etwa die Weisungsaufgaben einer Gemeinde wie das Bereitstellen öffentlicher Infrastruktur oder das Meldewesen.

Wahlen

In einem repräsentativen System werden Volksvertreter/-innen gewählt. Diese treffen dann die politischen Entscheidungen, die sie für richtig halten. Die Wahl zum → **Deutschen Bundestag** ist eine „personalisierte Verhältniswahl".

Werte

Werte sind allgemeine und grundlegende Orientierungsmaßstäbe bei Handlungsalternativen. Aus Werten leiten sich Normen und Einstellungen ab, die das Alltagshandeln bestimmen.

|123comics GbR, Berlin: 325.1, 325.2, 325.3, 325.4. |123RF GmbH, Berlin: famveldman 40.1; paha_l 26.1. |action press, Hamburg: Unkel, Rainer 267.1. |AFP Agence France-Presse GmbH, Berlin: AFP, 19.10.2022 394.1. |akg-images GmbH, Berlin: 110.1, 131.1, 338.3; Lessing, Erich 244.1. |Alamy Stock Photo (RMB), Abingdon/Oxfordshire: 360b 145.1. |Appenzeller, Holger, Stuttgart: 297.2. |Baaske Cartoons, Müllheim: Alf, Renate 24.1, 34.1; Böhme, Ralf 264.1; Kieser, Ulrich 239.1; Mester, Gerhard 69.1, 71.3, 132.1, 216.2, 232.1, 250.1, 270.1, 364.1, 383.1, 389.3; Mohr, Burkhard 226.1; Plaßmann, Thomas 179.1, 239.2, 239.3, 239.4, 292.1, 314.1, 314.2, 372.1; Tomaschoff, Jan 164.1, 320.1. |Badische Zeitung, Freiburg: Badische Zeitung vom 16.09.2019, Foto: Ingo Schneider 75.1. |Bertelsmann Stiftung, Gütersloh: 93.1, 171.1. |Bleckwedel, Asja, Kaltenkirchen: 4.1, 5.1, 14.1, 14.2, 15.1, 15.2, 16.1, 17.1, 35.1, 50.1, 52.1, 54.1, 59.1, 60.1, 60.2, 60.3, 60.4, 60.5, 60.6, 61.1, 61.2, 61.3, 61.4, 61.5, 61.6, 62.1, 64.1, 66.1, 66.2, 68.1, 77.1, 77.2, 77.3, 77.4, 77.5, 86.1, 86.2, 86.3, 86.4, 86.5, 86.6, 92.1, 95.1, 104.1, 104.2, 104.3, 104.4, 117.1, 119.1, 134.1, 134.2, 139.1, 141.1, 141.2, 141.3, 141.4, 142.1, 142.2, 149.1, 206.1, 209.1, 260.1, 272.1, 294.1, 362.2, 362.3, 362.4, 362.5, 362.6, 362.7, 362.8, 362.9, 363.1, 363.2, 410.1, 419.1, 420.1. |bpk-Bildagentur, Berlin: Bayerische Staatsbibliothek | Timpe, Felicitas 154.2; Katz, Dietmar 131.2, 275.1. |Bulls Pressedienst GmbH, Frankfurt am Main: © Browne/Distr. King Features Syndicate, Inc./Distr. Bulls 338.2. |BÜNDNIS 90/DIE GRÜNEN/gruene.de, Berlin: 194.3. |Bürgerinitiative Neckartor, Stuttgart: 185.1, 185.2. |CartoonStock.com, Bath: Farris, Joseph 51.2. |CDU Deutschlands, Berlin: 194.1. |ddp images GmbH, Hamburg: dapd/Pfeil, Roberto 276.3; Geisler/Kern, Frederic 249.1. |Deutscher Bundestag, Berlin: DBT/Neuhauser, Katrin 249.3. |DIE LINKE, Berlin: 194.2. |Druwe & Polastri, Cremlingen/Weddel: 13.3, 137.4. |Eckert, Christian, Nürnberg: 291.1. |EPA Images, Frankfurt am Main: HASSAN BAHSOUN 9.1, 331.3; SABRI ELMHEDWI 351.1. |epd-bild, Frankfurt/M.: Schumann, Matthias 220.1. |EPSU - European Federation of Public Service Unions, Brussels: 374.1. |Europäische Kommission, Berlin: 361.1. |fotolia.com, New York: amphotolt 13.4; Astarot 96.4; Atelier W. 137.1; Birkelbach, Sonja 122.1; HLPhoto 111.1; JCG 180.3; Kollidas, Georgios 338.4; line-of-sight 71.4; Monkey Business Images 136.4; pikselstock 96.3; Raths, Alexander 310.2; steevy84 12.5; stockpics 124.3; Tatagatta 21.2; Tieck, Michael 12.1; Valentin, Ellen 12.3. |Freie Demokratische Partei e.V., Berlin: 195.1. |Greser & Lenz, Aschaffenburg: 237.1. |Haitzinger, Horst, München: 287.1, 304.1. |Hans-Böckler-Stiftung, Düsseldorf: Quelle: WSI-Genderdatenportal 43.1. |Holtschulte, Michael, www.totaberlustig.de, Herten: 30.1. |Hüter, Michael, Bochum: 390.2. |IAQ Institut Arbeit und Qualifikation, Duisburg: 322.1, 322.2. |Imago Creative, Berlin: Eisenhuth, Thomas 310.1. |Imago Editorial, Berlin: bonn-sequenz 71.5; dts Nachrichtenagentur 366.1; Sämmer 153.2; ZUMA Wire/Ukraine Presidency/Ukraine 334.2. |Interfoto, München: Bluebird 154.1; imageBROKER/Mang, Christian 180.1; mova 12.2; TV-Yesterday 20.1, 26.2. |iStockphoto.com, Calgary: ChrisAt 13.1; monkeybusinessimages 3.2; nemke 220.3; Panama7 96.5; Richmatts 3.1, 13.2. |IW Medien - Institut der deutschen Wirtschaft Köln Medien GmbH, Köln: 2017, IW Medien · iwd 24 376.1. |Janson, Jürgen, Landau: 151.1, 252.1. |Joe Heller, Heller Syndication, Green Bay, WI 54307: 396.1. |Kartographie Michael Hermes, Hardegsen Hevensen: 9.2, 37.1, 37.2, 90.1, 99.1, 166.1, 167.1, 212.2, 212.3, 221.1, 279.1, 301.1, 305.2, 311.1, 311.2, 312.1, 352.2, 360.1, 363.3, 370.1, 389.2. |Kassing, Reinhild, Kassel: 69.2. |Koufogiorgos, Kostas; www.koufogiorgos.de, Stuttgart: 161.1, 386.1. |Langner & Partner Werbeagentur GmbH, Hemmingen: 22.1, 56.2, 65.1, 120.1, 121.1, 198.1, 269.1, 271.1, 273.1, 273.2, 275.2, 275.3, 302.1, 367.1, 379.1, 381.1. |Lohrer, Johanna: Müller, Christian 56.1. |Mader, Toni, Nürnberg: 399.1. |MALZKORN Kommunikation & Gestaltung GmbH, Köln: 392.1. |Merlin Nadj-Torma Photography, Berlin: 155.1. |Mette, Til, Hamburg: 323.1. |Minkus Images Fotodesignagentur, Isernhagen: 12.4. |NABU (Naturschutzbund Deutschland) e.V., Berlin: 181.2. |Nachlass Felix Mussil, Frankfurt am Main: 202.1. |nelcartoons.de, Erfurt: 216.1. |Norbertusgymnasiums Magdeburg, Magdeburg: Foto: Oliver Schlicht 70.1. |Picture-Alliance GmbH, Frankfurt a.M.: AA/ Aydemir, Dursun 366.6; AA/Hassona, Mustafa 137.3; AA/Thierry Monasse/Pool 366.2; AA/Yalcin, Mustafa 366.5; abaca/Vernier Jean-Bernard/JBV News/ AB 366.4; allover/Thomas, Karl 368.1; ANP XTRA/van Lieshout, Lex 369.2; AP Photo/Khan, Allauddin 136.3; ASSOCIATED PRESS/Grigorov, Gavriil 334.1; Baumgarten, Ulrich 343.2; Bildagentur-online/Ohde 8.1, 276.1; Bundeswehr 152.1; dieKLEINERT.de/Erl, Martin 216.4; dieKLEINERT.de/Rieckhoff, Jan 222.1; dieKLEINERT.de/Schuppler, Rudolf 326.1; dieKLEINERT.de/Schwarwel 147.1, 216.3, 282.1; dpa 366.3; dpa-Infografik 188.2; dpa-infografik 204.1, 204.2, 211.1, 212.1, 213.1, 262.1, 305.1, 306.1, 331.2, 336.1, 342.1, 348.1, 352.1, 391.1, 397.1; dpa-Zentralbild/Pedersen, Britta 146.1; dpa/Brakemeier, Tim 152.3, 266.3; dpa/Deck, Uli 71.2, 240.3; dpa/dpaweb/Schutt, Martin 267.2; dpa/Ebener, David 10.1, 390.1; dpa/Fishman, Robert B. 348.2; dpa/Gambarini, Maurizio 115.1; dpa/Gerten, Martin 267.4; dpa/Grimm, Peer 244.3; dpa/Hager, Christian 317.1; dpa/Hase, Tobias 140.1; dpa/Kaiser, Henning 292.4; dpa/ Kleinschmidt, Tobias 246.2; dpa/Marks, Bodo 353.1; dpa/Mirgeler, Lino 181.1; dpa/Murat, Marijan 310.4; dpa/Remmers, Kai 124.4; dpa/Ressing, Jens 310.6; dpa/Roessler, Boris 6.2, 133.1, 180.4; dpa/Rumpenhorst, Frank 266.2; dpa/Schöll, Jonas 144.1; dpa/Scholz 330.2; dpa/Schuldt, Sina 186.1; dpa/ Seeger, Patrick 227.1; dpa/Stein, Silas 182.1; dpa/von Erichsen, Fredrik 136.5; dpa/Wittek, Ronald 152.4; dpa/Woitas, Jan 276.2; dpa/Zinken, Paul 150.1; empics/Stillwell, John 227.4; euroluftbild.de/Rath, Alfons 368.3; Flashpic/Krick, Jens 241.3; Geisler-Fotopress/Golejewski, Marcus 152.5; GES/Gilliar, Markus 152.6; Goldmann 299.3; imageBROKER/Hauser, Matthias 246.1; JOKER/Eckenroth, Paul 372.2; Kappeler, Michael / Gies, Ludwig: Bundesadler, VG Bild-Kunst, Bonn 2023 7.2, 240.2, 249.2; KEYSTONE/Ehrenzeller, Gian 244.2; KEYSTONE/Klauzner, Peter 323.2; Koene, Ton 227.3; KPA/Aquila 137.2, 310.5; maxppp/Frey, Jean Francois 96.2; Pressefoto Rudel/Rudel, Robin 227.2; REUTERS/Bektas, Umit 347.1; REUTERS/Bensch, Fabrizio 7.1, 220.2; REUTERS/Hanschke, Hannibal 284.1; REUTERS/Rehler, Michaela 283.1; Revierfoto 299.2, 299.4; Simon, Sven 96.1; SZ Photo/Haas, Robert 5.2, 136.1; SZ Photo/Schellnegger, Alessandra 70.4; Westend61/Stuart, Mel 357.1; ZB/Hirschberger, Ralf 310.3; ZB/Kalaene, Jens 136.2; ZB/Pleul, Patrick 40.2, 280.1; ZB/Schindler, Karl-Heinz 267.3; ZB/Steinach, Sascha 368.2. |Presse- und Informationsamt der Bundesregierung, Berlin: Bundesministerium für Wirtschaft und Klimaschutz (BMWK) 390.3; Bundesregierung/Steffen Kugler 241.2, 266.1. |Richter-Publizistik (www.crp-infotec.de), Bonn: 345.1, 404.1. |Ringier Axel Springer Schweiz AG, Zürich: Sven Broder: Papa steht seinen Mann. Von der Kunst, Vater zu sein und Mannsbild zu bleiben 42.2. |Robert Bosch GmbH, Gerlingen-Schillerhöhe: 49.1. |Roger Schmidt/cartoons.pub, Brunsbüttel: 216.5. |Sakurai, Heiko, Köln: 259.1, 359.1, 362.1. |Schwarwel, Leipzig: 326.2. |Shutterstock.com, New York: Ciurea, Adrian 124.5; MJgraphics 44.1. |Smetek, Wieslaw, Seevetal: 389.1. |Social-Bee gGmbH, München: 153.3, 153.4. |Sozialverband VdK Deutschland e.V., Berlin: 8.2, 292.3. |SPD-Parteivorstand, Berlin: 194.4, 299.1. |Statista GmbH, Hamburg: 146.3, 205.1, 225.1, 321.1. |Stiftung Haus der Geschichte, Bonn: Jupp Wolter (Künstler) 216.6. |stock.adobe.com, Dublin: asife 292.2; Cortadellas, Aleix 241.1; doganmesut 369.1; freshidea 148.1; frizio 143.1; FSEID 265.1; hasbisahin 152.2; iakobchuk, Viacheslav 293.1; Karl-Heinz H 330.1; Kneschke, Robert 180.2; Kurnosov, Viorel 124.1; Losevsky, Pavel 21.3; MaxWo 210.1; Monkey Business 124.2; Müller, Christian 240.1; N Lawrenson/peopleimages.com 21.1; NDABCREATIVITY 21.4; photoplotnikov 331.1, 338.1; primipil 330.4; Schwier, Christian 70.3; snyGGG 330.3; studio v-zwoelf 96.6; Superingo 4.2, 70.2; thauwald-pictures 138.2, 277.3; Wylezich, Björn 6.1, 153.1. |Stuttmann, Klaus, Berlin: 108.1, 256.1. |Süddeutsche Zeitung - Photo, München: Popow, Metodi 291.2. |SÜDWEST PRESSE Hohenlohe GmbH & Co. KG, Crailsheim: aus: Hohenloher Tagblatt vom 25.3.2013 / Stadt Schrozberg 72.1, 83.1; aus: Hohenloher Tagblatt vom 26.7.2013 / Schellhorn, Kerstin 73.1. |Tomicek/www.tomicek.de, Werl: 38.1, 332.1. |Tonn, Dieter, Bovenden-Lenglern: 277.1. |toonpool.com, Berlin, Castrop-Rauxel: Erl 170.1; Pfohlmann 221.2. |twitter.com: 220.4. |ullstein bild, Berlin: Archiv Gerstenberg 53.1; Giribas 277.4; NMSI/Science Museum / Photographic Advertising/NMeM 36.1; P/F/H 339.1; Schöning 170.2, 277.2; TopFoto 51.1. |Verband der Automobilindustrie e. V. (VDA), Berlin: 188.1. |Verlag Herder GmbH, Freiburg: Jesper Juul, Mann und Vater sein © 2022 Verlag Herder GmbH, Freiburg i.Br. 42.1. |Visum Foto GmbH, Asbach: Christopher Clem Franken 71.1. |Zahlenbilder, Bergmoser + Höller Verlag AG, Aachen: 116.1, 126.1, 255.1, 297.1, 303.1, 319.1, 332.2, 354.1. |Zapiro, Cape Town: Cartoon by Zapiro, Sunday Times © 2004. Reprinted with permission. 346.1. |Zimniok, Bernhard, Brüssel: 146.2. |© Bundeszentrale für politische Bildung/www.bpb.de, Bonn: 138.1, 264.2, 340.1, 343.1. |© Statistisches Bundesamt (Destatis), Wiesbaden: 164.2, 165.1. |©WELT, Berlin: 167.2.